Hinweis

Infolge eines Versehens bei der Drucklegung sind die als Einleitung bestimmten Ausführungen zum „Vorwort" geworden. Dieses Vorwort sollte folgenden Wortlaut haben:

Vorwort

Das Werk, das ich hiermit dem geneigten Leser vorlege, sollte zwei Ziele verfolgen:

1. Etwas ganz Neues zu bieten, und zwar
   a) durch die Einbindung des neuen Urheberrechtes in das uralte Verlagsgesetz
   b) durch die in den früheren Werken vermißte Systematisierung
   c) durch breite eigene Darstellung eines sozusagen allgemeinen Teiles des Verlagsrechtes unter besonderer Berücksichtigung des bürgerlichen Rechtes, wie dies bisher noch nicht geschehen ist,
   d) durch die Aufnahme und eingehende Behandlung gewisser bisher nicht oder nur ungenügend behandelter Materien in das Buch, nämlich die Frage der Mehrheit von Verfassern, die Vorschriften über die Bibliotheksexemplare, den Rezensionsvertrag, die Grundsätze über die freiberuflichen Journalisten an Tageszeitungen und Muster für die meisten Verlagsverträge.

2. Das bisher in Schrifttum Gebotene in kompilatorischer Form zu bieten, und zwar
   a) so wörtlich wie möglich,
   b) aber auch ebenso genau bezeichnet, ergänzt durch neuere Rechtsprechung und Literatur und eingefügt in die Systematik des Buches, damit nicht selten in abgewandeltem oder völlig anderem Zusammenhang,
   c) und schließlich grundsätzlich nur dann, wenn das Gebotene in Werken enthalten ist, die vergriffen sind und mit deren Wiedererscheinen jedenfalls bei Erstellung des Manuskriptes entweder überhaupt nicht mehr oder in absehbarer Zeit nicht mehr zu rechnen war.

   Zweck dieser Kompilation sollte es sein, den nicht fachkundigen Leser rasch, möglichst eingehend und genau mit dem bisher Erschienenen, ihm aber nicht oder nur äußerst schwer zugänglichen Schrifttum so gut bekannt zu machen, daß er auf jenes Schrifttum nicht mehr zurückzugreifen braucht."

Soweit aus dem Kommentar zum Verlagsgesetz von Bappert/Maunz (Verlag C. H. Beck, München 1952) Ausführungen wörtlich und/oder nur geringfügig verändert oder ergänzt übernommen worden sind, haben die Herren Autoren und der Verlag hierzu liebenswürdigerweise die Genehmigung erteilt, für die ihnen Verfasser und Verlag herzlich danken.

Verfasser und Verlag

Sammlung Guttentag

Verlagsgesetz

Kommentar mit Vertragsmustern

von

Dr. Ludwig Leiss

Oberregierungsdirektor in München

1973

Walter de Gruyter · Berlin · New York

ISBN 3 11 001742 3

Printed in Germany.

Satz und Druck: Druckerei Chmielorz, 1 Berlin 44

VORWORT

Die Kabbalisten erzählen, im „Hause des Königs“ gebe es einen „Saal der ungedruckten Bücher“, in dem die Bücher, die zwar vollendet, aber nicht gedruckt worden seien, gedruckt und verwahrt würden. Enthalte doch jedes Buch ein wenn auch noch so kleines Fünkchen des Schöpfergeistes, das nicht verloren gehen dürfe, weil die Summe dieser Fünkchen den Schöpfergeist Gott ausmache. Welch großartige Vorstellung vom Tun des Verfassers, in dem sich ein, wenn auch noch so kleines Fünkchen des Schöpfergeistes ausdrücke und welch erhabene Vorstellung vom Tun des Verlegers, durch das dieses Fünkchen des Schöpfergeistes geoffenbart und so dem Gral zugeführt werde, in dem sich der Schöpfergeist sammle!

Die Wirklichkeit freilich sieht ein wenig nüchterner aus. Wie oft wird sich denn der Verfasser, zumal der eines nicht schöngeistigen Werkes, der wissenschaftlichen oder gar der sogenannten Trivialliteratur oder der Pornographie dessen bewußt, daß auch seinem Werk noch ein Fünkchen des Schöpfergeistes innewohne? Und wenn er sich dessen bewußt wäre, wird es nicht von anderen Vorstellungen, zumal recht banalen geldlichen oder recht hochfliegenden, ehrgeizigen Gedanken und Erwägungen überwuchert oder gar erstickt. Und die Verleger: wie viele unter ihnen sind nicht schon daran zugrunde gegangen, daß sie der erhabenen Vorstellung vom Tun des Verlegers allzu sehr nachgehangen haben!

In einem allerdings haben die Kabbalisten auf ihre Weise recht. Verfasser und Verleger sind lebensnotwendig aufeinander angewiesen. Der Verfasser ohne Verleger ist eine Kerze, die nicht brennt oder brennend unter dem Scheffel steht. Und der Verleger ohne Verfasser? Nun ist gewiß die Gefahr, daß ein Verleger ohne Verfasser bleibt nicht gerade sehr groß. Denn der Verleger hält schließlich die Zapfhähne in den Händen, aus denen die Milch des Honorars und der Honig der Eitelkeit fließen. Dennoch ist er auf den Verfasser angewiesen und besiegelt gar nicht so selten sein Schicksal mit der Auswahl der Verfasser, denen er seine Gunst schenkt. Das jüngste Massensterben von Buch-, Zeitungs- und Zeitschriftenverlagen ist nicht allein die Schuld von Rundfunk und Fernsehen. Der Film etwa ist gerade dabei, den giftigen Biß des Fernsehens zu überleben.

Aber nicht nur die Auswahl der Verfasser kann das Schicksal des Verlegers entscheidend bestimmen. Nicht minder tut dies das Verhältnis des Verlegers zu „seinen" Verfassern. Dieses Verhältnis soll, wie man in den Erläuterungen dieses Buches zu einzelnen Gesetzesbestimmungen nachlesen kann, ein Vertrauensverhältnis sein, das von Treu und Glaube beherrscht werde, ein ideales Verhältnis, das so recht eigentlich gar keiner gesetzlichen Regelung zu bedürfen scheint. Und doch hat es der Gesetzgeber durch das in diesem Buch erläuterte Verlagsgesetz getan, genauer: zu tun versucht. Denn wenn er ein anderes Vertrauensverhältnis, das der Ehe, immer wieder neuen gesetzlichen Regelungen unterwirft, weil er die Fragwürdigkeit solcher Vertrauensverhältnisse kennt, so auch hier. Wie das Verhältnis zwischen Ehegatten kann das Verhältnis zwischen Verfasser und Verleger eine wahrhaft ideale Höhe erreichen, von der die Äußerungen so vieler Verfasser über ihre Verleger, angefangen etwa bei Adalbert Stifter und Artaria, Zeugnis ablegen. Es kann aber auch in äußerste Tiefe steigen und darüber sogar Verfasser und Verleger zerbrechen lassen. Die gesetzliche Regelung tut daher not. Sie ist aber grundsätzlich ein Notbehelf, auf den Verfasser und Verleger im Notfall zurückgreifen können, aber nicht müssen.

Diese gesetzliche Regelung ist in der Bundesrepublik Deutschland das Verlagsgesetz vom 19. 6. 1901 (RGBl. 217), das seine ganze Hochwertigkeit durch nichts besser unter Beweis stellen kann, als durch die Tatsache, daß es nur wenig geändert und nur in einigen wenigen Bestimmungen aufgehoben worden ist.

Das Verlagsgesetz will (grundsätzlich als Notbehelf) die Beziehungen zwischen Verfasser und Verleger regeln. Dieses sich über 48 Paragraphen hinziehende Bemühen, entbehrt einer sich aus dem zu regelnden Gegenstand ergebenden Systematik. Ziemlich wahllos sind die Regeln aneinandergereiht und nur mühsam wird ihr Leser gewahr, daß im allgemeinen doch Zusammengehörendes auch zusammengehörend behandelt wird. So regeln die §§ 1—20 das meiste dessen, was für die inneren Beziehungen zwischen Verfasser und Verleger von Bedeutung ist, die §§ 21—26 etwa die wirtschaftliche Seite des Verlagsvertragsverhältnisses (Ladenpreis, Honorar, Frei- und Vorzugspreisexemplare), die §§ 29—38 die Beendigung des Verlagsvertragsverhältnisses und die §§ 39—48 Sonderfälle aus dem Verlagsrecht.

Das ist ein wirres Gestrüpp von Bestimmungen. Aber wer die Mühe nicht scheut, ein wenig auch nur in dieses Gestrüpp einzudringen, wird bemerken, daß das Gesetz, nicht selten in Verbindung mit anderen Gesetzen, kaum eine der Möglichkeiten ungeregelt läßt, die sich zwischen Verfasser und Verleger ereignen können, ja daß es gleichsam von der Wiege bis zur Bahre das Verlagsrecht als Ausdruck der Beziehungen zwischen Verfasser und Verleger mit einem, freilich nicht selten der Unterstützung durch andere Gesetze bedürfenden, nicht selten trotzdem etwas mißtönenden Lied begleitet.

Auf 2 Fragen jedoch gibt das Gesetz keine Antwort: Wer ist der „Verfasser"? Wer ist der „Verleger"? Die zweite Frage zu beantworten bereitet in aller Regel keine Schwierigkeiten. Die erste Frage zu beantworten freilich bedarf einläßlicher Untersuchungen: Ist „Verfasser" nur der Einzelverfasser oder auch der Mitverfasser (Beiträger zu Gemeinschaftswerken) oder der Herausgeber (etwa des Gemeinschaftswerkes) oder schließlich auch der sog. Verlaggeber? Der von dieser Frage betroffene wird S. 34 ff. einiges dazu finden. „Verfasser" zu sein, das Glück und die Last, Verfasser zu sein, genügt selbst, ja erst recht dann nicht, wenn man das Glück und die Last hat, einen Verleger gefunden zu haben. Man muß, will man nicht seiner (oft genug sehr großzügigen und wohlwollenden) Willkür und einer gewissen Engmaschigkeit des Gesetzgebers ausgeliefert sein, es sich mit dem Verleger, wie man im Nachbarland Österreicht sagt, richten. Dieses „Es-sich-mit-dem-Verleger richten" ist der Verlagsvertrag. Er hat seinen Beginn und sein Ende und begründet für Verfasser wie Verleger Rechte und Pflichten.

Der Beginn des Verlagsvertrags ist selten schwer zu bestimmen oder gar streitig. Anders ist es mitunter mit dem Ende, insbesondere dann, wenn dieses Ende des Verlagsvertrags gewaltsam (Kündigung, Rücktritt u. ä.) herbeigeführt wird. Die Voraussetzungen und die Art und Weise gewaltsamer Beendigung des Verlagsvertrags bedürfen daher sorgfältiger Überlegungen und eingehender Erläuterung der einschlägigen Bestimmungen. Das gilt nicht nur, wenn Verfasser oder Verleger das gewaltsame Ende herbeiführen. Es gilt auch, wenn das gewaltsame Ende durch Eingriffe von außen, bei Tod des Verfassers, durch Zwangsvollstreckung oder Konkurs erfolgt. Der durch solche Fragen Betroffene wird S. 30, 260 einiges dazu finden.

Den Verfasser und den Verleger werden solche nicht eben sehr häufig auftretenden Fragen weit weniger berühren als die Gerichte und die Anwälte. Dem Verfasser geht es in der Hauptsache um das Honorar und/oder die Veröffentlichung seines geistigen Erzeugnisses, dem Verleger um das Werk, seine Herstellung, seine Verbreitung und nicht zuletzt seinen Absatz. Und nicht so oft er, wie der Verfasser übersieht, daß den Wünschen und den Rechten auch Pflichten gegenüberstehen. Es mag daher nicht unzweckmäßig sein, die wichtigsten Rechte und Pflichten des Verfassers und des Verlegers aus den zwischen ihnen bestehenden Rechtsbeziehungen einander kurz gegenüber zu stellen.

Der Verfasser hat das Recht darauf, daß sein Werk vom Verleger alsbald nach Ablieferung an ihn (§ 15) in der gesetzlichen (§ 5) oder vereinbarten Auflage in der zweckentsprechenden und üblichen Form (§ 14) mit den etwa von ihm vorgenommenen Änderungen (§ 12), jedoch ohne solche des Verlegers (§ 13) grundsätzlich selbst (vgl. § 28) vervielfältigt und verbreitet wird (§ 1) und er dafür das vereinbarte oder angemessene Honorar (§§ 22 ff.) und die vereinbarten oder gesetzlich vorgeschriebenen Frei- (§ 25) und die Vorzugspreisexemplare (§ 26) erhält. In den Erläuterungen zu den eben genannten Gesetzesbestimmungen ist dazu einiges im einzelnen ausgeführt.

Der Verfasser hat demgegenüber die Verpflichtung, dem Verleger das Werk in einem für die Vervielfältigung geeigneten Zustand (§ 10) grundsätzlich sofort (§ 11) zur Vervielfältigung und Verbreitung zu überlassen (§ 1), ihm das ausschließliche Recht zur Vervielfältigung und Verbreitung dieses Werkes zu verschaffen (§ 8), sich grundsätzlich jeder eigenen Vervielfältigung und Verbreitung des Werkes zu enthalten (§ 2) und die der Vereinbarung oder Verkehrssitte gemäße Korrektur des Druckes durchzuführen. In den Erläuterungen zu den eben genannten Gesetzesbestimmungen ist dazu einiges im einzelnen ausgeführt.

Der Verleger hat das Recht darauf, daß der Verfasser ihm das Werk in einem für die Vervielfältigung geeigneten Zustand (§ 10) grundsätzlich sofort (§ 11) zur Vervielfältigung und Verbreitung überläßt (§ 1), ihm das ausschließliche Recht zur Vervielfältigung und Verbreitung dieses Werkes verschafft (§ 8), sich grundsätzlich jeder eigenen Vervielfältigung und Verbreitung des Werkes enthält (§ 2) und der Vereinbarung oder Verkehrssitte gemäß die Korrektur des Druckes durchführt. In den Erläuterungen zu den eben genannten Gesetzesbestimmungen ist dazu einiges im einzelnen ausgeführt.

Der Verleger hat die Pflicht, das Werk alsbald nach Ablieferung an ihn (§ 15) in der gesetzlich vorgeschriebenen (§ 5) oder vereinbarten Auflage in der zweckentsprechenden und üblichen Form (§ 14) mit den etwa vom Verfasser vorgenommenen Änderungen (§ 12), jedoch ohne eigene (§ 13) grundsätzlich selbst (vgl. § 28) zu vervielfältigen und zu verbreiten (§ 1), dem Verfasser das vereinbarte oder angemessene Honorar zu zahlen (§§ 22 ff.), ihm die vereinbarten oder gesetzlich vorgeschriebenen Freiexemplare (§ 25) und die Vorzugspreisexemplare (§ 26) zur Verfügung zu stellen und nach Vervielfältigung das Werk zurückzugeben (§ 27). Werden diese Rechte und Verpflichtungen mißachtet, steht dem dadurch Verletzten ein bunter

Strauß von Möglichkeiten zu Gebote, angefangen von der Mängelrüge bis zur Kündigung, zum Rücktritt in seiner eigentlichen Form oder in der Sonderform des Rückrufes und zum Schadensersatz wegen Nichterfüllung. Kündigung, Rücktritt und Rückruf bringen den Verlagsvertrag zum Erlöschen und befreien den sie berechtigt Erklärenden von seinen Verpflichtungen gegenüber dem Verletzer. Im einzelnen geben hierüber die Erläuterungen zu den einschlägigen Bestimmungen Auskunft.

Von den Rechten und Verpflichtungen aus dem Verlagsvertrag und notfalls aus dem Verlagsgesetz gibt es jedoch zahlreiche Ausnahmen. Drei von ihnen spielen eine besonders bedeutsame Rolle: der Bestellvertrag, der Lizenzvertrag und die Mitwirkung des Verfassers bei Sammelwerken.

Durch den Bestellvertrag wird jemand vom Besteller verpflichtet, ein Werk für ihn nach seinem Plan und seinen Vorschriften für den Inhalt des Werkes und die Art und Weise der Behandlung zu verfassen (§ 47). Den Bestellvertrag vom ghostwriter-Vertrag abzugrenzen, ist nicht immer einfach. Der mit solchen Fragen Befaßte wird S. 406 ff. einiges dazu finden. Nicht minder schwierig ist die Unterscheidung zwischen einer Abart des Bestellvertrags, dem Rezensionsvertrag und dem Verlagsvertrag. Der davon Betroffene wird S. 408 ff. einiges darüber lesen können.

Durch den Lizenzvertrag wird das Recht (und vielfach auch die Pflicht) zur Vervielfältigung und/oder Verbreitung des Werkes des Verfassers vom Verleger ganz oder teilweise auf einen Zweitverleger übertragen. Der mit solchen Fragen Befaßte wird S. 251 ff. einiges dazu finden.

Die Mitwirkung des Verfassers bei Sammelwerken hat einen weiten Spielraum. Denn Sammelwerke sind nicht nur Konversationslexika und Großkommentare mit einer Vielzahl von Beiträgern. Sammelwerke sind auch Zeitungen und Zeitschriften. Für diese Sammelwerke und die Mitwirkung an ihnen gelten zahlreiche Sonderbestimmungen (etwa §§ 3, 4, 19, 41 ff.), auf deren Erläuterungen in diesem Buch verwiesen werden darf. Für den Einsender von Beiträgen zu Zeitungen und Zeitschriften sind die Regeln über die Behandlung unverlangt eingesandter Manuskripte (S. 27 ff.) und die hiefür, wie überhaupt für die Vergütung von Beiträgen zu Zeitungen und Zeitschriften geltenden Bestimmungen (S. 194 ff.) von Bedeutung. Für die hauptberuflich tätigen Journalisten an Tageszeitungen gelten seit 1. 10. 1969 Richtlinien, die vielfach erwähnt und mehrfach erläutert sind (vgl. S. 390 ff.). Zum Schluß mag nicht unerwähnt bleiben, daß die Beziehungen zwischen Verfasser und Verleger, wie sie regelmäßig im

Verlagsvertrag niedergelegt sind, Drittwirkungen haben können (vgl. das oberstrichterliche Urteil S. 62).

Für die Verwaltung öffentlicher Bibliotheken sind die immer noch geltenden bundes- und landesrechtlichen Vorschriften über die sog. Bibliotheksexemplare, also die Pflicht des Verlegers, Exemplare der bei ihnen erschienenen Werke in bestimmter Zahl und Ausgabe ohne oder gegen geringes Entgelt gewissen öffentlichen Bibliotheken zu überlassen, von Wichtigkeit. Die einschlägigen Bestimmungen sind S. 88 ff. zu finden.

INHALTSVERZEICHNIS

Seite

ABKÜRZUNGS- UND SCHRIFTTUMSVERZEICHNIS

anderer Ansicht	a. A.
am angegebenen Ort	a. a. O.
ablehnend	abl.
Amtsblatt	ABl.
Absatz	Abs.
am Ende	a. E.
alte(r) Fassung	a. F.
Allfeld, Das Verlagsrecht, 2. Aufl. München 1929	Allfeld
allgemeine Meinung	Allg. Meinung
anderer Meinung	a. M.
Amtlich(er/e/es)	Amtl.
Anhang	Anh.
Anmerkung(en)	Anm.
Artikel	Art.
Verlagsrecht, München 1952	Bappert — Maunz
ZPO, 30. Aufl. München 1970	Baumbach — Lauterbach
Der Betriebsberater	BB.
Börsenblatt für den dt. Buchhandel	BBBl.
Bechert, Der Lizenzvertrag 1949	Bechert
Beck, Der Lizenzvertrag im Verlagswesen, München 1961	Beck (Lizenzvertrag)
Begründung	Begr.
betreffend, betreffs, betrifft	betr.
Bürgerl. Gesetzbuch	BGB
Bundesgesetzblatt	BGBl.
Bundesgerichtshof	BGH
Entscheidungen des BGH in Strafsachen	BGHSt.
Entscheidungen des BGH zu Zivilsachen	BGHZ
Blatt	Bl.
de Boor, Urheberrecht u. Verlagsrecht, Stuttgart 1917	de Boor
Borchardt — Fikentscher, Wettbewerb, Wettbewerbsbeschränkung u. Marktbeherrschung Stuttgart 1957	Borchardt
Brandi — Dohrn, Der urheberrechtl. Optionsvertrag im Rahmen der Verträge über künftige Werke nach dt. österr. schweizer. u. französ. Recht, München 1967	Brandi — Dohrn

Büchler, Die Übertragung des Urheberrechts unter bes. Berücksichtigung einschränkender Vertragsklauseln, Bonn 1925	Büchler
Bundesverfassungsgericht	BVerfG
Delp, Der Verlagsvertrag, 3. Aufl. Neuwied 1965	Delp
dergleichen	dergl.
derselbe	ders.
Deutsche Justiz	DJ
Dt. Juristenzeitung	DJZ
deutsch(-er, -e, -es)	dt.
Dt. Verwaltungsblatt	DVBl.
DurchführungsVO	DVO
Einführung	Einf.
Einleitung	Einl.
Erlanger, Miturheberrecht an Schrift-, Ton- u. Bildwerken, Diss. Tübingen 1927	Erlanger
Fehlig, Die einseitige Aufhebung des Verlagsvertrages, Diss. Leipzig 1937	Fehlig
Freiesleben, Recht u. Tonkunst, Leipzig 1914	Freiesleben
Fromm — Nordemann, Urheberrecht, Stuttgart 1966	Fromm — Nordemann
Fußnote	Fußn.
Gesetz	G.
v. Gamm, UrheberrechtsG München 1968	Gamm
Gesetzblatt	GBl.
Gebhardt, Das Rechtsverhältnis zwischen Komponist u. Librettist, Berlin 1954	Gebhardt
gemäß	gem.
Grundgesetz v. 23. 5. 1949 (BGBl. 1949 S. 1)	GG
gegebenenfalls	ggf.
v. Gierke, Dt. Privatrecht III, München 1917	Gierke
Gesetz über die Verbreitung jugendgefährdender Schriften	GjS.
Goldbaum, Urheberrechte u. Urhebervertragsrecht, 3. Aufl. Baden-Baden 1961	Goldbaum
Gruchots Beiträge zur Erläuterung des Rechts	Gruch
Grundmann, Verfassungs- u. unheberrechtl. Grundfragen der Veröffentlichung von Gerichtsentscheidungen des BVerfG und der Oberen Bundesgerichte im DVBl. 1966, S. 7	Grundmann
Gewerbl. Rechtsschutz u. Urheberrecht	GRUR
Gesetz- u. VO-Blatt	G.V.Bl.

Halbsatz	Halbs.
v. Hase, Der Musikverlagsvertrag, München 1961	v. Hase
Heinitz — Marwitz, Verlagsrecht, 3. Aufl. Berlin 1922	Heinitz — Marwitz
Henneberg, Die Rechtsstellung des Verl. nach modernem Recht, Berlin 1908	Henneberg
Henrich, Vorvertrag, Optionsvertrag, Vorrechtsvertrag 1965	Henrich
Handelgesetzbuch	HGB
Hirsch — Ballin, Miturheberschaft — Miturheberrecht im Ufita 46,52	Hirsch — Ballin
herrschende Meinung	h. M.
Höniger, Das Inseratenrecht u. andere verlagsrechtliche Aufsätze, Berlin 1909	Höniger
Hoffmann, Das Reichsgesetz über das Verlagsrecht mit Erläuterungen, Berlin 1925	Hoffmann
Holzer, Die Übertragung urheberrechtl. Befugnisse an künftigen Werken, Frankfurt 1963	Holzer
Höchstrichterliche Rechtsprechung	HRR
Hubmann, Urheber- u. Verlagsrecht, 2. Aufl. München 1966	Hubmann
im Sinne	i. S.
Juristische Rundschau	JR
Isenschmid, Das Verlagsrecht an Werken der bildenden Kunst u. der Verlagsvertrag, Bern 1912	Isenschmid
Juristische Wochenschrift	JW
Juristenzeitung	JZ
Kammergericht	KG
Konkursordnung	KO
Kohler, Urheberrecht an Schriftwerken u. Verlagsrecht, Stuttgart 1907	Kohler
Krause, Der unheberrechtl. Lizenzvertrag, Diss. Leipzig 1938	Krause
Kuhlenbeck, Das Urheberrecht an Werken der Literatur u. Tonkunst u. das Verlagsrecht, Leipzig 1901	Kuhlenbeck
Kunstmann, Die Übertragbarkeit der Verlegerrechte, Diss. Erlangen 1914	Kunstmann
Leinveber, Urheberrechtsreform u. Verlagswesen, Bad Godesberg 1968	Leinveber
Lindenmaier — Möhring, Nachschlagewerk des BGH	LM
Löffler, Presserecht, München, 2. Aufl. I 1969, II 1968	Löffler
Gesetz betr. das Urheberrecht an Werken der Literatur n. der Tonkunst vom 19. 6. 1901	LUG
Leipziger Zeitschrift für Dt. Recht	LZ

Monatsschrift für dt. Recht	MDR
Meyer, Sittenwidrige Verlagsverträge, Leipzig 1926	Meyer
Mittelstädt — Hillig, Das Verlagsrecht, Leipzig 1901	Mittelstädt — Hillig
Müller, Das dt. Urheber- u. Verlagsrecht, München 1901/07	Müller
Markenschutz u. Wettbewerb, Monatsschrift für Marken-, Patent- und Wettbewerbsrecht	M. u. W.
Nieland, Der verlagsrechtl. Bestellvertrag 1939	Nieland
neue Fassung	n. F.
Neue Juristische Wochenschrift	NJW
Oberlandesgericht	OLG
Oppenheimer, Die Pflichten des Verl. nach dem Gesetz über das Verlagsrecht, Diss Marburg 1912	Oppenheimer
BGB (jeweils mit dem Namen des Beiträgers) 31. Auflage München 1972	Palandt —
Rambour, Die Lizenzausgabe 1954	Rambour
Randziffer	Rdz.
Riedel, UrheberrechtsG u. VerlG mit Nebengesetzen, Wiesbaden 1966	Riedel
Riezler, Dt. Urheber- u. Erfinderrecht, München 1909	Riezler
Reichsgericht	RGStr.
Reichsgesetzblatt	RG
Entscheidungen des RG in Strafsachen	RGBl.
Entscheidungen des RG in Zivilsachen	RGZ
Rintelen, Urheberrecht u. Urhebervertragsrecht 1958	Rintelen
Rechtsprechung	Rspr.
Runge, Urheber- und Verlagsrecht, Bonn 1948 ff.	Runge
Scheringer, Das Recht der Neuauflage	Scheringer
Schlesinger, Das Recht der Neuauflage im Buch- u. Kunstverlag 1928	Schlesinger
Schramm, Die Schöpferische Leistung, Berlin 1957	Schramm
Schrifttum	Schriftt.
Schulze, Urhebervertragsrecht, Baden-Baden 1960	Schulze
Schulze, Rechtspr. zum Urheberrecht	Schulze Rspr.
Schwarz — Dreher, Strafgesetzbuch, 33. Aufl. München 1972	Schwarz — Dreher
Seufferts, Archiv für Entscheidungen der Obersten Gerichte in den dt. Staaten	SeuffA
Staudingers Kommentar zum BGB (mit den Namen der Beiträger) 11. Aufl. Berlin	Staudinger
Strafgesetzbuch	StGB
Strafprozeßordnung	StPO

Stämpfli, Die Beziehungen zwischen Urheber und Verl. eines Schriftwerkes, Bern 1947	Stämpfli
Stolz, Der Ghostwriter im dt. Recht, München 1971	Stolz
Archiv für Urheber-Film- (seit 1945 auch Funk-) u. Theaterrecht	Ufita
Ulmer, Urheber- u. Verlagsrecht, 2. Aufl. Berlin 1960	Ulmer
Gesetz über Urheberrecht u. verwandte Schutzrechte (UrheberrechtsG)	UrhG
unter Umständen	u. U.
Gesetz gegen den unlauteren Wettbewerb	UWG
Verfasser	Verf.
Verleger	Verl.
Gesetz über das Verlagsrecht	VerlG
Vetter, die Rechtsbeziehungen zwischen Verf. u. verhindertem Verl. 1949	Vetter
Verordnung	VO
Voigtländer — Elster, Gesetz über das Verlagsrecht, 3. Aufl. Berlin 1939	Voigtländer — Elster
Vorbemerkung	Vorb.
Warnmeyers Rspr. des RG auf dem Gebiet des Zivilrechts	WarnR
Zimmer, Die Übertragung des Verlagsrechts, Diss. Erlangen 1914	Zimmer
Zivilprozeßordnung	ZPO

Gesetzestext

Gesetz über das Verlagsrecht

vom 19. Juni 1901 (RGBl. S. 217)
in der Fassung der Novelle vom 22. Mai 1910 (RGBl. S. 793).

§ 1

Durch den Verlagsvertrag über ein Werk der Literatur oder der Tonkunst wird der Verfasser verpflichtet, dem Verleger das Werk zur Vervielfältigung und Verbreitung für eigene Rechnung zu überlassen. Der Verleger ist verpflichtet, das Werk zu vervielfältigen und zu verbreiten.

§ 2

Der Verfasser hat sich während der Dauer des Vertragsverhältnisses jeder Vervielfältigung und Verbreitung des Werkes zu enthalten, die einem Dritten während der Dauer des Urheberrechts untersagt ist.

Dem Verfasser verbleibt jedoch die Befugnis zur Vervielfältigung und Verbreitung:

1. für die Übersetzung in eine andere Sprache oder in eine andere Mundart;
2. für die Wiedergabe einer Erzählung in dramatischer Form oder eines Bühnenwerkes in der Form einer Erzählung;
3. für die Bearbeitung eines Werkes der Tonkunst, soweit sie nicht bloß ein Auszug oder eine Übertragung in eine andere Tonart oder Stimmlage ist;
4. für die Benutzung des Werkes zum Zwecke der mechanischen Wiedergabe für das Gehör;
5. für die Benutzung eines Schriftwerkes oder einer Abbildung zu einer bildlichen Darstellung, welche das Originalwerk seinem Inhalte nach im Wege der Kinematographie oder eines ihr ähnlichen Verfahrens wiedergibt.

Auch ist der Verfasser zur Vervielfältigung und Verbreitung in einer Gesamtausgabe befugt, wenn seit dem Ablaufe des Kalenderjahrs, in welchem das Werk erschienen ist, zwanzig Jahre verstrichen sind.

§ 3*

Beiträge zu einem Sammelwerke, für die dem Verfasser ein Anspruch auf Vergütung nicht zusteht, dürfen von ihm anderweit verwertet werden, wenn seit dem Ablaufe des Kalenderjahres, in welchem sie erschienen sind, ein Jahr verstrichen ist.

§ 4

Der Verleger ist nicht berechtigt, ein Einzelwerk für eine Gesamtausgabe oder ein Sammelwerk sowie Teile einer Gesamtausgabe oder eines Sammelwerkes für eine Sonderausgabe zu verwerten. Soweit jedoch eine solche Verwertung auch während der Dauer des Urheberrechts einem jeden freisteht, bleibt sie dem Verleger gleichfalls gestattet.

§ 5

Der Verleger ist nur zu einer Auflage berechtigt. Ist ihm das Recht zur Veranstaltung mehrerer Auflagen eingeräumt, so gelten im Zweifel für jede neue Auflage die gleichen Abreden wie für die vorhergehende.

Ist die Zahl der Abzüge nicht bestimmt, so ist der Verleger berechtigt, tausend Abzüge herzustellen. Hat der Verleger durch eine vor dem Beginn der Vervielfältigung dem Verfasser gegenüber abgegebene Erklärung die Zahl der Abzüge niedriger bestimmt, so ist er nur berechtigt, die Auflage in der angegebenen Höhe herzustellen.

§ 6

Die üblichen Zuschußexemplare werden in die Zahl der zulässigen Abzüge nicht eingerechnet. Das Gleiche gilt von Freiexemplaren, soweit ihre Zahl den zwanzigsten Teil der zulässigen Abzüge nicht übersteigt.

Zuschußexemplare, die nicht zum Ersatz oder zur Ergänzung beschädigter Abzüge verwendet worden sind, dürfen von dem Verleger nicht verbreitet werden.

§ 7

Gehen Abzüge unter, die der Verleger auf Lager hat, so darf er sie durch andere ersetzen; er hat vorher dem Verfasser Anzeige zu machen.

---

* Aufgehoben durch § 141 Ziff. 4 UrhG, vgl. dazu § 38 UrhG, abgedruckt Anh. S. 454.

§ 8

In dem Umfang, in welchem der Verfasser nach den §§ 2 bis 7 verpflichtet ist, sich der Vervielfältigung und Verbreitung zu enthalten und sie dem Verleger zu gestatten, hat er, soweit nicht aus dem Vertrage sich ein anderes ergibt, dem Verleger das ausschließliche Recht zur Vervielfältigung und Verbreitung (Verlagsrecht) zu verschaffen.

§ 9

Das Verlagsrecht entsteht mit der Ablieferung des Werkes an den Verleger und erlischt mit der Beendigung des Vertragsverhältnisses.

Soweit der Schutz des Verlagsrechts es erfordert, kann der Verleger gegen den Verfasser sowie gegen Dritte die Befugnisse ausüben, die zum Schutze des Urheberrechts durch das Gesetz vorgesehen sind.

§ 10

Der Verfasser ist verpflichtet, dem Verleger das Werk in einem für die Vervielfältigung geeigneten Zustand abzuliefern.

§ 11

Ist der Verlagsvertrag über ein bereits vollendetes Werk geschlossen, so ist das Werk sofort abzuliefern.

Soll das Werk erst nach dem Abschluß des Verlagsvertrags hergestellt werden, so richtet sich die Frist der Ablieferung nach dem Zwecke, welchem das Werk dienen soll. Soweit sich hieraus nichts ergibt, richtet sich die Frist nach dem Zeitraum, innerhalb dessen der Verfasser das Werk bei einer seinen Verhältnissen entsprechenden Arbeitsleistung herstellen kann; eine anderweitige Tätigkeit des Verfassers bleibt bei der Bemessung der Frist nur dann außer Betracht, wenn der Verleger die Tätigkeit bei dem Abschluß des Vertrags weder kannte noch kennen mußte.

§ 12

Bis zur Beendigung der Vervielfältigung darf der Verfasser Änderungen an dem Werk vornehmen. Vor der Veranstaltung einer neuen Auflage hat der Verleger dem Verfasser zur Vornahme von Änderungen Gelegenheit zu geben. Änderungen sind nur insoweit zulässig, als nicht durch sie ein berechtigtes Interesse des Verlegers verletzt wird.

Der Verfasser darf die Änderungen durch einen Dritten vornehmen lassen.

Nimmt der Verfasser nach dem Beginn der Vervielfältigungen Änderungen vor, welche das übliche Maß übersteigen, so ist er verpflichtet, die hieraus entstehenden Kosten zu ersetzen; die Ersatzpflicht liegt ihm nicht ob, wenn Umstände, die inzwischen eingetreten sind, die Änderungen rechtfertigen.

§ 13*

Der Verleger darf an dem Werke selbst, an dessen Titel und an der Bezeichnung des Urhebers Zusätze, Kürzungen oder sonstige Änderungen nicht vornehmen.

Zulässig sind Änderungen, für die der Verfasser seine Einwilligung nach Treu und Glauben nicht versagen kann.

§ 14

Der Verleger ist verpflichtet, das Werk in der zweckentsprechenden und üblichen Weise zu vervielfältigen und zu verbreiten. Die Form und Ausstattung der Abzüge wird unter Beobachtung der im Verlagshandel herrschenden Übung sowie mit Rücksicht auf Zweck und Inhalt des Werkes von dem Verleger bestimmt.

§ 15

Der Verleger hat mit der Vervielfältigung zu beginnen, sobald ihm das vollständige Werk zugegangen ist. Erscheint das Werk in Abteilungen, so ist mit der Vervielfältigung zu beginnen, sobald der Verfasser eine Abteilung abgeliefert hat, die nach ordnungsmäßiger Folge zur Herausgabe bestimmt ist.

§ 16

Der Verleger ist verpflichtet, diejenige Zahl von Abzügen herzustellen, welche er nach dem Vertrag oder gemäß dem § 5 herzustellen berechtigt ist. Er hat rechtzeitig dafür zu sorgen, daß der Bestand nicht vergriffen wird.

§ 17

Ein Verleger, der das Recht hat, eine neue Auflage zu veranstalten, ist nicht verpflichtet, von diesem Recht Gebrauch zu machen. Zur Ausübung des Rechtes kann ihm der Verfasser eine angemessene Frist bestimmen. Nach dem Ablaufe der Frist ist der Verfasser berechtigt, von dem Vertrage zurückzutreten, wenn nicht die Ver-

* Aufgehoben durch § 141 Ziff. 4 UrhG, ersetzt durch § 39 UrhG, abgedruckt Anh. S. 454.

anstaltung rechtzeitig erfolgt ist. Der Bestimmung einer Frist bedarf es nicht, wenn die Veranstaltung von dem Verleger verweigert wird.

§ 18

Fällt der Zweck, welchem das Werk dienen sollte, nach dem Abschlusse des Vertrags weg, so kann der Verleger das Vertragsverhältnis kündigen; der Anspruch des Verfassers auf die Vergütung bleibt unberührt.

Das Gleiche gilt, wenn Gegenstand des Verlagsvertrags ein Beitrag zu einem Sammelwerk ist und die Vervielfältigung des Sammelwerkes unterbleibt.

§ 19

Werden von einem Sammelwerke neue Abzüge hergestellt, so ist der Verleger im Einverständnis mit dem Herausgeber berechtigt, einzelne Beiträge wegzulassen.

§ 20

Der Verleger hat für die Korrektur zu sorgen. Einen Abzug hat er rechtzeitig dem Verfasser zur Durchsicht vorzulegen.

Der Abzug gilt als genehmigt, wenn der Verfasser ihn nicht binnen einer angemessenen Frist dem Verleger gegenüber beanstandet.

§ 21

Die Bestimmung des Ladenpreises, zu welchem das Werk verbreitet wird, steht für jede Auflage dem Verleger zu. Er darf den Ladenpreis ermäßigen, soweit nicht berechtigte Interessen des Verfassers verletzt werden. Zur Erhöhung dieses Preises bedarf es stets der Zustimmung des Verfassers.

§ 22

Der Verleger ist verpflichtet, dem Verfasser die vereinbarte Vergütung zu zahlen. Eine Vergütung gilt als stillschweigend vereinbart, wenn die Überlassung des Werkes den Umständen nach nur gegen eine Vergütung zu erwarten ist.

Ist die Höhe der Vergütung nicht bestimmt, so ist eine angemessene Vergütung in Geld als vereinbart anzusehen.

§ 23

Die Vergütung ist bei der Ablieferung des Werkes zu entrichten. Ist die Höhe der Vergütung unbestimmt oder hängt sie von dem Umfange der Vervielfältigung, insbesondere von der Zahl der

Druckbogen ab, so wird die Vergütung fällig, sobald das Werk vervielfältigt ist.

§ 24

Bestimmt sich die Vergütung nach dem Absatze, so hat der Verleger jährlich dem Verfasser für das vorangegangene Geschäftsjahr Rechnung zu legen und ihm, soweit es für die Prüfung erforderlich ist, die Einsicht seiner Geschäftsbücher zu gestatten.

§ 25

Der Verleger eines Werkes der Literatur ist verpflichtet, dem Verfasser auf je hundert Abzüge ein Freiexemplar, jedoch im Ganzen nicht weniger als fünf und nicht mehr als fünfzehn zu liefern. Auch hat er dem Verfasser auf dessen Verlangen ein Exemplar in Aushängebogen zu überlassen.

Der Verleger eines Werkes der Tonkunst ist verpflichtet, dem Verfasser die übliche Zahl von Freiexemplaren zu liefern. Von Beiträgen, die in Sammelwerken erscheinen, dürfen Sonderabzüge als Freiexemplare geliefert werden.

§ 26

Der Verleger hat die zu seiner Verfügung stehenden Abzüge des Werkes zu dem niedrigsten Preise, für welchen er das Werk im Betriebe seines Verlagsgeschäfts abgibt, dem Verfasser, soweit dieser es verlangt, zu überlassen.

§ 27

Der Verleger ist verpflichtet, das Werk, nachdem es vervielfältigt worden ist, zurückzugeben, sofern der Verfasser sich vor dem Beginne der Vervielfältigung die Rückgabe vorbehalten hat.

§ 28

Die Rechte des Verlegers sind übertragbar, soweit nicht die Übertragung durch Vereinbarung zwischen dem Verfasser und dem Verleger ausgeschlossen ist. Der Verleger kann jedoch durch einen Vertrag, der nur über einzelne Werke geschlossen wird, seine Rechte nicht ohne Zustimmung des Verfassers übertragen. Die Zustimmung kann nur verweigert werden, wenn ein wichtiger Grund vorliegt. Fordert der Verleger den Verfasser zur Erklärung über die Zustimmung auf, so gilt diese als erteilt, wenn nicht die Verweigerung von dem Verfasser binnen zwei Monaten nach dem Empfange der Aufforderung dem Verleger gegenüber erklärt wird.

Die dem Verleger obliegende Vervielfältigung und Verbreitung kann auch durch den Rechtsnachfolger bewirkt werden. Übernimmt der Rechtsnachfolger dem Verleger gegenüber die Verpflichtung, das Werk zu vervielfältigen und zu verbreiten, so haftet er dem Verfasser für die Erfüllung der aus dem Verlagsvertrage sich ergebenden Verbindlichkeiten neben dem Verleger als Gesamtschuldner. Die Haftung erstreckt sich nicht auf eine bereits begründete Verpflichtung zum Schadenersatze.

§ 29

Ist der Verlagsvertrag auf eine bestimmte Zahl von Auflagen oder von Abzügen beschränkt, so endigt das Vertragsverhältnis, wenn die Auflagen oder Abzüge vergriffen sind.

Der Verleger ist verpflichtet, dem Verfasser auf Verlangen Auskunft darüber zu erteilen, ob die einzelne Auflage oder die bestimmte Zahl von Abzügen vergriffen ist.

Wird der Verlagsvertrag für eine bestimmte Zeit geschlossen, so ist nach dem Ablaufe der Zeit der Verleger nicht mehr zur Verbreitung der noch vorhandenen Abzüge berechtigt.

§ 30

Wird das Werk ganz oder zum Teil nicht rechtzeitig abgeliefert, so kann der Verleger, statt den Anspruch auf Erfüllung geltend zu machen, dem Verfasser eine angemessene Frist zur Ablieferung mit der Erklärung bestimmen, daß er die Annahme der Leistung nach dem Ablaufe der Frist ablehne. Zeigt sich schon vor dem Zeitpunkt, in welchem das Werk nach dem Vertrag abzuliefern ist, daß das Werk nicht rechtzeitig abgeliefert werden wird, so kann der Verleger die Frist sofort bestimmen; die Frist muß so bemessen werden, daß sie nicht vor dem bezeichneten Zeitpunkt abläuft. Nach dem Ablaufe der Frist ist der Verleger berechtigt, von dem Vertrage zurückzutreten, wenn nicht das Werk rechtzeitig abgeliefert worden ist; der Anspruch auf Ablieferung des Werkes ist ausgeschlossen.

Der Bestimmung einer Frist bedarf es nicht, wenn die rechtzeitige Herstellung des Werkes unmöglich ist oder von dem Verfasser verweigert wird oder wenn der sofortige Rücktritt von dem Vertrage durch ein besonderes Interesse des Verlegers gerechtfertigt wird.

Der Rücktritt ist ausgeschlossen, wenn die nicht rechtzeitige Ablieferung des Werkes für den Verleger nur einen unerheblichen Nachteil mit sich bringt.

Durch diese Vorschriften werden die im Falle des Verzugs des Verfassers dem Verleger zustehenden Rechte nicht berührt.

§ 31

Die Vorschriften des § 30 finden entsprechende Anwendung, wenn das Werk nicht von vertragsmäßiger Beschaffenheit ist.

Beruht der Mangel auf einem Umstande, den der Verfasser zu vertreten hat, so kann der Verleger statt des im § 30 vorgesehenen Rücktrittsrechts den Anspruch auf Schadensersatz wegen Nichterfüllung geltend machen.

§ 32

Wird das Werk nicht vertragsmäßig vervielfältigt oder verbreitet, so finden zugunsten des Verfassers die Vorschriften des § 30 entsprechende Anwendung.

§ 33

Geht das Werk nach der Ablieferung an den Verleger durch Zufall unter, so behält der Verfasser den Anspruch auf die Vergütung. Im übrigen werden beide Teile von der Verpflichtung zur Leistung frei.

Auf Verlangen des Verlegers hat jedoch der Verfasser gegen eine angemessene Vergütung ein anderes im wesentlichen übereinstimmendes Werk zu liefern, sofern dies auf Grund vorhandener Vorarbeiten oder sonstiger Unterlagen mit geringer Mühe geschehen kann; erbietet sich der Verfasser, ein solches Werk innerhalb einer angemessenen Frist kostenfrei zu liefern, so ist der Verleger verpflichtet, das Werk an Stelle des untergegangenen zu vervielfältigen und zu verbreiten. Jeder Teil kann diese Rechte auch geltend machen, wenn das Werk nach der Ablieferung infolge eines Umstandes untergegangen ist, den der andere Teil zu vertreten hat.

Der Ablieferung steht es gleich, wenn der Verleger in Verzug der Annahme kommt.

§ 34

Stirbt der Verfasser vor der Vollendung des Werkes, so ist, wenn ein Teil des Werkes dem Verleger bereits abgeliefert worden war, der Verleger berechtigt, in Ansehung des gelieferten Teiles den Vertrag durch eine dem Erben des Verfassers gegenüber abzugebende Erklärung aufrecht zu erhalten.

Der Erbe kann dem Verleger zur Ausübung des im Abs. 1 bezeichneten Rechtes eine angemessene Frist bestimmen. Das Recht erlischt, wenn sich der Verleger nicht vor dem Ablaufe der Frist für die Aufrechterhaltung des Vertrags erklärt.

Diese Vorschriften finden entsprechende Anwendung, wenn die Vollendung des Werkes infolge eines sonstigen nicht von dem Verfasser zu vertretenden Umstandes unmöglich wird.

§ 35

Bis zum Beginne der Vervielfältigung ist der Verfasser berechtigt, von dem Verlagsvertrage zurückzutreten, wenn sich Umstände ergeben, die bei dem Abschlusse des Vertrags nicht vorauszusehen waren und den Verfasser bei Kenntnis der Sachlage und verständiger Würdigung des Falles von der Herausgabe des Werkes zurückgehalten haben würden. Ist der Verleger befugt, eine neue Auflage zu veranstalten, so findet für die Auflage diese Vorschrift entsprechende Anwendung.

Erklärt der Verfasser auf Grund der Vorschrift des Abs. 1 den Rücktritt, so ist er dem Verleger zum Ersatze der von diesem gemachten Aufwendungen verpflichtet. Gibt er innerhalb eines Jahres seit dem Rücktritte das Werk anderweit heraus, so ist er zum Schadensersatze wegen Nichterfüllung verpflichtet; diese Ersatzpflicht tritt nicht ein, wenn der Verfasser dem Verleger den Antrag, den Vertrag nachträglich zur Ausführung zu bringen, gemacht und der Verleger den Antrag nicht angenommen hat.

§ 36

Wird über das Vermögen des Verlegers der Konkurs eröffnet, so finden die Vorschriften des § 17 der Konkursordnung auch dann Anwendung, wenn das Werk bereits vor der Eröffnung des Verfahrens abgeliefert worden war.

Besteht der Konkursverwalter auf der Erfüllung des Vertrags, so tritt, wenn er die Rechte des Verlegers auf einen anderen überträgt, dieser an Stelle der Konkursmasse in die sich aus dem Vertragsverhältnis ergebenden Verpflichtungen ein. Die Konkursmasse haftet jedoch, wenn der Erwerber die Verpflichtungen nicht erfüllt, für den von dem Erwerber zu ersetzenden Schaden wie ein Bürge, der auf die Einrede der Vorausklage verzichtet hat. Wird das Konkursverfahren aufgehoben, so sind die aus dieser Haftung sich ergebenden Ansprüche des Verfassers gegen die Masse sicherzustellen.

War zur Zeit der Eröffnung des Verfahrens mit der Vervielfältigung noch nicht begonnen, so kann der Verfasser von dem Vertrage zurücktreten.

§ 37

Auf das in den §§ 17, 30, 35, 36 bestimmte Rücktrittsrecht finden die für das vertragsmäßige Rücktrittsrecht geltenden Vorschriften der §§ 346 bis 356 des Bürgerlichen Gesetzbuchs entsprechende Anwendung. Erfolgt der Rücktritt wegen eines Umstandes, den der andere Teil nicht zu vertreten hat, so haftet dieser nur nach den

Vorschriften über die Herausgabe einer ungerechtfertigten Bereicherung.

§ 38

Wird der Rücktritt von dem Verlagsvertrag erklärt, nachdem das Werk ganz oder zum Teil abgeliefert worden ist, so hängt es von den Umständen ab, ob der Vertrag teilweise aufrecht erhalten bleibt. Es begründet keinen Unterschied, ob der Rücktritt auf Grund des Gesetzes oder eines Vorbehalts im Vertrag erfolgt.

Im Zweifel bleibt der Vertrag insoweit aufrecht erhalten, als er sich auf die nicht mehr zur Verfügung des Verlegers stehenden Abzüge, auf frühere Abteilungen des Werkes oder auf ältere Auflagen erstreckt.

Soweit der Vertrag aufrecht erhalten bleibt, kann der Verfasser einen entsprechenden Teil der Vergütung verlangen.

Diese Vorschriften finden auch Anwendung, wenn der Vertrag in anderer Weise rückgängig wird.

§ 39

Soll der Gegenstand des Vertrags ein Werk sein, an dem ein Urheberrecht nicht besteht, so ist der Verfasser zur Verschaffung des Verlagsrechts nicht verpflichtet.

Verschweigt der Verfasser arglistig, daß das Werk bereits anderweit in Verlag gegeben oder veröffentlicht worden ist, so finden die Vorschriften des bürgerlichen Rechtes, welche für die dem Verkäufer wegen eines Mangels im Rechte obliegende Gewährleistungspflicht gelten, entsprechende Anwendung.

Der Verfasser hat sich der Vervielfältigung und Verbreitung des Werkes gemäß den Vorschriften des § 2 in gleicher Weise zu enthalten, wie wenn an dem Werke ein Urheberrecht bestände. Diese Beschränkung fällt weg, wenn seit der Veröffentlichung des Werkes durch den Verleger sechs Monate abgelaufen sind.

§ 40

Im Falle des § 39 verbleibt dem Verleger die Befugnis, das von ihm veröffentlichte Werk gleich jedem Dritten von neuem unverändert oder mit Änderungen zu vervielfältigen. Diese Vorschrift findet keine Anwendung, wenn nach dem Vertrage die Herstellung neuer Auflagen oder weiterer Abzüge von der Zahlung einer besonderen Vergütung abhängig ist.

§ 41

Werden für eine Zeitung, eine Zeitschrift oder ein sonstiges periodisches Sammelwerk Beiträge zur Veröffentlichung angenommen, so finden die Vorschriften dieses Gesetzes Anwendung, soweit sich nicht aus den §§ 42 bis 46 ein anderes ergibt.

§ 42*

Sofern nicht aus den Umständen zu entnehmen ist, daß der Verleger das ausschließliche Recht zur Vervielfältigung und Verbreitung erhalten soll, verbleibt dem Verfasser die anderweitige Verfügung über den Beitrag.

Über einen Beitrag, für welchen der Verleger das ausschließliche Recht zur Vervielfältigung und Verbreitung erhalten hat, darf der Verfasser anderweit verfügen, wenn seit dem Ablaufe des Kalenderjahres, in welchem der Beitrag erschienen ist, ein Jahr verstrichen ist. Ist der Beitrag für eine Zeitung geliefert, so steht diese Befugnis dem Verfasser alsbald nach dem Erscheinen zu.

§ 43

Der Verleger ist in der Zahl der von dem Sammelwerke herzustellenden Abzüge, die den Beitrag enthalten, nicht beschränkt. Die Vorschrift des § 20 Abs. 1 Satz 2 findet keine Anwendung.

§ 44

Soll der Beitrag ohne den Namen des Verfassers erscheinen, so ist der Verleger befugt, an der Fassung solche Änderungen vorzunehmen, welche bei Sammelwerken derselben Art üblich sind.

§ 45

Wird der Beitrag nicht innerhalb eines Jahres nach der Belieferung an den Verleger veröffentlicht, so kann der Verfasser das Vertragsverhältnis kündigen. Der Anspruch auf die Vergütung bleibt unberührt.

Ein Anspruch auf Vervielfältigung und Verbreitung des Beitrags oder auf Schadensersatz wegen Nichterfüllung steht dem Verfasser nur zu, wenn ihm der Zeitpunkt, in welchem der Beitrag erscheinen soll, von dem Verleger bezeichnet worden ist.

§ 46

Erscheint der Beitrag in einer Zeitung, so kann der Verfasser Freiexemplare nicht verlangen.

---

* Aufgehoben durch § 141 Ziff. 4 UrhG, ersetzt durch § 38 UrhG, abgedruckt Anh. S. 454.

Der Verleger ist nicht verpflichtet, dem Verfasser Abzüge zum Buchhändlerpreise zu überlassen.

§ 47

Übernimmt jemand die Herstellung eines Werkes nach einem Plane, in welchem ihm der Besteller den Inhalt des Werkes sowie die Art und Weise der Behandlung genau vorschreibt, so ist der Besteller im Zweifel zur Vervielfältigung und Verbreitung nicht verpflichtet.

Das Gleiche gilt, wenn sich die Tätigkeit auf die Mitarbeit an enzyklopädischen Unternehmungen oder auf Hilfs- oder Nebenarbeiten für das Werk eines anderen oder für ein Sammelwerk beschränkt.

§ 48

Die Vorschriften dieses Gesetzes finden auch dann Anwendung, wenn derjenige, welcher mit dem Verleger den Vertrag abschließt, nicht der Verfasser ist.

§ 49

In bürgerlichen Rechtsstreitigkeiten, in welchen durch Klage oder Widerklage ein Anspruch auf Grund der Vorschriften dieses Gesetzes geltend gemacht ist, wird die Verhandlung und Entscheidung letzter Instanz im Sinne des § 8 des Einführungsgesetzes zum Gerichtsverfassungsgesetze dem Reichsgerichte zugewiesen.

§ 50

Dieses Gesetz tritt am 1. Januar 1902 in Kraft.

Erläuterungen

Gesetz über das Verlagsrecht

vom 19. Juni 1901 (RGBl. S. 217)
in der Fassung der Novelle vom 22. Mai 1910 (RGBl. S. 793).

§ 1

Durch den Verlagsvertrag über ein Werk der Literatur oder der Tonkunst wird der Verfasser verpflichtet, dem Verleger das Werk zur Vervielfältigung und Verbreitung für eigene Rechnung zu überlassen. Der Verleger ist verpflichtet, das Werk zu vervielfältigen und zu verbreiten.

[1]

A. Vorbemerkungen

I. Die Bestimmung regelt die Verpflichtungen des Verf. u. des Verl. aus dem Verlagsvertrag.

II. **Übersicht:** Demgemäß werden behandelt

1. als Grundlage der Verpflichtungen von Verf. u. Verl. der **Verlagsvertrag** [2], u. zwar
   a) als bürgerlich-rechtl. Bestimmungen unterworfener Vertrag [2],
   b) in seinem Wesen [20],
   c) bezügl. seiner Form [22],
   d) seiner Beendigung [25] u.
   e) Erfüllungsort u. Gerichtsstand [26]
2. die **Beteiligten des Verlagsvertrages** [28], u. zwar
   a) der Verf. [28]
   b) eine Mehrheit von Verf. [34] u.
   c) der Verl. [69]
3. der **Gegenstand des Verlagsvertrages** [72], u. zwar
   a) ein „Werk" [72]
   b) ein Werk „der Literatur oder Tonkunst" [81]
4. die **Hauptverpflichtungen des Verf.** aus dem Verlagsvertrag [84]
5. die **Verpflichtung des Verl.** aus dem Verlagsvertrag [95]
6. **Wirkungen des Verlagsvertrags** [110]

[2]

B. Der Verlagsvertrag als bürgerl. rechtl. Vertrag

I. Der Verlagsvertrag als bürgerl.-rechtl. Bestimmungen unterworfener Vertrag

1. Der Verlagsvertrag als dispositiver Vertrag: Der Verlagsvertrag ist, wie schon seine Bezeichnung als Vertrag zeigt, ein bürgerl.-rechtl. Vertrag. Als solcher ist er weitestgehend der freien Vereinbarung durch die Vertragsparteien zugängl. Denn das ihn regelnde Recht, insbesondere das VerlG ist nachgiebiges Recht (Voigtländer-Elster § 1 Anm. 1); es hat (abgesehen von der zwingenden Regelung des § 36) dispositiven Charakter (Löffler S. 706 Rdz. 26).

[3] a) **Unabdingbar** sind (ähnl. Bappert-Maunz § 1 Rdz. 4) nur

aa) die Vertragsparteien Verf. u. Verl. (C),

bb) der Gegenstand des Verlagsvertrages, ein Werk der Literatur oder der Tonkunst (D),

cc) die Hauptverpflichtungen der Vertragsparteien, nämlich die Pflichten des Verf. zur Überlassung, zu frist- und sachgemäßer Ablieferung des Werkes und zur Beschaffung des Verlagsrechtes u. die Pflichten des Verl. zur Vervielfältigung u. Verbreitung auf eigene Rechnung (E).

[4] b) **Ergänzend,** wo die Abmachungen zwischen Verf. u. Verl. dessen bedürfen, greifen hauptsächl. die Bestimmungen des BGB, insbesondere aus dem Allg. Teil und aus dem allg. Teil des Schuldrechtes ein.

2. Ergänzende Bestimmungen aus dem Allg. Teil des BGB: In Betracht kommen insbesondere die Bestimmungen über

[5] a) **Geschäftsfähigkeit** (§§ 104 ff. BGB). Sie können bei minderjährigen Verf. Bedeutung erlangen (vgl. dazu im einzelnen Riedel in Ufita 1956 I 25). Da die das Verfasserrecht erzeugende Schöpfung eines Werkes (der Literatur oder der Tonkunst) kein Rechtsgeschäft, sondern eine Tathandlung ist, setzt sie Geschäftsfähigkeit nicht voraus. Auch ein Geisteskranker oder Minderjähriger kann daher Verf. i. S. des Verlagsrechts sein (Löffler I S. 659 Rdz. 62, Möhring-Nicolini § 7 Anm. 2 a). Die Literatur- u. Musikgeschichte bietet hierfür zahllose Beispiele. Einen Verlagsvertrag über sein Werk freil. abschließen kann der geisteskranke Verf. überhaupt nicht (§ 105

Abs. 2 BGB), der minderjährige nur mit Einwilligung seines gesetzl. Vertreters (§ 107 BGB). Tut er dies doch, hängt die Wirksamkeit des Verlagsvertrags von der Genehmigung des gesetzl. Vertreters ab (§ 108 Abs. 1 BGB). Bis zu ihrer Erteilung ist der Verlagsvertrag schwebend unwirksam (vgl. Staudinger-Coing § 108 Rdz. 2; Palandt-Danckelmann § 108 Anm. 1). Wird die Genehmigung verweigert, verwandelt sich die schwebende in eine endgültige Unwirksamkeit, die der Nichtigkeit gleichkommt (Staudinger-Coing a. a. O. Rdz. 5; a. A. Münzel in NJW 1959, 601). Ist nun das von dem Minderjährigen verfaßte Werk als Beitrag in einer Zeitung, Schülerzeitschrift, Illustrierten usw. noch vor Entscheidung des gesetzl. Vertreters über die Genehmigung erschienen, der Verlagsvertrag also auf Seiten des Verf. wie des Verl. erfüllt, kann zwar das geleistete nach § 812 BGB zurückgefordert werden (Staudinger-Coing § 105 Rdz. 13; Palandt-Danckelmann a. a. O.). Das ist aber hier schlechthin unmögl. Wenn überhaupt kann der Anspruch aus § 812 BGB nur auf das Honorar für das Werk des Minderjährigen gehen, also genau darauf, worauf der minderjährige Verf. auch bei Genehmigung des Verlagsvertrages Anspruch hätte. Ob daher solche Verlagsverträge vom gesetzl. Vertreter des Minderjährigen genehmigt werden oder nicht, ist gleichgültig.

b) **Irrtum** § 119 BGB) **u. arglistige Täuschung** (§ 123 BGB) u. ihre Rechtsfolgen. Folgende Fälle können bedeutsam werden:

[6] Der Verleger irrt über die **Person des Verf.** oder wird hierüber getäuscht. Die Memoiren des berühmten oder berüchtigten Herrn X sind nicht von ihm verfaßt, sondern mit seinem Wissen von einem sog. ghostwriter oder ohne sein Wissen, ja gegen seinen mutmaßl. Willen (etwa um ihn zu schädigen) von einem Dritten, den der wirkl. oder angebl. Agent des Herrn X verschweigt. Ob der Verl. im ersteren Falle wegen Irrtums (über die Eigenschaft des Werkes?) oder wegen arglistiger Täuschung anfechten kann u. wird, hängt wesentl. davon ab, ob er bei Kenntnis der Sachlage und bei verständiger Würdigung des Falles den Verlagsvertrag nicht abgeschlossen hätte, also wirtschaftl. gesehen davon, ob das Bekanntwerden der wahren Sachlage in der breiteren Öffentlichkeit den Absatz des Werkes wesentl. beeinträchtigt. Etwas anderes ist es im 2. Falle, dem der unterschobenen Memoiren. Hier kann der Verl. anfechten, es sei denn, gerade das Bekanntwerden der Unterschiebung in der breiteren Öffentlichkeit trage wesentl. zum Absatz des Werkes bei, etwa weil es als höchst listige, boshafte und daher um so gefährlichere Verunglimpfung des Herrn X seine Abnehmer findet.

[7] Wieder anders ist die Rechtslage, wenn der Verl. dem Verf. eines Werkes der Literatur oder Tonkunst, insbes. dem Verf. des Fach- oder Sachbuches auf Grund seiner Stellung (Universitätsdozent, Politiker, hoher Beamter) eine **bes. Befähigung für die Anfertigung des Buches** zutraut, mit ihm daher den Verlagsvertrag abschließt u. sich dann durch die mangelnde Qualität des Werkes enttäuscht sehen muß. Hier kann er wegen Irrtums in den Eigenschaften des Vertragsgegners anfechten. Denn die Befähigung ist bei Verträgen, bei denen es gerade auf Leistungen auf Grund dieser Befähigung ankommt, erhebl. (RGZ 83, 429; vgl. auch Palandt-Danckelmann § 119 Anm. 4 b). Bei Film-, Sport- und ähnl. zweifelhaften Größen freil. kann der Verl. ihrer Werke der Literatur einem Irrtum, gar einer Täuschung über ihre Befähigung nur in bes. Ausnahmefällen unterliegen. Hier muß er regelmäßig damit rechnen, daß Größe in Film, Sport und ähnl. nur äußerst selten ein Anzeichen für die Befähigung zur Schaffung eines Werkes der Literatur darstellt.

Anfechtung wegen Irrtums, zumeist sogar wegen arglistiger Täuschung, kann weiter dann Platz greifen, wenn der Verfasser eines stark erotischen Werkes der Literatur, um allen Beteiligten Schwierigkeiten zu ersparen. einem unwissenden Verl. gegenüber das Werk als solches des galanten 18. Jahrhunderts, der Antike oder des fernen Ostens ausgibt, ihm also den Anschein sog. patinierter Pornographie (vgl. dazu Leiss in NJW 1971, 201) verleiht u. der Verl. ein Strafverfahren, jedenfalls die Einziehung oder Indizierung eines Werkes über sich ergehen lassen muß. Hier muß der Verf. mit u. U. sehr erhebl. Ansprüchen des Verl. aus der Anfechtung, aber auch aus unerlaubter Handlung (§§ 823, 826 BGB) u. ungerechtfertigter Bereicherung (vgl. Staudinger-Coing § 123 Rdz. 44 ff.) rechnen.

[8] Hat schließl. der Verf. das Werk dem Verl. als eigenes Geisteserzeugnis angeboten und stellt es sich später als **Plagiat** heraus, ist der Verlagsvertrag zwar rechtsgültig, aber wegen arglistiger Täuschung anfechtbar u. obendrein dem § 31 unterworfen, dessen Anm. zu vergleichen sind (RGZ 74, 359; a. A. Hoffmann § 1 Anm. 6, Goldbaum S. 415, die das rechtsgültige Zustandekommen eines Verlagsvertrages leugnen; vgl. dazu auch Bappert-Maunz § 1 Rdz. 30).

[9] c) die **Auslegung von Verträgen,** inbes. nach **Treu und Glauben** (§§ 133, 157, 242 BGB)

aa) Bei Auslegung eines Vertrages als Verlagsvertrag ist nach § 133 BGB der wirkliche Wille der Parteien zu erforschen u.

nicht an dem buchstäbl. Sinn des Ausdrucks zu haften (RGZ 93, 298). Ob daher der Verlagsvertrag als solcher bezeichnet wird, ist für seine rechtl. Beurteilung gleichgültig (RG: HRR 1935, 943).

Das Gleiche gilt für die Verwendung unsachgemäßer Ausdrücke zur Be- oder Umschreibung des Inhalts. Es schadet daher der Beurteilung des Verlagsvertrages als solchem nicht, wenn etwa die Übertragung des Urheberrechtes ausgemacht wird, während nur die Einräumung des Verlagsrechtes gemeint war (Voigtländer-Elster § 1 Anm. I 3). Auch etwa der „Verkauf eines Werkes mit allen Rechten", der „Übergang mit allen Rechten", der zwar das Urheber-, nicht aber das Verfilmungsrecht einschließen soll (Anschütz H. 2 Nr. 23) u. ä. stellt sich als Verlagsvertrag dar.

§ 133 BGB ist auch auf die Ausdeutung des Umfanges des Verlagsvertrages anzuwenden. Es ist etwa die „Übertragung der unbeschränkten dinglichen Urheberrechte" nicht als das Senderecht (RGZ 123, 312), die Einräumung „aller gegenwärtig und künftig fließenden Rechte" als nicht das Verfilmungsrecht umfassend (RGZ 118, 282) gedeutet worden.

bb) Verträge sind nach §§ 157, 242 BGB so auszulegen, wie Treu und Glauben es mit Rücksicht auf die Verkehrssitte erfordern.

[10] Die Auslegung der Verlagsverträge nach Treu u. Glauben verlangt in Hinblick auf das zwischen Verf. u. Verl. bestehende besondere Vertrauensverhältnis (Löffler I. S. 706 Rdz. 28; Staudinger-Weber § 242, Rdz. A 48 mit eingehenden Nachw.; A 266 mit Nachw.) erhöhte Rücksichtnahme auf den Vertragspartner. Wird diese **Vertrauensgrundlage** erschüttert, kann einer oder beiden Parteien der Verbleib beim Verlagsvertrag nicht mehr zugemutet werden (Staudinger-Weber a. a. O. Fn. * zu Rdz. E 717 mit eingehender Nachw. der Rechtspr; Staudinger-Coing § 133 Rdz. 38 mit Nachw.). Hierauf kann sich jedoch der Vertragspartner nicht berufen, der die Vertrauenserschütterung verursacht hat (RGZ 112, 189).

Die Gründe für die Vertrauenserschütterungen können persönl. Art sein, etwa beleidigendes Verhalten des einen Teils gegenüber dem anderen (RGZ 102, 408; 110, 281; 140, 378; RG: Ufita 1929, 90; OGHZ 1, 258 = NJW 1949, 260), leichtfertig erhobene, die geschäftl. Ehre des Vertragsgegners angreifende Anschuldigungen (RG: Recht 1915 Nr. 2464), wiederholte Strafanzeigen (RG: Recht 1924, Nr. 1105; OLG Hessen HEZ 2,

241; RG: Gruch 51, 954; 55, 632) u. ä. das Vertrauensverhältnis zwischen den Vertragsparteien schwer erschütternde Umstände.
Es können aber auch andere Gründe sein, die den Verf. veranlassen, sich auf die Erschütterung der Vertrauensgrundlage zu berufen, so etwa wenn mit Wiederaufnahme der stillgelegten verlegerischen Tätigkeit in absehbarer Zeit nicht zu rechnen ist (BGHZ 15, 209 = NJW 1955, 260; vgl. dazu ferner OLG Köln: Grur 1958, 579; OLG Dresden: Grur 1939, 430; Staudinger-Weber a. a. O. Rdz. B 410), wenn sich der Verl. dauernd in Vermögensschwierigkeiten befindet oder finanziell unsicher ist (RGZ 79, 102; RG: LZ 1928, 622) oder in unzulässiger Weise nach- oder mehrdruckt (Staudinger-Weber a. a. O.).

[11] Der Wegfall der Vertrauensgrundlage ist entgegen einer Meinung, die in ihm einen Unterfall des Wegfalls der Geschäftsgrundlage sieht, ebenso wie die spätere Störung der **Geschäftsgrundlage** eine von den Grundsätzen der Nichtzumutbarkeit erfaßte bes. Rechtslage (Staudinger-Weber a. a. O. Rdz. E 717 mit eingehenden Schrifttumsnachw.). Auf die Störung, den Wegfall, ja sogar das Fehlen einer Geschäftsgrundlage (eingehende Schrifttumsnachw. bei Staudinger-Weber Fn. * zu Rdz. E 700) können sich beide Partner des Verlagsvertrages grundsätzl., der Verl. jedoch nicht mit der Begründung berufen, Geschäftsgrundlage sei eine günstige Aufnahme des Werkes u. ein wirtschaftl. Erfolg seines Absatzes gewesen, u. zwar auch dann nicht, wenn ihm ein solcher vom Verf. mit begründeten Angaben in Aussicht gestellt worden war (KG: Ufita 1942, 279). Auch kann er sich nicht auf Fehldispositionen u. nachträgl. Absatzschwierigkeiten berufen (Staudinger-Weber a. a. O. Rdz. 712 mit Nachw.), da solche Umstände in das typische Vertragsrisiko des Verl. fallen, das eine solche Berufung ausschließt (RGZ 147, 55). Eine Berufung auf Fehldispositionen oder nachträgl. Absatzschwierigkeiten ist insbes. dann nicht mögl., wenn der Verl. von vornherein mit solchen Schwierigkeiten gerechnet hat, sie also für ihn voraussehbar waren (BGH: Grur 1954, 131). Weitere Fälle des Wegfalls oder gar des Fehlens der Geschäftsgrundlage sind in §§ 18, 35 aufgeführt, zu denen die dortigen Anm. zu vergleichen sind.
Zu den Fällen, in denen das Verbleiben im Verlagsvertrag nicht mehr zugemutet werden kann, zählt auch die dauernde, ja u. U. schon die vorübergehende Behinderung des Verl. in seiner

Tätigkeit, die den Verf. vom Verlagsvertrag zurücktreten läßt (BGHZ 15, 209 = Grur 1955, 256; Runge, Urheber- und Verlagsrecht S. 554; Vetter, Die Rechtsbeziehungen zwischen Verfasser und verhindertem Verleger, 1949) oder die Länge der seit dem Erscheinen des Werkes verstrichenen Zeit, die es dem Verl. verbietet, die Erben des Verf. eines vor mehr als 70 Jahren erschienenen Werkes zu verhindern, dieses in eine Gesamtausgabe aufnehmen zu lassen (OLG Dresden: HRR 1942 Nr. 548) oder endl. unsichere Zeiten, in denen der Verf. eine Neuauflage seines Werkes nicht verlangen kann (Staudinger-Weber a. a. O. Rdz. A 459 mit Nachw.).

[12] Die **Verkehrssitte** endl., die in diesem Rahmen zu berücksichtigen ist, ist nur dann maßgebend, wenn sie sich bei den am Verlagswesen beteiligten Gruppen, den Verl. ebenso wie den Verf. als übereinstimmende Rechtsauffassung herausgebildet hat und zu tatsächl. Übung gelangt ist (RGZ 69, 153; 135, 140; Bappert-Maunz § 1 Rdz. 10).

d) **Verstöße gegen gesetzl. Verbote u. die guten Sitten** (§§ 134, 138 BGB).

[13] aa) Nach § 134 BGB ist ein Verlagsvertrag nichtig, auf Grund dessen der Verl. ein Werk der Literatur oder der Tonkunst zu vervielfältigen u. zu verbreiten sich verpflichtet, dessen **Vervielfältigung u. Verbreitung verboten und/oder unter Strafe gestellt** ist. Das sind etwa hochverräterische (§ 84 StGB), staatsgefährdende (§ 93 StGB), den Bundespräsidenten verunglimpfende (§ 95 StGB), Staat u. Flagge mißachtende (§ 96 StGB), Staatsorgane verunglimpfende (§ 97 StGB), volksverhetzende (§ 130 StGB), staatsverleumdende (§ 131 StGB), religionsbeschimpfende (§ 166 StGB), unzüchtige (§ 184 StGB), beleidigende (§ 185 ff. StGB) oder solche Schriften, die dem GJS unterfallen. Bedeutsam wird die Nichtigkeit eines solchen Verlagsvertrages dann, wenn Beschlagnahme u. Einziehung durch Gericht oder Indizierung durch die Bundesprüfstelle den weiteren Vertrieb des Werkes verunmöglichen oder bis zur Unmöglichkeit erschweren. Hier ist dann hinsichtl. der Rechtsfolgen der Nichtigkeit des Verlagsvertrages über das Werk zu unterscheiden:

α) Haben Verf. u. Verl. gewußt, daß sie mit ihren vertragl. Leistungen gegen ein gesetzl. Verbot verstoßen, weil die Vervielfältigung u. Verbreitung des Werkes verboten und/

oder unter Strafe gestellt ist, dann ist nach § 817 BGB die gegenseitige Rückforderung der Leistungen ausgeschlossen. Der Verf. kann also weder (soweit das überhaupt noch mögl. ist) die Herausgabe des Manuskripts noch ein etwa ausstehendes Honorar, der Verl. die weitere Mitarbeit des Verf. verlangen. Der Verf. wird daher ein spätestens beim Erscheinen des Werkes zu zahlendes festes Honorar, der Verl. dagegen eine Vergütung nach dem Absatz des Werkes anstreben.

β) Haben Verf. u. Verl. jedoch nicht gewußt, daß sie mit ihren vertragl. Leistungen gegen ein gesetzl. Verbot verstoßen, etwa weil sie annahmen, dem Werk komme ein Kunst-, Wissenschafts- oder Forschungsvorbehalt nach Art. 5 Abs. 3 GG zugute (ein Fall, für den die jüngste Rechtsgeschichte genug Beispiele bietet), auch wenn sie das Gegenteil hätten kennen müssen (RGZ 151, 173; BGH LM 12 zu § 817 BGB), bestehen gegenseitige Bereicherungsansprüche. Der Verf. kann also die Herausgabe des Manuskripts, soweit noch vorhanden, u. das bis zu Verbot oder Indizierung aufgelaufene Honorar verlangen. Er wird daher auch hier ein spätestens beim Erscheinen des Werkes zu zahlendes festes Honorar, der Verl. dagegen eine Vergütung nach dem Absatz des Werkes anstreben.

Im übrigen behindert ein inländisches Verbot oder die Indizierung durch die Bundesprüfstelle den Absatz des Werkes zwar im Inland, aber nicht im Ausland. Der Vertrag über das verbotene oder indizierte Werk bleibt also jedenfalls insoweit gültig, als der Vertrieb im Ausland in Betracht kommt. Hier behält dann auch der Verf. seinen Honoraranspruch (RGZ 65, 40; RG: Grur 1912, 273; RG: JW 1936, 116; Allfeld § 1 Anm. 4).

bb) Nach § 138 Abs. 1 BGB ist ein Verlagsvertrag nichtig, der gegen die guten Sitten verstößt.

[14] α) Dies gilt zunächst, wenn er die **Vervielfältigung u. Verbreitung unsittl. Werke** zum Gegenstand hat. Die Rechtslage entspricht der unter aa) ausgeführten: Der Vertrag ist nichtig (Allfeld a. a. O.). Unsittl. freil. sind nur die Schmutz-, nicht aber die Schundschriften im Sinne des GjS (Allfeld a. a. O.). Ihre Vervielfältigung u. Verbreitung u. damit der hierüber geschlossene Verlagsvertrag kann nur

nichtig sein, wenn die Schundschrift durch die Bundesprüfstelle indiziert ist.

[15] β) Die Nichtigkeit des Verlagsvertrags wegen Verstoßes gegen die guten Sitten kann aber auch darauf beruhen, daß der Vertrag **die Freiheit des Verf. vernichtet oder übermäßig beschränkt,** dadurch seine Schaffenskraft beeinträchtigt (vgl. BGHZ 22, 347 = NJW 1957, 711) u. die Konkurrenz anderer Verl. als Bewerber ausschaltet (Knebelungsvertrag). Jedoch ist hier erhebl. Vorsicht geboten. Denn die Rechtsprechung ist nicht willens, sehr weit zu gehen. So wurde etwa ein Verlagsvertrag nicht für sittenwidrig erklärt, durch den ein junger Komponist einem Verl. auf ewige Zeiten das Vorrecht auf seine Kompositionen unter der Bedingung eingeräumt hatte, wenn der Verl. ihm die gleichen Vorteile einräume wie andere konkurrierende Verleger (RGZ 79, 156; vgl. dazu Voigtländer—Elster § 1 Anm. 4 c).

[16] Ebenso wenig sittenwidrig ist ein Vertrag, durch den dem Verl. das **Verlagsrecht an sämtl. Auflagen** eines Werkes **eingeräumt** wird, obschon sich der Verf. zur Durchsicht u. Neubearbeitung einer jeden Auflage verpflichtet (RGZ 112, 173; dagegen H. Meyer, Sittenwidrige Verlagsverträge, Leipzig 1926 u. wohl auch Staudinger—Coing § 138 Rdz 18 z; vgl. auch Elster—Hoffmann im Börsen-Blatt für den deutschen Buchhandel 1926 Nr. 79 und 232). Zutreffend wird zu dieser Frage ausgeführt:

„Mag in jedem Fall die Behandlung des individuellen Freiheitsstrebens des vertragl. gebundenen Verf. auch von seiten des Verl. nicht glückl. gewesen sein; zu einer ganz allg. Auflehnung gegen die langjährige Bindung zwischen Autor und Verl. auch auf unbenannte künftige Werke gibt der Fall keinen Anlaß. Es wird häufig übersehen, daß der Verl. für den seine Laufbahn beginnenden, noch unbekannten Autor ein großes Risiko u. erhebliche Opfer aufbringt, die einen Wechsel auf die Zukunft bedeuten sollen, während dann der auf seine Entschlußfreiheit pochende Verf. nach seinem Berühmtwerden anderen, ohne solches Risiko konkurrierenden Verl. die Wechsel gibt, die jener erste ausgestellt hatte. Das Verlagsrecht für alle Auflagen, das nach Lage der Dinge berechtigt ist u. bewußt eingeräumt wird, besteht an dem Werk als Geistesgut auch für seine (z. B. bei wissenschaftl. Werken) sich im Laufe der Zeit verändernde Gestalt.“ (Voigtländer—Elster § 1 Anm. 4 c Abs. 2).

Mit einem bes. Falle von Nichtigkeit hatten sich Schriftt. und Rechtspr. auseinanderzusetzen, als es galt, wissenschaftl. Werke jüdischer Verfasser der damaligen „geläuterten Rechtsauffassung“ anzupassen. Hier konnte man dann etwa lesen: Es wurde bisher „von Verfasserseite als sittenwidrig angesehen, das Werk eines lebenden Autors von dritter Seite bearbeiten zu lassen. Für gewöhnl. geht das natürl. nicht an u. wäre eine Beeinträchtigung des Persönlichkeitsrechts. Aber der Fall kann auch anders liegen, näml. dann, wenn die Volksgemeinschaft das Werk begehrt und der Verl. dieses Begehren zu erfüllen vermag. Dann muß der Verf. zu seinem Werke stehen oder die Bearbeitung durch einen Dritten freigeben; das mag für den Verf. bitter sein, aber die Alternative, sich (für ihn zur Unzeit) wieder in sein altes Werk u. Arbeitsgebiet hineinzubegeben oder das Werk von einem anderen (den er ja bestimmen kann) bearbeiten zu lassen, sittenwidrig zu nennen, wäre eine Überschätzung des Individualismus gegenüber den Forderungen der Gemeinschaft.“

Dies hat auch das RG in einem späteren Urteil (RGZ 140, 264) bestätigt, das ebenfalls die Abmachung im Verlagsvertrage betraf, daß bei Behinderung des Verf. eine neue Auflage von dritter Hand bearbeitet werden solle. Es wurde wiederum betont, daß die persönl. Freiheit des Verf. tastet werden; weder die Möglichkeit, bei Behinderung des u. sein Urheberpersönlichkeitsrecht dadurch nicht ange- Verf. das Werk von fremder Hand neubearbeitet herauszugeben, noch eine gewisse Fristsetzung für die Erledigung der Bearbeitung könnten als sittenwidrig beanstandet werden. Freil. betont das Gericht, daß es wohl auch wissenschaftl. Werke geben könne, bei denen eine andere Beurteilung am Platze sei, aber in dem vorliegenden Fall, wo es sich um ein bankwissenschaftl. Buch handelte, sei davon keine Rede. „Namentl. darf es nicht unbeachtet bleiben, wenn ein Werk, sei es nach Inhalt und Zweck überwiegend wissenschaftl. oder praktisch, mehr oder weniger umfängl. Kreisen des Volkes als Lehrbuch, Unterweisungsmittel oder Berater gedient hat. In solchen Fällen erhebt das Bedürfnis des Verkehrs, ganz abgesehen von eigenen geschäftl. Wünschen des Verl., auf dem Büchermarkte den Anspruch, das bisher dem gewohnten Zwecke dienstbare Werk auch weiterhin gebrauchen zu können ... In diesen Erscheinungen des Verkehrslebens äußert sich der auf das Urheberrecht angewandte Gedanke der ‚sozial gebundenen Befugnis'." (Voigtländer—Elster a. a. O.). Das in diesen Auslassungen erwähnte Urteil RGZ 140, 264 stammt vom 26. 4. 1933.

[17] γ) Eine bes. Anfälligkeit gegenüber dem Vorwurf der Sittenwidrigkeit scheinen die sog. Optionsverträge (vgl. unten Rdz. 96 ff.) zu zeigen. Zwar verstößt es nach allg. Auffassung (Voigtländer—Elster a. a. O.) nicht gegen die guten Sitten, wenn sich in einem solchen Vertrag der Verf. verpflichtet, ein künftiges Werk dem Verl. zuerst anzubieten, damit dieser u. U. mit Eintritt in die von anderer Seite gebotenen Bedingungen sein Vorzugsrecht ausüben kann. Jedoch ist ein solcher Vertrag dann nichtig, wenn er ohne zeitl. oder gegenständl. Beschränkung für das gesamte künftige Schaffen des Verf. gelten soll und der Verl. keine angemessene Gegenleistung übernimmt (BGHZ 22, 347 = NJW 1957, 711). Wegen weiterer Einzelheiten siehe unten Rdz. 96 ff.

[18] e) **Vertragsantrag und Vertragsannahme** (§§ 145 ff. BGB). Die bes. Bedeutung dieser Bestimmungen für Verf. und Verl. liegt bei den sog. unverlangt eingesandten Manuskripten. Sie unterliegen den für die Zusendung unbestellter Waren vom Schriftt. (Nachw. bei Staudinger—Coing § 146 Rdz. 8 Fn.*) entwickelten Grundsätzen, deren Ergebnis für das Verlagsrecht ist: Der Verl. hat gegenüber dem unverlangt eingesandten Manuskript keinerlei Verpflichtung positiven Inhalts, muß sich aber jeder Verfügung darüber ohne Willen des Verf. u. jeder schädigenden Einwirkung darauf enthalten (so Staudinger—Coing § 146 BGB Rdz. 8; weitergehend Palandt—Degenhart Vorb. 1 c vor §§ 987 ff. BGB: unentgeltl. Verwahrungsvertrag nach § 690 BGB). Die Haftung des Verl. für das unverlangt eingesandte Manuskript verschärft sich nicht schon ab bloßem Verlangen des Verf. auf Rücksendung (so auch OLG München: HRR 1931, 287), sondern erst ab Herausgabeverweigerung bei Versuch der Abholung zur Haftung nach § 990 BGB (Palandt—Degenhart a. a. O.). Nach dieser Bestimmung in Verbindung mit § 989 BGB haftet der Verf. vom eben erwähnten Zeitpunkt an dem Verf. für den Schaden, der dadurch entsteht, daß infolge verlegerischen Verschuldens das Manuskript verschlechtert wird, untergeht oder aus

einem anderen Grunde nicht mehr herausgegeben werden kann (vgl. dazu auch § 33 Rdz. 14 f.). Diese Haftung für Verschulden, näml. gemäß § 276 Abs. 1 BGB für Vorsatz u. jede Fahrlässigkeit, kann durch einseitige Erklärungen des Verl., wie „für unverlangt eingesandte Manuskripte wird keine Haftung übernommen“, nicht für Vorsatz (§ 276 Abs. 2 BGB), für sonstiges Verschulden nur dann ausgeschlossen werden, wenn der Haftungsausschluß vereinbart ist. Ob eine stillschweigende Vereinbarung (vgl. dazu Palandt—Danckelmann § 276 Anm. 5 b/cc) dieser Art allein aus der Tatsache geschlossen werden kann, daß der Verf. des Manuskripts dieses trotz (zu beweisender) Kenntnis der Haftungsausschluß-Erklärung des Verl. diesem eingesandt hat, dürfte von den bes. Umständen des Falles abhängen.

[19] f) **Verjährung** (§§ 194 ff. BGB). Die kurze Verjährungsfrist des Werkvertrages (§ 638 BGB) findet auf den Verlagsvertrag keine Anwendung (allg. Auffassung; RGZ 74, 359; RG: JW 1972, 92; vgl. auch Staudinger—Riedel § 638 Rdz. 18 mit Nachw.). Es gelten daher die Verjährungsvorschriften der §§ 194 ff. BGB. Da jedoch § 196 Abs. 1 Ziff. 1 BGB nicht durchgreift, ist die Verjährungsfrist die 30jährige (Voigtländer—Elster § 1 Anm. 16).

3. Aus dem **Schuldrecht** des BGB die Bestimmungen der ersten 6 Abschnitte (§§ 241—432 BGB), auf die im Einzelfalle einzugehen sein wird.

II. Wesen des Verlagsvertrages

[20] 1. Der Verlagsvertrag ist ein **Vertrag eigener Art,** der sich keiner der übl. schuldrechtl. Vertragsarten eingliedern läßt (RGZ 74, 361; BGB: NJW 1960, 2145), ein atypischer Vertrag (Hubmann S. 198), ein Vertrag sui generis (Bappert—Maunz § 1 Rdz. 6). Er kann Elemente des Dienst-, Werk- (Staudinger—Riedel Vorb. 21 vor §§ 631 ff.), Kauf-, Miet- oder Pachtvertrages enthalten (vgl. RGZ 81, 233; RG: HRR 1935, 943; 1936, 109), ist aber vielfach mit Elementen des Gesellschaftsvertrages gemischt, da Verf. u. Verl. ein gemeinsames Interesse an einem guten Absatz des Werkes haben (Voigtländer—Elster § 1 Anm. 3 a; Löffler I S. 706 Rdz. 27). Doch sind damit die Gestaltungsmöglichkeiten des Verlagsvertrages noch nicht erschöpft (BGH: Ufita 33, 96 ff.); auf einzelne von ihnen wird später einzugehen sein.

[21] 2. Über die **Abgrenzung** zwischen Verlagsvertrag u.

a) Werkvertrag vgl. neben den obigen Ausführungen auch KG: OLG 12, 271; OLG Dresden Ufita: 1930, 201; der sog. Bestellvertrag (§ 47 Rdz. 15) ist Werkvertrag (RGZ 140, 103).

b) Lohndruckvertrag RG: Recht 1935, Nr. 7210/11.

c) Gesellschaftsvertrag OLG München: BayZ 1930, 347 (kein Gesellschafts- sondern Verlagsvertrag, wenn festes Honorar für jedes verkaufte Exemplar vereinbart wird, auch wenn der Verf. die Herstellungskosten zahlt; vgl. dazu Voigtländer—Elster § 1 Anm. 3 a); RGZ 81, 233 (Verlagsverträge gesellschaftl. Charakters).

III. Form des Verlagsvertrages

[22] 1. Der Verlagsvertrag bedarf zu seiner Gültigkeit grundsätzl. keiner **Form** (Bappert—Maunz § 1 Rdz. 8; Löffler I S. 706 Rdz. 29).

a) Die Regel ist allerdings jedenfalls bei umfangreicheren Werken ein schriftl. Vertrag durch Briefwechsel oder förml., meist formblattmäßigen Vertrag, von dem jeder der Beteiligten ein von beiden unterzeichnetes Stück erhält (Voigtländer—Elster § 1 Anm. 5). Der Vertragsabschluß kann aber auch mündl. oder durch schlüssige Handlungen, etwa Abdruck des der Redaktion einer Zeitung oder Zeitschrift eingesandten Beitrages erfolgen (Ulmer S. 323 Ziff. I 1).

[23] b) Eine **Ausnahme von der Formfreiheit** gilt für Verlagsverträge über künftige Werke, die überhaupt nicht näher oder nur der Gattung nach bestimmt sind (über solche Verträge vgl. Rdz. 83). Diese Verlagsverträge bedürfen nach § 40 Abs. 1 S. 1 UrhG der schriftl. Form.

[24] 2. **Formblätter** für Verlagsverträge (Bappert—Maunz § 1 Rdz. 9), sog. Normalverlagsverträge bestehen für

a) das schöngeistige Schrifttum. Er wurde nicht, wie im Schrifttum (Löffler I S. 701 Rdz. 5) angegeben, 1936, sondern durch Anordnung des Präsidenten der Reichsschrifttumskammer vom 3. 9. 1935 in Kraft gesetzt (Voigtländer—Elster S. 181 ff., Ulmer S. 322 Ziff. III) und spielt heute noch im tägl. Verlagsleben eine erhebliche Rolle (Löffler a. a. O.). Er ist S. 456 abgedruckt und kann heute noch bei Prüfung der Verkehrssitte (hierüber oben Rdz. 12) zu Rate gezogen werden (BGHZ 22, 356 = NJW 1957, 711).

b) Jugendschrifttum, auf das gemäß Schreiben des Präsidenten der Reichsschrifttumskammer vom 27. 7. 37 der Normalverlagsvertrag anzuwenden war (Voigtländer—Elster S. 185 f.) und der kraft Übung wohl jetzt noch angewendet wird. Im übrigen gilt hier das unter a) Ausgeführte.

c) das wissenschaftl. Schrifttum. Hier wurden am 2. 3. 1951 zwischen dem Hochschulverband und dem Börsenverein deutscher Verleger und Buchhändlerverbände „Vereinbarungen über Vertragsnormen bei wissenschaftl. Verlagswerken u. Schiedsordnung für Regelung von Streitigkeiten zwischen wissenschaftl. Autoren u. Verlegern" abgeschlossen. Sie sind S. 461 abgedruckt u. bilden die Grundlage der zwischen Verl. u. Verf. wissenschaftl. Werke abzuschließenden Verlagsverträge.

Muster von Verlagsverträgen mit Anm. sind im Anh. S. 477 ff. abgedruckt.

[25] IV. Beendigung des Verlagsvertrages

1. Über die **gewöhnl. Beendigung** des Verlagsvertrages siehe § 29 und die Anm. hiezu.

2. Über **außergewöhnl. Beendigungen** des Verlagsvertrages siehe §§ 30 ff. und die Anm. hiezu.

V. Erfüllungsort und Gerichtsstand

[26] 1. **Erfüllungsort** des Verlagsvertrages ist, wie bei allen Verträgen mangels Vereinbarung der Ort, an dem der Schuldner zur Zeit des Vertragsabschlusses seinen Wohnsitz hat (§ 269 BGB; Voigtländer—Elster § 1 Anm. 15, Bappert—Maunz § 1 Rdz. 42). Gerade hier wird jedoch, zumal bei schriftl. Festlegung des Verlagsvertrages vom Recht anderweitiger Vereinbarung in aller Regel Gebrauch gemacht u. als Erfüllungsort der Sitz des verlegerischen Unternehmens bestimmt.

[27] 2. Aus der gesetzl. oder vereinbarten Bestimmung des Erfüllungsortes ergibt sich der (im übrigen gleichfalls nicht selten im Verlagsvertrag vereinbarte) **Gerichtsstand** des Erfüllungsortes nach § 29 ZPO, der dort besteht, wo die streitige Verpflichtung zu erfüllen ist. Für wissenschaftl. Verl. u. Verf. gilt abweichend davon die Anh. S. 474 abgedruckte Schiedsordnung.

C. Die Beteiligten des Verlagsvertrages

Die unabdingbar Beteiligten des Verlagsvertrages sind auf der einen Seite der „Verfasser" eines Werkes der Literatur oder der

Tonkunst (u. die ihm nach § 48 gleichgestellten Personen) u. auf der anderen Seite der „Verleger“.

I. Der Verfasser des Werkes der Literatur oder der Tonkunst

[28] Wer „Verf.“ eines solchen Werkes ist, bestimmt das Verlagsgesetz nicht. Zur Begriffsbestimmung muß daher auf das Mutterrecht des Verlagsrechtes, das Urheberrecht u. die hier zum Begriff des „Urhebers“ entwickelte Literatur und Rechtsprechung zurückgegriffen werden. Dabei ist zunächst vom Gesetz selbst auszugehen. Die einschlägige Bestimmung ist § 7 UrhG, abgedruckt Anh. 422.

1. Urheber ist der Schöpfer des Werkes.

[29] 1. Aus dem in § 7 UrhG geprägten Begriff **„Schöpfer“** ergibt sich, daß jur. Personen, weil sie persönl. schöpferisch nicht tätig sein können (Gamm § 7 Rdz. 4), auch nicht „Urheber“ sein können (Möhring—Nicolini § 7 Anm. 2 b). Die einst von Gierke vom Standpunkt der sog. organischen Theorie aus vertretenen Lehre, daß Werke der Literatur oder der Tonkunst von einer jur. Person mittels eines dazu berufenen Organes erbracht werden könnten (Deutsches Privatrecht I 780), wird dem Wesen geistiger Schöpfung nicht gerecht (Ulmer S. 163 Ziff. II) und daher zutreffend abgelehnt (Gamm a. a. O., Möhring—Nicolini a. a. O.). Kann aber eine jur. Person nicht Urheber im urheberrechtl. Sinne sein, kann sie grundsätzl. auch nicht Verf. im verlagsrechtl. Sinne sein. Denn grundsätzl. sind der Urheber im urheberrechtl. Sinne und der Verf. im verlagsrechtl. Sinne gleich (Rdz. 30 ff.). Das Verlagsrecht gewährt jedoch ausnahmsweise natürl. u. jur. Personen die Rechtsstellung des Verf., obwohl sie nicht Urheber und damit Verf. im eigentl. Sinne sind. Sie sind gegenüber dem ursprüngl. Verfasser abgeleitete Verfasser (Rdz. 33 a. E.).

2. **Der ursprüngl. Verf.** „Ursprüngl.“ Verf. sind

[30] a) **der Verf. im engeren Sinne,** der Schöpfer des Werkes im Sinne des § 7 UrhG. Schöpfer ist, auf wessen Leistung das Werk in seiner Eigentümlichkeit beruht (ähnl. Ulmer S. 159 Ziff. III).

aa) Das Werk muß auf einer **„Leistung“** des Schöpfers beruhen. Die Leistung setzt eine eigene unmittelbare persönliche Betätigung voraus. Fehlt es an irgendeiner dieser Voraussetzungen, fehlt die Schöpfereigenschaft.

bb) Das Werk „in seiner Eigentümlichkeit“ muß auf der Leistung des Schöpfers beruhen.

α) Diese „Eigentümlichkeit" wird durch die Benutzung fremder Anregungen u. Gestaltungen grundsätzl. nicht ausgeschlossen, ob es sich noch um ungestaltete Ideen, Anregungen u. bloße Motive handelt oder ob diese bereits eine Formgestaltung in einem konkreten Werk gefunden haben, sei es in einem geschützten Werk, sei es in einer schutzunfähigen oder niemals geschützten, gemeinfreien Gestaltung (Gamm § 7 Rdz. 9).

β) Die mehr oder minder starke Anlehnung der Werkschöpfung an ein fremdes Werk läßt die eigene Schaffenstätigkeit unberührt, sofern sie trotz dieser Anlehnung die erforderl. Eigenprägung aus der eigenen Vorstellungskraft des Nachschaffenden erreicht. Der Bearbeiter eines fremden Werks (§ 3 UrhG), der Schöpfer eines Sammelwerks (§ 4 UrhG), einer freien Benutzung (§ 24 UrhG) oder auch eines (in den Schutzbereich eines fremden Werks eingreifenden und daher) verletzenden Werks (§ 97 UrhG) ist daher ungeachtet der Rechtsfolgen aus der Benutzung des fremden Werks der Schöpfer und damit der Urheber seines eigenen Werks (Gamm § 7 Rdz. 4).

cc) Das Werk muß in seiner Eigentümlichkeit auf einer Leistung **„des"** Schöpfers beruhen. Über die Mitwirkung mehrerer Personen beim Schöpfungsakt siehe unten Rdz. 34 ff.

dd) Das Werk muß **nicht notwendig** als das des Verf. **bezeichnet** werden. Denn das Urheberrecht des Verf. entsteht nicht dadurch, daß er sich seines Werkes berühmt (vgl. § 13 Satz 2 UrhG), sondern mit seiner Schöpfung (vgl. dazu im einzelnen etwa Möhring—Nicolini § 1 Anm. 2 g, Gamm a. a. O. Rdz. 3).

[31] Dies hat bes. Bedeutung bei dem und für den **Ghostwriter** (dazu Stolz, Der Ghostwriter im deutschen Recht, Heft 11 der Urheberrechtlichen Abhandlungen des Max-Planck-Instituts für ausländisches und internationales Patent-, Urheber- und Wettbewerbsrecht München 1971). Der Ghostwriter wird als ein Schriftsteller gekennzeichnet, dessen Werke unter fremden Namen erscheinen (Stolz a. a. O., S. 96). Das träfe an sich auch bei Decknamen aller Art, insbes. Pseudonymen zu. Man wird daher zweckmäßigerweise den Ghostwriter als einen Schriftsteller bezeichnen, dessen Werk unter dem Namen einer anderen lebenden oder nicht mehr lebenden Person erscheint. Deshalb kann bei ihm die gebräuchl. u. auch oben verwendete

Bestimmung des Begriffes „Schöpfer" in eine Sackgasse führen. Schöpfer ist ja nach dieser Begriffsbestimmung derjenige, dessen individuellen Züge das Werk trägt. Bei einem gelungenen anspruchsvollen Werk des Ghostwriters kann es jedoch sein, daß das Werk im Geist u. im Stil des Auftraggebers abgefaßt ist, also dessen individuelle Züge trägt. Und nimmt man die Begriffsbestimmung ernst, so wäre als Urheber nicht der Ghostwriter, sondern der Auftraggeber anzusehen. Diese Begriffsbestimmung läßt jedoch außer acht, daß das Urheberrecht die geistige Arbeit als Arbeit schlechthin schützt. Die Konsequenz dieser Relativierung ist es, daß als Urheber derjenige anzusehen ist, der dem Werk die Eigentümlichkeit gegeben hat, um deretwillen das Werk urheberrechtl. geschützt ist. Es ist jedoch der Ghostwriter, der seinem Werk das neue und eigentüml. Gepräge gegeben hat. Er ist deshalb Urheber des Werkes, auch wenn dieses im Geiste und im Stil des Auftraggebers abgefaßt ist (Stolz a. a. O., S. 42). Ist aber der Ghostwriter Urheber im urheberrechtl. Sinne, kann er auch Verf. im verlagsrechtl. Sinne sein. Ob und wieweit er das freil. ist, hängt von seiner Tätigkeit u. der Einwirkung seines Auftraggebers auf das Werk ab. Hierüber s. unten Rdz. 36.

[32] b) der **Übersetzer u. sonstige Bearbeiter** bei Übersetzungen und sonstigen Bearbeitungen (Ulmer a. a. O.).

aa) Den **Übersetzer** als Verf. i. S. des Verlagsrechtes zu erachten (so jetzt allg.; vgl. etwa Bappert—Manuz § 1 Rdz. 20), ist nicht immer ganz leicht gefallen. So wurde lange Zeit die schöpferische Leistung des Übersetzers wegen Überschätzung des Sprachl. und Unterschätzung des Geistigen (Ulmer a. a. O.) in Frage gestellt. Die nicht geringe Zahl recht unerfreul., weil ungenauer, schiefer, fehlerhafter, ja geradezu sinnwidriger Übersetzungen, insb. der Zeit nach dem 2. Weltkrieg hat jedoch den wahren Wert der Übersetzungstätigkeit vornehml. schöngeistiger Literatur erkennen lassen; kein Wunder, daß der Verband deutscher Übersetzer 1956 „Richtlinien für einen Übersetzungsvertrag" herausbringen konnte. Der Übersetzer kann jedoch die verlagsrechtl. Stellung eines Verf. nur dann in Anspruch nehmen, wenn er eine eigene schöpferische Leistung erbringt (Ulmer S. 139 Ziff. I 2), die über das bloße Gestammel in der Sprache, in die oder aus der er übersetzt, hinausgeht.

bb) Die gute Übersetzung dichterischer Werke (vgl. dazu auch § 2 Rdz. 9 ff.) kommt nicht selten auf eine **Nachschöpfung** hinaus u. wird von ernsten Nachschöpfern stets auch als solche bezeichnet. Nicht selten sind aber auch Fälle, in denen ein Werk in wesentl. Zügen übernommen, die Übernahme aber verschleiert und die Nachschöpfung als ursprüngl. Schöpfung ausgegeben wird (Ulmer a. a. O., Ziff. I 3). Die Hersteller beider Arten von Nachschöpfungen sind Verf. im verlagsrechtl. Sinn.

[33] cc) Alle **sonstigen Bearbeiter** (vgl. dazu auch § 2 Rdz. 13, 14). Es sind Menschen, die Schöpfungen erbringen, die einem bereits vorliegenden Werk dadurch dienen, daß sie es in eine andere Kunstform übertragen, für andere Ausdrucksmittel einrichten, oder sonstigen veränderten Verhältnissen anpassen (Ulmer S. 138 Ziff. I). Der Übertragung in eine andere Kunstform u. der Einrichtung für andere Ausdrucksmittel kommt im Zeitalter der Massenmedien, der Anpassung an veränderte Verhältnisse in politisch bewegten Zeiten bes. Bedeutung zu. Gerade die Anpassung an veränderte politische Verhältnisse hat in den Jahren nach 1933 und nach 1945 in Deutschland die üppigsten Blüten getrieben. Doch sind auch alle diese Bearbeiter, die mit den ihrer Betreuung übergebenen oder unterworfenen Werken in aller Regel nicht eben glimpfl. verfahren, Verf. im verlagsrechtl. Sinne.

3. Über den **abgeleiteten** Verfasser, den sogenannten Verlaggeber vgl. die Anm. zu § 48.

II. Eine Mehrheit von Verfassern

[34] 1. Sind mehrere Personen an der Schöpfung eines Werkes beteiligt, stellt sich die Frage, ob sie Mitverfasser sind oder ob einer oder mehrere von ihnen Verf. u. die übrigen ihre **Gehilfen** sind, ob also verlagsrechtl. gesehen, eine oder mehrere Personen verlagsrechtl. Verf. u. die anderen nur verlagsrechtl. belanglose Gehilfen dieser Verf. sind. Die Frage beantwortet sich nach der Wertigkeit der Mitarbeit bei der Schöpfung des Werkes. Wertigkeit bedeutet hier

a) **eine gewisse schöpferische Freiheit.** Diese wird durch Weisungen eines Auftraggebers nicht notwendig beeinträchtigt. Daher ist der unmittelbar schöpferisch tätige Angestellte, Arbeitnehmer oder sonstige Bauftragte grundsätzl. auch dann der Werkschöpfer, wenn er bestimmten Weisungen seines Dienst- oder Geschäftsherrn nachkommt (vgl. BGHZ 19, 382). Solange sich der Dienst- bzw. Geschäftsherr dabei auf außerhalb des geistigen Werkgehalts liegende Anweisungen, bloße ungestaltete Ideen und Motivanregungen beschränkt, kommt für ihn eine schöpferische Mitwirkung u. damit ein Miturheberrecht nicht in Frage. Bei künstler. Weisungen, die bis ins einzelne gehen u. dem Beauftragten keinen eigenen Spielraum in der geistig-ästhetischen Formgestaltung lassen, ist der Beauftragte aber nur noch (technischer) Gehilfe; Werkschöpfer ist der Auftraggeber (RGZ 82, 333; 108, 62; BGH: GRUR 52, 257 = NJW 1952, 661; Gamm § 7 Rdz. 6);

b) **eine gewisse schöpferische Tätigkeit.** Ungenügend für die Begründung einer Miturheberstellung ist daher das Sammeln, Sichten und Ordnen nach einem Plan des Urhebers, ebenso eine rein formale Textrevision (OLG München, Schulze Rspr. OLGZ Nr. 7 S. 5; Möhring—Nicolini § 7 Anm. 2 c). Wer so handelt, ist Gehilfe u. daher weder Urheber im urheberrechtl., noch Verf. im verlagsrechtl. Sinne.

2. Das Verhältnis der mehreren Personen, die nicht Gehilfen bei der Schöpfung des Werkes, sondern dessen Miturheber sind, bestimmt sich nach der Enge der Zusammenarbeit bei der Schöpfung u. des Ergebnisses dieser Schöpfung: Dieses ist entweder untrennbar (Rdz. 35 ff.) oder trennbar (Rdz. 44 ff.).

[35] 3. **Die untrennbare Schöpfung: das untrennbare Gemeinschaftswerk** (Löffler I S. 655 Rdz. 50 a).

Kennzeichen des untrennbaren Gemeinschaftswerkes ist es, daß die Mitverf. gleichartig (Voigtländer—Elster § 1 Anm. 6) u. gemeinsam, nicht notwendig gleichzeitig (so auch Gamm § 8 Rdz. 10) u. gleichwertig in einer Weise u. mit dem Ergebnis tätig werden, daß sich ihre Anteile an dem Gemeinschaftswerk nicht gesondert verwerten lassen. Sie sind etwa die Mitverf. eines Theaterspiels, wie Arnold & Bach als Mitverf. zu ihrer Zeit sehr beliebter Lustspiele, die Mitverf. eines Drehbuchs für Film oder Fernsehen, der Informierende eines Memoirenwerkes u. der das Manuskript Ausarbeitende (OLG Köln: GRUR 1953, 499; weitere Einzelheiten bei Gamm § 8 Rdz 10).

[36] Untrennbar ist schließlich der Beitrag des **Ghostwriters** (hierüber oben Rdz. 31) u. seines Auftraggebers an dem unter dessen Namen erscheinenden Werk. Denn diese Zusammenarbeit, durch die beide zusammen das Gepräge des Werkes mitgestaltet haben, führt zur Miturheberschaft von Ghostwriter u. Auftraggeber; dann sind

näml. die Beiträge beider untrennbar in dem Werk zusammengeschmolzen u. nicht mehr gesondert verwertbar (Löffler I S. 655 Rdz. 40, 600 Rdz. 64; Stolz a. a. O., S. 44).

Aus solcher Miturheberschaft ergeben sich zwei Möglichkeiten.

[37] a) Die **Mitverf.** sind auf Grund Vereinbarung oder nach den Verhältnissen **gleichberechtigt.** Diesen Fall regelt nun § 8 UrhG, abgedruckt Anh. S. 422. Die Vorschrift ist für Verf. wie Verl. von großer Bedeutung. Denn auf Grund dieser Bestimmung entsteht zwischen den Mitverfassern eine bürgerlich-rechtliche Gesellschaft (Gesamthandgemeinschaft), in der das Urheberrecht mit den daraus fließenden Verwertungsrechten (§§ 15 ff. UrhG) einschl. der sonstigen vermögenswerten Rechte der §§ 26 und 27 UrhG kraft Gesetzes das zunächst einzige Gesamthandvermögen bildet (Gamm § 8 Rdz. 14). Daraus ergibt sich:

[38] aa) Wird das Urheberrecht durch **Verlagsvertrag** verwertet, muß dieser, sofern nicht durch Vertrag unter den Verf. ein Mitverfasser die alleinige Geschäftsführung (§ 710 BGB) u. damit (§ 714 BGB) die Vertretung der Mitverf. gegenüber Dritten besitzt (vgl. dazu auch Gamm § 8 Rdz. 17) mit u. von allen Mitverf. abgeschlossen werden (§ 709 BGB). Doch steht das Gemeinschaftsverhältnis unter den Einschränkungen von Treu u. Glauben, so daß ein Mitverf. seine Einwilligung zu einer zweckentsprechenden u. angemessenen Verwertung nicht versagen kann (§ 8 Abs. 3 S. 2 UrhG; schon bisher BGHZ 33, 20; 33, 48; BGH: GRUR 64, 326/330; Gamm a. a. O.).

[39] bb) **Änderungen** des gemeinsam verfaßten untrennbaren Werkes sind nach § 8 Abs. 2 Satz 1 UrhG nur mit Einwilligung aller Mitverf. zulässig, die nach § 8 Abs. 2 S. 2 UrhG nicht wider Treu u. Glauben verweigert werden kann. Die wider Treu u. Glauben verweigerte Einwilligung kann gemäß § 894 ZPO durch Urteil ersetzt werden.

[40] cc) **Erträge** aus der Werknutzung fallen grundsätzl. in das Gesamthandvermögen (Gamm a. a. O.). Die Leistungen aus dem Verlagsvertrag, insbes. das Honorar, aber auch die Freiexemplare können, sofern nichts anderes vereinbart ist, nur an alle Mitverf. erfolgen (arg. § 8 Abs. 2 Satz 3 UrhG). Jedoch sind gerade hier Bestimmungen im Verlagsvertrag unerläßl., damit

nicht Streitigkeiten unter den Mitverf. auf dem Rücken des Verl. ausgetragen werden.

[41] dd) **Verluste** fallen der Gesamthand zur Last (§ 718 BGB). Doch können sich Drittgläubiger nicht nur an das Gesamthandvermögen (Titel gegen alle Gesamthandberechtigten: § 736 ZPO), sondern auch an die samtverbindl. haftenden (§§ 421 ff. BGB) Mitverfasser halten (Gamm a. a. O.). Das Gleiche gilt für alle Verletzungen des Verlagsvertrags durch einen oder alle Mitverf. Daher kann der Verl. die im Verlagsvertrag den Mitverf. auferlegte Pflicht zur Korrektur für das gesamte Werk von dem einen Mitverf. verlangen, wenn der andere oder die anderen Mitverf. sich ausdrückl. oder stillschweigend ihrer Korrekturpflicht versagen.

[42] ee) Für das **Innenverhältnis** zwischen den einzelnen Mitverf. ist der Umfang ihrer Anteile an der Gesamthand entscheidend. Dieser bestimmt sich nach dem Umfang ihrer schöpferischen Mitwirkung. § 8 Abs. 3 UrhG beschränkt diese Regelung auf die Erträgnisse aus der Werknutzung; sie gilt aber auch für die Verlusttragung (§ 722 Abs. 2 BGB) u. damit für den Anteil am Recht selbst. Abweichende Vereinbarungen sind zulässig (§ 8 Abs. 3 UrhG; Gamm § 8 Rdz. 14, 17) u. nicht selten, zumal bei Verträgen zwischen Ghostwriter u. Auftraggeber, weil diesem meist nichts am Honorar, dagegen alles an der Veröffentlichung, dem schönen Schein seiner Verfasserschaft gelegen ist. Mangels solcher Abreden erfolgt die Verteilung von Gewinn u. Verlust am Schluß jedes Geschäftsjahres, da das Rechtsverhältnis seiner Natur nach von Gesetzes wegen auf Dauer angelegt ist (§ 721 BGB).

[43] b) Die **Mitverfasser** sind auf Grund Vereinbarung **nicht gleichberechtigt.** Dieser Fall berührt sich eng mit dem eben erwähnten und enthält regelmäßig den Verzicht auf den Anteil an den Verwaltungsrechten, hier also auf den Anteil an den Rechten aus dem Verlagsvertrag. Ein solcher Verzicht ist gegenüber dem oder den anderen Mitverf. zu erklären; eine Vertretung ist zulässig, so daß die Erklärung gegenüber dem geschäftsführenden Mitverf. genügt. Eine ausdrückl. Erklärung erübrigt sich bei einem hinreichend eindeutigen Verhalten; häufig wird es sich aber nur um eine Ablehnung bestimmter Einzelnutzungserträge u. nicht des Verlagsrechtes selbst handeln. Ein solcher begrenzter Verzicht wie auch der Verzicht auf

einzelne bestimmte Verwertungsrechte hat zwar eine entspr. höhere Beteiligung der anderen Mitverf. an den Nutzungserträgen, aber kein Anwachsen ihrer Gesamthand-Anteile zur Folge (Gamm a. a. O.).

[44] 4. **Die Beiträge der Einzelpersonen sind trennbar: Die trennbare Werksverbindung** (vgl. Bappert—Maunz § 1 Rdz. 18, Löffler I S. 656 Rdz. 51).

a) **Kennzeichen** der trennbaren Werksverbindung ist es, daß die Mitverf. gemeinsam, nicht notwendig gleichartig, gleichzeitig oder gleichwertig in einer Weise und mit dem Ergebnis tätig werden, daß sich ihre Anteile an dem Werk gesondert verwerten lassen. Dabei lassen sich 2 Fälle unterscheiden:

aa) Die Verf. der zu verbindenden u. dann verbundenen Beiträge sind gleichartig, wie die Verf. der Beiträge zu Großkommentaren (Gamm § 9 Rdz. 10), Lexika, Festschriften und ähnl. Sammelwerken, bei denen die Beiträge entweder nur Werke der Literatur oder nur Werke der Tonkunst sind (gleichartige Werksverbindung). Hierüber unten unter Rdz. 46).

bb) Die Verf. der Beiträge sind ungleichartig; die Beiträge gehören verschiedenen Gattungen von Werken an, etwa die Verbindung eines Werkes der Literatur mit einem solchen der Tonkunst oder der bildenden Kunst (ungleichartige Werksverbindung, hierüber unter Rdz. 66).

[45] b) **Gemeinsame Vorschrift** für beide Arten von Werkverbindungen ist § 9 UrhG, abgedruckt Anh. S. 422. Die Bedeutung dieser Vorschrift ist verschieden, je nachdem die Werksverbindung gleichartig oder ungleichartig ist.

[46] c) **Die gleichartige Werksverbindung.**

aa) **Dazu gehören,** wie erwähnt, die von mehreren Verf. bearbeiteten Kommentare. Das ist nicht ganz unbestritten. Nach einer Meinung (Möhring—Nicolini § 9 Anm. 5 b) kann ein von mehreren Verf. geschaffener Kommentar sowohl unter § 8 UrhG als auch unter § 9 UrhG fallen (so auch Hubmann S. 115), während Ulmer S. 172 ff. Ziff. I und die Begr. S. 42 1. Sp. offenbar stets einen Fall der Werkverbindung nach § 9 UrhG annehmen wollen. Gesondert verwertbar i. S. des § 9 UrhG sind hier die Anteile der Mitverfasser nur dann, wenn es sich um einen mehrbändigen Kommentar handelt; hier ist die getrennte Veröffentlichung eines Einzelanteils denkbar, wenn dieser Band von einem einzigen Verf. stammt und ein in sich geschlossenes (Rechts-)Gebiet behandelt, z. B. des Seerechts innerhalb eines HGB-Kommentars oder das Internationale Privatrecht beim EGBGB. Scheidet diese Möglichkeit aber, z. B. bei einem kleineren Kommentar, aus, so handelt es sich um ein gemeinsam geschaffenes, untrennbares Werk i. S. des § 8 UrhG, auch wenn die Beteiligten ihre Anteile selbständig geschaffen haben. Entsprechendes gilt für ein von mehreren Verf. geschaffenes Lehrbuch, ferner für Lexika; bei Konservationslexika etwa können gesonderte Atlasbände dasselbe Schicksal haben wie selbständige Teilbände eines Kommentars.

bb) Bei gleichartigen Werksverbindungen spielt die Frage der Gleichberechtigung der Beiträger eine erhebl. Rolle.

[47] α) Sind die **Beiträger gleichberechtigt,** entsteht durch die Zusammenarbeit u. die in ihr liegende Einigung der Verf. eine Verwertungsgemeinschaft in der Form einer Gesellschaft des bürgerl. Rechts, für die die Vorschriften der §§ 705 ff. BGB gelten, soweit nicht die Sonderregelung des § 9 UrhG vorgeht. Damit besteht im Ergebnis eine gleiche Regelung, wie sie die Gesamthandgemeinschaft der Mitverfasser vorsieht (oben Rdz. 37). Die zur Gesamthandgemeinschaft der Mitverfasser entwickelten Grundsätze gelten daher entspr., zumal auch die Sonderregelung des § 9 UrhG mit der Interessenabwägung bei der Verpflichtung zur Erteilung der Einwilligung in eine zweckentspr. Verwertung — trotz geringfügig abweichender Wortwahl — sachl. nichts anderes besagt als § 8 Abs. 2 S. 2 UrhG (Gamm § 9 Rdz. 10).

[48] β) Sind die **Beiträger nicht gleichberechtigt,** dann nur, weil einer von ihnen als sog. **Herausgeber** aus ihrer Masse herausragt. Das kommt hauptsächl. bei Sammelwerken (§ 4 Rdz. 2), wie Lexika aller Art, aber auch Großkommentaren in Betracht.

[49] 1. Nach dem Schriftt. ist **„Herausgeber“** eines Werkes, wer es zusammenstellt u. ihm die Form gibt (Möhring—Nicolini § 38 Anm. 2 c). Seine Tätigkeit besteht in einem Sammeln, Sichten, Prüfen, Ordnen u. bisweilen Überarbeiten der verschiedenen Einzelbeiträge (Bappert—Maunz § 41 Rdz. 15). Damit wird man wohl der Wirklichkeit nicht ganz gerecht. Der Herausgeber stellt nicht nur das Sammelwerk zusam-

men u. gibt ihm die Form; er sorgt auch dafür, daß die Beiträger ihre Arbeit rechtzeitig abliefern, daß die Form der Beiträge sich in den Rahmen des Sammelwerkes genau einfügt (etwa durch Vereinheitlichung der Abkürzungen), daß, soweit erforderl., ein Register erstellt wird, daß der Druck rasch u. gut vonstatten geht. Seine Tätigkeit ist daher überwiegend, mitunter sogar ausschließl., reine Verwaltungsarbeit gegenüber der mehr oder minder wissenschaftl. Tätigkeit der Beiträger.

Diese Verwaltungstätigkeit kann der Herausgeber aus 4 Gründen ausüben: Aus völlig freiem eigenem Antrieb (Rdz. 50), auf Veranlassung einer natürl. oder jurist., aber nicht verlegerisch tätigen Person (Rdz. 55), auf Veranlassung des Verl. (Rdz. 59) u. schließl. auf Veranlassung von künftigen Beiträgern (Rdz. 63).

[50] Vorweg sei jedoch auf die Frage eingegangen, ob dem aus der Masse der Beiträger herausragenden Herausgeber ein neben dem Urheberrecht der einzelnen Beiträger an ihrem Beitrag bestehendes, sie sozusagen überragendes Urheberrecht an dem Sammelwerk zusteht. Die Antwort gibt § 4 UrhG, abgedruckt Anh. S. 421. Danach besteht ein zwar infolge des zwingenden inmitten liegenden Eingriffes in das Urheberrecht der Beiträger abhängiges, aber trotzdem in sich selbständiges Urheberrecht am Sammelwerk, u. zwar in der Person seines Schöpfers, also in aller Regel des Herausgebers. Dieser ist zur selbständigen Einräumung von Verwertungsrechten an seinem Sammelwerk berechtigt; auf eine Zustimmung der Urheber der aufgenommenen Werke kommt es hierzu nicht an (OLG Köln: GRUR 50, 579). Kraft der Ausnahmevorschrift des § 34 Abs. 2 UrhG (abgedruckt Anh. S. 427) bedarf es bei einer gleichzeitigen Weiterübertragung der erworbenen Nutzungsrechte der aufgenommenen Werke ebenfalls nicht der Zustimmung der betroffenen Beiträger (Gamm § 4 Rdz. 11). Der Herausgeber ist aber weder zu einer anderweitigen Vervielfältigung u. Verwertung noch (abgesehen von Zeitungen u. Zeitschriften) zu einer anderen als der vereinbarten Zusammenstellung u. Anordnung mit anderen Werken und/oder Beiträgen berechtigt (RGStr. 30, 292). Eine Überschreitung ist nicht nur eine (positive) Vertrags-, sondern auch eine Urheberrechtsverletzung (RG a. a. O.; Gamm a. a. O. Rdz. 10).

[51] 2. Der Herausgeber **handelt aus eigenem freiem Antrieb.** Er will etwa, ohne daß er schon einen Verl. oder Beiträger hätte, eine Anthologie moderner Lyrik, oder nicht mehr geschützte Werke (Volkslieder, Sagen u. Märchen, nicht oder nicht mehr geschützte Verf.) oder auch eine neue Zeitung oder Zeitschrift herausgeben u. sucht Beiträger u. Verl. Dieses Herausbringen, das Erscheinenlassen, das Veröffentlichen eines periodischen oder nicht periodischen Sammelwerkes, einer Schriftenreihe oder der Werke eines oder mehrerer Verf. ist ein Unternehmen im verlagsrechtl. Sinne. Der Herausgeber ist daher Unternehmer in diesem Sinne (Bappert—Maunz § 41 Rdz. 16, 17).

[52] Seine Beziehungen zu dem gesuchten u. schließl. gefundenen Verl. regelt er durch einen Verlagsvertrag im übl. Sinne (Bappert—Maunz a. a. O. Rdz. 17). Bei Auflösung des Verlagsvertrags geht das Unternehmen an den Herausgeber über; er kann den Titel weiterhin benutzen u. das Unternehmen mit einem anderen Verl. oder im Selbstverlag fortsetzen. Unbeachtl. ist dann, daß der Verl. während des bestehenden Vertragsverhältnisses die gesamten Kosten des Unternehmens trägt. Der Verpflichtung zur Kostentragung steht ja auch das Recht des Verl. auf die Einnahmen aus der Zeitschrift usw. gegenüber, welche sich aus den Bezugs- u. Inseratengeldern zusammensetzen. (Bappert—Maunz a. a. O.).

[53] Die Beziehungen zu den Beiträgen, sofern solche überhaupt vorhanden sind, regeln Einzelverträge, die wohl als Dienstverträge im Sinne der §§ 611 ff. BGB zu bezeichnen sind (vgl. Staudinger—Nipperdey Vorb. 28 vor § 611).

[54] Die Beziehungen der Beiträger untereinander richten sich nach dem Einzelfall. Denkbar ist jedoch eine Rechtsbeziehung, die etwa der Betriebsgruppe (Staudinger—Nipperdey a. a. O., Vorb. 272) oder einem Gruppenarbeitsverhältnis entspricht, da ja die Beiträger zwecks gemeinsamer Ausführung ihrer Beiträge u. gesonderter Entlohnung bei demselben Dienstherrn, dem Herausgeber, zu demselben Zeitraum in einem Dienstverhältnis stehen. Hier liegt eine Mehrheit von unmittelbaren Dienstverhältnissen vor, die bei vereinbartem Absatzhonorar durch die aus der gemeinsamen Arbeit errechnete Entlohnung zusammenhängen.

Abgesehen davon, insbes., wenn nicht Absatz-, sondern etwa Bogenhonorar vereinbart ist, sind die Dienstverhältnisse voneinander unabhängig. Daher besteht bei Vertragsverletzung durch einen Beiträger keine Haftung der anderen Beiträger als Gesamtschuldner (Palandt—Putzo Einf. 4 a/cc vor § 611).

[55] 3. Der Herausgeber **handelt auf Veranlassung einer** natürl. oder jurist. **nicht verleger. tätigen Person.** Der Herausgeber gibt etwa auf Veranlassung oder über Auftrag einer Regierung, polit. Partei oder kirchl. Einrichtung eine Zeitung oder Zeitschrift, auf Veranlassung einer staatl., städt. oder ähnl. Einrichtung, aber auch einer Bank oder eines großen Unternehmens eine Festschrift zu irgendeinem Jubiläum, über Auftrag einer sog. gelehrten Gesellschaft oder eines sonstigen öffentl.-rechtl. Instituts eine Schriftenreihe heraus. Er erscheint hier zumeist, aber nicht überall, als Herausgeber. Tatsächl. ist jedoch in aller Regel Herausgeber nicht er, sondern die natürl. oder jurist. Person, auf deren Veranlassung oder über deren Auftrag er handelt.

[56] Seine Beziehungen zu diesem Auftraggeber, dem eigentl. Herausgeber, können nach Lage des Einzelfalles Dienstvertrag nach §§ 611 ff. BGB oder ein entgelt. oder unentgeltl. Geschäftsbesorgungvertrag nach §§ 662, 675 BGB sein (über ihre Abgrenzung vgl. Palandt—Putzo a. a. O. 2 b). Der als Herausgeber Erscheinende kann aber auch zum Auftraggeber in einem öffentl.-rechtl. Dienstverhältnis, etwa als Beamter oder Angestellter im öffentl. Dienst stehen.

[57] Die Beziehungen zwischen ihm u. dem Verl. regelt der Vorlagsvertrag im übl. Sinne. Ihn schließt er, wenn er wirkl. Herausgeber ist, in eigenem Namen, sonst als Vertreter des Auftraggebers.

[58] Für die Beziehungen des „Herausgebers“ zu den einzelnen Beiträgern gilt das Rdz. 53, 54 ausgeführte entsprechend. Der „Herausgeber“ schließt die Einzelverträge mit den Beiträgern als Vertreter seines Auftraggebers. Die Beiträger stehen daher mit diesem u. nicht mit dem Herausgeber in dem oben gekennzeichneten Dienstverhältnis.

[59] 4. Der Herausgeber **handelt auf Veranlassung zumeist im Dienste eines Verl.** Das ist die Regel, insbes. bei Großkommentaren, großen Lexika, aber auch bei Almanachen der Verlage u. ähnl. Sammelwerken.

[60] Die Beziehungen zwischen Herausgeber u. Verl. regeln sich hier nach dem einzelnen Falle durch Arbeits-, Dienst- (so Allfeld § 41 Anm. 3) oder Geschäftsbesorgungsvertrag nach §§ 662, 675 BGB. Liegt ein Arbeitsvertrag vor, so richten sich die Rechtsbeziehungen nach dem vertragl. Vereinbarten. Der Herausgeber ist Beauftragter oder Angestellter des Verl. Er ist dessen Weisungen unterworfen, soweit sich aus dem Arbeitsvertrag nichts anderes ergibt. Der Verl. ist berechtigt, das Arbeitsergebnis des Herausgebers abzuändern. Für den Herausgeber besteht während der Zeit seiner Anstellung ein Wettbewerbsverbot. Er darf also gleichzeitig weder eine abhängige noch eine unabhängige Herausgebertätigkeit ausüben. Liegt ein anderer Vertrag als ein Arbeitsvertrag so, so richtet sich dieser nach den jeweiligen Bestimmungen des BGB. Es besteht dann wegen der größeren Selbständigkeit des Herausgebers kein Wettbewerbsverbot. Er kann deshalb auch mit anderen Verl. in vertragl. Beziehungen stehen oder selbständig eine Herausgebertätigkeit ausüben. Er muß aber die Grundsätze von Treu u. Glauben u. des Gesetzes über den unlauteren Wettbewerb beachten. Einwirkungsmöglichkeit des Verl. auf die Tätigkeit des Herausgebers ist grundsätzl. zu verneinen. Ob er dann, wenn der Herausgeber eine verabredete oder sich aus den Umständen ergebende Grundlinie verläßt, eingreifen kann, was für Zeitungen mit einer bestimmten polit. Grundhaltung wichtig ist (Bappert—Maunz § 41 Rdz. 19), ist gerade in jüngster Zeit heftig umstritten, jedoch nach der derzeitigen Rechtslage zu bejahen.

[61] Ist der Herausgeber zugleich Verl., steht ihm als Herausgeber nach § 4 UrhG (abgedruckt Anh. S. 421) ein Urheberrecht an dem Sammelwerk zu (vgl. oben Rdz. 50). Dann kann er insoweit kein Verlagsrecht erwerben, da es für einen Verlagsvertrag an der notwendigen Voraussetzung zweier Vertragspartner fehlt (vgl. RGZ 95, 236). Dies gilt auch, wenn er das Werk im „Selbstverlag“ erscheinen läßt; denn auch

der Selbstverlag gewährt kein Verlagsrecht i. S. des VerlG (vgl. unten Rdz. 90).

[62] Die Beziehungen zw. dem Herausgeber u. den einzelnen Beiträgern sind dadurch gekennzeichnet, daß der Herausgeber nicht in eigenem Namen, sondern als Vertreter des Verl. mit den Beiträgern abschließt (Allfeld a. a. O. Anm. 20). Er handelt dann in Vollmacht des Verlegers gem. §§ 54, 57, 58 HGB. Danach ist der Herausgeber ohne weiteres befugt, innerhalb der Grenzen seines Auftrags, im allg. also nur für die regelmäßigen u. übl. Geschäftsvorgänge (Annahme, Veränderungsbefugnis, Vergütungsbedingungen u. dgl.), alle Rechtshandlungen abzuschließen, die die ordnungsgemäße Führung seiner Geschäfte mit sich bringt. Überschreitet der Herausgeber seine Vollmacht, so wird er, nicht der Verl., dem Dritten haftbar (Voigtländer—Elster § 1 Anm. 7 a). Für die Rechtsnatur der Verträge mit den einzelnen Beiträgern gelten die Ausführungen zu Rdz. 53, 54 entspr.

[63] 5. Der Herausgeber **handelt auf Veranlassung der Beiträger:** Ein Professor gibt auf Veranlassung von Kollegen eine Festschrift für einen jubilierenden oder eine Gedenkschrift für einen verstorbenen Kollegen, ein Schriftsteller auf Veranlassung seiner schriftstellernden Freunde eine Zeitschrift gleichsam als ihr Sprachrohr heraus.

[64] Die Beziehungen zu dem gesuchten u. schließl. gefundenen Verl. regelt der Herausgeber durch einen Verlagsvertrag im übl. Sinne. Der Herausgeber handelt dabei, da ihm nach dem unmittelbar oder, wie später auszuführen, entsprechend anzuwendenden § 710 BGB die Geschäftsführung übertragen ist, gem. § 714 BGB als Vertreter der übrigen Beiträger. Für später Hinzutretende wird er als vollmachtloser Vertreter tätig. Die nach § 177 Abs. 1 BGB erforderl. Genehmigung der später Hinzutretenden ist stillschweigend als durch den Hinzutritt geschehen zu erachten.

[65] Die Beziehungen zwischen dem Herausgeber u. den übrigen Beiträgern regeln sich grundsätzl. nach § 9 UrhG; daher gelten die Ausführungen oben Rdz. 46 ff. entsprechend. In der Praxis ist allerdings für die Geltendmachung der Rechte aus § 9 UrhG seitens eines Beiträgers wenig Raum, da einer

Verwertung des Sammelwerkes durch die Beiräger das vorrangige Recht des Herausgebers (oben Rdz. 50) im Wege steht. Ist dieser aber mit der Verwertung der verbundenen Werke seitens der Beiträger einverstanden oder ist sein Urheberrecht früher erloschen als die Urheberrechte an den einzelnen Beiträgen, so kann die Regelung des § 9 UrhG prakt. Bedeutung gewinnen (Möhring—Nicolini § 4 Anm. 7). Eine Ausnahme vom § 9 UrhG besteht dann, wenn es am Erfordernis der Gemeinsamkeit der Verbindung fehlt. Das ist bei sog. Gastautoren der Fall, wenn also in der Zeitschrift Beiträge von Verf. erscheinen, die sonst nicht zum Kreise der Beiträger gehören, aber als Berühmtheiten zur Ausschmückung u. zur Werbung für die Zeitschrift nicht unwillkommen sind. Der Vertrag mit ihnen ist Dienstvertrag nach §§ 611 ff. BGB.

[66] d) **Die ungleichartige Werksverbindung.**

aa) Dazu gehören alle Verbindungen von Werken verschiedener Gattungen zu einem einheitlichen Werk, insbesondere 2 Gruppen:

α) Die Verbindung eines Werkes der Literatur mit einem solchen der Tonkunst, insbes. Oper (dazu rechtsgeschichtl. etwa Ulmer S. 172 Ziff. I 2, ferner RGZ 67, 84: Die Afrikanerin, RGZ 71, 92: Carmen), Operette (RGZ 82, 16: Die lustige Witwe; RGZ 118, 282: Musikantenmädel), Musicals, überhaupt die Verbindung beider, etwa Bühnenwerk u. einzelne Musikstücke (BGH: GRUR 62, 256; früher KG: JW 1928, 1233), Lied und Text (BGH: GRUR 57, 611; 64, 326; OLG Hamburg: GRUR 31, 513). Da das VerlG Werke der Literatur und der Tonkunst gleichstellt, kann man diese Werksverbindung eine gleichgestellte (rechtlich ungenau) gleiche Werksverbindung nennen.

β) Die Verbindung eines Werkes der Literatur mit einem solchen der bildenden Kunst, insbes. die Illustration von Büchern (Gamm § 9 Rdz. 3 mit Nachw.), aber auch die Ausstattung wissenschaftl. Werke mit Zeichnungen, insbes. techn. Art, graph. Abbildungen u. dgl. (vgl. Ulmer a. a. O.). Da das VerlG Werke der Literatur u. der bildenden Kunst nicht gleichstellt, kann man diese Werksverbindung rechtl. ungenau als ungleiche Werksverbindung bezeichnen.

bb) Gleichgültig nun, ob eine der beiden Arten vorliegt, ergeben sich 2 Möglichkeiten:

[67] α) **Die Mitverf. arbeiten gemeinsam an dem Werk,** etwa derart, daß sie ihre an sich verschiedenartige Arbeit aufeinander abstimmen. Das geschieht regelmäßig im Musikleben zwischen Komponisten u. Librettisten. Hier wird die Unterscheidung zwischen gleicher u. ungleicher Werksverbindung von Bedeutung. Bei gleicher Werksverbindung gelten die Ausführungen von Rdz. 46 ff. Verlagsrechtl. (nicht aber bezügl. des Innenverhältnisses) schwieriger ist es bei der ungleichen Werksverbindung. Denn nur der Beitrag des Verf. des Werkes der Literatur oder der Tonkunst, nicht aber der andere Beitrag (etwa Graphik), kann Gegenstand eines Verlagsvertrags (Rdz. 80) sein, wie wohl auch der andere „seinem Typus nach dem Verlagsvertrag" entspricht (Ulmer S. 388 Ziff. II). Hier empfiehlt sich der Abschluß gesonderter Verträge über das Werk der Literatur (Verlagsvertrag) u. über die Illustrationen (verlagsvertragsähnl. Vertrag, der nicht diesem Gesetz, sondern dem BGB unterliegt), die jedoch beide von u. mit beiden Verfassern abgeschlossen u. bei Schriftform unterzeichnet werden müssen. Im Innenverhältnis der beiden Verf. kann jeder von ihnen vom anderen die Einwilligung zur Veröffentlichung, Verwertung u. Änderung verlangen, wenn die Einwilligung dem anderen nach Treu und Glauben zuzumuten ist (§ 9 UrhG). Das kann u. U. dann von Bedeutung werden, wenn die Änderung des einen Werks die Schaffung eines völlig neuen anderen Werks des anderen Verf. verlangt, wenn etwa der Librettist den Text so ändert oder Einfügungen solcher Art macht, daß der Komponist zur Neuschaffung von Teilen seines Werkes gezwungen ist oder auch umgekehrt.

[68] β) **Die beiden Beteiligten arbeiten völlig unabhängig voneinander:** Ein Werk, zumeist das geschriebene, ist schon fertig. Dann wird, ohne daß die Beteiligten zueinander in Beziehung treten, ja vielleicht treten können, weil der Verf. des Librettos/Buches schon tot ist, das andere dazu erstellt, das Libretto vertont, das Buch illustriert. Hier haben also nicht, wie im Falle des § 9 UrhG die mehreren Urheber ihre Werke zu gemeinschaftl. Verwertung „miteinander" verbunden. Die Verbindung erfolgt hier vielmehr durch den Verl. Zwischen den beiden am Werk beteiligten Verf. bestehen keine rechtl. Beziehungen. § 9 UrhG kommt daher nicht zur Anwendung (a. A. Gamm Einf. 82; wie hier Möhring—Nicolini § 9

Anm. 5 a). Keiner der am Werk beteiligten Verf. kann daher vom anderen die Einwilligung zur Veröffentlichung, Verwertung u. Änderung verlangen. Seine die Veröffentlichung, Verwertung oder Änderung betreffenden Ansprüche richten sich ausschließlich gegen den Verl.

III. Der Verleger

[69] 1. Bei Bestimmung des **Begriffs des Verl.** ist zu unterscheiden

a) der Verl. im verlagsrechtl. Sinne. Er ist der Beteiligte des Verlagsvertrages, der berechtigt u. verpflichtet ist, ein ihm vom Verf. überlassenes Werk der Literatur oder der Tonkunst auf eigene Rechnung zu vervielfältigen u. zu verbreiten (Löffler I S. 160 Rdz. 16), in seiner Hand beide Tätigkeiten vereinigt u. zusammenfaßt (RGZ 106, 66; Bappert—Maunz § 1 Rdz. 37) u. damit das finanzielle Risiko der Drucklegung u. Verbreitung übernimmt (Löffler I S. 640 Rdz. 5). Sofern er dies alles im Rahmen eines Gewerbebetriebes tut, ist er sog. Muß-Kaufmann nach § 1 Abs. 2 Ziff. 8 HGB;

b) der Verleger im presserechtl. Sinne. Es ist der Inhaber eines Verlagsunternehmens, der das Erscheinen u. Verbreiten von Massenvervielfältigungen geistigen Sinngehalts (Druckwerke) bewirkt (Löffler S. 160 Rdz. 16). Er kann sich mit dem Verl. im verlagsrechtl. Sinne decken, muß es aber nicht. Er bleibt bei den Erörterungen in diesem Buche außer Betracht, so daß, wenn vom „Verl." gehandelt wird, stets der Verl. im verlagsrechtl. Sinne gemeint ist.

[70] 2. Als **bes. Ereignisse in der Person des Verl.** kommen insbes. in Betracht:

a) **Zwangsvollstreckungsmaßnahmen** gegen ihn, u. zwar entweder im gewöhnl. Zwangsvollstreckungsverfahren, wozu die Anm. zu § 28 zu vergleichen sind, u. durch den Konkurs, worüber die Anm. zu § 36 zu vergleichen sind.

[71] b) Der **Tod des Verl.** Hier wird das Verlagsvertragsverhältnis mit dem oder den Erben fortgesetzt. Die Rechte u. Pflichten aus dem Verlagsvertrag gehen auf den oder die Erben über (Ulmer S. 356 Ziff. IV). Sind durch letztwillige Verfügung Rechte aus einem oder mehreren Verlagsverträgen als Vermächtnis Dritten zugewendet, so sind sie von dem oder den Erben dem oder den Dritten zu übertragen. Bezieht sich das Vermächtnis nur auf die Rechte an einzelnen Werken, so ist zur Übertragung die Zustimmung des Verfassers erforderl. (Bappert—Maunz § 28 Anm. 41; a. A. Allfeld § 28 Anm. 3).

D. Der Gegenstand des Verlagsvertrages

Gegenstand des Verlagsvertrages ist unabdingbar ein Werk der Literatur oder der Tonkunst.

I. Ein „Werk" der Literatur oder der Tonkunst

[72] **1. Begriff des „Werkes"**

a) **„Werk" i. S. des allg. Sprachgebrauchs,** insbes. im Sinne des bürgerl. Rechts ist das Ergebnis der Erfolg einer menschl. Tätigkeit (Staudinger—Riedel § 631 Rdz. 2), ein bestimmtes Arbeitsergebnis (Palandt—Thomas § 631 Anm. 1 a). Das Verlagsrecht kann sich jedoch mit dieser Begriffsbestimmung nicht begnügen. Denn das Werk im verlagsrechtl. Sinne ist nicht das Ergebnis, gar der Erfolg irgendeiner menschl. Tätigkeit, sondern einer rein geistigen Tätigkeit des Entwurfs, der Planung, der Vorbereitung und einer gemischt geistig-körperl. Tätigkeit, nämlich der Ausführung. Werk im verlagsrechtl. Sinne ist daher eine Schöpfung, bei der Vorstellungen, Gedanken oder Gefühle einen sichtbaren Ausdruck finden (ähnl. Ulmer S. 117 Ziff. I).

b) Das reicht jedoch nicht aus. Die Schöpfung muß, damit sie Werk im verlagsrechtl. Sinne ist, nach § 2 Abs. 2 UrhG sich durch seine **Eigenständigkeit,** das Maß der hierauf verwandten geistigen Leistung von der Masse alltägl. Gebilde abheben (so auch Ulmer S. 119 Ziff. I 3). An das Maß der geistigen Leistung freil. stellen die Gerichte nur äußerst bescheidene Ansprüche.

[73] aa) Auf der untersten Stufe der „Werke" stehen Zusammensetzungen von Tatsachen, Nachrichten, Mitteilungen in Geschäftskatalogen (anders bei Sammlungs- oder Ausstellungskatalogen), Prospekten oder ähnl. Veröffentlichungen, bei denen die geistige Leistung in der Sammlung, Sichtung, Auswahl, Einteilung u. Anordnung des Stoffes oder in gewissen belehrenden Ausführungen liegen kann (RGSt. 39, 100; RG: MuW 1925/26, 271, Grur 1926, 117). Ähnl. gilt für Formblätter, Geschäftsbedingungen oder Vertragsvordrucke, wenn sich in ihrem Gehalt ein ungewöhnl. Grad geschäftl. Erfahrung, Gewandtheit, Wirtschafts- oder Rechtskenntnis oder in ihrer Form eine eigentüml., nicht von selbst gegebene Anordnung zeigt (RGStr. 46, 160; RGZ 143, 416; BGH: Grur 1959, 251). Adreßbücher sind „Werke" im verlagsrechtl. Sinne nur, wenn über die übl. Dreiteilung in Einwohner-, Straßen u. Gewerbe-

verzeichnis hinaus (die nicht genügt: RGZ 116, 292; RG: Grur 1932, 742) eine bes. Gliederung u. Anordnung des Stoffes gegeben ist. Jedoch werden in vom Schriftt. (Ulmer S. 120 Ziff. I 3) als zu weitgehend bezeichneten älteren Erkenntnissen (RG: DJZ 1908, 268; JW 1925, 2777) Ortsregister u. Fernsprechverzeichnisse als Werke im verlagsrechtl. Sinne bezeichnet. Werke dieser Art sind ferner Rechentabellen, wenn ihre Auswahl zweckmäßig u. kaufmännischen Bedürfnissen angepaßt ist (RGZ 121, 357), Koch- u. Rezeptbücher, wenn sie zweckentsprechend faßl. dargestellt u. die Vorschriften u. Rezepte den Bedürfnissen gemäß zusammengestellt sind (RGZ 81, 120; OLG Hamburg: Ufita 1957 I 222). Nicht dagegen sind „Werke" dieser Art Theater-, Rundfunk- u. Fernsehprogramme für sich allein (RGZ 66, 227; 140, 137), Rennvoraussagen (RGZ 144, 75) u. nach zutreffender Meinung des Schriftt. (Ulmer a. a. O.) Rennprogramme (dazu OLG Hamburg: Grur 1955, 206). Der Spielraum für Veröffentlichungen, die nicht Werke im verlagsrechtl. Sinne sind, ist danach denkbar klein (wegen weiterer Einzelheiten vgl. Ulmer a. a. O.; Runge S. 36 f.).

[74] bb) So wenig bei Sprachwerken der voraufgeführten Art verlangt wird, so viel bei der Herausgabe urheberrechtl. nicht oder nicht mehr geschützter Werke oder Texte, etwa Werke längst verstorbener oder unbekannter Schriftsteller oder Komponisten, Gesetzestexte, Parlamentsberichte, gerichtl. Entscheidungen. Hier war bisher „Sprachwerk" im verlagsrechtl. Sinne nur der mitveröffentlichte wissenschaftl. oder kritische Apparat und/oder die Redigierung des Textes für die Veröffentlichung und/oder seine Ergänzung, etwa die Ausfüllung von Lücken des Textes nach eigener Vermutung oder Phantasie (vgl. etwa Ulmer S. 110 Ziff. I 1). Nun ist durch § 70 Abs. 1 UrhG (abgedruckt Anh. S. 438) klargestellt, daß Ausgaben urheberrechtl. nicht geschützter Werke oder Texte dann als Werk gelten, wenn sie das Ergebnis wissenschaftl. sichtender Tätigkeit darstellen u. sich wesentl. von den bisher bekannten Ausgaben der Werke oder Texte unterscheiden. Wann diese Voraussetzungen gegeben sind, dürfte weitgehend Tatfrage sein. Die bloße Redigierung gerichtl. oder behördl. Entscheidungen für die Zwecke der Veröffentlichung macht die redigierte Entscheidung nicht zu einem Werk im verlagsrechtl. Sinne (vgl. dazu Nordemann u. Hertin in NJW 1971, 688), wohl aber die der redigierten

Entscheidung angefügte Anm. Ebensowenig scheint „Werk“ die Verbringung der Anm. in einem urheberrechtl. nicht mehr geschützten Werk auf den neuesten Stand oder ein Vorwort zu einem photomechanischen Nachdruck eines solchen Werkes zu sein. Früheres Schriftt. (Kohler, Urheberrechte an Schriftwerken S. 336 ff.) bezeichnete die Verträge über die Vervielfältigung u. Verbreitung solcher Veröffentlichungen als uneigentl. Verlagsverträge. Das wird heute abgelehnt, wenngleich nicht verkannt wird, daß den Verträgen gewisse Besonderheiten anhaften (Ulmer S. 329 Ziff. IV 2). Ihnen dient § 39, auf dessen Anm. verwiesen sei.

[75] c) **Unnötige Voraussetzung** für das Werk ist seine **Vollendung.** Auch ein Fragment ist ein Werk im verlagsrechtl. Sinne. Des Juristen Dr. Franz Kafka nun weltberühmtes dichterisches Werk besteht zum größten Teil aus Fragmenten u. wie viele im Reich der Tonkunst haben ihren Nachfahren Unvollendetes hinterlassen: Mozarts Requiem, die unvollendeten Symphonien von Beethoven u. Schubert, Offenbachs „Hoffmanns Erzählungen“, um nur ein paar zu nennen! Dennoch (mitunter ist man versucht zu sagen, gerade deswegen) sind diese Fragmente „Werke“, und zwar auch im verlagsrechtl. Sinne (vgl. dazu auch § 31 Rdz. 8).

2. **Ein Werk der Literatur, ein Sprachwerk.**

[76] a) Ein **Sprachwerk** ist eine durch ihre Eigenständigkeit von der Masse alltäglicher Gebilde sich abhebende Schöpfung, bei der die Vorstellungen, Gedanken und Gefühle ihren Ausdruck in der Sprache finden (Ulmer S. 117 Ziff. I, 119 Ziff. I 3). Der Kreis der Sprachwerke ist recht weit gespannt. Eine Reihe von ihnen wurde Rdz. 73 ff. aufgeführt.

[77] b) Daneben kommen insbes. in Betracht

aa) schöngeistige Werke (Löffler I S. 707, Rdz. 30), also lyrische, epische und dramatische Dichtungen einschließl. der Libretti zu Opern, Operetten u. Musicals, Erzählungen, Romane, Novellen, Märchen u. Kinder-Bücher (Ulmer S. 118 Ziff. I) u. ä.

Auf den künstler. Wert und inhaltl. Rang kommt es dabei nicht an. Auch Schund- und Schmutzschriften im Sinne des Strafrechtes und des GjS sind Sprachwerke im verlagsrechtl. Sinne; ob sie allerdings Gegenstand eines nicht nichtigen Verlagsvertrages sein können, wurde Rdz. 13 erörtert.

bb) Wissenschaftl. Werke (Löffler a. a. O., Ulmer a. a. O.) einschließl. der Fach- und Sachbücher, zu denen man in weitherziger Auslegung auch die sog. sexuelle Aufklärungsliteratur und die Science fiction-Bücher rechnen kann.

cc) Werke, die, ohne schöngeistig oder wissenschaftl. zu sein, ein breit gefächertes Lesebedürfnis gewisser einfachster Volkskreise befriedigen, etwa Kriminalromane, Bücher über das, was sich Sport nennt, u. die „Helden" dieses Sportes oder des Filmes oder über beliebte Schlagersänger u. ä. unerfreul. Zeiterscheinungen.

dd) Den Sprachwerken durch § 2 Abs. 1 Ziff. 1 UrhG gleichgestellt „Reden". Das sind persönl. geistige (?) Schöpfungen, die durch mündl. Mitteilung in Erscheinung treten. Auf ihren Zweck kommt es nicht an (Ulmer S. 118 Ziff. I 1), ebensowenig auf ihren geistigen Rang. Daher zählen Reden von hohem wissenschaftl., künstler., religiösem oder polit. Rang ebenso hierher wie das Geschwafel, das nicht selten aus berufenem u. unberufenem Mund zu vernehmen ist, und für Verunklarung, Verunsicherung, Verwirrung, Schaumschlägerei u. Augenwischerei gründl. Sorge trägt.

ee) Aufsätze in Zeitungen, Zeitschriften, Kalendern (Ulmer a. a. O.) u. ä. Massenmedien, Beiträge für Zeitungen u. Zeitschriften (Ulmer S. 125 Ziff. I).

[78] 3. **Ein Werk der Tonkunst, ein Tonwerk.**

a) Ein **Werk der Tonkunst** oder wie § 2 Abs. 1 Ziff. 2 UrhG es ausdrückt, ein Werk der Musik ist eine durch ihre Eigenständigkeit von der Masse alltägl. Gebilde sich abhebende Schöpfung, die Gedanken und Empfindungen in der Sprache der Musik offenbart (Ulmer a. a. O.).

[79] b) Als Werke der Tonkunst oder der Musik kommen hauptsächl. in Betracht:

aa) Musikwerke im eigentl. Sinne, also abstrakte Musik wie Symphonien, Klavier-, Violin- u. ä. Konzerte, Kammermusik, Orgelwerke, aber auch konkrete Musik wie Opern, Operetten, Musicals, Lieder, Schlager, religiöse u. militärische Musik.

bb) Wenngleich in § 2 Abs. 1 Ziff. 3 UrhG getrennt genannt, pantomimische Werke einschließl. der Werke der Tanzkunst (so auch Ulmer S. 125 Ziff. II). Das Bindeglied ist hier ein Wesensmerkmal der meisten Werke der Tanzkunst, die Musik.

[80] 4. **Nicht Gegenstand eines Verlagsvertrages** kann sein ein Werk der bildenden Kunst oder der Photographie.

II. „Ein" Werk der Literatur oder der Tonkunst

[81] 1. **Begriff:** Aus dem Wort „ein" ergibt sich

a) nicht, daß das Sprach- oder Tonwerk ein einteiliges, gar ein einbändiges oder einaktiges Werk sein muß. Auch Sammelwerke aller Art, insbes. die in § 4 so bezeichneten Gesamtausgaben oder Sammelwerke, periodische Sammelwerke (Zeitungen, Zeitschriften, Kalender, Almanache, Taschenbücher in Reihen) sind „ein" Werk im Sinne des Verlagsvertragsrechtes, haben aber ihre bes. Stellung, auf die § 4 Rdz. 2 ff. eingegangen ist.

b) In Verbindung mit § 11, daß es sich um ein ganz bestimmtes Werk handeln muß. Über Fälle, in denen diese wesentl. Voraussetzung fehlt, siehe unten Rdz. 83.

c) In Verbindung mit § 11 Abs. 2, daß es sich entweder um ein schon vorhandenes oder um ein erst nach Abschluß des Verlagsvertrages zu erstellendes, also um ein gegenwärtiges oder zukünftiges, aber durch den Verlagsvertrag bestimmtes Werk handeln muß. Nur in diesem Rahmen können Verlagsverträge abgeschlossen werden.

[82] aa) **Verlagsverträge über künftige Werke** werden von Rechtspr. (RGZ 79, 156) und Schriftt. (Hoffmann § 1 Anm. 6) allg. für zulässig erklärt. Doch folgt aus dem Abschluß eines solchen Vertrages, sofern nicht gegenteiliges vereinbart ist, nicht der Wille des Verf., das künftige Werk auch als sein nächstes fertigzustellen (BGHZ 9, 237 = NJW 1953, 1062).

[83] bb) Besonderheiten gelten für **Verträge über künftige, aber nicht durch den Verlagsvertrag bestimmte Werke.** Zwei Möglichkeiten:

α) Das künftige Werk ist weder durch den Verlagsvertrag noch in der Rangfolge der vom Verf. zu erstellenden Werke bestimmt. Die Vereinbarung zwischen ihm u. dem Verl. soll sich auf irgendein irgendeinmal fertigzustellendes Werk der Literatur oder der Tonkunst beziehen. Vereinbarungen solcher Art werden nicht selten von Verl. geschlossen, die mit schon bekannten, gar berühmten Verf. ins Gespräch kommen wollen. Verlagsverträge sind sie nicht.

β) Das künftige Werk ist zwar nicht durch den Verlagsvertrag, aber dadurch bestimmt, daß es als „das nächste Werk" des Verf. bezeichnet wird. Ein solches nächstes Werk des Verf. kann Gegenstand eines Verlagsvertrages sein, wenn es ein solches der Literatur oder der Tonkunst ist. Das verlegerische Risiko solcher Verträge freilich ist groß. Denn da weder der Gegenstand des Werkes noch die Zeit, in der es abzuliefern ist, vereinbart ist, kann der Verl. u. U. lange Zeit auf ein schließlich ihm doch nicht genehmes oder nicht mehr in sein Verlagsprogramm passendes Werk warten müssen, ein Risiko, das sich nur bei einem berühmten Verf. lohnen dürfte (vgl. dazu BGH a. a. O., Löffler I S. 707 Rdz. 35).

γ) Das künftige Werk ist zwar nicht durch den Verlagsvertrag, aber dadurch bestimmt, daß es sämtl. künftige Veröffentlichungen des Verf. einschließt. Solche Verträge wurden früher uneingeschränkt für zulässig erachtet (RGZ 79, 156), werden aber jetzt strenger beurteilt; hierüber oben Rdz. 16.

2. **Ähnl.**, auf Herstellung künftiger Werke gerichtete **Verträge** sind der Optionsvertrag (Rdz. 96 ff.) und der Bestellvertrag (§ 47 Rdz. 15).

E. Die Verpflichtungen des Verf. aus dem Verlagsvertrag

I. Hauptverpflichtungen

[84] 1. Die Pflicht zur Überlassung (**Überlassungspflicht**). Nach § 1 S. 2 hat der Verf. aus dem Verlagsvertrag die unabdingbare Hauptverpflichtung: Die Überlassung des Werkes an den Verl. zur Vervielfältigung u. Verbreitung für eigene Rechnung.

a) **Die Überlassung des Werkes.**

[85] aa) Der **Begriff der „Überlassung"** ist im Gesetz nicht bestimmt. Auch das bürgerl. Recht, das den Begriff wiederholt (etwa §§ 110, 549, 553, 1059, 1644, 1824 BGB) verwendet, gibt keine Begriffsbestimmung. Man wird jedoch darunter jede Handlung zu verstehen haben, die dem Überlassungsempfänger die bestimmungsgemäße Verwendung einer Sache ermöglicht (ähnl. Allfeld § 1 Anm. 9; dagegen Hoffmann § 1 Anm. 7, wonach Überlassung die Willenserklärung des Verf. ist, daß der

Verl. das Werk nach den Bestimmungen des Verlagsvertrags vervielfältige u. verbreite). Diese Handlung kann in der Übergabe oder Übersendung des Werkes an den Verl. oder in der Belassung des Werkes, das ihm im anderen Zusammenhang übergeben worden war, bei ihm bestehen (vgl. Palandt—Danckelmann § 111 Anm. 3), nicht dagegen in der Anweisung an einen Dritten, bei dem sich das Werk befindet, es dem Verl. zu übergeben oder zu übersenden; denn die bloße Anweisung an den Dritten für sich allein ermöglicht dem Verl. die Verwendung des Werkes zur Vervielfältigung nicht.

[86] bb) Die **bloße Überlassung** (anders die zur freien Verfügung) bedeutet nicht (wie Hoffmann § 27 Anm. 1 annimmt) die Übertragung des Eigentums an dem Werk auf den Verl. Das Eigentum an dem Werk, genauer an dem Manuskript oder der Partitur, geht grundsätzlich nicht auf den Verl. über, sondern verbleibt beim Verf. (Voigtländer—Elster § 27 Anm. 1; so auch für die Überlassung des § 1059 Staudinger—Ring Rdz. 4 mit eingehenden Nachw.), und zwar auch dann, wenn der Verf. auf die Rückgabe verzichtet hat (Löffler I S. 717 Rdz. 80). Der Verl. ist daher nicht befugt, Manuskript oder Partitur etwa als Autogramm eines bedeutenden Verf. zu veräußern (Allfeld § 27 Anm. 1). Er muß es vielmehr an den Verf. zurückgeben (vgl. § 27 und die Anm. hierzu). Eine Ausnahme vom Verbleib des Eigentums an Manuskript oder Partitur beim Verf. bildet § 10 Abs. 1 der Richtlinien, die für die freien Journalisten der Tagespresse gelten. Nach dieser Bestimmung geht mangels abweichender Vereinbarung das Eigentum an Manuskript oder Bildabzug eines honorierten Beitrags auf den Verl. über (Löffler I S. 717 Rdz. 81).

[87] cc) Wann die **Überlassung vollendet** ist, der Verf. also seiner Überlassungspflicht genügt, ob bereits mit Absendung des Werkes oder erst mit Zugang beim Verl., ist im Gesetz nicht geregelt. Grundsätzl. ist daher von § 269 Abs. 1 BGB auszugehen, wonach die Überlassung am Wohnsitz des Verf. zu erfolgen hat (so auch Voigtländer—Elster § 1 Anm. 15). Das kann überall da bedeutsam werden, wo ein schriftl., insbes. formblattmäßiger Verlagsvertrag den Erfüllungsort nicht bestimmt, also etwa bei fernmündl. oder telegraphischer Aufforderung an den Verf., irgendein oder ein ganz bestimmtes Werk dem Verl. zu überlassen. Hier geht in entspr. Anwendung des § 447 Abs. 1 BGB

die Gefahr des Verlustes des Manuskripts auf den Verl. über, sobald der Verf. das Werk zur Post gegeben hat. Die Überlassung ist also hier bei Aufgabe des Werkes zur Post vollendet.

[88] b) **Die Überlassung zur Vervielfältigung u. Verbreitung.** (Zu diesen Begriffen vgl. unten Rdz. 99, 104.) Nur sie ist der Inhalt der Überlassung. Der Verl. ist daher ohne ausdrückl. Zustimmung des Verf. nicht befugt, etwa Manuskript oder Partitur eines bedeutenden Verf. öffentl. auszustellen oder, wie bereits dargetan, gar zu veräußern.

[89] c) Die Überlassung des Werkes zur Vervielfältigung u. Verbreitung **auf eigene Rechnung des Verl.** Sie ist wesensnotwendig für den Verlagsvertrag. Die Vervielfältigung u. Verbreitung „auf eigene Rechnung" liegt nur dann vor, wenn der Verl. dem Verf. als selbständiger Unternehmer gegenübersteht, so daß ein etwaiger Gewinn ihm zufällt, sollte auch die Vergütung, welche der Verf. erhält, sich nach dem Gewinn berechnen (Allfeld § 1 Anm. 8 c). Wenn Vervielfältigung u. Verbreitung nicht auf Rechnung des Verl. erfolgen, liegt kein Verlagsvertrag vor (RGZ 78, 300; 81, 233; 87, 215; RG: Archiv für Urheberrecht 8, 284; Bappert—Maunz § 1 Rdz. 30). Dadurch unterscheidet sich der Verlagsvertrag.

aa) Vom Verlag auf gemeinsame Rechnung von Verf. u. Verl. Der diesem Verlag zugrunde liegende Vertrag ist nicht Verlags-, sondern Gesellschaftsvertrag nach §§ 705 ff. BGB. Der Verl. muß daher den Verf. hinsichtl. vieler Einzelfragen (Ausstattung, Ladenpreis, Vertriebsbedingungen usw.) hören, die er sonst selbständig zu regeln befugt ist. Zu einem solchen Vertrage gehören vor allem ganz genaue Bestimmungen, wie in einem wirkl. Gesellschaftsvertrage, auf welche Weise der Gewinn ermittelt werden, ob der Verf. auch am Verlust beteiligt sein u. welchen Anteil er an den allg. Geschäftsunkosten tragen soll. Wegen dieser Umstände, die leicht zur Mißhelligkeiten führen, empfiehlt sich solche Beteiligung des Verf. für beide Teile nicht (RGZ a. a. O., Bappert—Maunz a. a. O.).

[90] bb) Vom sog. **Selbstverlag,** dem Verlag auf eigene Rechnung des Verf. Hier entsteht überhaupt kein Verlagsrecht. Denn der sein eigenes Werk verlegende Verf. kann sich selbst nicht ein Verlagsrecht bestellen (Voigtländer—Elster § 1 Anm. 11 b; Löffler I S. 709 Rdz. 42; Hubmann S. 199 Ziff. I 2 a). Der Selbstverlag wurde in der jüngsten Vergangenheit nicht gerne gesehen.

Dieser sowie manche Arten des „Herstellungskostenverlags haben sich als Schädlinge gegenüber einem gesunden Verlagswesen erwiesen. Es mußte daher, unter Zulassung berechtigter Ausnahmen, eine strenge Beschränkung eingeführt werden. Der Selbstverlag des Autors war nach §§ 4, 9, 28 der 1. DfVo. zum Reichskulturkammergesetz grundsätzlich unzulässig, wenn nicht dem Selbstverleger vom Präsidenten der RSchrK. die Befreiung von der Mitgliedschaft in der RSchrK. — Gruppe Buchhandel — Fachschaft Verlag — erteilt worden war (was nach der Absatzfähigkeit einer zu begrenzenden Auflage entschieden wurde). Auch durch den Normalverlagsvertrag für schöngeistige Werke (Anordnung der RSchrK. vom 3. Juni 1935) waren Druckkostenzuschüsse von der Genehmigung des Präsidenten der RSchrK. abhängig. Für den Selbstverlag mußte dabei als Richtlinie gelten, daß nur noch wissenschaftl. Werke, heimat- und familienkundl. Schriften, Kunstschrifttum u. bibliophile Erscheinungen eine Beteiligung des Autors oder Herausgebers am Verlagsrisiko zulassen seien, Bek. Nr. 119 d. RSchrK. vom 6. April 1937" (Voigtländer—Elster § 1 Anm. 11 a).

[91] cc) Vom **Kommissionsverlag.** Hier wird der Kommissionsverl. auf Rechnung des Verf., nicht auf eigene Rechnung tätig, indem er entweder die Vervielfältigung u. Verbreitung (Geschäftsbesorgungskommission) oder nur die Verbreitung des bereits vervielfältigten Werkes (Verkaufskommission) übernimmt. Gewinn u. Verlust trägt der Verf. Der Kommissionsverl. erhält Ersatz seiner Auslagen u. Vergütung in fester Höhe oder nach dem Absatz als sog. Absatzprovision. Demgemäß ist der Vertrag nicht Verlagsvertrag, sondern Kommissionsvertrag (Voigtländer—Elster § 1 Anm. 11; Ulmer S. 326 Ziff. III 1), der nach früherer Meinung (Voigtländer—Elster a. a. O.; Allfeld § 1 Anm. 8 c mit Nachw.) als Werkvertrag galt, nun aber dem Dienstvertrag näherstehen soll (vgl. dazu RGZ 94, 112; 110, 223; Staudinger—Mohnen Vorb. 207 vor § 611 mit Nachw.). **Im einzelnen** gilt folgendes:

[92] α) Wer den kommissionsweisen Verlag eines Werkes übernimmt, hat, wenn er, wie dies in der Regel zutrifft, Kaufmann ist, bei der Vervielfältigung und Verbreitung des Werkes mit der Sorgfalt eines ordentl. Kaufmanns das Interesse des Verf. wahrzunehmen u. dessen Weisungen zu

befolgen, widrigenfalls er ihm Schadensersatz zu leisten hat (§§ 384, 385 HGB).

β) Im Falle des Kommissionsverlags werden die Höhe der Auflage, die Form u. Ausstattung des Werkes sowie die Höhe des Preises allein von dem Verf. bestimmt; der Verl. hat dabei die Weisungen des Verf. zu befolgen (s. dagegen bezügl. des Verlagsvertrages §§ 5, 14, 21).

γ) Macht der Kommissionsverleger zum Zweck der Vervielfältigung u. Verbreitung Aufwendungen, die er den Umständen nach für erforderl. erachten darf, so ist der Verf. zum Ersatz verpflichtet.

δ) Der Kommissionsverleger erlangt kein ausschließl. Recht zur Vervielfältigung u. Verbreitung (vgl. § 8). Gibt der Verf. dem Vertrag zuwider das Werk noch anderweit in Verlag, so haftet er allerdings dem Kommissionsverleger für Schadensersatz, kann aber wegen Nachdrucks nicht verfolgt werden. Ebensowenig ist der Kommissionsverleger in der Lage, gegen Dritte, welche das Werk nachdrucken, die Rechte des Urhebers geltend zu machen (vgl. § 9 Abs. 2).

ε) Für den Verlust u. die Beschädigung der in seiner Verwahrung befindl. Abzüge, die Eigentum des Verf. sind, ist der Kommissionsverleger verantwortl., außer wenn er nachweist, daß Verlust oder Beschädigung auf Umständen beruhen, die durch die Sorgfalt eines ordentl. Kaufmanns nicht abgewendet werden konnten (§ 390 HGB).

ζ) Der Kommissionsverleger ist verpflichtet, dem Verf. über das Geschäft Rechenschaft abzulegen. Wann u. wie oft dies zu geschehen hat, bestimmt sich nach der Verkehrssitte. (Den Verl. trifft diese Verpflichtung nur ausnahmsweise, s. § 24.) Ferner hat der Kommissionsverleger dem Verf. herauszugeben, was er aus der Geschäftsbesorgung erlangt hat (§ 384 Abs. 2 HGB; vgl. auch § 387 HGB, wonach diese Herausgabepflicht auch dann besteht, wenn der Kommissionär zu vorteilhafteren Bedingungen abschließt, also das Werk zu höherem als dem vom Verf. bestimmten Preise absetzt, wozu er allerdings in der Regel nicht befugt ist).

η) Der Verf. kann bis zur Beendigung der Verbreitung nach § 649 BGB den Vertrag jederzeit kündigen.

ϑ) Selbsteintritt des Kommissionärs (§ 400 HGB) ist durch die Natur der Sache — Verpflichtung zur Verbreitung — ausgeschlossen oder doch nur in ganz beschränktem Umfang zulässig (Allfeld § 1 Anm. 8 c).

d) Über die Folgen der Verletzung der Überlassungspflicht vgl. § 30 und die Anm. hierzu.

[93] 2. Die **Pflicht zu sach- u. fristgemäßer Ablieferung** des Werkes gemäß §§ 10, 11; vgl. die Anm. zu diesen Bestimmungen u. bezügl. der Folgen der Verletzung dieser Pflicht §§ 30, 31 und die Anm. hierzu.

3. Die **Pflicht zur Verschaffung des Verlagsrechts** gemäß § 8; vgl. die Anm. hierzu.

II. Nebenverpflichtungen des Verf.:

[94] Die Enthaltung von verlagsvertragsfeindl. Handlungen gemäß § 2; vgl. die Anm. hierzu.

F. Verpflichtungen des Verlegers aus dem Verlagsvertrag

[95] I. Die **Hauptverpflichtung des Verl.** besteht gemäß § 1 Satz 2 in der Vervielfältigung u. Verbreitung des Werkes

1. Diese Verpflichtung **fehlt** bei 3 mit dem Verlagsrecht eng zusammenhängenden Verträgen, dem Lizenz-, dem Options- und dem Bestellvertrag.

[96] a) Durch den **Options- oder Vorrechtsvertrag** (dazu monographisch Brandi—Dorn, Der urheberrechtliche Optionsvertrag im Rahmen der Verträge über künftige Werke nach deutschem, österr., schweizer. u. französ. Recht, Heft 6 der Urheberrechte. Abhandlungen des Max-Planck-Instituts für ausländ. u. internat. Patent-, Urheber- u. Wettbewerbsrecht, München 1967) verpflichtet sich der Verf., künftige Werke dem Verl. zum Abschluß eines Verlagsvertrages anzubieten. Ein solcher Optionsvertrag kann selbständig, aber auch im Rahmen eines Verlagsvertrages über ein anderes abgeschlossen werden (Ulmer S. 325 Ziff. II; Hoffmann § 1 Anm. 6; Bappert—Maunz § 1 Rdz. 29).

[97] aa) Solche Optionsverträge sind nach der Rechtspr. (vgl. RGZ 79, 156 BGHZ 22, 347 = NJW 1957, 711) dahin **auszulegen,** daß der Verf. verpflichtet ist, wegen Abschlusses eines

Verlagsvertrages in erster Linie an den bevorrechtigten Verl. heranzutreten. Soweit nichts anderes vereinbart ist, braucht der Verf. aber die Bedingungen, unter denen der Verl. zur Übernahme des Werkes in seinem Verlag bereit ist, nicht anzunehmen. Er darf jedoch mit einem anderen Verl. nur abschließen, wenn dieser ihm günstigere Bedingungen gewährt (Voigtländer—Elster § 1 Anm. 12 II; vgl. auch Löffler I S. 708 Rdz. 37).

[98] bb) Der **Gültigkeit** solcher Optionsverträge sind (vgl. dazu auch Rdz. 17) neuerdings entgegen früherer weitherzigerer Rechtspr. (RGZ a. a. O.; vgl. auch Hoffmann a. a. O.) enge Grenzen gezogen. Da der Optionsvertrag es dem Verf. trotz des Rechts, günstigere Bedingungen eines anderen Verl. anzunehmen, verunmöglicht, vor Fertigstellung künftiger Werke in feste Beziehungen zu einem anderen Verl. zu treten, sich von ihm bevorschussen u. aufbauen zu lassen, ist ein solcher Optionsvertrag jetzt dann als gegen die guten Sitten verstoßend nichtig, wenn er ohne zeitl. und gegenständl. Beschränkung für das gesamte künftige Schaffen des Verf. gelten soll u. der Verl. für die Einräumung des Optionsrechtes keine angemessene Gegenleistung übernommen hat (BGHZ 22, 347 = NJW 1957, 711; vgl. dazu Hubmann S. 200). Eine solche angemessene Gegenleistung kann der Aufbau eines bis dahin unbekannten Verf. aus Anlaß seines Erstlingswerkes sein. Den Nutzen dieses oft recht kostspieligen Aufbaues bei den nächsten Werken des Verf. ernten zu können, ist nicht selten die Aufgabe des Optionsvertrags. Dennoch neigt auch das Schriftt. (etwa Ulmer S. 325 Ziff. II) einer sehr strengen Beurteilung des Optionsvertrages zu. Es könne, meint es, u. U. bereits für den Verf. schon eine unzumutbare Härte bedeuten, daß er trotz Ablehnung eines Werkes, das er dem bevorrechtigten Verl. angeboten hatte, für spätere Werke gebunden bleiben solle. Der Fortbestand der Bindung könne es ihm wesentl. erschweren oder verunmöglichen, für das abgelehnte Werk einen anderen Verl. zu finden. Hiergegen läßt sich freil. fragen, warum dann der Verf. überhaupt einen solchen Vertrag abgeschlossen habe; doch nur, weil er sich jedenfalls zunächst davon Vorteile versprochen hat, die dann nicht oder nicht in dem gewünschten Umfang eingetreten sind.

b) Über **Lizenzverträge** vgl. § 28 Rdz. 68 ff.

c) Über **Bestellverträge** vgl. § 47 Rdz. 15.

[99] 2. **Die Vervielfältigung.**

a) Über den Begriff der „Vervielfältigung“ vgl. § 8 Rdz. 6.

[100] b) Die Vervielfältigung genügt jedoch nicht. Sie muß vielmehr **sachgemäß** sein. Zur sachgemäßen Vervielfältigung gehören

aa) die Vervielfältigung in der zweckentsprechenden u. übl. Weise (§ 14, vgl. dazu die Anm. hierzu).

bb) Die Korrektur (§ 20; vgl. dazu die Anm. hierzu).

[101] c) Erforderl. ist ferner die **fristgemäße** Vervielfältigung, näml. die Vervielfältigung sofort, nachdem dem Verl. das vollständige Werk zugegangen ist (§ 15; vgl. dazu die Anm. hierzu).

[102] d) Notwendig ist endl. die **ausreichende** Vervielfältigung, näml. die Vervielfältigung in der Zahl von Abzügen, die der Verl. nach dem Verlagsvertrag oder gem. §§ 5 ff. herzustellen berechtigt oder verpflichtet ist (§ 16; vgl. dazu die Anm. hierzu).

[103] e) Über die **Rechtsfolgen der Verletzung** der Vervielfältigungspflicht vgl. § 32 und die Anm. hierzu.

3. Die Verbreitung.

[104] a) Über den Begriff der „Verbreitung“ vgl. § 8 Rdz. 11.

[105] b) Die Verbreitung muß **sachgemäß** sein u. umfaßt als solche

aa) die Verbreitung in der zweckentsprechenden u. übl. Weise (§ 14; vgl. dazu die Anm. hierzu);

bb) die Werbung für das Werk; vgl. dazu § 14 Rdz. 10 ff.

[106] c) Über die **Rechtsfolgen der Verletzung** der Verbreitungspflicht vgl. § 32 u. die Anm. hierzu.

4. Die Vervielfältigung und Verbreitung **„auf eigene Rechnung“**, näml. des Verl. (vgl. dazu auch oben Rdz. 89).

[107] a) Der **Begriff** „auf eigene Rechnung“ besagt, daß der Verl. grundsätzl. allein das Wagnis der Vervielfältigung u. Verbreitung u. damit für Gewinn und Verlust trägt (Ulmer a. a. O.).

[108] b) Je geringer das **Wagnis des Verl.** bei Vervielfältigung u. Verbreitung des Werkes wird, desto weiter entfernen sich die ein-

schlägigen Vereinbarungen u. Verpflichtungen vom Verlagsvertrag. Daß, wie bei schwer absetzbaren Werken, vom Verf. und/oder einer Einrichtung, Gesellschaft, Vereinigung oder Person des öffentl. Rechtes, die das Werk gedruckt sehen wollen, ein Druckkostenzuschuß verlangt u. gegeben wird, ändert gerade noch nichts an dem Wesen der Vereinbarung zwischen Verf. u. Verl. (Hoffmann § 1 Anm. 7 c; Ulmer a. a. O.). Wo aber das Wagnis der Vervielfältigung u. Verbreitung auf Verf. u. Verl. gemeinsam oder gar auf den Verf. allein verlagert wird (Selbstverlag Rdz. 90; Kommissionsverlag Rdz. 91), liegt ein Verlagsvertrag nicht vor. Das ist vor allem bei Sammelwerken, Schriftenreihen u. ähnl. bezeichneten Werken von Vereinen, Vereinigungen, sog. gelehrten Gesellschaften, Einrichtungen u. Instituten, von Personen oder Körperschaften des öffentl. Rechts der Fall, auf deren Kosten oder mit deren Unterstützung Werke von Verf., die ihnen angehören und/oder gefördert werden sollen, herausgebracht werden. Hier trägt das Wagnis weder der Verf. noch der Verl., sondern der Verein usw., der das Sammelwerk, die Schriftenreihe usw. herausbringt. Der zwischen ihm u. dem Verl. abgeschlossene Vertrag ist Kommissionsvertrag (Rdz. 91).

[109] **II. Nebenverpflichtungen des Verl.** sind

1. die **Rückgabe des Werkes** (Manuskript, Partitur); vgl. dazu § 27 und die Anm. hierzu;
2. die **Honorierung des Verf.**; vgl. dazu § 22 u. die Anm. hierzu;
3. die **Ausstattung des Verf.** mit Frei- und Vorzugspreisexemplaren, vgl. dazu § 25 u. die Anm. hierzu.

G. Wirkungen des Verlagsvertrages

[110] I. Wirkungen zwischen Vertragsparteien (unmittelbare Vertragswirkungen)

Sie bestehen darin, daß der Vertrag eine der beiden Grundlagen für das Entstehen des Verlagsrechtes schafft. Die Entstehung des Verlagsrechts bedarf nämlich einer doppelten Voraussetzung: des Vorliegens eines gültigen Verlagsvertrages und gemäß § 9 der Ablieferung des Werkes an den Verl. Hierüber im einzelnen vgl. die Anm. zu § 9.

[111] II. Auswirkungen gegenüber Dritten (mittelbare Vertragswirkungen)

Daß der Verlagsvertrag über seine Wirkungen gegenüber den Vertragsparteien hinaus Wirkungen äußern kann, wird an gegebenem Orte dargestellt, zeigt aber auf besondere Weise die jüngste Rechtsentwicklung. Diese erwächst aus der Frage, ob der Verf. eines Sprachwerkes, dem in vereinbarter Abweichung von § 20 die Korrektur aufgebürdet ist, für Fehler bei der Korrektur dann haftet, wenn sich aus ihnen Schaden für Leib oder Leben eines Dritten ergeben, etwa weil auf der fehlerhaften Stelle des Werkes eine ärztl. Behandlung aufgebaut wurde. Das Musterbeispiel ist der vom BGH am 7. 7. 1970 (JZ 1971, 62) entschiedene Fall, in dem ein fehlendes Komma beinahe den Tod eines Patienten herbeigeführt hätte u. nun zu entscheiden war, ob der Verl. des Werkes für den Schaden haftet. Der BGH hat dies mit der Begründung verneint, daß der Verl. in rechtl. nicht zu beanstandender Weise die Korrektur u. damit möglicherweise aus ihr sich ergebende Haftungen auf den Verf. übertragen habe, so daß nicht der Verl., sondern der Verf. für die Folgen mangelhafter Korrektur hafte. Das Schriftt. zu dieser Entscheidung (Deutsch a. a. O.) tritt dem bei, billigt aber dem Verf. aus dem Gesichtspunkt schadensgeneigter Tätigkeit heraus einen Rückgriff gegen den Verl. bei leichter Fahrlässigkeit zu. Die vom BGH wie im Schriftt. vertretene Auffassung, daß der Verf. kraft der Übernahme der Korrektur auch für die aus ihrer Mangelhaftigkeit entstehenden Schäden Dritter hafte, liegt genau in der Richtung einer gewissen älteren Rechtspr. Hiernach macht, wer es einem anderen gegenüber vertragl. übernimmt, an dessen Stelle Obliegenheiten zu erfüllen, deren Vernachlässigung geeignet ist, Leben, Körper oder Gesundheit dritter Personen zu verletzen, sich einer unerlaubten Handlung im Sinne des § 823 BGB schuldig, wenn er vorsätzl. oder fahrlässig unterläßt, für die Erfüllung jener Obliegenheiten zu sorgen (RGZ 63, 308; 127, 14; 156, 193; Warn 1911 Nr. 28; 1912 Nr. 383; 1944 Nr. 47; LZ 1917, 1069; 1918, 623; Gruch 55, 970; 76, 612; RG: Seuff A 93 Nr. 41). Er kann sich nicht darauf berufen, daß er die Verpflichtung nicht der Allgemeinheit, sondern nur dem Vertragsgegner gegenüber übernommen habe. Er hat vielmehr dem anderen Vertragsteil gegenüber eine Pflicht gegenüber der Allgemeinheit übernommen (RGRK § 823 Anm. 10). So weit gehen nun Rechtspr. u. Schriftt. nicht mehr. Sie beschränken die Haftung des vertragl. Übernehmers von Obliegenheiten auf die Fälle, in denen diese dem Schutz der Allgemeinheit dienen (BGH:

Betrieb 1954, 326; Palandt—Thomas § 823 Anm. 2 a). Solche dem Schutz der Allgemeinheit dienenden Obliegenheiten sind die Korrekturen eines Werkes ganz gewiß nicht. Daher haftet der Verf. aus der verlagsvertragl. Übernahme der Korrekturen für deren Mangelhaftigkeit einem Dritten nicht. Es steht jedoch abzuwarten, welche Schlußfolgerungen aus dem die gegenteilige Auffassung vertretenden Urteil des BGH gezogen werden.

§ 2

Der Verfasser hat sich während der Dauer des Vertragsverhältnisses jeder Vervielfältigung und Verbreitung des Werkes zu enthalten, die einem Dritten während der Dauer des Urheberrechts untersagt ist.

Dem Verfasser verbleibt jedoch die Befugnis zur Vervielfältigung und Verbreitung:

1. **für die Übersetzung in eine andere Sprache oder in eine andere Mundart;**
2. **für die Wiedergabe einer Erzählung in dramatischer Form oder eines Bühnenwerkes in der Form einer Erzählung;**
3. **für die Bearbeitung eines Werkes der Tonkunst, soweit sie nicht bloß ein Auszug oder eine Übertragung in eine andere Tonart oder Stimmlage ist;**
4. **für die Benutzung des Werkes zum Zwecke der mechanischen Wiedergabe für das Gehör;**
5. **für die Benutzung eines Schriftwerkes oder einer Abbildung zu einer bildlichen Darstellung, welche das Originalwerk seinem Inhalte nach im Wege der Kinematographie oder eines ihr ähnlichen Verfahrens wiedergibt.**

Auch ist der Verfasser zur Vervielfältigung und Verbreitung in einer Gesamtausgabe befugt, wenn seit dem Ablaufe des Kalenderjahrs, in welchem das Werk erschienen ist, zwanzig Jahre verstrichen sind.

[1]

A. Vorbemerkungen

§ 2 enthält

1. in Abs. 1 die sog. Enthaltungspflicht des Verf. [2]
2. in Abs. 2 als Ausnahmen von der Enthaltungspflicht gewisse dem Verf. verbleibende Befugnisse [9]

3. in Abs. 3 als weitere Ausnahme von der Enthaltungspflicht dem Verf. verbleibende Befugnisse zur Vervielfältigung u. Verbreitung in einer Gesamtausgabe [17]

B. Die sog. Enthaltungspflicht des § 2 Abs. 1

[2] **I. Begriff:** Die Enthaltungspflicht des § 2 Abs. 1 besteht darin, daß sich der Verf. während der Dauer des Verlagsverhältnisses jeder Vervielfältigung u. Verbreitung des Werkes, das den Gegenstand des Verlagsvertrages bildet, zu enthalten hat. Dem Verf. ist also während der Dauer des Vertragsverhältnisses die Vervielfältigung u. Verbreitung des Werkes untersagt (Ulmer S. 333 Ziff. II).

[3] **II. Rechtsgrund:** Als solcher wird nicht allein die dem Verl. übertragene urheberrechtl. Befugnis, sondern auch das durch den Verlagsvertrag bedingte Treueverhältnis, „der wettbewerbl. Anstandsgedanke" angesehen (Voigtländer—Elster § 2 Anm. 1; Dittrich S. 101, anders wohl Bappert—Maunz § 2 Rdz. 1).

[4] **III. Umfang:** Die Pflicht des Verf., „sich" jeder Vervielfältigung u. Verbreitung des Werkes zu enthalten, könnte bei enger Auslegung dahin verstanden werden, daß er nur selbst (d. h. im Selbstverlag) das Werk nicht vervielfältigen und verbreiten dürfe. Das widerspräche jedoch dem Sinne des Gesetzes. Die Pflicht des Verf. wird daher seit jeher dahin verstanden, daß er sich jeder auf anderweite Vervielfältigung und Verbreitung des Werkes zielenden Handlung, also auch u. insbes. der Überlassung des Werkes an einen anderen Verl. zur Vervielfältigung und Verbreitung, aber auch an einen Kommissionsverleger nur zur Verbreitung des von ihm vervielfältigten Werkes zu enthalten habe. Jede andere Auslegung würde Sinn u. Zweck des Verlagsvertrages aushöhlen u. das Wagnis des Verl. in ungebührl. Weise erhöhen.

IV. Gegenstand: Die Enthaltungspflicht bezieht sich auf das den Gegenstand des Verlagsvertrages bildende Werk.

[5] 1. **„Werk"** ist hier das Werk in der den Gegenstand des Verlagsvertrages bildenden, aber auch in veränderter Gestalt, mag diese auf urheberrechtl. belanglose Änderung oder auf Bearbeitung zurückgehen. Der Verf. darf einem anderen Verl. weder eine gekürzte Ausgabe noch eine Neubearbeitung des Werkes zur Vervielfältigung

oder Verbreitung überlassen (Ulmer S. 333 Ziff. II 2; Löffler I S. 713 Rdz. 63). Die Enthaltungspflicht beschränkt sich jedoch nicht hierauf. Wenn etwa ein Professor ein kleines Lehrbuch in dem einen, später ein großes in einem anderen Verlage erscheinen läßt, so behauptet der Verf., die neue Arbeit sei eine „eigentümliche Schöpfung" nach urheberrechtl. Begriffen; der Verl. ist jedoch der entgegengesetzten Meinung. Der Verf. sieht mehr auf die Änderungen als Fortführung seiner Studien, der Verl. mehr auf das Gemeinsame als wichtig für den „Konkurrenz"-begriff. Nach § 2 hat sich der Verf. jeder Vervielfältigung und Verbreitung „des Werkes" zu enthalten. Das betreffende Lehrbuch ist aber funktionell dasselbe „Werk", ob es größer oder kleiner ist (so auch Löffler I S. 714 Rdz. 65; a. A. Ulmer a. a. O.; Hubmann S. 165). „Das VerlG läßt da im Stich: es kennt das Problem, das hier auftaucht, nicht, hat den schwankenden Charakter des Begriffes ‚Werk' nicht erfaßt u. ist in seiner Dienerschaft unter dem Urheberrecht an diesen Fragen achtlos vorbeigegangen. Die Wissenschaft jedoch, die die wettbewerbl. Aufgabe des Urheberrechts, wie des geistig-gewerbl. Schutzrechts überhaupt, erkannt hat, schafft hier im Sinne des wahren Rechts ebenso Abhilfe wie die nach solchen Gesichtspunkten auszulegenden Vertragsbestimmungen" (Voigtländer—Elster § 2 Anm. 2). Danach bleibt die Herausgabe eines neuen selbständigen Werkes, auch wenn es auf Grund freier Benützung des den Gegenstand des Verlagsvertrages bildenden Werkes geschaffen ist, zulässig (Ulmer S. 334 Ziff. II 3). Der Verf. soll also keinesfalls an berechtigter Verwertung seiner Arbeitskraft gehindert werden (RGZ 119, 413). Er soll sie nur so richten, daß er nicht die dem Vertragspartner eingeräumten Rechte kreuzt (Voigtländer—Elster a. a. O.; vgl. auch Bappert—Maunz § 2 Rdz. 8). Hierauf bezieht sich die Enthaltungspflicht des Verf.

[6] 2. Diese Enthaltungspflicht wird nicht selten in Verlagsverträgen zu einem **Wettbewerbsverbot** erweitert, das verhindern soll, daß der Verf. durch spätere Veröffentlichungen den Absatz des den Gegenstand des Verlagsvertrages bildenden Buches zum Schaden des Verl. schmälert (vgl. dazu auch Greuner, Wettbewerbsbeschränkungen in Verlagsverträgen in Grur 1972, 109). Diese Verkehrssitte wird von der Begründung des VerlG folgendermaßen bestätigt: „Die Verpflichtung des Verf., sich seinerseits der Vervielfältigung und der Verbreitung des Werkes zu enthalten, dürfe nicht auf das Werk in seiner unveränderten Gestalt beschränkt werden. Vielmehr müsse dem Verf. auch ein sonstiger gegen Treu und Glauben verstoßender Wettbewerb untersagt bleiben. Zwar enthalte das VerlG keine Be-

stimmung über die Frage, ob der Verf. während der Dauer des Vertragsverhältnisses ein anderes Werk herausgeben dürfe, dessen Veröffentlichung nach dem UrhG zwar einem Dritten gestattet, aber geeignet sein würde, dem Verl. die wirtschaftl. Ausnutzung des in Verlag gegebenen Werkes zu erschweren. Diese Frage im Gesetze zu entscheiden, erscheine nicht erforderl. Schon aus § 157 BGB, der auch für den Verlagsvertrag gilt, folge, daß dem Verf. die Herausgabe eines solchen Werkes dann nicht gestattet sei, wenn er dadurch nach den Umständen des Falles mit dem Verl. in einen gegen Treu u. Glauben verstoßenden Wettbewerb treten würde" (Voigtländer—Elster § 2 Anm. 2; § 8 Anm. 3). Diese Begründung reicht nicht aus, die Bedenken gegen solche Wettbewerbsverbote zu zerstreuen. Anzuerkennen ist zwar, daß die Parallele, die das Gesetz zwischen dem Umfang des Urheberrechtsschutzes und dem Umfang der Enthaltungspflicht zieht, der Interessenlage nicht stets gerecht wird. Als Treuepflicht des Verf., die aus dem Verlagsvertrag fließt, kann die Enthaltungspflicht weiter gehen als die aus dem Urheberrecht abgeleitete Unterlassungspflicht. Bei der Bestimmung im einzelnen ist auf Sinn und Zweck des Verlagsvertrags zurückzugreifen. Dabei sind jedoch auch die Interessen des Verf. angemessen zu berücksichtigen. Die Enthaltungspflicht darf ihm keine Fesseln für sein späteres Schaffen anlegen. Man wird daher ein Wettbewerbsverbot, das dem Verf. die Behandlung des gleichen Gegenstandes in einem späteren Werk untersagt, auf Grund von Treu u. Glauben einschränkend dahin auslegen müssen, daß es sich nur auf ein Werk ähnlicher Art, insbesondere auf ein Werk ähnlichen Umfangs bezieht: Ein Verlagsvertrag über einen Grundriß kann nicht hindern, daß der Verf. später ein Handbuch über denselben Gegenstand schreibt. Vereinbarungen, die darüber hinausgeben u. den Verf. in seinem literarischen oder wissenschaftl. Schaffen ungebührl. hemmen, verstoßen gegen die guten Sitten (Allfeld § 2 Anm. 8 c; Ulmer S. 334 II 3; Bappert—Maunz § 2 Anm. 7).

Die Unzulässigkeit solcher Wettbewerbsverbote wird jedoch nicht nur hierauf, sondern auch darauf gegründet, daß der Verl. sich nicht in gleicher Weise verhalte, insbes. einander konkurrierende Werke verschiedener Verf. aus dem gleichen Gebiet verlege und, so wird behauptet, dadurch den Absatz des den Gegenstand des Verlagsvertrages bildenden Buches schmälere. Das kann ganz bes. bei Sach- u. Fachbüchern der Fall sein, etwa ein Großkommentar des einen und ein Kurzkommentar eines anderen Verf. zum gleichen Gesetz, ein Lehrbuch des einen und ein Kurzlehrbuch des anderen Verf. über dasselbe Fachgebiet. Hier liegt aber nur eine scheinbare Analogie vor; denn der Interessenkreis eines Buches richtet sich nach Gegenstand u. Verf., nicht nach dem Verl.; wenn dieser also die miteinander in Wettbewerb stehenden Bücher verschiedener Verf. über den gleichen Gegenstand völlig paritätisch betreut und vertreibt, fehlt jede Analogie mit dem Fall, wo der Verf. seinem eigenen Werk durch ein anderes Konkurrenz macht; denn sein Geist ist einmalig und spezifisch (Voigtländer—Elster § 8 Anm. 3).

[7] **V. Räuml. Grenzen:** Die Enthaltungspflicht hat dieselben räuml. Grenzen wie das Verlagsrecht als Ganzes. Sie ist nicht auf den Geltungsbereich des VerlG beschränkt und erstreckt sich daher vorbehaltl. anderer Vereinbarung auch auf das Ausland (Allfeld § 2 Anm. 4; Bappert—Maunz § 2 Rdz. 2; bestr. vgl. Dittrich S. 102 Fn. 219 mit Nachw.).

[8] **VI. Zeitl. Grenzen:** Grundsätzl. endet die Enthaltungspflicht des Verf. mit dem Ende des Verlagsvertragsverhältnisses (hierüber vgl. § 29 mit den Anm. hierzu). Ausnahmen gelten

1. nach § 2 Abs. 3 bei Gesamtausgaben; hierüber unter Rdz. 17 ff.;
2. nach § 38 UrhG bei Beiträgen zu einem Sammelwerk; hierüber siehe die Anm. zu § 3;
3. nach § 39 Abs. 3 bei nicht geschützten Werken; hierüber siehe die Anm. zu § 39.

VII. Wegen der Rechte des Verl. aus der **Verletzung der Enthaltungspflicht** vgl. § 9 Abs. 2 u. die Anm. hierzu.

C. Ausnahmen von der Enthaltungspflicht des Verf.

Diesem bleibt (sofern nicht gegenteiliges vereinbart ist) vorbehalten die Befugnis zur Vervielfältigung u. Verbreitung für

[9] **I. die Übersetzung** in eine andere Sprache oder Mundart.

1. Allgemein: Die Übersetzung sei, sagte die Begr., eine so selbständige Art der Ausübung des Urheberrechts, daß sie nicht als unzulässiger Wettbewerb gegenüber dem Verl. des ursprünglichen Werkes angesehen werden könne. Das ist freilich nur bei Überschätzung des Sprachlichen u. Unterschätzung des Geistigen in dem betreffenden Werk richtig. Im allg. pflegt die Übersetzung zwar ihren bes. Leserkreis zu haben; denn dessen Erschließung ist ihr Zweck. Aber namentlich der Verl. wissenschaftl. Werke hat die Konkurrenz von Übersetzungen zu fürchten, denn seine Abnehmer sind häufig mehrerer Sprachen gleich mächtig. Aus allen diesen Gründen pflegt in die Verlagsverträge eine von dem Gesetz abweichende Bestimmung des Inhalts aufgenommen zu werden, daß über die Vergebung von Übersetzungsrechten Verf. u. Verl. gemeinsam zu beschließen haben u. den Erlös gemeinsam erhalten. Ohne eine solche Vertragsbestimmung wird ein Übersetzungsrecht durch den einfachen Verlagsvertrag über das Werk in der Ursprache nicht mitübertragen. Auch im Auslande kann der Verf. die Übersetzung erscheinen lassen. Der Übersetzung ist die Übertragung in eine andere Mundart gleichgestellt worden, entgegen dem den praktischen Verhältnissen besser entsprechenden Entwurfe, der solche Übertragungen von der Vereinbarung zwischen Verf. und Verl. hatte abhängig machen wollen (Voigtländer—Elster § 2 Anm. 3 a).

[10] 2. **Voraussetzung** ist, daß es sich bei der Übersetzung um ein schutzwürdiges Werk, also eine eigenständige literarische oder künstlerische Schöpfung handelt (Bappert—Maunz § 2 Rdz. 20; Löffler I S. 655 Rdz. 49, ferner oben § 1 Rdz. 72 ff.). Wenn also schon dem Verf. die Befugnis zur Vervielfältigung und Verbreitung für die Übersetzung in eine andere Sprache oder Mundart vorbehalten bleibt, darf er diesen Vorbehalt nur dazu benützen, eine Übersetzung selbst hervorzubringen oder hervorbringen zu lassen, die sich als eigenständige liter. oder künstler. Schöpfung erweist. Jede andere Übersetzung ist durch den Vorbehalt nicht gedeckt, stellt also einen Mißbrauch dieses Vorbehaltes dar, gegen den der Verl. insbesondere dann vorgehen kann, wenn die schlechte Übersetzung den Absatz des Werkes beeinträchtigt.

[11] 3. **Abweichende Vereinbarungen** sind möglich u. im Rechtsleben, insbesondere bezügl. des Übersetzungsrechts, häufig. In ihrem Inhalt sind sie verschieden: Bald wird nur eine schuldrechtl. Verpflichtung des Verf. begründet, die Zustimmung des Verl. zur Ausübung des Übersetzungsrechts einzuholen. Bald wird vereinbart, daß das Übersetzungsrecht auf den Verl. übertragen wird, oder daß Verf. u. Verl. nur gemeinsam über das Übersetzungsrecht verfügen können. Dabei werden regelmäßig Bestimmungen über die Verteilung des Reingewinns getroffen. Die Vereinbarung über Vertragsnormen bei wissenschaftl. Verlagswerken sieht vor, daß der Verf. mindestens zur Hälfte zu beteiligen ist. Ist nichts vereinbart, so ist der Verf. in der Verwertung des Übersetzungsrechts frei. Treu u. Glauben können aber gebieten, daß er den Verl. verständigt oder daß er ihn — unbeschadet der ihm zustehenden Entscheidungsbefugnis — zu

Rate zieht (Ulmer S. 334 Ziff. II 2; ähnlich Löffler I S. 713 Rdz. 63 unter Hinweis auf die Vertragsnormen betreffend wissenschaftl. Verlagswerke, abgedruckt Anh. S. 477).

[12] **II. Dramatisierung u. Entdramatisierung** (so auch Kohler S. 211, 266, Hoffmann § 2 Anm. 3 b; Bappert—Maunz § 2 Rdz. 21): Die Wiedergabe einer Erzählung in dramatischer Form oder eines Bühnenwerks in der Form einer Erzählung. Die weitaus häufigste ist die Wiedergabe einer Erzählung in dramatischer Form („nach einer Erzählung von ..."), wie sie sich insbes. im Film, Rundfunk u. namentlich in jüngster Zeit im Fernsehen eingebürgert hat. Diese Dramatisierung oder Entdramatisierung bleibt, sofern nicht anderes vereinbart ist, dem Verf. vorbehalten, der, sofern er sie nicht selbst vornimmt, gemäß § 23 UrhG in sie einzuwilligen hat.

Keine Dramatisierung oder Entdramatisierung ist die Wandlung eines dichterischen Werkes etwa aus Poesie in Prosa oder umgekehrt. Sie ist dem Verf. nicht vorbehalten. Er muß sich eine solche Umwandlung durch den Verl. oder in dessen Auftrag gefallen lassen (Voigtländer—Elster § 2 Anm. 3 b, 5 d; Bappert—Maunz a. a. O.).

[13] **III. Die Bearbeitung** eines Werkes der Tonkunst, soweit sie nicht bloß ein Auszug oder eine Übertragung in eine andere Tonart oder Stimmlage ist.

1. Unter **„Bearbeitung"** des Werkes der Tonkunst sind nach der amtl. Begründung des Gesetzes namentl. künstlerische Bearbeitungen des Werkes oder einzelner Motive oder Melodien desselben, wie Variationen, Phantasien, Potpourris (vgl. dazu OLG München: LZ 1916, 1062) u. dgl. zu verstehen (Voigtländer—Elster § 2 Anm. 3 c; Allfeld § 2 Anm. 15; Bappert—Maunz § 2 Rdz. 14).

2. Dieses **Recht der Bearbeitung** ist, sofern nicht anderes vereinbart ist, dem Verf. des Tonwerkes vorbehalten (bezüglich der Variationen usw. nicht ganz unbestritten, vgl. dazu Allfeld a. a. O. mit Nachw.). Gegen den Vorbehalt wurde früher erheblicher Widerspruch laut, der wenigstens im Schrifttum nicht ungehört verhallte: „Der Schutz der einem in Verlag gegebenen Tonwerke zugehörigen Melodien, auch gegen den Urheber selbst, ist in der Tat ein überaus wichtiges Belangen des Verl. Er kann auf Miterwerb des Rechtes an der Melodie unmöglich verzichten, da der Urheber sonst die Melodie entweder selbst für anderen Verlag wiederholt bearbeiten oder die Bearbeitung anderen gestatten könnte. Es geht nicht an, die Freiheit, die dem Werkschöpfer für die umarbeitende Wiederbenutzung seiner Arbeiten und Einfälle mit Recht zugebilligt wird,

dem Komponisten in höherem Grade zuzusprechen als anderen Werkschöpfern. Es muß sich auch hier fragen, worauf die wesentl. Wirkung der Arbeit beruht; dies pflegt im musikalischen Umkreis ganz überwiegend die Melodie zu sein, die bei jeder Wiederverwendung die gleiche Kraft äußert, — zieml. unterschiedl. von den Leitgedanken eines Schriftwerkes, das in neuer Aufmachung und Umgebung viel eher als etwas Selbständiges gegenüber früheren Arbeiten erscheinen kann" (Voigtländer—Elster § 2 Anm. 3 e). Diesen Ausführungen kommt auch heute noch Gewicht, jedoch angesichts der Möglichkeiten entsprechender Vereinbarungen kaum noch große Bedeutung zu.

[14] 3. **Der Vorbehalt** zugunsten des Verf. **bezieht sich nicht**

a) auf die **Erstellung eines Auszuges aus dem Tonwerk.** Dazu konnte am 3. 12. 1901 der Verein der deutschen Musikalienhändler in einer Petition an den Deutschen Reichstag ausführen: „Wäre eine nach den Kunstregeln erfolgende Bearbeitung, ein Klavierauszug oder eine Bearbeitung für andere Instrumente dem Verl. nicht gestattet, so würde die gesamte durch die Arbeit des Verl. erst nach und nach möglich werdende gewerbliche Ausnutzung ganz in die Willkür der Urheber gestellt ... Große Werke werden in der Originalgestalt fast gar nicht gekauft; einige wenige Partituren genügen, um Tausenden das Genießen der Werke der Tonkunst zu ermöglichen ..." (Voigtländer—Elster a. a. O. 3 f.). Das ist heute im Zeitalter der Tonträger aller Art überholt. Nur Musikstudenten u. ältere Musikfreunde werden noch auf Partituren zurückgreifen müssen oder wollen. Als dem Verf. verwehrter „Auszug" gilt auch die Herausgabe von Bruchstücken oder Nummern aus einem größeren Tonwerk, etwa einer Oper, einer Operette oder einem Musical. Denn sie ist nicht „Bearbeitung", sondern Vervielfältigung des Originalwerkes zu einem Teil. Hierzu ist der Verf. nicht befugt (Allfeld § 2 Anm. 13 zu Nr. 3).

b) **Übertragung in eine andere Tonart oder Stimmlage.** Daß die Erstellung von Auszügen aus einem Tonwerk oder seine Übertragung in eine andere Tonart oder Stimmlage nicht zu den dem Verf. vorbehaltenen Rechten gehören, bedeutet nicht, daß sie der Verl. ohne weiteres vornehmen kann. Die Erstellung von Auszügen aus einem Tonwerk oder seine Übertragung in eine andere Tonart oder Stimmlage sind mindestens Umgestaltungen des Tonwerkes, die gemäß § 23 UrhG der Einwilligung des Verf. bedürfen. Über sie müssen daher stets ausdrückl. Vereinbarungen zwischen Verl. und Verf. erzielt werden. Sonst kann weder der Verf. noch der Verl.

Auszüge oder Übertragungen veranstalten (so für das frühere Recht Voigtländer—Elster § 2 Anm. 5 e; Bappert—Maunz § 2 Rdz. 22).

[15] IV. **Die Benutzung** des Werkes **zum Zweck** der **mechanischen Wiedergabe für das Gehör.** In Betracht kommen hier die Aufnahme des Werkes auf einen Tonträger und die Überspielung des Werkes von Rundfunk oder Fernseher oder einem Tonträger auf einen (anderen) Tonträger. Dieses Unterart der Vervielfältigung (vgl. § 16 UrhG, abgedruckt Anh. S. 424) bleibt demgemäß dem Verf. vorbehalten (Bappert—Maunz § 2 Rdz. 23).

[16] V. **Die Benutzung** eines Schriftwerkes oder einer Abbildung **zu einer bildl. Darstellung,** welche das Originalwerk seinem Inhalt nach im Wege der Verfilmung oder eines ihr ähnl. Verfahrens wiedergibt. Diese Benutzung unterscheidet sich von der in Ziffer IV ledigl. dadurch, daß hier nicht nur das Ohr, sondern auch das Auge angesprochen werden sollen. Sie ist daher eine Unterart der Vervielfältigung (vgl. § 16 UrhG) und dem Verf. vorbehalten (Bappert—Maunz a. a. O.).

D. Eine weitere Ausnahme von der Enthaltungspflicht: § 2 Abs. 3

Die Enthaltungspflicht des Verf. besteht nicht gegenüber der Vervielfältigung u. Verbreitung in einer Gesamtausgabe, wenn seit dem Ablauf des Kalenderjahres, in dem das Werk erschienen ist, 20 Jahre verstrichen sind.

[17] I. Vervielfältigung u. Verbreitung in **„einer“** Gesamtausgabe.

§ 2 Abs. 3 spricht nur von „einer“ Gesamtausgabe. Dennoch ist oberstrichterl. (RG: JW 1918, 373) erkannt worden: „Trotz des Gebrauches des Singulars ist nicht zu bezweifeln, daß der Verf. auch mehrere Gesamtausgaben nacheinander oder gleichzeitig in verschiedener Ausstattung veranstalten kann. Daß durch die Veranstaltung billiger Gesamtausgaben der Absatz von Einzelwerken mehr oder weniger geschädigt werden kann, ist selbstverständl., doch hat dies nicht verhindert, ein solches Recht des Verf. im Verlagsgesetze festzulegen.“ Dieses Erkenntnis hat nicht den Beifall des Schriftt. (Voigtländer—Elster § 2 Anm. 4 a) gefunden, weil es den Ausnahmecharakter der Bestimmung zu wenig berücksichtige.

[18] II. Vervielfältigung in einer **„Gesamtausgabe"**.

1. **Begriff** der „Gesamtausgabe": Der sich vom Begriff der Gesamtausgabe in § 4 unterscheidende (Voigtländer—Elster § 2 Anm. 4 b) Begriff umfaßt Ausgaben, die nur Werke des gleichen Verf. enthalten (RG: LZ 1914, 1371; KG und RG: Grur 1918, 34; Hoffmann § 2 Anm. 6; Bappert—Maunz § 2 Rdz. 26). Grundgedanke der Vorschrift ist, daß der Verlagsvertrag über ein Werk oder einzelne Werke die Zusammenfassung des Lebenswerkes eines Verf. nicht verhindern dürfen. Die Gesamtausgabe muß also ein abgerundetes Bild vom Schaffen des Verf. geben (RGZ 139, 338; Hoffmann a. a. O.).

[19] 2. **Umfang:** Daher zählen zu den Gesamtausgaben auch die sog. „Gesammelten Werke" und die sog. „Sämtlichen Werke". Diese Begriffe berühren sich nahe, gehen sogar ineinander über. Eine Gesamtausgabe kann alle Werke eines Verf. enthalten, kann sich aber auch beschränken, zeitl. etwa auf alle seine bis zur Veranstaltung der Gesamtausgabe erschienenen Werke, und sachl. z. B. auf die dichter., philosophischen, ärztl. Werke eines vielseitigen Verf. Unter „Sämtlichen Werken" eines Verf. versteht man sein ganzes schriftstellerisches Lebenswerk, doch mit einer noch zu erörternden Einschränkung. Der Titel „Die gesammelten Werke" bedeutet genau dasselbe; fehlt aber der bestimmte Artikel, so ist zwar die Vollständigkeit nicht geradezu verneint, aber doch eine gewisse Auswahl zu vermuten (Voigtländer—Elster a. a. O. mit Nachw.). Vollständigkeit ist eben überhaupt nicht erforderl. „Gesamtausgaben" sind daher auch „Ausgewählte Werke", die nur die Hauptwerke des Verf. einschließen, sowie Ausgaben, die Werke bestimmter Art vereinigen (Allfeld § 2 Anm. 16; Bappert—Maunz a. a. O.; Ulmer S. 335 Ziff. II 4), etwa seine Gedichte, Novellen usw.

[20] 3. **Art:** Der Vorbehalt bezieht sich nicht nur auf die Form des Werkes, die es vor (mindestens) 20 Jahren gehabt hat, sondern auch auf die etwa inzwischen veränderte Form, sofern die Veränderung nicht soweit geht, daß man von einer eigenen, neuen, eigentüml. Schöpfung des Verf. sprechen kann (allg. Ansicht; Voigtländer—Elster a. a. O. mit Nachw.; Bappert—Maunz § 2 Rdz. 29; a. A. Hoffmann § 2 Anm. 6 e).

III. Zeitliche Begrenzung der Ausnahme

[21] 1. **Umfang:** Die Ausnahme ist dadurch begrenzt, daß sie nicht vor Verstreichen von 21 Jahren seit dem Ablauf des Kalenderjahres, in dem das Werk erschienen ist, eintreten kann.

[22] 2. **Bedeutung:** Aus der zeitl. Begrenzung ergibt sich eine wesentl. Einschränkung des Begriffs der „Gesamtausgabe" und ferner, daß dieser Begriff sich für den einzelnen Verf. alljährl. erweitert, bis 20 Jahre nach dem Erscheinen seines letzten Werkes für ihn sich die Begriffe „Gesamtausgabe" und „Sämtliche Werke" decken können (Voigtländer—Elster § 2 Anm. 4 a). Da jedoch die meisten Verf. bis in die letzten Jahre ihres Lebens schaffen, werden sie bezügl. eines großen Teiles ihres Werkes von der Ausnahmebestimmung des § 2 Abs. 3 nicht Gebrauch machen können. Nichts anderes gilt für die posthumen Werke eines Verf. Sie können erst 21 Jahre nach ihrem Erscheinen in eine Gesamtausgabe aufgenommen werden, so daß oft nicht einmal die unmittelbaren Erben des Verf. eine dem obigen Begriff entsprechende Gesamtausgabe erleben. Hier hilft nur, wie dies vielfach geschieht, eine Vereinbarung des die Gesamtausgabe veranstaltenden Verlegers mit dem Verf. und den übrigen Verl. seiner Werke (ähnlich Allfeld § 2 Anm. 16 b).

§ 3

Beiträge zu einem Sammelwerke, für die dem Verfasser ein Anspruch auf Vergütung nicht zusteht, dürfen von ihm anderweit verwertet werden, wenn seit dem Ablaufe des Kalenderjahres, in welchem sie erschienen sind, ein Jahr verstrichen ist.

[1] A. Vorbemerkungen

Die Bestimmung ist durch § 141 Ziff. 4 UrhG aufgehoben worden, da sich durch § 38 UrhG (abgedruckt Anh. S. 428) eine etwas veränderte Rechtslage ergibt (vgl. dazu auch Löffler I S. 714 Rdz. 64).

[2] B. Gegenstand der Bestimmung

war u. ist die Zeitdauer der Enthaltungspflicht des Verf. bei Aufnahme seines Werkes in ein Sammelwerk oder urheberrechtl. eine Sammlung, zu welchem Begriff die Anm. zu § 4 zu vergleichen sind. Bei der Aufnahme eines Werkes in ein solches Sammelwerk wird unterschieden, je nachdem das Sammelwerk periodisch erscheint (Rdz. 3) oder nicht (Rdz. 4).

[3] I. Erscheinen in einem periodischen Sammelwerk

1. Zum Begriff des periodischen „Sammelwerks“ vgl. § 4 Rdz. 2.

2. Zu unterscheiden ist:

a) Ist das periodisch erscheinende Werk eine Zeitung, gilt der an die Stelle des § 42 VerlG getretene § 38 Abs. 3 UrhG, abgedruckt Anh. S. 428. Hierüber s. S. 389.

b) Bei Aufnahme in ein sonstiges periodisches Sammelwerk endet die Enthaltungspflicht des Verf. 1 Jahr nach Ablauf seit Erscheinen. Unter „Erscheinen“ ist hier der Zeitpunkt zu verstehen, in dem die den Beitrag enthaltenden Vervielfältigungsstücke des Sammelwerks oder des einschlägigen Teilbandes in Verkehr gebracht oder feilgehalten werden (so auch Bappert—Maunz § 3 Rdz. 7). Der Begriff „seit Erscheinen“ bezieht sich also nicht auf das Sammelwerk als Ganzes, sondern auf das Werk, genauer den Beitrag des Verf. (so früher eindeutig § 3). Ist das Werk des Verf. in mehreren in verschiedenen Jahren erschienenen Sammelwerken veröffentlicht worden, ist das Erscheinen des letzten Teiles oder der letzten Fortsetzung des Sammelwerkes maßgebend (Allfeld § 4 Anm. 3 b, Bappert—Maunz a. a. O.). Ein Jahr nach Erscheinen des Werkes endet also hier die Enthaltungspflicht des Verf., soweit nichts anderes vereinbart ist. Das ist zumeist dann nicht der Fall, wenn zumeist unverlangt eingesandte Beiträge ohne besondere Förmlichkeiten abgedruckt werden; ob dieser Abdruck gegen oder ohne Entgelt erfolgte, ist für das Ende der Enthaltungspflicht ohne Belang.

[4] II. Anders bei **Aufnahme in ein nicht periodisches Sammelwerk** (Festschriften, Lexika, gemeinsame Werke gelehrter Gesellschaften). Hier endet die Enthaltungspflicht des Verf. ein Jahr nach Erscheinen des Werkes in dem Sammelwerk nur dann, wenn dem Verf. für die Überlassung kein Anspruch auf Vergütung zusteht. Das ist in der Regel nur bei Festschriften der Fall. Wo aber dem Verf. für die Überlassung des Beitrages ein Anspruch auf Vergütung zusteht, endet seine Enthaltungspflicht, wie regelmäßig, mit dem Ablauf des Verlagsverhältnisses (hierüber siehe § 2 Rdz. 8). „Vergütung“ sind jedoch nicht Freiexemplare oder Sonderabzüge, wenn sie nicht in besonders großer Zahl oder in Gestalt eines sehr wertvollen Werkes für einen kleinen Beitrag als anstelle einer Vergütung gegeben anzusehen sind (Voigtländer—Elster § 3 Anm. 3).

[5] **C. Das Recht zur anderweiten Vervielfältigung u. Verbreitung,** das dem Verf. infolge Erlöschens der Enthaltungspflicht

zusteht, **ist nicht unbeschränkt.** Es findet seine Schranke darin, daß es nicht dazu führen darf, daß das dem Herausgeber des Sammelwerkes oder etwa dem Verl. zustehende Recht verletzt (Allfeld § 3 Anm. 4; Voigtländer—Elster a. a. O.), insbes. den Wert oder die Absatzfähigkeit des Sammelwerkes wesentlich beeinträchtigt.

[6] D. **Verletzungen des Rechtes des Verf.** aus § 38 Abs. 1 S. 2 und Abs. 2 UrhG (vgl. Bappert—Maunz § 3 Rdz. 8).

I. Sie können dadurch entstehen, daß der Verl. bei oder unmittelbar nach Erscheinen der vom Verf. veranlaßten Sonderausgabe seines Beitrages eine verbilligte Ausgabe des Sammelwerkes auf den Markt wirft oder in einem der üblichen Nachtragsbände zu dem Sammelwerk den Beitrag des Verf. durch einen anderen Beiträger so abwerten läßt, daß der Absatz der Sonderausgabe verunmöglicht wird.

II. Hiergegen hat der Verf. einen Anspruch auf Unterlassung, auf Beseitigung der Maßnahmen des Verl. oder Herausgebers, nicht aber Schadensersatzansprüche nach § 97 UrhG, da diese die Verletzung eines ausschließlichen Werknutzungsrechtes des Verf. zum Gegenstand haben.

§ 4

Der Verleger ist nicht berechtigt, ein Einzelwerk für eine Gesamtausgabe oder ein Sammelwerk sowie Teile einer Gesamtausgabe oder eines Sammelwerkes für eine Sonderausgabe zu verwerten. Soweit jedoch eine solche Verwertung auch während der Dauer des Urheberrechts einem jeden freisteht, bleibt sie dem Verleger gleichfalls gestattet.

[1]

A. Vorbemerkungen

I. § 4 faßt nach seinem Wortlaut mehrere Tatbestände zusammen, nämlich

1. die Verwertung eines Einzelwerkes für eine Gesamtausgabe [4]
2. die Verwertung eines Einzelwerks für ein Sammelwerk [7]
3. die Verwertung von Teilen einer Gesamtausgabe für eine Sonderausgabe u.

4. die Verwertung von Teilen eines Sammelwerkes für eine Sonderausgabe.

II. Mit dem Schriftt. (Voigtländer—Elster § 4 Anm. I) läßt sich aber der Inhalt des § 4 **aufgliedern** wie folgt: Er betrifft die Verwertung eines Einzelwerks

1. In Zusammenhang mit einer Gesamtausgabe (Rdz. 4 ff.), nämlich
   a) für eine Gesamtausgabe,
   b) aus einer Gesamtausgabe,
   c) neben einer Gesamtausgabe.
2. Im Zusammenhang mit einem Sammelwerk (Rdz. 7 ff.), nämlich
   a) für ein Sammelwerk,
   b) aus einem Sammelwerk,
   c) neben einem Sammelwerk.

B. Die Begriffe „Gesamtausgabe", „Sammelwerk", „Sonderausgabe"

I. Über den Begriff der **„Gesamtausgabe"** vgl. § 2 Rdz. 18.

[2] II. Das **„Sammelwerk"** ist nach § 4 UrhG eine Sammlung von Werken oder anderen Beiträgen, die durch Auslese oder Anordnung eine persönl., geistige Schöpfung sind (etwas anders für das frühere Recht RG: JW 1906, 261). Beispiele sind Festgaben, Enzyklopädien, Lexika aller Art, Kalender, Jahrbücher, Almanache, Zeitschriften und Zeitungen (Hoffmann § 3 Anm. 1; Ulmer S. 134 Ziff. I). Danach setzt der Begriff des Sammelwerks voraus:

1. Das Werk muß die Beiträge einer Mehrheit von Verf. vereinigen. „Mehrheit" bedeutet „mehr als ein Verfasser". Vereinigt das Werk nur Beiträge eines Verf., ist es nicht „Sammelwerk", sondern „Gesamtausgabe" (Bappert—Maunz § 3 Rdz. 3; a. A. Gamm § 4 Rdz. 4).
2. Die Mitwirkung der einzelnen Beiträger. Die in dem Sammelwerk vereinigten Einzelwerke müssen für dieses geschaffen oder bearbeitet sein. Fehlt es hieran, liegt ein Sammelwerk nicht vor. Gegeben ist vielmehr ein Einzelwerk, das durch Auslese oder Anordnung geistige Schöpfung des Auslesenden u. Anordnenden ist. Er u. nicht der Verl. hat sich mit denen auseinanderzusetzen,

deren (nicht für das Werk bestimmte) Einzelwerke in das Werk aufgenommen sind.

3. Eine persönl. geistige Schöpfung des Auslesenden und Anordnenden. Vgl. hierzu § 1 Rdz. 30. Fehlt es hieran, liegt ein Sammelwerk nicht vor.

[3] III. **„Sonderausgabe"** ist die Herausgabe des Werkes, das an sich nicht für eine gesonderte Ausgabe, sondern als Beitrag oder Teil einer Gesamtausgabe oder eines Sammelwerkes geschaffen war.

C. Das Einzelwerk in Zusammenhang mit einer Gesamtausgabe

[4] I. Die Verwertung eines Einzelwerks **„für" eine Gesamtausgabe** ist dem Verl. durch § 4 untersagt. Der Verl. darf also ohne Zustimmung des Verf. ein Einzelwerk oder einzelne selbständige Werke nicht in eine Gesamtausgabe aufnehmen oder zu einer solchen oder zu „Ausgewählten Werken" (Allfeld § 4 Inm. 2 a mit Nachw.) zusammenfassen. Eine Ausnahme gilt nach § 2 Abs. 3 nur, wenn seit dem Ablauf des Kalenderjahres, in dem das Einzelwerk erschienen ist, 20 Jahre verstrichen sind (hierüber § 2 Rdz. 21) oder zwischen Verf. u. Verl. anderes vereinbart ist.

[5] II. Die Verwertung eines Einzelwerkes **„aus" einer Gesamtausgabe** ist dem Verl. nicht gestattet, da er nach § 4 nicht Teile (aus) einer Gesamtausgabe für eine Sonderausgabe verwenden darf. Hieraus ergeben sich 2 Fragen:

1. Darf der Verl. Vorspiele (Ouvertüren), Zwischenspiele, Arien, Chorsätze aus Opern, Operetten, Musicals oder Oratorien gesondert herausgeben? Die Frage wird vom Schrifttum (Bappert—Maunz § 4 Rdz. 2) mit Recht bejaht, weil hier nicht Teile einer Gesamtausgabe (als welche diese Tonwerke nicht bezeichnet werden können), sondern Stücke eines einheitlichen Werkes (Tonwerk oder gemischtes Werk) veröffentlicht werden.
2. Darf der Verl. einen Beitrag aus einer Gesamtausgabe in einer weiteren oder anderen Gesamtausgabe verwenden?
   a) Die Statthaftigkeit der Verwendung in einer weiteren Gesamtausgabe wird dann zu bejahen sein, wenn sich diese weitere Gesamtausgabe von der ursprünglichen nur durch die äußere Gestaltung, nicht aber durch den Inhalt unterscheidet.

b) Die Statthaftigkeit der Verwendung in einer anderen Gesamtausgabe dagegen unterliegt Bedenken, weil sie unter Umständen sehr stark in die Auffassung des Verf. von seinem Einzelwerk eingreifen kann. Der Verl. will etwa eine Gesamtausgabe der engagierten, politischen, sozialkritischen oder ähnlichen Werke des Verf. veranstalten u. darin ein Einzelwerk des Verf. aufnehmen, das dieser weder als politisch noch als sozialkritisch gewertet sehen will.

[6] III. Die Verwertung eines Einzelwerkes **„neben" einer Gesamtausgabe** ist dem Verl. nicht gestattet. Denn auch sie stellt die Verwendung entweder eines Einzelwerkes für eine (neben ihm erscheinende) Gesamtausgabe oder die Verwendung eines Teiles einer Gesamtausgabe für eine (neben ihr erscheinende) Sonderausgabe dar.

Den § 4 fassen im übrigen manche Beurteiler so auf, als verbiete er dem Verl. zwar die Zusammenfassung von Einzelwerken in eine „Gesamt"-Ausgabe, d. h. in eine wirklich sämtliche oder jedenfalls alle wichtigen Werke des Verfassers enthaltende Ausgabe, jedoch nicht die Zusammenfassung dieser Einzelwerke, wenn gar keine wirkliche „Gesamt"-Ausgabe dadurch geschaffen wird. Diese Auslegung ist unzutreffend. In § 4, der dem Verl. etwas verbietet, kann es sich nur um die in seinem Verlage erschienenen Werke des betreffenden Verf. handeln, gleichgültig ob es sämtl. oder nicht sämtl. sind; denn die Werke aus fremdem Verlag dazu zu nehmen, fehlt ihm jedes Recht, so daß auch ein Verbot in § 4 fehl am Ort wäre. Grundsatz ist u. bleibt, daß der Verl. die Werke nur in dem Rahmen veröffentlichen darf, wie sie ihm gegeben sind, so daß er also zur Veranstaltung einer Ausgabe gesammelter Werke unter besonderem Einheitstitel und äußerl. Zusammenfassung der Genehmigung des Verf. bedarf (so zutreffend Voigtländer—Elster § 4 Anm. I 2).

D. Das Einzelwerk in Zusammenhang mit einem Sammelwerk

[7] I. Die Verwertung eines Einzelwerkes **„für" ein Sammelwerk** ist dem Verl. durch § 4 untersagt. Er kann also nicht ein überhaupt nicht für die Aufnahme in ein Sammelwerk oder nicht für die Aufnahme gerade in das in Frage stehende Sammelwerk vorgesehenes Einzelwerk eines Verf. in dieses oder jenes Sammelwerk aufnehmen. Ebensowenig kann er ein in einem Sammelwerk erscheinendes Einzelwerk ganz oder auszugsweise in ein anderes Sammelwerk auf-

nehmen (Voigtländer—Elster § 4 Anm. I 1), sofern nicht der Verf. zustimmt. Das kann bei sog. Kopfblättern oder Kopfzeitungen recht bedeutsam werden. Das sind Zeitungen, bei denen die Stammzeitung für eine ihr angeschlossene meist kleinere Tochter- oder Kopfzeitung den Hauptinhalt der Zeitung druckt und liefert u. das Kopfblatt sich auf dem Druck des Titelkopfes, des lokalen und allfällig des Anzeigenteiles beschränkt (Löffler II S. 168 Rdz. 31, ders. II S. 181, Rdz. 90). Diese Kopfblätter oder Kopfzeitungen sind selbständige Sammelwerke (vgl. Löffler II S. 289 Rdz. 20). Die Verwertung des in der Mutterzeitung erschienenen Werkes für Kopfblätter und Kopfzeitungen ist daher vorbehaltl. anderer Vereinbarung dem Verl. untersagt (vgl. auch Voigtländer—Elster a. a. O.).

[8] II. Diese Verwertung stellt zugleich eine gleichfalls dem Verl. untersagte Verwertung des in der Mutterzeitung erschienenen Werkes also **„aus" einem Sammelwerk** dar. Denn beim Sammelwerk ist der Sinn der verlagsrechtl. Überlassung an den Rahmen gebunden, für den der Beitrag geliefert war. Ja es ist dies beim Sammelwerk noch deutlicher als bei der Gesamtausgabe. Ein Beitrag, den der Verf. für ein Sammelwerk beigesteuert hat, ist, zumal wenn er seine Aufgabe gut erfüllt, in jenes Sammelwerk hineingedacht, vermutlich ganz anders geschrieben, als wenn er ohne jene Einordnung auf eigenen Füßen stehen sollte. Und auch wirtschaftl. gesehen wäre die Herausgabe als Sonderabdruck ein neuer Akt der Vervielfältigung, der keinem der Vertragspartner erlaubt ist. Selbst wenn der Verl. ein auflagemäßig unbeschränktes Recht der Vervielfältigung des Sammelwerkes und des Sammelwerkbeitrages hat, so hat er dies eben nur für diese Gestalt und Funktion des Beitrages innerhalb des betreffenden Sammelwerks. Er darf den Beitrag also auch nicht für ein anderes Sammelwerk verwenden, ja selbst dann nicht ohne Einwilligung des Verf., wenn das ursprüngl. gedachte Sammelwerk, für welches der Beitrag geliefert war, nicht erscheint u. ein anderes an dessen Stelle tritt (Voigtländer—Elster § 4 Anm. I 3). Insgesamt wird hier, wie schon oben bei den Gesamtausgaben, die Frage aufgeworfen, ob der Verl. einen Beitrag aus einem Sammelwerk in einem weiteren oder einem anderen Sammelwerk verwenden darf. Beides wird vom Schriftt. (Bappert—Maunz § 4 Rdz. 4) mit Recht für unstatthaft erklärt.

1. Der Abdruck eines für ein Sammelwerk, etwa eine Zeitung gelieferten Beitrages in einem anderen Sammelwerk, etwa einer Zeitschrift, ist unzulässig (RGStr. 30, 292).

2. Das gleiche gilt für den Abdruck des Beitrags in einem anderen, d. h. wesensmäßig völlig verschiedenen Sammelwerk, etwa aus der Festschrift für A in die Festschrift für B, aus einer Enzyklopädie in eine Festschrift oder umgekehrt (zweifelnd Allfeld § 4 Anm. 5 mit Nachw.).

[9] III. Untersagt ist endlich dem Verl. die Verwertung des Einzelwerkes **„neben" einem Sammelwerk.** Er darf also das in einem Sammelwerk erschienene oder dafür bestimmte Werk des Verf. nicht neben diesem Sammelwerk als Sonderdruck herausbringen oder umgekehrt, das als Einzelwerk bestimmte Werk des Verf. nicht vor oder nach dessen Druck in einem Sammelwerk veröffentlichen. Der in Zeitungen und Zeitschriften so beliebte Vorabdruck eines Werkes, etwa eines Romanes ist daher ohne Genehmigung des Verf., der sie allein schon in Hinblick auf den wirtschaftl. Ertrag und die Werbung allerdings meist bereitwilligst zu erteilen pflegt, nicht zulässig.

[10] E. Abgabe von Einzelbänden einer Gesamtausgabe oder eines (nicht periodischen) Sammelwerkes

I. Die Frage, ob der Verl. Einzelbände einer Gesamtausgabe oder eines nicht periodischen Sammelwerkes abgeben darf, läßt sich nur nach den Umständen des Einzelfalls beantworten. „Für eine Gesamt- oder Einzelausgabe verwerten" und „als Einzel- oder Gesamtwerk verkaufen" ist begriffl. zweierlei; ersteres setzt einen neuen Akt einer rechtlich bedeutsamen Vervielfältigungsentschließung voraus, letzteres ist ledigl. ein Akt der Verbreitung im Rahmen der bisherigen Vervielfältigung. Es kommt also darauf an, wie das Werk — bei Auslegung des Vertrages nach Treu und Glauben — angelegt war. Zugunsten der freieren Handhabung durch den Verl. ist jedenfalls dann zu entscheiden, wenn die Art der Verbreitung durch Abgabe einzelner Bände als üblich im Sinne von § 14 anzuerkennen ist, so bei dem Vertrieb in Einzellieferungen, auf Abzahlung, im Reisebuchhandel, durch Kolporteure u. ä. Auch die Abgabe von Probebänden an den Sortimenter mit der Verpflichtung zum Bezug des Restes des Gesamtwerkes für den Fall des Behaltens des Probebandes ist zulässig (Voigtländer—Elster § 4 Anm. I).

II. Eine andere Frage ist, ob der Verl. einer in mehreren Bänden erschienenen Gesamtausgabe oder Sammlung einzelne Bände ohne Verpflichtung des Beziehers, alle Bände abzunehmen, verkaufen darf. Die Frage ist nicht unbestritten (verneinend etwa Hoffmann

§ 4 Anm. 3), wird aber allg. bejaht (Voigtländer—Elster a. a. O. I 1 mit Nachw.; Allfeld § 4 Anm. 4; Bappert—Maunz § 4 Rdz. 5).

[11] F. Rechtsfolgen der Verletzung des § 4

Verletzt der Verl. die Bestimmungen des § 4, so ist das nicht nur eine vertragswidrige Vervielfältigung und Verbreitung, deren Rechtsfolgen § 32 bestimmt, dessen Anm. zu vergleichen sind, sondern auch Urheberrechtsverletzung nach § 97 UrhG (Bappert—Maunz § 4 Rdz. 7), die ebenfalls in den Anm. zu § 32 behandelt ist.

§ 5

Der Verleger ist nur zu einer Auflage berechtigt. Ist ihm das Recht zur Veranstaltung mehrerer Auflagen eingeräumt, so gelten im Zweifel für jede neue Auflage die gleichen Abreden wie für die vorhergehende.

Ist die Zahl der Abzüge nicht bestimmt, so ist der Verleger berechtigt, tausend Abzüge herzustellen. Hat der Verleger durch eine vor dem Beginn der Vervielfältigung dem Verfasser gegenüber abgegebene Erklärung die Zahl der Abzüge niedriger bestimmt, so ist er nur berechtigt, die Auflage in der angegebenen Höhe herzustellen.

[1] A. Vorbemerkungen

§§ 5—7 befassen sich mit der Auflage eines Werkes der Literatur oder der Tonkunst, und zwar

1. § 5 mit der Zahl der Auflagen u. Abdrucke
2. § 6 mit der Beeinträchtigung der zulässigen Zahl der Abdrucke durch Zuschuß- und Freiexemplare und
3. § 7 mit dem Ersatz untergegangener Abzüge.

B. Die Begriffe „Auflage“, „Ausgabe“ und „Abzüge“

I. Die „Auflage“

[2] 1. Der Begriff der „Auflage“ ist im Gesetz nicht bestimmt u. hat sich der Veränderung der Herstellung von Druckwerken angepaßt. Ursprüngl. ging man von dem einheitl. techn. Druckvorgang aus,

mittels dessen der Verl. die im Verlagsvertrag oder in seiner Ermangelung im Gesetz (§ 5 Abs. 2 S. 1) festgesetzte Zahl von Vervielfältigungen des Werkes herstellte (Löffler I S. 717 Rdz. 82). „Auflage" war darnach die Gesamtzahl der Abzüge, die der Verl. auf einmal herzustellen berechtigt sei (so u. a. Allfeld § 5 Anm. 2) oder noch schärfer ausgedrückt „die durch einmaligen Druck hergestellte Anzahl von Exemplaren" (Voigtländer—Elster § 5 Anm. I mehrfach). Diese Begriffsbestimmung hat ihre Bedeutung dadurch verloren, daß nun der Verl. zur Verringerung seines Risikos dazu übergeht, die Auflage je nach Bedarf in Etappen herzustellen, also den Satz stehen u. je nach Bedarf weitere Abzüge vom sog. Stehsatz vornehmen zu lassen (Löffler a. a. O.; Ulmer S. 348 Ziff. I). Damit ist auch die Auffassung gegenstandslos geworden, nach der „Auflage" die Gesamtzahl der Exemplare ist, die der Verl. seiner geschäftl. Kalkulation zugrunde legt (Voigtländer—Elster § 5 Anm. II 1 mit Nachw.).

2. „Auflage" ist vielmehr nun die Anzahl von Werkstücken, zu deren Herstellung der Verleger durch Vertrag oder Gesetz berechtigt ist (Löffler a. a. O.; Bappert—Maunz § 5 Rdz. 2). Wie die Herstellung der vertragl. oder gesetzmäßig zulässigen Werkstücke erfolgt, ist für den Begriff der „Auflage" unwesentl. Der verlagsrechtl. Begriff der „Auflage" bezieht sich auf jede techn. Art der Schriftwerkherstellung (Voigtländer—Elster § 5 Anm. II 2).

[3] **II. Die „Ausgabe".** Der Begriff der „Ausgabe" ist im Gesetz nicht bestimmt u. die Auffassung hierüber daher nicht einheitl.

1. Im älteren Schriftt. (Voigtländer—Elster § 5 Anm. I; vgl. dazu im einzelnen, Scheringer, Das Recht der Neuauflage im Buch- und Kunstverlag, Berlin 1928 und Bappert—Maunz § 5 Rdz. 5 an ihn anschließend Gamm § 70 Rdz. 3) ist „Ausgabe"

a) die Herausgabe der bereits gedruckten oder im Druck befindl. Auflage eines Werkes in äußerl. veränderter Form oder Einteilung (Band-, Lieferungsausgabe). „Ausgabe" ist danach die Herausgabe eines bereits gedruckten Werkes in äußerl. veränderter Form oder Einteilung oder die Herausgabe eines im Druck befindl. Werkes in einer gegenüber dem bisherigen Gestaltungsplan veränderten Form oder Einteilung. Im ersteren Falle sind „Auflage" und „Ausgabe" verschieden, im zweiten decken sie sich.

b) Der Neudruck eines Werkes in veränderter Form (Oktav-, Taschen-, Volks-, Jugend-, Pracht-, Sonderausgabe). Auch hier decken sich Auflage u. Ausgabe nicht. Die „Ausgabe" kommt hier einer Neuauflage gleich u. ist als solche zu behandeln (ebenso Dittich S. 129).

c) Die Teilung der Auflage in Ausgaben verschiedener äußerer Erscheinungsform u. nicht selten verschiedener Vertriebsweise (sog. **Parallelausgaben**).

In Betracht kommen 4 Fälle:

aa) Die von einem Verl. an einen anderen Verl. oder eine Buchgemeinschaft gelieferten Fertigexemplare oder Rohdrucke/Rohbogen werden in anderer Ausstattung (Einbände, Umschläge, Vorsätze, Lesezeichen u. Hinweise im Impressum auf die Buchgemeinschaft) angeboten.

bb) Ein Verl. oder eine Buchgemeinschaft bedient sich mit Einverständnis eines anderen Verl. eines vorhandenen Satzes oder Offsetfilms (von den Verl. als Fort- oder Mitdruck bezeichnet), um bei der Vervielfältigung der von ihnen geplanten Veröffentlichung die Kosten des nochmaligen Setzens oder des nochmaligen Herstellens von Offsetfilmen nicht aufwenden zu müssen.

cc) Ein Verl. läßt seine Rohdrucke teilweise in Leder, teilweise in Leinen oder in Pappe einbinden und vertreibt diese unterschiedl. Ausgaben zu unterschiedl. Preisen über den Buchhandel (vgl. zu diesen Fällen Steinorth, Zweigleisiger Buchvertrieb, ein Mißbrauch im Sinne von § 17 Abs. 1 Nr. 2 GWB? in Bb 3/1972, 106 mit Nachw.).

dd) Die Ausbringung von numerierten u. vom Verf. signierten Vorzugsexemplaren zu „Vorzugs"preisen.

2. Nach dem neueren Schriftt. (etwa Hubmann S. 208 Ziff. II 1; Löffler I. S. 718 Rdz. 82 mit Nachw.) ist unter **„Ausgabe"** die besondere äußere Ausgestaltung des Werkes einschließl. der Ausstattung zu verstehen. Nach dieser Begriffsbestimmung kann die Ausgabe als Form der Auflage mit dieser nicht in Widerspruch treten.

3. **„Titelausgabe"** endl. ist der Abdruck des unveränderten Werkes mit neuem Titelblatt. Die Literaturgeschichte des ausgehenden 19. u. beginnenden 20. Jahrhunderts bietet eine reiche Auswahl solcher Titelausgaben, die nicht zuletzt dadurch ausgelöst wurden, daß sich das Werk unter dem bisherigen Titel entweder nicht oder so zugkräftig erwiesen hat, daß es zu Skandalen oder Verboten führte.

[4] **III. „Abzüge"** sind, wie sich aus §§ 5, 14, 25, 29 ergibt, die verbreitungsfertigen und verbreitungsfähigen Werke (nach Runge S. 445

Fn. 3 die einzelnen Vervielfältigungsstücke). Auf die äußere Gestalt kommt es jedenfalls für den Begriff des Abzugs nicht an.

C. Die Auflage im besonderen

[5] **I. Die Zahl der Auflagen.** Nach § 5 Abs. 1 ist der Verl. vorbehaltl. anderweitiger Vereinbarung nur zu einer Auflage berechtigt.

1. Die anderweite Vereinbarung ist die **Regel.** Es ist üblich, daß sich der Verl. im Verlagsvertrag das Recht zur Veranstaltung weiterer, meist sogar aller Auflagen des Werkes einräumen läßt. Dagegen bestehen angesichts des hohen Risikos des Verl. keine rechtlichen Bedenken (vgl. § 1 Rdz. 16; RGZ 112, 173; 140, 264; Bappert—Maunz § 5 Rdz. 5; anders Lobe: GRUR 1922, 83; gegen das RG Allfeld § 5 Anm. 4 mit eingehenden Nachw.). Ihre Abgrenzung findet eine solche Vereinbarung jedoch darin, daß bei Erschütterung des Vertrauensverhältnisses zwischen Verf. und Verl. (hierüber § 1 Rdz. 10) die Möglichkeit der Kündigung der Vereinbarung aus wichtigem Grunde besteht (Ulmer S. 350 Ziff. III; Bappert—Maunz a. a. O.).

2. Die eben erwähnte Vereinbarung begründet ein Recht, **nicht** aber eine **Verpflichtung des Verl., weitere Auflagen zu veranstalten** (vgl. § 17 S. 1). Macht der Verl. von seinem Recht keinen Gebrauch, greift § 17 S. 2 ein (Löffler I S. 718 Rdz. 83), dessen Anm. zu vergleichen sind. Macht der Verl. dagegen von seinem Recht Gebrauch, gelten nach § 1 S. 2 für jede Neuauflage die gleichen Abreden wie für die vorhergehende. Diese Bestimmung kann, sofern sie nicht vertragl. ausgeschlossen oder anders gefaßt wird, bei sehr gut gehenden Werken zu erhebl. wirtschaftl. Benachteiligung des Verf. führen. Die Vergütung des Verf. bleibt nämlich die gleiche, obwohl die Herstellungskosten des Verl., auf die die Vergütung des Verf. ausgerichtet ist, um die Kosten der Herstellung des Satzes nicht unwesentl. sinken. Das ist aber die Gegenseite des Risikos, das der Verl. seinerseits mit der Vereinbarung übernommen hat.

[6] II. Höhe oder Stärke der Auflage

1. Sie beträgt vorbehaltl. fast regelmäßig getroffener anderweiter Vereinbarung 1000 Stück. Das kann von Bedeutung werden, wenn zwar die Höhe der 1., nicht aber die der weiteren Auflagen vereinbart ist. Hier bildet die Entscheidung über die Höhe der nachfolgenden Auflagen nicht etwa „eine innere Angelegenheit des Verl.“

(so OLG Dresden in MuW 1920, 42), dieser ist vielmehr bei jeder Neuauflage nur zur Herstellung von jeweils 1000 Abzügen befugt (herrsch. Meinung, etwa KG: MuW 1920, 165; Bappert—Maunz § 5 Rdz. 10 mit Nachw., a. A. Hoffmann § 5 Anm. 3). In die vertragl. oder gesetzl. bestimmte Höhe oder Stärke der Auflage werden nach §§ 6, 7, deren Anmerkungen zu vergleichen sind, nicht eingerechnet:

a) Zuschuß- und Freiexemplare, letztere jedoch nur, soweit ihre Zahl den 20. Teil der zulässigen Abzüge nicht übersteigt.

b) Ersatzstücke zum Ersatz oder zur Ergänzung beschädigter oder zu Verlust geratener Abzüge.

2. Die Bedeutung der Nichtanrechnung von Zuschuß- u. Freiexemplaren sowie Ersatzstücken auf die Auflage liegt darin, daß sie bei Berechnung des Honorars des Verf. nach dem Absatz nicht berücksichtigt zu werden brauchen.

3. Verletzung der vereinbarten oder gesetzl. Höhe der Auflage durch den Verl.

a) Der Verl. überschreitet die vereinbarte oder gesetzl. Höhe, indem er **mehr** druckt. Hier entstehen Rechte des Verf., bezüglich deren die Anm. zu § 32 zu vergleichen sind.

b) Der Verl. unterschreitet die vereinbarte oder gesetzliche Höhe, indem er **weniger** druckt. Hier entstehen Rechte des Verf., bezüglich deren die Anm. zu §§ 16 und 32 zu vergleichen sind.

§ 6

Die üblichen Zuschußexemplare werden in die Zahl der zulässigen Abzüge nicht eingerechnet. Das gleiche gilt von Freiexemplaren, soweit ihre Zahl den zwanzigsten Teil der zulässigen Abzüge nicht übersteigt.

Zuschußexemplare, die nicht zum Ersatz oder zur Ergänzung beschädigter Abzüge verwendet worden sind, dürfen von dem Verleger nicht verbreitet werden.

[1]

A. Vorbemerkung

Die Vorschrift handelt von Zuschuß- [2] u. Freiexemplaren [4], die Anmerkungen auch von Vorzugspreis- [8] u. den Pflichtexemplaren [11].

[2]

B. Zuschußexemplare

I. Begriff: „Zuschußexemplare" sind die über die eigentliche Auflage hinaus hergestellten Abzüge, bestimmt, den Abgang an verdruckten, verbundenen u. beschädigten Bogen während der Herstellung und des Vertriebes zu ersetzen (s. auch § 7). Die Zahl der erforderl. Zuschußexemplare ist je nach der Art des Druckes, des Papiers u. sonstigen Umständen verschieden. Die Zahl ist nicht ziffermäßig festzusetzen, sondern ergibt sich aus dem Zweck, den Abs. 2 des § 6 angibt. Wegen der Unsicherheit solcher Verwendung in der Praxis empfiehlt sich eine Festlegung im Verlagsvertrag über die Zahl der über die Auflage mitzudruckenden Zuschußstücke (Voigtländer—Elster § 6 Anm. 1, Allfeld § 6 Anm. 2, Hoffmann § 6 Anm. 1, Ulmer S. 350 Ziff. II; vgl. auch Bappert—Maunz § 6 Rdz. 2).

[3] **II. Die Bedeutung der Zuschußexemplare besteht**

1. in der **Nichtanrechnung auf die Auflage** u. demgemäß bei Absatzhonorar nicht auf die Vergütung des Verf. (vgl. § 5 Rdz. 6);

2. gem. § 6 Abs. 2 im **Verbot ihrer Verbreitung durch den Verl.** Aus dem Zwecke, dem die Zuschußexemplare dienen, folgt, daß der Verl. solche Exemplare, soweit sie nicht zum Ersatz oder zur Ergänzung beschädigter Abzüge verwendet worden sind, nicht verbreiten darf. Bleiben ihm also nach Verkauf der vergüteten Abzüge noch Zuschußexemplare, so müssen sie vernichtet werden, falls nicht der Verf. nachträglich die Vergütung annimmt oder sonst die Verbreitung erlaubt (Voigtländer—Elster § 6 Anm. 3).

C. Freiexemplare

[4] **1. Begriff u. Umfang:** „Freiexemplare" sind Exemplare, die dazu hergestellt werden, um an ganz bestimmte Personen als alleiniges oder teilweises Entgelt oder ohne Entgelt abgegeben zu werden (ähnl. Allfeld § 6 Anm. 3). Freiexemplare sind daher

1. **die dem Verf.** nach § 25 **zustehenden Freiexemplare;** vgl. dazu diese Bestimmung und die Anm. hierzu;

[5] 2. die dem gemeinsamen Interesse von Verf. und Verl. dienenden **Werbeexemplare,** insbes. **Besprechungsexemplare** und Einführungsstücke (Bappert—Maunz § 6 Rdz. 3, Löffler I S. 718 Rdz. 26). Gerade insoweit treten namentlich an Schulbücherverleger, aber auch an andere, Freiexemplarforderungen in erhebl. Umfang heran. Ver-

wendet der Verl. mangels Vorrates an unvergüteten Exemplaren vergütete zu Freiexemplaren, so kann er die dem Verf. dafür geleistete Vergütung nicht zurückfordern. Es ist der Schaden des Verl., wenn er zu wenig Freiexemplare gedruckt hat; den Verf. kann er dafür nicht in Anspruch nehmen. Da man aber den Bedarf an Freiexemplaren im voraus nicht immer richtig bemessen kann, so wird oft vereinbart, daß eine der Zahl der mehr verbrauchten Freiexemplare entsprechende Zahl von Abzügen bei der folgenden Auflage honorarfrei mitgedruckt werden darf (Voigtländer—Elster § 6 Anm. 2, vgl. auch Allfeld § 6 Anm. 3 a);

3. die unabweisl. Forderungen genügenden Exemplare (**Widmungsexemplare, Belegexemplare** für Verl. und Drucker, Archivexemplare des Verl.: Bappert—Maunz a. a. O.; a. A. Voigtländer—Elster a. a. O.);

4. **nicht mehr** die früher durch § 9 RPrG vorgeschriebenen **Pflichtexemplare** für die Polizeibehörden. Die schon damals in ihrer Gültigkeit umstrittene Vorschrift ist in die neuen Landespressegesetze nicht übernommen worden (Löffler II S. 261 Rdz. 12);

5. **überhaupt nicht** die dem Sortimenter zu liefernden unberechneten sog. **Partieexemplare** (z. B. 9 für 8, 11 für 10). Sie gelten bei Berechnung des Absatzhonorars als abgesetzte Stücke (Voigtländer—Elster § 6 Anm. 2, Allfeld § 6 Anm. 3, Bappert—Maunz a. a. O.);

6. über die sog. Bibliotheksexemplare siehe unten Rdz. 11 ff.

[6] **II. Die Bedeutung der Freiexemplare** besteht

1. in der Nichtanrechnung auf die Auflage u. demgemäß bei Absatzhonorar nicht auf die Vergütung des Verf. (vgl. § 5 Rdz. 6);

2. gem. § 6 Abs. 2 im Verbot ihrer Verbreitung durch den Verl. Das oben Rdz. 3 Ausgeführte gilt entsprechend. Zur Frage der Verbreitung der Freiexemplare des Verf. durch diesen vgl. die Anm. zu § 25.

[7] **III. Frei„exemplare" und Frei„stücke" (Freiabzüge),**

Verf. von Beiträgen zu unperiodischen oder periodischen Sammelwerken — Zeitungen ausgenommen — haben Anspruch auf die gesetzliche Zahl von Freiabzügen (Freistücken) ihres Beitrags. (Über die andersartige Bedeutung dieses Wortes in Österreich vgl. Dittich S. 140.) Das ganze Sammelwerk, die ganze Zeitschrift oder deren einzelnes vollständiges Heft können sie nicht verlangen; der Verl. gewährt das aber oft, weil die Hergabe dieser in Auflagen hergestellten Stücke meist wohlfeiler ist als die Herstellung von Sonderdrucken. — Von Beiträgen in Zeitungen stehen dem Verf. keine

Freiexemplare zu; s. § 46 und die Anm. hierzu (Voigtländer—Elster § 6 Anm. 4).

D. Die Vorzugspreisexemplare

[8] **I. Begriff u. Umfang.** „Vorzugsexemplare“ sind Exemplare, deren Preis der niedrigste Preis ist, zu dem der Verl. das Werk im Betrieb seines Verlagsgeschäftes abgibt, also in der Regel der Buchhändler-Nettopreis (Ulmer S. 347 Ziff. II 1). Außer Betracht bleiben jedoch Ausnahmepreise, die nur einmalig aus bestimmtem Anlaß bewilligt werden (Allfeld § 26 Anm. 3).

[9] II. Vorzugspreisexemplare werden **bewilligt**

1. auf Grund Ges. (§ 26) **dem Verf.** in unbegrenzter Menge (vgl. die Anm. zu § 26);

2. auf Grund guter verlegerischer Gepflogenheiten **den Autoren des Verlags** für alle in ihm erscheinenden Werke;

3. auf Grund der gleichen Gepflogenheit **anderen Verlagen**, zumeist im Austausch mit den eigenen Verlagserzeugnissen;

4. auf Grund Vereinbarungen, etwa dem Normalvertrag von 1951 (abgedruckt in Anhang S. 461), den **Hörern** des Verf., wenn diese dem Sortimenter den vom Verf. unterzeichneten Hörerschein bringen, der dem Verl. bei der Bestellung des Buches eingesandt wird (Voigtländer—Elster § 26 Anm. 1 a E); sog. Hörerexemplare (Runge S. 449 mit Darstellung der Rechtsentwicklung).

[10] **III. Die Bedeutung der Vorzugspreisexemplare** besteht

1. (arg. §§ 6, 7) in der Anrechnung auf die Auflage. Demgemäß errechnet sich bei Absatzhonorar auch aus ihnen die vereinbarte Vergütung des Verf.;

2. nicht im Verbot der Verbreitung durch den Verf. oder der sonst damit bedachten Personen, vgl. hierzu für den Verf. die Anm. zu § 26.

E. Die sog. Bibliotheksexemplare (Pflichtstücke)

[11] **I. Begriff:** Das sind die schon früher und auch jetzt noch (wie übrigens auch in den meisten Staaten des Auslands: Löffler II S. 270 Rdz. 46 ff.; für Österreich vgl. Dittrich S. 141) vorgesehenen oder vorgeschriebenen Werkstücke, die ohne oder gegen geringes Entgelt an

gewisse öffentl. Bibliotheken abzuliefern oder ihnen zum Erwerb anzubieten sind.

Schrifttum: Will, Bemerkungen zum Pflichtexemplarrecht der Landespressegesetze in Bibliothek und Wissenschaft, ein Jahrbuch Heidelberger Bibliothekare 5, 1968, 275 ff.; Nitze, Die Rechtsstellung der wissenschaftlichen Bibliotheken, Berlin 1967, 149 ff.; Denkschrift des Vereins deutscher Bibliothekare vom 5. 9. 60: Zeitschrift für Bibliothekswesen und Bibliographie 7, 1960, 375.

II. Die Rechtslage in der BRD

[12] **Für das ganze Bundesgebiet** gilt gem. § 18 ff. des Ges. über die Deutsche Bibliothek vom 31. 3. 1969 (BGBl. I 265) eine Ablieferungspflicht an diese für Druckwerke, die im einzelnen durch die **Verordnung über die Pflichtablieferung** von Druckwerken mit Ausnahme von Musiknoten u. Musiktonträgern **an die Deutsche Bibliothek** (Pflichtstück-VO) vom 21. 12. 70 (BGBl. I 1782) näher geregelt ist (überholt insoweit Löffler II S. 266 Rdz. 26). Die §§ 18 ff. des Gesetzes lauten:

§ 18

(1) Von jedem Druckwerk gemäß § 3, das im Geltungsbereich dieses Gesetzes verlegt oder, soweit es sich um Tonträger handelt, hergestellt wird, ist ein Stück (Pflichtstück) an die Deutsche Bibliothek abzuliefern.

(2) Für Musiknoten und Musiktonträger wird der Beginn der Pflichtablieferung entsprechend dem jeweiligen Stand der Errichtung des Deutschen Musikarchivs vom zuständigen Bundesminister durch Rechtsverordnung gemäß § 24 bestimmt.

(3) Die Bestimmungen des Zweiten Abschnitts dieses Gesetzes gelten nicht für die Ablieferung von Druckwerken ausschließlich amtlichen Inhalts.

§ 19

(1) Zur Ablieferung ist der Verleger, bei Tonträgern der Hersteller verpflichtet.

(2) Im Sinne dieses Gesetzes ist Verleger auch der Selbstverleger und der Kommissionsverleger, Hersteller eines Tonträgers nur derjenige Hersteller, der auch das Recht zur Verbreitung hat.

§ 20

Der Ablieferungspflichtige hat das Pflichtstück unentgeltlich und auf eigene Kosten an die Deutsche Bibliothek in Frankfurt am Main abzuliefern; soweit es sich um Musiknoten und Musikträger handelt, ist das Pflichtstück an das Deutsche Musikarchiv der Deutschen Bibliothek abzuliefern.

§ 21

Die Deutsche Bibliothek hat die Pflichtstücke aufzubewahren und die Druckwerke in ihre bibliographischen Verzeichnisse aufzunehmen. Die Verzeichnisse sind in der erforderlichen Stückzahl zum Verkauf bereitzuhalten.

§ 22

Die Deutsche Bibliothek gewährt dem Ablieferungspflichtigen auf Verlangen eine Vergütung bis zur Höhe des halben Ladenpreises des Druckwerks, wenn die unentgeltliche Abgabe den Ablieferungspflichtigen unzumutbar belastet; bei der Festsetzung der Vergütung sind Ladenpreis und Auflagenhöhe des Druckwerks angemessen zu berücksichtigen.

§ 23

Jeder nach § 19 Ablieferungspflichtige hat der Deutschen Bibliothek bis zum 15. Februar jeden Kalenderjahres ein Verzeichnis der im Vorjahre verlegten oder, soweit es sich um Tonträger handelt, hergestellten Druckwerke einzureichen, soweit diese nach den §§ 3 und 18 der Ablieferungspflicht unterliegen. Das Verzeichnis muß Verfasser, Titel, Umfang, Ausgabezeiten und Auflagenbezeichnung enthalten.

§ 24

Zur geordneten Durchführung der Pflichtablieferung und um einen nicht vertretbaren Aufwand der Deutschen Bibliothek ebenso wie Unbilligkeiten zu vermeiden, wird der zuständige Bundesminister ermächtigt, durch Rechtsverordnung Bestimmungen zu treffen über

1. Zeitpunkt und Verfahren der Ablieferung,
2. die Beschaffenheit der Pflichtstücke und die Ablieferung in Fällen, in denen ein Druckwerk in verschiedenen Ausgaben hergestellt wird,
3. die Ablieferung im Falle mehrerer Verpflichteter,
4. Einschränkungen der Ablieferungspflicht für bestimmte Gattungen von Druckwerken, wenn für deren Sammlung, Inventarisierung und bibliographische Verzeichnung kein öffentliches Interesse besteht.

§ 25

Die landesrechtlichen Regelungen über die Ablieferung von Pflichtstücken bleiben unberührt.

III. Die Rechtslage in den einzelnen Bundesländern

[13] 1. Baden-Württemberg

a) Der einschl. § 12 des LandespresseG vom 14. 1. 1964 (GBl. 11, zuletzt geändert durch Art. 13 des G zur Anpassung des Landesrechtes an das 1. Gesetz zur Reform des Strafrechts vom 17. 1. 1970: GBl. 124) lautet:

§ 12 Anbietungsverpflichtung der Verleger und Drucker

(1) Von jedem Druckwerk, das im Geltungsbereich dieses Gesetzes verlegt wird, hat der Verleger
a) der Landesbibliothek Karlsruhe
b) der Landesbibliothek Stuttgart
je ein Stück anzubieten und auf Verlangen abzuliefern (Pflichtexemplar). Das gleiche gilt für Geschäfts-, Jahres- und Verwaltungsberichte, sofern sie nicht unter § 7 Abs. 3 Nr. 1 fallen.

(2) Absatz 1 gilt entsprechend für den Drucker, wenn das Druckwerk keinen Verleger hat oder außerhalb des Geltungsbereichs dieses Gesetzes verlegt wird.

(3) Verleger und Drucker periodischer Druckwerke genügen ihrer Verpflichtung nach den Absätzen 1 und 2, wenn sie das von ihnen verlegte oder gedruckte periodische Druckwerk beim erstmaligen Erscheinen und am Beginn jedes Kalenderjahres zum laufenden Bezug anbieten.

(4) Das Kultusministerium wird ermächtigt, im Einvernehmen mit dem Justizministerium durch Rechtsverordnung Bestimmungen über die Ausgabe und die Ausstattung des anzubietenden Druckwerks, die Meldepflicht der Drucker, die Begleitlisten, die Empfangsbestätigung und die Ablieferungsfristen zu erlassen.

b) Von der Ermächtigung in Abs. 4 wurde Gebrauch gemacht durch VO des Kultusministeriums zur Durchführung des G über die Presse (LandespresseG) vom 5. Mai 1964 (GBl. S. 261). Bei verschiedenen Ausgaben bzw. Ausstattungen ist „ein Stück der besten und vollständigsten Ausgabe oder Ausstattung anzubieten oder auf Verlangen abzuliefern“. Handelt es sich um eine nur in geringer Stückzahl hergestellte Luxusausgabe, so genügt die Ablieferung der nächstbesten Ausgabe, vorausgesetzt, daß sie inhaltl. ebenso vollständig ist wie die Luxusausgabe.

c) Die Rechtsentwicklung ist noch nicht abgeschlossen. Es ist beabsichtigt, das Pflichtexemplarrecht in der Weise zu regeln, daß die Verl. nur noch 1 Exemplar der im Geltungsbereich des LandespresseG verlegten Druckwerke unentgeltl. abzuliefern haben. Für das 2. Exemplar soll ihnen in Zukunft eine angemessene Entschädigung gewährt werden (Mitt. des baden-württembergischen Kulusministeriums vom 26. 5. 1971, H 9045/127).

[14] 2. Bayern

Das G über die Presse vom 3. 10. 1949 (BayBS I 310) enthält eine Bestimmung über die Ablieferung oder Anbietung von Bibliotheksexemplaren nicht. Hier gilt noch Art. 68 des Ges. zum Schutz der Urheberrechte an literar. Erzeugnissen v. 28. 6. 1865 (BayBS II 627), der lautet:

Artikel 68

Jeder Inländer, der ein literarisches Erzeugnis, eine musikalische Komposition oder ein Werk der zeichnenden Kunst im Inlande verlegt, ist verbunden, bei der Herausgabe zwei Exemplare an das Staatsministerium für Unterricht und Kultus abzuliefern und die Ablieferung bei jeder neuen verbesserten Auflage zu wiederholen.

Zu Art. 68 erging die DurchführungsVO vom 29. 1. 1927 Nr. I 346 (KMBl. Bay. S. 62). Die Ablieferung hat in handelsübl. Form bei der Herausgabe sofort — ohne eine amtl. Aufforderung abzuwarten — unentgeltl. an die Bayer. Staatsbibliothek in München zu erfolgen. Säumige Verleger können auf Antrag der Bayer. Staatsbibliothek von den Verwaltungsbehörden durch Verhängung von Ungehorsamstrafen zur Ablieferung gezwungen werden. Durch Bekanntgabe der Bayer. Staatsregierung vom 25. 6. 1965 (GVBl. S. 96) sind alle staatl. Stellen und Behörden verpflichtet, von allen amtl. Drucksachen kostenfrei Belegexemplare abzuliefern an die Bayerische Staatsbibliothek, die Deutsche Bibliothek in Frankfurt/Main, die Bibliothek des Deutschen Bundestages in Bonn u. die Staatsbibliothek in Berlin-Dahlem. Ausgenommen sind neben Formblättern und Vordrucken sog. Verschlußsachen (Geheimsachen). Eine entsprechende Ablieferungspflicht besteht für Amtsblätter u. für die von öffentl. Körperschaften verlegten Drucksachen. Der Begriff der „Drucksache", insbes. der „amtlichen Drucksache" ist allerdings nicht ganz unumstritten u. führt in Ermangelung einer verbindl. Auslegung immer wieder zu Schwierigkeiten mit staatl. Stellen und Behörden (Mitt. der Generaldirektion der Bayer. Staatlichen Bibliotheken). Gerade hierwegen siehe unten unter Rdz. 25 ff.

[15] **3. Berlin**

a) Der einschlägige § 11 des Berliner PresseG vom 15. 6. 1965 (GVBl. 744) lautet:

„§ 11 Anbietungsverpflichtung der Verleger und Drucker

(1) Von jedem Druckwerk, das im Geltungsbereich dieses Gesetzes verlegt wird, hat der Verleger den vom zuständigen Mitglied des Senats bezeichneten Stellen ein Stück anzubieten und auf Verlangen abzuliefern (Pflichtexemplar). Er kann bei Ablieferung eine Entschädigung in Höhe seiner Selbstkosten fordern. Außerdem hat der Verleger ein Stück der Deutschen Bibliothek in Frankfurt (Main) anzubieten und auf Verlangen unentgeltlich abzuliefern.

(2) Der Verleger eines priodischen Druckwerks genügt seiner Verpflichtung nach Absatz 1, wenn er das von ihm verlegte periodische Druckwerk beim erstmaligen Erscheinen und am Beginn jedes Kalenderjahres zum laufenden Bezug anbietet.

(3) Die zur Ausführung des Absatzes 1 erforderlichen Rechts- und Verwaltungsvorschriften erläßt das zuständige Mitglied des Senats im Einvernehmen mit dem Senator für Inneres. Die Anzahl der Stellen, denen nach Absatz 1 Satz 1 Pflichtexemplare anzubieten sind, darf zwei nicht überschreiten."

Abs. 1 S. 3 ist jedoch durch das Rdz. 12 erwähnte G über die Deutsche Bibliothek überholt.

b) Zum Vollzug des § 11 erging die „Verordnung über die Anbietung und Ablieferung von Pflichtexemplaren" vom 19. 10. 1965 (GVBl. S. 1826). Empfängerbibliotheken sind hier die Universitätsbibliothek der Freien Universität Berlin, ferner die Amerika-Gedenkbibliothek (Berliner Zentralbibliothek) u. die Deutsche Bibliothek in Frankfurt/Main. Dort ist unverzüglich nach Erscheinen je ein Stück frei von Versendungskosten zum Erwerb anzubieten. Für die Ablieferung erhält der Verl. auf Verlangen zur Abgeltung seiner Selbstkosten einen Pauschalbetrag in Höhe des halben Ladenpreises, u. zwar ohne weiteren Nachweis der Selbstkosten. (Mitt. der Senatoren für Wissenschaft und Kunst und für Inneres in Berlin vom 8. 6. 1971, I D 3072 (566/71).

[16] **4. Bremen**

a) Der einschlägige § 12 des G über die Presse (PresseG) v. 13. 3. 1965 (GBl. 63) lautet:

§ 12

Anbietungspflicht der Verleger und Drucker

(1) Von jedem Druckwerk, das im Geltungsbereich dieses Gesetzes verlegt wird, hat der Verleger der Staatsbibliothek in Bremen je ein Stück anzubieten und auf Verlangen abzuliefern (Pflichtexemplare). Das gleiche gilt für die Geschäfts-, Jahres- und Verwaltungsberichte, sofern sie nicht unter § 7 Absatz 3 Ziffer 1 fallen.

(2) Absatz 1 gilt entsprechend für den Drucker, wenn das Druckwerk keinen Verleger hat oder außerhalb des Geltungsbereichs dieses Gesetzes verlegt wird.

(3) Verleger und Drucker periodischer Druckwerke genügen ihrer Pflicht nach den Absätzen 1 und 2, wenn sie das von ihnen verlegte oder gedruckte periodische Druckwerk beim erstmaligen Erscheinen und am Beginn jedes Kalenderjahres zum laufenden Bezug anbieten.

(4) Der Senator für das Bildungswesen wird ermächtigt, im Einvernehmen mit dem Senator für Inneres durch Rechtsverordnung Bestimmungen über die Ausgabe und die Ausstattung des anzubietenden Druckwerkes, die Meldepflicht und die Ablieferungsfristen zu erlassen.

b) Von der Ermächtigung des § 12 Abs. 4 ist bisher kein Gebrauch gemacht worden.

c) Mit Beschluß vom 19. 2. 1963 hat der Senat eine Ablieferungspflicht für amtl. Drucksachen zugunsten der Deutschen Bibliothek in Frankfurt/M., der Bibliothek des Deutschen Bundestages in Bonn, der Bayer. Staatsbibliothek in München u. der Westdeutschen Bibliothek in Marburg angeordnet. Dieser Beschluß ist noch in Kraft (Mitt. des Brem. Senators für das Bildungswesen v. 8. 7. 1971 [4] 250-58-02/3).

[17] **5. Hamburg**

In Hamburg fehlt eine dem § 12 der meisten Landespressegesetze entsprechende Bestimmung. Statt dessen gilt hier das „Gesetz über die Abgabe von Freistücken der Druckwerke an die Staats- und Universitätsbibliothek Hamburg" vom 8. 8. 1934 (GVBl. S. 299). Die Ablieferungspflicht trifft den Verl., den Drucker jedoch nur dann, wenn das Druckwerk zwar im Hamburger Staatsgebiet gedruckt wird, aber außerhalb desselben erscheint oder nicht im Buchhandel verbreitet wird. Hinsichtl. der Ausstattung gilt das gleiche wie in Baden-Württemberg (vgl. oben Rdz. 13). Zu den Druckwerken zählen in Hamburg auch alle „amtlichen Drucksachen" (einschließl. der Drucksachen öffentl. Körperschaften), ferner Landkarten, Bildwerke mit und ohne Text sowie Tonwerke in Verbindung mit Text oder Erläuterungen.

Die Ablieferungspflicht für amtl. Drucksachen ist geregelt durch einen Erlaß des Senats vom 28. 2. 1964 (Mitteilungen für die Verwaltung der Freien und Hansestadt Hamburg S. 45), ergänzt durch Mitteilungen für die Verwaltung 1964 S. 213 v. 3. 4. 1964 (Anlage 2) und 1968 S. 89 vom 23. 4. 1968 (Anlage 3).

Für die Abgabe von amtl. Druckwerken an die Deutsche Bücherei in Leipzig, andere öffentliche Bibliotheken u. ähnl. Einrichtungen in der DDR gilt das Schreiben der Behörde für Inneres vom 23. 12. 1970 A 23/058, 30-12 (Mitt. des Kulturamts in der Behörde für Wissenschaft und Kunst der Freien und Hansestadt Hamburg v. 15. 6. 1971 K 31/103-12.7). „Amtliche Druckwerke" sind darnach „alle Darstellungen in Schrift u. Bild, die von Amts wegen an Vervielfältigungsverfahren hergestellt und zur Vertreibung bestimmt sind".

[18] 6 a) In **Hessen** bestimmt § 9 des Hess. G über Freiheit u. Recht der Presse i. d. F. v. 26. 11. 1958 (GVBl. 183), zuletzt geändert durch das G v. 22. 2. 1966 (GVBl. I 31), daß der Minister für Kultus u. Unterricht anordnen kann, daß von jedem im Geltungsbereich

des G erscheinenden Druckwerk ein Belegstück kostenlos an die von ihm bestimmte Bibliothek abgeliefert wird.

b) Auf Grund dieser Ermächtigung erging die VO über die Abgabe v. Pflichtexemplaren v. 16. 22. 1970 (GVBl. I 195; insoweit überholt Löffler II S. 269 Rdz. 41), die lautet:

Auf Grund des § 9 des Hessischen Gesetzes über Freiheit und Recht der Presse in der Fassung vom 26. November 1958 (GVBl. S. 183), zuletzt geändert durch das Gesetz vom 22. Februar 1966 (GVBl. I S. 31), wird verordnet:

§ 1

(1) Von jedem Druckwerk, das innerhalb des Landes Hessen erscheint, hat der Verleger, soweit § 3 nicht befreit, ein Stück (Pflichtexemplar) unentgeltlich und auf eigene Kosten je nach dem Verlagsort an nachstehende Bibliotheken abzuliefern:

1. **Der Verleger im Regierungsbezirk Darmstadt mit Ausnahme der unter Nr. 5 genannten Landkreise und Städte an die Hessische Landes- und Hochschulbibliothek in Darmstadt;**
2. **der Verleger in Frankfurt am Main an die Stadt- und Universitätsbibliothek in Frankfurt am Main;**
3. **der Verleger in der Stadt Fulda und in den Landkreisen Fulda, Hünfeld und Schlüchtern an die Hessische Landesbibliothek in Fulda;**
4. **der Verleger im Regierungsbezirk Kassel (ohne die Stadt Fulda und die Landkreise Fulda und Hünfeld) an die Murhardsche Bibliothek der Stadt Kassel und Landesbibliothek in Kassel;**
5. **der Verleger in den Landkreisen Biedenkopf, Dillkreis, Gelnhausen, Hanau, Limburg, Main-Taunus-Kreis, Oberlahnkreis, Obertaunuskreis, Rheingaukreis, Untertaunuskreis, Usingen, Wetzlar und in den Städten Hanau am Main und Wiesbaden an die Hessische Landesbibliothek in Wiesbaden.**

(2) Als Verlagsort gilt der im Erscheinungsvermerk (Impressum) nach § 6 des Gesetzes genannte Ort.

§ 2

Verleger im Sinne dieser Verordnung sind auch der als Selbstverleger tätige Verfasser und Herausgeber eines Druckwerkes und der Kommissionsverleger. Mehrere Verpflichtete haften als Gesamtschuldner. Das gleiche gilt von den Vorständen juristischer Personen des öffentlichen und des privaten Rechts für die von diesen herausgegebenen Druckwerke.

§ 3

(1) Die Pflichtexemplare sind in dem Einband zu liefern, der für den allgemeinen Vertrieb bestimmt ist, ungebunden dagegen nur, wenn das Druckwerk ausschließlich in dieser Form vertrieben wird. Erscheint ein Druckwerk in verschiedenen Ausgaben oder Ausstattungen, so ist ein Stück der besten und vollständigsten Ausgabe oder Ausstattung abzuliefern. Bei einer besonders kostspieligen und in geringer Stückzahl erscheinenden

bibliophilen Ausgabe genügt die Ablieferung eines Pflichtexemplars der gewöhnlichen Ausgabe, sofern diese ebenso vollständig ist.

(2) Auch Neuauflagen und Neudrucke sind abzuliefern. Bei unveränderten Neuauflagen und Neudrucken kann die Bibliothek auf das Pflichtexemplar verzichten, wenn ein solches von der früheren Auflage oder dem früheren Druck abgeliefert worden ist.

(3) Zu den im § 4 Abs. 1 des Gesetzes genannten Druckwerken gehören auch Landkarten, Ortspläne und Atlanten.

§ 4

Der Ablieferungspflicht unterliegen nicht

1. die im § 4 Abs. 2 Nr. 2 des Gesetzes angeführten Druckwerke,
2. amtliche Anordnungen für den inneren Dienst mit Ausnahme der Amtsblätter sowie amtliche Vordrucke,
3. Reproduktionen von Bildern ohne Text.

§ 5

Die Pflichtexemplare sind mit Beginn der Verbreitung ohne besondere Aufforderung unverzüglich abzuliefern. Die laufend herausgegebenen Druckwerke sind alsbald nach Ausgabe, keinesfalls aber später als den privaten Beziehern oder sonstigen Empfängern, zu übermitteln.

§ 6

Auf Verlangen der nach § 1 Abs. 1 zuständigen Bibliothek haben die Verleger jederzeit ein Verzeichnis der von ihnen im Verlauf des letzten Jahres verlegten Druckwerke mit genauen Angaben über Verfasser, Titel, Umfang, Erscheinungsdatum und Preis einzureichen.

§ 7

Die Verordnung über die Abgabe von Freistücken zur Ausführung des § 9 des Hessischen Gesetzes über Freiheit und Recht der Presse vom 10. Dezember 1949 (GVBl. 1950 S. 15), zuletzt geändert durch die Zweite Verordnung zur Änderung der Verordnung über die Abgabe von Freistücken zur Ausführung des § 9 des Hessischen Gesetzes über Freiheit und Recht der Presse vom 24. April 1961 (GVBl. I S. 67)[1], wird aufgehoben.

§ 8

Diese Verordnung tritt am Tage nach ihrer Verkündung in Kraft.

c) Der ergänzende Artikel 66 des Hessischen G zur Anpassung der Straf- und Bußgeldvorschriften an das G über Ordnungswidrigkeiten (OWiG) u. das Einführungsgesetz zum G über Ordnungswidrigkeiten (EGOWiG) vom 5. 10. 1970 (GVBl. I S. 598) hat folgenden Wortlaut:

„Artikel 66

In die Verordnung über die Abgabe von Pflichtexemplaren vom 16. Februar 1970 (GVBl. I S. 195) wird als § 6 a eingefügt:

§ 6 a

Ordnungswidrig im Sinne des § 21 a Abs. 1 Nr. 6 des Gesetzes handelt, wer vorsätzlich oder fahrlässig

1. **der Ablieferungspflicht der §§ 1 und 3 nicht oder nicht rechtzeitig nachkommt;**
2. **entgegen § 6 das Verzeichnis der im abgelaufenen Jahr verlegten Druckwerke nicht einreicht.“**

(Mitt. des Hess. Kultusministeriums v. 12. 7. 1971 HI 4-451/18-40.

[19] **7. Niedersachsen**

a) Der einschlägige § 12 des Niedersächsischen Pressegesetzes vom 22. 3. 1965 (GVBl. 9) lautet:

„§ 12 Anbietungsverpflichtung der Verleger und Drucker.

(1) Von jedem Druckwerk, das im Geltungsbereich dieses Gesetzes verlegt wird, hat der Verleger den vom Kultusminister bezeichneten Stellen ein Stück anzubieten und auf Verlangen abzuliefern (Pflichtexemplar).

(2) Absatz 1 gilt entsprechend für den Drucker, wenn das Druckwerk keinen Verleger hat oder außerhalb des Geltungsbereichs dieses Gesetzes verlegt wird.

(3) Verleger und Drucker periodischer Druckwerke genügen ihrer Verpflichtung nach den Absätzen 1 und 2, wenn sie das von ihnen verlegte oder gedruckte periodische Druckwerk beim erstmaligen Erscheinen und am Beginn jedes Kalenderjahres zur laufenden Lieferung anbieten.

(4) Der Kultusminister wird ermächtigt, im Einvernehmen mit dem Minister des Innern die zur Durchführung der Absätze 1 und 2 erforderlichen Rechtsvorschriften zu erlassen. Die Gesamtzahl der Pflichtexemplare darf zwei nicht überschreiten.“

b) Auf Grund der Ermächtigung erging die VO zur Durchführung des § 12 Abs. 1 u. 2 des Niedersächsischen Pressegesetzes vom 28. 6. 1965 (GVBl. 150), die lautet:

Auf Grund des § 12 Abs. 4 des Niedersächsischen Pressegesetzes vom 22. März 1965 (Nieders. GVBl. S. 9) wird im Einvernehmen mit dem Minister des Innern verordnet:

§ 1

(1) Der Verleger hat bei Erscheinen des Druckwerks, der Drucker in den Fällen des § 12 Abs. 2 des Gesetzes bei Ablieferung des Druckwerks an den Auftraggeber ein Stück der Niedersächsischen Landesbibliothek in Hannover unverzüglich anzubieten. Verlangt die Landesbibliothek die Ablieferung des angebotenen Druckwerks, so ist es ihr binnen vier Wochen kostenfrei zu übersenden. Die Ablieferung des Druckwerks kann von der Landesbibliothek nur binnen drei Monaten verlangt werden.

(2) Verleger und Drucker können ihrer Anbietungsverpflichtung auch dadurch genügen, daß sie anstelle der Anbietung nach Absatz 1 Satz 1 der Niedersächsischen Landesbibliothek in Hannover ein Stück des Druckwerks kostenfrei übersenden.

§ 2

Von Druckwerken, die in verschiedenen Ausgaben erscheinen, ist ein Stück der vollständigsten Ausgabe und von gebundenen Druckwerken ein Stück in dem Einband, der für den allgemeinen Vertrieb bestimmt ist, anzubieten und auf Verlangen abzuliefern.

§ 3

Zuwiderhandlungen gegen die §§ 1 und 2 dieser Verordnung werden nach § 22 des Niedersächsischen Pressegesetzes als Ordnungswidrigkeit verfolgt.

Die VO wurde geändert durch die (im GVBl. 1968 verkündete)

Verordnung

zur Änderung der Verordnung zur Durchführung des § 12 Abs. 1 und 2 des Niedersächsischen Pressegesetzes.

Vom 5. März 1968.

Auf Grund des § 12 Abs. 4 des Niedersächsischen Pressegesetzes vom 22. März 1965 (Nieders. GVBl. S. 9) wird im Einvernehmen mit dem Minister des Innern verordnet:

Artikel I

§ 1 Abs. 1 Satz 1 der Verordnung zur Durchführung des § 12 Abs. 1 und 2 des Niedersächsischen Pressegesetzes vom 28. Juni 1965 (Nieders. GVBl. S. 150) erhält folgende Fassung:

„Der Verleger und in den Fällen des § 12 Abs. 2 des Gesetzes der Drucker haben bei Erscheinen des Druckwerks ein Stück der Niedersächsischen Landesbibliothek in Hannover unverzüglich anzubieten."

Artikel II

Diese Verordnung tritt am Tage nach ihrer Verkündung in Kraft.

(Mitt. des Niedersächsischen Kultusministeriums vom Juni 1971 Az. 2011 — B IV 4 BG II — 3/68).

[20] 8. Nordrhein-Westfalen

a) § 12 des Pressegesetzes für das Land Nordrhein-Westfalen (Landespressegesetz NW) vom 24. 5. 66 (GVBl. 340) lautet:

„§ 12 Ablieferungspflicht der Verleger und Drucker

(1) Von jedem Druckwerk, das im Geltungsbereich dieses Gesetzes verlegt wird, hat der Verleger an nachstehende Bibliotheken ein Stück unentgeltlich und auf eigene Kosten abzuliefern:

a) an die Universitätsbibliothek in Bonn, soweit das Druckwerk in den Regierungsbezirken Aachen, Düsseldorf und Köln verlegt wird,

b) an die Universitätsbibliothek in Münster, soweit das Druckwerk in den Regierungsbezirken Arnsberg, Detmold und Münster verlegt wird.

(2) Von der Ablieferungspflicht ausgenommen sind die in § 7 Abs. 2 bezeichneten Druckwerke sowie bildliche Darstellungen ohne Text. Der

Innenminister wird ermächtigt, im Einvernehmen mit dem Kultusminister durch Rechtsverordnung weitere Ausnahmen von der Ablieferungspflicht zu bestimmen. Dabei sind im besonderen die Druckwerke von der Ablieferungspflicht auszunehmen, bei denen ein wissenschaftliches oder öffentliches Interesse an der Sammlung nicht besteht.

(3) Auf Antrag ist eine Entschädigung in Höhe der Selbstkosten zu gewähren, wenn die unentgeltliche Ablieferung insbesondere wegen der Auflage oder des Wertes des Druckwerks dem Verleger nicht zugemutet werden kann.

(4) Die Absätze 1 bis 3 gelten entsprechend für den Drucker, wenn das Druckwerk keinen Verleger hat oder außerhalb des Geltungsbereichs dieses Gesetzes verlegt wird.“

b) Ob der Innenminister von der Ermächtigung in § 12 Abs. 2 Gebrauch gemacht hat, konnte nicht festgestellt werden.

[21] **9. Rheinland-Pfalz**

a) Der einschl. § 12 des LandesG über die Presse vom 14. 6. 1965 (GVBl. 107) lautet:

„§ 12 Anbietungsverpflichtung der Verleger und Drucker

(1) Von jedem Druckwerk, das im Geltungsbereich dieses Gesetzes verlegt wird, hat der Verleger den vom Minister für Unterricht und Kultus bezeichneten Stellen ein Stück anzubieten und auf Verlangen abzuliefern (Pflichtexemplar). Er kann bei Anlieferung eine Entschädigung in Höhe seiner Selbstkosten fordern.

(2) Absatz 1 gilt entsprechend für den Drucker, wenn das Druckwerk keinen Verleger hat oder außerhalb des Geltungsbereiches dieses Gesetzes verlegt wird.

(3) Verleger und Drucker periodischer Druckwerke genügen ihrer Verpflichtung nach den Absätzen 1 und 2, wenn sie das von ihnen verlegte oder gedruckte periodische Druckwerk beim erstmaligen Erscheinen und am Beginn eines jeden Kalenderjahres zum laufenden Bezug anbieten.

(4) Die zur Ausführung der Absätze 1 und 2 erforderlichen Rechts- und Verwaltungsvorschriften erläßt der Minister für Unterricht und Kultus im Einvernehmen mit dem Minister des Innern.“

b) Als Rechts- u. Verwaltungsvorschrift ist die „Landesverordnung zur Durchführung des § 12 des Landespressegesetzes“ vom 13. 6. 1966 (GVBl. S. 190) maßgebend. Zwei Pflichtexemplare sind der Stadtbibliothek in Mainz u. ein weiteres Exemplar je nach dem Sitz des Verlags bzw. der Druckerei der Pfälz. Landesbibliothek in Speyer bzw. der Stadtbibliothek in Trier anzubieten, und zwar bis zum 15. des auf das Erscheinen des Druckwerks folgenden Monats. Die Bibliothek bezahlt auf Verlangen die Selbstkosten, die der Verl. oder Drucker bei der Ablieferung anzugeben hat (§ 3 DVO).

c) Die Rechtsentwicklung ist jedoch noch nicht abgeschlossen. Es soll der § 1 Nr. 2 Buchstabe c) der LVO zur Durchführung des

§ 12 des Landespressegesetzes in der Weise neu gefaßt werden, daß der Satzteil „im Regierungsbezirk Rheinhessen (Landkreise Mainz, Bingen, Alzey, Worms, Stadtkreise Mainz und Worms)“ ersetzt und somit den neuen Verhältnissen angepaßt wird (Mitt. des Ministeriums für Unterricht und Kultus des Landes Rheinland-Pfalz vom 25. 5. 71 VI (2 Az.: C 1514 — 1).

[22] 10. Saarland

a) Der einschl. § 12 des G Nr. 817 Saarländisches Pressegesetz vom 12. 5. 1965 (Abl. 409) lautet:

„§ 12 Anbietungsverpflichtung der Verleger und Drucker

(1) Von jedem Druckwerk, das im Geltungsbereich dieses Gesetzes verlegt wird, hat der Verleger den von dem Minister für Kultus, Unterricht und Volksbildung bezeichneten Stellen ein Stück anzubieten und auf Verlangen gegen angemessene Entschädigung abzuliefern (Pflichtexemplar).

(2) Absatz 1 gilt entsprechend für den Drucker, wenn das Druckwerk keinen Verleger hat oder außerhalb des Geltungsbereichs dieses Gesetzes verlegt wird.

(3) Verleger und Drucker periodischer Druckwerke genügen ihrer Verpflichtung nach den Absätzen 1 und 2, wenn sie das von ihnen verlegte oder gedruckte periodische Druckwerk beim erstmaligen Erscheinen zum laufenden Bezug anbieten.

(4) Die zur Ausführung der Absätze 1 und 2 erforderlichen Rechts- und Verwaltungsvorschriften erläßt der Minister für Kultus, Unterricht und Volksbildung im Einvernehmen mit dem Minister des Innern.“

b) Als Rechts- und Verwaltungsvorschrift erging die Durchführungsverordnung vom 3. 12. 1965 (ABl. Saar S. 1033). Empfängerbibliotheken sind die Bibliothek der Universität Saarbrücken u. das Staatl. Büchereiamt in Saarbrücken. Die in § 12 Abs. 1 des Saarländ. LPG vorgesehene angemessene Entschädigung umfaßt auch die Versandkosten (§ 2 DVO). Abzuliefern sind die Pflichtexemplare in der für den allgemeinen Vertrieb bestimmten Ausstattung.

Hieran ist bisher eine Änderung nicht eingetreten (Mitt. des Saarländischen Ministers für Kultus, Unterricht und Volksbildung vom 24. 5. 1971, Az. V/C — 6 — 46200).

[23] 11. Schleswig-Holstein

a) Der einschl. § 12 des G über die Presse vom 19. 6. 1964 (GVBl. 71) lautet:

„§ 12 Anbietungsverpflichtung der Verleger und Drucker

(1) Von jedem Druckwerk, das im Geltungsbereich dieses Gesetzes verlegt wird, hat der Verleger

a) der Universitätsbibliothek in Kiel,
b) der Schleswig-Holsteinischen Landesbibliothek in Kiel,
c) der Stadtbibliothek in Lübeck
je ein Stück anzubieten und auf Verlangen abzuliefern (Pflichtexemplare).

(2) Abs. 1 gilt entsprechend für den Drucker, wenn das Druckwerk keinen Verleger hat oder außerhalb des Geltungsbereichs dieses Gesetzes verlegt wird.

(3) Verleger und Drucker periodischer Druckwerke genügen ihrer Verpflichtung nach Abs. 1 und 2, wenn sie das von ihnen verlegte oder gedruckte periodische Druckwerk beim erstmaligen Erscheinen und am Beginn jedes Kalenderjahres zum laufenden Bezug anbieten."

b) Die Ablieferungspflicht ist durch die Bekanntmachung des Innenministeriums vom 19. 3. 63 (ABl. 172) geregelt, betrifft jedoch nur die von Landesbehörden und Landesdienststellen. Hierin ist bisher eine Änderung nicht eingetreten (Mitt. des Innenministeriums des Landes Schleswig-Holstein vom 27. 5. 71, Az. IV 216 — 1105 (12).

[24] **IV. Grundgesetzmäßigkeit** der die **Ablieferungspflicht** festlegenden Bestimmungen: Wo die Pflicht zur Ablieferung von Pflichtstücken ohne oder gegen Entgelt besteht, ist ihre Vereinbarkeit mit dem Grundgesetz heftig umstritten (vgl. hierüber die einläßliche Darstellung bei Löffler II S. 262 Rdz. 16 ff.). Hierauf einzugehen würde den Rahmen dieses Buches überschreiten. Eine gerichtl. Entscheidung liegt nicht vor, wird offensichtl. auch nicht angestrebt. Das (bei Löffler a. a. O. Rdz. 20) erwähnte Musterverfahren über die Gültigkeit des § 12 des Baden-Württembergischen Landespressegesetzes hat sich erledigt. Daher darf wohl von der tatsächlichen oder stillschweigend geduldeten Gültigkeit der einschlägigen Bestimmungen ausgegangen werden.

V. Umfang der Ablieferungspflicht

[25] **1. Anzubieten sind alle** periodischen u. nichtperiodischen Druckwerke, die im Geltungsbereich des betreffenden Landespressegesetzes entweder verlegt oder — wenn der Verlagsort außerhalb des Landes liegt — im Land gedruckt werden. Zu den Druckwerken gehören auch Landkarten und Atlanten, sowie vervielfältigte Bildwerke. Eine Sonderregelung hinsichtl. der Bilder hat Nordrhein-Westfalen (§ 12 Abs. 2 Satz 1 LPG), wo bei Bildern ohne Text die Ablieferungspflicht entfällt. Zu den abzuliefernden Druckwerken gehören auch besprochene Tonträger (Schallplatten) sowie Musikalien mit Text oder Erläuterungen. Der Ablieferungspflicht unter-

liegen ferner Beilagen (Zeitungsbeilagen), vorausgesetzt, daß diese nicht als selbständige Teile anzusehen sind, sondern mit dem Druckwerk (Zeitschrift) eine Einheit bilden. Extrablätter eines periodischen Druckwerks (Zeitung) gelten nach allgemeiner Ansicht als Sondernummern, die selbständig für sich der Anbietungspflicht unterliegen. Bei nachträglicher, nach dem erstmaligen Erscheinen vorgenommenen Änderung einer Nummer (2. Auflage) erwächst auch für die geänderte Nummer die Anbietungsverpflichtung (OLG München 7 S. 78). Wegen dieser u. anderer Besonderheiten der Anbietungspflicht sind die in den einzelnen Ländern ergangenen Ausführungsverordnungen zu beachten (vgl. Löffler II S. 265 Rdz. 25).

[26] 2. **Besonderheiten gelten für amtl. Druckwerke oder Drucksachen.**

a) **Begriff**: Unter „amtlichen Druckwerken“ versteht man solche Druckwerke, die von einer öffentl. Behörde selbst oder in deren Auftrag für amtl. Zwecke hergestellt werden. „Behörden“ sind von der Person des Amtsinhabers unabhängige Organe der öffentl. Gewalt, die für öffentl. Zwecke tätig sind (BVerfGE 10, 48). Hierzu gehören z. B. die Fakultäten der Universitäten, die Industrie- und Handelskammern sowie die Rechtsanwaltskammern, ferner die Behörden aller jur. Personen des öffentl. Rechts, auch Kirchenbehörden. Vielfach werden die Behörden, soweit kein eigener Behördenverlag vorhanden ist, sich zur Herausgabe eines Privatverlags bedienen. Hier ist für die Privilegierung erforderlich, daß die Behörde das Druckwerk in eigenem Namen herausgibt; sie muß die Entscheidung über die Gestaltung des Stoffes besitzen. Daß die Behörde Herausgeber ist, muß aus dem Druckwerk selbst eindeutig hervorgehen. Doch genügt die Bezeichnung: „herausgegeben im Auftrag des Staatsministeriums“ (Löffler II S. 145 Rdz. 55).

[27] b) **Eine Ablieferungspflicht besteht**

aa) für die Bundesbehörden.

Die Bundesregierung ordnete durch Erlaß vom 12. 5. 1958 (GMBl. S. 209) eine Ablieferungspflicht hinsichtl. amtl. Veröffentlichungen für alle Behörden und Dienststellen des Bundes einschließl. der bundesunmittelbaren Körperschaften, Anstalten und Stiftungen des öffentl. Rechts an. Begünstigte Bibliotheken sind hier die Deutsche Bibliothek in Frankfurt/Main, die Bibliothek des Deutschen Bundestags in Bonn und die Westdeutsche Bibliothek in Marburg. Ausgenommen von dieser Ablieferungspflicht sind vor allem geheime Amtsdrucksachen (sog. Verschluß-Sachen), aber auch Formblätter und Vordrucke. — Durch einen weiteren Erlaß der Bundesregierung vom 22. 5. 1958 (GMBl. S. 339), wurde den im Erlaß vom 12. 5. 1958 verpflichteten Behörden und Körperschaften eine weitere Ablieferungspflicht für Zwecke des internationalen Schriftentausches auferlegt. Ablieferungsstelle ist hier die westdeutsche Bibliothek Marburg, Abteilung „Internationaler Amtlicher Schriftentausch für die Bundesrepublik Deutschland" (Löffler II S. 266 Rdz. 26). Ob hierin inzwischen ein Wandel eingetreten ist, ließ sich nicht feststellen; durch die oben Rdz. 12 erwähnten gesetzl. Bestimmungen jedenfalls wurde die Rechtslage nicht geändert.

bb) In Bayern (Rdz. 14), Bremen (Rdz. 16) und Hamburg (Rdz. 17).

§ 7

Gehen Abzüge unter, die der Verleger auf Lager hat, so darf er sie durch andere ersetzen; er hat vorher dem Verfasser Anzeige zu machen.

[1]

A. Vorbemerkung

Die Bestimmung behandelt den Ersatz von Abzügen, die auf Lager des Verl. untergegangen sind.

B. Der Untergang

I. Begriff und Arten

[2] 1. Den **Begriff** des „Untergangs" hat das Gesetz, das ihn auch noch in § 33 gebraucht, nicht bestimmt. Es muß daher, wie so oft, auf die Begriffsbestimmungen des „Untergangs" im bürgerl. Recht zurückgegriffen werden. Hier wird er in zahllosen Bestimmungen und Zusammenhängen verwendet (§§ 292, 350, 351, 446, 498, 501, 588, 644, 645, 848, 989, 2023, 2375 BGB). Nach dem Schriftt. hierzu (vgl. etwa Staudinger—Ostler § 446 Rdz. 10) ist der Begriff „Untergang" nicht nur bei körperl. Vernichtung des Gegenstandes erfüllt, es gehört vielmehr jeder tatsächl. Verlust der Sache hierher, der sie dem Verkehr unwiderbringl. entzieht u. dem Leistungspflichtigen

die Erfüllung seiner Leistungspflicht objektiv verunmöglicht (vgl. dazu auch § 33 Rdz. 7). Eine in diesem Zusammenhang erwähnte höchstrichterl. Entscheidung (RGZ 114, 405), wonach Beschlagnahme durch eine Feind- oder Besatzungsmacht „Untergang" im Rechtssinn ist, wirft die Frage auf, ob das gleiche nicht auch für Beschlagnahme und/oder Einziehung, ja überhaupt für jeden Eingriff „von hoher Hand" zu gelten habe. Hier wird zu unterscheiden sein:

[3] a) Für die Presse im allg. Sprachgebrauch, also gewisse periodische Sammelwerke (insbes. Zeitungen und Zeitschriften) bedeutet jede noch so kurze oder vorübergehende Beschlagnahme Vernichtung u. damit „Untergang" im Rechtssinn. Kommen nämlich diese Presseerzeugnisse nicht alsbald zum Verkauf, werden sie oft schon nach Stunden wertlose Makulatur (Löffler in NJW 1952, 997), die Beiträge zu ihnen aber bei der Raschlebigkeit unserer Zeit überholt u. dadurch nicht selten gerade ins Gegenteil verkehrt oder lächerl.

[4] b) Für die übrigen Sprach- u. Tonwerke dagegen wird die Beschlagnahme nur dann „Untergang" im Rechtssinn sein, wenn sie so eng mit dem ganz vorübergehenden Zeitgeschehen verbunden (aktuell) sind, daß schon nach wenigen Tagen oder Wochen die Anteilnahme an diesem Zeitgeschehen u. damit an dem Sprach- oder Tonwerk erlischt. In allen übrigen Fällen wird die Beschlagnahme als nur sicherstellende Maßnahme (vgl. etwa § 94 Abs. 1 StPO und Löffler II S. 278 Rdz. 29) erst dann zum Untergang im Rechtssinn, wenn ihr die förml. u. rechtskr. Einziehung gefolgt ist. Diese ist näml. nach § 41 Abs. 1 S. 2 StPO bei Sprach- und Tonwerken mit der Anordnung verbunden, daß die zur Herstellung gebrauchten oder bestimmten Vorrichtungen wie Platten, Formen, Drucksätze, Druckstücke, Negative oder Matrizen unbrauchbar gemacht werden. Die Unbrauchbarmachung bedeutet (völlige oder teilweise) Vernichtung des Druckwerkes (Löffler II S. 276 Rdz. 20). Daher bedarf es bei Sprach- u. Tonwerken, die Kunstwerke sind, ganz besonderer Vorsicht. Zwar steht nach der Rechtsprechung (BGH: NJW 1965, 983) der Unbrauchbarmachung die in Art. 5 Abs. 3 GG gewährleistete Freiheit der Kunst jedenfalls dann entgegen, wenn das Werk nicht durch Vervielfältigung oder auf ähnl. Weise unter die breitere Masse der Bevölkerung gebracht, sondern nur in einer kleinen, wenn auch jedermann zugängl. Kunstausstellung gezeigt worden ist. „Auf einen solchen dem Wesen eines Kunstwerkes entsprechenden, aber unter Umständen nach § 184 Abs. 1 StGB strafbaren Gebrauch wäre die Vernichtung eine unangemessene, die Freiheit der Kunst

verletzende Reaktion, weil sie ein Kunstwerk einem wertlosen Erzeugnis pornographischer Art gleichstellen würde.“ Die Einschränkungen des Urteils haben jedoch schärfsten Widerspruch erfahren (Bauer in JR 1965, 491) u. dürften heute wohl kaum mehr Geltung beanspruchen können. Die Rechtsgeschichte der letzten 100 Jahre allein schon sollte eine ernste Warnung davor sein, aus irgendeinem Grund mißliebigen Kunstwerken mit strafgerichtl. Mitteln zu begegnen. Auf die Einziehung, die sich rückschauend und rückerstattungsrechtl. als Entziehung darstellt, braucht wohl nicht mehr eingegangen zu werden (vgl. dazu etwa OLG Celle: RzW 1960, 260; ORG II: RzW 1962, 208; ORG Berlin: RzW 1963, 439; OLG München: Wi 9/65).

[5] 2. Als **Arten** des Untergangs kommen nicht nur dieser selbst im eigentl. Sinn, sondern auch wesentl. Verschlechterungen in Betracht (Palandt—Danckelmann § 350 Anm. 2, Palandt—Putzo § 446 Anm. 2, Palandt—Thomas § 848 Anm. 1). Als „untergegangen“ sind daher auch solche Abzüge zu betrachten, die durch teilweise Beschmutzung oder Beschädigung unverkäufl. geworden sind (Allfeld § 7 Anm. 2, Voigtländer—Elster § 7 Anm. 1, mißverständl. Hoffmann § 7 Anm. 1). Doch ist hier der Verl. ohne Zustimmung des Verf. nur zum Ersatz der unverwertbaren Teile befugt (Bappert—Maunz § 7 Rdz. 2).

[6] II. Der Untergang „auf Lager“

Damit der Untergang die in § 7 bezeichneten Wirkungen äußern kann, muß er „auf Lager“ des Verl. erfolgt sein. Der Begriff „auf Lager“ ist gesetzl. nicht bestimmt, darf jedoch nicht zu eng ausgelegt werden. Er ist erfüllt, wenn die Abzüge sich in der tatsächl. Verfügungsgewalt des Verl. befinden, oder seiner rechtl. Verfügungsgewalt unterstehen, also wenn sie beim Kommissionär, Drucker, Buchbinder, liegen, beim Sortimenter nur, wenn sie à condition verkauft sind (Hoffmann § 7 Anm. 3, Allfeld § 7 Anm. 3). Ob die untergegangenen Abzüge schon versandt gewesen u. wieder zurückgekommen waren, oder ob der Vertrieb noch gar nicht begonnen hatte, ist bedeutungslos. Doch ist eine Ersatzbefugnis nur für die Abzüge anzuerkennen, deren Verlust eintritt, während der Verl. sie auf Lager hat (auch beim Kommissionär des Verlegers, Buchbinder). Gehen dagegen Abzüge, die der Verl. zum Zwecke der Verbreitung versandt hat, während der Versendung oder bei einem Sortimenter unter, treten die Wirkungen des § 7 nicht ein (Voigtländer—Elster § 7 Anm. 1). Ob diese eintreten, wenn die Abzüge beim Transport von einem Lager des Verl. in ein anderes untergehen, ist nicht ganz unstreitig (Voigtländer—Elster a. a. O., Allfeld a. a. O.), jedoch zu bejahen. Lautet doch die gesetzliche Bestimmung „auf" Lager und nicht „auf dem" oder „auf seinem" Lager! Sie schließt also eine Mehrzahl von Lagern des Verl. (auch an verschiedenen Orten) u. damit eine Verschiebung der Werke innerhalb der Lager nicht aus.

III. Die Schuld am Untergang. Hier sind zu unterscheiden

[7] 1. **der Verl.** und die Personen, für die er gemäß § 278 BGB haftet, weil er sich ihrer zur Erfüllung seiner Verbindlichkeiten gegenüber dem Verfasser bedient (so auch Bappert—Maunz § 7 Rdz. 3 mit Nachw.).

a) Der Verl. hat den Untergang der Abzüge auf Lager vorsätzl. herbeigeführt, indem er die Abzüge entweder selbst vernichtet hat oder durch einen Dritten vernichten ließ (Makulierung, dazu § 14 Rdz. 9). Die Wirkungen dieser Vernichtung sind:

aa) Die Vernichtung ist ein nicht rückgängig zu machender Verzicht auf das Verlagsrecht (Voigtländer—Elster § 7 Anm. 5, Hoffmann § 7 Anm. 1, Allfeld § 7 Anm. 2). Der Verl. darf vernichtete Vorräte nicht wieder herstellen (Allfeld a. a. O., gegen die frühere Meinung; vgl. dazu im einzelnen Bappert—Maunz a. a. O.), auch nicht teilweise, etwa durch Neudruck des Titelblattes („Titelausgabe" im Sinne von § 5 Rdz. 3). Das vernichtete Werk ist „vergriffen" im Sinne des § 29 (Voigtländer—Elster § 29 Anm. 2), dessen Anm. zu vergleichen sind.

bb) Die Vernichtung ist Verletzung der Verbreitungspflicht (Hoffmann a. a. O.) und macht den Verl. für den Schaden haftbar, dies insbes. wenn sich die Vergütung nach dem Absatz oder nach dem Reingewinn richtet (Voigtländer—Elster a. a. O., Hoffmann a. a. O., Allfeld a. a. O.). Dies gilt jedoch nur, wenn es sich um „gangbare" Vorräte, um verkäufl. Werte handelt. Bei feststehender Unmöglichkeit ordnungsmäßiger Verbreitung muß es dem Verl. erlaubt sein, die Werkstücke zu vernichten oder vernichten zu lassen, womit ihm auch nach § 29, auf dessen Anm. verwiesen sei, eine einseitige Möglichkeit zur Lösung des Vertragsverhältnisses gegeben wird. So unter Berufung auf Ausführungen von Osterrieth, Mittelstaedt-Hillig u. a. LG Leipzig: Grur 1909, 213; vgl. auch BBl. 1925 Nr. 284) Hillig (I Nr. 170, 171; II Nr. 133, 134) scheint das Makulierungsrecht bei notorischer Unverkäuflichkeit weiterer Exemplare auch bei Anteilhonorar zu bejahen (so auch Hoffmann, § 1 Anm. 7 b und § 14 Anm. 1 b; a. A. Allfeld § 14 Anm. 2 und KG: LZ 1912, 713). Dabei bleibt die Frage offen, ob der Verl. ungangbare Vorräte dem Verf. zum Erwerb anzubieten habe; das trifft zu, wenn der Verf. Zuschüsse gegeben hat; anderenfalls ist ein solches Angebot Zweckmäßigkeitsfrage, ohne daß eine Rechtspflicht dazu nachzuweisen wäre. (Vgl. Elster, ArchBürgR, 42, 217; Hoffmann in BBl. 1928 Nr. 293, der die völlig ungangbaren Vorräte für tot, für an sich schon Makulatur ansieht und daraus das Vernichtungsrecht des Verl. folgert, das offenbar nur etwas noch äußerl. vollzieht, was innerl. schon eingetreten ist.) Beweispflichtig, daß das Werk im ganzen oder in der zu makulierenden Anzahl unverkäufl. sei, ist der Verl. (Voigtländer—Elster a. a. O.).

b) Geht die Auflage durch eine vom Verl. zu vertretende Fahrlässigkeit unter, so wird zu bejahen sein, daß, wenn der Verf. durch Störung der Verbreitung geschädigt ist, der Verl. durch Wiederherstellung oder durch Vergütung eines entgangenen Gewinns Ersatz zu leisten hat (vgl. §§ 276 ff. BGB). Das Gesetz schließt jedoch den Ersatz der untergegangenen Abzüge nicht aus, weil „der Verf. durch die Befugnis des Verl., auch durch sein Verschulden untergegangene Abzüge durch andere zu ersetzen, keinen Nachteil erleide, indem dadurch nur der Zustand wiederhergestellt werde, wie er bestehen würde, wenn die Abzüge nicht untergegangen wären“ (Voigtländer—Elster § 7 Anm. 2). Dagegen sollen folgende Erwägungen sprechen: „Auszugehen ist von der Verpflichtung des Verl. zur Herstellung und Verbreitung der gesetzlich zulässigen oder vertragl. vorgesehenen Zahl von Abzügen (§§ 14, 16, 5 Abs. 2). Diese Verpflichtung ist schuldrechtl. Natur und steht daher unter dem für alle schuldrechtl. Verpflichtungen schlechthin geltenden Grundsatz der Haftung für Vorsatz und Fahrlässigkeit (§ 276 BGB). Verletzt nun der Verl. schuldhaft dadurch seine Verbreitungspflicht, daß er es fahrlässigerweise zur Vernichtung oder zur Unveräußerlichkeit der Verbreitungsstücke kommen läßt, so haftet er dem Verf. auf Schadensersatz wegen Nichterfüllung (§ 280 BGB), der nach § 249 BGB primär durch Naturalrestitution, d. h. durch Wiederherstellung der fahrlässigerweise zu Verlust gegangenen oder unverkäufl. gewordenen Exemplare zu leisten ist. Bei fahrlässiger Vernichtung oder Beschädigung von Verbreitungsstücken muß daher der Verl. auf Verlangen des Verf. nachdrucken, bei nur zufälligem Untergang dagegen darf er nachdrucken.“ (Bappert—Maunz a. a. O.). Daß diese Schlußfolgerung nicht zutreffend ist, wird unter Rdz. 11 dargetan.

c) Geht die Auflage ohne Verschulden des Verl., also durch Zufall unter, ist er berechtigt, sie durch eine andere zu ersetzen. Darüber, ob er dazu auch verpflichtet ist, ist an anderer Stelle (Rdz. 11) zu handeln.

[8] **2. Dritte Personen.** Ob sie die Abzüge vorsätzl. (etwa aus polit., religiöser Überzeugung oder reinem Mutwillen) oder fahrlässig (etwa durch verbotenes Rauchen oder unsachgemäßes Arbeiten mit Schweißgeräten) vernichten, ist ohne Belang. Es ist für Verfasser wie für Verl. „Untergang", der den Verl. zum Ersatz der Auflage berechtigt. Der Rückgriff gegenüber den oder dem Schuldigen ist Sache des Verl. und bemißt sich nach bürgerl. Recht.

C. Die Anzeigepflicht

[9] I. Der **Sinn** der Anzeigepflicht besteht **nicht** darin,

1. den Verl. zu überwachen. Die Auffassung, die Anzeigepflicht sei überhaupt „sinnwidrig u. wohl nur aus einem meist unberechtigten Mißtrauen gegen die Verl. zu erklären" (Voigtländer—Elster § 7 Anm. 3), ist unzutreffend. Denn wenn schon Überwachung des Verl. der Sinn sein soll, dann würde eine nach Vornahme des Ersatzdruckes zu erstattende Anzeige der Sache weit mehr dienen als die hier vorgeschriebene Anzeige vor Vornahme des Ersatzdruckes;

2. dem Verf. Gelegenheit zu Änderungen zu geben. Denn innerhalb derselben Auflage ist es weder übl. noch nötig, Änderungen vorzunehmen (Voigtländer—Elster a. a. O.).

II. **Sinn und Zweck der Anzeigepflicht** sind daher in ganz anderer Richtung zu suchen. Die Richtung ergibt sich aus einem Vergleich mit den Anzeigepflichten des BGB.

[10] 1. Im bürgerl. Recht wird durch die Anzeige etwas mitgeteilt, was bereits stattgefunden hat, etwa die Verspätung des Zugehens (§ 149 BGB), das Erlöschen der Vollmacht (§ 170 BGB), die Hinterlegung (§ 374 Abs. 1 BGB), die Abtretung einer Forderung (§ 409 Abs. 1 BGB), der Wechsel im Eigentum an der vermieteten Sache (§ 576 BGB), die Pfandbestellung (§ 1205 Abs. 2 BGB), der Eintritt der Nacherbfolge (§ 2146 BGB). In all diesen Fällen steht die Anzeige zeitl. hinter einem Ereignis, im Falle des § 7 dagegen vor einem

Ereignis, näml. vor dem Ersatzdruck. Dadurch wird die Zulässigkeit des Ersatzdruckes von der Erstattung der Anzeige des beabsichtigten Ersatzdruckes an den Verf. abhängig gemacht. Erfolgt daher die Anzeige erst bei oder gar erst nach Beginn des Ersatzdruckes, ist dieser unzulässig, ohne daß es darauf ankommt, ob die sonstigen Voraussetzungen für den Ersatzdruck (Untergang der Abzüge auf Lager) gegeben sind (streitig; wie hier Bappert—Maunz § 7 Rdz. 5; a. A. Allfeld § 7 Anm. 6). Hieraus ergibt sich die erste **Bedeutung der verlegerischen Anzeigepflicht.** Sie besteht darin, dem Verf. zu ermöglichen, seine Bedenken gegen den Ersatzdruck anzumelden u. ihn durch Vorstellungen beim Verl., notfalls durch gerichtl. Maßnahmen zu verhindern. Dem seriösen Verl. gegenüber sind solche Maßnahmen selbstverständl. nicht veranlaßt. Er ist es aber überhaupt nicht, an den sich das Gesetz in erster Linie wendet. Im übrigen muß von der Anzeigepflicht nicht notwendig der unseriöse Verl. getroffen werden. Sie kann auch den seriösen Verl. treffen, der den Ersatzdruck für ein Werk herstellen will, dessen Untergang dem Verf. aus irgendeinem Grund, selbst auf die Gefahr wirtschaftl. Schadens hin gerade gelegen gekommen war: Der Verf. will sich von einem Werk, insbes. einem Jugendwerk oder einem Werk, das seiner inzwischen geläuterten Auffassung nicht mehr entspricht, trennen. Hier soll er durch die Anzeige des Verl. vom beabsichtigten Ersatzdruck in die Lage versetzt sein, den ihm unerwünschten Ersatzdruck zu verhindern.

[11] 2. Das **Wesen der bürgerlichrechtl. Anzeige** wird recht verschieden beurteilt. Man vergl. etwa die Ausführungen bei Staudinger zu den Anzeigen nach §§ 170, 374, 409, 576 BGB und die von Palandt zu den Anzeigen nach §§ 149, 409, 576, 1205 BGB! Weitgehende Übereinstimmung scheint jedoch darüber zu bestehen, daß die bürgerlichrechtl. Anzeige wenn nicht eine Willenserklärung (so Staudinger—Kiefersauer § 576 Rdz. 2, Palandt—Degenhart § 1205 Anm. 5 b), so doch wie eine solche zu behandeln ist (Staudinger—Coing § 170 Rdz. 4, Staudinger—Werner § 409 Anm. 2 mit eingehenden Nachw.). Das gleiche muß für die verlagsrechtl. Anzeige gelten. Da sie dem Verf. gegenüber abzugeben ist, ist sie eine empfangsbedürftige Willenserklärung (vgl. Palandt-Danckelmann § 130 Anm. 1 b) oder als solche zu behandeln. Dann aber kann sie gemäß § 130 Abs. 1 S. 2 BGB nur vorher oder gleichzeitig widerrufen werden (a. a. O. Anm. 3). Hat also der Verl. dem Verf. die Anzeige vom Ersatzdruck gemacht u. diese Anzeige nicht vorher oder gleichzeitig widerrufen, ist die Anzeige unwiderrufl., der Verleger somit

an sie gebunden. Demgemäß ist er verpflichtet, den Ersatzdruck vorzunehmen. Müßig sind daher gelegentl. im Schrifttum (Voigtländer—Elster § 7 Anm. 1) angestellte Erwägungen, auf die man etwa die Verpflichtung des Verlegers zum Ersatzdruck gründen könnte, unrichtig die Meinungen, wonach eine solche Verpflichtung überhaupt nicht (so die herrsch. Lehre, etwa Allfeld § 7 Anm. 5, Hoffmann § 7 Anm. 3, Bappert—Maunz § 7 Rdz. 6) oder bei vereinbartem Absatzhonorar (so Voigtländer—Elster § 7 Anm. 4) bestehe.

[12] D. Inhalt und Umfang der Ersetzungsbefugnis

Die Ersetzungsbefugnis des Verl. besteht darin, die untergegangenen Lagerstücke durch andere zu ersetzen, d. h. er darf nur ebensoviele Abzüge neu herstellen als untergegangen sind, so daß die Gesamtzahl der vor dem Untergang vorhanden gewesenen Verbreitungsexemplare wieder zur Verfügung steht. Die Ersatzdrucke müssen sowohl den untergegangenen wie den noch vorhandenen Exemplaren an drucktechnischer und sonstiger Qualität gleichkommen; doch können die Ersatzdrucke auch im photomechanischen Verfahren hergestellt werden. Rechtl. treten die Ersatzstücke an die Stelle der untergegangenen Exemplare: Sie gehören zu der Auflage, die sie ergänzen sollen, und dürfen nicht vom Verl. als neue Auflage oder als neue Ausgabe bezeichnet werden, auch dann nicht, wenn dem Verl. ein Recht zur Veranstaltung weiterer Auflagen zusteht. Auch ist die ergänzte Auflage so lange nicht als vergriffen anzusehen, als nicht sämtl. Ergänzungsstücke abgesetzt sind (Bappert-Maunz § 7 Rdz. 7).

[13] Der Vergütungsanspruch des Verfassers

Für untergegangene Abzüge besteht, wenn überhaupt Vergütung zu zahlen ist, volle Vergütungspflicht des Verl. an den Verf.; denn die Stücke gehören zur Auflage. Das gilt sowohl bei Pauschal- oder Bogenhonorar wie namentlich bei Anteilhonorar, wenn sich dies auf die Anzahl der gedruckten Stücke bezieht, weil dem Verl. ja das Recht zum Ersatz der untergegangenen Abzüge gegeben ist. Anders, wenn es sich um den Anteil an abgesetzten Stücken handelt (Allfeld § 7 Anm. 5) und bei Gewinnbeteiligung (Hoffmann § 7 Anm. 3); hier muß er bei Bedarf die untergegangenen Stücke ja ersetzen.

Aber mit einmaliger Vergütung für diese Stücke erschöpft sich die Pflicht. Durch die Herstellung der Ersatzexemplare entsteht keine erneute, also etwa doppelte Vergütungspflicht. Anders, wenn statt des Ersatzes eine neue Auflage gemacht wird. Dann vermindert sich nicht ohne weiteres die Vergütung für die Stücke der neuen Auflage um die Stücke, die als Ersatz für untergegangene Stücke der alten Auflage gedruckt worden sind (so auch Anschütz I S. 22; Hoffmann a. a. O.; Scheringer S. 193); denn der Verleger hat nur das Recht zur unveränderten Wiederherstellung (Voigtländer—Elster a. a. O.; ähnl. Bappert—Maunz § 7 Rdz. 6, wo die Vergütungspflicht des Verl. auch auf Schadensersatz wegen unterlassenem Ersatzdruck gegründet wird).

§ 8

In dem Umfang, in welchem der Verfasser nach den §§ 2 bis 7 verpflichtet ist, sich der Vervielfältigung und Verbreitung zu enthalten und sie dem Verleger zu gestatten, hat er, soweit nicht aus dem Vertrage sich ein Anderes ergibt, dem Verleger das ausschließliche Recht zur Vervielfältigung und Verbreitung (Verlagsrecht) zu verschaffen.

[1] A. Vorbemerkungen

Die Bestimmung begründet die Verpflichtung des Verf., dem Verl. in dem durch Gesetz (u. Vertrag) bestimmten Umfang das ausschließl. Recht zur Vervielfältigung u. Verbreitung seines Werkes (Verlagsrecht) zu verschaffen.

B. Das „Verlagsrecht“ im Sinne des VerlG.

Das Wort „Verlagsrecht“ wird in doppeltem Sinne gebraucht, und zwar als

[2] I. **„Verlagsrecht“ im objektiven Sinne,** näml. als die gesetzl. Ordnung der rechtl. Bestimmungen, die sich aus dem Abschluß eines Verlagsvertrages ergeben (Allfeld Einl. I, Bappert—Maunz Einl. 14), also insbes., aber nicht ausschließl. das Verlagsgesetz, kurz die Summe der gesetzl. Bestimmungen über das Verlagsverhältnis (Hoffmann § 1 Anm. 1). Dieser Wortsinn kann selbstverständl. den §§ 8, 9 nicht zugrunde gelegt werden.

II. **„Verlagsrecht" im subjektiven Sinne** und hier wieder

[3] 1. **in einem allg. Sinne** als die Summe der aus einem Verlagsvertrag für den Verl. entstehenden Recht (Hoffmann a. a. O., Allfeld a. a. O., Bappert—Maunz a. a. O.), deren Kennzeichen es ist, daß der Verl. das Werk unter Ausschluß aller anderen Personen einschließl. des Verf. auf die ihm durch den Verlagsvertrag erlaubte Weise nutzen darf (Möhring—Nicolini § 15 Anm. 4). Das Verlagsrecht im subjektiven Sinne ist daher urheberrechtl. ein ausschließl. Nutzungsrecht (Möhring—Nicolini a. a. O.), das seinerseits eine Abspaltung aus dem dem Verf. zustehenden Gesamtverwertungsrecht an seinem Werk darstellt (Gamm § 31 Rdz. 10).

[4] 2. **in dem besonderen Sinne der §§ 8, 9 als** „das ausschließl. Recht zur Vervielfältigung u. Verbreitung". Das ausschließl. Recht zur Vervielfältigung u. das ausschließl. Recht zur Verbreitung sind gemäß § 15 Abs. 1 Ziff. 1 u. 2 UrhG (abgedruckt Anh. S. 423) „Verwertungsrechte". Diese Verwertungsrechte sind nach § 11 UrhG (abgedruckt Anh. S. 423) der vermögensrechtl. Gehalt des Urheberrechts, das kraft Gesetzes ohne staatl. Verleihungsakt u. ohne Förmlichkeiten allein durch die bloße Schöpfung eines geistigen Werkes entstanden ist (vgl. Gamm § 15 Rdz. 2). Das, was das Gesetz als „Verlagsrecht" bezeichnet, sind also zwei aus dem Urheberrecht fließende, in einem Vertrag zusammengefaßte Verwertungsrechte.

[5] III. Der in § 15 Abs. 1 Ziff. 1 UrhG als **„Vervielfältigungsrecht"** bezeichnete Teil des Verlagsrechts ist in § 16 UrhG näher umschrieben. Die Bestimmung ist Anh. S. 424 abgedruckt.

[6] Nach § 16 UrhG ist **Vervielfältigung**

1. Die **Herstellung von Vervielfältigungsstücken,** gleichviel in welchem Verfahren u. in welcher Zahl.

a) **„Vervielfältigungsstück"** ist die Wiedergabe eines Werkes in einer den menschl. Sinnen unmittelbar oder mittelbar wahrnehmbaren Verkörperung (Allfeld § 1 Anm. 6 a, Ulmer S. 191 Ziffer I, Löffler I S. 714 Rdz. 67 mit Nachw.).

[7] b) **„Herstellung"** des Vervielfältigungsstückes ist seine Anfertigung. „Hergestellt" ist daher das Vervielfältigungsstück, wenn es eine solche Verkörperung in seiner Formgestaltung erfahren hat, daß jedermann aus ihr den geistig-ästhetischen Werkgehalt erkennen kann. Das RG (RGZ 107, 277) hat es zusätzl. noch auf einen bestimmten Zweck (zur Kenntnisnahme durch Unbeteiligte) abgestellt

u. dadurch die „Herstellung" zugunsten zulässiger Vorbereitungshandlungen zu sehr eigeengt. Auf diesen (Gebrauchs-)Zweck kommt es aber für die „Herstellung" nicht an. Korrekturabzüge, Matern, Klischees, Platten, Photonegative u. ä. sind daher bereits echte Werksverkörperungen, auch wenn zum Verständnis ihrer Lesbarkeit techn. Hilfsmittel hinzugezogen werden müssen. Letzteres ist keine Besonderheit dieser (vom RG in den Kreis der „Vorbereitungshandlungen" einbezogenen, tatsächl. aber bereits zur Vervielfältigung gehörenden) Maßnahmen, sondern eine Frage der Herstellungstechnik, die insbes. in den Fällen des § 16 Abs. 2 UrhG stets auftritt. Bloße Vorbereitungshandlungen sind dagegen die Bereitstellung des notwendigen Materials, der techn. Einrichtungen, der wirtschaftl. (finanziellen) Mittel, des Personals u. ä. (vgl. KG: NJW 51, 766; Gamm § 16 Rdz. 10). Ebensowenig ist „Herstellung" die Instandsetzung eines Werkes, weil der Begriff der Instandsetzung notwendigerweise das, wenn auch teilweise beschädigte Original voraussetzt. Sind die Reste dagegen so gering, daß praktisch ein neuer Gegenstand hergestellt wird, so liegt, auch wenn er die Wiedergabe des Originals darstellt, „Herstellung" vor. Prakt. Bedeutung hat diese Frage (vgl. Möhring—Nicolini § 16 Anm. 2) insbes. bei der Wiederherstellung alter Handschriften, Drucke u. Bücher, die durch Kriegseinwirkung, Überschwemmung, Brand oder mutwillige Beschädigung gelitten haben. Hier kann die Abgrenzung zwischen Herstellung u. Wiederherstellung im einzelnen sehr schwierig werden.

[8] c) Die für die Herstellung von Vervielfältigungsstücken nach § 16 Abs. 1 UrhG **unerhebl. Umstände** sind das Herstellungsverfahren u. die Herstellungszahl. Es ist also gleichgültig, welches Verfahren zur Herstellung der Vervielfältigungsstücke verwendet wird. Die Vervielfältigung kann eigenhändig, etwa durch Verwendung von gewöhnl. Schriftzeichen, aber auch durch Kurzschrift oder Geheimschrift oder mechanisch mittels Drucks, Ablichtung, ja auch mittels Blindenschrift erfolgen (Ulmer S. 191 Ziff. I 1; Hoffmann § 1 Anm. 7 a; weitere Beispiele mit Nachw. Gamm § 16 Rdz. 11). Entscheidend ist allein die körperl. Wiedergabe. Demgemäß liegt keine „Vervielfältigung" in der unkörperl. Wiedergabe aller Art, etwa durch Rede, Vortrag, Lied, Theateraufführung (sofern nicht das Werk vorher schriftl. niedergelegt ist: vgl. Ulmer S. 191 Ziff. I 3), Rundfunk (Ulmer S. 190 Ziff. I 1), Fernsehen u. Film (Löffler I S. 714 Rdz. 67).

[9] 2. ferner die **Übertragung des Werkes** auf Vorrichtungen zur wiederholbaren Wiedergabe von Bild- oder Tonfolgen (Bild- oder Tonträger), gleichviel, ob es sich um die Aufnahme einer Wiedergabe des Werkes auf einen Bild- oder Tonträger oder um die Übertragung des Werkes von einem Bild- oder Tonträger auf einen anderen handelt.

a) Die Bedeutung dieser **Erweiterung des Begriffs** der „Vervielfältigung" liegt insbes. darin, daß bei nicht in förml. Vertrag geschlossenen Verlagsverträgen, also bei mündl., fernmündl. telegrafischem, briefl. Abschluß des Verlagsvertrages dieser sich ohne weiteres auch auf die Übertragung des Werkes auf Vorrichtungen zur wiederholbaren Wiedergabe von Bild- oder Tonfolgen (Bild- oder Tonträger) erstreckt, gleichviel, ob es sich um die Aufnahme einer Wiedergabe des Werkes auf einen Bild- oder Tonträger oder um die Übertragung des Werkes von einem Bild- oder Tonträger auf einen anderen handelt.

b) Aus den Worten **„Bild- oder Tonträger"** ergibt sich, daß die Vervielfältigung nicht die Einfügung des Werkes in einen Computer erfaßt, weil dieser kein Bild- oder Tonträger ist.

[10] IV. Der in § 15 Abs. 1 Ziff. 2 UrhG als **„Verbreitungsrecht"** bezeichnete Teil des Verlagsrechts ist in § 17 Abs. 1 UrhG näher umschrieben. Die Bestimmung ist Anh. S. 424 abgedruckt.

[11] Nach § 17 Abs. 1 UrhG ist „Verbreitung"

1. **das Anbieten** des Originals oder von Vervielfältigungsstücken **in der Öffentlichkeit.**

a) **„Anbieten"** ist das Angebot zum Vertragsabschluß, genauer die Aufforderung, mit dem Anbietenden einen Vertrag, insbes. Kauf (Miete — „Leih"bücherei) abzuschließen oder anders: Ein der Öffentlichkeit gegenüber erfolgendes Angebot zum Eigentums- oder Besitzerwerb, u. zwar meist (aber nicht zwingend) gegen Entgelt (so Gamm § 17 Rdz. 6).

[12] b) **„Öffentlichkeit"** ist die des § 15 Abs. 3 UhrG (Möhring—Nicolini § 17 Anm. 2). Dieser ist Anh. S. 423 abgedruckt. Trotz seinem klaren Wortlaut ergeben sich immer wieder Schwierigkeiten, da oft zweifelhaft sein kann, wann der Kreis der Personen bestimmt abgegrenzt ist u. ob ein persönl. Band, d. h. engerer persönl. Kontakt zwischen dem Veranstalter u. den Teilnehmern bzw. untereinander besteht. Das Merkmal der „Öffentlichkeit" entfällt erst dann, wenn nicht nur rein theoretisch, sondern auch tatsächl. bei der Wieder-

gabe des Werkes eine Abgrenzung des bestimmten Personenkreises erfolgt (Möhring—Nicolini § 15 Anm. 9). Daraus ergibt sich, daß in der Mitteilung eines Manuskriptdruckes an eine Bühne als Angebot zur Aufführung keine „Veröffentlichung“ zu erblicken ist. Der Bühnenleiter ist nach Erhalt des Manuskripts nicht befugt, seinen Inhalt etwa im Rahmen einer kritischen Würdigung zu veröffentlichen (RG: MuW XIII, 496; RGStr. 48, 432).

2. **„das In-Verkehr-Bringen“**

[13] a) **„In-Verkehr-Bringen“** liegt vor, wenn das Werkstück aus der privaten Sphäre in die Hand eines Dritten gegeben wird, mag dieser auch mit dem Geber persönl. verbunden sein, es sei denn daß, wie bei persönl. Geschenken, von vornherein feststeht, daß es auch beim Empfänger in der Privatsphäre verbleiben wird. Gleiches gilt bei Auferlegung einer Geheimhaltungspflicht, z. B. bei Plänen, Skizzen und Entwürfen. In diesen Fällen verläßt das Original oder Vervielfältigungsstück durch den Akt der Weitergabe nicht den Bereich der Privat- oder Geheimsphäre. (Möhring—Nicolini § 17 Anm. 2).

[14] b) **„In der Öffentlichkeit“** muß das In-Verkehr-Bringen **nicht** erfolgen. Das Gesetz verlangt nicht, daß das In-Verkehr-Bringen „in der Öffentlichkeit“ erfolgt. Entscheidend ist das freie Zugänglichmachen der Werkverkörperung u. ihre tatsächliche Übergabe zur freien Verfügungs-, zumindest Benutzungsbefugnis des Empfängers nach dem zugrundeliegenden Umsatzgeschäft, etwa Verkauf, Tausch, Schenkung, auch Pacht, Miete („Leih“bücherei) u. Leihe (Gamm § 17 Rdz. 7). An der freien Verfügungs- oder zumindest Benutzungsbefugnis fehlt es bei der Übergabe der Werkverkörperung oder eines Vervielfältigungsstückes unter Geheimhaltungsverpflichtung (BGH: GRUR 1958, 351) oder an den Spediteur zum bloßen Transport (OLG Hamburg: WRP 1956, 26), also überall da, wo entweder die Freiheit der Verfügungs- oder Benutzungsbefugnis ganz erhebl. eingeschränkt ist oder überhaupt nicht besteht.

C. Die Pflicht zur Verschaffung des Verlagsrechtes

[15] I. Umfang der Verschaffungspflicht

1. Nach § 8 hat der Verf. dem Verl. das **„ausschließliche“** Recht zur Vervielfältigung u. Verbreitung zu verschaffen. Die Bedeutung der „Ausschließlichkeit“ ergibt sich aus § 31 Abs. 3 S. 1 UrhG (Möhring-Nicolini § 31 Anm. 9). Dieser ist Anh. S. 426 abgedruckt.

Das ausschließl. Nutzungsrecht berechtigt darnach den Verl., dem es durch den Verlagsvertrag zu verschaffen ist, das Werk unter Ausschluß aller Personen einschließl. des Verf. auf die ihm durch den Verlagsvertrag oder das VerlG erlaubte Art zu nutzen u. seinerseits Nutzungsrechte einzuräumen (Hubmann S. 185). Daraus ergibt sich, daß grundsätzl. gleichzeitig nebeneinander zwei oder mehrere Verlagsrechte nicht bestehen können.

[16] Hat daher der Verf. je ein Stück seines mehrfach vorhandenen Werkes mehreren Verlegern abgeliefert und jedem von ihnen vertragl. das Verlagsrecht eingeräumt, ohne es mit dem anderen abzusprechen, so ist zu unterscheiden:

a) Hat der Verf. dies **gleichzeitig** getan, so hat keiner der Verleger ein Verlagsrecht erworben (Hoffmann § 8 Anm. 1, Allfeld § 8 Anm. 14 II); anders bei Beiträgen zu Zeitungen, Zeitschriften und ähnlichen periodischen Sammelwerken, wo unter Umständen mehrere (nicht ausschließliche) Verlagsrechte gleichzeitig bestellt werden können, wenn die Verleger nicht mit ihrer Ausschließlichkeit rechnen, wie dies bei sogenannten Exklusivbeiträgen oder Interviews der Fall ist (vgl. dazu § 42 Rdz. 10).

b) Hat der Verf. dies **nacheinander** getan, indem er hintereinander mehreren Verlegern dasselbe Werk in Verlag gegeben hat, erwirbt nur der erste Verleger das Verlagsrecht, auch wenn der Zweite gutgläubig ist (Bappert—Maunz a. a. O. Rdz. 35).

[17] 2. Die Pflicht zur Verschaffung des ausschließl. Verlagsrechts schließt seine **Einschränkung** nicht aus. Denn wie für jedes andere Nutzungsrecht gilt auch für das Verlagsrecht die Bestimmung des § 32 UrhG. Dieser ist Anh. S. 427 abgedruckt. Nach § 32 UrhG kann ein räuml., zeitl. oder inhaltl. beschränktes Verlagsrecht verschafft werden.

[18] a) Das **räumlich** begrenzte sog. geteilte Verlagsrecht (für das frühere Recht vgl. dazu Bappert—Maunz a. a. O. Rdz. 15) liegt vor, wenn der Verf. einem Verl. das Vervielfältigungs- und Verbreitungsrecht nur für ein bestimmtes Land mit der Wirkung eingeräumt hat, daß der Verl. Vervielfältigungsstücke des Werkes außerhalb des vereinbarten Gebiets nicht verbreiten darf (Ulmer S. 339 Ziff. II 2; Hubmann S. 186; Beck Lizenzvertrag S. 26). Das Verlagsrecht wird dem Verl. allerdings meist ohne räuml. Begrenzung eingeräumt; er kann dann das Werk im In- und Ausland verbreiten. Mögl. ist auch, daß die Nutzungsrechte an einem zur Verbreitung

in mehreren Ländern bestimmten Werk für jedes Land einem anderen Verl. übertragen werden (geteiltes Verlagsrecht im engeren Sinn). Eine solche Teilung des Verlagsrechts kommt insbes. im Musikverlag vor. Das bekannteste Beispiel bei einem Buchverlag war die Tauchnitz-Edition für Werke in engl. Sprache, die nur auf dem europäischen Kontinent verbreitet werden durften (Ulmer a. a. O.; Möhring—Nicolini § 32 Anm. 2).

b) Das **zeitl.** begrenzte Verlagsrecht spielt im tägl. Verlags-Leben nur eine sehr geringe Rolle (vgl. Gamm § 32 Rdz. 5). Die zeitl. Begrenzung hat die Wirkung, daß das Recht nach Ablauf der vereinbarten Frist von selbst erlischt. (Möhring—Nicolini § 32 Anm. 3).

[19] c) Das **inhaltl.** begrenzte Verlagsrecht liegt vor, wenn das Vervielfältigungsrecht oder das Verbreitungsrecht gesondert vergeben werden (Marwitz—Möhring § 8 LUG Anm. 19; Ulmer S. 291 Ziff. I 1; Beck a. a. O. S. 52). Der Verf. kann auch das Recht zur Veranstaltung einer deutschen, engl., franz. usw. Ausgabe gesondert einräumen. Eine inhaltl. Beschränkung ist ferner anzunehmen, wenn der Verf. die Nutzungsrechte etwa nur zur Verwertung des Werks als Zeitschriftenaufsatz, nicht dagegen als Buch vergibt (Kleine § 8 LUG Anm. 3 unter Hinweis auf § 2 Abs. 2 VerlG). Eine inhaltl. Beschränkung bei der Einräumung eines urheberrechtl. Nutzungsrechts kann auch in der Festlegung oder Ausschließung einer bestimmten Art des Absatzweges (Vertrieb in Buchgemeinschaften) liegen. Ebenso stellt eine Vereinbarung, wonach die Vervielfältigungsstücke nur in bestimmter Zahl hergestellt werden dürfen (Beck a. a. O. S. 51), eine inhaltl. Beschränkung dar (Möhring—Nicolini § 32 Anm. 4). Das gleiche gilt für Beiträge zu Zeitungen u. Zeitschriften (vgl. dazu § 42 VerlG, nun § 38 UrhG u. die Anm. hierzu u. für das Lizenzwesen (hierüber § 28 Rdz. 68 ff. u. Möhring—Nicolini § 31 Anm. 8).

Was hier eingeräumt wird, ist ein einfaches Verlagsrecht. Durch die Einräumung dieses Rechtes wird der Verl. nur berechtigt, das Werk neben dem Verf. und/oder anderen Nutzungsberechtigten auf die ihm erlaubte Art zu benützen (Möhring—Nicolini a. a. O.).

[20] 3. Schließl. besteht eine **Verschaffungspflicht** des Verf. **überhaupt nicht**

a) wenn beide Parteien sich darüber einig sind, daß den Gegenstand des Verlagsvertrags ein Werk bilden soll, an dem ein Urheberrecht nicht besteht, sei es, daß ein solches niemals bestanden hat, oder daß die Schutzfrist des Werkes (§§ 64 ff. UrhG) abgelaufen ist (§ 39 Abs. 1 u. die Anm. hierzu),

b) wenn dem Verl. bekannt ist, daß dem Verf. ein Urheberrecht nicht zusteht oder daß er bereits ein anderweitiges Verlagsrecht begründet hat (hierüber Rdz. 16 u. Bappert—Maunz a. a. O. Rdz. 40).

[21] **II. Sinn u. Bedeutung der Verschaffungspflicht.**

Die gesetzl. Festlegung der Verschaffungspflicht bedeutet nicht, daß es eines bes. Aktes der Einräumung des Verlagsrechtes bedürfe. Vielmehr entsteht dieses kraft des Verlagsvertrages mit der Ablieferung des Werkes an den Verl. für diesen von selbst (vgl. dazu § 9 Rdz. 6). Die gesetzl. Festlegung der Verschaffungspflicht bedeutet daher nur

1. **nach der positiven Seite** Schaffung der rechtl. Voraussetzungen dafür, daß mit der Ablieferung des Werkes in der Hand des Verl. das Verlagsrecht entstehen kann, u. haftungsmäßiges Einstehen für diesen Rechtserfolg (Bappert—Maunz a. a. O. Rdz. 36);

2. **nach der negativen Seite,** daß der Verf., soweit der sofortigen Entstehung des Verlagsrechts Hindernisse entgegenstehen, diese zu beseitigen hat u., wenn dies nicht mögl. ist, dem Verl. nach den allg. Grundsätzen über die Gewährleistung wegen eines Mangels im Rechte haftbar ist (Allfeld a. a. O.).

§ 9

Das Verlagsrecht entsteht mit der Ablieferung des Werkes an den Verleger und erlischt mit der Beendigung des Vertragsverhältnisses.

Soweit der Schutz des Verlagsrechts es erfordert, kann der Verleger gegen den Verfasser sowie gegen Dritte die Befugnisse ausüben, die zum Schutze des Urheberrechts durch das Gesetz vorgesehen sind.

[1] A. Vorbemerkungen

I. Die Vorschrift regelt Entstehung, Erlöschen u. Schutz des (subjektiven) Verlagsrechtes.

II. Übersicht: Demgemäß werden hier behandelt
1. das Verlagsrecht [2]
2. Beginn u. Ende des Verlagsrechts [3] u.
3. der Schutz des Verlagsrechts [8].

[2] **B. Das Verlagsrecht**

Vgl. dazu § 8 Rdz. 2 ff.

[3] **C. Entstehen und Erlöschen des Verlagsrechtes**

I. Das **Entstehen des Verlagsrechts** ist nach dem Gesetz an zwei Voraussetzungen geknüpft.

[4] 1. Ein **gültiger Verlagsvertrag** (hierüber im einzelnen die Anm. zu § 1).

a) Dieser besteht aus:

[5] aa) einem **schuldrechtl. Teil,** durch den die Verpflichtung des Verf. begründet wird, dem Verl. das Verlagsrecht an dem den Gegenstand des Vertrages bildenden Werk zu verschaffen (hierüber im einzelnen § 8 und die Anm. hierzu),

bb) einem **dinglich-rechtl. Teil,** näml. aus der dingl. auf Bestellung des Verlagsrechtes gerichteten Einigung von Verf. u. Verl. (so Hoffmann § 8 Anm. 1, ähnlich Bappert—Maunz § 9 Rdz. 3).

b) Beide Teile, Verpflichtungsgeschäft u. Verfügungsgeschäft, sind **miteinander** derart **verknüpft,** daß die Nichtigkeit des schuldrechtl. Vertragsverhältnisses die Unwirksamkeit auch der Begründung des Verlagsrechts nach sich zieht (Bappert—Maunz a. a. O.).

c) Da die gleiche Erscheinung auch beim Nießbrauch zu beobachten ist (vgl. Palandt—Degenhart Einl. 5 c vor § 854), könnte man der Auffassung sein, das Verlagsrecht sei ein dem Nießbrauch ähnl. Recht am Urheberrecht (dem Sinne nach Hoffmann § 1 Anm. 1, ausdrückl. Voigtländer—Elster § 1 Anm. 2). Diese Auffassung wird jedoch der Eigenart des Verlagsrechts nicht gerecht. Während sich bei der Übertragung eines Rechtes nur die Person seines Trägers ändert, setzt ein durch die Belastung eines Rechts selbständig geschaffenes Tochterrecht begriffl. außerdem auch einen neuen Bestimmungszweck voraus (Bappert—Maunz Einl. I). Auch bleibt im Falle erblosen Todes oder Verzichtes des Verf. oder seines Rechtsnachfolgers der Verl., solange der Verlagsvertrag in Geltung. Dies ist nur erklärl. wenn man annimmt, daß das auf den Verl. übertragene Stück des Urheberrechts bei ihm fortlebt. Im Falle einer Belastung müßte mit dem Erlöschen des belasteten Rechtes auch das darauf ruhende Recht aufhören (Allfeld Einl. III).

[6] 2. Die **Übergabe des Werkes,** die hier als „Ablieferung" bezeichnet wird. Zum Begriff der „Ablieferung" vgl. § 33 Rdz. 12 ff.

[7] II. Das Erlöschen des Verlagsrechtes

1. Das Verlagsrecht erlischt „mit" Beendigung des Verlagsvertragsverhältnisses. Das Wort „mit" bedeutet hier „spätestens mit" (Allfeld § 9 Anm. II 6). Es kann jedoch schon früher als vor Beendigung des Verlagsvertragsverhältnisses aufhören, insbes. wenn der Verlagsvertrag auch nach Ablauf der urheberrechtl. Schutzfrist nach dem Willen der Parteien als Verlagsvertrag über ein nun gemeinfreies Werk weiterbestehen soll (vgl. §§ 39, 40 u. die Anm. hierzu) oder wenn der Verf., nachdem der Verl. mit der Vervielfältigung des Werkes in Verzug geraten ist, gemäß § 326 BGB statt Erfüllung Schadensersatz in Geld verlangt. In diesem Falle entfällt die Vervielfältigungsbefugnis und -pflicht des Verl., der nun eines Verlagsrechts nicht mehr bedarf (Allfeld a. a. O. II 7, Bappert—Maunz : 9 Rdz. 8).

2. Das Verlagsrecht erlischt mit „Beendigung des Vertragsverhältnisses". Hierüber vgl. § 1 Rdz. 25.

[8] D. Der Schutz des Verlagsrechtes

I. Die Bestimmung des § 9 Abs. 2 handelt nur vom urheberrechtl. Schutz des Verlagsrechtes. Die einschlägigen Bestimmungen des Urheberrechtsgesetzes (§§ 96—111) sind Anh. S. 443 abgedruckt.

II. Darüber hinaus wird das subjektive Verlagsrecht jedoch auch durch das objektive Verlagsrecht [9], das bürgerl. Recht [10] und das Wettbewerbsrecht [11] geschützt.

[9] 1. Der **verlagsrechtl. Schutz** des Verlagsrechtes ist bei den einzelnen einschlägigen Bestimmungen behandelt.

[10] 2. **Bürgerlich-rechtl. Schutz** des Verlagsrechts bieten insbes. die Bestimmungen der §§ 823 ff. BGB (Bappert—Maunz a. a.O. Rdz. 13, Palandt—Thomass § 823 Anm. 6 d). Gleiches gilt auch für die im UrhG nicht genannten Bereicherungsansprüche des allg. Zivilrechts gemäß §§ 812 ff. BGB (Bappert—Maunz a. a.O.).

[11] 3. **Wettbewerbsrechtl.** wird das Verlagsrecht nach Maßgabe des UrhG geschützt (Bappert—Maunz a. a. O. Rdz. 14). Dieser Schutz richtet sich nicht nur gegen den Vertrieb konkurrenzfähiger Werke durch den Verf., sondern auch gegen die unzulässige, weil sittenwidrige Benutzung seines Werkes zu wettbewerbl. Zwecken durch andere. Insbes. gilt dies bei Verlagswerken, die urheberrechtl. nicht geschützt sind, bei deren Herausgabe aber der Verl. durch Textrevision oder Entzifferung des Textes, Feststellung der Chronologie der Einzelarbeiten bei einer Gesamtausgabe oder durch neuartige Anordnung des Textes erhebl. Aufwendungen an Unkosten u. Arbeitskraft gehabt hat. Ebenso ist der Verl. nach wettbewerbl. Grundsätzen (vgl. Engländer Börsenblatt 1927 Nr. 275 und 302 u. Hoffmann M. u. W. 20 S. 103) dagegen geschützt, daß ein anderer Verl. sich seiner Druckformen für anastatischen Druck bedient oder seine Druckschrift durch ein photographisches oder ähnl. Verfahren vervielfältigt (Hoffmann § 9 Anm. 4, Bappert—Maunz a. a. O. Rdz. 21). Die Verletzung vertragl. übernommener wettbewerbl. Enthaltungsverpflichtungen durch den Verf. (Wettbewerbsklauseln in Verlagsverträgen; vgl. dazu § 2 Rdz. 6) ist allerdings nicht nach dem UnlWG, sondern als Verletzung des Verlagsvertrags und gegebenenfalls des Verlagsrechts zu beurteilen. Selbständige Bedeutung gewinnt dagegen der Schutz nach dem UnlWG vor allem bei Verlagswerken, an denen kein Verlagsrecht besteht (Bappert—Maunz a. a. O.).

[12] 4. Die einzelnen **Schutzansprüche des Verlagsrechtes** stehen **unter sich** im Verhältnis der Anspruchskonkurrenz (Hoffmann a. a. O., Bappert—Maunz a. a. O.): sie können nebeneinander geltend gemacht werden.

E. Die Verpflichtung zum Schutz des Verlagsrechtes

[13] **I. Der Verl.:** Er ist dem Verf. gegenüber verpflichtet, Eingriffen Dritter in sein Verlagsrecht durch Ausübung seiner Befugnisse entgegenzutreten; diese Verpflichtung ergibt sich mittelbar aus der Verlegerpflicht zu ordnungsmäßiger Vervielfältigung u. Verbreitung des Werkes. Der Verl. ist zum Einschreiten gegen Dritte aber auch selbst gegen den Willen des Verf. berechtigt. Er kann etwa Strafanzeige gegen den Verletzer erstatten oder Strafantrag gegen ihn stellen, auch wenn der Verf. nur mit zivilrechtl. Vorgehen (Abwehr- und Schadensersatzansprüchen) einverstanden

ist. Obsiegt der Verl. in einem Schadensersatzprozeß gegen den Dritten, so hat er bei Absatzhonorar den Verf. daran zu beteiligen; bei Berechnung des Anteilbetrages sind die durch den Dritten widerrechtl. hergestellten Exemplare als abgesetzte Exemplare zu betrachten. Bei festem Honorar verbleibt dagegen die vom Dritten zu leistende Schadensersatzsumme ausschließlich dem Verl. (Bappert—Maunz a. a. O. Rdz. 19).

[14] **II. Der Verf.:** Er ist dem Verl. gegenüber grundsätzl. nicht verpflichtet, Verletzungen des Verlagsrechts von sich aus zu verfolgen. Ausnahmen können indessen durch den das Verlagsvertragsverhältnis beherrschenden Treuegedanken (dazu § 1 Rdz. 10) geboten sein. Dies trifft etwa dann zu, wenn ein Dritter kurz nach dem Erlöschen des Verlagsrechts einen unbefugten Nachdruck des Verlagswerkes veranstaltet u. der Verl. noch Reststücke des Werkes auf Lager hat. Hier kann der Verl. vom Verf. verlangen, daß dieser als Urheber gegen den Dritten einschreitet (Hoffmann § 1 Anm. 10, Allfeld § 9 Anm. III 9 a, Bappert—Maunz a. a. O.).

§ 10

Der Verfasser ist verpflichtet, dem Verleger das Werk in einem für die Vervielfältigung geeigneten Zustand abzuliefern.

[1] A. Vorbemerkung

Die Vorschrift ergänzt die Hauptverpflichtung des Verf. zur Ablieferung seines Werkes (§ 1 Rdz. 93) dahin, daß diese Ablieferung sachgemäß zu erfolgen habe.

B. Die Verpflichtung zur sachgemäßen Ablieferung

[2] I. Inhalt und Umfang der Verpflichtung

1. Inhalt: Die Verpflichtung besteht darin, das Werk druckfertig abzuliefern, also inhaltl. vollständig abgeschlossen und äußerl. so beschaffen, daß es ohne weiteres zu Satz und Druck gegeben werden kann (Voigtländer—Elster § 10 Anm. 1). Die Vorschrift bezieht sich also nur auf die äußere Form, nicht aber auf den Inhalt des Werkes als solchen; hierfür gilt § 31 Abs. 1 (Voigtländer—Elster a. a. O.; Hoffmann § 10 Anm. 1; Allfeld § 10 Anm. 1), dessen Anm. zu vergleichen wären.

[3] **II. Umfang:** Das abzuliefernde Werk muß bei Ablieferung

1. **vollständig** sein, also Vorwort u. Inhalts-, Abkürzungs- u. Schrifttumsverzeichnis, Schluß- oder Nachwort u. die verschiedenen Register enthalten, allein schon weil sich nur so ein (nicht zuletzt für die Kalkulation wichtiger) Überblick über Umfang und andere wichtige Dinge des Werkes gewinnen läßt (Voigtländer—Elster a. a. O.); „Vollständigkeit" ist nicht notwendig „Vollendung"; hierüber § 1 Rdz. 75, § 11 Rdz. 2;

2. **setz- u. druckbar,** also für den Durchschnittssetzer gut leserl. sein. Die Anforderungen hieran dürfen jedoch nicht überspannt werden (Hoffmann a. a. O.). Der Gebrauch der Schreibmaschine ist nicht vorgeschrieben (Allfeld a. a. O.), jedoch dann unerläßl., wenn es sich um ein schwieriges, insbes. schwieriges wissenschaftl. Werk, Fach- oder Sachbuch mit zahlreichen Fremd- oder fremdsprachlichen Wörtern handelt, aber auch dort, wo die Gefahr von Verwechslungen, Verschreibungen, überhaupt von Setzfehlern besteht, die bei der Korrektur erfahrungsgemäß nur allzu leicht übersehen werden.

Vorlagen für Abbildungen und dergl. sind grundsätzl. in nachbildungsfähigem Zustand abzuliefern, so daß die Anfertigung von Druckstöcken und Klischees mögl. ist. Bei wissenschaftl., insbes. techn. und ärztl. Fachbüchern genügt der Verf. jedoch seiner Ablieferungspflicht, wenn er Rohskizzen liefert, nach denen der Verleger klischierfähige Reinzeichnungen herstellen lassen kann (Bappert—Maunz § 10 Rdz. 5);

3. **nicht notwendig in einem Doppel vorhanden** sein. Der Verfasser ist vorbehaltl. anderweiter Vereinbarung nicht verpflichtet, eine Zweitschrift seines Manuskripts herzustellen u. bei sich zurückzubehalten und zu verwahren. Bei Verlust des (auf Wunsch des Verl. versandten) Manuskripts trifft ihn daher keine Verantwortung und keine Ersatz- und Nachlieferungspflicht gegenüber dem Verl. (Bappert—Maunz § 10 Rdz. 11).

C. Die Rechte des Verl. bei sachgemäßer Ablieferung

des Werkes können darin bestehen, daß er den Verf. zur Beseitigung der Mängel veranlaßt [4] oder die Mängelbeseitigung auf Rechnung des Verf. vornehmen läßt [5].

[4] I. Das **Verlangen auf Beseitigung der Mängel** kann befristet (Voigtländer—Elster § 10) oder unbefristet gestellt werden. Auf Grund des gegenseitigen Treueverhältnisses (§ 1 Rdz. 10 ff.) muß die Frist zur Beseitigung der Mängel angemessen sein (Allfeld § 10 Anm. 2), also die Interessen von Verl. u. Verf. abwägen. Das weitgehend handschriftl. Werk eines Erstlingsverfassers kann, zumal bei den derzeitigen Arbeitsverhältnissen, nicht innerhalb weniger Tage mit der Schreibmaschine abgeschrieben werden. Umgekehrt müssen von einem mit den Verlagsverhältnissen vertrauten Verfasser, der dessen ungeachtet sein Werk handschriftl. abgeliefert hat, die äußersten Anstrengungen verlangt werden, es sachgemäß abzuliefern. Ist darnach die Beseitigungsfrist unangemessen, verlängert sie sich in eine angemessene. Wird die angemessene Beseitigungsfrist vom Verf. nicht eingehalten, hat der Verl. die Rechte nach Ziff. II.

[5] II. Die **Rechte des Verl. bei mangelhafter Ablieferung.**

1. Der Verl. kann die Mängel auf eigene Rechnung oder auf Rechnung des Verf. beseitigen lassen. Ist die Vorlage unleserl. oder ungeordnet, oder sind die zugehörigen Abbildungen nicht ohne weiteres zu verwenden, so entspricht es einer verbreiteten Gepflogenheit, daß der Verl. die Sache in Ordnung bringen läßt. Er muß aber den Verf. um Erlaubnis fragen, soweit die Änderungen nicht zu den durch Treu und Glauben zugelassenen gehören. Will der Verl. außerdem die Kosten des Ordnens oder die den Setzern für schlechte und ungeordnete Vorlagen zustehenden Gebühren dem Verf. anrechnen, so muß dieser zugestimmt oder die Beseitigung des Mangels verweigert haben (Voigtländer—Elster a. a. O.; unter Berufung hierauf Bappert—Maunz § 10 Rdz. 7).

2. Der Verl. kann aber auch die Rechte aus §§ 30, 31 geltend machen (Bappert—Maunz a. a. O), auf deren Anm. verwiesen sei.

§ 11

Ist der Verlagsvertrag über ein bereits vollendetes Werk geschlossen, so ist das Werk sofort abzuliefern.

Soll das Werk erst nach dem Abschlusse des Verlagsvertrags hergestellt werden, so richtet sich die Frist der Ablieferung nach dem Zwecke, welchem das Werk dienen soll. Soweit sich hieraus nichts ergibt, richtet sich die Frist nach dem Zeitraum, innerhalb dessen der Verfasser das Werk bei einer seinen Verhältnissen entsprechen-

den Arbeitsleistung herstellen kann; eine anderweitige Tätigkeit des Verfassers bleibt bei der Bemessung der Frist nur dann außer Betracht, wenn der Verleger die Tätigkeit bei dem Abschlusse des Vertrags weder kannte noch kennen mußte.

[1] A. Vorbemerkung

Die Vorschrift bringt eine weitere Ergänzung der Hauptverpflichtung des Verf. zur Ablieferung seines Werkes (§ 1 Rdz. 84 ff.), nämlich die Verpflichtung zu fristgemäßer Ablieferung und unterscheidet dabei, ob das abzuliefernde Werk bei Vertragsabschluß schon vollendet war [2] oder nicht [4].

B. Ablieferung des bereits vollendeten Werkes:

Das bei Abschluß des Verlagsvertrages bereits vollendete Werk [2] ist sofort [3] abzuliefern.

[2] I. „Vollendung“ des Werkes

1. Über den **Begriff der „Vollendung“** vgl. § 1 Rdz. 75, zu dem ihm im allg. entspr. Begriff der Vollständigkeit § 15 Rdz. 5. Demgegenüber wird im Schriftt. (Voigtländer—Elster § 11 Anm. 1; Bappert—Maunz § 11 Rdz. 2) angenommen, ob u. wann ein Werk vollendet sei, bestimme nur der Verf. Biete er das Werk dem Verl. als fertig oder vollendet an, so sei dies maßgebend. Diese Annahme ist nur bedingt richtig. Sie gilt nicht bei den zu Lebzeiten des Verf. von ihm oder mit seiner Einwilligung oder posthum von den Erben dem Verl. angebotenen Fragmenten (hierzu vgl. oben § 1 Rdz. 75). Sie sind objektiv u. subjektiv unvollendet, zumeist gar nicht mehr oder nur unzureichend vollendbar, müssen jedoch als „vollendet“ im Sinne des § 11 Abs. 1 angesehen werden (so auch Allfeld § 11 I 2). „Vollendet“ bedeutet demgemäß hier objektiv und/oder subjektiv vollendet oder objektiv und/oder subjektiv unvollendbar. Macht der Verl. ein solches Werk, das der Verf. nicht vollenden will oder nicht mehr vollenden kann, zum Gegenstand eines Verlagsvertrages, kann er vom Verf. oder den Erben nicht die Vollendung des Werkes verlangen oder gar Rechte aus der Nichtvollendung geltend machen (mißverständl. Voigtländer—Elster a. a. O.).

2. „Vollendet" bedeutet jedoch nicht, daß am Werk **Änderungen** nicht mehr vorgenommen werden dürfen (Voigtländer—Elster a. a.O.). Die Änderungen stehen jedoch (hierüber § 12 mit den Anm. hierzu) ausschließl. dem Verf. und dem von ihm beauftragten Dritten zu.

[3] **II.** Die **„sofortige"** Ablieferung

1. Daß „sofort" nicht „unverzüglich" im Sinne des § 121 BGB ist, wird allg. (Bappert—Maunz § 11 Rdz. 3; Staudinger—Coing § 121 Rdz. 3; Staudinger § 271 Rdz. 3) angenommen. Die Frage, ob das „sofort" etwa dem „sofort" des § 271 Abs. 1 BGB entspricht, ist bisher nicht behandelt oder entschieden worden. Hier bedeutet „sofort" so „schnell, als der Schuldner nach den Umständen leisten kann" (Palandt—Danckelmann § 271 Anm. 1 c). Ähnlich darf das „sofort" des § 859 Abs. 3 BGB nicht zu eng ausgelegt werden (Staudinger—Seufert § 859 Rdz. 3).

2. Damit aber nähert sich diese Auslegung des „sofort" der, die das Schriftt. (Allfeld § 11 Anm. 3; Bappert—Maunz a. a. O.) dem „sofort" des § 11 gegeben hat. Hiernach muß (fast möchte man sagen, trotz des „sofort") dem Verf. gestattet sein, äußere Mängel des Manuskripts zu beseitigen und sachl. Verbesserungen und Ergänzungen anzubringen, insbesondere jüngst erschienenes Schriftt. und neueste Gesetzgebungsakte und Gerichtsentscheidungen zu berücksichtigen.

C. Die fristgerechte Ablieferung des bei Vertragsabschluß noch nicht hergestellten Werkes

I. Hier gibt § 11 Abs. 2 eine Auslegungsregel.

[4] 1. Ist im Verlagsvertrag eine **Frist** für die Herstellung des Werkes **vereinbart,** gilt diese. Ist der Verf. an der Einhaltung der Frist durch Umstände gehindert, die er nicht zu vertreten hat, so ist er vor Ansprüchen des Verl. auf Erfüllung oder Schadensersatz auch durch die §§ 275, 285, 323 BGB gesichert. Der Verabredung einer Lieferzeit kommt gleich, wenn das Werk, um seinen Zweck zu erfüllen, zu einer bestimmten Zeit veröffentlicht werden muß. Der Verf. hat dann seine Arbeit so zeitig zu liefern, daß dem Verl. ausreichende Zeit zur Vervielfältigung und zum Vertriebe bleibt. Ist der Verf. säumig, so kann der Verl. nach Setzung einer Frist, die den Verf. in Verzug setzt, zurücktreten; will der Verl. das nicht, sondern ist er, was zumeist und namentl. gegenüber angesehenen Verf.

geschieht, langmütig genug, zu warten, dann hat er trotz der Verzögerung nach Einlieferung des vollständigen Manuskripts die Vervielfältigung und Verbreitung vorzunehmen, falls dies nicht zur Unzeit geschehen müßte; dies wäre Aufschiebungsgrund, da der Verl. für das Werk zu sorgen hat und das Verlagsverhältnis ein Treueverhältnis ist (Voigtländer—Elster § 11 Anm. 2; vgl. auch Allfeld § 11 Anm. II 8; Bappert—Maunz § 11 Rdz. 11 ff.).

[5] 2. Ist im Verlagsvertrag eine **Frist** für die Herstellung des Werkes **nicht vereinbart,** so richtet sich die Ablieferungspflicht

a) zunächst auf Grund des § 11 Abs. 2 S. 1 nach dem **Zweck, dem** das Werk dienen soll, also nach objektiven Maßstäben. Das kann bei Schul- und Lehrbüchern, Festschriften zu Geburts- und Jubiläumsfeiern, Tagungen, geschichtl. Gedenktagen usw. (Allfeld § 11 Anm. II 6 a; Ulmer S. 332 Ziff. I 1), ferner bei Kommentaren, insbesondere den sog. Referentenkommentaren, die raschestens nach Inkrafttreten eines Gesetzes erscheinen sollen, bei Fach- und Sachbüchern und nicht zuletzt bei den Büchern in Betracht kommen, die der Verherrlichung und Vergötterung von Schlager-, Sport-, Sex- und ähnl. Götzen dienen, mit deren erfreulicherweise bald verrauschendem Ruhm diese Bücher der ganzen Lächerlichkeit derer anheimfallen, denen sie gewidmet sind, aber auch bei Wahlbroschüren, Aktien- und Urlaubsprospekten und dergleichen Bauernfängereien;

[6] b) andernfalls auf Grund des § 11 Abs. 2 S. 2 nach dem **Zeitraum,** innerhalb dessen der Verf. das Werk bei einer seinen Verhältnissen entspr. Arbeitsleistung herstellen kann, also nach subjektiven Maßstäben.

aa) Die Herstellung des Werkes beeinflussende Umstände können u. a. (vgl. dazu auch Bappert—Maunz § 11 Rdz. 7; sehr eingehend Allfeld § 11 Anm. 7 b) eigene Erkrankungen und solche naher Angehöriger, aber auch der mit der Arbeitsweise des Verf. besonders vertrauten Hilfspersonen (etwa der Schreibkraft), Wohnsitzveränderungen mit verschlechterten Arbeits- oder Bibliotheksverhältnissen, Streik des Verkehrs- oder Bibliothekspersonals, sit in's und ähnlicher übler Unfug sog. Studenten sein.

[7] bb) Zu den die Herstellung des Werkes beeinflussenden Umständen zählt insbes. **„eine anderweite Tätigkeit“** des Verf. Darunter ist sowohl die berufl. Tätigkeit etwa als Beamter,

Politiker (?), Lehrer, Arzt, Unternehmer, als auch eine anderweite schriftstellerische, künstlerische oder sonstige Einzelbeschäftigung zu verstehen (Allfeld § 11 Anm. 8). Diese anderweiten Tätigkeiten des Verf. zwingen in ihren Auswirkungen auf die Ablieferungsfrist zu folgender Unterscheidung:

α) Die berufl. Tätigkeit des Verf. ist dem Verl. in aller Regel bekannt. Er muß daher auf die damit zusammenhängenden Verzögerungen in der Arbeitsleistung des Verf. Rücksicht nehmen. Dies gilt grundsätzl. auch dann, wenn die hindernde Tätigkeit des Verf. erst nach Abschluß des Verlagsvertrages eingetreten ist (Bappert—Maunz § 11 Rdz. 8). Wenn insbesondere der Verl. weiß, daß der Verf. ein Staatsbeamter ist, der voraussichtl. noch eine höhere Stufe erreicht, auf der an seine Arbeitskraft höhere Anforderungen gestellt werden, so wird der Verl. nicht leicht geltend machen können, daß er sich bei Anwendung der im Verkehr erforderl. Sorgfalt nicht habe klarmachen können, der Verf. werde innerhalb der sonst für das Werk aufzuwendenden Zeit eine Stelle erhalten, mit der eine größere Arbeitslast verbunden ist. Dasselbe gilt auch in dem Falle, daß der Verf. einem freien Beruf, etwa als Arzt, Anwalt usw. angehört und das herzustellende Werk eine länger dauernde Arbeit erfordert. Ist hier der Verf. zur Zeit des Vertragsabschlusses noch wenig beschäftigt, so muß der Verl., der den Beruf des Verf. kennt, doch mit der Möglichkeit rechnen, daß dessen Praxis sich beträchtl. hebt und den Verf. stark in Anspruch nimmt. In vielen anderen Fällen aber werden sich die nachträgl. Ereignisse der Voraussicht des Verl. völlig entziehen; dann kann der Verf., der nach seinen sonstigen persönl. Verhältnissen das Werk früher hätte herstellen können, das Hindernis der anderweiten Beschäftigung zu seinen Gunsten nicht mit dem Erfolge geltend machen, daß die Ablieferung des Werkes noch als rechtzeitig zu erachten ist (Allfeld a. a. O.).

β) Ähnl. verhält es sich bei sonstiger anderweitigen Beschäftigung. Hier kommt es auf die Lage des Einzelfalles, insbesondere auch auf die Persönlichkeit des Verf., genauer gesagt ihre Einschätzung durch den Verl. an. Je nach dieser Einschätzung kann er bereits aus dem Schreiben des Verf. entnehmen, daß er durch die anderweite Einzelbeschäftigung nicht von der Förderung des Verlagswerkes abgehalten wird, oder muß er selbst nach etwaigen Abhaltungen fragen.

[8] II. Die Lieferung zu Unzeit, die unerwartete Lieferung

Es ist der nicht seltene Fall, daß — sei es bei Überschreitung der bestimmten Lieferfrist oder bei unbestimmter Lieferzeit — die Länge der Zeit die gegenseitigen Rechte und Pflichten bei einem der Vertragschließenden in Vergessenheit geraten ließ, während der andere irgendwann einmal ganz unerwartet damit hervortritt. Der Verl. erinnert vielleicht nach Jahr und Tag nach erneutem Aktuellwerden des Gegenstandes den Verf. an seine vergessene oder nicht mehr ernstgenommene Zusage oder der Verf. liefert eines schönen Tages das Werk, auf das der Verl. gar nicht mehr gerechnet hatte und das ihm heute, im Gegensatz zu der Zeit der Vereinbarung, höchst ungelegen kommt. Den Schaden hat der, der nicht rechtzeitig aus der Länge der verstrichenen Frist die Folgerungen gezogen, den Gegner in Verzug gesetzt u. den Rücktritt ausgesprochen hat (Voigtländer—Elster § 11 Anm. 4; daran anschließend Bappert—Maunz § 11 Rdz. 10).

1. In noch nicht allzu weit zurückliegender Vergangenheit konnte diesen Ausführungen angefügt werden: „Dies wäre nach verständigem Ermessen zu berücksichtigen z. B. Nichterfüllung von Verlagsverträgen mit jüdischen Autoren". Eine Weile später hätte man wohl genau das Gegenteil vernehmen können. Aber dieses wie jenes gehört wohl inzwischen der Rechtsgeschichte an.

2. Rechtl. bestehen solche Vertragsverhältnisse solange fort, als sie nicht durch Rücktritts- oder Kündigungserklärung des dazu berechtigten Vertragsteiles hinfällig geworden sind. Ausnahmen von diesem Grundsatz können sich nur ergeben, wenn infolge Veränderung der Verhältnisse dem Verf. die Herstellung und Ablieferung u. dem Verl. die Vervielfältigung u. Verbreitung des Werkes nicht mehr zugemutet werden kann (Bappert—Maunz a. a. O.). Das ist regelmäßig dann der Fall, wenn sich der Gegenstand des Werkes überholt oder überlebt hat, etwa die Lebensbeschreibung einer der üblen Typen, die Sport, Film, Sex und andere Zivilisationserscheinungen hervorzubringen pflegen.

[9] D. Über die Ansprüche des Verl. aus der nicht fristgemäßen Ablieferung des Werkes vergleiche §§ 30, 31 und die Anm. hierzu.

§ 12

Bis zur Beendigung der Vervielfältigung darf der Verfasser Änderungen an dem Werke vornehmen. Vor der Veranstaltung einer

neuen Auflage hat der Verleger dem Verfasser zur Vornahme von Änderungen Gelegenheit zu geben. Änderungen sind nur insoweit zulässig, als nicht durch sie ein berechtigtes Interesse des Verlegers verletzt wird.

Der Verfasser darf die Änderungen durch einen Dritten vornehmen lassen.

Nimmt der Verfasser nach dem Beginne der Vervielfältigungen Änderungen vor, welche das übliche Maß übersteigen, so ist er verpflichtet, die hieraus entstehenden Kosten zu ersetzen; die Ersatzpflicht liegt ihm nicht ob, wenn Umstände, die inzwischen eingetreten sind, die Änderungen rechtfertigen.

[1] A. Vorbemerkung

Die Vorschrift behandelt die Zulässigkeit von Änderungen des Werkes

I. durch den Verf. während der Drucklegung [2]
II. durch den Verf. vor Veranstaltung einer Neuauflage [5]
III. durch einen Dritten [12].

B. Zulässigkeit von Änderungen durch den Verf. während der Drucklegung

[2] I. Zulässigkeit im allgemeinen

1. Bei Beurteilung der Zulässigkeit von Änderungen des Werkes während der Drucklegung ist **grundsätzlich** davon auszugehen, daß das Werk, bis der Verf. in der letzten Korrektur die Druckerlaubnis gibt, die Eigenschaft eines Manuskripts behält. Daß der Satz fertig ist, ändert daran nichts. Hieraus folgt das Recht des Verf. zu Änderungen auch nach Beginn des Satzes, also während der Vervielfältigung, als Teil seines „Gestaltungsrechts", jedenfalls als Ausfluß des Urheberpersönlichkeitsrechts, das u. a. darin besteht, daß der Verf. über die Form u. Prägung seines Werkes allein zu bestimmen hat. Das Änderungsrecht hat jedoch Schranken, die ebenfalls aus dem grundsätzl. Vertragswillen und dem Gesetz hervorgehen; denn nach § 10 hat ja der Verf. die Pflicht, das Manuskript in druckfertigem Zustande abzuliefern. Ist die Ablieferung einmal erfolgt, so wird das Werk in der Gestalt, die es nunmehr besitzt, Gegenstand des Vertragsverhältnisses. Aber auch dies ist nicht einer

starren Auslegung zugängl., weil es sich eben um Geistesgut handelt, das seiner Natur nach mimosenhaft ist, und weil das Urheberpersönlichkeitsrecht höher steht als kleine materielle Erwägungen. Durch die eigentüml. Natur der geistigen Schöpfung und durch das außerhalb der gewöhnl. wirtschaftl. Rücksichten liegende persönl. Interesse, welches der Verf. daran hat, daß sein Werk in der von ihm für richtig gehaltenen Fassung veröffentlicht werde, ist von selbst die Forderung gerechtfertigt, daß ihm das Recht zu Berichtigungen und Ergänzungen noch bis zum Abschluß der Vervielfältigung eingeräumt werde (Voigtländer—Elster § 12 Anm. I 1; ihm sich anschließend Bappert—Maunz § 12 Rdz. 12). Doch kann das Änderungsrecht des Verf. vertragl. ausgeschlossen werden (KG: Muw. 1920, 165). Dem Verf. kann also jede Änderung untersagt sein, so daß sich nach Ablieferung seines Werkes seine Tätigkeit (und das auch nur bei vertragl. Vereinbarung) auf die Korrektur beschränkt.

[3] 2. Eine weitere **Schranke für das Änderungsrecht** des Verf. ergibt sich aus den Worten des Gesetzes „bis zur Beendigung der Vervielfältigung". Die Vervielfältigung ist beendet, wenn die Drucklegung abgeschlossen ist und der druckfähige Satz vorliegt (Hoffmann § 12 Anm. 2; Bappert—Maunz § 12 Rdz. 6; a. A. Allfeld § 12 Anm. I 4 A). Spätester Zeitpunkt zur Anbringung von Änderungen ist deshalb die Durchsicht des Korrekturabzugs, den der Verl. dem Verf. vorzulegen hat. Wird dem Verf., wie in der Verlagspraxis üblich, noch ein weiterer, sog. Revisionsabzug übersandt, können an diesem sachl. Änderungen nicht mehr angebracht werden. Denn durch die Überprüfung der Revisionsabzüge soll der Verf. nur feststellen können, ob die von ihm im Korrekturabzug angebrachten Änderungen oder Korrekturen berücksichtigt wurden (Bappert—Maunz a. a. O.).

[3a] 3. Eine **letzte Schranke der Zulässigkeit** von Änderungen ergibt sich aus Satz 3, wonach Änderungen nur insoweit zulässig sind, als nicht durch sie ein berechtigtes Interesse des Verl. verletzt wird (Hoffmann § 12 Anm. 3 b; Bappert—Maunz § 12 Rdz. 16). Das Änderungsrecht des Verf. kann also nicht so weit gehen, gegen das aus dem Verlagsvertrag sich ergebende berechtigte Interesse des Verl. an der Vervielfältigung und Verbreitung des Werkes zu verstoßen.

a) Halten sich die Änderungen des Verf. in diesem Rahmen, kann er, wenn inzwischen eingetretene Umstände es rechtfertigen, sogar den Neudruck fertiger Bogen auf Kosten des Verl. als sein Recht verlangen (Voigtländer—Elster § 12 a. a. O.). Die „inzwischen eingetretenen Umstände" müssen aber wirkl. schwerwiegend sein: eine wissenschaftl. Entdeckung, die die Ausführungen des Verf. überholt oder gar als verfehlt erscheinen läßt, eine oberstrichterl. Entscheidung, die eine andere Meinung als der Verf. vertritt, ja diese Auffassung ausdrückl. als rechtsirrig ablehnt, eine tiefgreifende politische oder wirtschaftl. Veränderung, die die Auslassungen des Verf. in einem völlig veränderten Lichte zeigt. In diesen Fällen trägt nach § 12 Abs. 3 letzter Halbsatz der Verl. die Kosten der Änderung.

b) Für alle anderen das übl. Maß überschreitenden Änderungen hat nach der eben genannten Bestimmung der Verf. die Kosten zu tragen. Diese Bestimmung ist auch in Normal- und Formularverträge eingegangen (vgl. Anh. S. 450, 469 usw.). Wegen weiterer Einzelheiten vgl. die Anm. zu § 20.

[4] **II. Bei Sammelwerken** ist nicht der Herausgeber für die Korrekturen der Mitarbeiter verantwortl., sofern er nicht ihnen gegenüber die tatsächl. und rechtl. Macht zur Verhinderung von unnötigen Korrekturen u. dem Verl. gegenüber die Pflicht dazu hat (Voigtländer—Elster § 12 Anm. I 1 a E). Dies dürfte in der Regel der Fall sein.

C. Zulässigkeit von Änderungen durch den Verf. für eine Neuauflage

[5] **I. Vorbemerkungen:** Mit der Beendigung der Drucklegung der ersten Auflage ist das Änderungsrecht des Verf. zunächst erschöpft. Es lebt aber bei Veranstaltung einer Neuauflage in vollem Umfang wieder auf (Hoffmann § 12 Anm. 3). Zur Verwirklichung dieses Rechtsgedankens legt das Gesetz dem Verl. die Verpflichtung auf, dem Verf. (eine in jeder Hinsicht ausreichende) Gelegenheit zu Änderungen zu geben (Bappert—Maunz § 12 Rdz. 9).

[6] **II. Bedeutung:** Die Frage der Zulässigkeit von Änderungen für eine Neuauflage hat nur für ein Schrifttum Bedeutung, das seinem Wesen nach Änderungen unterworfen und daher auch zugängl. ist. Das sind insbes. wissenschaftl. Werke, Fach- und Sachbücher aller Art, überhaupt Werke, deren Inhalt einem gewissen Wandel unterliegt. Überall anders, insbesondere bei der schöngeistigen (belletristischen) Literatur, und den meisten Tonwerken hat die Frage keine Bedeutung. Hier pflegt die Form des Werkes nach erstmaligem Erscheinen für alle Zeiten und Auflagen festzu-

stehen (Hoffmann a. a. O.). Wird sie geändert, ist das keine veränderte Neuauflage, sondern ein ganz neues Werk: Der Urfassung steht die erste, zweite, dritte usw. Neufassung jeweils als selbständiges Werk und damit als erste Auflage gegenüber (ähnlich offenbar Voigtländer—Elster § 12 Anm. II 1).

III. Das Verfahren vor Veranstaltung einer Neuauflage

Da nach § 12 Abs. 1 S. 2 der Verl. vor Veranstaltung einer neuen Auflage dem Verf. Gelegenheit zur Vornahme von Änderungen zu geben hat, ergibt sich für Verf. und Verl. folgendes Verfahren:

[7] 1. Der Verl. hat dem Verf. den **Plan einer neuen Auflage mitzuteilen.** Unterläßt der Verl. diese Mitteilung, ergeben sich 2 Möglichkeiten:

a) Der Verl. hat mit dem Verf. vereinbart, daß er Neuauflagen ohne vorherige Mitteilung an den Verf. herstellen darf. Dann ist er zwar der Mitteilung an den Verf. überhoben. Der Verf. jedoch, der von der Veranstaltung der neuen Auflage erfährt, kann sein Änderungsrecht auch für diese Auflage geltend machen (Voigtländer—Elster a. a. O.). Er kann daher verlangen, daß ihm die Druckbogen zur Vornahme etwaiger Änderungen zugesandt und daß seine Änderungen berücksichtigt werden.

b) Der Verl. hat keine Vereinbarungen mit dem Verf. über sein Verhalten bei Veranstaltung von Neuauflagen getroffen. Veranstaltet er dennoch dem Gesetze oder dem Vertrage zuwider ohne Wissen des Verf. eine neue Auflage, so ist diese eine rechtswidrige Vervielfältigung. Der Verf. kann ihre Vernichtung und Neudruck verlangen oder vom Vertrage zurücktreten (Voigtländer—Elster a. a. O.). Wegen weiterer Einzelheiten siehe § 32 mit den Anm. hierzu.

[8] 2. Der Verf. hat **entschieden, ob er Änderungen vornehmen will oder nicht.** Er ist nämlich zur Vornahme von Änderungen zwar berechtigt, aber nicht verpflichtet (allg. Ansicht; Voigtländer—Elster a. a. O., Hoffmann § 12 Anm. 4; Bappert—Maunz § 12 Rdz. 5).

[9] a) **Der Verf. nimmt Änderungen** vor. Wenn sie, wie in aller Regel schon im Interesse des Absatzes des Werkes, vom Verl. beachtet werden, gilt das oben über die Zulässigkeit von Änderungen während der Drucklegung Ausgeführte (Rdz. 2 ff.) entspr. Beachtet der Verl. die Änderungen nicht, verletzt er nicht nur den Verlags-

vertrag, sondern auch das Urheberrecht des Verf. (Voigtländer—Elster a. a. O. mit Nachw.). Führen auch Unterredungen oder Schriftwechsel zwischen beiden zu keinem Ergebnis, so soll nach einer Meinung (Voigtländer—Elster a. a. O. mit Nachw., Allfeld § 12 Anm. 5 B mit Nachw.) der Verl. das Werk unverändert neu auflegen, oder auf eine Neuauflage überhaupt verzichten können. Letzteres erscheint zutreffend, nicht dagegen das erste. Denn mit der ohne Berücksichtigung der Änderungswünsche des Verf. erstellten Neuauflage verletzt der Verl. das Gesetz u. das Urheberrecht des Verf. Im übrigen liegt hier, wie im Schriftt. (Voigtländer—Elster a. a. O.) zutreffend vermerkt wird, ein Fall der Erschütterung der Vertrauensgrundlage zwischen Verf. und Verl. vor, für den das zu § 1 Rdz. 10 Ausgeführte gilt.

[10] b) **Der Verf. will zwar Änderungen der Neuauflage, will oder kann sie aber nicht selbst vornehmen.** Er ist alt, krank, mit berufl. oder wissenschaftl. Arbeit überlastet. Hier kann er nach § 12 Abs. 2 die Änderungen durch einen Dritten vornehmen lassen. Das gleiche gilt, wenn ihm Alter, Krankheit u. schließl. der Tod überhaupt die Möglichkeit der Entscheidung darüber, ob Änderungen der Neuauflage vorgenommen werden sollen, aus der Hand nehmen. Hier kann der für ihn oder nach ihm seine Rechte Wahrnehmende die Änderung durch Dritte vornehmen lassen. Wegen weiterer Einzelheiten siehe unten Rdz. 12 ff.

[11] c) **Der Verf. weigert sich, Änderungen vorzunehmen.** Hier bleibt dem Verl. nur das Recht auf unveränderten Neudruck, und zwar ohne Bezeichnung als Neuauflage, wenn eine Neubearbeitung angebracht gewesen wäre (wissenschaftl. Werke), jedoch mit Bezeichnung als Neuauflage, wenn es sich um nicht notwendig veränderbare Werke handelt. In Zweifelsfällen empfiehlt sich die Bezeichnung: Unveränderter Neudruck der ... ten Auflage. Dann wird der Verf. auch durch Einsetzung der neuen Jahreszahl nicht beeinträchtigt. Wo der Verl. ein weitergehendes Recht nötig hat, ist er auf die Vertragschließung verwiesen (Voigtländer—Elster § 12 Anm. II 1; Bappert—Maunz §12 Anm. 11). Indes kann in der Weigerung des Verf. Änderungen vorzunehmen, wie sie häufig bei wissenschaftl. Werken, Fach- und Sachbüchern unumgänglich sind, eine Erschütterung der Vertrauensgrundlage zwischen Verf. und Verl. liegen, für die das unter § 1 Rdz. 10 Ausgeführte gilt. Doch tritt auch hier die Frage der Änderung durch Dritte auf.

D. Änderung durch Dritte

[12] I. **Grundsätzl.** ist zur Beauftragung eines Dritten zur Vornahme von Änderungen, ganz gleich ob es sich um die Erst- oder eine Neuauflage handelt, nur der Verf. befugt. Verf. ist hier der ursprüngliche u. der abgeleitete Verf. i. S. des § 1.

[13] II. **Ausnahmen** sollen gelten, wenn

1. der Verl. sich im Verlagsvertrag das Recht ausbedungen hat, Änderungen in der Erst- oder Neuauflage durch einen Dritten vornehmen zu lassen (sog. **Neubearbeitungsklausel**). Gewöhnl. wird dann vereinbart, daß, falls der Verf. zur Vornahme der erforderl. Änderungen nicht imstande oder nicht bereit ist, der Verl. einen geeigneten (Neu-)Bearbeiter bestimmen darf; dabei wird meist weiter vereinbart, daß die Vergütung des Verf. bzw. seiner Erben im Hinblick auf das Honorar, das der (Neu-)Bearbeiter erhält, verkürzt wird und nach einer bestimmten Anzahl weiterer Auflagen oder nach bestimmter Zeit ganz entfällt. Solche Klauseln sind angesichts des Urheberpersönlichkeitsrechts mit Vorsicht auszulegen. Insbesondere fragt sich, ob die Vereinbarung auch insoweit gültig ist, als sie dem Verl. gestattet, unter Umständen schon bei Lebzeiten des Verf. die Bearbeitung ohne dessen Zustimmung einem anderen zu übertragen (Ulmer S. 351 Ziff. III 2). Rechtlich handelt es sich um die Übertragung einer ureigenen Befugnis des Verf. an einen anderen, um einen Eingriff in ein Urheberrecht; praktisch ist das Eingreifen eines Dritten nur mögl. bei Werken, die, zu praktischem Gebrauch bestimmt, stets der neuesten äußeren Sachlage angepaßt werden müssen. Dann aber wird es sich in der Regel um Änderungen handeln, die nicht ideelle oder wissenschaftl.-persönl. Belange des Verf. berühren. Gegen solcherlei Änderungen wird in der Regel nichts einzuwenden sein. Ganz anders aber verhält es sich bei Werken, in denen der Verf. als Persönlichkeit vor der Leserwelt steht. An solchen darf sich kein anderer vergreifen, und wenn ein Verl., auf formales Vertragsrecht gestützt, seinen Willen dennoch durchsetzen wollte und ein Dritter sich ihm zum Helfer hergäbe, so würden beide etwas innerlich Unmögliches wollen und sich selbst mehr schaden als nützen. Denn eine derartige Bearbeitung würde vermutlich von der Leserwelt abgelehnt werden und der Verf. ihr als Opfer eines Unrechts erscheinen (Voigtländer—Elster § 12 Anm. II 3 mit Nachw.). Dennoch hat das Reichsgericht (RGZ 112, 173; 140, 264; zum letzteren Urteil vgl. § 1 Rdz. 16) die Gültigkeit der „Neubearbeitungsklausel“ anerkannt, jedoch darauf hingewiesen, daß die

Frage je nach dem Gegenstand, dem besonderen Sachgebiet und der Gattung des Werkes verschieden zu beurteilen ist. In der Tat läßt sie sich nicht einheitl. beantworten. Bei Kommentaren, bei denen eine Mehrheit von Verf. mitwirkt, oder bei Grundrissen, die nach Richtlinien des Verl. oder des Herausgebers in einer Reihe erscheinen, sind Neubearbeitungsklauseln unbedenklicher als bei anderen Werken. Je stärker die Individualität des Werkes ist, um so mehr macht sich das Urheberpersönlichkeitsrecht des Verf. geltend (Ulmer a. a. O.). Deshalb muß dem Verf. in jedem Falle Gelegenheit zu eigener (Neu-)Bearbeitung gegeben werden. Wird aber, etwa weil der Verf. die (Neu-)Bearbeitung nicht vornehmen kann oder will, ein Dritter verpflichtet, hat bei dieser Verpflichtung der Verl. die persönl. Interessen des Verf. zu wahren, weshalb der Verf. der Bearbeitung durch einen die Eigenart des Werkes gefährdenden Bearbeiter widersprechen kann (Allfeld § 12 Anm. 5; Bappert—Maunz § 12 Rdz. 13), etwa wenn der Bearbeiter ein Gegner der das Werk beherrsch. Auffassung ist. Im übrigen ist in der Vereinbarung über Vertragsnormen bei wissenschaftl. Werken (abgedruckt im Anhang S. 461) vorgesehen, daß in erster Linie der Verf. dazu berufen ist, einen auch dem Verl. genehmen (Neu-)Bearbeiter zu bestimmen. Nur wenn der Verf. innerhalb von drei Monaten seit Aufforderung keine Vorschläge macht, soll das Vorschlagsrecht auf den Verl. übergehen. Ob der Verf. den Vorschlag des Verl. annehmen muß oder ob er die (Neu-) Bearbeitung durch einen Dritten verweigern darf, soll nach Treu und Glauben beurteilt werden. Das gleiche soll für die Frage gelten, ob der Verf. die Veranstaltung einer unveränderten Neuauflage verweigern darf (Ulmer a. a. O.; Löffler I S. 718 Rdz. 85).

[14] 2. der Verl. bei Fehlen entsprechender Vereinbarungen durch die Unterlassung der Änderungen durch den Verf. erhebl. **wirtschaftl. Nachteile** hinnehmen müßte. Diese Ausnahme wird vom Schriftt. (vgl. etwa Voigtländer—Elster a. a. O.) einhellig abgelehnt. Dem Verf. bleibt hier nur die Möglichkeit der Rdz. 11.

§ 13

Der Verleger darf an dem Werke selbst, an dessen Titel und an der Bezeichnung des Urhebers Zusätze, Kürzungen oder sonstige Änderungen nicht vornehmen.

Zulässig sind Änderungen, für die der Verfasser seine Einwilligung nach Treu und Glauben nicht versagen kann.

[1] A. Vorbemerkungen

§ 13 ist durch § 141 Ziff. 4 UrhG aufgehoben worden (a. A. offenbar Löffler I S. 715 Rdz. 70, zweifelhaft derselbe I S. 659 Rdz. 61), weil er fast wörtl. § 39 UrhG entspricht, der Anh. S. 428 abgedruckt ist.

B. Die unzulässigen Änderungen durch den Verleger

[2] **I.** Der Verf. hat das Recht, sein Werk so erscheinen zu sehen, wie er es geschrieben hat, wie er es bezeichnet und wie er es gegenüber der Allgemeinheit vertreten will und kann. Dieser Anspruch ist weniger ein vermögensrechtl. als ein persönlichkeitsrechtl. (vgl. RG: GRUR 1928, 301 u. JW 1928, 654). Der Anspruch bezieht sich in erster Linie auf Inhalt, Fassung, innere Gestalt des Werkes, aber auch teilweise auf Äußerliches, weil u. soweit dieses zu dem Charakter des Werkes gehört. Aus seiner urheberpersönlichkeitsrechtl. Natur ergibt sich, daß er sich nicht auf Kleinliches beziehen soll (Voigtländer—Elster § 13 Anm. 1). Im einzelnen erfaßt das Änderungsverbot

II. das Werk. Geändert darf also **nicht** werden

[3] **1. der Inhalt des Werkes.** Der Verl. kann daher Teile eines Werkes, die ihm unangenehm sind oder unpassend, unschickl., ja aus irgendeinem Grunde gefährl. erscheinen, nicht durch einen Dritten umarbeiten oder gar streichen lassen. Insbesondere ist es ihm selbst gegenüber namentl. gezeichneten Beiträgen zu einer Tageszeitung, denen gegenüber er eine gewisse freiere Stellung hat, auf jeden Fall untersagt, Änderungen der Tendenz des Beitrags vorzunehmen (BGH: GRUR 1954, 80 gegen das bisherige Schriftt., etwa Hoffmann § 13 Anm. 7 mit Nachw.). Unzulässig sind auch Einschaltungen, insbesondere Redaktionsbemerkungen in Aufsätzen von Zeitungen u. Zeitschriften, aber auch sonst, u. zwar selbst dann, wenn erkennbar gemacht ist, daß sie nicht vom Verf. herrühren (Allfeld § 13 Anm. 3 a). Das Änderungsverbot gilt schließl. auch für die dem Werk beigegebenen Illustrationen (Allfeld a. a. O.), die der Verl., etwa weil sie ihm unsittl. dünken, nicht einfach retouchieren lassen darf. Die vom Reichsgericht in dem sog. Sirenen-Urteil (RGZ 79, 397) entwickelten Grundsätze, wonach eine Verletzung des Urheberrechts jedenfalls schon dann vorliegt, wenn die Gefahr besteht,

daß das Werk in der entstellten Form öffentlich zugängl. gemacht u. dadurch Ehre oder Ruf des Urhebers beeinträchtigt wird (vgl. Ulmer S. 271 Ziff. II 1), gelten auch hier;

[4] **2. der Stil des Werkes.** Jede Art von Eingreifen in ihn ist nach ständiger oberstrichtlerl. Rechtspr. (RGZ 119, 401, BGH a. a. O.) schlechthin ausgeschlossen (Löffler a. a. O.);

[5] **3. die Fassung des Werkes.** Hier konnte man früher lesen: „Dieses Problem liegt nicht in der etwaigen Ermöglichung eines nur nach geschäftl. oder Zweckmäßigkeitsgründen sich richtenden Änderungsverlangens Dritter an dem schöpferischen Werk, das heilig sein soll, sondern darin, daß sachl. begründete Gemeinschaftsbelange Berücksichtigung zu finden haben gegenüber einem eng formalistischen Verbietungsrecht eigensinniger oder kurzsichtiger Partner. Die Stellungnahme des RG ist eindeutig zugunsten des Verf. im Sinne eines unbedingten Rechtes, die Fassung seines Werkes ganz allein, ja sogar gegen Rücksichten auf sehr wichtige Belange der Allgemeinheit, des Verl. als des verständigen Betreuers des Buches, des Originalautors im Gegensatz zum Übersetzer, zu erkennen. Vgl. RGZ 102, 142; 119, 401; 125, 174; 151, 50; in JW 3532 und OLG Dresden: ArchUrhG 3, 201. Aber das geht hier und da zu weit, wenn im Sinne eines wahren Treueverhältnisses der Verl. als der Verfechter sachl. berechtigter Belange erscheint und man diese nur in einer Begrenzung auf Äußerlichkeiten (Beseitigung von Druckfehlern) gutheißen will. Bei aller Aufrechterhaltung des Grundsatzes, daß nur der Verfasser über Inhalt und Fassung seines Werkes zu bestimmen hat und daß der Verl. sicherl. nicht aus Gründen kritischer Bemängelung des Werkes Änderungen vornehmen darf, darf doch auch der Risikogedanke des Verl. nicht überspannt und seine Betreuung der Gemeinschaftsfunktion des Werkes in angemessenen Grenzen nicht unbeachtet gelassen werden. Der vertragstreue Verl. ist ja in dieser Hinsicht nicht ein beliebiger „Dritter", er ist ein verantwortl. „Zweiter"; und dies gibt einem in seine Hände nach Treu und Glauben gelegten Mitwirkungsrecht ein anderes Gesicht. Hat er doch mit seinem Betreuungsrecht auch die Betreuungspflicht übernommen. Wer darin nur einen Dienst am Verfasser und nicht auch einen Dienst an dem Werk selbst erblickt, würde auch den Dienst am Verfasser nicht voll erfassen. „Der Verl." ist durchaus nicht nur der gehorsame Vollstrecker des Verfasserwillens, der Fuhrmann (vetturino), wie Schopenhauer einmal gesagt hat; der reine Geschäftsmann, als den man ihn wohl in Gegensatz zu dem einzig und allein aus

Geist bestehenden Schriftsteller oder Künstler bringen will. Verl., die den Namen verdienen, verstehen in der Regel von den Werken, die sie verlegen und von der Umwelt, der diese entwachsen sind, so viel, daß verständige Verf. guten Rat von ihnen nehmen und die Grenzen von Treu und Glauben recht erweitern können. Freilich darf der Verl. nicht eine verlorene Manuskriptseite eigenmächtig ergänzen oder mehrere Einzelwerke in einem Band „vereinigen" (Voigtländer—Elster § 13 Anm. 2 c α). Grundsätzlich ist dem nichts hinzuzufügen;

[6] 4. **der Aufbau des Werkes.** Unzulässig ist hier etwa die Einteilung des nicht unterteilten Werkes in Kapitel, Abschnitte u. dgl. oder umgekehrt, mag auch das eine oder andere der Lesbarkeit des Werkes höchst förderl. sein;

[7] 5. **die innere Form des Werkes.** Nicht gestattet ist hier eine von der Anordnung des Verf. abweichende Einordnung von Illustrationen in den Text oder statt hier hinter dem Text oder umgekehrt, auch die nicht vereinbarte Beigabe unter Illustrationen (Allfeld § 3 Anm. 3 a) oder die Setzung von Anm. unter oder hinter den Text oder umgekehrt, sofern der Verf. nicht zustimmt. Ob eine Abänderung der Interpunktion (Satzzeichen) zulässig ist, dürfte vom Einzelfall abhängen (grundsätzl. bejahend Hoffmann § 13 Anm. 1, grundsätzl. verneinend Allfeld a. a. O.).

III. Der Titel

[8] 1. **Begriff**: Nach dem Schriftt. (Hoffmann § 13 Anm. 2; Ulmer S. 147 Ziff. I) ist der „Titel" die vom Verf. herrührende Bezeichnung des Werkes oder etwas weitergehend die Bezeichnung, unter der das Werk der Öffentlichkeit dargeboten wird. Mit dieser Begriffsbestimmung ist jedoch nicht eben viel anzufangen. Denn sie umschreibt den Umfang des Titels nicht. Insbes. läßt sie nicht erkennen, ob **„Titel"** im verlagsrechtlichen Sinne ist

a) **nur und allein die Überschrift des Werkes.** Das scheint in Hinblick auf § 16 UWG und die dazu ergangene Rechtspr. (vgl. etwa Ulmer a. a. O.) angenommen zu werden. Oder

[9] b) **auch die Angabe des Verf., des Erscheinungsjahres und -ortes und des Verl.**

aa) Die **Angabe des Verf.** gehört, auch wenn das Gesetz Titel und Urheberbezeichnung trennt, zum Titel im verlagsrechtl. Sinne.

Nur so können den gleichen Gegenstand behandelnde Werke mit der gleichen oder fast der gleichen Überschrift voneinander unterschieden werden. Man denke nur, um willkürl. ein Beispiel herauszugreifen, an die den Don Juan u. seinen Gegenspieler, den „Steinernen Gast" behandelnden Werke von Tirso da Molina bis auf den heutigen Tag, die oft allein durch die Beifügung des Namens des Verf. voneinander unterschieden werden können. Nichts anderes gilt bei wissenschaftl. Werken, etwa Kommentaren oder Lehrbüchern oder bei sonstigen Fach- und Sachbüchern, zumal hier gar nicht so selten mit dem Namen des Verf. eine Stil- oder Lehrrichtung verknüpft ist, die der Benützer kennenlernen will oder soll.

Aus der Zugehörigkeit der Angabe des Verf. zum Titel ergibt sich

α) Daß der Verl. vorbehaltl. anderweitiger Vereinbarung (vgl. Gamm § 13 Rdz. 11; § 39 Rdz. 4) die Bezeichnung des Verf. überall da, wo dieser sie vermerkt hat (Titelblatt, Umschlag, Vor- u. Nachwort) unverändert so bringen muß, wie dieser sie gewünscht hat, nämlich überall da, wo durch Verwendung des Namens der Anschein hervorgerufen wird, es liege ein durch den Verfassernamen bezeichnetes Werk vor (Hoffmann § 13 Anm. 3).

β) Der Verl. nicht einmal Zusätze der wissenschaftl. oder künstler. Qualität des Verf., seines Wohnortes bringen oder den Vornamen ausschreiben darf (a. A. Allfeld § 13 Anm. 5 c). Gerade bei dieser höchst persönl. Bezeichnung ist die strikte Befolgung des Willens des Verf. notwendig. Insbesondere ist der Verl. verpflichtet, falls das Werk nach dem Verlagsvertrag anonym oder unter einem Pseudonym erscheinen soll, den Namen des Verf. nicht zu nennen (Hoffmann a. a. O.), wie ihm umgekehrt die Unterdrückung des Namens des Verf. untersagt ist, wenn der Verf. genannt sein will (Allfeld a. a. O.).

[10] bb) Zum „Titel" gehören auch **Angaben des Erscheinungsjahres und -ortes.** Bezügl. des Erscheinens sei auf § 3 Rdz. 3 verwiesen, wo hierüber Einschlägiges ausgeführt ist. Der Erscheinungsort kann insbes. bei rechtswissenschaftl. Werken eine erhebl. Rolle spielen, weil er Schlüsse darauf zuläßt, aus welchem Rechtskreis heraus der Gegenstand des Werkes behandelt werden soll.

[11] cc) Die **Angabe des Verl.** ist für den Verf. von erhebl. Bedeutung. Wenn sein Werk in das Verlagsprogramm eines angesehenen Verlages aufgenommen wird, ist das eine Auszeichnung u. zumeist auch eine mittelbare Werbung für ihn, auf die er mit Recht Anspruch erheben kann (a. A. Hoffmann § 13 Anm. 4).

[12] 2. **Bedeutung:** Die Wahl des Titels kann für Einführung u. Erfolg des Werkes bedeutsam sein. Auch ist es für den Verf. um der Geltung des Werkes willen von Wichtigkeit, daß dieses, wo immer es in der Öffentlichkeit wiedergegeben wird, unter dem gleichen Titel erscheint. Aus der Herrschaft des Verf. über sein Werk fließt daher auch seine Befugnis, den Titel des Werkes zu bestimmen. Durch seine Bestimmung wird der Titel mit dem Werk verbunden, und der Verf. hat ein Recht auf die Achtung dieser Verbindung (Ulmer S. 147 Ziff. II). Dieses Recht ist der im Schriftt. (Ulmer a. a. O. III, Löffler I S. 659 Rdz. 61) sog. **„innere Titelschutz".** Bei sog. schöngeistigen Werken bestimmt daher der Normalvertrag (Anh. S. 484) **gemeinsames** Einvernehmen von Verf. und Verl. über den endgültigen Titel des Werkes.

[13] 3. **Änderung des Titels:** Den eben entwickelten Rechtsgedanken vom „inneren Titelschutz" darf der Verl. nicht dadurch zuwiderhandeln, daß er den Titel ändert. Unter Änderungen muß man wohl mit dem früheren § 13 „Zusätze, Kürzungen und sonstige Änderungen" verstehen. Solche Zusätze, Kürzungen u. sonstige Änderungen werden nicht selten von allzu geschäftstüchtigen Verl. zur Erhöhung der Zugkraft u. Werbewirksamkeit gegenüber einem geistig unbedarften Leserkreis vorgenommen. Was hier geboten wird, steht kaum der Filmreklame nach, deren wortgewaltige Werbeaufwendungen zumeist im umgekehrten Verhältnis zum Wert der angepriesenen Filme steht. Daß derartiges jedenfalls auf dem Gebiet des Verlagsrechts ohne Einvernehmen mit dem Verf. nicht zulässig ist, sollte weiterer Ausführungen nicht bedürfen.

[14] C. Die zulässige Änderung hat

die Einwilligung des Verf.

oder Umstände zur Voraussetzung, auf Grund deren er die Einwilligung nach Treu und Glauben nicht versagen kann (vgl. Gamm § 39 Rdz. 5). Ist die Einwilligung ausdrückl. erteilt, so liegt der Fall einfach, sofern der Sinn und Inhalt der Einwilligung nicht überschritten oder mißbraucht wird.

Die **Form der Einwilligung** des Verf. richtet sich nach allg. Grundsätzen (vertragl., briefl., mündl.; letztw. Verfügung). Bei Schriftwerken wird in der Regel die Druckerlaubnis auf den Korrekturbogen die Genehmigung des Verf. bedeuten, unter Umständen freilich nur dann, wenn man sicher sein darf, daß er bewußt von der Änderung Kenntnis genommen hat. Heiml. Maßnahmen können so nicht genehmigt erscheinen. Zu Änderungen, die der Verf. nicht selbst gestattet hat, muß nach seinem Tode die Einwilligung des Erben nachgesucht werden.

[15] Die Einwilligung braucht **nicht ausdrücklich** erteilt zu sein (vgl. Gamm a. a. O. Rdz. 6). Beruht das Rechtsverhältnis zwischen den Beteiligten auf einem Vertrag, so kommt für die Frage, ob der Verf. mit einer Änderung einverstanden ist, zunächst der Inhalt des Vertrages in Betracht. Denn dies ist ein Teil des Umstandes „Treu und Glauben". Eine solche Einwilligung nach Treu und Glauben läßt sich, wie die Begr. zum früheren Gesetz mit Recht ausgeführt hat, ohne weiteres unterstellen, „wenn durch den Zweck, für den er das Urheberrecht übertragen hat, namentl. durch die Umstände, unter denen die Vervielfältigung u. Verbreitung oder die Aufführung des Werkes erfolgen soll, die Abänderung geboten erscheint. Der bezeichnete Gesichtspunkt kommt vor allem zur Geltung, wenn es sich darum handelt, inwieweit Artikel, die einer Zeitung zum Abdruck eingesandt sind, Zeichnungen, die der Angestellte eines gewerbl. Betriebes herstellt, Bühnenwerke, die unter bes. örtl. oder sonstigen Verhältnissen aufgeführt werden, abgeändert werden dürfen." Diese Gedanken sind vom RG und in anderen Entscheidungen nicht immer hinlängl. berücksichtigt worden, so daß es zu einer zu einseitigen Einstellung zugunsten formalistisch aufgefaßter Unantastbarkeit des Textes kam (Voigtländer—Elster § 13 Anm. 2; weitere Einzelheiten Allfeld § 13 Anm. 7 u. Gamm a. a. O. Rdz. 5 ff.).

§ 14

Der Verleger ist verpflichtet, das Werk in der zweckentsprechenden und üblichen Weise zu vervielfältigen und zu verbreiten. Die Form und Ausstattung der Abzüge wird unter Beobachtung der im

Verlagshandel herrschenden Übung sowie mit Rücksicht auf Zweck und Inhalt des Werkes von dem Verleger bestimmt.

[1] A. Vorbemerkung

In dieser Bestimmung wird die Verpflichtung des Verl., das Werk des Verf. zu vervielfältigen u. zu verbreiten, näher geregelt. Die Vervielfältigung [2] und die Verbreitung [6] müssen in der zweckentsprechenden und übl. Weise erfolgen.

B. Die zweckentsprechende und übl. Vervielfältigung

[2] **I. Im allg.:** Was unter „zweckentsprechender u. übl. Vervielfältigung" zu verstehen ist, sagt das Gesetz nicht (vgl. Allfeld § 14 Anm. 2). Treu u. Glauben mit Rücksicht auf die Verkehrssitte bestimmen daher bei den einzelnen Vertragswerken die Art der Vervielfältigung (Hoffmann § 14 Anm. 1 a). Die Verkehrssitte, insbesondere die im Buchhandel gebräuchl. Formen geben daher an, was mit zweckentsprechender und übl. Vervielfältigung gemeint ist (Bappert—Maunz § 14 Rdz. 2, 3).

[3] II. Das gleiche, aber auch die Berücksichtigung von Zweck u. Inhalt des Werkes gilt für **Form u. Ausstattung** der Abzüge.

1. Außer Zweifel ist, daß die **Wahl des Papiers, des Formats, des Druckes** (Wahl der Typen, Initialen, Schmutzblätter, Beginn neuer Kapitel auf neuer Seite, Loseblattform; vgl. auch RG: MuW 23, 195) und der zur **Ausschmückung der einzelnen Blätter** vielfach übl. Leisten dem Verl. zusteht, ja von ihm als Leistung gefordert wird, u. daß dieser auch die Ausstattung des Titelblatts, Einbands u. Umschlags unter Einhaltung der oben angegebenen Grenzen zu bestimmen hat (Voigtländer—Elster § 14 Anm. I 2; Allfeld § 14 Anm. 3; Hoffmann § 14 Anm. 2). Zur Ausstattung gehört auch die Beilage von Werbeprospekten oder der Abdruck von Inseraten für Verlagswerke auf dem Schutzumschlag u. den letzten Seiten des Werkes als Anhang, nur auf Grund besonderer Vereinbarung dagegen im Text (auf den Einzelfall abstellend Bappert—Maunz § 14 Rdz. 6).

[4] 2. **Nicht zur Ausstattung gehören** Illustrationen im Text oder Anhang. Ihre Hinzufügung oder Weglassung ohne den Willen des

Verf. ist unzulässig, weil durch die Illustrationen nicht die äußere Erscheinungsform, sondern der Inhalt des Werkes betroffen wird (Bappert—Maunz § 14 Rdz. 5). Dasselbe gilt auch von Plänen, Rissen, Zeichnungen und dergl. (RG Warn Rspr. 1921 Nr. 73; MuW 1921, 173).

[5] 3. **Nicht zur Ausstattung gehört** endl. die Angabe der Verlagsfirma, die nach allgemeiner Auffassung auf jeden Abzug gehört. Der Verf. kann daher verlangen, daß der Verl., dem er sein Vertrauen geschenkt hat, genannt werde (Allfeld § 14 Anm. 3 a E).

[6] E. Die zweckentsprechende und übliche Verbreitung

Zur zweckentsprechenden und übl. Verbreitung zählen die Verbreitung im eigentl. Sinne (Rdz. 7 ff.) und die sie vorbereitenden und begleitenden Maßnahmen, deren wichtigste die Werbung ist (Rdz. 10 ff.).

I. Die zweckentsprechende und übl. Verbreitung im eigentl. Sinne

[7] 1. Die **„Verbreitung"** (hierüber im einzelnen § 1 Rdz. 99 ff.) ist die Verbreitung von Vervielfältigungsstücken, durch die dann mittelbar eine Verbreitung des Geisteswerkes erfolgt (Voigtländer—Elster § 14 Anm. II 1). Zweckentspr. u. übl. erfolgt diese Verbreitung in den Formen des Buchhandels durch den sog. Sortimenter (Hoffmann § 14 Anm. 1 b), aber auch durch den sog. Kolportage- u. Reisebuchhandel (insbes. bei Lieferungswerken: Allfeld § 14 Anm. 2) oder durch Warenhäuser, was nicht grundsätzl. zweckwidrig ist, aber gerade für streng wissenschaftl. Werke nicht als übl. angesehen wird (Allfeld a. a. O.; Bappert—Maunz § 14 Rdz. 12). Wohl aber ist zweckentspr. u. übl. Verbreitung die durch sog. Leihbüchereien. Diese Art der Verbreitung muß „der Macht der Tatsachen folgend" heute als eine der zweckentsprechenden und übl. Arten der Verbreitung angesehen werden (Voigtländer—Elster § 14 Anm. II 1). Das gleiche gilt für die sog. Lesezirkel.

2. Keine zweckentsprechende und übl. Verbreitung dagegen sind **Verramschung und Makulierung.**

[8] a) Bei der **„Verramschung"**, dem Verkauf der noch nicht abgesetzten Stücke an einen Resthändler zu herabgesetztem Preis, fehlt

es an der Gewißheit, daß der Resthändler für den weiteren Vertrieb sorgt, da er im Zweifel hierzu nicht verpflichtet ist (Allfeld § 14 Anm. 2; Hoffmann § 14 Anm. 1 b). Ein Großteil der sog. Buchgemeinschaften lebt von der Verramschung ehem. Bestseller.

[9] b) Die **„Makulierung“**, der Verkauf der noch nicht abgesetzten Stücke des Werkes als bedrucktes Papier, ist das Ende der Verbreitung (Bappert—Maunz § 14 Rdz. 16) und nur dann zulässig, wenn die Auflage unverkäufl. ist, gleichgültig, ob der Verf. am Absatz oder Gewinn beteiligt ist (LG Leipzig RGU 1909, 213; Hoffmann a. a. O.); wegen weiterer Einzelheiten vgl. § 21 Rdz. 22.

[10]

II. Die Verbreitung vorbereitende und begleitende Maßnahmen

(Zum ganzen vgl. auch Bappert—Maunz § 14 Rdz. 10, jedoch überholt — Kino-Werbung!)

1. Die vorbereitenden Maßnahmen lassen sich in solche einteilen, bei denen

[11] a) **mittels der Maßnahmen für das Werk** geworben wird. Sie sind entweder direkte Werbemaßnahmen, Prospekte, Werbedrucksachen, Werbegutachten, Rundschreiben, Voranzeigen in den einzelnen Fachzeitschriften oder örtlichen Tageszeitungen, insbesondere deren Literaturbeilagen oder indirekte Werbemaßnahmen (Ankündigung im Börsenblatt, Rundschreiben und Einzelbriefe an die Buchhändler, Plakate, Autorenbilder, Schaufenstermaterial für die Buchhändler);

[12] b) **durch das Werk** für das Werk geworben wird. Es sind hauptsächlich die Vorabdrucke des Werkes oder eines Auszuges oder Ausschnittes in hierfür geeigneten Blättern, etwa Tageszeitungen und Illustrierten, aber auch Fachzeitschriften. Über das hierfür an den Verf. zu zahlende Honorar siehe § 22 mit den Anm. hierzu.

[13] 2. Als begleitende Maßnahmen kommen (vielfach daneben) **Besprechungen des Werkes** in den Massenmedien in Betracht.

a) Das Besprechungswesen hatte u. hat viel Unerfreuliches. Nicht ganz ohne Grund hat sich daher eine vergangene Zeit in der gemeinsamen Anordnung der Präsidenten der Reichsschrifttumskammer und der Reichspressekammer zur Neugestaltung des Buchbesprechungswesens im Bereich der deutschen Presse vom 5. 6. 1935 seiner angenommen. Die ernsten Ausführungen, die daran angeknüpft wurden, gelten unverändert auch heute: „Die nicht geringe Arbeit einer verantwortungsvollen Besprechung hat dem Verf. gerecht zu werden und zugleich der Allgemeinheit zu dienen; dies ist verhältnismäßig leicht, wenn die Leistung des Verf. den Bedürfnissen und Bestrebungen der Allgemeinheit entspricht; wo nicht, so hat der Kritiker mit Wahrhaftigkeit und Verantwortung festzustellen und auszusprechen, worin das Versagen liegt, aber wohl immer ein angemessenes Maß von Ehrfurcht vor dem ernsten Schaffen zu gewährleisten. Es ist mit dieser Regelung überdies bestätigt worden, daß es falsch ist, wenn das zur Besprechung gegebene Exemplar eines Werkes — mag es erbeten worden sein oder nicht — als eine Art Freiwild statt einer Art Freistück betrachtet und behandelt wird. Verlegerischerseits wird es zwar in der Regel über die reguläre Auflage gedruckt, aber es ist doch trotzdem nicht wertlos. Denn nur eine bestimmte Anzahl von Freistücken steht auf diese Weise zur Verfügung, und zwar jeweils soviel, wie es vermutl. Stellen gibt, an denen eine Besprechung in Betracht kommt. Die Hingabe eines Besprechungsstückes ist also eine Zweckhingabe, kein Geschenk: es ist die Hingabe eines Substrats für die Ermöglichung einer Pflichterfüllung dessen, der berufen ist, in öffentl. Organen Stellung zu den Erscheinungen des Schrifttums zu nehmen. Ist das Verlangen im Einzelfall unbillig oder kommt aus zureichenden Gründen eine Besprechung nicht in Betracht, so muß dieses Substrat, sofern es sich nicht um unwesentl. Kleinigkeiten handelt, zurückgegeben werden, da die Zweckhingabe nicht erfüllt werden kann“ (Voigtländer—Elster § 14 Anm. II 3 a). Das Massenangebot an zu besprechenden Werken u. der immer geringer werdende Raum, den die Massenmedien ihnen widmen (u. mangels Interesses einer breiteren Öffentlichkeit widmen können u. wollen), zwingt sie zu einer Auslese der zu besprechenden Werke, die gar nicht so selten zum Mißbrauch solcher Macht zugunsten gewisser Verl. oder Verf. ausartet.

[14] b) Die Gesamtzahl der sog. Besprechungsexemplare hat ihre deutl. Grenzen in der vertragl. oder gesetzl. bestimmten Zahl der vergütungsfreien Abzüge (vgl. dazu § 6 mit den Anm. hierzu). Das nötigt nicht selten zur Überschreitung dieser Zahl oder zur Verringerung der Freiexemplare für den Verf., der einige von ihnen für Besprechungen zur Verfügung stellen muß. Gerade dieser Umstand sollte die Massenmedien zu ganz bes. Sorgfalt u. Gerechtigkeit in ihrem Besprechungswesen veranlassen.

§ 15

Der Verleger hat mit der Vervielfältigung zu beginnen, sobald ihm das vollständige Werk zugegangen ist. Erscheint das Werk in Abteilungen, so ist mit der Vervielfältigung zu beginnen, sobald der Verfasser eine Abteilung abgeliefert hat, die nach ordnungsmäßiger Folge zur Herausgabe bestimmt ist.

[1] A. Vorbemerkung

Die in dieser Bestimmung festgesetzte Verpflichtung des Verl. zu „fristgemäßer" Vervielfältigung entspricht der in § 11 geregelten Verpflichtung des Verf. zu fristgemäßer Ablieferung des Werkes.

[2] B. Der fristgemäßen Vervielfältigung

bei nicht in Abteilungen gelieferten Werken im Sinne des Satzes 1 genügt der Verl., wenn er mit der Vervielfältigung beginnt, sobald ihm das vollständige Werk zugegangen ist. Daraus ergeben sich eine passive und eine aktive Voraussetzung für die fristgemäße Vervielfältigung.

[3] I. Als **passive Voraussetzung** für die fristgemäße Vervielfältigungspflicht des Verl. nennt das Gesetz den **Zugang des vollständigen Werkes.**

[4] 1. Der **Begriff des „Zugehens"** ist hier so wenig wie im BGB bestimmt. Von den daher entwickelten Meinungen (vgl. die Zusammenstellung bei Staudinger—Coing § 130 Rdz. 3) darf der vom Reichsgericht (seit RGZ 50, 194; 58, 406; jetzt auch BGH: NJW 1965, 966) ständig u. von einem Teil des Schriftt. (etwa Palandt—Danckelmann § 130 Anm. 2 a u. a.) vertretenen Auffassung gefolgt werden, die darauf abstellt, daß der Empfänger die tatsächl. Verfügungsmacht über den zugestellten Gegenstand erworben habe u. für ihn die Möglichkeit geschaffen sein müsse, von dem Gegenstand Kenntnis zu nehmen (wegen weiterer Einzelheiten vgl. das eben angegebene Schriftt.). Entscheidend ist also, daß der Verl. die tatsächl. Verfügungsmacht über das Werk erlangt hat, nicht, daß er sie erlangen konnte oder hätte erlangen können. Jedoch verstieße die Berufung auf selbst verschuldete Verspätung des Zugangs gegen Treu u. Glauben u. wäre eine nach § 242 BGB unzul. Rechtsausübung

(Palandt—Danckelmann a. a. O. Anm. 2 b; ähnl. Staudinger—Coing a. a. O. Rdz. 22).

[5] 2. Die **„Vollständigkeit"** des Werkes (vgl. § 10 Rdz. 3) i. S. des § 15 entspricht der „Vollendung" i. S. des § 11. Vgl. daher dazu § 11 Rdz. 2. Aus freien Stücken, behufs Beschleunigung der Herstellung u. des Erscheinens, läßt der Verl. häufig mit der Drucklegung schon beginnen, ehe die Handschrift ganz fertig vorliegt. Ein Gewohnheitsrecht oder ein Anspruch des Verf. ist daraus nicht herzuleiten; denn das Wagnis des Verl. wird dadurch sehr groß, einmal wegen der Unsicherheit des Ob u. Wann der Fertigstellung des restl. Manuskripts u. zweitens wegen der dadurch verursachten Unsicherheit über den Gesamtumfang. Wann eine Druckvorlage als wirkl. „vollständig" anzusehen ist, wird oft auch dem Verf. selbst nicht ganz eindeutig sein. (Man denke an das Sachregister, das meist erst nach vollendetem Umbruch der Druckbogen hergestellt werden kann, an einen „Lesartenanhang" [JW 1927, 92] u. dgl.; Voigtländer—Elster § 15 Anm. 1). Dagegen wird man ein Vorwort des Verf. zum Textteil des Manuskripts rechnen müssen, ebenso ein Abkürzungs- u. Schrifttumsverzeichnis, da der Verf. diese herstellen kann, ohne dazu der Umbruchskorrektur zu bedürfen (streitig, wie hier Bappert—Maunz § 15 Rdz. 2, a. A. Allfeld § 15 Anm. 2).

[6] II. **Aktive Voraussetzung** des Beginns der Vervielfältigung ist der **Anfang der Vorbereitungen** hierfür, etwa die Herstellung der Druckvorrichtungen, des Satzes der Druckstöcke, Klischees usw. (Voigtländer—Elster a. a. O., ihm folgend Bappert—Maunz § 15 Rdz. 9).

[7] III. Den **Zeitpunkt für den Eintritt** der aktiven Voraussetzung des Beginns der Vervielfältigung hat das Gesetz mit dem Wort „sobald" umrissen. Dieses Wort bedeutet, wie schon im Gesetzgebungsverfahren durch die Heranziehung des § 271 BGB bemerkt wurde (Voigtländer—Elster a. a. O.; Bappert—Maunz a. a. O.), das gleiche wie „sofort", so daß die Anm. hierüber zu § 11 zu vergleichen sind. Dieses „sofort" stellt aber keine Einschränkung der Verpflichtung des Verl. in dem Sinne dar, daß er mit der Vervielfältigung zwar sofort beginnen, es ihm aber überlassen bleiben müsse, wann er mit der Vervielfältigung fortfahre u. sie abschließe. Hierüber enthält das Gesetz keine Bestimmung. Aus der wirtschaftl. Funktion des Verlagsgeschäftes und aus der Entstehungsgeschichte der Bestimmung soll jedoch zu schließen sein, daß der Verl. die gemäß § 15

begonnene Vervielfältigung des Werkes unverzügl. weiter zu fördern u. zu Ende zu führen habe (Bappert—Maunz a. a. O.). Das scheint nicht ganz zutreffend. Der Verl. hat die Vervielfältigung des Werkes nicht „unverzüglich" weiter zu fördern u. abzuschließen, sondern nach dem zutreffend angezogenen § 271 BGB „sofort". Die Förderung u. der Abschluß der Vervielfältigung müssen sich also unmittelbar an den Beginn anschließen. Freilich bedeutet dies nicht, daß der Verl. die ihm eingeräumte Zahl von Abzügen auf einmal, d. h. in einem fortlaufenden Druckgang herstellen lassen müßte. Doch darf der Verl. nicht ein bereits im Druck befindl. Werk zugunsten der sofortigen Drucklegung eines anderen Werkes zurückstellen, es sei denn, daß er etwa durch behördl. Anordnung u. ä. dazu gezwungen (Bappert—Maunz a. a. O.) oder der Verf. damit einverstanden wäre.

C. Abteilungs- und Sammelwerke

[8] I. Der fristgemäßen Vervielfältigung **eines in Abteilungen erscheinenden Werkes** genügt der Verl., wenn er mit der Vervielfältigung beginnt, sobald der Verf. eine Abteilung abgeliefert hat, die nach ordnungsmäßiger Folge zur Herausgabe bestimmt ist. Die Bedeutung liegt hier auf den Worten „nach ordnungsmäßiger Folge". Der Verl. braucht also vorbehaltl. anderer Abmachungen nicht die vom Verf. zunächst abgelieferte dritte Abteilung zu vervielfältigen beginnen, wenn die beiden ersten Abteilungen noch ausstehen. Er kann aber umgekehrt den Beginn der Vervielfältigung der ersten Abteilung nicht mit der Begründung verweigern, daß die folgenden Abteilungen vom Verf. noch nicht einmal in Angriff genommen worden seien (Allfeld § 15 Anm. 3; Hoffmann § 15 Anm. 1; Ulmer S. 341 Ziff. I 1). Im übrigen gilt das unter Rdz. 2 ff. Ausgeführte entsprechend.

[9] II. Die Bestimmungen des § 15 S. 2 gelten auch dann, wenn das vereinbarungsgemäß in Abteilungen erscheinende Werk ein aus getrennten Beiträgen mehrerer Verf. zusammengesetzes **Sammelwerk** (zum Begriff vgl. § 4 Rdz. 2) ist. Sollen die Beiträge der einzelnen Mitarbeiter in gesonderten Abteilungen (Bänden, Heften) erscheinen, so pflegt meist durch Vereinbarung mit dem Herausgeber oder den Beiträgern von dem Erfordernis der streng sachl. Reihenfolge abgesehen zu werden. Insbes. werden bei mehrbändigen wissenschaftl. Handbüchern (etwa Großkommentaren) die einzelnen Bände jeweils sofort nach Ablieferung des Manuskripts veröffent-

licht, ohne Rücksicht darauf, ob der einzelne Band innerhalb des Gesamtplans an früherer oder späterer Stelle steht. Soll umgekehrt das Sammelwerk als Einzelband erscheinen, so kann der Verl. nach der Regel mit dem Beginn der Vervielfältigung warten, bis ihm das vollständige Werk, d. h. die Beiträge sämtl. Beiträger zugegangen sind (Bappert—Maunz § 15 Rdz. 5).

D. Zuwiderhandlungen gegen § 15

[10] I. Die Zuwiderhandlungen sind im allg. nur **Verlagsvertragsverletzungen.** Sie haben ihren Grund darin, daß der Verl. nicht sofort nach Ablieferung des Werkes mit den Vervielfältigungsmaßnahmen beginnt. Über die sich hierüber ergebenden Rechte des Verfassers vgl. §§ 30, 32 und die Anm. hierzu, insbes. § 32 Rdz. 4. Für die Berechnung des sich danach ergebenden Schadens ist wesentl., daß das Werk bei gehöriger Vertragserfüllung hätte erscheinen müssen und der Verf. infolge Nichterscheinens an der Herausgabe anderer Werke gehindert worden ist (RG: JW 1923, 599).

[11] II. Die Zuwiderhandlungen gegen den Verlagsvertrag werden zu **Urheberrechtsverletzungen,** wenn der Verl. eine Vervielfältigung oder Verbreitung zu einer Zeit vornimmt, da die Veröffentlichung des Werkes nicht mehr dem Willen des Verf. entspricht oder einer Vereinbarung zuwiderläuft. Denn es fehlt jetzt die Voraussetzung für eine befugte Veröffentlichung (Allfeld § 15 Anm. 4; a. A. Bappert—Maunz § 15 Rdz. 13, wo Urheberrechtsverletzung nur bei unverhältnismäßig langer Verzögerung der Vervielfältigung und deswegen erfolgter Untersagung durch den Verf. angenommen wird).

§ 16

Der Verleger ist verpflichtet, diejenige Zahl von Abzügen herzustellen, welche er nach dem Vertrag oder gemäß dem § 5 herzustellen berechtigt ist. Er hat rechtzeitig dafür zu sorgen, daß der Bestand nicht vergriffen wird.

[1] A. Vorbemerkung

Die Bestimmung regelt als Gegenstück zu dem den Umfang des Vervielfältigungsrechtes bestimmenden § 5 den Umfang der Vervielfältigungspflicht. Der Verl. ist danach nicht nur zur Vervielfältigung schlechthin, sondern zur „ausreichenden“ Vervielfältigung verpflichtet.

B. Der Umfang der Vervielfältigungs- und Verbreitungspflicht

Die Bestimmung über den Umfang der Vervielfältigungspflicht hat eine bejahende (Rdz. 2 ff.) u. eine verneinende (Rdz. 5) Seite.

[2] I. Bejahend läßt die Bestimmung als für den Umfang der Vervielfältigungspflicht maßgebend den **Umfang des Vervielfältigungsrechtes** gelten, also Gesetz oder Verlagsvertrag. Der Verl. darf also so viel vervielfältigen, als ihm Gesetz (§ 5 Abs. 2) oder Vertrag erlauben. Er muß es auch. Diese Verpflichtung des Verlegers erfährt jedoch gewisse **Abwandlungen,** und zwar hinsichtlich

[3] 1. der **Anzahl der herzustellenden Abzüge.**

a) In die Anzahl dieser Abzüge werden gem. § 6 Frei- und Zuschußexemplare nicht eingerechnet. Der Verl. muß also so viele Abzüge herstellen, daß die durch Gesetz oder Verlagsvertrag bestimmte Höhe der Auflage zuzüglich der Frei- u. Zuschußexemplare erreicht wird.

b) Es kann jedoch vertraglich etwas anderes bestimmt, insbes. vereinbart werden, daß der Verl. zwar eine Mindestzahl von Abzügen herstellen muß, ihre Überschreitung aber seinem Ermessen überlassen bleibt, er also eine Höchstzahl herstellen kann (Allfeld § 16 Anm. 2, Bappert—Mauny § 16 Rdz. 4).

[4] 2. der **jeweiligen Auflage.** Denn vorbehaltl. anderer Vereinbarungen gilt der Umfang der Vervielfältigungspflicht für jede Auflage, die der Verl. herstellt (Bappert—Maunz § 16 Rdz. 3).

[5] II. Die verneinende Seite besteht darin, daß aus § 16 nicht geschlossen werden darf, daß der Verl. verpflichtet ist, die Abzüge, die er nach § 16 herstellen muß, auch **gleichzeitig** herzustellen (vgl. § 15 Rdz. 7). Jedoch wird vom Schriftt. (Bappert—Maunz § 5 Rdz. 12) mit Recht gefordert, daß bei abschnitts- u. bedarfsweiser Herstellung der Auflage die zu dieser Auflage zusammengefaßten Abzüge unter sich gleichwertig sein müssen u. spätere Abzüge den früheren nicht an Güte nachstehen dürfen.

[6] III. Ob sich aus dem **Umfang der** Vervielfältigungspflicht des Verl. auch eine **Verbreitungspflicht** im gleichen Umfang ergibt, ist umstritten, jedoch von der herrsch. Meinung (Allfeld § 16 Anm. 2, Runge S. 492, Bappert—Maunz § 16 Rdz. 6) bejaht (a. A. Hoffmann § 16 Anm. 1).

C. Die Auffüllungspflicht des Satz 2

[7] **I. Wesen:** Aus dem Recht des Verl., eine Auflage nicht auf einmal, sondern nach und nach je nach Bedarf herzustellen (oben Rdz. 5), ergibt sich eine Verpflichtung, dafür zu sorgen, daß solche Herstellung so rechtzeitig geschieht, daß im Vertrieb des Werkes keine, und zwar auch keine bloß vorübergehende Stockung eintreten kann (Allfeld § 16 Anm. 3, Bappert—Maunz § 16 Rdz. 8).

II. Ende: Es gibt 3 Möglichkeiten des Endes der Auffüllungspflicht.

[8] **1. Das „Vergriffen"sein der Auflage** (vgl. dazu auch § 7 Rdz. 7, § 29 Rdz. 7, 8): Wenn die Nachfrage nach dem Werk weder durch die vorhandenen Lagerstücke noch durch die bei den Sortimentern liegenden von ihnen nicht fest übernommenen Stücke befriedigt werden kann, ist der Bestand des Werkes im Sinne des § 16 „vergriffen" (Allfeld § 16 Anm. 3, Bappert—Maunz a. a. O.). Die jeweilige Auflage des Werkes ist damit erschöpft und Verl. und Verf. müssen sich darüber schlüssig werden, ob eine neue Auflage erfolgen soll oder nicht. Wegen weiterer Einzelheiten vgl. die Anmerkungen zu § 17.

[9] **2. Der Stillstand der Nachfrage.** Die Auffüllungspflicht endet, wenn trotz nachhaltiger, auf Absatzhebung gerichteter Bestrebungen des Verl. die Nachfrage nach dem Verlagswerk längere Zeit hindurch völlig zum Stillstand gekommen ist. Besteht keine Nachfrage mehr, so kann der Verl., wenn er die Vollzahl der ihm eingeräumten Abzüge noch nicht hergestellt hat, nicht dazu gezwungen werden, neue Stücke herzustellen oder verkaufsfertig zu machen, von deren Unabsetzbarkeit er überzeugt sein muß, u. die er dann der Verramschung oder der Makulierung zuführen müßte (herrsch. Meinung, Voigtländer—Elster § 16 Anm. 1, Allfeld a. a. O., Bappert—Maunz a. a. O.).

[10] **3. Absatzschwierigkeiten** für in Abteilungen oder Lieferungen erscheinende Werke. Begegnen schon die ersten Teile eines solchen Werkes offensichtl. u. nachhaltigen Schwierigkeiten im Absatz, ist der Verl. nicht verpflichtet, die folgenden Lieferungen aufzufüllen (Voigtländer—Elster a. a. O., Bappert—Maunz a. a. O.).

[11] D. Eine Anzeigepflicht des Verlegers von der bevorstehenden Erschöpfung der Lagerbestände?

Entgegen einer Auffassung, die eine Anzeigepflicht des Verl. von der bevorstehenden Erschöpfung der Lagerbestände entweder überhaupt (Allfeld § 16 Anm. 5) oder unter gewissen Voraussetzungen (Bappert—Maunz § 16 Rdz. 9) für gegeben hält, ist eine solche abzulehnen. Zutreffend wird darauf hingewiesen, daß der Verl., da er nur verpflichtet ist, das Vergriffensein der ihm eingeräumten Auflagenhöhe zu verhindern, nicht (u. zwar auch nicht aus dem verlagsvertragl. Treuegedanken heraus) die Pflicht haben kann, schon in diesem Zeitpunkt von sich aus Schritte zur Veranstaltung weiterer Auflagen zu unternehmen (Hoffmann § 16 Anm. 1). Darüber hinaus spricht das Gesetz selbst gegen eine solche Anzeigepflicht. Wenn es dort, wo es sie für nötig hält, sie festsetzt (§ 7 mit den Anm. hierzu), hält es sie dort, wo sie es nicht festsetzt, auch nicht für nötig.

[12] E. Verletzungen des § 16

I. Sie sind **Verstöße gegen die Verlagsvertragspflicht** (Bappert—Maunz § 16 Rdz. 10). Wegen der hierwegen entstehenden Ansprüche vgl. § 32 mit den Anmerkungen hierzu.

II. Sie sind aber auch **Verstöße gegen das Urheberrecht** (a. A. Hoffmann § 16 Anm. 3, Allfeld § 16 Anm. 5). Denn wenn der Verl. seiner Auffüllungspflicht nicht genügt, übt er sein Verlagsrecht nur unzureichend aus u. verletzt dadurch jedenfalls bei Anteils- und Absatzhonorar die berechtigten Interessen des Verf. in erhebl. Maße. Wegen der hierwegen auf Grund § 41 UrhG entstehenden Ansprüche vgl. die Anm. zu § 17.

§ 17

Ein Verleger, der das Recht hat, eine neue Auflage zu veranstalten, ist nicht verpflichtet, von diesem Recht Gebrauch zu machen. Zur Ausübung des Rechtes kann ihm der Verfasser eine angemessene Frist bestimmen. Nach dem Ablauf der Frist ist der Verfasser berechtigt, von dem Vertrag zurückzutreten, wenn nicht die Veranstaltung rechtzeitig erfolgt ist. Der Bestimmung einer Frist bedarf es nicht, wenn die Veranstaltung von dem Verleger verweigert wird.

[1]

A. Vorbemerkung

Die Vorschrift behandelt die Veranstaltung neuer Auflagen durch den hierzu berechtigten Verl.

I. Sie wird ergänzt durch § 41 UrhG, abgedruckt Anh. S. 429.

[2] II. **Verhältnis der Bestimmungen zueinander.** Die Grund- und Sonderbestimmung für das Verlagsrecht ist § 17 VerlG. Die Bestimmung des § 41 UrhG greift nur ein, wenn der Verl. das Verlagsrecht zulässigerweise (§ 28) auf einen Dritten übertragen oder (vgl. etwa § 47 Abs. 1) keine Verpflichtung zur Vervielfältigung und Verbreitung übernommen hat (vgl. Gamm § 41 Rdz. 1; Möhring—Nicolini § 41 Anm. 1 a).

[3] III. Auszugehen ist in jedem Falle davon, daß nach § 17 S. 1 der Verl. berechtigt, aber nicht verpflichtet ist, eine neue Auflage zu „veranstalten“ (über diesen Begriff unten Rdz. 19). Demgemäß kann er sich verhalten wie folgt:

1. Der Verl. veranstaltet eine neue Auflage: keine weiteren Besonderheiten.
2. der Verl. erklärt sich dem Verf. dahin, daß er
   a) eine neue Auflage veranstalten wolle [4].
      aa) Er veranstaltet die neue Auflage: keine weiteren Besonderheiten.
      bb) Er veranstaltet die neue Auflage entweder überhaupt nicht oder nicht ausreichend: Rücktritt nach § 32 oder Rückruf nach § 41 UrhG.
   b) eine neue Auflage nicht veranstalten will: Erlöschen des Verlagsrechtes [10].
3. der Verl. erklärt sich gegenüber dem Verf. nicht: Verfahren nach § 17 Satz 2 [13].

B. Erklärung des Verlegers über die Veranstaltung einer neuen Auflage

[4] I. Der Verl. erklärt dem Verf., daß er eine **neue Auflage veranstalten** wolle.

1. Die Erklärung darüber, daß er eine neue Auflage veranstalten werde, kann der Verl. entweder **im Verlagsvertrag über die erste Auflage** abgeben, wenn er hier die Verpflichtung zur Veranstaltung einer neuen Auflage oder mehrerer neuer Auflagen übernimmt, **oder später,** und zwar ausdrückl. von sich aus oder auf Rückfrage des Verf. oder stillschweigend etwa durch Übersendung der Korrekturfahnen für die neue Auflage (Bappert—Maunz § 17 Rdz. 2).

[5] 2. Die Erklärung des Verl., sofern sie nicht im Verlagsvertrag über die erste Auflage erfolgt, ist eine **einseitige empfangsbedürftige Willenserklärung.** Sie wird gemäß § 130 Abs. 1 S. 1 BGB wirksam, wenn sie dem Verf. zugeht. Über den Begriff des „Zugehens" vgl. § 15 Rdz. 4. Die Erklärung des Verl. muß also so in den Machtbereich des Verf. gelangt sein, daß bei Annahme gewöhnl. Verhältnisse damit zu rechnen ist, daß er von ihr Kenntnis nehmen konnte (ständige Rechtsprechung seit RGZ 50, 194; BGH: NJW 1965, 966).

[6] 3. Die Erklärung des Verl. kann darüber hinaus **Vertragsantrag** sein, wenn näml. die Veranstaltung einer Neuauflage nicht geregelt ist und der Verl. dem Verf. ausdrückl. oder stillschweigend (etwa durch Übermittlung der Korrekturfahnen für die neue Auflage) zu erkennen gibt, daß er eine neue Auflage veranstalten, also über diese einen Verlagsvertrag mit dem Verf. abschließen will. Hier ist der Verl. gemäß § 145 BGB an den Vertragsantrag nach Maßgabe der §§ 147 Abs. 2, 148 BGB gebunden (so auch Allfeld § 17 Anm. 6, ähnl. zum Teil Bappert—Maunz a. a. O.).

[7] 4. Diese Verpflichtung des Verl. zur Veranstaltung einer neuen Auflage kommt **nicht nachträgl.** dadurch **in Wegfall,** daß sich nunmehr im Absatz der ersten Auflage Stockungen einstellen oder für eine neue Auflage solche zu erwarten sind; denn durch die vertragl. Bindung hat der Verl. auch das wirtschaftl. Risiko für die Veranstaltung der neuen Auflage übernommen (Bappert—Maunz a. a. O.).

[8] 5. **Erfüllt der Verl. die Verpflichtung** zur Veranstaltung einer neuen Auflage **nicht** (oder nicht ausreichend), hat der Verf.

a) im Regelfall das Rücktrittsrecht nach §§ 32, 30. Hierüber unten Rdz. 21 ff. und § 32 mit den Anm. hierzu;

b) in den Fällen, in denen der Verl. das Verlagsrecht zulässigerweise auf einen Dritten übertragen oder keine Verpflichtung zur Vervielfältigung u. Verbreitung übernommen hat (vgl. Gamm a. a. O. Möhring—Nicolini a. a. O.) das Rückrufsrecht nach § 41 UrhG, das eine Sonderform des Rücktritts vom Vertrag darstellt (Gamm § 41 Rdz. 7) u. wie dieser zu behandeln ist.

[9] Zu a) und b):
Ein Vergleich der beiden Rechtsbehelfe zeigt folgendes Bild:

Rücktrittsrecht nach § 32, 30 VerlG:	Rückrufsrecht nach § 41 UrhG:
Zusätzl. Voraussetzung: Kein Rücktritt, wenn die nicht rechtzeitige Vervielfältigung und Verbreitung des Werkes für den Verfasser nur einen unerhebl. Nachteil mit sich bringt (Abs. 3).	Zusätzl. Voraussetzung: Kein Rückruf, wenn die Nichtausübung oder unzureichende Ausübung des Verlagsrechts durch den Verl. überwiegend auf Umständen beruht, deren Behebung dem Verf. zuzumuten ist (Abs. 1 S. 2).
Zeitpunkt der Geltendmachung: Grundsätzl. nach, jedoch schon vor dem Zeitpunkt, in dem der Verl. zu leisten hat, wenn sich bereits früher zeigt, daß die Leistung nicht rechtzeitig oder nicht richtig erfolgen wird, jedoch stets auf den Leistungszeitpunkt hin (Abs. 1 S. 2, Allfeld § 32 Anm. II 4 b).	Zeitpunkt der Geltendmachung: Nicht vor Ablauf von 2 Jahren seit der Einräumung oder Übertragung des Verlagsrechts oder wenn das Werk später abgeliefert wird, seit Ablieferung; bei Beiträgen zu Zeitungen und Zeitschriften kürzere Fristen (Abs. 2).
Nachfrist: angemessen (Abs. 1 S. 1; dazu unten Rdz. 17).	Nachfrist: angemessen (Abs. 3 S. 1; dazu unten Rdz. 17).
Nachfrist: überflüssig: wenn rechtzeitige Vervielfältigung und Verbreitung des Werkes unmögl. oder von dem Verl. verweigert wird oder wenn der sofortige Rücktritt von dem Vertrag durch ein bes. Interesse des Verf. gerechtfertigt ist (Abs. 2).	Nachfrist: überflüssig: wenn die Ausübung des Verlagsrechts dem Verleger unmögl. ist, oder von ihm verweigert wird, oder wenn durch die Gewährung einer Nachfrist überwiegende Interessen des Verf. gefährdet würden (Abs. 3 S. 2).
Wirkung: Der Verlagsvertrag ist rückwirkend aufgelöst (Palandt—Heinrichs Einf. 1 a vor § 346).	Wirkung: Das Verlagsrecht erlischt (Abs. 5). Der Verlagsvertrag ist rückwirkend aufgelöst (Gamm a. a. O. Rdz. 14). Möhring—Nicolini a. a. O. Anm. 16.

II. Der Verl. erklärt dem Verf., daß er **eine neue Auflage nicht veranstalten wolle.**

[10] 1. Die Erklärung darüber, daß er eine Neuauflage nicht veranstalten werde, kann der Verl. **nur dem Verf. gegenüber abgeben.** Gegenstand der Ablehnung kann zunächst nur „eine Auflage" des Verlagswerkes sein. Es muß sich also um die erneute Vervielfältigung des gleichen Werkes bei unverändertem (ergänztem, berichtigtem) Inhalt handeln. Soll das Werk mit auch nur teilweise verändertem Inhalt unter einem neuen Titel ohne Hinweis auf den bisherigen Titel erscheinen, so liegt keine neue Auflage, sondern ein neues Werk vor, über dessen Werknutzung ein neuer Verlagsvertrag abgeschlossen werden muß.

Das Weigerungsrecht des Verl. kann sich außerdem nur auf eine „neue" Auflage des Werkes beziehen. Ablehnen kann der Verl. somit nur die Veranstaltung einer weiteren Auflage, nachdem er die ihm durch den Verlagsvertrag eingeräumte Auflage bereits veranstaltet hat. § 17 ist also nicht anzuwenden, wen es sich um die erste Auflage aus diesem Verlagsvertrag handelt, mögen ihr auch bereits andere Auflagen im Selbstverlag oder bei einem anderen Verl. vorausgegangen sein.

Wurde dem Verl. im Verlagsvertrag die Befugnis zu mehreren Auflagen zugestanden und tritt er diese Befugnis nach Veranstaltung der ersten Auflage an einen anderen Verl. ab, so muß dieser nicht noch eine weitere Auflage herstellen; er kann vielmehr geltend machen, daß auch er zur Veranstaltung weiterer Auflagen wie der erste Verl. nur berechtigt, aber nicht ohne weiteres auch verpflichtet ist (Allfeld § 17 Anm. 1, Bappert—Maunz § 17 Rdz. 3 mit Nachw.).

[11] 2. Für das **Wesen der Erklärung** gilt das oben Rdz. 6 Ausgeführte entsprechend.

[12] 3. Ihrer **Wirkung** nach ist die Erklärung des Verl. ein Verzicht auf sein Verlagsrecht bezüglich der künftigen Auflagen.

a) Ob ein solcher **Verzicht zulässig** ist, war zeitweise sehr bestr. (u. a. von Hoffmann § 1 Anmerkung 9). Jetzt wird die Zulässigkeit eines solchen Verzichts allg. bejaht (Allfeld § 9 Anm. II 7, Bappert—Maunz § 9 Rdz. 9). Der Verzicht ist gegenüber dem Verf. zu erklären. Das Verlagsrecht erlischt in dem Zeitpunkt, in dem der Verzicht dem Verf. zugeht (§ 130 BGB). Zum Begriff des „Zugehens" vgl. § 15 Rdz. 4. Der Verzicht wirkt ex nunc, also nur für die Zukunft. Ein Widerruf eines wirksam gewordenen Verzichts ist nicht mögl., da der Widerruf spätestens gleichzeitig mit der Verzichtserklärung zugegangen sein muß (§ 130 BGB). Der Verl. kann jedoch einen bereits wirksam gewordenen Verzicht unter den Voraussetzungen der Anfechtung wegen Irrtums oder arglistiger Täuschung §§ 119 ff. BGB wieder beseitigen (Bappert—Maunz a. a. O.). Über die Anfechtung wegen Irrtums oder arglistiger Täuschung vgl. oben § 1 Rdz. 6.

b) Hinsichtl. der **Wirkungen des Verzichts** ist zu unterscheiden:

aa) Die **laufende Auflage.** Sie wird von dem Verzicht nicht erfaßt. Bezüglich ihrer endet gemäß § 29 Abs. 1 das Verlagsvertragsverhältnis erst, wenn sie vergriffen ist. Hierüber im einzelnen § 29 mit den Anm. hierzu.

bb) **Künftige Auflagen.** Nur auf sie, aber auf sie in vollem Umfang bezieht sich der Verzicht. Die Veranstaltung einer neuen Auflage oder auch nur die Herstellung weiterer Abzüge oder die Veranstaltung eines anastatischen Neudruckes ist dem Verl. untersagt (KG: Muw. 1915, 236; Bappert—Maunz § 5 Rdz. 6).

[13] C. Keine Erklärung des Verl. über die Veranstaltung einer neuen Auflage

Erklärt sich der Verl. über die Veranstaltung einer neuen Auflage nicht, so kann ihm nach § 17 Satz 2 der Verf. grundsätzl. (Ausnahme § 17 S. 4) eine angemessene Frist bestimmen (Rdz. 14 ff.), nach deren fruchtlosem Ablauf er vom Vertrag zurückzutreten berechtigt ist (Rdz. 21 ff.).

[14] I. Der **Zeitpunkt der Fristsetzung** muß unter 2 Blickwinkeln betrachtet werden: in Hinblick auf die zu Ende gehende alte Auflage u. eine allfällige neue Auflage.

1. In Hinblick auf **die zu Ende gehende alte Auflage** braucht ihr Ende nicht abgewartet zu werden. So selbstverständl. es ist, daß die Fristbestimmung dann erfolgen kann, wenn die Auflage vergriffen ist (vgl. dazu § 16 Rdz. 8), so notwendig scheint es im Interesse einer frühzeitigen Klärung des damit eintretenden Schwebezustandes, daß die Fristbestimmung schon vor Erschöpfung der Auflage erfolgen kann (Allfeld § 17 Anm. 3 a, Hoffmann § 17 Anm. 2, Bappert—Maunz § 17 Rdz. 4).

[15] 2. In Hinblick auf **die kommende neue Auflage** braucht der Verf. das Ende der alten Auflage nicht abzuwarten. Zwar kann er

nach dem Schriftt. (Hoffmann a. a. O., Bappert—Maunz a. a. O. und Rdz. 13 Abs. 4) schon in diesem Zeitpunkt, ja bereits vor dem Vergriffensein des Verlagswerkes (vgl. RGZ 93, 172; diese Entscheidung behandelt einen analogen Fall aus dem Patentrecht), mit einem anderen Verl. einen Verlagsvertrag auf Herstellung einer neuen Auflage abschließen unter der aufschiebenden Bedingung des Erlöschens des Vertragsverhältnisses mit dem Erstverl. und dessen Verlagsrechts. Dagegen ist dem Verf. und dem Zweitverl. schon die Ankündigung der Neuauflage u. erst recht deren Herstellung und Verbreitung verwehrt, wobei unter „Herstellung" hier bereits der Beginn der Vervielfältigung durch Anfertigung des Drucksatzes u. der Korrekturabzüge zu verstehen ist. Die oberstrichterl. Rechtspr. (RGZ 107, 277) geht hier weiter. Sie läßt zwar im allg. nicht die Ankündigung der Neuauflage u. überhaupt nicht ihre Verbreitung, wohl aber ihre Vorbereitung zu. Es darf daher schon vor Beendigung des bisherigen Rechtszustandes (der alten Auflage) die Drucklegung der neuen Auflage bis zu dem Grade vorbereitet werden, der es ermöglicht, unmittelbar nach dem Ende des bisherigen Rechtszustandes mit der Vervielfältigung der neuen Auflage zu beginnen. Deshalb stehe, wer so verfahre, auf gesetzl. Boden, u. sein Handeln könne nicht als unerlaubt oder gegen die guten Sitten verstoßend aufgefaßt werden, mögen seine Berufsgenossen auch von ihrem persönl. Standpunkt aus sein Vorgehen mißbilligen (ähnl. auch Allfeld § 17 Anm. 1). Prakt. Bedeutung freilich haben solche Erörterungen nur in den Fällen, in denen ein Verf. von einem ihm zunächst dienl., dann aber immer lästiger werdenden Vertragsverhältnis loskommen möchte u. nun dieses Loskommen vorbereitet, ja durch die Vorbereitungen bewußt herausfordert. Sein Verhalten ähnelt hier in mancher Hinsicht dem eines verheirateten Menschen, der sich ungeachtet der Ehe, ja vielleicht gerade um sie zu zerstören, verlobt (vgl. RGZ 170, 72). Auf einen solchen Fall wird man die übrigens am 7. 11. 1923 ergangene obige Entscheidung des Reichsgerichts doch wohl nicht anwenden können.

[16] **II. Inhalt der Fristsetzung:** Die Fristsetzung muß die Aufforderung des Verf. an den Verl. enthalten, sich binnen einer vom Verf. bestimmten Frist darüber zu erklären, ob er von seinem Recht eine neue Auflage zu veranstalten, Gebrauch machen wolle.

[17] 1. **Angemessenheit der Frist:** Die vom Verf. dem Verl. zu gebende Frist muß „angemessen" sein. Wann sie das ist, bestimmt der Einzelfall. Es gibt hier keine Übung im Verlagsgeschäft. Maßgebend

ist daher die Zeit, die nach Umfang u. Schwierigkeit der Herstellung des Werkes unter den gegebenen Umständen für die Veranstaltung einer Neuauflage notwendig ist. „Die besonderen Verhältnisse des Verl. (z. B. finanzielle Lage, Papiervorrat usw.) können in der Regel keine Berücksichtigung finden“, meinte das Schriftt. (Bappert—Maunz § 17 Rdz. 8) zu Beginn der goldenen 50-iger Jahre. 20 Jahre später hat sich das grundlegend gewandelt. Kein oder ein erhebl. überteuerter Kredit, lange Lieferfristen für nicht selten schlechtes Papier und nicht zuletzt ein Personalmangel, der jede Dienstleistung fast schon als Gnade erscheinen läßt, sind Umstände, die bei der Setzung der Frist berücksichtigt werden müssen. Geschieht das nicht und ist die Frist daher nicht angemessen, tritt an ihre Stelle eine angemessene Frist (Hoffmann § 17 Anm. 2, Staudinger—Werner § 250 Rdz. 7 mit eingehenden Nachw., Palandt—Danckelmann § 250 Anm. 1).

[18] **2. Die Aufforderung an den Verl.**

a) Inhalt der Aufforderung: Der Verl. muß zur Erklärung darüber aufgefordert werden, ob er von seinem Recht, eine neue Auflage zu veranstalten, Gebrauch machen will. Die Aufforderung braucht nicht (wie sonst beim Rücktritt) die Androhung enthalten, daß der Verf. bei erfolglosem Fristablauf vom Verlagsvertrag zurücktreten werde (Bappert—Maunz § 17 Rdz. 5). Sie kann aber diese Androhung als bedingte Rücktrittserklärung enthalten, so daß nach erfolglosem Fristablauf die Rücktrittserklärung wirksam wird und nicht wiederholt zu werden braucht (a. a. O. Rdz. 12).

b) Wesen der Aufforderung: Die Aufforderung ist eine einseitige empfangsbedürftige Willenserklärung im Sinne der §§ 130 ff. BGB (Allfeld § 17 Anm. 3 a, Bappert—Maunz a. a. O. Rdz. 7). Sie bedarf daher § 130 Abs. 1 BGB des „Zugehens“ an den Verl. Über diesen Begriff vgl. § 15 Rdz. 4.

[19] 3. Zur Frage der **„Veranstaltung“ einer neuen Auflage:** Der Begriff der „Veranstaltung“ ist im einzelnen streitig. Einigkeit scheint darüber zu bestehen, daß „Veranstaltung“ nicht dasselbe bedeutet wie „Herstellung“ der neuen Auflage (so § 40 Satz 2), d. h. verkaufsfertige Herstellung sämtl. Vervielfältigungsstücke, aus denen die neue Auflage bestehen soll. „Veranstalten“ heißt zunächst Anstalten zur neuen Auflage treffen, nicht aber die neue Auflage selbst herstellen. Man wird vielmehr unter „Veranstalten“ einer neuen Auflage die Herstellung so vieler absatzfertiger Exemplare verstehen müssen, daß die einsetzende Nachfrage nach der neuen Auf-

lage übl. Voraussicht entspr. zunächst einmal befriedigt werden kann (Hoffmann § 17 Anm. 2, weitergehend Allfeld § 17 Anm. 5 c, der außer der vollständigen Herstellung der zunächst zur Verbreitung bestimmten Stücke den Beginn der Verbreitung fordert).

[20] **III. Unnötigkeit der Fristsetzung:** Die Fristsetzung ist nach Satz 4 unnötig, wenn die Veranstaltung der neuen Auflage vom Verl. verweigert wird, dieser also erklärt, daß er eine neue Auflage nicht veranstalten werde. Hierüber siehe oben Rdz. 9.

D. Das Recht des Rücktritts des Verf. nach Satz 3

Liegen die Voraussetzungen für den Rücktritt des Verf., wie oben dargetan, vor, muß er (Rdz. 21 ff.) den Rücktritt formal erklären (Rdz. 26 ff.), um dessen Rechtswirkungen (Rdz. 28 ff.) auszulösen.

[21] I. Der zum Rücktritt berechtigte Verf.

Schwierigkeiten ergeben sich hier nur, wenn nicht ein Verf., sondern eine **Mehrheit von Verfassern** (vgl. § 1 Rdz. 35 ff.) dem Verl. gegenübersteht. Diese Schwierigkeiten können nicht damit abgetan werden, daß unter Bezugnahme auf § 356 BGB festgestellt wird, das Rücktrittsrecht könne nur von allen Verf. gemeinsam ausgeübt werden, so daß, wenn es für einen von ihnen erloschen sei, es für alle erloschen sei (Bappert—Maunz § 17 Rdz. 12). Denn § 356 BGB ist eine Bestimmung, der jede Sonderregelung vorgeht (RGZ 151, 312; Palandt—Danckelmann § 356 Anm. 1). Solche Sonderregelungen ergeben sich aus dem zwischen den einzelnen Verf. bestehenden Rechtsverhältnissen. Ob daher der Rücktritt nur von allen Verf. erklärt werden kann u. das Erlöschen des Rücktrittsrechts des einen für die übrigen Verf. wirkt, hängt ausschließl. davon ab, ob ein, ggf. welches Rechtsverhältnis zwischen den Mitverfassern besteht. Auf Grund der Ausführungen zu § 1 Rdz. 35 ff. ergeben sich 2 Möglichkeiten:

[22] 1. Das von den Mitverfassern geschaffene oder zu schaffende Werk ist ein sog. **untrennbares Gemeinschaftswerk.** Hier entsteht zwischen den Mitverfassern gemäß § 8 UrhG (abgedruckt Anh. S. 422) eine Gesellschaft des bürgerl. Rechts mit 2 Unterfällen:

a) Die **Führung der Geschäfte** der Gesellschaft steht **allen Gesellschaftern gemeinschaftlich** zu. Dann ist gemäß § 709 Abs. 1 BGB zu jedem Geschäft grundsätzlich (Ausnahme § 709 Abs. 2 BGB) die Zustimmung aller Gesellschafter erforderlich. Zu den Geschäften in diesem Sinne gehört auch die Vertretung der Gesellschaft nach außen (Staudinger—Kessler Vorb. 21 vor § 709). Die Gesellschaft wird daher durch alle Gesellschafter vertreten. Alle Gesellschafter müssen daher den Rücktritt nach § 17 S. 3 erklären. Dieses Rücktrittsrecht aller Gesellschafter kann nicht durch Umstände in der Person eines Gesellschafters ausgeschlossen werden; das ergibt sich aus der Natur des von den Gesellschaftern geschaffenen Werkes als Gesamthandseigentum, also als Sondervermögen (vgl. Palandt—Danckelmann Überblick 4 b/aa vor § 420 BGB).

[23] b) Die **Führung der Geschäfte** der Gesellschaft steht **einem Gesellschafter zu;** er ist geschäftsführungs- (§ 710 BGB) u. damit (§ 714 BGB) vertretungsbefugt für die übrigen Mitverf. u. daher allein zur Erklärung des Rücktritts gegenüber dem Verl. berechtigt. In seiner Person bestehende Umstände, die das Rücktrittsrecht ausschließen, berühren indes auch hier das Rücktrittsrecht der von ihm vertretenen Gesellschafter nicht.

2. Das von den Mitverfassern geschaffene oder zu schaffende Werk ist sog. **trennbare Werksverbindung.** Hier ist zu unterscheiden:

[24] a) Bei **gleichartiger** trennbarer Werksverbindung

aa) **Gleichberechtigung der Beiträger:**

Hier entsteht eine Verwertungsgemeinschaft in Form einer bürgerl.-rechtl. Gesellschaft (§ 1 Rdz. 47), bei der für den Rücktritt die Ausführungen zu Rdz. 22 gelten.

bb) **Nichtgleichberechtigung der Beiträger:**

Hier ist zu unterscheiden nach der Stellung des Herausgebers zu den Beiträgern (vgl. § 1 Rdz. 48 ff.). Danach bemißt sich auch, wer den Rücktritt nach § 17 Abs. 3 zu erklären hat.

[25] b) Bei **ungleichartiger** trennbarer Werksverbindung

aa) **Gemeinschaftl. Arbeit** an dem Werk:

Hier entsteht eine Verwertungsgemeinschaft in Form einer bürgerl.-rechtl. Gesellschaft (§ 1 Rdz. 67), bei der für den Rücktritt die Ausführungen zu Rdz. 22 gelten.

bb) **Nichtgemeinschaftliche Arbeit:** Hier entsteht keine Verwertungsgemeinschaft. Jeder Mitverfasser steht daher für sich allein und hat für sich allein den Rücktritt zu erklären.

[26] II. Die Erklärung des Rücktritts

1. Damit der Rücktritt wirksam werde, muß er auf Grund entspr. Anwendung des § 349 BGB **dem Verl. gegenüber** erklärt werden. Solange die Rücktrittserklärung nicht erfolgt ist, besteht das Verlagsverhältnis fort u. das in ihm enthaltene Recht des Verl. zur Veranstaltung der neuen Auflage ist nicht erloschen, auch wenn die vom Verf. hierfür gesetzte Frist abgelaufen ist. Der Verl. kann demnach, solange ihm keine Rücktrittserklärung des Verf. zugegangen ist, immer noch eine neue Auflage veranstalten (Bappert—Maunz § 17 Rdz. 12).

[27] 2. Die Rücktrittserklärung ist eine gegenüber dem Verf. abzugebende **einseitige Willenserklärung,** und zwar Gestaltungsgeschäft u. daher unwiderrufl. (Palandt—Danckelmann Überblick 3 d vor § 104, § 349 Anm. 1), jedoch entgegen der sonst für solche Gestaltungsgeschäfte geltenden Regel (Palandt-Danckelmann Einl. 6 vor § 158) jedenfalls nicht insoweit bedingungsfeindl., als sie mit der Fristbestimmung verbunden u. vom erfolglosen Ablauf der Frist abhängig gemacht werden kann (oben Rdz. 18).

III. Die Wirkungen sind je nach der Auflage verschieden, auf die sich der Rücktritt bezieht.

[28] 1. **Bezüglich der bisherigen Auflage** bleibt nämlich im Zweifel (vgl. § 38 Abs. 2) das Vertragsverhältnis des Verl. solange bestehen, bis die bisherige Auflage vergriffen ist, also bis dem Verl. keine Lagerbestände mehr zur Verfügung stehen, weil diese restlos abgesetzt sind, oder weil der Verf. gemäß § 26 die Restbestände vom Verl. übernommen hat. Ist die frühere Auflage noch nicht vergriffen, so darf der Verl. nicht nur die noch vorhandenen Lagerstücke weiter verbreiten, sondern sogar neue Exemplare bis zu der eingeräumten Auflagehöhe herstellen lassen. Bis zur Erschöpfung der früheren Auflage kann somit ihr Verl. die Herstellung und Verbreitung der neuen Auflage, die dem Absatz seiner Restbestände ja ganz besonders hinderl. wäre, verbieten (Bappert—Maunz § 17 Rdz. 13 Abs. 3). Dem bisherigen Verl. verbleibt auch das Eigentum an den Druckvorrichtungen, insbesondere Abbildungen. An den Exemplaren besteht nach Erlöschen des Vertrages kein Vertriebsrecht für den Verl., aber auch nicht für den Verf.; die Stücke können, wenn nicht die Partner anderes vereinbaren, nur als Makulatur (vom Verl.) verwertet werden (Voigtländer—Elster § 17 Anm. 5).

[29] 2. **Bezüglich einer neuen Auflage** oder neuer Auflagen verliert der Verleger sein Recht, sie zu veranstalten (vgl. Ulmer S. 264 Ziff. III 2 b, 350 Ziff. III 1). Das Recht hierzu fällt an den Verf. zurück, der die Veranstaltung nunmehr einem anderen Verl. übertragen kann. Ob er dies wirkl. tut, ist für das Erlöschen der Rechte des Erstverlegers ohne Belang (Bappert—Maunz a. a. O. Abs. 2).

§ 18

Fällt der Zweck, welchem das Werk dienen sollte, nach dem Abschlusse des Vertrags weg, so kann der Verleger das Vertragsverhältnis kündigen; der Anspruch des Verfassers auf die Vergütung bleibt unberührt.

Das Gleiche gilt, wenn Gegenstand des Verlagsvertrags ein Beitrag zu einem Sammelwerk ist und die Vervielfältigung des Sammelwerkes unterbleibt.

[1]

A. Vorbemerkungen

Die Vorschrift behandelt
1. in Absatz 1 das Kündigungsrecht des Verl. bei Wegfall des Zweckes des Werkes [2];
2. in Absatz 2 das Kündigungsrecht des Verl. bezügl. eines Beitrags zu einem Sammelwerk, wenn dessen Vervielfältigung unterbleibt [7];
3. nicht dagegen die Rechte des Verl. wegen sonstiger veränderter Umstände [10].

B. Das Kündigungsrecht des Verl. bei Wegfall des Zwecks

[2] 1. **„Der Zweck,** welchem das Werk dienen sollte“, ist nicht der von Verf. und Verl. mit der Drucklegung verfolgte allg. Zweck: auf Seiten des Verf. die Veröffentlichung u. Vergütung, auf Seiten des Verl. der durch die Veröffentlichung zu erwartende Gewinn. Der Wegfall dieses allg. Zweckes kann u. U. Wegfall der Geschäftsgrundlage sein (hierüber § 1 Rdz. 11 unten Rdz. 11). Der Zweck, welchen das Werk dienen sollte, ist vielmehr **eine** außerhalb jener liegende bes. und **konkrete Zielsetzung des Werkes,** die mit ihm so eng

verknüpft ist, daß ohne ihr Vorliegen von einer Herausgabe des Werkes von vornherein abgesehen u. bei ihrem nachträgl. Fortfall das Werk seine Daseinsberechtigung verlieren würde. Als Beispiele für solche Sonderzwecke und ihren Wegfall werden genannt: Ein Gesetzeskommentar wird dadurch wertlos, daß das den Gegenstand der Erläuterungen bildende Gesetz nicht zur parlamentarischen Annahme gelangt; ein technisches Gutachten wird dadurch gegenstandslos, daß vor seinem Erscheinen das von ihm bekämpfte technische Projekt ausgeführt wird; eine Festschrift verfehlt ihren Zweck dadurch, daß die Festfeier unterbleibt; eine Abhandlung über eine aktuelle Frage verliert wegen Wegfalls ihrer Aktualität jedes Interesse (Hoffmann § 18 Anm. 1 a, Allfeld § 18 Anm. 2 I, Bappert—Maunz § 18 Rdz. 2).

[3] 2. Der eben genannte Zweck muß **„weggefallen"** sein. Ein solcher „Wegfall" liegt nach Meinung des Schriftt. (Hoffmann a. a. O., Bappert—Maunz a. a. O.) nicht vor, wenn zwar der äußere Zweck, genauer der äußere Anlaß für das Werk weggefallen, sein innerer Wert aber von dem Wegfall des äußeren Anlasses überdauernder Bedeutung ist. Die Festschrift zum -zigsten Geburtstag eines Gelehrten etwa, den dieser nicht mehr erlebt hat, enthält Beiträge von bleibendem wissenschaftl. Wert. Der Meinung, daß hier der Zweck, dem das Werk dienen sollte, nicht weggefallen sei, kann nicht beigepflichtet werden. Diese Meinung verkennt zunächst den Zweck des § 18. Er soll verhindern, „daß der Verl. zur Veröffentlichung eines Werkes auch dann gezwungen werden darf, wenn der Zweck, welchem das Werk dienen sollte, weggefallen ist" (amtl. Begründung bei Voigtländer—Elster § 18 Anm. 1). Entscheidend ist daher nach dem Willen des Gesetzgebers die Sicherung des Verl. vor dem Zwang, ein zwecklos gewordenes Werk zu vervielfältigen u. zu verbreiten. Entscheidend dagegen ist nicht die Erhaltung wissenschaftl. wirkl. oder angebl. bedeutsamer Auslassungen für die Nachwelt. Die gegenteilige Auffassung würde dem Verl. ein Sonderopfer auferlegen, für das jede rechtl. Grundlage fehlt.

[4] 3. Der Wegfall des Zweckes des Werkes muß **nach Abschluß des Verlagsvertrages** eingetreten sein; wann nach diesem Zeitpunkt ist gleichgültig. Er kann daher schon zwischen Abschluß des Vertrages u. Ablieferung des Werkes oder kurz vor oder während der Drucklegung wegfallen.

Stets aber muß die Veränderung der Umstände eingetreten sein **„nach"** Abschluß des Vertrages. Bestand der Zweck schon „vor"

Abschluß des Vertrages nicht mehr, so kann dies der Verl. auch dann nicht geltend machen, wenn er irrtüml. geglaubt hat, der Zweck bestehe. Er kann es nicht auf Grund des § 18, aber auch nicht nach allg. Grundsätzen; denn der Irrtum im Beweggrunde gibt im allg. einen Grund zur Anfechtung einer Willenserklärung nicht ab. Nur im Falle arglistiger Täuschung seitens des Verf. stünde ihm das Anfechtungsrecht gemäß § 123 BGB zu (Allfeld a. a. O., Bappert—Maunz a. a. O. Rdz. 3). Über die Anfechtung im einzelnen vgl. § 1 Rdz. 6 ff.

II. Die Kündigung

[5] 1. **Durchführung** der Kündigung: Diese, eine empfangsbedürftige Willenserklärung nach §§ 130 ff. BGB, ist dem Verf. gegenüber zu erklären. Eine Frist für die Kündigung ist weder vorgeschrieben noch kann sie der Verf. dem Verl. mit der Wirkung aufzwingen, daß nach ihrem fruchtlosen Ablauf die Kündigung nicht mehr zulässig ist (Allfeld a. a. O. Anm. 4, Bappert—Maunz a. a. O. Rdz. 4; a. A. Hoffmann a. a. O. Anm. 1 c). Tut der Verf. das dennoch, weil er Klarheit darüber bekommen will, ob der Verl. das Werk trotz Wegfalls seines Zweckes vervielfältigen u. verbreiten werde, etwa damit er das Werk bei einem anderen Verl. unterbringen könne, u. antwortet der Verl. nicht, handelt dieser dem das Vertragsverhältnis beherrschenden Grundsatz von Treu und Glauben zuwider u. gibt damit dem Verf. Grund zum Rücktritt vom Vertrag (vgl. § 1 Rdz. 10).

[6] 2. **Rechtsfolgen** der Kündigung.

a) Die wirksame Kündigungserklärung hat zur Folge, daß der Verlagsvertrag **ab Zugang** der Kündigung an den Verf. **aufgelöst** ist. Die Auflösung ist, wie eben betont, erst ab Zugang der Kündigung an den Verf., nicht rückwirkend zum Zeitpunkt des Vertragsabschlusses wirksam. Denn die Erklärung des Verl. ist Kündigung, nicht Rücktritt. §§ 37, 38 sind daher nicht anwendbar.

b) Der Verl. ist nach Kündigung des Vertrags **zur Vervielfältigung u. Verbreitung** des Werkes nicht mehr verpflichtet, aber auch **nicht mehr berechtigt.** Etwaige Lagerbestände darf er nicht mehr verbreiten, auch nicht verramschen. Er kann sie aber als Makulatur verwerten, wenn nicht der Verf. von seinem Ankaufsrecht nach § 26 Gebrauch macht. Eine Pflicht zu unentgeltl. Überlassung dieser Bestände an den Verf. besteht nicht (Allfeld a. a. O., Bappert—Maunz a. a. O. Rdz. 7).

c) Die Bestimmung des Gesetzes, daß der **Anspruch des Verf. auf Vergütung unberührt** bleibt, wird vereinzelt (Hoffmann a. a. O. Anmerkung 1 d) dahin verstanden, daß ein solcher Anspruch dann nicht bestehe, wenn der Verf. am Absatz oder Gewinn beteiligt sei, „weil Absatz oder Gewinn nicht eingetreten ist". Dieser Auffassung hat sich die herrsch. Meinung (vgl. Bappert—Maunz a. a. O. Rdz. 8) nicht angeschlossen. Nach ihr bestimmt sich die Höhe der Vergütung je nach der Art ihrer Bemessung nach dem verständigermaßen zu erwartenden Werkumfang, Absatz oder Gewinn. Ob eine Verpflichtung des Verf. besteht, sich auf die Höhe seines Honorars das anrechnen zu lassen, was er infolge Erlöschens des Verlagsvertragsverhältnisses an Aufwendungen erspart oder durch anderweitige Verwendung seiner Arbeitskraft erwirbt oder zu erwerben böswillig unterläßt, ist bestr. (bejahend Voigtländer—Elster a. a. O. Anm. 2), wird aber von der herrsch. Meinung verneint (Hoffmann a. a. O., Allfeld a. a. O., Bappert—Maunz a. a. O.).

[7] C. Das Kündigungsrecht des Verl. bei unterbleibender Vervielfältigung eines Sammelwerkes

Die Grundsätze zu Rdz. 5, 6 gelten grundsätzl. nach § 18 Abs. 2 auch, wenn Gegenstand des Verlagsvertrages ein Beitrag zu einem Sammelwerk ist und die Vervielfältigung des Sammelwerks unterbleibt.

I. Vgl. zum Begriff „Sammelwerk" § 4 Rdz. 2.

[8] II. Unterbleiben der Vervielfältigung des Sammelwerkes

1. Der **Grund** für das Unterbleiben ist gleichgültig. Der Herausgeber versagt sich, der Verl. entschließt sich anders; die übrigen Beiträge für das Sammelwerk erscheinen nicht; die für das Erscheinen des Sammelwerks unerläßl. Zuschüsse staatl., parteil., gewerkschaftl., kirchl. oder privater Personen oder Einrichtungen bleiben aus oder werden verweigert.

[9] 2. Die **Zeit** des Unterbleibens ist ebenfalls gleichgültig. Es ist also bedeutungslos, ob der Grund für das Scheitern des Sammelwerks schon zur Zeit des Vertragsabschlusses objektiv gegeben war oder ob er erst später eingetreten ist. Wurden jedoch einzelne Bei-

träge des Sammelwerkes in dessen Rahmen bereits veröffentlicht (von einem mehrbändigen Sammelwerk ist bereits ein Band erschienen), so ist damit das Kündigungsrecht des Verl. entfallen. Besteht dieses Recht, muß die Kündigung durch den Verl. förml. ausgesprochen worden sein. Eine bloße Mitteilung, daß das Sammelwerk nicht erscheinen werde, reicht hierzu nicht aus (Hoffmann a. a. O. Anm. 2, Allfeld a. a. O. Anm. 3 II, Bappert—Maunz a. a. O. Rdz. 10).

[10] D. Der Rücktritt des Verl. wegen sonstiger veränderter Umstände

Dieser Rücktritt kann nicht auf das Verlagsgesetz gegründet werden. Er findet seinen Grund ausschließl. in Rechtspr. und Rechtslehre zum Wegfall der Vertrauens- und Geschäftsgrundlage des Verlagsvertrags.

I. Zum Wegfall der Vertrauensgrundlage vgl. § 1 Rdz. 10.

[11] II. Zum **Wegfall der Geschäftsgrundlage** vgl. § 1 Rdz. 11. Ergänzend sei folgendes bemerkt:

1. Die **Vorstellung von der Geschäftsgrundlage** eines Vertrages muß eine **gemeinsame** sein. Sie muß vom Verl. unmißverständl. zum Ausdruck gebracht u. vom Verf. anerkannt worden sein. Zwar entscheidet über Inhalt u. Umfang der Geschäftsgrundlage auch der Wille der vertragschließenden Parteien. Ob dieser Wille aber vorhanden u. in welcher Gestalt er zu vermuten ist, wird im Zweifel nicht nach den Interessen nur einer Vertragspartei, sondern nach der objektiven Interessenlage beider Vertragschließenden u. den Umständen des Vertrags beurteilt (Bappert—Maunz a. a. O. Rdz. 19).

[12] 2. **Der die Geschäftsgrundlage erschütternde oder zerstörende Umstand** kann sein

a) Das **Verhalten einer der Parteien des Verlagsvertrages,** in unserem Zusammenhang des Verl. Von seiner Seite wird immer wieder die Frage aufgeworfen, ob u. welche Einwendungen dem Verlangen eines Verf. nach Erfüllung des Verlagsvertrags entgegengehalten werden können, wenn der Verlagsvertrag sich bei Eintreten unerwarteter Umstände als eine Fehlplanung herausstellt, weil das Werk entweder keine Aussicht auf Erfolg hat oder die verkürzte Kapitaldecke des Verl. eine Einschränkung des Verlagsprogramms erzwingt

(Bappert—Maunz a. a. O. Rdz. 13). Ähnlich gelagert u. zu beurteilen sind die Fälle, daß ursprüngl. spezialisierte Verlage unter dem Eindruck einer Scheinkonjunktur dazu übergehen, auch über an sich verlagsfremde Werke abzuschließen, sich später aber wieder auf ihr altes Fachgebiet beschränken u. nunmehr mit den Fremdkörpern nichts mehr anzufangen wissen. Diese Entwicklung ist ausschließl. auf den Entschluß des Verl. zurückzuführen, für dessen Folgen er deshalb auch voll einzustehen hat (Bappert—Maunz a. a. O. Rdz. 16). Hierher zählen endl. die Fälle, in denen Verf. den Verl. die Förderung ihrer Werke durch bestimmte Behörden, staatl. Einrichtungen (Universitätsinstitute, Bibliotheken), polit. Parteien, Wirtschaftsverbände, Gewerkschaften usw. fest in Aussicht stellen, der Verl. den Erklärungen des Verf. folgt, u. einen hohen Absatz der Broschüre dem Honorar zugrunde legt; die Erwartung auf eine Förderung der Schrift durch die betreffende Behörde usw. hat sich nicht erfüllt, u. der Absatz bleibt gering. Die Rechtspr. hat den vom Verl. geltend gemachten Gesichtspunkt des Fortfalls der Geschäftsgrundlage gegenüber der Honorarforderung des Verf. nicht als durchgreifend angesehen und dazu ausgeführt: „Die Beklagte (Verl.) hat auf eine Aussicht hin dem Kläger (Verf.) besondere Vorteile versprochen. Schlägt in einem solchen Fall die Erwartung der einen Partei fehl, so ist damit nicht etwa die Grundlage des Geschäfts weggefallen. Will eine Partei sich gegen den Eintritt gewisser Tatsachen schützen oder das Geschäft rückgängig machen können, wenn es anders als gedacht verläuft, so muß sie das Geschäft als ein bedingtes abschließen oder sich von der Gegenseite gewisse Tatsachen oder Voraussetzungen als sicher garantieren lassen" (KG: Ufita 1942, 279; vgl. dazu Bappert—Maunz a. a. O. Rdz. 18 u. hier § 1 Rdz. 11).

[13] b) **Ein Ereignis, das nicht im Verhalten einer der Parteien des Verlagsvertrages besteht.** Dieses kann jedoch den Wegfall der Geschäftsgrundlage nur rechtfertigen, wenn es überhaupt nicht, jedenfalls nicht für den Verl. voraussehbar war. **„Voraussehbar"** ist etwa das Erscheinen von Konkurrenzwerken desselben Fachgebietes (Bappert—Maunz a. a. O. Rdz. 17), die Behandlung des gleichen Stoffes durch andere Verf., zumal wenn es sich um bes. aktuelle Ereignisse im politischen u. Sportleben handelt. Den Wegfall der Geschäftsgrundlage rechtfertigen auch nicht polit. oder wirtschaftl. Ereignisse, wie etwa der Eintritt einer allg. oder auch nur einzelne Gewerbezweige treffenden Wirtschaftskrise (RGZ 147, 55), eine wesentl. Verschlechterung der Haushaltslage der öffentl.-rechtl. Körperschaften, die sie zu empfindl. Beschneidungen ihrer Büchereinkaufsmittel ver-

anlaßt, eine polit. Entwicklung, die gewisse Verf. als verdächtig oder „untragbar" erscheinen läßt u. ihre Bücher vom Verkauf ausschließt oder gar verbrennt. Gerade in solchen Fällen kann jedoch die Vertrauensgrundlage erschütter, ja völlig zerstört werden.

[14] 3. Die **Rechtsfolgen des Wegfalls der Geschäftsgrundlage** werden von dem das Vertragsverhältnis beherrschenden Treuegedanken bestimmt. Grundsätzl. ist deshalb zunächst die Anpassung an die geänderte Rechtslage, je nach den Umständen eine Beschränkung oder Erweiterung der Rechtsausübung geboten. Nur in Ausnahmefällen, wenn eine andere Lösung nicht mehr vertretbar ist, kann das Vertragsverhältnis auch völlig aufgehoben werden (RG: JW 1937, 2036; RGZ 152, 404; OGH Köln: NJW 1948, 52; Bappert—Maunz a. a. O. Rdz. 22). Die Aufhebung geschieht durch Rücktritt des Verl. vom Verlagsvertrag. Für diesen gilt jedoch mangels gesetzl. Bestimmung auch nicht entspr. die Bestimmung des § 35 Abs. 2.

§ 19

Werden von einem Sammelwerke neue Abzüge hergestellt, so ist der Verleger im Einverständnisse mit dem Herausgeber berechtigt, einzelne Beiträge wegzulassen.

[1] A. Vorbemerkungen

Die Bestimmung behandelt eine Ausnahme von § 16, nämlich das Weglassungsrecht des Verl. eines Sammelwerkes bezügl. einzelner Beiträge.

B. Voraussetzungen des Weglassungsrechtes

I. Die Herstellung neuer Abzüge eines Sammelwerkes

1. **Zu den Begriffen** „Herstellung" vgl. § 17 Rdz. 19 u. „Sammelwerk" vgl. § 4 Rdz. 2.

[2] 2. Das Weglassungsrecht ist an die Herstellung neuer **„Abzüge"** geknüpft. Was hier unter „Abzügen" zu verstehen ist, ist nicht ganz unbestr.. Grundsätzl. ist von der zu § 5 Rdz. 4 gegebenen Begriffs-

bestimmung auszugehen. Das Weglassungsrecht des Verl. ist also an sich nur gegeben, wenn neue Abzüge i. S. dieser Begriffsbestimmung hergestellt werden (so Hoffmann § 19 Anm. 1). Das neuere Schriftt. (Allfeld § 19 Anm. 2, Bappert—Maunz § 19 Rdz. 3) geht jedoch weiter. Für dieses ist „die **Herstellung neuer Abzüge**“ **dann** gegeben, wenn die Druckereipresse zur Erstellung irgendwelcher neuer Abzüge in Bewegung gesetzt werden soll, ganz gleich, ob die neuen Abzüge noch der gleichen oder schon einer neuen Auflage angehören. Einig sind sich die beiden Auffassungen darin, daß das Weglassungsrecht des Verl. bei Herstellung neuer Abzüge der gleichen Auflage besteht. Die darüber hinausgehende Auffassung des neueren Schriftt. hat nur dann Bedeutung, wenn mit den Beiträgern oder dem Herausgeber als Vertreter der Beiträger Verlagsverträge über mehrere Auflagen des Sammelwerkes geschlossen sind (vgl. § 1 Rdz. 63) u. der Verl. (vielfach auch der Herausgeber) sich solcher Beiträger zu Gunsten anderer, etwa besserer oder neuzeitlicherer oder polit. oder wissenschaftl. anders eingestellter Beiträger entledigen möchte. Das ist für die ursprüngl. Beiträger, deren Namen u. polit. u. wissenschaftl. Gewicht ein Sammelwerk nicht selten seine Bedeutung u. seinen Ruf verdankt, nicht eben angenehm. Dennoch scheint der Weg des § 19 der einzige u. zu recht gangbare Weg. Wenn schon der Verl. anläßl. der Herstellung neuer Abzüge der gleichen Auflage gewisse Beiträger ausbooten kann, dann muß ihm diese Befugnis erst recht zustehen, wenn die Herstellung neuer Abzüge anläßlich einer neuen Auflage erfolgt.

II. Das Einverständnis mit dem Herausgeber

[3] 1. Das „**Einverständnis** mit dem Herausgeber“ ist nicht „Einwilligung“ des Herausgebers im Sinne des § 183 BGB, da diese wie jede Art von Zustimmung „nur die privatrechtl. Zustimmung eines bei der Vornahme des Rechtsgeschäftes nicht mitwirkenden Dritten“ ist (Staudinger—Coing § 182 Rdz. 2, Palandt—Danckelmann Einl. 1 vor § 182). Der Herausgeber ist aber nicht Dritter, sondern selber Vertragspartner. Die Ausdrucksweise „Einverständnis mit“ weist hier den Weg, nämlich den des Vertrages. Das Einverständnis mit dem Herausgeber ist ein Vertrag auf Abänderung des ursprüngl. zwischen Verl. u. Herausgeber geschlossenen Vertrages und je nach Art dieses Vertrages verschieden zu beurteilen.

[4] a) Ist der **Vertrag zwischen Verl. u. Herausgeber** ein von diesem **als** bevollmächtigtem oder vollmachtslosem **Vertreter für die**

Beiträger geschlossener Verlagsvertrag (§ 1 Rdz. 63), so bedeutet das „Einverständnis mit dem Herausgeber" eine Änderung des zwischen dem Verl. u. dem Herausgeber als Vertreter der Beiträger geschlossenen Verlagsvertrages. Ob sich hierzu, also zur Erklärung des Einverständnisses mit dem Verl. der Vertreter der Zustimmung der von ihm vertretenen Beiträger zu versichern hat, bestimmt sich nach dem Innenverhältnis zwischen ihnen u. dem Herausgeber (vgl. dazu § 1 Rdz. 63).

[5] b) Ist der **Vertrag zwischen Verl. u. Herausgeber Arbeits-, Dienstvertrag oder Vertrag über Geschäftsbesorgung,** auf Grund deren er den Verl. gegenüber den Beiträgern vertritt (§ 1 Rdz. 60), bedeutet das „Einverständnis mit dem Herausgeber" eine Ergänzung des Vertrags, wodurch der Herausgeber nun mit den einzelnen Beiträgern über die Aufhebung ihrer Verlagsverträge mit ihm u. die Folgen dieser Aufhebung, insbesondere den Honoraranspruch der ausscheidenden Beiträger zu verhandeln hat. Das gleiche gilt, wenn sich der Verl. nicht einmal eines eigenen Herausgebers bedient, sondern selbst der Herausgeber ist. Hier ist er in der Weglassung einzelner Beiträge völlig frei u. bedarf nicht des Einverständnisses mit den ausscheidenden u./oder den übrigen Beiträgern (Bappert—Maunz § 19 Rdz. 5).

[6] 2. Das Einverständnis mit dem **„Herausgeber"** ist erforderlich, **nicht** dagegen (wie oben für einen Einzelfall bemerkt) das Einverständnis **mit dem ausscheidenden und/oder den übrigen Beiträgern** (Allfeld § 19 Anm. 4, Hoffmann § 19 Anm. 2). Das ist unbedenkl., wenn der Herausgeber als bevollmächtigter oder vollmachtsloser Vertreter der Beiträger auftritt (oben Rdz. 4), bedenkl. dagegen im anderen Fall. Denn hier kann es geschehen, daß sich die nicht ausscheidenden Beiträger unvermutet neuen Beiträgern gegenüber sehen, deren politische, wissenschaftl., künstler. oder sonstige Auffassung sie nicht teilen, mit denen sie aber vielleicht zum Schaden ihres Ansehens oder der Einheitlichkeit des Sammelwerkes in diesem zusammengespannt werden.

[7] C. Umfang des Weglassungsrechtes

Der Weglassung dürfen „nur einzelne Beiträge" verfallen. Das Weglassungsrecht darf nicht dazu führen, daß nur noch ein einzelner Beitrag in den neuen Abzügen oder in der neuen Auflage wiedergegeben wird, da damit das Werk seinen Charakter als Sammelwerk verloren hätte. Weggelassen werden darf ferner nur der Einzelbeitrag als Ganzes. Kürzungen im Text oder Weglassung der zu dem Beitrag gehörenden Abbildungen würden das Änderungsverbot des § 13 verletzen (Bappert—Maunz § 19 Rdz. 2).

D. Folgen der berechtigten Weglassung

[8] I. Das **Erlöschen des Vertragsverhältnisses:**

Mit der berechtigten Weglassung eines einzelnen Beitrags aus einem Sammelwerk erlischt das zwischen Verl. und Verf. bestehende Verlagsvertragsverhältnis bezügl. des weggelassenen Beitrags. Der Verl. verliert an ihm endgültig das Vervielfältigungs- u. Verbreitungsrecht u. das Verlagsrecht. Er darf den Beitrag weder gesondert herausgeben (§ 4), noch künftig in eine spätere Auflage dieses Sammelwerks oder in ein anderes Sammelwerk aufnehmen. Der Verf. dagegen kann völlig frei über den Beitrag anderweitig verfügen. An die zeitl. Schranken des § 3 ist er nicht mehr gebunden, da ein Verlagsverhältnis nicht mehr besteht. (Hoffmann § 19 Anm. 4, Allfeld § 19 Anm. Bappert—Maunz § 19 Rdz. 6).

[9] II. Der **Honoraranspruch des Verf.** wird durch die Weglassung seines Beitrags nicht berührt. (Allfeld § 19 Anm. 5, Bappert—Maunz a. a. O.; a. A. Hoffmann § 18 Anm. 1 d, der jeden Honoraranspruch leugnet). War nach dem Verlagsvertrag die Vergütung nach dem Werkumfang (Zahl der Druckbogen) oder nach dem Absatz oder als Gewinnanteil bestimmt worden, so ist die Höhe der Vergütung nach dem verständigermaßen zu erwartenden Werkumfang, Absatz oder Gewinn zu bemessen. Ob eine Verpflichtung des Verf. besteht, sich auf die Höhe seines Honorars das anrechnen zu lassen, was er infolge Erlöschens des Verlagsvertragsverhältnisses an Aufwendungen erspart oder durch anderweitige Verwendung seiner Arbeitskraft erwirbt oder zu erwerben böswillig unterläßt, ist bestr. Die überwiegende Meinung (Allfeld § 18 Anm. 4, Hoffmann a. a. O., Bappert—Maunz § 18 Rdz. 8) leugnet, da der Wortlaut des insoweit entspr. anzuwendenden § 18 eine entspr. Anwendung des § 649 BGB nicht zuläßt (a. A. Voigtländer—Elster § 18 Anm. 2; das bei Bappert—Maunz a. a. O. angegebene Zitat aus Ulmer ist dort nicht zu finden).

§ 20

Der Verleger hat für die Korrektur zu sorgen. Einen Abzug hat er rechtzeitig dem Verfasser zur Durchsicht vorzulegen.

Der Abzug gilt als genehmigt, wenn der Verfasser ihn nicht binnen einer angemessenen Frist dem Verleger gegenüber beanstandet.

[1]

A. Vorbemerkungen

Die Vorschrift enthält als Ausfluß der Verpflichtung des Verl., für die zweckentsprechende und übl. Vervielfältigung des Werkes zu sorgen (§ 14 Satz 1), seine Verpflichtung, für die Korrektur zu sorgen [2], einen Abzug der Korrektur rechtzeitig dem Verf. zur Durchsicht vorzulegen [13] und ihn als genehmigt zu betrachten, wenn der Verf. ihn nicht beanstandet [17].

B. Die Sorge des Verl. für die Korrektur

[2] I. Die Vorschrift, wonach der Verl. für die Korrektur zu sorgen habe, enthält eine Selbstverständlichkeit; denn jeder Verl. sorgt für die Korrektur des Werkes durch die sog. Hauskorrektur, die zur Beseitigung rein techn. Druckfehler und Druckmängel gelesen wird (Hoffmann § 20 Anm. 1, Bappert—Maunz § 20 Rdz. 2). Die Vorschrift kann also nur bedeuten, daß sie eine **über die Hauskorrektur hinausgehende Korrektur** verlangt.

II. Für diese Korrektur hat der Verl. zu sorgen

[3] 1. **Gegenstand der Korrektur** sind die Druckfahnen, aber auch die Druckbogen nach dem Umbruch. Die Korrektur, für die der Verl. zu sorgen hat, ist also Fahnenkorrektur, aber auch Bogenrevision (Ulmer S. 342 Ziff. I 3, Bappert-Maunz § 20 Rdz. 9).

[4] 2. **Inhalt der Verpflichtung des Verl.** ist es, für die Korrektur zu **„sorgen“**. Der Verl. muß also die Korrektur nicht selbst besorgen. Er genügt seiner Verpflichtung, wenn er auf irgendeine Weise dafür sorgt, daß die Korrekturfahnen korrigiert werden. Das kann im Verlag selbst geschehen oder auf Grund des Verlagsvertrages oder der Verkehrssitte durch den Verf. Es entspricht also nicht dem Gesetz, wenn im Schriftt. (Bappert—Maunz § 20 Rdz. 1, 9) der

„Korrektur nach dem Gesetz", mit der die Verlegerkorrektur gemeint ist, die „Korrektur in der Verlagspraxis", also die Verfasserkorrektur gegenübergestellt wird. Beide sind Ausfluß der gleichen Verpflichtung des Verl., für die Korrektur zu sorgen. Abgestellt werden muß daher darauf, wo sich diese Sorge des Verl. in Verleger- u. wo sie sich in Verfasserkorrektur ausdrückt.

[5] a) **Verlegerkorrektur,** die der Verl. natürl. nicht selbst vornehmen muß, sondern durch seine Mitarbeiter vornehmen lassen kann, die dann insoweit seine Erfüllungsgehilfen im Sinne des § 278 BGB sind, ist die fast ausschließl. Regel bei periodisch erscheinenden Druckwerken, die so rasch in Druck gehen müssen, daß eine Verfasserkorrektur nicht möglich ist. Das sind Zeitungen (vgl. auch Voigtländer—Elster § 20 Anm. 1), Illustrierte aller Art, aber auch amtl. Anzeiger, wie Gesetz- und Verordnungsblätter, Staatsanzeiger u. dergl. Bei den amtl. Anzeigern findet eine Verfasserkorrektur, hier durch den zuständigen Referenten nur in nicht eiligen Sachen u. nur auf bes. Verlangen des Referenten statt.

[6] b) **Verfasserkorrektur** erfolgt in allen übrigen Fällen. Die Rechtsgrundlage ist

aa) regelmäßig der **Verlagsvertrag.** In den meisten Verträgen, insbesondere in den Normal- u. Formalverträgen ist vorgesehen, daß der Verf. ohne besondere Vergütung u. ohne Verzögerung die Fahnenkorrektur übernimmt (Voigtländer—Elster a. a. O., Bappert—Maunz § 20 Anm. 9). Erfüllt der Verf. diese von ihm vertragl. übernommene Korrekturverpflichtung nicht binnen angemessener Frist, so kann der Verl. auf Kosten des Verf. die Korrektur durch geeignete dritte Personen erledigen lassen, die aber im Hinblick auf das Änderungsverbot des § 13 nur zur Verbesserung von Druckmängeln u. offensichtl. Unrichtigkeiten berechtigt sind. Der Verl. kann aber auch, da der dem Verf. vorgelegte Korrekturabzug nach § 20 Abs. 2 binnen angemessener Frist als genehmigt gilt, mit der Vervielfältigung des Werkes fortfahren u. sogar mit dem Ausdruck beginnen. Ob der Verf. dann auch noch zu diesem Zeitpunkt auf Grund seines Urheberpersönlichkeitsrechts die nachträgl. Berücksichtigung geplanter Korrekturen verlangen kann, hängt von den Umständen des Einzelfalles ab. Die Frage wird zu bejahen sein, wenn den Verf. an der Unterlassung der fristgemäßen Überprüfung des Korrekturabzugs kein Verschulden trifft. Andernfalls wird der Verf. in entsprechender Anwendung der für Änderungen geltenden Grundgedanken des § 12 die Kosten des allfälligen Neudrucks dem Verl. zu ersetzen haben, es sei denn, daß dieser unter Hinweis auf seine berechtigten Interessen den Neudruck überhaupt ablehnen kann (Bappert—Maunz a. a. O.).

[7] bb) Im übrigen die **Verkehrssitte.** Diese geht dahin, daß der Verf. auch ohne bes. Vereinbarung die Fahnenkorrektur unentgeltl. u. unverzügl. vorzunehmen hat (Ulmer S. 342 Ziff. I 3). Von dieser Verkehrssitte ist bei der Auslegung von Verlagsverträgen auszugehen, auch wenn die Korrekturverpflichtung des Verf. im Einzelfalle nicht ausdrückl. vereinbart wurde (Voigtländer—Elster a. a. O., Bappert—Maunz § 20 Anm. 10).

[8] 3. **Durchführung:** Nach § 20 Abs. 1 S. 2 hat der Verl. dem Verf. einen Korrekturabzug rechtzeitig zur Durchsicht vorzulegen.

a) Diese Vorschrift gilt **nur bei Verfasserkorrektur** u. auch hier gem. § 43 S. 2 **nicht bei Sammelwerken** (Voigtländer—Elster § 43 Anm. 2, Allfeld § 20 Anm. 4, Bappert—Maunz § 20 Rdz. 6). Im übrigen vgl. die Anm. zu dieser Bestimmung.

[9] b) Der Verl. braucht **nur einen Abzug** dem Verf. vorzulegen. Bringt der Verf. auf diesem erhebl. Änderungen (§ 12), wie Zusätze, Umarbeitungen ganzer Abschnitte usw. an, so kann er verlangen, daß ihm noch ein weiterer, seine Änderungen bereits berücksichtigender sog. Revisionsabzug zur Überprüfung übermittelt werde. Zur Vornahme abermaliger sachl. Änderungen an diesem Revisionsabzug ist der Verf. dann nicht mehr berechtigt. Im übrigen entspricht die Vorlage auch des Revisionsabzugs verlegerischer Verkehrssitte (Bappert—Maunz § 20 Rdz. 5).

[10] c) Die Vorlage muß **rechtzeitig** erfolgen. Unter „rechtzeitig" wird im Schriftt. (Bappert—Maunz § 20 Rdz. 20) „sofort nach Fertigstellung" verstanden. Das trifft jedoch den Begriff nicht, weil es auf die Herstellung der Fahnen u. nicht auf den Umbruch ausgerichtet ist. „Rechtzeitig" bedeutet vielmehr „so rechtzeitig, daß der Verf. Korrekturen u. die ihm nach § 12 zustehenden Änderungen anbringen kann." Damit nähert sich „rechtzeitig" dem „angemessen" im Sinne von § 17 Rdz. 17.

[11] **4. Begriff und Wesen des „Vorlegens":**

Der **Begriff** des „Vorlegens" ist im Gesetz nicht bestimmt. Zu seiner Bestimmung muß daher das bürgerl. Recht herangezogen werden. Darnach ist „Vorlegung" eine Handlung, durch die dem anderen der Gegenstand tatsächlich zur Hand oder doch vor Augen gestellt u. seiner sinnl. Wahrnehmung unmittelbar zugängl. gemacht wird (Staudinger—Müller § 809 Rdz. 6, Palandt—Thomass § 809 Anm. 1 mit Nachweisungen). Damit ist jedoch nur der äußere Teil des „Vorlegens" umrissen. Dem **Wesen** des „Vorlegens" kommt man schon näher, wenn man auf seinen Zweck abstellt. Dieser geht dahin, es dem Verf. zu ermöglichen, noch vor Beendigung der Drucklegung etwaige technische Mängel, insbes. Druckfehler, festzustellen und zu beanstanden. Gelegentl. der Durchsicht des Korrekturabzugs kann er aber auch weitergehende, Form u. Ausstattung der Abzüge betreffende Mängel rügen, die Beseitigung eigenmächtig vom Verl. angebrachter Änderungen (§ 13) verlangen u. vor allem von seinem Änderungsrecht nach § 12 Abs. 1 u. 3 Gebrauch machen (Bappert—Maunz § 20 Rdz. 2). Der Zweck des „Vorlegens" ist es also, den Verf. zu einer Tätigkeit („Durchsicht") u. zu einer Erklärung („Genehmigung", „Beanstandung") aufzufordern. Soweit das „Vorlegen" Aufforderung zu einer Tätigkeit ist, ist es rechtl. belanglos. Anders dagegen, soweit es zu einer Erklärung auffordert. Hier reiht es sich in die bürgerl.-rechtl. Fälle ein, die von der Aufforderung zu einer Erklärung, insbes. zu einer Genehmigung handeln, etwa §§ 108 Abs. 2, 177 Abs. 2, 1829 Abs. 2 BGB. Eine solche Aufforderung ist eine einseitige empfangsbedürftige u. darum den Vorschriften der §§ 130, 131 BGB unterliegende Erklärung (Staudinger—Coing § 108 Rdz. 6, enger Palandt—Danckelmann Überbl. 1 d vor § 104). An sie in der dem Verf. vorgelegten Form ist daher der Verl. gebunden. Demgemäß kann er, auch wenn ihm dies auf Grund des Verlagsvertrags oder des § 13 Abs. 2 zusteht, an den Korrekturfahnen in der dem Verf. vorgelegten Form Änderungen nicht mehr vornehmen.

[12] 5. **Unterläßt der Verl.** die Vorlage des Korrekturabzugs, so liegt hierin eine Verletzung des Verlagsvertrags im Sinne des § 32, die den Verf. zum Rücktritt vom Verlagsvertrag oder zu Schadensersatz wegen Nichterfüllung, daneben aber auch zur Geltendmachung etwaigen Verzugschadens berechtigt (§ 30 Abs. 4; Bappert—Maunz § 20 Rdz. 3).

C. Behandlung des Korrekturabzugs durch den Verf.: § 20 Abs. 2

[13] **I. Behandlung im allg.:** Aus der Fassung des Abs. 2 ergibt sich, daß der Verf. die Korrektursendung, u. zwar in der Fahne wie im Umbruch zu beachten u. sachgemäß zu behandeln hat (Voigtländer—Elster § 20 Anm. 2). Sachgemäße Behandlung ist es nicht, wenn der Verf. die Sendung unbeachtet liegen läßt oder gar vernichtet. Nach dem das Verlagsvertragsverhältnis beherrschenden Grundsatz von Treu und Glauben muß von ihm erwartet werden, daß er sich zu den ihm vom Verl. vorgelegten Korrekturbogen erklärt.

II. Die Erklärung des Verf. kann ausdrückl., stillschweigende oder unterstellte Genehmigung, „Beanstandung" oder Ablehnung sein.

1. Die Genehmigung.

[14] a) **Form:** Die Erteilung kann ausdrückl. oder stillschweigend durch Rücksendung der korrigierten Druckbogen (Hoffmann § 20 Anm. 3, Voigtländer—Elster § 20 Anm. 2) erfolgen u. wird gem. § 20 Abs. 2 unterstellt, wenn der Verf. die Druckbogen nicht binnen angemessener Frist (vgl. dazu § 17 Rdz. 17) beanstandet hat. Über die „Beanstandung" siehe unten Rdz. 17 ff.

[15] b) **Inhalt:** Die Genehmigung bezieht sich, wie der Zusammenhang mit dem Korrekturrecht zeigt, nur auf die Tatsache der Druckfertigkeit. Auf die Form u. die Ausstattung der Abzüge, die Qualität des Satzes u. dgl. kann sie sich schon deshalb nicht erstrecken, weil diese sich aus dem Korrekturbogen noch nicht sicher erkennen lassen (Allfeld § 20 Anm. 3; a. A. Hoffmann a. a. O.; vermittelnd Bappert—Maunz § 20 Rdz. 7).

[16] c) **Wesen:** Die Genehmigung hat nichts mit der Genehmigung des § 184 BGB zu tun, die die privatrechtl. Zustimmung eines bei der Vornahme eines Rechtsgeschäftes nicht mitwirkenden „Dritten" ist (Staudinger—Coing § 182 Rdz. 2, Palandt—Danckelmann Einleitung 1 vor § 182). Sie ähnelt wesensmäßig der „Zustimmung", die gemäß § 709 Abs. 1 BGB die Gesellschafter zur Geschäftsführung eines von ihnen zu erteilen haben. Diese ist einseitige, empfangsbedürftige Willenserklärung (Staudinger—Kessler § 709 Rdz. 3). Zutreffend erachtet daher auch das verlagsrechtl. Schriftt. die Genehmigung des § 20 als einseitige empfangsbedürftige Willenserklärung im Sinne der §§ 130, 131 BGB (Allfeld a. a. O.). Der Verf., der aus-

drückl. oder stillschweigend die Korrekturbogen genehmigt hat oder dem nach § 20 Abs. 2 die Genehmigung unterstellt wird, ist an diese gebunden.

2. Die Beanstandung.

[17] a) **Form und Inhalt** der Beanstandung sind nicht vorgeschrieben. Der Verf. muß nur dem Verl. auf irgendeine Weise, etwa schriftl., mündl., fernmündl., telegrafisch zum Ausdruck bringen, daß u. warum er mit den Korrekturbogen in der ihm vorgelegten Gestalt nicht einverstanden ist. Üblicherweise wird die Beanstandung durch die Korrekturen zum Ausdruck gebracht. Wo solche nicht (mehr) möglich sind (Aushängebogen), muß der Verf. eine andere Form wählen.

[18] b) **Wesen:** Nach dem Schriftt. (Bappert—Maunz § 20 Rdz. 7) ist die „Beanstandung" eine einseitige empfangsbedürftige Willenserklärung im Sinne der §§ 130, 131 BGB. Damit ist jedoch nur gesagt, daß sie, um den Verf. zu binden, dem Verl. zugehen muß, nichts dagegen über die Wirkung der „Beanstandung" auf den Verl. Diese ergibt sich daraus, daß die „Beanstandung" ihrem Wesen nach eine unter einer aufschiebenden Bedingung erteilte Genehmigung im verlagsrechtl. Sinne ist: Der Verf. genehmigt die Korrekturabzüge unter der Bedingung, daß der Verl. die Korrekturen ausführt. Die „Beanstandung" stellt also den Verl. vor die Wahl, ob er sie beachten, also die Korrekturen des Verf. ausführen will oder nicht. Eine Verpflichtung des Verl. sie auszuführen, wie sie das Schriftt. (Voigtländer—Elster § 20 Anm. 2) annimmt, begründet die „Beanstandung" nicht.

[19] aa) **Führt der Verl. die Korrekturen des Verf. aus,** erfüllt er die Bedingung des Verf. für die Erteilung der verlagsrechtl. Genehmigung der Korrekturbogen. Die Vervielfältigung in dieser genehmigten Gestalt ist daher Rechtens u. selbst dann unwiderrufl., wenn dem Verf. etwa über der Durchsicht der Aushängebogen Bedenken gegen seine Genehmigung gekommen sein sollten.

[20] bb) **Führt der Verl. die Korrekturen des Verf. nicht aus,** erfüllt er die Bedingungen des Verf. für die Erteilung der verlagsrechtl. Genehmigung nicht. Das Werk in der unkorrigierten Gestalt entbehrt daher der verlagsrechtl. Genehmigung des Verf. Die Rechtslage ist damit die gleiche, wie wenn der Verl. vom Verf.

berechtigt verfügte Änderungen nicht beachtet; hierüber vgl. § 12 Rdz. 9.

[21] 3. Das gleiche gilt, wenn der **Verf. den Korrekturbogen ausdrückl. ablehnt und der Verl. dennoch druckt.** Daß jedoch Stillschweigen gegenüber dem Korrekturbogen nicht schlechthin als Ablehnung gilt (§ 20 Abs. 2) wurde Rdz. 14 dargetan.

D. Kosten der Korrektur

[22] I. **Grundsatz:** Die Kosten der innerhalb des Verlags- und Druckereibetriebs vorgenommenen Korrektur einschließl. der Kosten der Versendung der Korrektur- u. Revisionsabzüge an den Verf. hat der Verl. zu tragen. Für sachl. Änderungen, die der Verf. bei Durchsicht des Korrekturabzugs vornimmt, gilt § 12 Abs. § (Allfeld § 20 Anm. 1, Hoffmann § 20 Anm. 4, Bappert—Maunz § 20 Rdz. 8).

[23] II. Es ist aber übl. und wird oft in Verträgen ausdrückl. **vereinbart,** daß der Verf. die Kosten für spätere Änderungen im fertigen Satz zu bezahlen hat, wenn sie das gewöhnl. Maß überschreiten, also etwa über 10 v. H. der Satzkosten hinausgehen u. nicht durch bes. Umstände gerechtfertigt sind. Auch die Normalverträge enthalten diese Bestimmung. Das beruht darauf, daß der Verf. verpflichtet ist, eine druckfertige Vorlage zu liefern. Satzfehler, die von der Druckerei verschuldet sind, gehen natürl. auf deren Rechnung. Die genannten 10 v. H. sind auf die reinen Satzkosten (einschl. der Satzerschwerungen, Aufschlägen u. dgl., aber nicht der Druckkosten) zu beziehen (Voigtländer—Elster § 20 Anm. 2).

E. Mittelbare Auswirkungen des § 20 sind in § 1 Rdz. 111 dargestellt.

§ 21

Die Bestimmung des Ladenpreises, zu welchem das Werk verbreitet wird, steht für jede Auflage dem Verleger zu. Er darf den Ladenpreis ermäßigen, soweit nicht berechtigte Interessen des Verfassers verletzt werden. Zur Erhöhung dieses Preises bedarf es stets der Zustimmung des Verfassers.

[1] A. Vorbemerkungen

I. Die Vorschrift behandelt das Nebenrecht des Verl., den sog. Ladenpreis [3 ff.] (zunächst) zu bestimmen u. (nachträgl.) zu ermäßigen [17 ff.] oder zu erhöhen [25 ff.].

[2] II. **Die Vorschrift ist nachgiebigen Rechtes,** also vertragl. Regelung zugängl. (allg. Ansicht; Voigtländer—Elster § 21 Anm. vor 1; Allfeld § 21 Anm. 1 a E). So kann insbes. der Verl. dem Verf. ein Mitbestimmungsrecht bei der Festsetzung des Ladenpreises einräumen. Der Ladenpreis kann auch von vornherein zwischen Verf. u. Verl. vertragl. festgesetzt werden. Es kann vereinbart werden, daß der Verl. nur mit Zustimmung des Verf. den Ladenpreis herabsetzen oder erhöhen darf. Die vertragl. Abrede kann aber auch dahin lauten, daß der Verl. völlig frei nicht nur den Ladenpreis festsetzt, sondern auch über Ermäßigung u. Erhöhung ungebunden bestimmt (Bappert—Maunz § 21 Rdz. 3).

B. Der Ladenpreis

[3] **I. Begriff:** „Ladenpreis" ist der vom Verl. festgesetzte Preis, zu dem das einzelne Vervielfältigungsexemplar an das Publikum, nämlich die Abnehmer, die das Buch zum eigenen Gebrauch u. nicht für gewerbsmäßige Weiterverbreitung erwerben, verkauft werden soll (Bappert—Maunz a. a. O. Rdz. 1), also der Betrag, um den der Letztverkäufer das Werk an das Publikum abzugeben verpflichtet ist (Dittrich S. 166).

II. Bedeutung: Der Ladenpreis bestimmt

[4] 1. den **Absatz des Werkes.** Ein mindestens nach Meinung des Publikums übersetzter Ladenpreis verhindert in aller Regel einen größeren Absatz. Die Grenzen nach oben sind die Verkaufsfähigkeit des Buches bei dem in Betracht kommenden Leserpublikum, dessen Kaufkraft, das Ansehen oder Bekanntsein des Verf., die Konkurrenzfähigkeit gegenüber gleichen oder ähnl. Werken u. andere nicht real abwägbare oder berechenbare Faktoren. Wenn schon Verl. erklärt haben, daß sie den Preis eines Buches nach dem Gefühl bestimmen, so klingt dies zunächst unbegreifl. Es liegt aber in einer solchen Äußerung auch eine gewisse Wahrheit u. Wirklich-

keit, wie jeder erfahrene Verl. bestätigen wird (Bappert-Maunz Rdz. 3, Dittrich S. 167).

[4 a] 2. Bei Absatzhonorar den **wirtschaftl. Ertrag des Werkes** für den Verf. Vgl. hierüber § 24 mit den Anm. hierzu.

III. Umfang: Der Ladenpreis des „Werkes". Wenn der Gesetzgeber von dem „Ladenpreis, zu welchem das Werk verbreitet wird", spricht, ist das in mehrfacher Hinsicht ungenau. Denn

[5] 1. **das Werk ist nicht notwendig zeitl. und ausstattungsmäßig eine Einheit.**

a) Das **„Werk"** bedeutet hier die in Frage stehende Auflage des Werkes (Voigtländer—Elster a. a. O. Anm. 5; Bappert—Maunz a. a. O. Rdz. 4). Die Bestimmung des Ladenpreises steht daher dem Verl. bei jeder Auflage neu zu, so daß der Ladenpreis der neuen Auflage von dem der früheren abweichen kann (Hoffmann § 21 Anm. 2, Allfeld § 21 Anm. 1).

b) Das „Werk", näml. die hier in Frage stehende Auflage bedeutet nicht **eine bestimmte Ausstattung des Werkes.** Eine Auflage des Werkes kann näml. in verschiedenen Ausgaben u. verschiedener Ausstattung (Pracht-, Volks-, Jugendausgabe usw.) erscheinen. Der Verl. kann jeweils für jede der verschiedenen Ausgaben u. Ausstattungen auch einen verschiedenen Ladenpreis festsetzen. Der Verl. kann außerdem einen verschiedenen Preis für das gebundene u. das ungebundene (broschierte) Exemplar festsetzen. Die Preisdifferenz ist dabei grundsätzl. in sein freies Ermessen gestellt (Bappert—Maunz a. a. O. Rdz. 5). Ist allerdings das Honorar für den Verf. auch nach Prozenten des Ladenpreises für broschürte Exemplare zu zahlen, hat der Verl. auf die Interessen des Verf. Rücksicht zu nehmen und, wenn er vorwiegend mit dem Absatz gebundener Abzüge rechnet, eine unverhältnismäßig große Spannung zwischen den beiden Ladenpreisen zu vermeiden, wenn er nicht gegen Treu u. Glauben verstoßen u. dadurch ein Rücktrittsrecht des Verfassers erzeugen will (Allfeld a. a. O., Voigtländer—Elster a. a. O. Anm. 6, Dittrich S. 160).

[6] 2. **Das Werk ist auch räuml. nicht eine Einheit.** Der Verleger kann daher für Inland und Ausland gesonderte Ladenpreise bestimmen (allg. Ansicht: vgl. Bappert—Maunz a. a. O.).

IV. Ausnahmen vom Ladenpreis gelten

[7] 1. **nur für das Antiquariat.** Den Verkaufspreis für die antiquarischen Exemplare setzt der Antiquar fest, ohne daß Verl. oder Verf. dagegen Einspruch erheben können. Als antiquarisch werden nicht nur die bereits in der Hand des Publikums gewesenen Werke angesehen, sondern auch solche, die durch eine neue Auflage überholt, veraltet oder vom Verleger aus ähnl. Gründen („Restauflage“) dem „modernen Antiquariat“ zum Vertrieb geliefert worden sind. (Hoffmann § 21 Anm. 1 c/aa, Bappert—Maunz a. a. O. Rdz. 7 b);

2. **nicht** in zwei Fällen, in denen sie zu gelten scheinen, näml.

[8] a) **bei Subskriptionen.** Der sog. Subskriptionspreis kann für die Subskribenten niedriger angesetzt werden als der Ladenpreis für die anderen Käufer. Der Verl. muß den Zeitpunkt festsetzen, bis zu dem er die Exemplare zu diesem Vorzugspreis abgibt. Nach dem vollständigen Erscheinen des Werkes darf der Verl. den Subskriptionspreis nicht mehr beibehalten (über die Verpflichtung der Subskribenten zur Abnahme des Werkes vgl. Bappert in BBl. 1951, 481; Bappert—Maunz a. a. O. Rdz. 7 a; über die Verpflichtung des Subskribenten, mit Rücksicht auf die Gesamtheit der Subskripierenden auch bei verzögertem Erscheinen der Lieferungen diese abzunehmen, vgl. LG Potsdam: BBl. 1924 Nr. 243; Hoffmann a. a. O. bb).

[9] b) **bei Direktbestellung vom Verlag.** Hier muß der Verl. den festgesetzten Ladenpreis auch dann einhalten, wenn er nicht über das Sortiment, sondern unmittelbar an den Besteller ausliefert (über die Direktlieferung durch den Verlag vgl. näher Bappert a. a. O. S. 81 ff. u. Bappert—Maunz a. a. O. Rdz. 8).

C. Die Bestimmung des Ladenpreises

[10] I. Der **Begriff** der „Bestimmung“ ist im Gesetz nicht umrissen, im Schriftt. bisher nicht erörtert worden und auch dem bürgerlichen Recht nicht zu entnehmen. Er umfaßt, was nicht immer auseinandergehalten wird (vgl. Bappert—Maunz a. a. O. Rdz. 3, Dittrich S. 167)

[11] 1. die **Festsetzung des Ladenpreises.** Dies ist ein rein geschäftsinterner Vorgang des Verl., der im Schriftt. (Bappert—Maunz a. a. O., Dittrich a. a. O.) zutreffend als „schwierige“ Kunst bezeich-

net wird. Aus dem Wesen der Festsetzung als geschäftsinternem Vorgang des Verl. ergibt sich, daß Vor-Anzeigen aller Art nicht die „Festsetzung“ im gesetzl. Sinne sind. Wird in der Voranzeige des Werkes (sei es im Börsenblatt, in Prospekten oder auf andere Weise) ein Preis genannt, so hat der Verl. dadurch den Ladenpreis i. S. des § 21 noch nicht „bestimmt“. Er kann ihn beim endgültigen Erscheinen des Werkes auch ohne Zustimmung des Verf. davon abweichend festsetzen (Hoffmann § 21 Anm. 1 d, Bappert—Maunz a. a. O. Rdz. 6);

[12] 2. die **Bekanntmachung des** festgesetzten **Ladenpreises** durch den Verl. Der festgesetzte Ladenpreis muß ordnungsgemäß u. unmittelbar vor oder mit dem Erscheinen des Werkes bekanntgemacht (Allfeld § 21 Anm. 1, Hoffmann a. a. O., Bappert—Maunz § 21 Rdz. 6) oder (wie in Österreich) angezeigt werden (Dittrich a. a. O.). Wem gegenüber die Bekanntmachung oder Anzeige zu erfolgen hat, ist allerdings streitig.

[13] a) Nach herrsch. Auff. (Allfeld a. a. O., Hoffmann a. a. O., Bappert—Maunz a. a. O., Dittrich a. a. O.) hat die Bekanntmachung oder Anzeige in dem hierfür bestimmten buchhändlerischen Blatt, in der BRD im Börsenblatt der deutschen Buchhändler, in Österreich im Anzeiger für den Buch-, Kunst- und Musikalienhandel zu erfolgen. Diese Meinung hat jedoch weder den Wortlaut noch die Systematik des Gesetzes für sich: Den Wortlaut nicht, weil § 21 hierüber nichts enthält, die Systematik nicht, weil das Gesetz eine neben oder außerhalb der Vertragsparteien stehende Einrichtung, an die mit Wirkung für die Vertragsparteien bekanntgemacht oder angezeigt werden kann, nicht kennt. Der Blick auf die Preisbindung der Verlagswerke scheint hierfür den Blick zu trüben.

[14] b) Zutreffend wird daher (von Goldbaum S. 395 Bemerkung 2, irrig Dittich S. 167 Fn. 257) angenommen, daß die Bekanntmachung oder Anzeige gegenüber dem Verf. als dem einzigen noch an dem Verlagsvertrag Beteiligten zu erfolgen habe. Diese Annahme wird auch der Systematik des Gesetzes gerecht. Dieses kennt in § 7 eine Anzeige an den Verf. Es liegt daher im Rahmen des Gesetzes, auch hier eine Anzeige an den Verf. für erforderlich zu halten. Wenn demgegenüber auf die gegenteilige buchhändlerische Verkehrssitte hingewiesen wird (Bappert—Maunz a. a. O.), so vermag dieser Hinweis um so weniger durchzuschlagen, als die gleiche buchhändlerische Verkehrssitte die Mitteilung des Ladenpreises an den

Verf. verlangt (Bappert—Maunz a. a. O.). Der Verf. muß schließlich gerade bei Absatzhonorar wissen, mit welchem Ertrag seines Werkes er ungefähr rechnen kann.

II. Die **Wirkung der Bestimmung des Ladenpreises** wird im Schriftt. nur ganz allg. umschrieben (vgl. etwa Hoffmann a. a. O., Bappert—Maunz a. a. O.). Sie besteht

[15] 1. in der **Bindung des Verl. an den** von ihm bestimmten **Ladenpreis,** und zwar nur gegenüber dem Verf.

a) Das ist für die Vertreter der Auffassung, daß die Bekanntmachung des Ladenpreises gegenüber dem Verf. zu erfolgen habe, auf Grund der dem § 7 ähnl. Rechtslage (vgl. dort Rdz. 9 ff.) eine Selbstverständlichkeit, für die Verfechter der gegenteiligen Auffassung nicht ganz so einfach, so daß sie sich zum gleichen Ergebnis ohne jegl. Begründung bequemen müssen. Das zeigt am deutlichsten der Fall, wenn die Abweichung von dem vom Verl. bestimmten Ladenpreis nicht von ihm, sondern vom Sortimenter erfolgt. Hier kann sich der Verf. doch nur an den Verl. halten, da er zu dem Sortimenter in keinerlei Rechtsverhältnis steht (vgl. Riezler b. Ehr. S. 37; Lobe R. u. U. 27, 101). Vom Verl. kann er verlangen, daß er die Sortimenter vertragsmäßig zur Einhaltung des Ladenpreises verpflichtet u. gegen sie, wenn sie ihre Verpflichtung verletzen, einschreitet (Allfeld a. a. O. Anm. 4). Wenn aber, wie auch von dieser Auffassung anerkannt, die Bestimmung des Ladenpreises den Verl. nur im Verhältnis zum Verf. bindet, wozu dann die Bekanntmachung oder Anzeige in einer Zeitschrift?

b) Dieser innervertragl. Bindung des Verl. entspricht die Regelung im Satz 2 und 3 dieser Bestimmung, worüber unten Rdz. 17 ff. zu handeln ist.

[16] 2. **nicht in einer Einschränkung der Verbreitungsbefugnis mit** dingl. Wirkung; denn sie bezieht sich nicht auf den Umfang der Verbreitungsbefugnis, regelt vielmehr die Ausübung dieser Befugnis durch den Sortimenter, auf den der Verl. mit dem Eigentum an Abzügen des Werkes auch die Verbreitungsbefugnis überträgt. Wenn also der Sortimenter oder irgendein Dritter, der vom Sortimenter Abzüge zwecks Weitervertriebs erwirbt, sich nicht an die Bestimmungen des Ladenpreises durch den Verl. hält, kann der Verl. trotz seines Verlagsrechts hiergegen nicht einschreiten (ebenso RGZ 63 S. 394, RGSt. 39, 108). Der Verl. kann eine urheberrechtl. wirksame Bindung der Vervielfältigungsstücke nur insoweit entstehen lassen,

insoweit sie ihm der Verf. hinsichtl. der gewerbsmäßigen Verbreitung seines Werkes nach Zeit, Ort oder Art und Weise (Auflage, Ausgabe) gesetzt hat. Daß die Ladenpreisbestimmung nach Ausübung der Verbreitungsbefugnis durch den Verl. oder Sortimenter wirkungslos wird, ergibt sich aus allg. Grundsätzen. Denn der Käufer der Bücher wird durch Einigung u. Übergabe Eigentümer der Abzüge wie jeder anderen bewegl. Sache, ohne irgendwelchen Beschränkungen hinsichtl. seines Eigentums zu unterliegen. Hierdurch wird aber das Recht des Verl., seinen Verbreitungsgehilfen, insbesondere den Sortimentern, vertragl. die Einhaltung des Ladenpreises aufzuerlegen, nicht berührt, da diese Bindung sich auf die Ausübung der Verbreitungsbefugnis bezieht. Diese Bindung ist rein obligatorisch, erzeugt also nur Schadensersatzansprüche des Verl. gegenüber dem diese Bindung nicht einhaltenden Sortimenter (Hoffmann a. a. O. Anm. 1 c). Insoweit kann er sich gegenüber der Preisunterbietung durch Außenseiter gegebenenfalls auf §§ 1 UWG, 826 BGB berufen: Der Außenseiter handelt sittenwidrig, wenn er die festgesetzten Preise beim Absatz von Exemplaren unterbietet, die er nur unter Ausnutzung fremden Vertragsbruchs ohne Übernahme der Bindung zu erwerben vermochte. Vgl. dazu OLG München: NJW 1955 S. 1684 (Ulmer S. 345 Ziff. IV 1, zu Unrecht dagegen Hoffmann a. a. O.; allg. auch BGH: NJW 1964, 917). Jedoch liegt keine Verleitung zum Vertragsbruch vor, wenn der Endverbraucher dem Buchhändler ansinnt, ihm einen Preisnachlaß auf preisgebundene Bücher zu gewähren, da es hier an der Vorstellung fehlt, hierdurch könnten vertragl. Pflichten verletzt werden (Palandt—Thomas § 826 Anm. 8 q).

D. Ermäßigung u. Erhöhung des Ladenpreises

Aus der durch die Bestimmung des Ladenpreises durch den Verl. gegenüber dem Verf. sich ergebenden Bindung des Verl. an den Ladenpreis ergibt sich, daß er diesen grundsätzl. weder ermäßigen noch erhöhen darf.

[17] I. Die Ermäßigung des Ladenpreises

1. Die Vorschrift, wonach der Verl. den Ladenpreis ermäßigen darf, soweit nicht berechtigte Interessen des Verf. verletzt werden, ist durch die Entwicklung, insbes. die immer weitere Verbreitung des Absatzhonorars in ihr Gegenteil verkehrt (vgl. Voigtländer—Elster § 21 Anm. 3), genauer gesagt, der wirkl. Rechtslage angepaßt

worden. Sie muß nunmehr so behandelt werden, als laute sie: Der Verl. darf den Ladenpreis ohne Zustimmung des Verf. nur ermäßigen, wenn berechtigte Interessen des Verf. nicht verletzt werden.

[18] 2. **„Ermäßigung“** bedeutet nicht nur die Herabsetzung des Ladenpreises, sondern auch seine völlige Aufhebung. Sie ist der Ermäßigung gleichzusetzen, da beide ein Weniger gegenüber dem festgesetzten Ladenpreis darstellen. Die Aufhebung des Ladenpreises kann durch Bekanntmachung in buchhändlerischer Weise oder durch tatsächl. Maßnahmen erfolgen, die eine Aufhebung in sich schließen, z. B. Gewährung eines Buches als Prämie für Zeitungsleser. Nach Aufhebung des Ladenpreises können die Abdrücke zu beliebigen Preisen verkauft werden. (Hoffmann a. a. O. Anm. 3 c, Bappert—Maunz a. a. O. Rdz. 11).

[19] 3. Die **„berechtigten Interessen des Verf.“** Was unter „berechtigten Interessen“ zu verstehen ist, richtet sich nach den Umständen des Einzelfalles. Sie können ideeller oder materieller Art sein. Die ideellen Interessen des Verf. werden verletzt, wenn durch die Herabsetzung des Ladenpreises sein Ruf beeinträchtigt wird, so daß er Gefahr läuft, für spätere Auflagen seines Werkes einen Verl. nur schwer oder gar nicht mehr zu finden. Materielle Interessen des Verf. können verletzt werden, wenn sich sein Honorar nach dem Ladenpreis richtet (Vogitländer—Elster § 21 Anm. 3, Bappert—Maunz a. a. O. Rdz. 9).

[20] 4. **Verletzung** der berechtigten Interssen des Verfassers **liegt nicht vor,** wenn das Werk schwer oder überhaupt nicht mehr verkäufl. ist.

a) Kann die Auflage eines Werkes zu dem ursprüngl. festgesetzten Ladenpreis nur noch schwer verkauft werden, dann muß der Verl. die Möglichkeit haben, den **Absatz durch eine Herabsetzung des Ladenpreises** zu **steigern.** Der Verf. kann dann kein entgegenstehendes, berechtigtes Interesse geltend machen, auch wenn dadurch sein Honorar verkürzt wird (Bappert—Maunz a. a. O.). Der Verf. kann aber auch seinerseits die Ermäßigung des Ladenpreises als eine sich aus dem Treueverhältnis ergebende Verpflichtung klageweise erzwingen, wenn der Absatz des Werkes durch einen zu hohen Ladenpreis oder durch das Erscheinen eines konkurrenzfähigen billigeren Werkes leidet (Hoffmann § 21 Anm. 3 b).

[21] b) Ist die Restauflage eines Werkes vollends unverkäufl. geworden, dann kann der Verl. als äußerste Maßnahme, um wenigstens noch einen geringen Erlös zu erzielen, den Ladenpreis aufheben u. den Auflagerest an einen Grossisten oder Restbuchhändler, ein Großantiquariat oder Warenhaus verkaufen. Da die Ankäufer nicht verpflichtet sind, den Ladenpreis einzuhalten, stoßen sie ihrerseits die Bücher zu einem geringen, beliebigen Preis ab (**Verramschung,** über die § 14 Rdz. 8 und § 29 Rdz. 15 gehandelt ist). Das Recht zur Verramschung darf vom Verl. nicht willkürl. ausgeübt werden. Nur wenn auch eine Ladenpreisherabsetzung keinen Erfolg mehr verspricht, der Absatz dauernd u. auf längere Zeit ohne begründete Hoffnung auf neuen Absatz ausbleibt, kann der Verl. zu diesem letzten Mittel greifen. Der Eintritt dieses Zustandes, für welchen der Verl. im Streitfall beweispflichtig ist, wird sich mit einiger Sicherheit an Hand der Absatzlisten feststellen lassen. Ein Widerspruch des Verf. ist dann unbeachtl. Der Verl. ist aber verpflichtet, ihm die beabsichtigte Verramschung mitzuteilen, damit er gemäß § 26 den unverkäufl. Rest zum Ramschpreis auch selbst übernehmen kann (Bappert-Maunz a. a. O. Rdz. 10). Im übrigen sei auf Ziff. 6 Abs. 2 der Vertragsnormen bei wissenschaftl. Verlagswerken (abgedruckt Anh. S. 470) verwiesen, wo es heißt: „Zum Verramschen oder Makulieren ist der Verl. berechtigt, wenn nach den Erfahrungen auf dem Gebiet des Verlagswesens ein Absatz in irgendwie nennenswertem Umfang nicht mehr zu erzielen ist. Doch ist vor dem Verramschen oder Makulieren der Verf. von der Absicht des Verl. in Kenntnis zu setzen, um ihm die Möglichkeit zu geben, die Vorräte selbst zu erwerben."

[22] Vielfach wird Verramschen in einem Atem mit **Makulieren** (vgl. dazu § 14 Rdz. 9) besprochen. Das trifft nicht das Richtige. Gewiß sind enge Berührungspunkte da, aber aus dem Gesichtspunkt des Ansehens des Werkes u. aus den Problemen der Verbreitung u. der Vergütung liegen doch einschneidende Unterschiede vor. Beim Makulieren verschwinden die hoffnungslos unverkäufl. Exemplare, aber das Ansehen von Werk u. Verf. leidet nicht. Abgabe an den Restbuchhandel jedoch, was mit erhebl. Preisherabsetzung für die weitere ganz andersartige u. weit weniger ansehnl. Verbreitung verbunden ist, kann den Ehrenpunkt von Verf. u. Verl., also von dem Buch als solchem, berühren. Die Ladenpreisherabsetzung geschieht ja auch nicht vom Verl. im Sinne der ihm durch § 21 gegebenen Erlaubnis („soweit nicht berechtigte Interessen des Verfassers verletzt werden"!), sondern sie bleibt dem dem Verf. gegen-

über unverantwortl. Restbuchhändler überlassen u. bedeutet somit eine Aufhebung des Ladenpreises, deren Recht nur durch Analogieschluß aus § 21 entnommen werden kann. Jedenfalls können sehr leicht berechtigte Interessen des Verf. durch die mit solcher Ladenpreisaufhebung einhergehende Verschleuderung des Buches verletzt werden. Aber da eine solche Maßnahme des Verl., die nur bei hoffnungsloser Unverkäuflichkeit der Restbestände berechtigt ist, dann eben aus dem Werk selbst u. aus der unbeeinflußbaren allg. Lage verursacht ist, so ist andererseits übertriebene Ängstlichkeit, die einseitig für den Verf. eintritt, nicht am Platze, vielmehr der ohnedies geschädigte Verl. ebenso in seinen Interessen zu beachten. Deshalb bejaht das Schriftt. durchweg die mit dem Verramschungsrecht verbundene Ladenpreisaufhebung (Allfeld § 21 Anm. 3, Hoffmann a. a. O., Voigtländer—Elster § 21 Anm. 4, Bappert-Maunz a. a. O. Rdz. 12).

[23] 5. Soweit die berechtigten Interessen des Verf. durch die Ermäßigung des Ladenpreises verletzt werden, darf diese vom Verl. nicht vorgenommen werden. Das vom Gesetz gebrauchte Wort „soweit" läßt jedoch nicht nur der Auffassung darüber, ob berechtigte Interessen des Verf. durch die Ermäßigung des Ladenpreises verletzt werden, weiten Spielraum. Es gestattet auch eine Vereinbarung zwischen Verl. u. Verf. darüber, ob die Ermäßigung des Ladenpreises vorgenommen werden soll, obwohl sie die berechtigten Interessen des Verf. verletzt. Will sich daher der Verl. zur Vermeidung etwaiger Weiterungen darüber vergewissern, ob der Verf. durch die Ermäßigung des Ladenpreises seine berechtigten Interessen verletzt sieht, oder ungeachtet dessen mit der Ermäßigung des Ladenpreises einverstanden ist, wird er sich mit dem Verf. hierüber ins Benehmen setzen und seine Zustimmung zur Ermäßigung des Ladenpreises erholen.

a) Diese Zustimmung ist nicht „Zustimmung" i. S. des bürgerl. Rechts, die nur von einem nicht bei Vornahme des Rechtsgeschäftes mitwirkenden Dritten erteilt werden kann (Staudinger—Coing § 182 Rdz. 2, Palandt-Danckelmann Einl. 1 vor § 182), sondern die Annahme eines Angebots des Verl. auf Abänderung vertragl. Vereinbarungen hinsichtl. des Ladenpreises u. als solche empfangsbedürftige Willenserklärung, die gemäß § 130 BGB grundsätzl. mit dem Zugang beim Verl. rechtswirksam wird.

[24] b) **Verweigert der Verf. die Zustimmung,** darf der Ladenpreis weder ermäßigt noch aufgehoben, noch der Restbestand ver-

ramscht werden. Tut der Verl. dies doch, macht er sich einer Vertragsverletzung schuldig. Der Verf. kann nach § 14 die weitere Verbreitung zum ursprüngl. festgesetzten Preis verlangen, gegebenenfalls auch seine Rechte nach §§ 30, 32 geltend machen (Hoffmann § 21 Anm. 6, Allfeld § 21 Anm. 3, Bappert—Maunz a. a. O. Rdz. 17).

II. Die Erhöhung des Ladenpreises

[25] 1. **Umfang** der zustimmungspflichtigen Erhöhung des Ladenpreises.

a) Zustimmungspflichtig ist jede Erhöhung des Ladenpreises gleichviel, ob sie allg. oder unter Beschränkung auf gewisse Abnehmerkreise erfolgen soll. Der Verl. darf also einseitig den Preis auch für das Ausland nicht erhöhen; will er, wie dies im Musikalienhandel übl. ist, für das Ausland den Ladenpreis höher bestimmen, so muß er dies entweder schon von Anfang an tun, oder er muß sich im Verlagsvertrag das Recht zur Erhöhung des Preises dem Ausland gegenüber bes. einräumen lassen. Das Verbot der Ladenpreiserhöhung ohne Zustimmung des Verf. gilt auch für den Fall, daß der Verl. die Preiserhöhung für alle bei ihm erscheinenden Werke eintreten lassen will, sowie dann, daß mehrere Verlagsgeschäfte ihre Preise erhöhen. (Allfeld a. a. O. Anm. 3, Bappert—Maunz a. a. O. Rdz. 14).

[26] b) Zustimmungspflichtig ist auch die Erhöhung des Ladenpreises bei **Serien- oder Reihenwerken.** Will hier der Verl. den Einheitspreis solcher Werke von einem bestimmten Zeitpunkt an erhöhen, dann könnte er ohne Zustimmung seiner Verf. die Preiserhöhung nur dann vornehmen, wenn zu diesem Zeitpunkt für alle Bände des Reihenwerkes neue Auflagen veranstaltet würden. Bei einem umfangreichen Reihenwerk wird diese Voraussetzung, daß näml. zum gleichen Zeitpunkt für alle Bände des Reihenwerkes die Veranstaltung einer neuen Auflage in Betracht kommt, aber kaum jemals gegeben sein. Ein Teil der Bände wird vor, ein anderer Teil nach diesem Zeitpunkt zur Neuauflage heranstehen. Der Verl. ist also, wenn er den Einheitspreis für alle Bände von einem bestimmten Tage an heraufsetzen will, an die Zustimmung aller der Verf. gebunden, deren Auflagen zu diesem Zeitpunkt nicht gerade vergriffen sind. Würden nun einige seiner Verf. der Preiserhöhung nicht zustimmen, so würde dadurch der Einheitspreis gefährdet u. das gesamte Verlagsprogramm in Verwirrung gebracht. Diese nur in der

Person des Verl. von Serienwerken gegebenen bes. Umstände rechtfertigen aber nicht eine Ausnahme von der gesetzl. Regelung (so Allfeld a. a. O., Goldbaum S. 395, dagegen Hoffmann a. a. O. Anm. 4 unter Bezugnahme auf OLG Dresden: JW 1920, 58). Es ist Sache des Verl., sich durch entsprechende Vorbehalte im Verlagsvertrag das Recht zu allfälliger Erhöhung des Ladenpreises auch bei dieser Art von Serienwerken zu sichern (Bappert—Maunz a. a. O. Rdz. 15).

[27] 2. Die **Zustimmung des Verf. zur Erhöhung** des Ladenpreises. Hier gilt das oben Rdz. 23 Ausgeführte entspr. Verweigert der Verf. die Zustimmung, muß die geplante Erhöhung des Ladenpreises unterbleiben. Entsprechende Anwendung der Bestimmung des § 28 Abs. 1 Satz 3, wonach bei Übertragung des Verlagsrechts der Verf. seine Zustimmung nur verweigern kann, wenn ein wichtiger Grund vorliegt, ist nicht möglich, weil die Erteilung der Zustimmung in das freie Ermessen des Verf. gestellt ist, selbst wenn die Erhöhung vom Verl. vorgenommen werden soll, um unverschuldete Verluste des Verl. abzudecken. Der Verf. verstößt auch nicht gegen den Treuegedanken, wenn er sein subjektives Recht, durch eine Verhinderung der Erhöhung die, wenn auch nur vermeintl., Absatzerschwerung seines Werkes zu verhindern, dem objektiv berechtigten Wunsche des Verl. auf Verlustabdeckung vorzieht. Ein Schutz des Verlegers aus § 226 BGB wird in der Praxis nur zu den seltensten Ausnahmefällen gehören. Denn zur Anwendung dieser Bestimmung gehört nicht nur die Absicht der Schädigung eines anderen, es muß auch festgestellt werden, daß ein anderer Zweck der Geltendmachung dieses Rechtes des Verf. überhaupt nicht in Frage kommen kann; dem Verf. steht jedoch hier stets die Begründung für seine Zustimmungsverweigerung zu, ein erhöhter Ladenpreis schade dem Absatz seines Werkes (Hoffmann a. a. O., Voigtländer—Elster § 21 Anm. 2, Bappert—Maunz a. a. O. Rdz. 13).

§ 22

Der Verleger ist verpflichtet, dem Verfasser die vereinbarte Vergütung zu zahlen. Eine Vergütung gilt als stillschweigend vereinbart, wenn die Überlassung des Werkes den Umständen nach nur gegen eine Vergütung zu erwarten ist.

Ist die Höhe der Vergütung nicht bestimmt, so ist eine angemessene Vergütung in Geld als vereinbart anzusehen.

[1] A. Vorbemerkungen

Die Bestimmungen der §§ 22—24 regeln Nebenverpflichtungen des Verl., u. zwar (vgl. auch Allfeld § 22 Anm. 1)

1. § 22 die Nebenverpflichtung zur Vergütung u. ihre Art und Höhe,
2. § 23 die Fälligkeit der Vergütung u.
3. § 24 die Rechnungs- u. Offenlegungspflicht des Verlegers beim Absatzhonorar.

B. Die Nebenverpflichtung der Vergütung

[2] I. **Die Verpflichtung als Nebenverpflichtung.**

Die Vergütung ist **Nebenverpflichtung** des Verl.; denn das Wesen des Verlagsvertrages erfordert nicht, daß der Verl. dem Verf. eine Vergütung zu leisten hat (RGZ 60, 174). Die Vergütung ist also nicht notwendiger Bestandteil des Verlagsvertrages (Hoffmann § 22 vor Anm. 1, Dittrich S. 191). Die Fälle, in denen der Verf. keine Vergütung erhält oder sogar einen Druckkostenzuschuß leistet, damit der Verl. sein Werk überhaupt herausbringt, sind nicht selten. Es handelt sich dann trotzdem um Verlagsverträge. Doch geht das Gesetz von der überwiegenden Mehrzahl der Fälle aus, in denen der Verf. eine Vergütung erwartet und der Verl. sie gewährt (Bappert—Maunz § 2 Rdz. 1).

[3] II. **Die Herkunft der Nebenverpflichtung.**

1. Nach einer älteren Meinung hat „die Vergütung, das Honorar im Verlagsvertrag über ein Schriftwerk die Eigentümlichkeit, daß sie verlagsrechtl. zwar Nebensache, tatsächl. aber meist die Hauptsache ist. Honorar bedeutet Ehrengabe. Dies will sagen, daß sehr häufig die Geldleistung des Verl. hinter dem Betrage zurückbleiben muß, den der Verf. als volle Vergütung für seine Arbeit beanspruchen könnte und den er nur bei gut gehenden Werken mit der Zeit, dann aber oft in beachtl. Höhe, erhält. Es ist ein Irrtum, anzunehmen, daß die Höhe des Honorars in der Regel durch das Maß der Arbeit u. Mühe des Urhebers bestimmt werde, obwohl manche Maßstäbe, z. B. das Bogen- oder Zeilenhonorar, darauf hinzudeuten scheinen; so sehr dies aus ethischen Gründen vielleicht zu wünschen wäre — obwohl freil. der Könner, der aus früherem Arbeitsaufwand Frucht zieht, leichter und schneller schafft als der Nichtkönner —, so sehr ist doch tatsächl. die Höhe der möglichen

Vergütung in weit höherem Grade von Angebot und Nachfrage abhängig. Das Honorar soll auch im allg. nicht Arbeitslohn sein, sondern ein Ausgleich zwischen den beiderseitigen Leistungen aus dem Verlagsvertrag, also Entgelt für den in dem Verlagsrecht steckenden wirtschaftlichen Wert. Nicht selten entschließt sich der Verf. sogar noch einen Zuschuß zu leisten, um das Erscheinen seines Werkes wirtschaftl. möglich zu machen, zumal wenn die Bedeutung der Arbeit für eine Person, Sache, gelehrte Richtung u. dgl. bei schwacher Aussicht auf buchhändlerischen Erfolg größer ist als das verlegerische Interesse. Das gilt auch für Zeitschriften. Es gibt Zeitschriften — oft sind es gerade die gediegensten wissenschaftl. —, deren Verhältnisse eine der Arbeit des Verf. entspr. Vergütung nicht gestatten. Oft sehen die Verf. ihren Vorteil durch die bloße Veröffentlichung ihrer Meinung, durch die Ehre der Mitarbeiterschaft, durch eine Anzahl Sonderdrucke usw. gewahrt" (Voigtländer—Elster § 22 Anm. 1).

2. Wann, fragt eine Gegenmeinung (Allfeld a. a. O.), wird je ein Verl. den Verf. für Zeit und Mühe über den wirtschaftlichen Wert hinaus, den die Überlassung des Werkes für ihn hat, entschädigen? In der Regel bleibt das Honorar hinter dem Betrag, der eine Entschädigung für Zeit u. Mühe bildete, weit zurück, weil es der Verl. nach dem Wert bemißt, den die Leistung des Verfassers für ihn hat. Zutreffend wird daher die Vergütung nicht als ein Arbeitslohn erachtet, sondern als Ausgleich zwischen den beiderseitigen Leistungen aus dem Verlagsvertrag, ein Entgelt für den in dem Verlagsrecht enthaltenen wirtschaftl. Wert (Bappert—Maunz a. a. O. mit Nachw.).

[4] III. Der **Rechtsgrund der Nebenverpflichtung** ist die tatsächl. oder vermutete Vereinbarung zwischen Verf. u. Verl. Über die tatsächl. Vereinbarung im Verlagsvertrag, in einem Anhang oder Schriftwechsel hierzu oder Unterredungen im Zusammenhang damit brauchen Ausführungen nicht gemacht zu werden. Fehlen solche tatsächl. Vereinbarungen, kommt dem Verf. § 22 Abs. 1 S. 2 zu Hilfe, wonach eine Vergütung als stillschweigend vereinbart gilt, wenn die Überlassung des Werkes den Umständen nach nur gegen Vergütung zu erwarten ist.

[5] 1. Die Bedeutung dieser **Rechtsvermutung** liegt darin, daß dem Verf. gegenüber dem auf fehlende tatsächl. Vereinbarungen gegründeten ersten Anschein der Vergütungsfreiheit der Gegenbeweis eröffnet ist, daß die Überlassung des Werkes den Umständen nach nur gegen Vergütung zu erwarten war. Für diese Umstände aller-

dings ist er beweispflichtig (Allfeld § 22 Anm. 2 I, Bappert—Maunz a. a. O. Rdz. 2 b). Gelingt dieser Beweis nicht, entfällt eine Vergütungspflicht des Verl. Denn es besteht keine Rechtsvermutung dafür, daß der Verl. grundsätzl. zur Vergütung verpflichtet ist (Bappert—Maunz a. a. O. Rdz. 2 a), er also den Beweis für die Umstände anzutreten habe, nach denen die Überlassung des Werkes nicht gegen Vergütung zu erwarten war.

Auch kommt es nicht darauf an, ob der Verf. eine Vergütung für die Überlassung des Werkes erwarten durfte u. konnte. Es muß vielmehr feststehen, daß objektiv nach den Umständen die Überlassung des Werkes nur gegen Vergütung zu erwarten sei, gleichviel, ob der Verl. von eben dieser Erwartung ausging oder etwa von der Annahme, daß ihm das Werk unentgeltl. überlassen werde. Andererseits genügt aber wiederum nicht die subjektive Meinung des Verf., er werde ein Honorar erhalten, wenn diese nicht in den Umständen eine Stütze findet (Allfeld a. a. O.).

[6] 2. Die **Umstände, die für eine Vergütung sprechen,** können je nach der Art des Werkes, der Person des Verl. oder des Verf. verschieden sein. Zu berücksichtigen ist dabei zunächst immer die für die betreffende Art des Werkes maßgebende buchhändler. Verkehrssitte. Hat das Werk einen schon von vornherein zu erwartenden guten Absatz, stammt es von einem bekannten u. begehrten Verf., dann wird in der Regel eine Vergütungspflicht zu unterstellen sein, da der Verf. auch am materiellen Wert seiner Arbeit interessiert ist. Zu berücksichtigen ist auch, ob der Verl. die Anregung zur Herstellung des Werkes oder zum Abschluß des Verlagsvertrages gegeben hat, oder ob er etwa nur aus Gefälligkeit den Verlag übernommen hat u. nur knapp mit der Deckung seiner Herstellungskosten (u. U. noch mit Hilfe eines Druckkostenzuschusses) zu rechnen hat. Während die zuerst genannten Fälle dafür sprechen, daß der Verl. auch eine Vergütung gewähren wollte, muß bei den zuletzt genannten gefolgert werden, daß der Verl. sich nur zur Vervielfältigung u. Verbreitung verpflichtet hat. Gleiches kann gelten, wenn es sich einmal um einen Berufsschriftsteller oder einen Musikfachmann, zum andern um einen Gelegenheitsschriftsteller oder einen Dilettanten handelt (Allfeld a. a. O., Bappert—Maunz a. a. O. Rdz. 3).

Bei **Zeitungen u. Zeitschriften** kommt es entscheidend darauf an, unter welchen Umständen solche Beiträge angenommen werden. Gibt ein solches Unternehmen seinen Honorarsatz (meist nach Zeilen berechnet) allg. oder im einzelnen bekannt, so gilt dieser

Tarif als vereinbart, wenn sich der Verf. nicht ausdrückl. ein höheres Honorar vorbehält. Pflegt eine Zeitung oder Zeitschrift Beiträge der in Frage stehenden Art immer zu honorieren, so kann sie ohne ausdrückl. Verwahrung hiervon keine Ausnahme machen u. muß die übliche Vergütung zahlen. Gleiches ist anzunehmen, wenn ein Beitrag bestellt wird oder der Verf. ein ständig bezahlter fester Mitarbeiter des Unternehmens ist. Bei wissenschaftl. Zeitschriften (mit geringer Auflage) kann nicht immer mit einem Honorar gerechnet werden, doch kommt es auch hier auf die sonst beachtete Übung an (Allfeld a. a. O., Bappert—Maunz a. a. O., Voigtländer—Elster § 22 Anm. 2, Hoffmann § 22 Anm. 1 d, Dittrich S. 194).

[7] 3. Gegen die vom Verf. vorgetragenen u. unter Beweis gestellten Umstände für eine Vergütungspflicht des Verl. hat dieser den **Gegenbeweis,** daß im vorliegenden bes. Falle eine Vergütung nicht gewollt war. An diesen Gegenbeweis sind allerdings dann strengste Anforderungen zu stellen (so auch Bappert—Maunz a. a. O. Rdz. 4).

[8] 4. **Kein Rechtsgrund** für die Vergütungspflicht des Verl. ist (sofern nicht Absatzhonorar vereinbart ist; dazu Rdz. 14) der **Absatz des Werkes.** Für die Vergütungspflicht des Verl. ist es daher unerhebl., wie das Werk abgesetzt wird. Findet das Werk später wider Erwarten einen guten u. gewinnbringenden Absatz, dann kann der Verf. nachträgl. daraus keine Honoraransprüche herleiten. Umgekehrt kann der Verl. die geschuldete Vergütung nicht zurückhalten, wenn der Absatz nach einiger Zeit ausbleibt (Allfeld § 22 Anm. 2, Bappert—Maunz a. a. O. Rdz. 5).

IV. Der **Umfang der Nebenverpflichtung:** Die Vergütungsverpflichtung bezieht sich nur auf die Auflage oder Auflagen, für die eine Vergütung tatsächlich oder vermuteter Weise vereinbart ist. Dabei ergeben sich 3 Fälle.

[9] 1. Hat der Verl. nur das **Recht zur Veranstaltung einer Auflage** u. wird über jede der folgenden Auflagen jeweils ein bes. Verlagsvertrag abgeschlossen, dann muß beim Fehlen einer ausdrückl. Vereinbarung das Honorar für jede Auflage den Umständen gemäß in angemessener Höhe festgesetzt werden (Bappert—Maunz a. a. O. Rdz. 16).

[10] 2. Ist dem Verl., wie übl., im Verlagsvertrag das **Recht zur Veranstaltung mehrerer Auflagen** oder aller Auflagen des Werkes

eingeräumt, dann gelten gem. § 5 für jede neue Auflage hinsichtlich der Vergütung die gleichen vertragl. Abreden wie für die vorhergehende Auflage. Ob nun auf diese vertragl. Abreden die Bestimmung des § 22 Abs. 1 dahin angewendet werden kann, daß Höhe und Art des für die vorhergehende Auflage geschuldeten Honorars für die weiteren Auflagen maßgebend ist, unabhängig davon, ob bei der vorhergehenden Auflage eine Vergütung ausdrückl. oder stillschweigend vereinbart wurde, ist bestr. Eine ältere Auffassung nimmt an, daß bei Fehlen einer ausdrückl. Abrede die Angemessenheit der Vergütung für jede Auflage bes. festzusetzen ist (Allfeld § 22 Anm. 6 c mit Nachw., Hoffmann § 22 Anm. 1 b). Neuerdings wird jedoch demgegenüber angenommen, daß, da § 22 Abs. 1 die ausdrückl. getroffene Vereinbarung der stillschweigenden, aus den Umständen zu folgernden Vereinbarung gleichsetzt, Höhe und Art des für die vorhergehende Auflage geschuldeten Honorars auf jeden Fall für die weitere Auflage maßgebend ist (Bappert—Maunz a. a. O. Rdz. 15).

3. **Wird das Werk bearbeitet,** so ist zu unterscheiden

[11] a) Unterzieht der **Verf.** das Werk einer Bearbeitung (wozu er im Rahmen des **§ 12** berechtigt ist), so wird das Honorar davon nicht betroffen, wenn der Verl. dem Verf. hierfür nicht ausdrückl. eine Erhöhung zugestanden hat oder die Vergütung jeweils nach der Anzahl der Druckbogen berechnet wird und infolge der Bearbeitung auch deren Zahl sich ändert.

[12] b) Wird die neue Auflage zulässigerweise **von einem anderen als dem Verf.** bearbeitet, so ändert sich dadurch am Honorar des Verf. oder seines Rechtsnachfolgers nichts. Ist über die Vergütung des Bearbeiters in diesem Fall nichts vereinbart, dann ist diese in angemessener Höhe festzusetzen. Das dem ursprünglichen Verf. gewährte Honorar kann dabei zwar berücksichtigt werden. Die Angemessenheit der Vergütung des Bearbeiters ist aber nach anderen Gesichtspunkten zu bestimmen wie beim Verf. Maßgebend ist hier — anders als bei der Vergütung für das Originalwerk — nicht der Wert des nunmehr bearbeiteten Werkes, sondern die vom Bearbeiter geleistete Arbeit, die für die Bearbeitung aufgewandte Zeit und Mühe (Allfeld a. a. O., Bappert—Maunz a. a. O. Rdz. 17).

C. Art u. Höhe der Vergütungspflicht des Verl.

[13] I. Zahlungspflicht des Verl.

Der Verl. hat dem Verf. die vereinbarte Vergütung zu „zahlen". Das darf jedoch nicht wörtlich, insbesondere dahin verstanden werden, daß eine Vergütung nur in Geld vereinbart werden kann. Die festgesetzte Vergütung kann in jeder vermögenswerten Leistung bestehen. So kann insbes. auch eine größere Lieferung von Freiexemplaren als Entgelt ausbedungen werden. Ist eine solche Vereinbarung aber nicht getroffen worden und ergibt sich trotzdem aus den Umständen, daß eine Vergütung geschuldet wird, dann muß sie allerdings nach § 22 Abs. 2 durch Zahlung einer angemessenen Geldsumme geleistet werden. Das Gesetz wollte mit dieser Regelung Klarheit darüber schaffen, daß der Verl. beim Fehlen einer Honorarvereinbarung seiner Vergütungspflicht nicht allein schon dadurch genügt, daß er etwa dem Verf. eine anderweitige Verwertung des Werkes gestattet, ihm die Freiexemplare oder eine ähnl. Leistung gewährt (Allfeld § 22 Anm. 3 III, Voigtländer—Elster § 22 Anm. 2, Bappert—Maunz a. a. O. Rdz. 6).

II. Arten der Berechnung

der tatsächlich vereinbarten Vergütung.

[14] 1. Das sog. **Anteils- und Absatzhonorar**: Bei dieser häufigsten Berechnungsart wird als Vergütung ein bestimmter Prozentsatz des Ladenpreises und zuzügl. vereinbart, daß sich die Vergütung nach dem Absatz des Werkes richtet. Wegen weiterer Einzelheiten siehe die Anm. zu § 24.

[15] 2. Das **Druckbogenhonorar**: Dem Honorar des Verf. wird hier die Zahl der Druckbogen zugrunde gelegt. Die Berechnung erfolgt dann nach dem Umfang des ganzen Werkes. Hinzuzuzählen sind deshalb auch Titelblatt, Inhaltsverzeichnis, Register, leere u. halbleere Seiten usw. Enthält der Text auch **Abbildungen,** dann kommt es darauf an, wer sie geliefert hat. Stellt der Verf. die Bilder zur Verfügung, dann werden auch die Bilder (u. falls drucktechnisch erforderl., auch deren leere Rückseiten) den Druckbogen hinzugezählt, falls der Verf. nicht eigens ein Honorar für sie erhält. Liefert der Verl. die Abbildungen, dann werden sie dem Verf. nur zugerechnet, wenn er etwa aus einer Vielzahl die passenden heraussucht oder dem Verl. die Abbildungen so genau bezeichnet, daß

dieser dann nur noch eine Anweisung des Verfassers auszuführen hat. Werden **Gesetzestexte kommentiert,** dann darf der Gesetzestext, auch wenn er noch so umfangreich ist, von der Bogenzahl nicht abgezogen werden. Der Verl. kann auch nicht durch willkürl. **Veränderung des Schriftbildes oder Druckes** die Bogenzahl einschränken. Bestimmung von Druck u. Format sind zwar nach § 14 dem Verl. allein vorbehalten; er darf dieses Recht aber nicht mißbrauchen, um auf diese Weise die Zahl der Druckbogen u. damit das nach ihnen zu berechnende Honorar des Verf. zu kürzen (Allfeld § 22 Anm. 5 a α, Voigtländer—Elster § 22 Anm. 3 a, Bappert—Maunz a. a. O. Rdz. 11, Dittrich S. 196; a. A. bezügl. der Vergütung leerer Seiten Hoffmann § 22 Anm. 1 a). Ändert der Verl. in späteren Auflagen die Satzeinrichtung, wird die Vergütung nach Verhältnis berechnet. **Ändert der Verf. den Umfang,** tut er dies mangels neuer Vereinbarung auf eigene Gefahr. Nimmt der Verl. aber das umfangreichere Werk ohne Vorbehalt an, so ergeben sich daraus im Zweifel entsprechend höhere Vergütungsverpflichtungen (Voigtländer—Elster § 22 Anm. 4).

[16] 3. Das **Eingangshonorar:** Hier erhält der Verf. nur einen gewissen Prozentsatz von den tatsächl. Eingängen aus dem Verkauf seiner Werke. Dadurch wälzt der Verl. einen Teil seines Unternehmerrisikos auf den Verf. ab, eine Maßnahme, die indessen in schlechten Zeiten bei steigenden Zahlungseinstellungen, Vergleichs- und Konkursverfahren eine gewisse Berechtigung hat (vgl. Bappert—Maunz a. a. O. Rdz. 9, Dittrich S. 202).

[17] **4. Das Nettopreishonorar:** Hier berechnet sich das Honorar des Verf. prozentual vom Nettopreis, näml. dem Ladenpreis abzügl. Durchschnittsrabatt. Diese Berechnungsart birgt gewisse Gefahren in sich. Es kann später über die Höhe des Durchschnittsrabatts Streit entstehen, weil der Rabatt des buchhändler. Wiederverkäufers sehr unterschiedl. ist u. etwa zwischen 25 und 55 % schwankt (der Rabatt ist nicht nur verschieden nach den einzelnen Buchgattungen, sondern auch verschieden nach der Art der Bezieher). Wird die Honorarvereinbarung trotzdem auf einen Anteil vom Nettopreis abgeschlossen, so ist es zweckmäßig, im Vertrag auch gleichzeitig den Durchschnittsrabatt einheitl. festzulegen (dazu Bappert—Maunz a. a. O. Rdz. 8).

[18] 5. Das **Pauschalhonorar:** Hier schuldet der Verl. das Honorar ohne Rücksicht darauf, ob, wie und wann er das Werk absetzt. Er

muß das Honorar zu dem im Vertrag festgesetzten oder nach § 23 zu bestimmenden Zeitpunkt zahlen (Bappert—Maunz a. a. O. Rdz. 10, Ulmer S. 346 Ziff. I 1, Dittrich S. 194).

[19] 6. Das **Reingewinnanteilshonorar**: Es ist die Vergütung in Anteilen des Erlöses für verkaufte Abzüge, mitunter in gleitenden Sätzen, etwa: 1. bis zur Deckung der Herstellungskosten, 2. nachher bei mäßigem, 3. hohem Absatz. Diese Vertragsform beseitigt Schwierigkeiten u. Unbilligkeiten, die sich bei Vergütung in Anteilen des Ladenpreises dadurch ergeben können, daß der Erlös je Abzug sehr schwankt (Ladenpreis, Nettopreis, Partiepreis, gebunden oder ungebunden). Aber es kommt dann auf peinl. genaue Buchführung des Verlegers an, die zwangsläufig für jedes Verlagswerk den wahren Erlös nachweist (Voigtländer—Elster § 22 Anm. 2 a), soll die Ertragsbeteiligung mit ihren oft unbekannten Größen nicht zur Quelle stetiger Streitigkeiten zwischen Verl. u. Verf. werden (vgl. zur Gewinnberechnung RGZ 81, 233; RG: DJZ 1914, 569). Besteht eine solche Vereinbarung nicht, dann kann der Verl. zunächst seine gesamten tatsächl. Ausgaben für die Vervielfältigung und Verbreitung, daneben aber auch noch die Generalunkosten berechnen, die er auch sonst selbst in Ansatz bringt. Dagegen ist er nicht befugt, bei der Gewinnberechnung für seine Tätigkeit eigens eine Entschädigung anzusetzen oder, wenn er die Vervielfältigung in der eigenen Druckerei u. Binderei vornehmen läßt, dem Verf. gegenüber die gleichen Beträge in Rechnung zu stellen, die er sonst von einem Dritten verlangt. Ist eine anteilsmäßige Beteiligung am Reingewinn vereinbart, dann muß der Verf. auch tatsächl. am ganzen Gewinn seinen Anteil haben (Bappert—Maunz a. a. O. Rdz. 12, Dittrich S. 203). Wegen der Bedenken insbesondere steuerl. Art gegen diese Art des Honorars vgl. etwa Löffler I S. 716 Rdz. 76 mit Nachw. Im übrigen beruhen auch bei dieser Art der Vergütung die gegenseitigen Rechtsbeziehungen zwischen Verl. und Verf. doch immer nur auf einem Verlagsvertrag u. nicht auf einem Gesellschaftsvertrag (vgl. Ulmer S. 263; Bappert—Maunz § 1 Rdz. 38 u. 59). Der Verf. ist zwar am Verlag seines Werkes, nicht aber am Verlagsunternehmen als solchem beteiligt (RGZ 68, 52). Geschäftsführungsbefugnis (§ 711 BGB) oder andere einem Gesellschafter eingeräumte Rechte stehen ihm nicht zu (Bappert—Maunz a. a. O.).

[20] 7. **Das Umsatzhonorar**: Hier ist der Verl. verpflichtet, einen bestimmten Prozentsatz des Bruttoerlöses aus dem Absatz der Werke an den Verf. abzuführen. Der Verl. muß also die eingehenden

Beträge buchmäßig festhalten, auch wenn sie wegen der Verschiedenheit der Rabatte verschieden hoch sind. Ohne Statistik bedeutet dies für den Verlag eine erhebliche Belastung, die er aber nicht umgehen kann, wenn die Abrechnung für den Verf. genau durchgeführt werden soll (Bappert—Maunz a. a. O. Rdz. 13, Dittrich S. 202).

[21] 8. **Das Zeilenhonorar**. Es findet sich nur bei Zeitungen u. Zeitschriften und ist in der Regel tarifmäßig festgelegt. Es gilt als vereinbart, wenn der Verf. seinen Beitrag einsendet und dabei nicht ein besonderes Honorar fordert: vgl. oben Rdz. 6 (Bappert—Maunz a. a. O. Rdz. 14, Löffler I S. 716 Rdz. 75, Dittrich S. 196).

III. Die angemessene Vergütung des § 22 Abs. 2

[22] Bei ihrer Bemessung sind alle Umstände des Einzelfalles zu berücksichtigen, so die schriftstellerische Qualität des Verf., die Absatzfähigkeit des Werkes, die Höhe der Auflage, Herstellungs- und Verbreitungskosten, die für gleiche Werke sonst übl. Honorarsätze usw. Bei Zeitungen und Zeitschriften wird das Honorar an Hand der allgemein bekanntgegebenen oder üblicherweise bezahlten Sätze leicht zu bestimmen sein. Doch können auch hier anders gelagerte Umstände im Einzelfall eine von der allg. Norm abweichende Vergütung als angemessen erscheinen lassen. Dies ist z. B. dann der Fall, wenn dem Verl. bekannt ist, daß ein Verf. stets eine höhere Vergütung bezogen hat. Ist das Zeilenhonorar einer Zeitung oder Zeitschrift nicht mehr angemessen und war dies dem Verf. nachweislich nicht bekannt, dann kann er auch in diesem Falle ein höheres, angemessenes Honorar fordern (Bappert—Maunz a. a. O. Rdz. 18, Dittrich S. 183 mit Nachw., auch Allfeld § 22 Anm. 4).

IV. Die Vergütung bei Verramschung
richtet sich nach der zwischen den Vertragsparteien bestehenden Honorarvereinbarung

[23] 1. **Bei Anteils- u. Absatzhonorar** kann der Verf. nur im Falle einer unberechtigten Verramschung das Honorar nach dem ursprüngl. Ladenpreis als Schadensersatz verlangen. Andererseits ist die schon von Verlegerseite vorgebrachte Ansicht, bei einer Verramschung handle es sich gar nicht mehr um einen „Absatz" des Werkes; infolgedessen stehe dem Verf. ein Honorar nicht mehr zu, unbegründet. Die Verramschung ist zwar kein „Absatz" im übl. Sinne; aber es bedürfte schon einer völligen, durch nichts gerechtfertigten Veränderung des Wortsinns, wollte man bezweifeln, daß

die Restexemplare auch bei einer Verramschung „abgesetzt" oder „verkauft" werden. Die vereinbarten Prozente, die bei normalen Verhältnissen vom Ladenpreis des verkauften Exemplars als Honorar bezahlt werden, sind daher dem Verf. entspr. auch vom Ramscherlös auszufolgen (Bappert—Maunz a. a. O. Rdz. 19).

[24] 2. **Bei Druckbogenhonorar** hat die Verramschung auf den Vergütungsanspruch des Verf. keine Wirkung. Der Verl. trägt allein die Gefahr des mangelnden Absatzes.

[25] 3. Das gleiche gilt bei **Pauschalhonorar.**

[26] 4. Bei **Reingewinnanteilshonorar** sinkt entspr. diesem Gewinn durch den Ramschverkauf auch der Gewinnanteil des Verf.

§ 23

Die Vergütung ist bei der Ablieferung des Werkes zu entrichten. Ist die Höhe der Vergütung unbestimmt oder hängt sie von dem Umfange der Vervielfältigung, insbesondere von der Zahl der Druckbogen ab, so wird die Vergütung fällig, sobald das Werk vervielfältigt ist.

A. Vorbemerkungen

[1] Die Vorschrift gibt gewisse Regeln über die Fälligkeit der Vergütungsverpflichtung des Verl. für den Fall, daß Vereinbarungen hierüber nicht getroffen sind und, wie ergänzt werden muß, die Verkehrssitte nicht anders ist. Die Erläuterungen gehen daher von der Grundregel des § 23 S. 1 aus [2], behandeln dann die Fälligkeit der Vergütungspflicht des Verl. bei den einzelnen Arten der Vergütung [4] u. schließlich Sonderfälle [15].

B. Die Grundregel des § 23 Satz 1

[2] **I. Inhalt:** Nach ihr ist die Vergütung Zug um Zug gegen die Ablieferung des Werkes zu entrichten (Hoffmann § 23 Anm. 1). Diese Grundregel ist eines der Zugeständnisse, die der Gesetzgeber dem Werkvertrag macht (Allfeld § 23 Anm. 2, Bappert—Maunz

§ 23 Rdz. 1), wo in § 641 Abs. 1 S. 1 BGB bestimmt ist, daß die Vergütung „bei der Abnahme des Werkes zu entrichten", also Zug um Zug gegen Abnahme des Werkes fällig ist (Palandt—Thomas § 641 Anm. 1 b). Über der Nähe der Grundregel zum Werkvertrag scheint jedoch ein ebenso feiner wie bezeichnender Unterschied übersehen zu werden. § 23 S. 1 nennt als Augenblick der Fälligkeit die „Ablieferung" des Werkes, § 641 Abs. 1 S. 1 BGB die der „Annahme" des Werkes. Das Verlagsrecht stellt also auf eine Handlung des Verf. („Ablieferung"), das bürgerl. Recht dagegen auf eine Handlung des Bestellers („Annahme") ab. Hieraus ergibt sich, daß es im Verlagsrecht grundsätzl. für die Fälligkeit der Vergütung auf die **Ablieferung des Werkes durch den Verf., nicht aber auf seine Annahme durch den Verl.** ankommt. Liefert daher der Verf. das Werk ab, wird die Vergütung fällig, auch wenn der Verl. etwa wegen behaupteter mangelhafter oder nicht vertragsgemäßer Beschaffenheit des Werkes gegen die Annahme Bedenken äußert oder sie gar verweigert. Dieser Fälligkeit kann der Verl. allerdings den Einwand des nicht erfüllten Vertrages entgegensetzen u. auf Grund des Einwandes nach §§ 320, 322 BGB die Leistung verweigern, bis der Verf. seinerseits ordnungsgemäß geleistet hat (sehr ungenau Allfeld a. a. O. Anm. 2, Bappert—Maunz a. a. O. Rdz. 2).

[3] **II. Umfang:** Die Grundregel gilt entsprechend für jede neue Auflage des Werkes. Die Vergütung wird fällig, sobald der Verf. das im Rahmen des § 12 abgeänderte Manuskript oder Exemplar dem Verl. vor der Veranstaltung der neuen Auflage übergeben hat. Ändert der Verf. an seinem Werk nichts, dann tritt die Fälligkeit mit der Abgabe dieser Erklärung an den Verl. ein (Bappert—Maunz a. a. O. Rdz. 4).

C. Die Fälligkeit bei den einzelnen Arten des Honorars

[4] **I. Anteils- u. Absatzhonorar:** Hier verbindet man gern die Form des Anteilshonorars mit einer **Vorauszahlung** bei Erscheinen für einen bestimmten Teil der Auflage. Diese Vorauszahlung wird vielfach als nicht rückforderbares Mindesthonorar angesehen; dann darf dies aber nicht „Vorschuß", sondern muß „Garantie" oder ähnl. benannt werden. Die damit verbundene Verrechnungsabrede besagt nichts anderes, als daß der zur Zeit des Vertragsschlusses noch in der Zukunft liegende Erfolg des Buches u. sein Absatz

Voraussetzungen für das Recht des Verf. sind, den Vorschuß auf das Honorar zu behalten. Es ist auch im Verlagswesen nicht übl., die Vereinbarung von Vorschüssen auf die Vergütung des Verf. als Garantie eines Mindesthonorars zu behandeln. Namentl. besteht nach dieser Richtung auch kein Handelsbrauch. Der Vertrag enthält aber keinen Hinweis in dem Sinne, daß die Vorauszahlungen nicht zurückzuzahlen seien, wenn sie durch die endgültige Vergütung nicht gedeckt werden. Aus alledem folgt, daß der Verf. die ihm zustehenden Vorschüsse nicht behalten kann, wenn sich herausstellt, daß sie durch seine nach dem Absatz bestimmte Vergütung endgültig nicht gedeckt werden, weil der mit den Vorauszahlungen bezweckte Erfolg nicht eintritt und damit ihre Rechtsgrundlage entfällt (§ 812 BGB: OLG Dresden: AUR 11, 162; Voigtländer—Elster § 23 Anm. 1). Diesem Urteil kann **nicht** beigepflichtet werden.

[5] 1. Zunächst verkennt es, daß bei Anteils- und Absatzhonorar der Verl. einen Teil des an sich ihn allein treffenden Risikos, hier das Honorar des Verf. auf diesen abwälzt, in dem er es vom Absatz des Werkes abhängig macht. Diese Abwälzung soll dem Verf. durch die Vorschußabrede schmackhaft gemacht werden. Diesen Zweck verfehlt sie jedoch, wenn der Verf. damit rechnen muß, unter Umständen nach Jahren auf die Rückzahlung des Vorschusses in Anspruch genommen zu werden.

[6] 2. Sodann berücksichtigt es auch die Rechtslage zu wenig. Der dem Verf. gewährte Vorschuß ist **nach deutschem Recht ein Darlehen,** das durch das Anteils- und Absatzhonorar des Verf. getilgt werden soll. Damit ist für die Rückzahlung des Darlehens „eine Zeit" i. S. des § 609 Abs. 1 BGB bestimmt (vgl. Palandt—Putzo § 609 Anm. 2). In einem solchen Falle kann das Darlehen nach der eben erwähnten Bestimmung nicht gekündigt werden. Der Verl. kann daher den Vorschuß nicht zurückfordern, solange auch nur die geringste Möglichkeit besteht, daß er durch das Anteils- und Absatzhonorar des Verf. gedeckt wird. Das zwingt den Verl. entweder zu langwieriger, übermäßiger u. daher kostspieliger Lagerhaltung oder zu vorzeitiger Verramschung. Beides widerspricht dem Wesen des Verlagsrechtes und der Verlagswirtschaft. Man wird daher den Vorschuß als ein Darlehen betrachten müssen, für das eine Rückzahlungsverpflichtung insoweit nicht besteht, als es nicht durch das Anteils- und Absatzhonorar des Verf. abgedeckt wird. Über die ähnl. Lage beim Lizenzvertrage vgl. § 28 Rdz. 80.

[7] 3. Zum gleichen Ergebnis, wenn auch mit anderer Begründung, kommt das **österreichische Verlagsrecht.** Es geht davon aus, daß in der Regel das vorausbezahlte Honorar nicht als Darlehen zu qualifizieren ist, das der Verl., soweit es den abzurechnenden Betrag übersteigt, im Zweifel nach der ersten Abrechnung zurückverlangen könnte; es ist daher nach den Grundsätzen über die **ungerechtfertigte Bereicherung** zu prüfen, ob und allenfalls in welchem Umfang der Verf. zur Rückzahlung verpflichtet ist. Auszugehen ist davon, daß der Verl. und nicht der Verf. in der Lage gewesen sein mußte, die Untergrenze des zu erwartenden Absatzes so weit verläßl. zu schätzen, daß die Gewährung eines Vorschusses, der die Honorarzahlung in diesem Umfang vorwegnimmt, für ihn kein Risiko und nur einen Zinsenverlust darstellt. Darauf durfte der Verf. mit Recht vertrauen u. sich darauf verlassen, nicht mehr als diesen Betrag erhalten zu haben. In der Regel wird der Verf. durch den Vorschuß zu Ausgaben verleitet werden, die er sonst nicht getätigt hätte. Schließl. wird auch die Tragung des entstandenen Schadens in der Regel dem Verl. leichter fallen als dem Verf. Im Ergebnis wird daher im Normalfall der Verl. den Vorschuß nicht zurückverlangen können, soweit er den abgerechneten Betrag übersteigt (Dittrich S. 200).

[8] **II. Das Druckbogenhonorar** (§ 23 S. 2): Da sich hier die Höhe des Honorars nach dem Umfang des Werkes richtet, muß die Vervielfältigung erst abgeschlossen sein, um die Honorarhöhe festlegen zu können. Dann ist das Honorar fällig, wenn ein Druckexemplar fertiggestellt worden ist, da es ja im Ermessen des Verl. steht, ob die gesamte Höhe der Auflage in einem Druckgang hergestellt wird. Erscheint das Werk in Teilen, so ist im Zweifel das Honorar jedes Teiles nach dessen Drucklegung fällig, während, wenn das Werk als Ganzes erscheint, dem Verf. aber die Ablieferung in Teilen nachgelassen ist und das Honorar für die einzelnen Teile bestimmt ist, das Honorar mit Ablieferung jedes Teiles fällig wird (Hoffmann § 23 Anm. 2 b, Allfeld § 23 Anm. 3 b, Bappert—Maunz a. a. O. Rdz. 7).

[9] **III. Das Eingangshonorar**: Hier wird das Honorar jeweils beim Verkauf eines Stückes des Werkes fällig.

[10] **IV. Das Nettopreishonorar:** Hier gilt das unter Rdz. 4 ff. Ausgeführte entsprechend, weil es sich um ein Anteils- und Absatzhonorar handelt.

[11] **V. Das Pauschalhonorar:** Hier ist zu unterscheiden:

1. Ist Gegenstand des Verlagsvertrages ein bei Abschluß des Vertrages **bereits vollendetes** Werk, ist das Pauschalhonorar mangels anderer Vereinbarung „sofort“ (§ 271 Abs. 1 BGB) fällig. Dem Verl. steht jedoch, wenn der Verf. seiner Verpflichtung zu sofortiger Ablieferung nicht nachkommt, die Einrede des nicht erfüllten Vertrages nach §§ 320, 322 BGB zu. Das bedeutet im Ergebnis, daß der Verl. das Pauschalhonorar erst bei Übergabe des Werkes durch den Verf. zu entrichten hat (Dittrich S. 195 mit eing. Nachw. für das österreichische Recht).

2. Ist Gegenstand des Verlagsvertrags dagegen ein bei Abschluß des Vertrages **noch nicht vollendetes** Werk, ist das Pauschalhonorar mangels anderer Vereinbarung nach der Grundregel des § 23 S. 1 bei Ablieferung des Werkes zu entrichten (vgl. auch Dittrich a. a. O.). Über den Begriff der „Ablieferung“, der dem der „Überlassung“ des § 1 (dazu §1 Rdz. 85) nahesteht, vgl. § 33 Rdz. 12 ff.

[12] **VI. Das Reingewinnanteilshonorar:** Hier ist mangels anderer Vereinbarung die Vergütung nach Durchführung der Abrechnung über die gesamten tatsächl. Ausgaben und die Generalunkosten einerseits und die Einnahmen andererseits fällig.

[13] **VII. Das Umsatzhonorar:** Hier gilt das für das Anteils- und Absatzhonorar Ausgeführte entsprechend. Denn auch das Umsatzhonorar ist ein Honorar mit Anteil am Erlös und Absatz.

[14] **VIII. Das Zeilenhonorar.**

1. Hier gilt **grundsätzlich** das für das Druckbogenhonorar unter Rdz. 8 Ausgeführte entsprechend. Denn auch das Zeilenhonorar ist ein sog. Umfangshonorar.

2. Für **Beiträge zu Tageszeitungen** gelten §§ 4 u. 9 Abs. 1 und 2 der Richtlinien für Vertragsbedingungen und Mindesthonorare der freien hauptberufl. tätigen Journalisten an Tageszeitungen, gültig ab 1. 10. 1969. Es lauten:

§ 4

Die Berechnung der Honorare erfolgt nach der Anzahl der Druckzeilen der einzelnen Beiträge. Dabei gilt als Normalzeile die Druckzeile mit 34—40 Buchstaben.

§ 9

(1) Die Zahlung des Honorars muß spätestens bis zum Ende des auf die Veröffentlichung folgenden Monats erfolgt sein.

(2) Für einen bestellten oder angenommenen Beitrag ist das Honorar ohne Rücksicht auf die verzögerte Veröffentlichung fällig, wenn seit dem Ablauf des Monats, in dem der Beitrag eingegangen ist, ein weiterer Monat verstrichen ist. Ist eine feste Vergütung vereinbart, so ist bis zu diesem Zeitpunkt der volle Betrag zu zahlen. Bei einem nach Zeilen zu berechnenden Honorar ist eine Abschlagszahlung von mindestens 80 v. H. des voraussichtlichen Honorars zu leisten. Die Schlußzahlung ist nach erfolgter Veröffentlichung vorzunehmen.

Diese Richtlinien besitzen keine die Verbände und deren Mitglieder bindende materiell-rechtliche Wirkung. Sie sind aber als Richtschnur für die Beteiligten von Bedeutung (Löffler I S. 459 Rdz. 51). Sie schaffen nämlich eine Verkehrssitte, die vom Gericht zu berücksichtigen ist (Löffler a. a. O. S. 465 Rdz. 73 mit Nachw.).

D. Sonderfälle

[15] **I. Fälligkeit bei unbestimmter Höhe der Vergütung.** „Unbestimmt" ist die Höhe der Vergütung, wenn gemäß § 22 Abs. 2 erst die angemessene Vergütung ermittelt werden muß (Allfeld a. a. O.). Diese läßt sich aber endgültig erst dann berechnen, wenn das Werk vervielfältigt ist. Das Gesetz bestimmt deshalb, daß die Vergütung dann erst nach **Abschluß der Vervielfältigung** fällig wird. Darunter ist aber nicht der Abschluß der Vervielfältigungsarbeit für die gesamte Auflage zu verstehen; es genügt, daß ein Abzug fertiggestellt ist, an Hand dessen ein angemessenes Honorar für den Verf. festgesetzt werden kann. Andernfalls hätte der Verl., zumal wenn er die Auflage in mehreren Teilen herstellt, die Möglichkeit, die Fälligkeit der von ihm geschuldeten Vergütung beliebig zu verzögern. Das Erscheinen des Werkes ist also für die Fälligkeit des Honorars nicht maßgebend (Bappert—Maunz a. a. O. Rdz. 6).

[16] **II. Fälligkeit bei in Abteilungen erscheinenden Werken.** Sie ist gesetzl. nicht geregelt. Entscheidend sind daher Parteiabreden u. Verkehrssitte. Nach dieser, für deren Auslegung § 641 Abs. 1 S. 2 BGB herangezogen werden kann (Allfeld a. a. O. Anm. 4), ist in der Regel anzunehmen, daß jeweils ein entspr. Teil des Honorars nach der Herstellung eines jeden Teiles des Werkes fällig wird. Soll das Werk dagegen als Ganzes erscheinen, während dem Verf. die Ablieferung des Manuskripts in einzelnen Teilen zugestanden wird, dann kann er ein entspr. Teilhonorar nur dann verlangen, wenn eine solche Art der Honorierung vereinbart worden ist (Bappert—Maunz a. a. O. Rdz. 8).

§ 24

Bestimmt sind die Vergütung nach dem Absatz, so hat der Verleger jährlich dem Verfasser für das vorangegangene Geschäftsjahr Rechnung zu legen und ihm, soweit es für die Prüfung erforderlich ist, die Einsicht seiner Geschäftsbücher zu gestatten.

[1]

A. Vorbemerkungen

Die Vorschrift regelt die Rechnungs- und Offenlegungspflicht des Verl. bei vereinbartem Anteils- und Absatzhonorar. Die Erläuterungen befassen sich daher zunächst mit diesem [2], sodann mit der Rechnungs- und Offenlegungspflicht [6].

B. Das vereinbarte Anteils- u. Absatzhonorar

[2] **I. Wesen:** Die Vereinbarung von Anteils- und Absatzhonorar stellt die Verbindung zweier Vereinbarungen dar, der Vereinbarung über ein Anteils- und der Vereinbarung über ein Absatzhonorar. Das Anteilshonorar ist eine in Prozenten des Brutto- (gelegentlich des Netto-; im übrigen vgl. § 22 Rdz. 14 u. § 23 Rdz. 4 ff.) Ladenpreises zu errechnende Vergütung. Das Absatzhonorar ist eine aus dem Absatz des Werkes zu errechnende Vergütung.

[3] II. Das **Anteilshonorar.** Seine **Errechnung** bereitet Schwierigkeiten, wenn

1. das **Werk in verschiedenen Erscheinungsformen** (Pracht-, Volks-, Jugend-, Taschenbuchausgabe) auf den Markt kommt. Hierüber vgl. § 21 Rdz. 5;

2. der der Berechnung zugrunde liegende **Ladenpreis erhöht, ermäßigt oder ganz aufgehoben wird.** Hierüber vgl. § 21 Rdz. 17 ff.;

3. die Restauflage des Werkes **verramscht** wird. Hierüber vgl. § 21 Rdz. 21.

III. **Das Absatzhonorar.** Da es auf dem „Absatz" des Werkes beruht, ist dieser Begriff von erhebl. Bedeutung.

[4] 1. Das Gesetz sagt jedoch nichts über den **Begriff „Absatz".** Nach Rechtspr. u. Rechtslehre zu § 259 StGB („mitwirken beim Absatz") freilich wäre „Absatz" die rechtsgeschäftl. Weitergabe an einen Dritten gegen Entgelt (Schwarz—Dreher § 259 Anm. 3 B c

mit Nachw.). Das würde aber hier zu unhaltbaren Ergebnissen führen. Denn strafrechtl. ist auch die Verpfändung „Absatz" (RGStr. 17, 392). Aus der Stellung des Verl., der das Werk als Unternehmer auf eigene Kosten u. eigenes Geschäftsrisiko vertreibt, muß daher gefolgert werden, daß man vom „Absatz" eines Werkes nicht erst dann sprechen kann, wenn der Gegenwert beim Verlag eingegangen ist. Das Risiko des Zahlungseingangs bleibt allein beim Verl. Das Werk wird also zu dem Zeitpunkt abgesetzt, in welchem das Eigentum des Verl. am Werkexemplar kraft Rechtsgeschäfts endgültig auf einen Dritten übergegangen ist. Ein Werk ist deshalb noch nicht abgesetzt, wenn es nur à condition geliefert oder bei einer „Lieferung fest mit Remissionsrecht" innerhalb der festgesetzten Frist remittiert wird. Hat der Verl. Werke unter Eigentumsvorbehalt verkauft, dann hat er sie erst abgesetzt, wenn sie entweder vom Sortimenter bezahlt oder (mit dem stillschweigenden Einverständnis des Verl.) im ordentl. Geschäftsverkehr an Dritte veräußert worden sind. Im letzten Fall ist es unerhebl., ob der Sortimenter seinerseits seine Verpflichtungen dem Verl. gegenüber erfüllt oder nicht (Bappert—Maunz § 24 Rdz. 3).

[5] 2. **Verramschung und Makulierung als Absatz?**

a) Die Verramschung ist „Absatz". Wegen der sich hieraus ergebenden Folgen für das Absatzhonorar vgl. § 21 Rdz. 21.

b) Die Makulierung dagegen ist nicht „Absatz", weil hier nicht die geistige Schöpfung des Verf., sondern das bedruckte Papier des Verl. verwertet wird (Bappert—Maunz a. a. O.). Daher nimmt der Verf. an dem Ertrag der Makulierung nicht teil (Dittrich S. 171).

C. Rechnungs- u. Offenlegung

I. Die Rechnungslegungspflicht

1. **Umfang und Art:** In Ermangelung anderweiter Vereinbarungen hat der Verl. dem Verf. jährl. für das vergangene Geschäftsjahr Rechnung zu legen.

[6] **a) Umfang der Rechnungslegung:** Die Rechnungslegung muß alles ersichtl. machen, was die Bücher über den Absatz des Werkes in dem betreffenden Geschäftsjahr enthalten, insbes. die Zahl der an die Sortimenter abgegebenen, von diesen verkauften oder fest (nicht nur à condition) übernommen oder zurückgesandten, ebenso die

etwa verramschten, nicht aber die makulierten Exemplare (Allfeld § 24 Anm. 2 a, Hoffmann § 24 Anm. a).

[7] b) **Art der Rechnungslegung:** Die Rechnungslegung hat nach Ablauf des Geschäftsjahres zu erfolgen, u. zwar, sofern im Verlagsvertrag ein Zeitpunkt der Abrechnung nicht bestimmt ist, im Monat nach Kantate. Die Rechnungslegung hat nach § 259 BGB so zu geschehen, daß der Verl. dem Verf., der am Gewinn beteiligt ist, eine die geordnete Zusammenstellung von Einnahmen u. Ausgaben enthaltene Rechnung vorlegt. Die Ausgaben sind, wenn möglich, einzeln aufzuführen; soweit das nicht möglich ist, z. B. bei den Generalunkosten, genügt Ansatz eines angemessenen Betrages. Es genügt, daß die Zahl der abgesetzten Exemplare angegeben ist u. daß bei Änderung des Ladenpreises eine Bestandsaufnahme vorgenommen u. diese der Abmachung zugrunde gelegt wird, da der Verf. aus dieser Aufstellung ersehen kann, wieviel Exemplare von dem jeweils festgesetzten Ladenpreis abgesetzt worden sind (Hoffmann a. a. O.).

[8] 2. **Beschränkung** der Rechnungslegung. Die Pflicht des Verl. zur Rechnungslegung ist auf die Angaben über den Absatz beschränkt. Darüber hinaus kann der Verf. die Geschäftsverhältnisse des Verl., insbesondere dessen Gewinn (vgl. LG Bremen: BBl. Nr. 30, 1952, 141) keinen Aufschluß fordern (Bappert—Maunz a. a. O. Rdz. 4).

[9] 3. **Verzicht** auf Rechnungslegung: Der Verl. wird dadurch, daß der Verf. in einem Jahr die Unterlassung der Rechnungslegung nicht gerügt hat, für künftig seiner Verpflichtung nicht enthoben. Doch kann der Verf. auf die Rechnungslegung verzichten, u. es kann sehr wohl darin, daß er Jahre hindurch sich mit einer Teilabrechnung begnügt und keine eigentliche Rechnungslegung verlangt, ein stillschweigender Verzicht erblickt werden (Allfeld a. a. O., Hoffmann a. a. O., zögernd Bappert—Maunz a. a. O., a. A. Dittrich S. 206, wonach bes. Umstände hinzutreten müssen, die auf einen solchen Verzicht hindeuten).

[10] 4. **Erzwingung** der Rechnungslegung: Sie ist nur dann von Erfolg, wenn die Pflicht zur Rechnungslegung Hauptpflicht des Verl. ist. Grundsätzlich nun ist sie nur eine Nebenpflicht. Soll sie eine Hauptverpflichtung des Verl. sein (bei deren Nichterfüllung der Verfasser gem. § 326 BGB vom Vertrag zurücktreten kann: OLG Dresden: GRUR 1925, 45), dann muß sich dies aus dem Verlags-

vertrag oder den besonderen Umständen einwandfrei ergeben (vgl. RGZ 101, 431). Kommt der Verl. dieser Verpflichtung nicht nach, so kann der Verf. deshalb in der Regel nur auf Erfüllung klagen. Erfüllt der Verl. nach der Meinung des Verf. seine Verpflichtung nicht in der richtigen Weise, dann kann der Verf., um eine vollständige Rechnungslegung zu erzwingen, nur beantragen, daß der Verl. gem. § 260 BGB eine eidesstattliche Erklärung abgibt, daß er seine Angaben nach bestem Wissen so vollständig gemacht habe, als er dazu imstande gewesen sei vgl. RGZ 84, 44 (Allfeld a. a. O., Bappert—Maunz a. a. O. Rdz. 5; dazu Gesetz zur Änderung des Rechtspflegergesetzes, des Beurkundungsgesetzes und zur Umwandlung des Offenbarungseides in eine eidesstattliche Versicherung vom 27. 6. 1970 BGBl. I, 911).

[11] **5. Verjährung** der Rechnungslegungspflicht. Der Anspruch auf Rechnungslegung verjährt wie der Honoraranspruch (Hoffmann a. a. O., Palandt—Heinrichs §§ 259 ff. Anm. 4 d).

[12] II. Die Offenlegungspflicht

Soweit die Prüfung der Rechnungslegung es erfordert, hat der Verl. dem Verf. auch Einsicht in seine Geschäftsbücher zu gestatten. Die Einsicht in die Geschäftsbücher des Verl. kann also vom Verf. nur insoweit gefordert werden, als diese Bücher etwas über den Absatz des Werkes aussagen und soweit der Verf. sein Honorar noch nicht voll erhalten hat (vgl. RG in Ufita 1930, 633). In der Regel wird deshalb schon die Lagerkartei oder die Statistik genügenden Aufschluß geben. Auskunft über die sonstigen Geschäftsverhältnisse des Verl. kann der Verf. auch auf diesem Wege nicht verlangen. Der Verl. ist auch nicht verpflichtet, dem Verf. die Unterlagen zur Überprüfung zuzusenden. Er ist nur gehalten, ihm die Einsicht in seinen Geschäftsräumen zu erlauben (Bappert—Maunz a. a. O. Rdz. 6). Der Verf. kann hierzu nach allg. Grundsätzen auch einen Fachmann beiziehen (Allfeld § 24 Anm. 3); ja in vielen Verlagsverträgen wird vereinbart, daß der Verf. selbst nicht zu einer Einsicht in die Geschäftsaufzeichnungen des Verl. berechtigt ist, vielmehr nur die Richtigkeit der Honorarabrechnung durch einen Wirtschaftstreuhänder überprüfen lassen darf (Dittrich S. 206). In Ziffer 11 der Verlagsnormen u. Auslegungsgrundsätze für Verlagsverträge über wissenschaftl. Werke (abgedruckt Anh. S. 472) endl. wird der Verl. verpflichtet, über den Stand des Absatzes der laufenden Auflage und über den beim Verl. tatsächl. vorhandenen Bestand

Auskunft zu erteilen, u. der Verf. berechtigt, durch einen „vereidigten Bücherrevisor" oder Wirtschaftsprüfer die Nachprüfung der Auslieferungs- u. Bestandsziffern auf seine Kosten in den Geschäftsräumen des Verl. vornehmen zu lassen. Diese Kostenregelung ist für den Fall unbillig, in dem sich die Mitteilung des Verl. als unrichtig herausstellt, die Überprüfung also notwendig war, um die Interessen des Verf. zu wahren (Dittrich a. a. O. Fn. 472).

§ 25

Der Verleger eines Werkes der Literatur ist verpflichtet, dem Verfasser auf je hundert Abzüge ein Freiexemplar, jedoch im Ganzen nicht weniger als fünf und nicht mehr als fünfzehn zu liefern. Auch hat er dem Verfasser auf dessen Verlangen ein Exemplar in Aushängebogen zu überlassen.

Der Verleger eines Werkes der Tonkunst ist verpflichtet, dem Verfasser die übliche Zahl von Freiexemplaren zu liefern. Von Beiträgen, die in Sammelwerken erscheinen, dürfen Sonderabzüge als Freiexemplare geliefert werden.

[1] **A. Vorbemerkungen**

Die §§ 25—27 behandeln weitere Nebenpflichten des Verl. gegenüber dem Verf., u. zwar

1. § 25 die Pflicht zur Lieferung von Freiexemplaren u. Aushängebogen
2. § 26 die Pflicht zur Überlassung von Werken zum Vorzugspreis u.
3. § 27 die Pflicht zur Rückgabe des Manuskripts.

B. Freiexemplare u. Aushängebogen bei Werken der Literatur

I. Freiexemplare bei Werken der Literatur

1. Über den **Begriff** der „Freiexemplare" vgl. § 6 Rdz. 4.

[2] 2. **Subsidiarität:** Die gesetzl. Regelung greift nur mangels anderer Vereinbarung Platz (Hoffmann § 25 Anm. 1).

[3] 3. **Wesen:** Die Lieferung der Freiexemplare ist kein Honorar. Der Verf. braucht sich somit die Freiexemplare nicht auf sein Honorar anrechnen lassen (Hoffmann a. a. O., Bappert—Maunz § 25 Rdz. 2) oder gar anstelle einer vereinbarten Vergütung entgegennehmen (Allfeld § 25 Anm. 1) u. hat auf sie auch dann Anspruch, wenn ein Honoraranspruch nicht besteht (Hoffmann a. a. O., Bappert—Maunz a. a. O. Rdz. 2).

[4] 4. **Umfang:** Die Verpflichtung zur Lieferung von Freiexemplaren gilt für jede Auflage, in der das Werk erscheint (Hoffmann a. a. O., Allfeld a. a. O., Bappert—Maunz a. a. O. Rdz. 3).

[5] 5. **Ausstattung:** Die Ausstattung der Freiexemplare hat, soweit nicht anderes vereinbart ist, der, in der das Werk verkauft wird, zu entsprechen. Werden nur broschierte Exemplare verkauft, so erhält der Verf. nur broschierte, wie ihm, wenn nur gebundene Exemplare abgegeben werden, nur solche zu liefern sind, u. zwar auch dann, wenn die Vergütung prozentual dem Ladenpreise der broschierten Abzüge zu zahlen ist. Wenn beide Arten im Handel sind, hat auch der Verf. von beiden je in dem Verhältnis, in dem die betreffende Ausgabe zur Gesamtauflage steht, Anspruch (Hoffmann a. a. O., Allfeld a. a. O., Bappert—Maunz a. a. O. Rdz. 4, Dittrich S. 211).

[6] 6. **Zahl:** Der Verf. hat mangels anderer Vereinbarung Anspruch auf ein Freiexemplar je 100 Abzüge, jedoch im ganzen nicht mehr und nicht weniger als 15 Freiexemplare, auch wenn die Auflage noch so hoch ist (Bappert—Maunz a. a. O., Rdz. 6).

[7] 7. **Mehrere Verfasser:** Sie haben sich, vorbehaltl. abweichender Vereinbarungen auch zwischen ihnen selbst, in die gesetzl. bestimmten Freiexemplare zu teilen (Hoffmann a. a. O., Bappert—Maunz a. a. O. Rdz. 8, Dittrich a. a. O.).

[8] 8. Die **Kosten der Übersendung** trägt der Verkehrssitte gemäß der Verl. (Hoffmann a. a. O., Allfeld a. a. O., Dittrich a. a. O. mit Nachw. für das österr. Recht).

[9] 9. **Verwertung:** Die Frage, ob der Verf. über die Freiexemplare frei verfügen, insbes. sie auch veräußern darf, ist sehr bestritten.

a) Nach einer älteren Meinung kann der Verf. nicht frei über die Freiexemplare verfügen; denn sie sind ihm vom Verl. nur für eigenen Bedarf oder zu Widmungszwecken übereignet worden, nicht in Ausübung der Verbreitungsbefugnis. Durch diese Zweckbestimmung seien die Exemplare gebunden; denn wenn der Verfasser diese Freiexemplare gewerbsmäßig veräußere, greife er in die Verbreitungsbefugnis des Verl. insofern ein, als er Exemplare, hinsichtl. deren eine solche Befugnis nicht bestand, die also überhaupt nicht vom Berechtigten aus in Verkehr gebracht werden konnten, nunmehr in Anmaßung dieser Befugnis in den Verkehr bringe, damit aber den ungestörten Genuß des Verl. an dieser Befugnis störe. Dies gelte auch dann, wenn der Verl. die an den Verf. zu liefernden Exemplare aus der Zahl der Exemplare nimmt, an denen seine Verbreitungsbefugnis besteht, da auch dann die Übertragung des Eigentums auf den Verf. nicht in Ausübung dieser Befugnis geschehe (Hoffmann § 25 Anm. 1; vgl. auch das bei Allfeld § 2 Anm. 10 aufgeführte Schriftt.).

b) Vermittelnd wurde ausgeführt: Der Verf. darf die empfangenen Freistücke nicht gewerbsmäßig verbreiten; das würde ein gegen Treu u. Glauben verstoßender Eingriff in das Verlagsrecht sein. Auch darf er sich nicht auf eigene Faust Sonderabdrucke von dem stehenden Satz herstellen lassen. Freil. wird der Verl. gegen entgeltl. Abgabe einzelner Stücke, durch die sein Absatz ernstl. nicht gefährdet wird, nichts einwenden können (Voigtländer—Elster § 25 Anm. 1).

c) Davon ausgehend nimmt die Auffassung, die sich nun durchgesetzt hat, die freie Verwertbarkeit der Freiexemplare durch den Verf. an (Bappert—Maunz a. a. O. Rdz. 5). „Dem Verleger kann es doch gleichgültig sein, ob der dritte Empfänger von Freiexemplaren diese bezahlt oder geschenkt erhält. In einem wie dem anderen Falle wird er sich mit dem einen Exemplar begnügen u. kein weiteres kaufen" (Allfeld a. a. O., Dittrich a. a. O. mit Nachw.). Diese Auffassung beherrscht auch die (Anh. S. 461 abgedruckten) Vertragsnormen zwischen den Hochschullehrern u. Verlegern (Bappert—Maunz a. a. O.). Dennoch wird in einschlägigen Verlagsverträgen nicht selten davon abgewichen.

II. Aushängebogen bei Werken der Literatur

[10] 1. Der **Begriff:** „Aushängebogen" sind die Druckbogen des Werkes nach vorgenommener Korrektur. Sie werden vor dem Drucke dem Verl. u. von diesem dem Verf. übersandt, um diesem den Nachweis einer unveränderten Wiedergabe des Werkes zu erbringen u. ihm dabei die letzte Gelegenheit zu geben, etwa stehen-

gebliebene Fehler noch am Anfang oder Schlusse des Werkes zu berichtigen, während eine Veränderung im Werke selbst nicht mehr mögl. ist, da der Drucksatz steht. (Hoffmann § 25 Anm. 2).

[11] 2. **Subsidiarität:**

a) Das Exemplar in Aushängebogen hat der Verl. dem Verf. **„nur auf Verlangen"** zu überlassen. Diese Beschränkung wurde deshalb aufgenommen, weil die rechtzeitige Versendung solcher Bogen nicht unter allen Umständen möglich ist, namentl. nicht bei sehr rascher Herstellung von Werken geringeren Umfangs. Ist aber das Verlangen gestellt, sei es bei Abschluß des Verlagsvertrags oder später, so muß ihm der Verl. ohne Rücksicht auf die Gattung des Werkes nachkommen. Auch hinsichtl. der Beiträge zu Sammelwerken besteht keine Ausnahme. Unterläßt trotz des Verlangens der Verl. die rechtzeitige Verabfolgung u. wird hierdurch die Berichtigung von erhebl. Druckfehlern unmögl., so muß der Verl. nachträgl. das Interesse des Verf., soweit mögl., zu wahren suchen (etwa durch gesonderte Ausgabe einer Berichtigung). Dagegen wird durch diese Unterlassung die Rechtmäßigkeit der Vervielfältigung u. Verbreitung nicht berührt.

b) Die Überlassung von Aushängebogen soll dem Verf. **Gelegenheit zu Berichtigungen** geben. Es ist aber zu beachten, daß der Aushängebogen vom endgültig feststehenden Satze abgezogen wird und daß gleichzeitig die übrigen Abzüge hergestellt werden, der Verl. also mit der Vervielfältigung nicht innehält, bis der Verf. auf Grund der Durchsicht des Aushängebogens den Druck beanstandet oder genehmigt hat. Der Verf. kann also nicht mehr eine Veränderung des Druckes im Wege der Korrektur herbeiführen, sondern nur einen Hinweis auf etwaige Druckfehler am Schlusse des Werkes oder hinter dem Titel oder der Vorrede anbringen lassen (Allfeld § 25 Anm. 7 a, Bappert—Maunz a. a. O. Rdz. 15, Dittrich S. 214).

[12] 3. **Wesen:** Das Exemplar in Aushängebogen darf nicht auf die dem Verf. zustehenden Freiexemplare angerechnet werden (Hoffmann a. a. O., Bappert—Maunz a. a. O.).

[13] 4. **Umfang:** Die Verpflichtung zur Überlassung des Exemplars in Aushängebogen gilt für jede Auflage, in der das Werk erscheint.

[14] 5. **Mehrere Verfasser:** Das Recht auf ein Exemplar in Aushängebogen steht jedem von ihnen zu; denn (u. damit kommt man

zum eigentl. Kern dieser Verpflichtung des Verl.) der Zweck der Überlassung des Exemplars in Aushängebogen ist, zumal bei Werken, die mehrere Auflagen erwarten lassen, der, dem Verf. die Vorbereitung dieser Auflagen, überhaupt die Weiterarbeit an dem Werk zu ermöglichen. Das spielt gerade bei wissenschaftl. Werken, insbesondere wissenschaftl. Sammelwerken (etwa Großkommentaren), überhaupt Sammelwerken eine ganz erhebl. Rolle. Im übrigen vgl. unten Rdz. 18 ff.

[15] 6. **Kosten der Übersendung:** Sie trägt Verkehrssitte gemäß der Verl. Das „Überlassen" des § 25 Abs. 1 S. 2 ist als „übersenden" zu werten, wie denn auch die Vereinbarungen über Vertragsnormen bei wissenschaftl. Verlagswerken vom 2. 3. 1951 in Ziff. 9 (abgedruckt Anh. S. 471) vorsehen, daß der Verl. dem Verf. Aushängebogen seines Werkes zu übersenden hat (Bappert—Maunz a. a. O. Rdz. 16).

[16] 7. **Verwertung:** Der Verf. kann über das Exemplar im Aushängebogen frei verfügen, insbes. kann er den wesentl. Teil des Werkes dadurch öffentl. mitteilen, daß er die Aushängebogen dritten Personen überläßt oder sie öffentl. auslegt (Bappert—Maunz a. a. O.). Für Österreich trifft jedoch die Auffassung, der Verf. sei zu einem öffentl. Auslegen der Aushängebogen berechtigt dann nicht zu, wenn das Werk noch nicht veröffentlicht ist u. wenn der Verf. dem Verl. ein insoweit inhaltl. unbeschränktes Werknutzungsrecht eingeräumt hat (Dittrich S. 215, bestr.). Indes auch nach deutschem Recht darf der Verf. die Aushängebogen nicht für eine ihm nach § 2 verbotene Vervielfältigung, z. B. als Vorlage für eine photomechanische Vervielfältigung seines Werkes benutzen. Der Abdruck von Teilen der Aushängebogen ist jedoch dann erlaubt, wenn er mit Genehmigung des Verf. u. Verl. zu Werbezwecken z. B. als Leseprobe in einer Zeitung erfolgt (Hoffmann a. a. O., Bappert—Maunz a. a. O.).

[17]

C. Freiexemplare bei Werken der Tonkunst

I. Hier gilt das unter B I Ausgeführte mit der Maßgabe entsprechend, daß mangels Vereinbarung „die **übl. Zahl von Freiexemplaren**" zu liefern ist. Welche Zahl übl. ist, ließ sich, da die durch die allg. Übung festgestellte Zahl je nach Gattung des Werkes sehr verschieden ist, gesetzl. nicht bestimmen (Allfeld § 25 Anm. 3 b, **Voigtländer—Elster § 25 Anm. 1**).

II. Die Lieferung eines Werkexemplares in **Aushängebogen** ist hier gesetzl. nicht vorgesehen, muß also vertragl. vereinbart werden. Dann gilt das oben unter B II Ausgeführte entsprechend.

[18] D. Freiexemplare von Beiträgen, die in Sammelwerken erscheinen: § 25 Abs. 3

I. Über den Begriff des „Sammelwerkes" vgl. § 4 Rdz. 2.

II. **Subsidiarität:** Von Beiträgen, die in Sammelwerken erscheinen, dürfen an die **Beiträger** als Freiexemplare Sonderabzüge geliefert werden. Der Verl. hat also hier die Wahl, ob er als Freiexemplare Sonderabzüge oder in Abänderung des § 4 Abzüge des Sammelwerkes liefern will (Hoffmann § 25 Anm. 1). Auf Freiexemplare des ganzen Sammelwerkes hat der Verf. eines Beitrags jedoch grundsätzl. keinen Anspruch (Bappert—Maunz a. a. O. Rdz. 7). Bildet jedoch die Arbeit des Verf. den Teil eines Sammelwerks, so erhält er üblicherweise nur dann selbständige Freistücke, wenn die Arbeit äußerl. ein Ganzes bildet u. so die Freistücke ohne ein neues Druckverfahren mit abgezogen werden können. Gebräuchl. sind auch Ausschnitte aus dem den Beitrag enthaltenden Druckbogen. Umfaßt der Beitrag mehrere Druckbogen, so werden diese oft so geliefert, daß der Beitrag in einem Umschlag vereinigt wird (Voigtländer—Elster a. a. O.) Der **Herausgeber** eines Sammelwerkes als Verf. des Ganzen hat Anspruch auf Freiexemplare vom ganzen Werk. Doch entspricht es der Übung, daß er nicht die ganze gesetzl. Zahl, sondern nur wenige Exemplare erhält (Allfeld § 25 Anm. 4 c, Bappert—Maunz a. a. O.).

[19] III. „Sonderabzüge" und „Sonderdrucke"

Nach § 25 Abs. 3 kann der Verfasser eines Beitrages zu einem Sammelwerk statt der Freiexemplare **„Sonderabzüge"** erhalten. In diesem Falle kann er verlangen, daß sie ihm nicht in losen Bogen, sondern in gehefteter Form, zumindest mit Rückenfalz, geliefert werden. Das Wort „dürfen" in Abs. 3 bedeutet, daß der Verl. die Befugnis zur Lieferung in dieser Form hat, u. damit seiner Verpflichtung zur Lieferung von Freiexemplaren in vollem Umfange nachkommt. Zum „Sonderabzug" gehören nicht Abzüge des Titels, des Vorworts, des Inhaltsverzeichnisses oder der Register (vgl. Hoffmann § 25 Anm. 1).

Von den Sonderabzügen sind die **„Sonderdrucke"** zu unterscheiden. Während die „Sonderabzüge" bloße Abzüge des Drucksatzes darstellen, werden „Sonderdrucke" in einem bes. (erneuten) Druckverfahren hergestellt. Sonderdrucke werden mangels einer anderen Vereinbarung dem Verf. berechnet (Voigtländer—Elster a. a. O., Bappert—Maunz a. a. O.).

[20] IV. **Zahl:** Die Zahl der Sonderabzüge entspricht der der Freiexemplare (Bappert—Maunz a. a. O.). Vgl. hierzu oben Rdz. 6 u. Rdz. 17.

[21] V. Für **Beiträge zu Zeitungen,** nicht aber zu Zeitschriften und anderen periodischen Sammelwerken gilt § 46 Abs. 1.

§ 26

Der Verleger hat die zu seiner Verfügung stehenden Abzüge des Werkes zu dem niedrigsten Preise, für welchen er das Werk im Betriebe seines Verlagsgeschäfts abgibt, dem Verfasser, soweit dieser es verlangt, zu überlassen.

[1] A. Vorbemerkung

Die Vorschrift regelt die Nebenverpflichtung des Verl., dem Verf. Abzüge des Werkes zum Vorzugspreis zu überlassen.

[2] B. Der Berechtigte

Berechtigt ist der Verf. Wer „Verf." i. S. dieser Bestimmung u. damit bezugsberechtigt ist, kann nur bei einer Mehrheit von Verf. (vgl. dazu § 1 Rdz. 34 ff.) bedeutsam werden.

I. **Grundsätzl.** entscheidet über die Bezugsberechtigung

1. der **Vertrag,** den die mehreren Verf. hinsichtl. ihrer Beiträge in Händen haben.

2. **Bei Fehlen** eines solchen (förml.) Vertrags oder einer einschlägigen Bestimmung in dem Vertrag die gute verlegerische Ge-

pflogenheit als Verkehrssitte oder ihr ähnliche Übung. Wenn nämlich schon auf Grund guter verlegerischer Gepflogenheit allen Autoren eines Verlages für alle bei ihm erscheinenden Werke ohne Rücksicht darauf, ob sie daran überhaupt als Verf. oder Mitverf. mitgearbeitet haben, die Bezugsberechtigung für Vorzugspreisexemplare zugebilligt wird (vgl. § 6 Rdz. 9), sollte man die Beiträger als Mitverfasser eines ganz bestimmten Werkes des Verlages nicht schlechter stellen u. ihnen die Bezugsberechtigung für Vorzugspreisexemplare des Werkes, an dem sie mitgearbeitet haben, nicht versagen. Im übrigen erleidet der Verl. durch die Einräumung der Bezugsberechtigung an alle Beiträger keinen wirtschaftl. Schaden; im Gegenteil kann es ihm gerade bei großen u. sehr teueren Sammelwerken oft nur angenehm sein, wenn über die Bezugsberechtigung aller Beiträger der Absatz des Sammelwerkes steigt.

[3] II. Die **Gefahr uneingeschränkter Bezugsberechtigung der Beiträger bezügl. ihres Sammelwerkes** sollte jedoch nicht verkannt werden. Sie besteht darin, daß ein Beiträger die Bezugsberechtigung dazu ausnützen kann, alle für die Bezugsberechtigung zur Verfügung stehenden Werkstücke (hierüber unten Rdz. 4 Ziff. II) aufzukaufen u. damit die Bezugsberechtigung der übrigen Beiträger (und eines etwaigen Herausgebers) zunichte zu machen. Diese Gefahr besteht insbes. bei kostbaren oder aus irgendwelchen, etwa preisl. Gründen in sehr kleiner Auflage gedruckten Werken (Ausstellungskataloge!), die alsbald Seltenheitswert erlangen, aber auch bei anderen Sammelwerken, die der Aufkäufer aus irgendwelchen Gründen, etwa aus Gehässigkeit gegenüber einem Beiträger aus dem Verkehr ziehen will. Das Schriftt. unterscheidet daher hier zwischen

a) **untrennbaren Gemeinschaftswerken** (§ 1 Rdz. 35). Hier soll dem Herausgeber eine Bezugsberechtigung nur zustehen, wenn nur mit ihm ein Verlagsvertrag (Herausgebervertrag) abgeschlossen worden ist, sonst nur der Gesamtheit der Beteiligten (Herausgeber u. Mitarbeiter), nicht aber den einzelnen Mitarbeitern. Dem Verf. eines einzelnen Beitrages stehe eine Bezugsberechtigung nur hinsichtl. der Sonderdrucke seines Beitrages zu, sofern solche im Buchhandel erhältl. seien. Erscheine das Sammelwerk in einzelnen Heften u. würde die gesonderte Abgabe des den Beitrag enthaltenden Heftes den Vertrieb des kompletten Sammelwerkes im regulären Buchhandel unmögl. machen, so entfalle das Recht des Verf. zum Ankauf der seinen Beitrag enthaltenden Einzelhefte (so LG Göttingen: BBl. 1924, 345; Hoffmann § 26 Anm. 3, Allfeld § 26 Anm. 3, Voigtländer—Elster § 26 Anm. 3, Bappert—Maunz § 26 Rdz. 4, Dittrich S. 220);

b) **trennbaren Werksverbindungen** (§ 1 Rdz. 44). Hier gelte das eben Ausgeführte entspr. Im Falle des Miturheberrechtes mehrerer Verf. sei der Verl. verpflichtet, jedem von ihnen auf Verlangen Abzüge zum Vorzugspreis zu überlassen (Hoffmann a. a. O., Allfeld a. a. O., Bappert—Maunz a. a. O.).

2. Damit ist aber die eingangs erwähnte Gefahr nicht gebannt. Dies kann nur durch Anwendung des Grundsatzes geschehen, daß Verträge, also auch verlags- und verlagsvertragsähnl. Verträge nach Treu und Glauben auszulegen sind (§ 1 Rdz. 9; soweit im Verhältnis der Beiträger untereinander eine bürgerlich-rechtl. Gesellschaft oder ein ähnl. Rechtsverhältnis besteht, vgl. Palandt—Thomas § 705 Anmerkung 7).

Danach haben sich, wenn die für die Erfüllung der Bezugsberechtigungen zur Verfügung stehenden Werkstücke sehr beschränkt sind, alle Beteiligten unter Federführung des Verl. (oder des Herausgebers) darüber zu verständigen, ob u. in welchem Umfange sie von ihrer Bezugsberechtigung Gebrauch machen wollen u. können. Einen gewissen Anhaltspunkt bietet dabei der Umfang der Beteiligung an der Schöpfung des Werkes. Hat der Beiträger nur einen nach Umfang u. Gewicht unbedeutenden Beitrag geliefert, kann er nach Treu u. Glauben nicht so gestellt werden, wie ein Beiträger, der mehrere gewichtige Beiträge beigesteuert hat oder wie ein allfälliger Herausgeber.

[4] C. Umfang der Bezugsberechtigung

I. Die Bezugsberechtigung bezieht u. beschränkt sich auf die zur Verfügung des Verl. stehenden Abzüge des Werkes. Dies sind zunächst die Lagerbestände des Verl., u. zwar auch solche, die sich auf dem Versandwege befinden, über die dem Verl. aber gemäß §§ 433, 455 HGB noch das Verfügungsrecht zusteht. Hierzu kommen die an die Sortimenter im sog. Bedingtverkehr versandten, von diesen daher noch nicht fest übernommenen Exemplare. Wenn der Verl. zur Befriedigung des Überlassungsanspruchs auf solche Konditionsexemplare zurückgreifen muß, so muß er sie von den Sortimentern zurückfordern, sobald er nach den buchhändl. Gepflogenheiten oder den vertragl. Vereinbarungen hierzu berechtigt ist. Zur Verfügung des Verl. i. S. des § 26 stehen schließl. noch die Abzüge, die er innerhalb der ihm eingeräumten Auflagestärke noch herstellen darf. Der

Verl. muß die ihm zugestandene Auflagenhöhe voll ausschöpfen (§ 16), auch wenn dies nur zur Erfüllung des Überlassungsanspruchs des Verf. geschehen muß (Hoffmann § 26 Anm. 1, Allfeld § 26 Anm. 2, Bappert—Maunz a. a. O. Rdz. 2, Dittrich S. 217).

II. Die Bezugsberechtigung schrumpft zum Nichts zusammen, wenn die im Verlagsvertrag festgesetzte Auflage des Werkes durch Subskription, Vorausbestellungen u. raschen Aufkauf völlig erschöpft, also vergriffen wird. Denn nach § 26 hat der Verl. nur „die zu seiner Verfügung stehenden Abzüge des Werkes" dem Verfasser zum Vorzugspreise zu überlassen. Er kann daher dem Verlangen des Verf. auf Überlassung von Vorzugspreisexemplaren mit dem Hinweis darauf begegnen, daß ihm Abzüge des Werkes nicht mehr zur Verfügung stünden. Stehen ihm aber Abzüge des Werkes nicht mehr zur Verfügung, ist die Auflage des Werkes im verlagsrechtl. Sinne vergriffen (§ 16 Rdz. 8, § 29 Rdz. 7, 8) und nach § 29 Abs. 1 das Verlagsvertragsverhältnis beendet (§ 29 Rdz. 6). Will dennoch der Verf. Vorzugspreisexemplare beanspruchen, muß er sich mit dem Verl. wegen einer Neuauflage des Werkes ins Benehmen setzen, u. zwar im Falle der Berechtigung des Verl. zu Neuauflagen auf dem Wege des § 17 (vgl. die Anm. hierzu), im anderen Falle in Form eines Antrags auf Abschluß eines neuen Verlagsvertrags über die neue Auflage.

[5] D. Der **„Vorzugspreis"** ist der niedrigste Preis, für den der Verl. das Werk im Betrieb seines Verlagsgeschäftes abgibt. Gemeint ist hierbei der niedrigste Preis, um den der Verl. das Werk abzugeben pflegt, im Regelfalle abgibt, nicht ein Ausnahmepreis, den er einmal aus bes. Anlasse bewilligt. Mitunter werden die Abzüge nach dem Auslande billiger als nach dem Inlande vertrieben; geschieht dies nicht nur ausnahmsweise, sondern hat das Werk einen regelmäßigen geringeren Auslandspreis, so ist der Verf. befugt, zu diesem „niedrigsten" Preise die Abzüge zu kaufen. Hiervon abgesehen, hat der Verl. dem Verf., wenn dieser von ihm Abzüge seines Werkes kaufen will, in gleicher Weise Rabatt zu bewilligen u. Abzüge als Freiexemplare zu überlassen, als ob er an einen Sortimenter verkaufen würde. Daß nicht ein Ausnahmepreis maßgebend sein kann, den der Verl. einmal im Privatverkehr bewilligt, ergibt sich übrigens schon aus den Worten „im Betrieb seines Verlagsgeschäfts". Erscheint das Werk in verschiedenen Ausgaben zu verschiedenen Preisen, so ist der niedrigste Preis der betreffenden Ausgabe maßgebend (Allfeld § 26 Anm. 3). Läßt der Verl. das Werk in seinem eigenen Druckerei- u. Buchbindereibetrieb herstellen, so kann der Verf. nicht

etwa die Überlassung zum Selbstkostenpreis fordern. Wenn ein Verl. den größten Teil eines Werkes zum Verramschen gegeben hat, so ist, wie LG Leipzig: JW 1933, 1612 ausführt, der normale Preis zum Ausnahmepreis geworden u. der Ramschpreis, zu dem die weitaus größte Zahl der Exemplare abgegeben worden ist, als der niedrigste Preis anzusehen, zu dem der Verl. das Werk im Geschäftsbetrieb abgegeben hat (Hoffmann § 26 Anm. 2, Bappert—Maunz a. a. O. Rdz. 3).

[6] E. Das Verlangen des Verf.

I. Das Verlangen des Verf. ist **nicht Kaufantrag,** zu dessen Annahme der Verl. verpflichtet ist. Die Verpflichtung des Verl. wird vielmehr unmittelbar durch das Verlangen des Verf. ausgelöst: Aus dem Verlagsverhältnis erwächst, wenn das Verlangen gestellt wird, ein Kaufverhältnis zwischen Verf. u. Verl., dessen Wurzeln im Verlagsvertrag liegen (Ulmer S. 347 Ziff. II 2, Bappert—Maunz a. a. O. Rdz. 1). Die vom LG Leipzig: Ufita 1938, 382 vertretene Auffassung, hier liege ein Kontrahierungszwang des Verl. gegenüber dem Verf. vor, hat sich nicht durchsetzen können (Ulmer a. a. O., Bappert—Maunz a. a. O., Dittrich S. 217).

II. Das Verlangen des Verf. kann durch den Verlagsvertrag **verändert oder gänzl. ausgeschlossen** werden. Denn auch § 26 enthält durch Vereinbarung veränderbares Recht (Allfeld § 26 Anm. 1, Bappert—Maunz a. a. O.). In der Verlagspraxis finden sich insbes. Vertragsbestimmungen über die Höhe des Vorzugspreises u. über das Verfügungsrecht des Verf. über die ihm überlassenen Exemplare. Nach Ziff. 10 Abs. 1 der Vereinbarungen über Vertragsnormen bei wissenschaftlichen Verlagswerken vom 2. 3. 1951 (abgedruckt Anh. S. 472) sollen jedoch Verlagsverträge keine Bestimmungen enthalten, die geeignet sind, die Rechte des Verf. aus § 26 abzuschwächen oder zu beseitigen (Bappert—Maunz a. a. O.).

III. Der mit dem Verlangen verfolgte **Zweck** des Verf. ist gleichgültig. Es ist mögl., daß er den ganzen Vorrat von Abzügen an sich bringen will, um entweder dadurch die weitere Verbreitung seines Werkes zu unterdrücken oder einen anderen Verl. mit dem Vertrieb zu betrauen. Dem Verf. kann es aber auch ledigl. darum zu tun sein, einzelne Abzüge an sich zu bringen, um sie zum Privatgebrauch zu verwenden oder an andere abzugeben. Auch in dieser Hinsicht unterliegt sein Recht auf den Bezug um einen Vorzugspreis keiner Beschränkung. Er kann Exemplare beziehen nicht nur, um sie zu verschenken, sondern auch, um sie zu verkaufen (Allfeld § 26 Anm. 5, Ulmer S. 348 Ziff. II 2). Der Verf. kann aber auch der Verramschung vorbeugen oder das Werk im Selbstverlag erscheinen lassen wollen (Dittrich S. 216). Über alle diese verschiedenartigen, vom Verf. möglicherweise verfolgten Zwecke schweigt sich das Gesetz aus. Daraus kann ohne Bedenken zunächst ganz allg. geschlossen werden, daß der Gesetzgeber der Verschiedenartigkeit dieser Motive des Verf. keine Bedeutung beimißt. Daher kann der Verl. die Lieferung von Abzügen nicht verweigern, wenn ihm der vom Verf. verfolgte Zweck nicht zusagt; es unterliegt daher auch der Verf. — von anderweitigen vertragl. Vereinbarungen abgesehen — hinsichtl. der auf diesem Wege erworbenen Exemplare keinerlei Bindungen an einen bestimmten Verwendungszweck; denn ein solcher ist aus dem Gesetz nicht zu entnehmen (Bappert—Maunz a. a. O. Rdz. 5).

[7] F. Das Verfügungsrecht des Verf. über die ihm zum Vorzugspreis überlassenen Werkstücke

I. **Das freie Verfügungsrecht des Verf.**: Der Verf. ist in der Verfügung über die durch Ausübung dieses Rechtes erworbenen Vervielfältigungsstücke auf Grund des Verlagsvertragsverhältnisses **grundsätzlich** frei; er darf die zum Vorzugspreis erworbenen Vervielfältigungsstücke an Dritte auch gegen Entgelt veräußern, u. zwar ohne Rücksicht darauf, ob er den von ihm bezahlten Vorzugspreis oder einen darüber liegenden Preis verrechnet. Eine **Durchbrechung erfährt dieser Grundsatz** nur dann, wenn der Verf. durch sein Verhalten den Gesamtabsatz des Verl. beeinträchtigt. Der Verl. ist an einem möglichst großen Absatz der von ihm verlegten Werke interessiert; führt ein Verkauf von Vervielfältigungsstücken durch den Verf. zu einem zusätzl. Absatz, so kann er darüber nur erfreut sein. Seine Interessen werden also durch die Veräußerung von Vervielfältigungsstücken durch den Verf. unmittelbar nicht nachteilig berührt. Unwillen ruft eine Veräußerung von Vervielfältigungsstücken durch den Verf. nur beim in Betracht kommenden Handel (insbes. Buchhandel) hervor, dessen Interessen hierdurch nachteilig betroffen werden. Fällt der vom Verf. unter Ausschaltung des Handels getätigte Absatz wirtschaftl. ins Gewicht, so wird dies dem Handel im tägl. Leben nicht verborgen bleiben; er wird dann zumindest den Absatz von Vervielfältigungsstücken eines solchen Werkes nicht fördern, vielleicht sogar ablehnen. Hierdurch aber wird im Gesamtergebnis ein Absatzrückgang eintreten. Nur ein Verhalten des

Verf., das im Gesamtergebnis einen Absatzrückgang zur Folge hat, ist daher als mit dem das Verlagsvertragsverhältnis durchziehenden Treueprinzip unvereinbar unzulässig (Bappert—Maunz a. a. O. Rdz. 6, Dittrich S. 216).

[8] II. Diese Frage stellt sich insbes. bei den sog. **„Hörerexemplaren“** (vgl. § 6 Rdz. 9). Die Frage, ob es Hochschullehrern gestattet ist, Exemplare von ihnen verfaßter Lehrbücher, die ihnen nach § 26 vom Verl. zum Vorzugspreis überlassen worden waren, zum Selbstkostenpreis an ihre Hörer abzugeben, oder durch akademische Vertriebseinrichtungen abgeben zu lassen, hatte nach einem sie bejahenden Urteil des Reichsgerichts (DJZ 1906, 81) zu heftigen Auseinandersetzungen geführt. Die heute nur noch rechtsgeschichtl. interessierende Streitfrage der Hörerexemplare wurde durch eine sich seit Beginn der zwanziger Jahre durchsetzende **Verkehrssitte** beseitigt. Durch Ziff. 9 Abs. 2 der Vereinbarungen über Vertragsnormen bei wissenschaftl. Verlagswerken zwischen dem Verband der Deutschen Hochschulen einerseits, dem Börsenverein der Deutschen Buchhändler und dem Deutschen Verlegerverein anderseits vom 15. 3. 1922 ist festgelegt worden, daß die Sortimentsbuchhändler den Hörern einen Nachlaß vom Ladenpreis in Höhe von 20 bis 25 % gegen Vorlage eines vom Verf. unterzeichneten Hörerscheins gewähren. Die Neufassung der Vereinbarungen vom 2. 3. 1951 (abgedruckt Anh. S. 472) enthält in Ziff. 10 Abs. 2 die gleiche Regelung. Verlagsverträge über wissenschaftl. Werke, die eine entsprechende Bestimmung nicht enthalten, sind nach der damit geschaffenen Verkehrssitte dahin auszulegen, daß eine unmittelbare Abgabe an die Hörer unterbleiben u. damit eine Ausschaltung des Sortimentsbuchhandels vermieden werden soll. Im Bereich des nichtwissenschaftl. Schrifttums pflegen die in der Praxis übl. Vertragsformulare eine Vereinbarung zu enthalten, wonach eine Wiederveräußerung der nach § 26 bezogenen Exemplare durch den Verf. nur mit Einwilligung des Verl., nur unter Berücksichtigung der Belange des Buchhandels u. nur zu dem festgesetzten Ladenpreis stattfinden darf (Bappert—Maunz a. a. O. Rdz. 7, 8 mit eingehenden Nachw. für die Vergangenheit, Ulmer a. a. O.; in Österreich besteht eine Regelung dieser Art oder Verkehrssitte nicht: Dittrich S. 221).

[9] G. Aufkauf der Restauflage durch den Verf.

Da der Anspruch des Verf. auf Überlassung von Vorzugsexemplaren zahlenmäßig nicht beschränkt ist, kann sich dieser Anspruch zu einem Aufkaufsrecht erweitern, wenn der Verf. die Überlassung der gesamten noch zur Verfügung stehenden Abzüge seines Werkes verlangt. Mit dem Aufkauf der Restauflage kann der Verf. den Zweck verfolgen, eine weitere Verbreitung seines Werkes aus persönl. Gründen zu verhindern. Dies kann bes. auch für den Rechtsnachfolger, vor allem die Erben des Verfassers, zutreffen, die den weiteren Vertrieb des Werkes etwa aus Familienrücksichten unterbinden wollen. Meist erfolgt jedoch der Aufkauf der Restbestände mit dem Ziele, ein „Vergriffen"sein des Werkes oder seiner gegenwärtigen Auflage herbeizuführen, um dadurch die Möglichkeit anderweitiger Werknutzung zu eröffnen. Dabei ist im einzelnen zu unterscheiden:

1. Wurde dem Verl. im **Verlagsvertrag nur eine Auflage** eingeräumt oder hat er die ihm zugestandene bestimmte Anzahl von Auflagen hergestellt, so daß die jetzt vorliegende die letzte ihm eingeräumte war, so ist mit dem Aufkauf der Restbestände der Verlagsvertrag u. damit das Verlagsrecht erloschen (§§ 29 Abs. 1, 9 Abs. 1). Der Verf. kann die empfangenen Restbestände nicht nur selbst verbreiten, sondern auch einem anderen Verl. zur Verbreitung überlassen, da ein Verlagsrecht (Verbietungsrecht) des Erstverlegers nicht mehr besteht. Ebenso kann er den anderen Verl. mit der Veranstaltung neuer Auflagen seines Werkes betrauen.

2. Hat dagegen der Verl. das **Verlagsrecht für alle Auflagen** (oder auch nur die vertragl. eingeräumte Befugnis zur Herstellung sämtl. Auflagen des Werkes), so bewirkt der Aufkauf der Restbestände allein noch nicht das Erlöschen des Verlagsrechts, da dem Verl. nach § 17 Satz 1 immer noch das Recht zur Veranstaltung der jeweiligen neuen Auflage zusteht. Erst wenn der Verl. die Veranstaltung der neuen Auflage verweigert oder nicht fristgemäß durchführt (§ 17 Satz 3, 4), kann der Verf. durch Aufkauf der Restbestände das Verlagsrecht zum Erlöschen bringen u. sich dadurch den Weg zur Herstellung einer neuen Auflage in einem anderen Verlagsunternehmen eröffnen (Hoffmann § 26 Anm. 5, Voigtländer—Elster § 26 Anm. 2, Bappert—Maunz a. a. O. Rdz. 9 ff.).

§ 27

Der Verleger ist verpflichtet, das Werk, nachdem es vervielfältigt worden ist, zurückzugeben, sofern der Verfasser sich vor dem Beginn der Vervielfältigung die Rückgabe vorbehalten hat.

[1] A. Vorbemerkungen

Die Vorschrift enthält die Nebenverpflichtung des Verl., das Manuskript nach Vervielfältigung zurückzugeben, wenn sich der Verf. vor Beginn der Vervielfältigung die Rückgabe vorbehalten hat (vgl. dazu im übrigen auch § 1 Rdz. 86 u. § 36 Rdz. 18).

B. Die Rückgabeverpflichtung nach Vervielfältigung

[2] I. **Gegenstand** der Rückgabeverpflichtung ist das Werk. „Werk" ist hier das Manuskript oder das sonstige körperl. Substrat der Geistesschöpfung (Diktaphonband, Zeichnung), das als Vorlage für die Vervielfältigungsmaßnahmen des Verl. gedient hat u. dem Verl. vom Verf. in Erfüllung seiner Überlassungsverpflichtung abgeliefert worden ist. (Bappert—Maunz § 27 Rdz. 1). Diese körperl. Niederlegung des Werkes u. die vom Verf. beschafften Vorlagen zu Abbildungen aller Art bleiben Eigentum des Verf. Sie sind nur die technischen Unterlagen für den Verl. zur Ausübung seines Verlagsrechts (Voigtländer—Elster § 27 Anm. 1).

[3] II. **Nebenwirkung** der Rückgabeverpflichtung ist die Pflicht, das Manuskript sorgsam zu behandeln. Diese Pflicht darf jedoch nicht überspannt werden. Der Verl. haftet deshalb nicht für Beschädigungen, die mit dem vereinbarten oder vom Verl. gewählten zulässigen Vervielfältigungsverfahren normalerweise verbunden sind. Dazu zählen bei einem Manuskript eines Werkes der Literatur Notizen, die durch die Überprüfung oder durch die Vorschreibung von Schriftgrößen, Einzügen, Fett- oder Kursivdruck oder Sperrungen bedingt sind, Zerlegungen u. Beschmutzungen. Eine Ausnahme wird nur für Vorlagen von ins Gewicht fallendem Wert zu machen sein. Sie sind mit der Sorgfalt eines Verwahrers zu behandeln. Änderungen, die der Verl. vorzunehmen berechtigt ist, dürfen nur dann an dem dem Verl. übergebenen Vervielfältigungsstück selbst vorgenommen werden, wenn dieses für den Verf. nach Abschluß des Vervielfältigungsvorganges — vom Papierwert abgesehen — nur noch den Wert eines Beweismittels hat (Bappert—Maunz a. a. O. Rdz. 3, 11, Dittrich S. 186; a. A. Hauffe S. 13).

[4] III. **Zeit der Rückgabeverpflichtung** ist die Beendigung der Vervielfältigung. Der Verl. wäre daher an sich zur Rückgabe des Manuskripts erst nach vollständiger Beendigung der Vervielfältigung

verpflichtet. Hier hat sich jedoch längst eine feststehende Verkehrssitte anderer Art herausgebildet. Die Rückgabe des Manuskripts erfolgt näml. meist derart, daß der Verf. zusammen mit der Fahnenkorrektur die entspr. Teile seines Manuskripts zur Vergleichsmöglichkeit zurückerhält u. nicht mehr an den Verl. zurückgibt. Freilich muß der Verf. dieses zurückerhaltene Manuskript bei der Veranstaltung einer Neuauflage dem Verl. wieder zur Verfügung stellen. Schickt der Verf. mit den verbesserten Korrekturbogen zugleich auch sein Manuskript an den Verl. zurück, so liegt darin zwar nicht eine Übertragung des Eigentums am Manuskript (so Voigtländer—Elster § 27 Anm. 2), wohl aber gegebenenfalls ein Verzicht auf einen früher etwa ausgesprochenen Rückgabevorbehalt i. S. des § 27 (Bappert—Maunz a. a. O. Rdz. 7, Dittrich S. 187). Im Musikverlag behält die Niederschrift dauernden Wert für die Herstellung späterer, gereinigter Ausgaben. Daher muß für die Werke, die nicht gedruckt, sondern durch Abklatsch oder gar handschriftl. vervielfältigt werden, die Urschrift stets zur Stelle sein. Die Aufbewahrung geschieht meist sicherer im Archiv des Verl. als beim Tonsetzer; daher wird in der Regel das Eigentum an der Handschrift vom Verl. bedungen (Voigtländer—Elster a. a. O.). Die Verlagsverträge enthalten deshalb hier in der Regel die Vereinbarung, daß das Manuskript Eigentum des Verl. wird und bleibt (Bappert—Maunz a. a. O. Rdz. 13).

IV. **Voraussetzung für die Rückgabeverpflichtung** ist der „Vorbehalt“ des Verfassers.

1. Der **„Vorbehalt“** der Rückgabe.

[5] a) **Bedeutung**: Angesichts obiger Ausführungen hat der Vorbehalt der Rückgabe nur recht begrenzte Bedeutung. Er kommt nur dann zum Tragen, wenn das Manuskript nicht nur wegen seines geistigen Inhalts, sondern auch wegen der Person des Verf. Ruf und Ruhm erlangt u. dieser oder seine Erben das Manuskript auch deshalb wieder in Besitz bekommen wollen.

[6] b) Das **Wesen** des „Vorbehalts“ des § 27 ist weder gesetzl. bestimmt, noch Rechtspr. u. Schriftt. zu § 27 zu entnehmen. Man kommt ihm aber näher, wenn man anstelle von „vorbehalten“ das gleichbedeutende „ausbedungen“ wählt. Dann ist der „Vorbehalt“ des § 27 eine Bedingung, die der Verf. an die Überlassung des Manuskripts an den Verl., also an die Erfüllung seiner Verpflichtungen aus dem Verlagsvertrag knüpft. Er geht dabei auf Grund des

zwischen ihm u. dem Verl. bestehenden Vertrauensverhältnis davon aus, daß der Verl. die Bedingung einhalten, das Manuskript zurückgeben werde, der Verlagsvertrag jedenfalls zunächst einmal gültig sein solle. Seine Bedingung ist also eine auflösende derart, daß der Verlagsvertrag seine Wirksamkeit erst verlieren werde, wenn der Verl. entgegen dem Vorbehalt das Manuskript nicht zurückgeben kann oder will. In diesem Falle endet gemäß § 158 Abs. 2 BGB die Wirkung des Verlagsvertrages u. der frühere Rechtszustand tritt wieder ein. Der Verlagsvertrag erlischt mit sofortiger Wirkung, aber nicht rückwirkend. (Staudinger—Coing § 158 Rdz. 9). Insbes. enden Pflichten u. Rechte des Verl. zur Vervielfältigung u. Verbreitung des Werkes. Der Verf. kann die Vervielfältigung u. Verbreitung sofort einem anderen Verl. übertragen. Damit er das kann, hat der Verl. die Rechtspflicht, ihn vom Eintritt der Bedingung, also der von ihm gewollten oder ungewollten Unmöglichkeit der Rückgabe des Manuskripts zu verständigen (Staudinger—Coing a. a. O. Rdz. 18); Grund genug für den Verl., den Rückgabevorbehalt des Verf. vertragl auszuschließen.

[7] c) Die **Erklärung** des Vorbehalts kann wie die des Vorbehalts des § 464 BGB (dazu Palandt—Putzo § 464 Anm. 4) formlos, etwa fernmündl. oder mündl. oder durch schlüssiges Verhalten und muß gegenüber dem Verl. oder seinem Stellvertreter, nicht gegenüber einem bloßen Boten, etwa dem, der das Manuskript abholt, erfolgen.

[8] 2. **Überflüssigkeit** des Vorbehalts: Eines Rückgabevorbehalts bedarf es nicht, wenn der Verf. für Abbildungen Originalvorlagen von besonderem geschichtl. oder künstler. Werte zur Verfügung gestellt hat, z. B. ein Autogramm eines Dichters oder Staatsmannes zwecks faksimilierter Wiedergabe (Allfeld § 27 Anm. 1, Bappert—Maunz a. a. O. Rdz. 4).

[9] V. **Folgen des unterlassenen (notwendigen) Vorbehalts:** Der Verl. ist zur Rückgabe nicht verpflichtet und kann die gleichwohl verlangte Herausgabe nicht, wie Allfeld a. a. O. meint, auf Grund des § 27 (BGH: NJW § 69, 1383 = JZ 1970, 106), wohl aber auf Grund des § 986 BGB verweigern. Gleichwohl darf er, da Nichteigentümer, keine die Interessen des Eigentümers angreifende Verfügung über das Manuskript treffen, es insbesondere nicht veräußern (hierüber § 1 Rdz. 109).

C. Die Rückgabeverpflichtung vor begonnener oder beendeter Vervielfältigung

I. Rückgabeverpflichtung **vor begonnener Vervielfältigung,** je nachdem das Werk auf Veranlassung des Verl. diesem überlassen wurde oder nicht:

[10] 1. Hat der Verf. **auf Verlangen des Verl.** diesem sein Manuskript zur Prüfung übersandt, so ist der Verl. verpflichtet, das Manuskript sorgfältig aufzubewahren u., wenn in der Folgezeit ein Verlagsvertrag nicht zustande kommt, es dem Verf. in unversehrtem Zustand zurückzugeben. Seine Haftung für die Rückgabe bzw. seine Schadensersatzpflicht wegen Nichtrückgabe wird nicht dadurch ausgeschlossen, daß der Verf. keine Zweitschrift bei sich zurückbehalten u. dem Verl. dies nicht mitgeteilt hat (so KG: DJZ 1906, 372; vgl. Bappert—Maunz a. a. O. Rdz. 11). Unterbleibt die Vervielfältigung des Werkes deshalb, weil der Verl. wegen seiner nichtvertragsmäßigen Beschaffenheit gem. § 31 vom Verlagsvertrag zurückgetreten ist, so hat er das Manuskript dem Verf. zurückzugeben. Notizen u. Randbemerkungen, die während der Prüfung des Werkes durch das Verlagslektorat auf dem Manuskript angebracht wurden, braucht er vor der Rückgabe nicht zu beseitigen (Voigtländer—Elster § 27 Anm. 3, Bappert—Maunz a. a. O.).

[11] 2. Hat dagegen der Verf. das Manuskript **unverlangt** eingesandt, gilt das § 1 Rdz. 18 Ausgeführte (vgl. auch Hoffmann § 27 Anm. 4, Bappert—Maunz a. a. O. Rdz. 12, ausführl. für das österr. Recht Dittrich S. 189 ff.).

[12] II. Rückgabeverpflichtung **vor beendeter, also während der Vervielfältigung:** Wird das Verlagsvertragsverhältnis vor Beendigung der Vervielfältigung aufgelöst, so kann der Verf. stets die unverzügl. Rückgabe des übergebenen Werkstückes verlangen; ein Vorbehalt der Rückgabe ist dafür nicht erforderl. Der Verl. muß deshalb das Werkstück stets bis zur Beendigung des Vervielfältigungsvorganges aufbewahren (Bappert—Maunz a. a. O. Rdz. 9, Dittrich S. 188).

§ 28

Die Rechte des Verlegers sind übertragbar, soweit nicht die Übertragung durch Vereinbarung zwischen dem Verfasser und dem Verleger ausgeschlossen ist. Der Verleger kann jedoch durch einen Ver-

trag, der nur über einzelne Werke geschlossen wird, seine Rechte nicht ohne Zustimmung des Verfassers übertragen. Die Zustimmung kann nur verweigert werden, wenn ein wichtiger Grund vorliegt. Fordert der Verleger den Verfasser zur Erklärung über die Zustimmung auf, so gilt diese als erteilt, wenn nicht die Verweigerung von dem Verfasser binnen zwei Monaten nach dem Empfang der Aufforderung dem Verleger gegenüber erklärt wird.

Die dem Verleger obliegende Vervielfältigung und Verbreitung kann auch durch den Rechtsnachfolger bewirkt werden. Übernimmt der Rechtsnachfolger dem Verleger gegenüber die Verpflichtung, das Werk zu vervielfältigen und zu verbreiten, so haftet er dem Verfasser für die Erfüllung der aus dem Verlagsvertrage sich ergebenden Verbindlichkeiten neben dem Verleger als Gesamtschuldner. Die Haftung erstreckt sich nicht auf eine bereits begründete Verpflichtung zum Schadensersatz.

[1] A. Vorbemerkungen

I. Die Vorschrift **regelt**

1. als **Grundsatz** die nicht an die Zustimmung des Verf. gebundene („zustimmungsfreie") Übertragbarkeit der Rechte des Verl. [4],
2. als **Ausnahmen** von diesem Grundsatz
   a) den vertragl. Ausschluß der Übertragbarkeit [11],
   b) die an die Zustimmung des Verf. gebundene („zustimmungsgebundene") Übertragbarkeit der Rechte an einem einzelnen Werk [16],
3. die Folgen der wirksamen Übertragung [28],
4. schließl. auch, wenn auch teilweise nur mittelbar
   a) die Belastbarkeit der Verlegerrechte [44],
   b) die Zwangsvollstreckung in Verlegerrechte [47],
   c) den sog. Lizenzvertrag [68].

[2] II. Die Vorschrift **wird ergänzt** durch § 34 UrhG, abgedruckt Anh. S. 427.

[3] **Zum Verhältnis zwischen § 28 VerlG u. § 34 UrhG** sei ausgeführt: § 28 VerlG ist durch die §§ 34, 35 UrhG weder aufgehoben (s. § 141 UrhG) noch überholt. § 28 VerlG geht vielmehr als Spezialnorm für bestimmte Verträge, näml. des § 1 VerlG, den allg. Normen der §§ 34, 35 UrhG vor. Das gilt auch in bezug auf Sammel-

werke; doch findet § 28 VerlG insoweit seine Ergänzung durch § 34 Abs. 2 UrhG (Gamm § 34 Rdz. 1, 5; Möhring—Nicolini § 34 Anm. 1, Hubmann S. 188, a. A. Fromm—Nordemann § 34 UrhG Anm. 2). Hierüber siehe unter Rdz. 19.

[3 a]

B. Wesen der Übertragung

I. „Übertragung" i. S. des § 28 ist zunächst die Übertragung durch den Verl., also Abtretung durch ihn. Auf eine solche Abtretung finden gemäß § 413 BGB die Vorschriften über die Übertragung einer Forderung (§ 398 ff. BGB) Anwendung (vgl. Palandt—Heinrichs § 413 Anm. 1 b). Zur Übertragung (Abtretung) ist aber ein Vertrag zwischen dem Verl. u. dem Erwerber nötig (Palandt—Heinrichs § 398 Anm. 1 a). Übertragung in der Form der Abtretung ist also bürgerl.-rechtl. Vertrag zwischen Verl. u. Erwerber.

II. „Übertragung" ist aber auch arg §§ 400 BGB, 851 ZPO die Pfändung, also die Übertragung nicht durch den Verl., sondern durch das Gericht; hierüber im einzelnen Rdz. 47 ff.

III. „Übertragung" ist endlich jeder Eingriff „von hoher Hand" in die Rechte des Verl., der sie diesem entzieht u. auf einen anderen, etwa (wie bei KRD 50) auf den Entziehenden überträgt. Für solche öffentl.-rechtl. Übertragungen gelten, da zumeist einschlägige Bestimmungen fehlen, die §§ 398 ff. BGB entspr. (BSozG: NJW 1959, 2087). Damit aber sind solche „Übertragungen" den rechtsgeschäftl. oder pfändungsweisen Übertragungen gleich zu achten.

C. Die grundsätzl. zustimmungsfreie Übertragbarkeit der Rechte des Verl.

Sofern nicht eine der Ausnahmen nach D oder E vorliegt, sind die Rechte des Verl. (Rdz. 4 ff.) ohne Zustimmung des Verf. (Rdz. 6 ff.) übertragbar (Rdz. 9 ff.).

I. Die grundsätzl. zustimmungsfrei übertragbaren „Rechte des Verl."

[4] 1. Sie schließen ihrem Wesen nach nicht nur das Verlagsrecht, sondern **auch** die obligatorischen Rechte ein, wie etwa das Recht auf Ablieferung, gegebenenfalls auch auf Herstellung des Werkes

sowie auf Verschaffung des Verlagsrechts. Die Übertragbarkeit beginnt also bereits mit der Entstehung dieser Rechte. Vorausgesetzt wird immer nur der Abschluß eines Verlagsvertrags zwischen den Parteien, in welchem sich der Verf. verpflichtet hat, dem Verl. das Verlagsrecht zu begründen (Hoffmann § 28 Anm. 3, Bappert-Maunz § 28 Rdz. 7).

[5] 2. Der Verl. kann nicht mehr Rechte übertragen, als er selbst hat. Steht ihm deshalb **nur** das Recht einer Auflage zu, so sind auch der Übertragbarkeit insoweit Schranken gesetzt: die vom zweiten Verl. vervielfältigten und verbreiteten Werkexemplare werden auf die zulässige Auflagenhöhe angerechnet. Ist ihre Zahl erfüllt, dann endet das Recht des Zedenten u. des Zessionars genau so, wie wenn die zeitl. beschränkte Vertragsdauer abgelaufen ist (Allfeld § 28 Anm. II 6, Bappert—Maunz a. a. O. Rdz. 9).

II. Die Zustimmungsfreiheit

1. Zustimmungsfrei sind übertragbar

[6] a) das **ganze Verlagsgeschäft** eines Verl. (Allfeld a. a. O., Bappert—Maunz a. a. O. Rdz. 6; ausdrückl. für sonstige Unternehmen § 34 Abs. 3 UrhG, dazu Gamm a. a. O. Rdz. 14, Möhring—Nicolini a. a. O. Anm. 5 a) einschließl. aller vom Verleger abgeschlossenen Verlagsverträge. Als „Verlagsgeschäft" in diesem Sinne wird von der Rechtspr. auch die Veranstaltung und Herausgabe nur eines einzigen, in der Regel periodischen Sammelwerkes gewertet (RGZ 68, 49; 115, 358; BGHZ 15, 1; BGH: NJW 1968, 1188 u. a.). Doch kann gerade in diesem Falle der Übertragung das Interesse des Urhebers schweren Schaden nehmen, wenn der Erwerber des Geschäftes ganz u. gar nicht geeignet ist, das Werk entsprechend zu verbreiten, so etwa wenn eine konservative Parteischrift in die Hände eines sozialdemokratischen Verl. gelangt (Allfeld a. a. O.). Hierüber unten Rdz. 8;

[7] b) **einzelne Verlagszweige oder bestimmte Fachabteilungen** eines Verlags (vgl. Gamm a. a. O.; Möhring—Nicolini a. a. O. Anm. 5 b) einschließl. der hierauf bezügl. Verlagsverträge. Denn auch eine solche Abteilung oder ein solcher Zweig bildet einen Gegensatz zu den „einzelnen Werken", hinsichtl. deren die Übertragung an die Zustimmung des Verf. gebunden ist (Allfeld a. a. O.). Zustimmungsfrei übertragbar ist daher etwa der medizin. oder jurist. Teil eines Verlages, aber auch eine in sich abgeschlossene Unterabteilung eines Verlagszweiges, wie die biolog. oder zoolog.,

die rechtsgeschichtl. oder die steuerrechtl. Abteilung. Die Unterteilung eines Verlags darf jedoch nicht zur Umgehung einer sonst erforderl. Zustimmung des Verf. führen. Der Gegensatz zu „den einzelnen Werken" verlangt immer, daß die Abgrenzung nach sachl., nicht nach persönl. (nach dem Verf. sich richtenden) Gesichtspunkten vorgenommen wird u. daß es sich um eine Mehrzahl von Verlagswerken handelt (Bappert—Maunz a. a. O. Rdz. 4, großzügiger die Rechtspr. bei periodischen Sammelwerken, vgl. oben Rdz. 6).

aa) Ein einzelnes Werk kann (zustimmungsfrei übertragbarer) „Verlagszweig" oder (zustimmungsfrei übertragbare) „Fachabteilung" eines Verlages nur sein, wenn es sich um ein übriggebliebenes Werk handelt, der Verl. also die Rechte an den anderen Werken dieser Verlagsgruppe bereits übertragen hat u. der Verlag auch tatsächl. seine gesamte Tätigkeit gerade auf diesem Gebiet aufgibt (Bappert—Maunz a. a. O. Rdz. 6).

bb) Die Übertragung einer Abteilung oder eines Zweiges des Verlages einschließl. der hierauf bezügl. Verlagsrechte kann eine schwere Beeinträchtigung der Rechte des Verf. bilden oder werden. Ein Verlag veräußert etwa seine schöngeistige Abteilung an einen anderen, der sich hauptsächlich mit der Herausgabe unsittl. Schrifttums befaßt. Hierüber siehe unten Rdz. 8.

[8] 2. **Der freien Übertragbarkeit** sind jedoch **Grenzen** gesetzt, wenn sie, wie mehrfach erwähnt, die berechtigten Interessen des Verf. schwer u. nachhaltig beeinträchtigt oder zu beeinträchtigen in der Lage ist. Welche Rechte hier der Verf. hat, ist nicht ganz unbestritten.

a) Nach einer früheren Auffassung hatte er die Rechte aus der entspr. Anwendung des § 35 (vgl. etwa Allfeld a. a. O). Dagegen wurde jedoch zutreffend eingewendet, daß das Rücktrittsrecht des § 35 nicht auf Eigenschaften des Verl. gestützt werden kann (vgl. § 35 Rdz. 10), auf die es hier allein ankommt (Bappert—Maunz a. a. O. Rdz. 6).

b) Jetzt werden die Rechte des Verf. darauf gegründet, daß ihm die schwere u. nachhaltige Beeinträchtigung seiner Rechte u. Interessen nicht mehr zugemutet werden kann, u. er daher berechtigt ist, das Vertragsverhältnis aus diesem wichtigen Grunde fristlos zu kündigen (Bappert—Maunz a. a. O.). Denn beim Vertragsverhältnis handelt es sich um ein sog. Dauerschuldverhältnis, das von einem der Vertragsteile fristlos gekündigt werden kann, wenn ihm die Fortsetzung nicht mehr zugemutet werden kann (Staudinger—Weber § 242 Rdz. A 725 u. mehrfach, Palandt—Heinrichs § 242 Anm. 4 f.;

Einnatz, Die Kündigung aus wichtigem Grund, Diss., Marburg 1934, S. 62).

III. Die zustimmungsfreie „Übertragbarkeit“ der Rechte des Verl.

[9] 1. Die „Übertragung“ der Rechte des Verl. ist ihrem **Wesen** nach Abtretung im Sinne der §§ 398 ff. BGB (Hoffmann a. a. O. Anm. 3), also ein abstrakter Vertrag. Daraus folgt:

a) Die Art des der Übertragung zugrunde liegenden Rechtsgeschäfts ist für die Zustimmung ohne Bedeutung. Der die Abtretung begründende obligatorische Vertrag wird in der Regel Kauf, er kann aber auch Tausch oder Schenkung sein. Ebenso kann der Rechtsübergang auf Grund eines Gesellschaftsvertrags oder dadurch erfolgen, daß der Verl. die Verlagsrechte in eine Gesellschaft einbringt oder ein schon bestehendes Verlagsunternehmen in eine andere Rechtsform umwandelt (GmbH in AG, oHG in GmbH: Bappert—Maunz a. a. O. Rdz. 12) oder, wie in jüngster Zeit häufiger, mit einem anderen Verlagsunternehmen fusioniert wird.

b) Der Verf. kann dem neuen Verl. die Einwendungen entgegensetzen, die bei Übertragung des Verlagsrechtes gegen den ersten Verl. begründet sind, insbes. also gemäß § 23 VerlG gegenüber dem Anspruch des neuen Verl. auf Begründung des Verlagsrechtes die Einrede des nicht gezahlten Honorars vorschützen (§ 320 BGB; Hoffmann a. a. O.).

[10] 2. Die Übertragung bedarf keiner **Form** (Palandt—Heinrichs § 398 Anmerkung 2). § 311 BGB greift auch dann nicht Platz, wenn das ganze Verlagsgeschäft oder ein sehr wesentl. Teil auf einen anderen übertragen wird. Denn es handelt sich hierbei nicht um das gesamte Vermögen oder um einen Bruchteil davon, sondern bestimmte Vermögensbestandteile, die unter dem Sammelnamen „Verlagsgeschäft“ oder „Abteilung“ oder „Zweig“ oder „Fachgebiet“ eines Verlages zusammengefaßt sind (Voigtländer § 28 Anm. 2, Staudinger § 311 Rdz. 3 mit eingehenden Nachw.).

D. Der vertragl. Ausschluß der Übertragbarkeit

(Über seine Zulässigkeit außerhalb des Verlagsrechtes vgl. § 34 Abs. 4 UrhG, dazu Gamm a. a. O. Rdz. 11).

I. **Form**: Der Vertrag zwischen Verf. und Verl. über den Ausschluß der Übertragbarkeit seiner Rechte kann

[11] 1. **ausdrückl.** sein. Solche Vereinbarungen sind allerdings, wie das Schriftt. (Bappert—Maunz a. a. O. Rdz. 4) dartut, im tägl. Leben selten, da der Verl. eine solche Beschränkung seiner Verfügungsgewalt nur ungern auf sich nimmt. Sie kann sich aber auch für den Verf. nachteilig auswirken, wenn der bisherige Verl. aus irgendwelchen Gründen nicht mehr in der Lage ist, das Verlagsrecht auszuüben, u. der Verf. sich dann selbst nach einem Verl. umsehen muß. Nachträgl. kann allerdings die ursprüngl. Unübertragbarkeit durch eine neue vertragl. Abrede wieder aufgehoben werden. Dies stellt aber eine neue Rechtslage dar;

[12] 2. sich **aus den Umständen** ergeben. Im Abschluß eines Generalverlagsvertrages über alle, auch die zukünftigen Werke ist ein stillschweigend vereinbarter Ausschluß der Übertragbarkeit nicht zu erblicken, weil, wie der Verf. nicht unter allen Umständen an diesen Verleger gebunden sein soll (§ 626 BGB, RGZ 79, 156), auch dem Verleger die Möglichkeit gegeben sein muß, das zunächst für die Dauer bestimmte Vertragsverhältnis bei Vorliegen eines wichtigen Grundes umgestalten zu können (Hoffmann a. a. O. Anm. 2, Bappert—Maunz a. a. O. Rdz. 2, vgl. auch Gamm a. a. O.).

[13] II. **Umfang**: Der vertragl. Ausschluß der Übertragbarkeit äußert seine Wirkung in jedem Falle, also auch dann, wenn der Verleger sein ganzes Verlagsgeschäft veräußert. Die gegenteilige Ansicht (etwa Kohler UR S. 263) ist nicht haltbar. Das Gesetz läßt ausdrückl. die Ausschließung der Übertragbarkeit durch Vereinbarung zu. Diese vertragsmäßige Ausschließung kann unmögl. auf die Übertragung einzelner Werke beschränkt sein; in Ansehung einer solchen Übertragung ist der Verf. schon durch Satz 2 gegen ein willkürl. Verhalten des Verl. geschützt. Sie muß mindestens auch dann zulässig und wirksam sein, wenn der Verl. einen ganzen Zweig seines Verlagsgeschäfts veräußern will; was aber hierfür gilt, muß auch für den Fall der Veräußerung des ganzen Verlags gelten (Allfeld a. a. O. Anm. A I 5 b).

[14] III. **Wirkung**: Der vertragl. Ausschluß wirkt nicht nur zwischen Verf. u. Verl., sondern auch Dritten, insbes. dem Dritten gegenüber, auf den der Verl. vereinbarungswidrig seine Rechte überträgt. Ein gutgläubiger Erwerber wird daher auch dann nicht nach § 405 BGB geschützt, wenn ihm der Verl. eine Vertragsurkunde vorlegt, in welcher der Ausschluß der Übertragbarkeit nicht erwähnt ist, da sich die Vorschrift des § 405 BGB nur auf eine zwischen

Gläubiger und Schuldner wirkende obligatorische Ausschlußvereinbarung bezieht, im § 28 selbst aber ein gutgläubiger Erwerb der unveräußerl. Verlegerrechte nicht vorgesehen ist. Überträgt der Verl. also entgegen der Vereinbarung seine Rechte einem Dritten, so ist eine solche Übertragung unwirksam. Eine Vervielfältigung u. Verbreitung des Werkes durch den Erwerber wäre eine Urheberrechtsverletzung i. S. §§ 97 ff. UrhG (Bappert—Maunz a. a. O. Rdz. 4).

[15] IV. Die **Beweislast** für den vertragl. Ausschluß der Übertragbarkeit trifft den Verf. (Allfeld a. a. O.).

E. Die zustimmungsgebundene Übertragbarkeit der Verlegerrechte an einzelnen Werken

[16] I. Der Begriff der „einzelnen Werke"

1. Der Begriff der „einzelnen Werke" wird am besten **gekennzeichnet** durch seinen Gegensatz: das Verlagsgeschäft als Ganzes oder eine „fachl." (im Gegensatz zu „persönl.", also nach den Verfassern) abgezweigte Abteilung des Verlagsgeschäfts, auch wenn diese Abgrenzung nach außen hin nicht erkennbar war. Dieser fachl. abgegrenzte Teil braucht sich nicht mit den Grenzen des betr. Faches zu decken, auch Unterabteilungen einer Fachlehre, zum Beispiel steuerrechtl. Literatur eines rechtswissenschaftl. Verlags, sind in diesem Sinne eine Fachabteilung. Die Zugehörigkeit dieser Verlagswerke zur gleichen Materie läßt sie innerhalb der Menge der gesamten Verlagswerke dieses Verlags als im Zusammenhang stehend erscheinen, als Ausdruck der Tätigkeit dieses Verl. gerade auf diesem Gebiet (Hoffmann a. a. O. Anm. 4 a). Wegen weiterer Einzelheiten siehe oben Rdz. 7.

[17] 2. Unter den **„Rechten" an den einzelnen Werken** sind nicht nur die gesamten Rechte des Verl., sondern auch einzelne (Hoffmann a. a. O. Anm. 3), wie das Vervielfältigungsrecht, nicht dagegen etwaige Geldansprüche auf Ersatz der Kosten übermäßiger Änderungen (§ 12 Abs. 3) oder auf Schadensersatz (§ 31 Abs. 2) zu verstehen. Die Übertragung solcher Ansprüche ist durch § 28 nicht beschränkt. Der Verl. kann mit Zustimmung des Verf. in bezug auf einzelne Werke auch einzelne Rechte übertragen, andere zurückbehalten, sofern eine getrennte Ausübung dieser Rechte angängig ist, z. B.

wenn ihm das Übersetzungsrecht zusteht, dieses auf einen anderen übertragen, das Recht auf Vervielfältigung u. Verbreitung des Werkes in der Originalsprache für sich behalten. Eine Übertragung der Verlegerrechte liegt nicht vor, der Zustimmung des Verf. bedarf es also nicht, wenn sich der Verl. ledigl. bei Ausübung der verlagsrechtl. Befugnisse einer dritten Stelle bedient, die ohne Erwerb des Verlagsrechts oder auch nur eines Anteils an diesem den Vertrieb des Werkes übernimmt u. in Erfüllung dieser Aufgabe auch die für den Vertrieb bestimmten Exemplare für eigene Rechnung herstellen läßt. Diese Rechtslage ändert sich nicht dadurch, daß auf den Exemplaren der Verlag, der den Vertrieb übernommen hat, statt des Verlags, dem das Verlagsrecht zusteht angegeben wird. In einem Falle dieser Art bleibt der Verl., mit dem der Verf. den Verlagsvertrag abgeschlossen hat, diesem für die entsprechende Vervielfältigung u. Verbreitung voll u. ausschließl. verantwortl. Auch in der Veräußerung der Restbestände eines Werkes an einen anderen Verlag, der seine Firma an die Stelle der Firma des ursprüngl. Verlegers setzt, liegt keine Übertragung der Verlegerrechte (Allfeld a. a. O. Anm. A II 7 b mit Nachw.).

II. Der Zustimmungsberechtigte und -Verpflichtete

[18] 1. **Grundsätzl.** ist nach § 28 Abs. 1 S. 2—4 der Verf. zur Erteilung der Zustimmung verpflichtet. Über die Person des Verf. vgl. § 1 Rdz. 28 ff.

[19] 2. Nach dem zur **Ergänzung** heranzuziehenden § 34 Abs. 2 UrhG ist, wenn mit dem **Nutzungsrecht an einem Sammelwerk** Nutzungsrechte an den in das Sammelwerk aufgenommenen einzelnen Werken übertragen werden, die Zustimmung des „Urhebers des Sammelwerkes" genügend. Diese Bestimmung soll die Übertragung von Nutzungsrechten an Sammelwerken erleichtern. Abweichend von dem Grundsatz, daß das Urheberrecht am Sammelwerk u. das Urheberrecht am aufgenommenen Werk selbständig nebeneinander stehen u. daß über eines unabhängig vom anderen verfügt werden kann, kommt es hier nur auf die Zustimmung des Verfassers (Herausgebers) des Sammelwerks an. Eine Verweigerung der Zustimmung der Einzelverfasser (Beiträger) ist unerhebl. (Möhring—Nicolini a. a. O. Anm. 4). Es besteht also zugunsten des Verfassers (Herausgebers) des Sammelwerkes als Ganzen die Vermutung einer im voraus erteilten Zustimmung der Verfasser der einzelnen aufgenommenen Werke (Beiträger), u. zwar selbst dann, wenn etwaige Verträge mit dem Verfasser (Herausgeber) des Sammel-

werks hierzu nichts enthalten. Es bedarf daher im Einzelfall einer ausdrückl. Vertragsklausel zum Ausschluß der (vermuteten) Zustimmung zur Weiterübertragung. Da ein gutgläubiger Erwerb im Urheberrecht ausscheidet, muß sich der Erwerber durch Einsichtnahme in die Einzelverträge jeweils Gewißheit verschaffen (Gamm a. a. O. Rdz. 13).

III. Erklärungen der Zustimmung

1. **Wesen** der Zustimmung.

[20] a) Die Zustimmung, eine Rechtsbedingung für die Wirksamkeit der Übertragung (Gamm a. a. O. Rdz. 10) ist wie ihre Verweigerung eine **einseitige empfangsbedürftige Willenserklärung,** deren Empfänger gemäß § 182 Abs. 2 BGB wahlweise der bisherige Verl. oder der Erwerber ist. Einen Anspruch auf Abgabe einer solchen Erklärung hat aber nur der Verl., da er allein in einem vertragl. Rechtsverhältnis zum Verf. steht. Ebenso ist auch nur der Verl., nicht aber der Erwerber klageberechtigt. Der an einer Klärung der Rechtslage in erster Linie interessierte Erwerber kann aus dem nicht genehmigten Übergabevertrag gegen den Verf. keine Rechte herleiten. Er kann den Verl. nur aus dem der Übertragung zugrunde liegenden Schuldverhältnis zu einem Einschreiten gegen den Verf. anhalten (Allfeld a. a. O. Anm. A II 2, Bappert—Maunz a. a. O. Rdz. 16, Gamm a. a. O. Rdz. 15, Möhring—Nicolini a. a. O. Anm. 2 b).

[21] b) Unter **„Zustimmung“** ist nach §§ 182 ff. BGB sowohl die „Einwilligung“ als auch die „Genehmigung“ zu verstehen. Nicht nur die vorher erteilte Einwilligung des Verf., sondern auch die nachträgl. eingeholte Genehmigung macht also die Übertragung rechtswirksam. Der Verl. kann daher seine Rechte zunächst auch ohne Einwilligung des Verf. übertragen u. es dann darauf ankommen lassen, daß der Verf. seine Unterlassungs- und Schadensersatzansprüche geltend macht (RGZ 45, 40). Ein solches Verhalten ist allerdings für Verl. u. Erwerber nicht ungefährl. Die Übertragung der Verlegerrechte ist näml. bis zur rechtskräftigen Entscheidung darüber, ob der Verf. die Genehmigung verweigern darf oder nicht, schwebend unwirksam. Entscheidet das Gericht, daß der Verf. einen wichtigen Grund nicht habe, die Zustimmung zu verweigern, dann muß dieser sich so behandeln lassen, als ob er zugestimmt habe. Die Übertragung wird rückwirkend gültig, die vom Erwerber inzwischen vorgenommene Vervielfältigung u. Verbreitung ist von Anfang an rechtsmäßig. Wird aber dem Verf. das Recht zuge-

sprochen, die Zustimmung zu verweigern, dann steht ebenso fest, daß die Übertragung der Verlegerrechte von Anfang an unwirksam gewesen ist (Bappert—Maunz a. a. O. Rdz. 14, Gamm a. a. O. mit Nachw.).

[22] 2. **Form** der Zustimmung: Die Zustimmung ist (arg § 282 Abs. 2 BGB) an eine Form nicht gebunden (so auch Gamm a. a. O. für die Zustimmung nach § 34 UrhG). Die Zustimmung kann ausdrückl. erfolgen oder aber auch stillschweigend, etwa durch Rücksendung von Korrekturfahnen durch den Verf. an den Erwerber, das Verlangen eines Vorschusses vom Erwerber, Beanstandungen des Druckes oder der Ausstattung gegenüber dem Erwerber. Stillschweigende Erteilung wird gemäß § 28 Abs. 2 Satz 2 unterstellt, wenn der vom Verl. zur Erklärung über die Zustimmung aufgeforderte Verf. nicht die Verweigerung binnen 2 Monaten nach Empfang der Aufforderung gegenüber dem Verl. erklärt. (Diese Regelung gilt nicht für nicht dem Verlagsrecht unterliegende Urheberrechtssachen: Gamm a. a. O.) Über die Berechnung der 2-Monatsfrist vgl. §§ 187 Abs. 2, 188 Abs. 2, 7 BGB.

IV. Verweigerung der Zustimmung

[23] 1. Für **Wesen, Form und Empfänger** der Verweigerung gilt das oben Rdz. 18 ff. Ausgeführte entspr.

[24] 2. **Begründung der Verweigerung:** Die Zustimmung darf nur verweigert werden, wenn ein **„wichtiger Grund"** dafür vorliegt. Ein solcher ist nur gegeben, wenn dem Verf. die Übertragung der Verlegerrechte an diesen Rechtsnachfolger nach verständiger Würdigung nicht zugemutet werden kann. Dabei sind alle Umstände des Einzelfalles, die Interessen beider Teile sowie das dem Verlagsvertrag zugrunde liegende besondere Vertrauensverhältnis zu berücksichtigen. Die Versagungsgründe sind aber immer von dem Gesichtspunkt her zu beurteilen, daß der Verf. beim Abschluß des Verlagsvertrags „auf die Person des Verl., seinen geschäftl. Ruf, seine persönl. Tüchtigkeit, seinen Eifer für die Verbreitung u. seine Sorge für die Ausstattung Gewicht legt" (RGZ 65, 45) u. die Übertragung der Rechte des Verl. gerade diese Erwartungen gefährden kann. Der Verf. kann also die Zustimmung nicht aus Gründen versagen, die in seiner eigenen Person (veränderte Anschauung oder Lebensstellung, Rücksicht auf neue Vorgesetzte usw.: Bappert—Maunz a. a. O. Rdz. 13, vgl. auch Gamm a. a. O. Rdz. 16) oder in der Person

des Verl. liegen (veränderte polit. Anschauung, Aufnahme neuer dem Verf. nicht genehmer Mitarbeiter, etwa Redakteure oder Gesellschafter), sondern nur aus Gründen, die in der Person des Erwerbers vorhanden sind, etwa übler Ruf, Geschäftuntüchtigkeit, politische, religiöse Gesinnung, aber auch geringes Ansehen, ungünstige örtl. Lage (Allfeld a. a. O. Anm. B II 8), Unerfahrenheit des Erwerbers gerade im Vertrieb von Büchern nach Art derer des Verf., Hauptgewicht der Verlagstätigkeit bei gänzl. anderen Werken, etwa bei Kitsch- oder Schundromanen, wenn der Verf. Urheber geisteswissenschaftl. Werke ist.

[25] 3. **Folgen der Verweigerung:** Erkennt der Verl. die Verweigerung nicht als berechtigt an, muß er Klage auf Zustimmung erheben. Wird der Verf. zur Zustimmung verurteilt, ersetzt das rechtskräftige Urteil die Zustimmung (§ 894 ZPO). Wird die Klage abgewiesen, kann der Verl. seine Rechte an diesen Erwerber nicht übertragen; der Erwerber würde durch eine gewerbsmäßige Vervielfältigung u. Verbreitung eine Urheberrechtsverletzung (Bappert—Maunz a. a. O. Rdz. 15, vgl. auch Gamm a. a. O. Rdz. 18 mit Nachw.) mit den Folgen der §§ 97 ff. UrhG begehen.

4. **Übertragung bei verweigerter Zustimmung.** Hier ist zu unterscheiden:

[26] a) **Steht** bereits, etwa durch rechtskräftiges Urteil, das den Anspruch des Verl. auf Erteilung der Zustimmung zurückweist, **fest, daß** die **Zustimmung** vom Verf. aus einem wichtigen Grund **verweigert** ist, so darf der Erwerber das Werk nicht vervielfältigen u. gewerbsmäßig verbreiten (Allfeld a. a. O. Anm. B II 10). Im übrigen vgl. die Ausführungen zu Rdz. 25.

[27] b) Steht die **Berechtigung der Verweigerung noch nicht endgültig fest,** ist die Gültigkeit der ohne Zustimmung geschehenen Übertragung in der Schwebe. Nimmt zu dieser Zeit der Erwerber Vervielfältigungs- oder Verbreitungshandlungen vor, so tut er dies auf eigene Gefahr; denn wenn der Verf. vor Ablauf der zweimonatl. Frist (Rdz. 22) die Zustimmung aus einem wichtigen Grunde verweigert, so ist nunmehr sicher, daß die Übertragung von Anfang an nichtig war u. die Handlungen des Erwerbers Verletzungen des Urheberrechts sind. Umgekehrt wird (gemäß § 184 Abs. 1 BGB) durch die nachträgl. Zustimmung des Verf. die Übertragung rückwirkend gültig (Allfeld a. a. O., Gamm a. a. O.), gleichgültig, ob die nachträgl. Zustimmung freiwillig (ausdrückl. oder stillschweigend)

abgegeben oder durch Klage des Verlegers erzwungen worden ist. Hier sind dann die inzwischen vom Erwerber vorgenommenen Handlungen als rechtmäßig anzusehen.

F. Rechtsfolgen der wirksamen Übertragung: § 28 Abs. 2

[28] I. Die Rechtsfolge der (kraft Gesetzes oder freiwilliger oder erzwungener Zustimmung des Verf.) wirksamen Übertragung faßt das Gesetz dahin zusammen, daß die dem (bisherigen) Verl. obliegende Vervielfältigung u. Verbreitung auch durch den Rechtsnachfolger bewirkt werden kann. Hier ist zu unterscheiden:

[29] 1. Ist die **Übertragung schon vor Beginn der Vervielfältigung** erfolgt, dann geht die Befugnis zur Vervielfältigung auf den Rechtsnachfolger über. Dieser kann also unter seiner Firma das Werk vervielfältigen u. vertreiben; der Verf. muß sich die Erfüllung durch den Rechtsnachfolger gefallen lassen. Hat der Verf. dem Verl. die in § 2 Abs. 2 aufgeführten Befugnisse eingeräumt, so gehen auch diese auf den Erwerber über. Mit dem Übergang der Rechte des Verl. auf den Erwerber erlangt dieser auch den Anspruch auf die Herstellung des Werkes, wenn dieses vom Verf. noch nicht hergestellt ist, ferner auf Ablieferung des Werkes (§§ 10, 11). Der Verf. hat sich ihm gegenüber in demselben Umfange, wie dem bisherigen Verl. gegenüber, der Vervielfältigung u. Verbreitung des Werkes zu enthalten (§§ 2, 3); er hat auch dem Erwerber das Verlagsrecht zu verschaffen; § 8, vgl. auch § 9 (Allfeld a. a. O. Anm. C 12 a).

[30] 2. Ist die **Übertragung nach Beginn der Vervielfältigung** erfolgt, war also das Verlagsrecht für den bisherigen Verl. schon entstanden, geht es auf den Erwerber über.

[31] 3. Hatte der Verl. das Recht zur **Veranstaltung weiterer Auflagen** erworben (vgl. § 5 Abs. 2), so gehen im Zweifel seine Rechte auch in Ansehung der weiteren Auflagen auf den Erwerber über. Auch in bezug auf Rücktritts- und Kündigungsrechte tritt der Erwerber an die Stelle des Verl. (Allfeld a. a. O.).

II. Darnach werden im Hinblick auf die an der Übertragung Beteiligten, näml. den Verf., den Verl. u. Erwerber mit dem Schriftt. (Bappert—Maunz a. a. O. Rdz. 18) 3 Gruppen von Fällen zu unterscheiden sein:

1. Der Erwerber übernimmt weder gegenüber dem Verf. noch gegenüber dem bisherigen Verl. eine Verpflichtung zur Vervielfältigung u. Verbreitung des Werkes (Rdz. 32 ff.);
2. der Erwerber übernimmt diese Verpflichtung gegenüber dem bisherigen Verl. (Rdz. 35 ff.);
3. der Erwerber übernimmt sie gegenüber dem Verf. (Rdz. 43 a).

[32] III. Der Erwerber übernimmt **weder gegenüber dem Verf. noch gegenüber dem bisherigen Verl. die Verpflichtung zur Vervielfältigung u. Verbreitung des Werkes.**

1. Dieser Fall kann **praktisch** nur eintreten bei Übernahme eines Verlagsgeschäftes oder einer Fachabteilung eines solchen, also nur da, wo der bisherige Verl. u. der Erwerber zur Übertragung der Verlegerrechte der Zustimmung des Verfassers nicht bedürfen.

[33] 2. Für seine **rechtl. Beurteilung** gilt folgendes:

a) Er ist **Forderungsübernahme auf Grund der Übertragung** (Abtretung). Der Erwerber ist daher zur Vervielfältigung u. Verbreitung des Werkes des Verf., wie überhaupt zur Geltendmachung aller Rechte des bisherigen Verl. berechtigt.

b) Der Vertrag ist **nicht Schuldübernahme.** Der Erwerber ist daher zur Vervielfältigung u. Verbreitung des Werkes wie auch zur Erfüllung der übrigen Verbindlichkeiten des Verl. nicht verpflichtet. Der Verf. kann also nur vom bisherigen Verl. die Vervielfältigung u. Verbreitung verlangen u. nur von ihm sein Honorar fordern. Das dem Erwerber jetzt zustehende Verlagsrecht hindert allerdings den bisherigen Verl., die Vervielfältigung u. Verbreitung selbst vorzunehmen. Eine persönl. Leistung kann der Verf. deshalb nicht mehr verlangen. Der Anspruch des Verf. kann in diesem Fall also nicht auf persönl. Leistung durch den Verl., sondern nur auf Leistung durch den Erwerber gerichtet sein. Der Verl. muß dann seinerseits entsprechend auf den Erwerber seiner Rechte einwirken. Kommt er dieser Pflicht nicht nach, kann der Verf. die Rechte aus § 32 mit der Wirkung ausüben, daß bei einem Rücktritt vom Verlagsvertrag auch der Erwerber das Werk nicht mehr vervielfältigen u. verbreiten darf. Eine unmittelbare Haftung des Erwerbers gegenüber dem Verf. tritt nur unter den Voraussetzungen des § 25 HGB ein. Hat jemand das ganze Verlagsgeschäft des bisherigen Verl. durch Rechtsgeschäft unter Lebenden erworben u. führt er das Unternehmen unter der bisherigen Firma mit oder ohne Beifügung eines das Nachfolgeverhältnis andeutenden Zusatzes fort oder hat er die Übernahme der Verbindlichkeiten in handelsübl. Weise bekanntgemacht, haftet er neben dem bish. Verl. als Gesamtschuldner auch ohne ausdrückl. Verpflichtung für die Erfüllung der dem Verf. zustehenden Ansprüche (Bappert—Maunz a. a. O. Rdz. 19).

[34] 3. Diese Rechtslage ist **für den Verf. nicht eben befriedigend.** Will er sich mit ihr nicht abfinden, kann er die Rechte aus Veränderung oder Wegfall der Vertrauensgrundlage in Anspruch nehmen (hierüber § 1 Rdz. 10). Dies gilt ganz bes. dann, wenn der Verl. sich mit der Abtretung seiner Verlegerrechte seiner letzten greifbaren Vermögenswerte begeben hat und dadurch (absichtl.?) für den Verf. unangreifbar geworden ist oder wenn er, eine Gesellschaft irgendwelcher Art, in einer anderen aufgegangen oder mit ihr fusioniert worden ist u. daher überhaupt nicht mehr besteht. Hier hilft je nach den Umständen dem Verf. als Gläubiger aus dem Verlagsvertrag die Bestimmung des § 419 BGB, jedoch nur, wenn der bisherige Verl. u. Veräußerer des Verlagsgeschäftes eine jur. Person ist, deren ganzes Vermögen eben das Verlagsgeschäft darstellt (vgl. RGZ 69, 290). In allen übrigen Fällen sieht er, sofern er nicht die Rechte aus Veränderung oder Wegfall der Vertrauensgrundlage geltend machen will, sich vor die Lage gestellt, seine Werke bei einem gutgehenden Verlag erscheinen zu sehen, wegen des Honorars aber an einen zahlungsschwachen oder gar — unfähigen Verl. verwiesen zu sein. Der Verf. wird daher gerade den Fällen von Übertragung ohne Verpflichtung des Erwerbers zur Verpflichtung u. Verbreitung des Werkes bes. Aufmerksamkeit widmen, notfalls auf sie mit den Rechten aus Veränderung oder Wegfall der Vertrauensgrundlage antworten müssen.

[35] IV. Der Erwerber übernimmt die Verpflichtung zur Vervielfältigung u. Verbreitung gegenüber dem bisherigen Verl.

1. Die **Übernahme ist Forderungsübernahme** wie oben **III 2 a.** Der Erwerber ist daher zur Vervielfältigung u. Verbreitung, wie überhaupt zur Geltendmachung aller Rechte des bisherigen Verl. berechtigt.

[36] 2. Die Übertragung ist **aber auch Schuldübernahme,** und zwar hinsichtl. aller Verpflichtungen des bisherigen Verl. gegenüber dem Verf. Diese Schuldübernahme ist nicht eine einfache nach § 415 BGB, sondern kraft § 28 Abs. 2 S. 2 eine sog. kumulative im Sinne der

§§ 421 ff. BGB. Nicht nur der Übernehmende (Erwerber) sondern auch als Gesamtschuldner der Übertragende (bisherige Verl.) haften dem Verf. für die Erfüllung der aus dem Verlagsvertrag sich ergebenden Verbindlichkeiten.

[37] a) **Der Verf. kann** daher **wählen,** wen von beiden Vertragspartnern er in welchem Umfange auf Erfüllung der Verbindlichkeiten aus dem Verlagsvertrag in Anspruch nehmen will. Er kann also vom bisherigen Verl. oder vom Erwerber, die beide als Gesamtschuldner haften, je nach Zweckmäßigkeit entweder die gesamten ihm geschuldeten Leistungen oder einen Teil von diesem, einen anderen Teil von jenem verlangen (§ 421 BGB). Hat einer der beiden Gesamtschuldner erfüllt, so wird auch der andere befreit (§ 422 BGB). Unterläßt es der Erwerber trotz Aufforderung, das Werk zu vervielfältigen u. zu verbreiten, so ist der bisherige Verl. als Gesamtschuldner dazu nicht nur verpflichtet, sondern auch berechtigt. Bei nicht rechtzeitiger oder nicht vertragsgemäßer Erfüllung kann der Verf. seine Rechte aus § 32 sowohl gegen den Verl. als auch gegen den Erwerber geltend machen. Dagegen wirken Verzug u. Verschulden nur für u. gegen den Gesamtschuldner, in dessen Person sie eintreten (Bappert—Maunz a. a. O. Rdz. 20). Kommt daher einer der beiden Vertragspartner etwa mit der Honorarzahlung in Verzug, kann der Verf. vom anderen zwar das Honorar, nicht aber den Verzugsschaden nach §§ 286 ff. BGB verlangen, sofern er nicht auch ihn in Verzug gesetzt hat.

[38] b) **Der bisherige Verl.** bleibt weiterhin aus dem Verlagsvertrag verpflichtet.

aa) Er wird gemäß § 422 Abs. 1 BGB **nur durch die Leistung des Erwerbers frei.**

bb) **Seine Haftung** ist auch abgesehen von den allg. Vorschriften über Verjährung — zeitl. nicht beschränkt. Insbes. gilt hier nicht die fünfjährige Verjährung des § 26 HGB. Jedoch kann vertragsmäßig der Haftung des Verl. eine beliebige Grenze gezogen werden (Allfeld a. a. O. Anm. C 14 aa). Geschieht das, ändert sich die Rechtslage; denn die in § 28 Abs. 2 S. 2 vorausgesetzte zeitl. unbegrenzte Haftung des bisherigen Verl. wird hier zeitl. begrenzt, fällt also nach Ablauf dieser Zeit weg, so daß dann an die Stelle der kumulativen eine einfache Schuldübernahme tritt, die sich nach § 415 BGB bemißt. Die Wirksamkeit dieser Schuldübernahme hängt nach § 415 Abs. 1 BGB von der Genehmigung durch den Verf. ab.

[39] α) **Bis zur Erklärung des Verf.** besteht ein Schwebezustand. Jedoch ist nach § 415 Abs. 3 S. 1 BGB im Zweifel der Erwerber dem bisherigen Verl. gegenüber verpflichtet, den Verf. rechtzeitig zu befriedigen. Dieser Zweifel wird hier in der Regel gegeben sein. Denn die rechtzeitige Befriedigung der Ansprüche des Verf. dürfte beim Wechsel im Verlagsvertragsverhältnis u. den dadurch bedingten bes. Umständen nur ausnahmsweise mögl. sein.

[40] β) **Erteilt der Verf. die Genehmigung,** was auch durch schlüssige Handlungen (nicht durch bloßes Schweigen: Palandt—Heinrichs § 419 Anm. 2) erfolgen kann, wird die Schuldübernahme rückwirkend auf den Zeitpunkt des Vertragsabschlusses wirksam (RGZ 134, 187). Der bisherige Verl. ist von dem vertragl. vereinbarten Zeitpunkt an seiner Verpflichtungen aus dem Verlagsvertrag ledig.

[41] γ) **Verweigert der Verf. die Genehmigung,** was auch durch Schweigen nach Fristsetzung durch den bisherigen Verl. oder den Erwerber geschehen kann (§ 415 Abs. 2 S. 2 BGB), ist der Schuldübernahmevertrag in dieser Form endgültig gegenstandslos (RGZ 139, 127). An seine Stelle tritt die gesetzl. Regelung des § 28 Abs. 2 S. 2: Der bisherige Verl. haftet zeitl. unbegrenzt für die Verbindlichkeiten aus dem Verlagsvertrag.

3. Ausnahmen

[42] a) **Ausgenommen** von der weitgehenden Haftung des Erwerbers ist nur eine bereits begründete Verpflichtung zum Schadensersatz (§ 28 Abs. 2 Satz 3). Diese setzt stets Verschulden voraus. Sie soll deshalb nur den schuldhaft Handelnden treffen. Die Verpflichtung, Schadensersatz zu leisten (etwa wegen verzögerter Erfüllung) geht deshalb selbst dann nicht auf den Erwerber über, wenn vor der Übertragung erst die den Anspruch begründende Tatsache eingetreten, der Schaden selbst aber noch nicht entstanden ist.

[43] b) **Eine über die weitgehende Haftung des Erwerbers hinausgehende Entlastung** des Verl. ist nur dann mögl., wenn der Verf. den Verl. aus der Haftung entläßt. Der nur in der Form eines Vertrages mögl. Erlaß der übernommenen Verpflichtung (§ 397 BGB) bedarf zwar zu seinem Abschluß keiner bes. Form u. kann auch durch schlüssige Handlung erklärt werden (Palandt—Heinrichs § 397

Anm. 2). An diese sind aber strenge Anforderungen zu stellen, da der Erlaß einer Forderung grundsätzl. nicht vermutet wird (st. Rspr. etwa RGZ 118, 66; vgl. auch Bappert—Maunz a. a. O.).

[43 a] **V. Der Erwerber übernimmt die Verpflichtung zur Vervielfältigung u. Verbreitung gegenüber dem Verf.**

1. Übernimmt er sie zusätzl. zu der noch fortbestehenden oder als fortbestehehend vereinbarten Verpflichtung des Verl., entsteht kumulative Schuldübernahme, ganz gleich, ob der Übernahmevertrag zwischen ihm u. dem Verf. oder zwischen ihm u. dem Verl. zugunsten des Verf. (§ 328 BGB: Palandt—Heinrichs, Überbl. 2a vor § 414) geschlossen wird. Für die kumulative Schuldübernahme dieser Art gelten die Ausführungen zu Rdz. 36 ff. entspr.

2. Übernimmt er die Verpflichtung mit der Wirkung, daß der Verl. von seiner Verpflichtung befreit werden soll, kommt es darauf an, mit wem er den Übernahmevertrag schließt, ob mit dem Verf. (§ 414 BGB) oder mit dem Verl. (§ 415 BGB), zu welch letzterem Vertrag die Genehmigung des Verf. erforderl. ist. Liegt diese vor oder ist sie nicht nötig, tritt der Erwerber an die Stelle des Verl. Der Erwerber hat demgemäß die aus dem Verlagsvertrag sich ergebende Verpflichtung zur Vervielfältigung und Verbreitung (§ 1 Rdz. 95 ff.) gegenüber dem Verf.

G. Belastung der Rechte des Verl. mit dingl. Rechten

[44] I. Auf die Belastung der Rechte des Verl. mit dingl. Rechten (etwa Nießbrauch, Pfandrecht) braucht um so weniger eingegangen zu werden, als sie infolge der Schwerfälligkeit der Verwertung dieser Rechte im tägl. Leben keine Bedeutung hat (vgl. im einzelnen Allfeld a. a. O. Anm. 19 B, Bappert—Maunz a. a. O. 29, 30 mit Schrifttumsnachw.).

[45] II. Eine gewisse Bedeutung hat die **Sicherungsabtretung,** unter Umständen verbunden mit einer Sicherungsübereignung von Bücherbeständen. Der Kreditgeber (z. B. eine Bank) kann hier die ihm übertragenen Werte frei durch einen geeigneten anderen Verl. verwerten lassen, wenn der gewährte Kredit nicht zurückbezahlt wird (vgl. Bappert—Maunz a. a. O. Rdz. 31). In rechtl. Hinsicht ist zu unterscheiden

1. die **Sicherungsabtretung.** Sie ist Übertragung i. S. des § 28. Daher gelten für sie die Rdz. 4 ff. entwickelten Grundsätze.

[46] 2. Die **Sicherungsübereignung.** Hier wiederum ist zu unterscheiden:

a) **Vor Fälligkeit** der gesicherten Forderung kann der sicherungsübereignende Verl. die übereigneten Verlagsstücke verbreiten u. sonst verwerten (vgl. etwa Bappert—Maunz a. a. O. mit Nachw.), dies jedoch nur dann, wenn er den Sicherungsnehmer durch Abführung des Erlöses befriedigt oder durch Abtretung der Kaufpreisforderungen oder durch Herstellung neuer Werke sicherstellt (vgl. Staudinger—Berg § 929 Rdz. 39).

b) **Nach Fälligkeit** der gesicherten Forderung hat der Verl. diese Rechte nicht mehr. Denn nun kann der Sicherungsnehmer die ihm kraft des Sicherungsübereignungsvertrages oder kraft Gewohnheitsrechtes zustehenden Rechte auf sofortigen freihändigen Verkauf der Verlagsstücke oder mangels vertragl. oder gewohnheitsrechtl. Regelung auf Verkauf in entspr. Anwendung der Regeln des Pfandverkaufes geltend machen (Staudinger—Berg a. a. O.; Palandt—Degenhardt § 930 Anm. 4 d/cc).

H. Zwangsvollstreckung in Rechte des Verl.

Zu unterscheiden ist

[47] I. die **Zwangsvollstreckung in das Verlagsgeschäft als Ganzes.** Dieses kann nicht Gegenstand der Zwangsvollstreckung sein (RGZ 68, 48 Hoffmann a. a. O. Anm. 6, Allfeld a. a. O. Anm. E 20, Bappert—Maunz a. a. O. Rdz. 32, Palandt—Degenhart § 1204 Anm. 2 b/aa). „Verlagsgeschäft als Ganzes" ist auch der Verlag einer Zeitung oder Zeitschrift, selbst wenn dieses Unternehmen im Rahmen eines größeren Verlagsgeschäfts betrieben wird, weil es doch einen in sich geschlossenen Betrieb darstelle (RG bei Hoffmann a. a. O., RGZ 95, 235, KG: OLG 38, 325, BGH: NJW 1968, 393; ablehnend Bappert—Maunz a. a. O.).

[48] II. Die **Zwangsvollstreckung in einen Teil oder Zweig des Verlagsgeschäftes.** Dieser kann Gegenstand der Zwangsvollstreckung sein (allg. Ansicht, Allfeld a. a. O., Bappert—Maunz a. a. O. Rdz. 30). Die Durchführung freil. richtet sich nach den Regeln über die Zwangsvollstreckung in die Rechte des Verl. an einzelnen Werken, jedoch mit der Maßgabe, daß nach den Ausführungen zu Rdz. 7 eine Zustimmung der von der Zwangsvollstreckung betroffenen Verf. nicht nötig ist (Bappert—Maunz a. a. O.).

[49] III. Die **Zwangsvollstreckung in alle Rechte des Verl.** Für sie gilt das unter Rdz. 48 Ausgeführte entsprechend.

[50] IV. Die **Zwangsvollstreckung in die Rechte des Verl. an einzelnen Werken.**

1. Die Zwangsvollstreckung erfolgt nicht nach dem Grundsatz der §§ 112 ff. UrhG. Denn wenn auch das Verlagsrecht seinen Inhalt u. seine Natur von dem durch seine Existenz belasteten Urheberrechte des Verf. hernimmt, ist es doch ein Recht eigenen Wesens, und zwar im wesentl. vermögensrechtl. Natur. Es ist pfändbar, soweit es übertragbar ist (§ 851 Abs. 1 ZPO), gleichgültig ob die Übertragbarkeit auf gesetzl. Bestimmung oder Parteivereinbarung beruht (Hoffmann a. a. O. Anm. 7, Allfeld a. a. O., Bappert—Maunz a. a. O. Rdz. 32). Die Einschränkungen der §§ 112 ff. UrhG finden daher keine unmittelbare und auch keine entspr. Anwendung. Sie betreffen nur das Urheberrecht selbst in der Hand des Verf. (§§ 113, 114 UrhG), seines Rechtsnachfolgers (§§ 30, 115, 116 UrhG) u. eines Testamentsvollstreckers (§ 117 UrhG: Gamm § 34 Rdz. 1). Die Einschränkungen bei der Zwangsvollstreckung ergeben sich allein aus der gesetzl. Gleichstellung von Übertragung (Abtretung) und Pfändung (vgl. §§ 400 BGB, 851 ZPO) und damit gem. § 28 aus dem Zustimmungserfordernis für die Zwangsvollstreckung.

2. **Voraussetzung für die Zwangsvollstreckung** in die Rechte des Verl. an einem einzelnen Werk ist daher die Zustimmung des Verf. (Baumbach—Lauterbach Grundz. 9 vor § 704 „Verlagsrecht").

[51] a) Für **Wesen, Form u. Empfänger** der Zustimmung oder der Verweigerung der Zustimmung gilt das oben Rdz. 20 ff. Ausgeführte entspr.

[52] b) Die **Verweigerung der Zustimmung** ist an das Vorliegen eines „wichtigen Grundes" gebunden. Über den „wichtigen Grund" siehe oben Rdz. 24. In diesem Zusammenhang wird ein solcher in der Regel vorliegen; denn man kann dem Verf. nicht zumuten, sich damit einverstanden zu erklären, daß das Recht, sein Werk zu vervielfältigen u. zu verbreiten, an eine beliebige ihm völlig unbekannte Person gelange (Allfeld a. a. O., Bappert—Maunz a. a. O.).

Verweigert aber im Falle der Zwangsvollstreckung in die Rechte des Verl. an einem einzelnen Werk der Verf. die Zustimmung ohne einen wichtigen Grund, so kann ihn der Gläubiger nicht zur Erteilung der Zustimmung zwingen; denn der Anspruch des Verl. auf Zustimmung ist nicht übertragbar, kann daher nicht Gegenstand der Zwangsvollstreckung sein u. durch die Pfändung nicht auf den Gläubiger übergehen (Allfeld a. a. O.).

[53] c) Erfolgt die **Zwangsvollstreckung ohne Zustimmung des Verf.**, so kann dieser Widerspruchsklage gemäß § 771 ZPO erheben, mit der er aber nur durchdringt, wenn ein wichtiger Grund zur Verweigerung der Zustimmung vorliegt. Da aber der Gläubiger ein rechtl. Interesse daran hat, daß schon vor der Pfändung die Verpflichtung des Verf. zur Erteilung der Zustimmung festgestellt werde, weil er, wenn diese Verpflichtung fehlt, von der Pfändung absehen muß, kann der Gläubiger gem. § 256 ZPO gegen den Verf. auf Feststellung klagen (Hoffmann a. a. O. Anm. 7, Bappert—Maunz a. a. O. Rdz. 35, Gamm § 34 Rdz. 19).

3. Bei **Durchführung der Zwangsvollstreckung** in die Rechte des Verl. an einem einzelnen Werk ist zu unterscheiden:

[54] a) Ist **dem Verl. das Verlagsrecht an dem Werk noch nicht eingeräumt,** erfolgt die Zwangsvollstreckung nach den Vorschriften der §§ 829 ff. ZPO. Der Verl. hat bis zu diesem Zeitpunkt nur Forderungen gegen den Verf., aber noch kein absolutes Recht. Die Pfändung wird wirksam mit der Zustellung des vom Amtsgericht des Wohnsitzes des Verl. erlassenen Pfändungs- u. Überweisungsbeschlusses an den Verf. (Allfeld a. a. O., Bappert—Maunz a. a. O. Rdz. 33).

[55] b) **Im anderen Falle** erfolgt die Zwangsvollstreckung in das dingl. Verlagsrecht nach den Bestimmungen des § 857 Abs. 1 ZPO, d. h. durch Pfändung, die nach § 857 Abs. 2 ZPO mit der Zustellung des Gebots an den Schuldner, sich der Verfügung über sein Verlagsrecht zu enthalten, bewirkt ist, während bei der Pfändung einzelner Rechte des Verl. gegen den Verf. dieser Drittschuldner ist, so daß die Pfändung gemäß § 829 ZPO erst mit der Zustellung des Beschlusses an den Verf., wodurch diesem verboten wird, an den Verl. zu leisten, als bewirkt anzusehen ist (Hoffmann a. a. O., Möhring—Nicolini § 112 Anm. 4 c).

[56] 4. **Umfang der Zwangsvollstreckung.**

Diese darf nicht weiter ausgedehnt werden, als zur Befriedigung des Gläubigers u. zur Deckung der Kosten der Zwangsvollstreckung erforderl. ist. Wird übermäßig gepfändet, so ist dagegen der Rechtsbehelf des § 766 ZPO gegeben. Im übrigen kann der Verleger in bes. Härtefällen Vollstreckungsschutz nach § 765 a ZPO beantragen (Möhring—Nicolini Anm. 4 c).

5. Die **Verwertung** des Pfandrechtes an den Rechten des Verl. an einzelnen Werken erfolgt gemäß §§ 857, 835, 844 ZPO (Möhring—Nicolini a. a. O., Hoffmann a. a. O. Anm. 7).

[57] a) Erfolgt die Verwertung **durch Überweisung** nach § 836 ZPO, nimmt mit der Überweisung der Pfändungspfandgläubiger die Stellung des Verl. ein. Er kann die Rechte des Verl. so lange ausüben, bis er in Höhe seiner Forderung befriedigt ist (Möhring—Nicolini a. a. O.).

[58] b) Erfolgt die Verwertung **durch Veräußerung** nach § 857 Abs. 5 ZPO, so darf diese, soweit es sich nicht um die Versteigerung ganzer Verlagsgruppen handelt (bei welcher die Zustimmung des Verf. nach dem Gesetz nicht erforderlich ist) ohne die (ausdrückl., stillschweigende oder durch das Gericht ersetzte) Zustimmung des Verf. nicht erfolgen (KG: OLG 37, 197). Hatte sich der Verf. bereits mit der Pfändung einverstanden erklärt, dann muß darin auch seine Zustimmung zur Pfandverwertung gesehen werden (Bappert—Maunz a. a. O. Rdz. 35). Solange jedoch die Zustimmung nicht ausdrückl. oder stillschweigend erteilt ist oder auf Grund gerichtl. Entscheidung als erteilt gilt, ist die Anordnung der Veräußerung nicht zulässig (Allfeld a. a. O. Anmerkung E 20).

[59] c) Empfohlen wird schließl. je nach den Umständen, die Rechte des Verl. an dem einzelnen Werk **zu verwalten u. zu verpachten** (§§ 844, 857 Abs. 4 ZPO: dazu Möhring—Nicolini a. a. O., Gamm in GRUR 58, 172; LG München I: Schulze LGZ 80).

[60] 6. Verlagsrechtliche Folgen der Zwangsvollstreckung:

Durch die Pfändung u. Versteigerung der Verlegerrechte wird der Verlagsvertrag zwischen Verf. u. Verl. nicht aufgelöst. Dieser bleibt haftbar für die Erfüllung der aus dem Verlagsvertrag sich ergebenden Verbindlichkeiten, u. zwar, wenn der Ersteher der Rechte die Verpflichtung zur Vervielfältigung u. Verbreitung übernimmt, neben ihm als Gesamtschuldner. Daher bietet die Durchführung der Zwangsvollstreckung keinen Grund dafür, daß nun etwa der Verf. Rückgabe seiner Handschrift an ihn verlangen kann. Wohl aber kann der Ersteher der Rechte des Verl., wenn er das Werk vervielfältigen u. verbreiten will, vom Verl. Herausgabe der Handschrift verlangen (Allfeld a. a. O., Bappert—Maunz a. a. O. Rdz. 36).

[61] V. Die **Zwangsvollstreckung in Geldforderungen,** die dem Verl. in Ausübung des Verlagsrechtes gegen den Verf. oder gegen Dritte zustehen oder aus der Verwertung des Verlagsrechtes erwachsen; zu den ersteren zählen etwa Schadensersatzforderungen wegen Aussetzung des Verlagsrechtes (Allfeld a. a. O.), zu den letzteren etwa Forderungen gegen Lizenznehmer (hier unten Rdz. 68 ff.). Die Zwangsvollstreckung richtet sich hier nach §§ 829 ff. ZPO.

[62] VI. Die **Zwangsvollstreckung in das im Eigentum des Verl. befindl. Original.**

1. Hier gilt § 116 UrhG, der Anh. S. 447 abgedruckt ist.

2. Von Bedeutung ist

[63] a) das Erfordernis der **Einwilligung des Verf.,** also gem. § 183 BGB der vorherigen Zustimmung; über diese vgl. Rdz. 20 ff.

[64] b) das **Eigentum des Verl.** Gleichgültig ist jedoch, auf welchem Weg der Rechtsnachfolger das Eigentum am Original erlangt hat. Insoweit muß keine (unmittelbare) Rechtsnachfolge nach dem Verf. vorliegen (mittelbar kann ein anderweitiger Erwerb aber für die Frage einer zwischenzeitl. Werkveröffentlichung von Bedeutung sein: Gamm § 116 Rdz. 2).

[65] c) daß **schutzfrei gewordene Werke** zwar nicht ihren Charakter als Werkoriginale verlieren. Voraussetzung der Beschränkung der Zwangsvollstreckung ist aber das Bestehen eines Urheberrechtsschutzes. Mit Erlöschen des Urheberrechts entfallen auch die urheberpersönlichkeitsrechtl. Bindungen, zu deren Schutz allein die Beschränkungen der Zwangsvollstreckung dienen (Gamm a. a. O. Rdz. 2 e).

VII. **Die Zwangsvollstreckung in Werk- und Vervielfältigungsstücke.** Hier ist zu unterscheiden:

[66] 1. **Befinden sie sich in der Hand des Verl.,** erfolgt die Zwangsvollstreckung gemäß § 803 ZPO dadurch, daß der Gerichtsvollzieher die Abzüge des Werkes pfändet u. in Besitz nimmt. Gegen eine Verwertung der gepfändeten Bestände als Makulatur bestehen keine Bedenken. Dagegen dürfen sie, soweit nicht auch gleichzeitig das Verlagsrecht gepfändet wird oder der Verf. seine Zustimmung erteilt, nicht als Verlagswerke veräußert werden, weil darin eine unzulässige, gewerbsmäßige Verbreitung zu erblicken ist. Die Ver-

steigerung ist ein Eingriff in das ausschließl. Verbreitungsrecht, der nicht auf dem Recht des Verfassers oder seines Rechtsnachfolgers, sondern nur dem des Eigentümers der körperlichen Gegenstände beruht u. deshalb nur dann als eine ordnungsgemäße Inverkehrsetzung angesehen werden kann, wenn sie mit Zustimmung des Berechtigten erfolgt (Bappert—Maunz a. a. O. Rdz. 37 mit eingehenden Schrifttumsnachw.).

[67] 2. **Befinden sie sich im Gewahrsam eines Dritten,** etwa eines Sortimenters, Verkaufskommissionärs aber auch Druckers oder Buchbinders, so bemißt sich die Zwangsvollstreckung nach § 809 ZPO, wenn der Dritte zur Herausgabe bereit ist. Andernfalls muß nach §§ 847 ff. ZPO der Anspruch des Verl. auf Herausgabe gepfändet werden (vgl. etwa Baumbach—Lauterbach ZPO § 809 Anm. 2 B).

I. Der sog. Lizenzvertrag im Verlagswesen

(Grundlegend u. zusammenfassend: Beck, der Lizenzvertrag im Verlagswesen, München 1961)

[68] I. **Wesen:** Der Lizenzvertrag im Verlagswesen, der sog. Verlagslizenzvertrag (vgl. BGHZ 15, 209, 215; Hubmann § 46 IV 4) ist ein Vertrag zwischen dem Verl. eines Werkes u. einem Dritten, dem sog. Lizenznehmer, durch den der Verl. dem Lizenznehmer beschränkte urheberrechtl. Befugnisse einräumt und/ohne daß der Lizenznehmer verpflichtet wird, die Rechte aus dem Lizenzvertrag auszuüben. Je nachdem der Lizenznehmer die Verpflichtung übernommen hat, die Rechte aus dem Lizenzvertrag auszuüben, bestimmt sich das rechtl. Wesen des Vertrages.

[69] 1. Hat dies der Lizenznehmer, ist der Vertrag Verlagsvertrag (Bappert—Maunz § 28 Rdz. 23, Beck S. 22 Ziffer II 3, S. 31 Ziff. I) und damit **uneigentl. Verlagslizenzvertrag.** Über seine Besonderheiten siehe unten Rdz. 91 ff.

[70] 2. Anders ist die Beurteilung, wenn der Lizenznehmer zwar das Recht, nicht aber die Pflicht hat, die Rechte aus dem Lizenzvertrag auszuüben. Ein solcher Vertrag ist ein Vertrag eigener Art (Löffler I S. 710, Rdz. 47), der je nach seinem Wesen und Zweck als Pacht-, Werk-, Kauf- oder Gesellschaftsvertrag anzusehen oder mindestens nach den einschlägigen Rechtsregeln zu behandeln ist (Beck S. 31 Ziff. I). Ein solcher Vertragslizenzvertrag ist daher **eigentl. Lizenzvertrag.**

II. Gemeinsamkeiten aller Vertragslizenzverträge

1. Gemeinsam ist allen Verträgen dieser Art, daß der Verf. **nur beschränkte Urheberrechte** auf den Lizenznehmer **überträgt.** Die Beschränkung der Urheberrechte äußert sich darin, daß die Lizenzausgabe

[71] a) entweder **neben die Originalausgabe** tritt. Die Überlassung von Urheberrechten beschränkt sich hier auf die Veranstaltung von sog. Sonderausgaben (Liebhaber-, bibliophile Luxus-, Volks-, bes. aber **Taschenbuchausgaben).** Die Überlassung der Lizenz für eine Taschenbuchausgabe wird dann bes. bedeutsam, wenn der Absatz der Originalausgabe nicht recht anläuft oder zu stocken beginnt. Das nun als Taschenbuch herausgebrachte Werk findet dann nicht nur wegen des billigeren Taschenbuchpreises, sondern auch dadurch neue Abnehmer, daß es mit anderen Werken zu einer einheitl. Reihe zusammengefaßt ist. Der Absatz der Originalausgabe verringert sich zwar gewöhnl. etwas. Mitunter wird aber durch das Erscheinen der Taschenbuchausgabe der Absatz der Originalausgabe neu belebt. Der Taschenbuchverleger schützt sich vor der Konkurrenz durch die Originalausgabe oft mit Hilfe einer Vertragsklausel, nach welcher der Originalverleger den Ladenpreis seiner Ausgabe nicht unter eine bestimmte Grenze senken darf (Beck S. 24 Ziff. I 1 a, vgl. auch Löffler I S. 711 Rdz. 50, 53).

[72] Nicht minder bedeutsam ist die Überlassung der Lizenz an eine **Buchgemeinschaft,** die für eine weitere Verbreitung des Werkes unter ihren Mitgliedern sorgt (wegen weiterer Einzelheiten vgl. Beck S. 25 Ziff. I 1 b). Gelegentl. spielt auch die Überlassung der Lizenz zum Abdruck des Werkes im Rahmen einer Sammlung oder eines Sammelwerkes eine Rolle.

[73] Bei literar. Werken ist der **Abdruck in Zeitschriften oder Zeitungen,** etwa in Fortsetzungsform häufig, u. zwar als Vorabdruck, wenn das Werk noch nicht erschienen ist; oder als Nachdruck, wenn das Werk bereits in einer Ausgabe vorliegt. Der Abdruck in Zeitungen dient dem Verl. zugleich als Werbung, die den Absatz der Buchausgabe fördert (Beck S. 26 Ziff. I 1 b);

[74] b) oder **an die Stelle der Originalausgabe** tritt, wenn die Lizenz für eine bestimmte Zeit, ein bestimmtes Absatzgebiet oder eine bestimmte Bearbeitung erteilt wird (vgl. auch Löffler a. a. O. Rdz. 50). Für eine bestimmte Zeit wird die Lizenz erteilt, wenn der

Verl. aus irgendeinem Grund (wie etwa nach dem 2. Weltkrieg durch unsinnige Maßnahmen der Besatzungsmacht) verhindert ist, tätig zu werden. Für ein bestimmtes Absatzgebiet wird die Lizenz erteilt, wenn der Lizenznehmer das Recht erhält, das Werk in einem räuml. genau umgrenzten Gebiet zu verbreiten. Zur Bearbeitung schließl. wird die Lizenz meist dann erteilt, wenn sie ein Übersetzungsrecht zum Gegenstand hat. Der Lizenznehmer ist hier meist ein ausländischer Verl., der den Übersetzer stellt u. für dessen einwandfreie Arbeit, also für gute Übersetzung u. die Unterlassung willkürl. Änderungen, Weglassungen oder Hinzufügungen Sorge zu tragen hat. (Wegen weiterer Einzelheiten, Beck S. 27 Ziff. I 2 c).

2. Gemeinsam ist diesen Verträgen ferner die **Ausgestaltung im Bezug auf die Ausschließlichkeit der Lizenz.** Hier ist dann zu unterscheiden:

[75] a) Die **ausschließl. oder Monopollizenz:** Sie berechtigt den Lizenznehmer, das Werk in dem vertragl. bestimmten Umfang unter Ausschluß anderer zu benutzen. Dabei ist es dann Sache der Gestaltung des Vertrages, ob der Lizenznehmer berechtigt sein soll, gegen die rechtswidrige Benutzung Dritter, die in den Inhalt der Lizenz eingreifen, selbständig mit den urheberrechtl. Abwehrbefugnissen einzuschreiten oder nicht (Bappert—Maunz a. a. O. Rdz. 25, Löffler I S. 710 Rdz. 49).

[76] b) Die **einfache Lizenz:** Sie berechtigt den Lizenznehmer, das Werk in dem vertragl. bestimmten Umfang, jedoch nicht unter Ausschluß anderer zu benutzen. Der Lizenznehmer muß sich hier die gleichartige Benutzung durch andere, insbes. andere Lizenznehmer gefallen lassen (Bappert—Maunz a. a. O. Rdz. 24, Beck S. 20 Ziff. I 3, Löffler I S. 710 Rdz. 48).

3. Gemeinsam ist auch diesen Verträgen ihr Wesen als **gegenseitiger Verpflichtungsvertrag.**

[77] a) Die **Pflichten des Verl.** bestehen

aa) in der Duldung der Werknutzung in dem vertragl. bestimmten Umfang durch den Lizenznehmer;

[78] bb) in der Übertragung urheberrechtl. Rechte in dem vertragl. bestimmten Umfang durch den Lizenznehmer, damit auch in der Beseitigung etwaiger Hindernisse gegen die Übertragung (Zustimmung des Verf.!) u. der Gewährleistung der

Übertragung. Die Wirkung dieser Gewährleistung besteht darin, daß der Verl. dem Lizenznehmer in entspr. Anwendung der §§ 437, 440, 325 BGB ohne Rücksicht auf Verschulden dafür einstehen muß, daß er zum Zeitpunkt des Abschlusses des Lizenzvertrages zur Schaffung des im Vertrag übertragenen Verlagsrechtes außerstande war;

[79] cc) bei der ausschließl. Lizenz in der Gewährleistung dafür, daß der Lizenznehmer in seinem Bereich das Werk als einziger benutzen kann. Der Verl. ist daher verpflichtet, sich der eigenen Benutzung im Rahmen der Lizenz zu enthalten, keinem anderen ein Benutzungsrecht gleicher Art einzuräumen u., sofern der Lizenznehmer nicht selbst dazu berechtigt ist, Beeinträchtigungen der Lizenz durch Dritte abzuwehren (Beck S. 31 Ziff. II 1).

b) Die **Pflichten des Lizenznehmers** bestehen

[80] aa) in der Verpflichtung zur **Zahlung der vereinbarten Vergütung.** Die Arten der Lizenzvergütungen, der sog. Lizenzgebühren, entsprechen den Arten der Vergütungen nach dem Verlagsrecht (§ 22 mit den Anm. hierzu). Die häufigste ist die **Absatzvergütung,** die sog. Absatztantieme, bei der die Vergütung von der Anzahl der hergestellten oder abgesetzten Abzüge abhängt.

Bei der Absatztantieme wird vielfach vereinbart, daß der Lizenznehmer schon bei Vertragsschluß eine bestimmte Summe schuldet (Garantiesumme). Der Betrag gilt als Vorauszahlung auf die später fällig werdenden Tantiemen u. soll dem Verl. zugleich eine gewisse Mindesteinnahme sichern. Er kann deshalb nicht mehr zurückgefordert werden, falls die Lizenzausgabe nicht veranstaltet wird oder wenn der Betrag wegen geringen Absatzes von den laufenden Tantiemen nicht erreicht wird (Beck S. 34 Ziff. III 1, vgl. auch Löffler I S. 711 Rdz. 51; über die ähnl. Lage beim Verlagsvertrag vgl. § 23 Rdz. 6). Die Gebühr fließt je nach dem Vertragsinhalt entweder dem Verl. allein zu oder wird mit dem Verf., ähnl. wie bei der Verwertung der Nebenrechte (Übersetzungen usw.) meist zur Hälfte geteilt (Bappert—Maunz a. a. O. Rdz. 27, Löffler a. a. O. Rdz. 52).

[81] bb) in solchen, die er **zusätzl.** vertragl. über die Art u. Weise der Ausübung der Lizenz **übernommen** hat. In Betracht kommen Vereinbarungen über

α) das Werk selbst, seine Herstellung (Zahl der Abzüge), seine Ausstattung (Luxusausgabe, Taschenbuch), den Ladenpreis, die Übersetzung in andere Sprachen, die Benennung des Verl. zusätzl. zu der des Lizenznehmers u. die kostenlose Lieferung von Belegexemplaren an Verl. u. Verf.;

β) den Abnehmerkreis (Buchgemeinschaften) u. das Verbreitungsgebiet (vgl. Beck S. 37 Ziff. III 3).

[82] 4. Gemeinsam ist weiter allen Lizenzverträgen das **Erfordernis der Zustimmung des Verf.** (hierüber im einzelnen oben Rdz. 4 ff.).

a) **Beim uneigentl. Verlagslizenzvertrag** ergibt sich dieses Erfordernis aus seinem Wesen als reiner Verlagsvertrag (oben Rdz. 69) u. demgemäß unmittelbar aus § 28 VerlG (ungenau Bappert—Maunz a. a. O.).

b) Aber auch der **eigentl. Verlagslizenzvertrag** bedarf der Zustimmung des Verf., freil. nicht nach § 28 VerlG, wohl aber nach § 34 UrhG (für das frühere Recht einläßl. Beck S. 66 ff.) und zwar gleichgültig, ob Gegenstand des Vertrages eine ausschließl. oder einfache Lizenz ist (vgl. Gamm § 34 Rdz. 2).

5. Gemeinsam ist weiter den Vertragslizenzverträgen **die mit dem Erlöschen der Verlagsverträge vor den Lizenzverträgen zusammenhängenden Fragen** (zur Fragestellung, wenn auch völlig anders: Beck S. 82 ff.). Zu unterscheiden sind hier 3 Fälle:

[83] a) 1. Fall: **Der Verf. hat die Zustimmung zu einem ihm in den Einzelheiten bekannten Vertragslizenzvertrag erteilt** (oder die Erteilung der Zustimmung wird nach § 28 Abs. 1 S. 4 unterstellt). Der Verf. erteilt die Zustimmung als Partner des Verlagsvertrages. Er kann sie (u. will sie nicht selten auch) nicht über die Dauer des Verlagsvertrags hinaus erteilen. Mit dem Ende des Verlagsvertragsverhältnisses soll daher (soweit nicht anderes vertraglich festgelegt ist) auch die Wirkung der Zustimmung enden. Die Zustimmung ist also (durch das Ende des Verlagsvertragsverhältnisses) auflösend bedingt. Hieraus ergibt sich

[84] aa) für das **Wesen der Zustimmung:** sie ist (auflösend bedingte) Billigung des Lizenzvertrages. Sie hat aber auch Rückwirkungen auf den Verlagsvertrag. Sofern dieser näml. nicht mit dem Lizenzvertrag übereinstimmt, ist die Übermittlung des Lizenzvertrages zur Zustimmung zugleich ein Antrag auf Änderungen des Verlagsvertrages i. S. des Lizenzvertrages, so

daß nun beide Verträge aneinander angeglichen sind u. übereinstimmen, der Verlagsvertrag also mit dem durch den Lizenzvertrag geänderten Inhalt gilt.

bb) für die **Folgen bei Erlöschen des Verlagsvertrages** folgende Unterscheidung:

[85] α) Das **natürl. Erlöschen** des Verlagsvertrages (zu diesem Begriff vgl. Beck S. 82). Der Verlagsvertrag erlischt nach seinem ursprüngl. Inhalt etwa durch Zeitablauf oder Erschöpfung der Auflage. Beide Erlöschungsgründe werden durch die Zustimmung zum Lizenzvertrag diesem angepaßt. Der Verlagsvertrag u. der mit Zustimmung des Verf. geschlossene Lizenzvertrag decken sich also. Die Frage nach den Folgen vorherigen Erlöschens des Verlagsvertrages auf den weiterreichenden Lizenzvertrag kann daher gar nicht aufkommen.

[86] β) Das **außerordentl.** Erlöschen des Verlagsvertrages, gleichgültig, ob vom Verf. oder Verl. herbeigeführt. Hier tritt mit dem Erlöschen des Verlagsvertrages die auflösende Bedingung, an die die Zustimmung geknüpft war, in Wirksamkeit. In entspr. Anwendung des § 158 Abs. 2 BGB endigt mit dem Eintritt der Bedingung (Erlöschen des Verlagsvertrages) die Wirkung des Hilfsgeschäftes der Zustimmung u. tritt der frühere Rechtszustand wieder ein: Der Lizenzvertrag ist ab Erlöschen des Verlagsvertrages u. der daran geknüpften Zustimmung des Verf. ohne diese Zustimmung schwebend unwirksam (vgl. oben Rdz. 84). Der Lizenzvertrag bedarf also zu seinem Fortbestand der erneuten Zustimmung durch den Verf. Dieser kann daher, wenn er selbst das Erlöschen des Verlagsvertrages herbeigeführt hat, oder wenn es ihm gegen seinen Willen vom Verl. aufgezwungen worden ist, durch Versagung der Zustimmung den Lizenzvertrag endgültig zum Erlöschen bringen. Dem erpresserischen Mißbrauch dieser Möglichkeit schieben § 28 Abs. 1 Satz 3 VerlG (Verweigerung „nur wenn ein wichtiger Grund vorliegt“) u. § 34 Abs. 1 Satz 2 UrhG (Verweigerung „nicht wider Treu u. Glauben“) einen Riegel vor.

[87] b) Der 2. Fall: **Der Verf. hat die Zustimmung zum Abschluß von Lizenzverträgen ganz allg.** (zumeist schon im Verlagsvertrag) **erteilt u. kennt den Inhalt der im Rahmen dieser allg. Ermächtigung**

geschlossenen Lizenzverträge nicht. Der Verf. vertraut eben auf das durch den Verlagsvertrag begründete Vertrauensverhältnis mit dem Verl. u. gibt ihm im voraus eine Blankozustimmung (nach § 183 BGB „Einwilligung"). Stärker noch als im ersten Fall ist daher die Zustimmung an das Bestehen des Verlagsvertrages geknüpft. Erst recht ist sie demgemäß durch das Bestehen des Verlagsvertrages auflösend bedingt. Hieraus ergibt sich:

[88] aa) Für das **Wesen der Einwilligung:** Sie ist (auflösend bedingte) Billigung aller im Rahmen der allg. u. blanko erteilten Einwilligung geschlossenen Lizenzverträge. Ob sie allerdings Rückwirkungen auf den Verlagsvertrag in dem Sinne u. mit dem Ziele hat, den Verlagsvertrag den Lizenzverträgen anzupassen, erscheint doch wohl zweifelhaft. Man ginge damit sehr weit. Auch wäre die Einwilligung nicht Annahme des Antrags auf Angleichung des Verlagsvertrages an die Lizenzverträge, sondern, weil vorher erteilt, Antrag auf diese Angleichung, den der Verl. (jedoch innerhalb der Frist des § 147 Abs. 2 BGB) nur anzunehmen bräuchte. Wie jedoch kann der Verf. einen solchen Antrag an den Verl. stellen, wenn er gar nicht weiß, ob u. mit welchem Inhalt der Verl. Lizenzverträge abschließen will? Man wird daher wohl davon ausgehen dürfen, daß eine im Verlagsvertrag allg. erteilte Einwilligung in jeden vom Verl. abzuschließenden Lizenzvertrag keine Anpassung des Verlagsvertrags an diesen auszulösen vermag.

[89] bb) Demgemäß sind die **Folgen des Erlöschens** des Verlagsvertrages auf die auf ihm beruhenden Lizenzverträge gleich, mag es sich um natürl. oder durch die Vertragsparteien außerordentl. bewirktes Erlöschen handeln. Die Folgen sind demgemäß die in Rdz. 86 ausgeführten.

[90] c) Der 3. Fall: **Die vom Verf. verweigerte Zustimmung ist durch das Gericht ersetzt.** Das Gericht konnte sie nur ersetzen, weil sie der Verf. entweder (im Falle des § 28) ohne „wichtigen Grund" oder (im Fall des § 34 UrhG) „wider Treu und Glauben" verweigert hat. Im Falle des § 28 hatte das Gericht also alle Umstände des Einzelfalles, die Interessen beider Teile sowie das dem Verlagsvertrag zugrunde liegende Vertrauensverhältnis, insbes. aber zu berücksichtigen, daß der Verf. bei Abschluß des Verlagsvertrages auf die Person der Verl., seinen geschäftl. Ruf, seine persönl. Tüchtigkeit, seinen Eifer für die Verbreitung u. seine Sorge für die Ausstattung Gewicht

legte (RGZ 65, 45) u. die Übertragung der Rechte des Verl. auf den Lizenznehmer gerade diese Erwartungen gefährden könnten (oben Rdz. 24). Nichts anderes gilt für den Fall des § 34 (weitergehend Gamm § 34 Rdz. 16). Hier hatte das Gericht auf den Einzelfall abzustellen, dabei aber zu beachten, daß bes. bei hochstehenden literar. und künstler. Erzeugnissen der Verf. Wert auf die Person desjenigen legen darf, dem er sie anvertraut. Der Verf. eines Kunstwerkes, das für ihn große Bedeutung hat, kann ein Interesse daran haben, daß das Nutzungsrecht allein bei dem von ihm besonders geachteten Kunstliebhaber verbleibt (Möhring—Nicolini § 34 Anm. 3 a). Zu berücksichtigen war aber auch der Zweck des Verlagsvertrages wie überhaupt sein Wesen und sein Gegenstand (Gamm a. a. O. Rdz. 17). Hat aber das Gericht gerade auf den Verlagsvertrag und seine rechtl. wie persönl. Wirkungen abgestellt und dennoch die Zustimmung des Verf. ersetzt, so kann die Rechtslage nicht anders sein, als wenn der Verf. sie nach Prüfung des Verlagsvertrages u. seiner rechtl. und persönl. Wirkungen insbes. im Hinblick auf den Lizenzvertrag selbst abgegeben hätte. Die Rechtslage entspricht damit der des 1. Falles (Rdz. 83).

[91]

III. Besonderheiten des uneigentl. Verlagslizenzvertrages

Hier tritt zur Verpflichtung des Lizenznehmers zur Entrichtung der Lizenzgebühr noch die Verpflichtung zur Ausübung des ihm vertragl. eingeräumten Rechtes. Dabei sind 3 Fälle denkbar:

1. Die **Verpflichtung** zur Ausübung des vertragl. eingeräumten Rechtes ist **im Vertrag ausdrückl. ausgesprochen.**

[92] 2. Die eben erwähnte **Verpflichtung läßt sich vermuten,** u. zwar zunächst dann, wenn das Werk noch nicht vorher in einer Originalausgabe erschienen ist, sondern erstmalig in der Lizenzausgabe an die Öffentlichkeit tritt. In diesem Fall spielt das ideelle Interesse des Verf. an der Veröffentlichung bei der Auslegung des Vertrags eine Rolle. Zwar ist der Verf. nicht Partei des Lizenzvertrags; der Verl. aber wird die Interessen des Verf. an der Veröffentlichung dem Lizenznehmer gegenüber wahrnehmen und diesen im Zweifel zur Ausübung verpflichten.

Ähnl. ist die Lage, wenn der Verl. im Lizenzvertrag ausschließl. Rechte für bestimmte Bezirke vergibt. Der Verl. kann dann das Verlagsrecht in den Lizenzgebieten nicht selbst ausüben. Er haftet aber dennoch dem Verf. dafür, daß das Werk überall verbreitet wird. Deshalb wird er auch hier im Zweifel den Lizenznehmer zur Ausübung verpflichten. (Beck S. 37 Ziff. III 2 c).

[93] 3. Von diesen Fällen streng zu unterscheiden sind die, in denen vertragl. Bestimmungen **scheinbar** auf eine Ausübungspflicht des Lizenznehmers schließen lassen, so wenn etwa für die Lizenzausgabe eine Mindestauflage, ein bestimmter Erscheinungstermin oder Tantiemen, die sich nach dem Absatz richten, vereinbart sind. Bei einer Mindestauflage ist meist nur gewollt, daß der Lizenznehmer mindestens die Tantiemen zahlen muß, die auf die Mindestauflage treffen. Der Erscheinungstermin hat in erster Linie für das Kündigungsrecht des Verl. Bedeutung; ist er nämlich überschritten, so hat der Verl. die Möglichkeit, für das Erscheinen eine angemessene Nachfrist zu setzen u. nach ihrem ergebnislosen Ablauf den Vertrag zu kündigen. Sind Absatztantiemen vereinbart, so kann dies nicht die Bedeutung haben, daß der Verl. nur der Tantiemen wegen den Lizenznehmer zur Veranstaltung der Ausgabe zwingen könnte (Beck S. 36 Ziffer III 2 b).

§ 29

Ist der Verlagsvertrag auf eine bestimmte Zahl von Auflagen oder von Abzügen beschränkt, so endigt das Vertragsverhältnis, wenn die Auflagen oder Abzüge vergriffen sind.

Der Verleger ist verpflichtet, dem Verfasser auf Verlangen Auskunft darüber zu erteilen, ob die einzelne Auflage oder die bestimmte Zahl von Abzügen vergriffen ist.

Wird der Verlagsvertrag für eine bestimmte Zeit geschlossen, so ist nach dem Ablaufe der Zeit der Verleger nicht mehr zur Verbreitung der noch vorhandenen Abzüge berechtigt.

[1] A. Vorbemerkungen

Die Vorschrift behandelt das Ende des Verlagsvertragsverhältnisses, wenn die Auflage(n) vergriffen [6] oder das Ende der Zeit abgelaufen ist, für die der Verlagsvertrag geschlossen war [12]. In den Erläuterungen wird vorher auf das Ende des Verlagsvertragsverhältnisses überhaupt eingegangen [2].

B. Das Ende des Verlagsvertragsverhältnisses überhaupt

Dieses endet

[2] I. durch **rechtsgeschäftl. Auflösung,** u. zwar

1. durch sog. **einvernehml. Auflösung:**

Sie ist jederzeit mögl., also auch nach dem Erscheinen des Werkes, ebenso wie die Begründung des Verlagsvertragsverhältnisses formfrei u. kann auch stillschweigend geschehen. Mangels gegenteiliger Vereinbarung ist der Verl. nach einvernehml. Auflösung des Verlagsvertragsverhältnisses zu einer Verbreitung der vorher rechtmäßig hergestellten Vervielfältigungsstücke nicht mehr berechtigt (Dittrich S. 247),

2. **Kündigung:** vgl. §§ 18 u. 45 und die Anm. hierzu,

3. **Rücktritt:** vgl. §§ 17, 30—32, 35—38 und die Anm. hierzu;

[3] II. **auf sonstige Weise,** und zwar auf Grund von Umständen 1. **in der Person des Verf.,** näml. seines Todes: vgl. § 34 und die Anm. hierzu;

[4] 2. **im Werk:**

a) Vergriffensein: § 29 Abs. 1, hierüber unten Rdz. 6 ff.,

b) Untergang: vgl. § 33 und die Anm. hierzu,

c) Verbot der Vervielfältigung der Verbreitung: hierüber unten Rdz. 17,

d) Ende der Schutzfrist: hierüber unten Rdz. 18,

e) **nicht die Unverkäuflichkeit** (Allfeld § 29 Anm. 1). Doch hat die Rechtspr. (vgl. LG Leipzig: GRUR 1909, 213 ff.) den Verl. bei Eintritt der Unverkäuflichkeit des Werkes für berechtigt erklärt, vom Vertrage zurückzutreten u. den Auflagerest zu makulieren oder zu verramschen (vgl. § 21 Rdz. 21). Der Verf. seinerseits darf, wenn er eine die Gangbarkeit des Werkes (wieder) herstellende Umarbeitung vornimmt, ohne vorhergehenden Ankauf des Verlagsvorrates (§ 26) das umgearbeitete, aber mit dem ersten im wesentl. inhaltsgleiche Werk ohne Einwilligung des Verl. nicht anderwärts erscheinen lassen (Allfeld a. a. O. Anm. I 2, vgl. auch Hoffmann § 29 Anm. 1, Bappert—Maunz § 29 Rdz. 4).

[5] 3. **Zeitablauf:** § 29 Abs. 3, hierüber unten Rdz. 12 ff.

C. Das „Vergriffensein" der Auflage(n): § 29 Abs. 1 u. 2

[6] I. **Voraussetzung** für die Anwendung der Bestimmungen ist, daß dem Verl. durch den Verlagsvertrag das Vervielfältigungs- und Verbreitungsrecht nur für eine festbestimmte Anzahl von Auflagen oder von Abzügen eingeräumt ist. Derartigen vertragl. Beschränkungen steht der Fall gleich, daß im Verlagsvertrag über Anzahl der Auflagen oder Abzüge nichts vereinbart worden ist. Dann ist der Verl. nach § 5 nur zu einer Auflage und nur zur Herstellung von höchstens 1000 Exemplaren berechtigt. In beiden Fällen endet das Vertragsverhältnis kraft Gesetzes, wenn die dem Verl. zustehenden Auflagen — dies kann nach § 5 nur eine einzige sein — oder die ihm zustehende Zahl von Abzügen vergriffen sind (Bappert—Maunz a. a. O., Rdz. 2, Dittrich S. 252).

[7] II. Das **Vergriffensein** (vgl. dazu auch § 16 Rdz. 8 ff.):

1. **„Vergriffen" im eigentl. Sinn** sind die Auflagen bzw. die Abzüge dann, wenn dem Verl. zum Absatz bestimmte Exemplare des Verlagswerkes nicht mehr zur Verfügung stehen. Dies trifft zunächst dann zu, wenn der Verl. keine verkaufsfertigen (oder durch Heften und Aufbinden jederzeit verkaufsfertig zu machenden) Lagerbestände mehr besitzt. Zu den Lagerbeständen in diesem Sinne zählen auch die vom Verl. an den Sortimentsbuchhandel versandten, von diesem aber noch nicht fest übernommenen sog. Bedingtexemplare. Zur Verfügung des Verl. stehen weiterhin auch diejenigen Abzüge, die er zur Ergänzung der Auflage nach § 7 oder deshalb noch herstellen darf, weil er die ihm eingeräumte Anzahl von Auflagen oder Abzügen bis jetzt noch nicht in voller Höhe hergestellt hat. Solange der Verl. die ihm durch § 7 gebotene Ergänzungsmöglichkeit u. die ihm zustehende Zahl von Auflagen oder Abzügen noch nicht ausgeschöpft hat, ist das Werk noch nicht vergriffen (Allfeld a. a. O., Bappert—Maunz a. a. O. Rdz. 3, Dittrich a. a. O.).

[8] 2. **Vergriffen** sind Auflagen u. Abzüge **auch,** wenn der Verl. die Restbestände durch Zwangsversteigerung verloren oder erlaubterweise makuliert oder der Verf. die Restbestände gemäß § 26 aufgekauft hat. In den letztgenannten Fällen erlischt das Verlagsvertragsverhältnis jedoch nur dann, wenn die letzte zulässige Auflage versteigert, verramscht, makuliert oder aufgekauft worden ist. Hat der Verl. noch das Recht zur Veranstaltung weiterer Auflagen, dann

ist zwar die von diesen Maßnahmen betroffene Auflage vergriffen, das Vertragsverhältnis im übrigen aber (u. damit das Recht des Verl. zur Veranstaltung weiterer Auflagen) unberührt (Allfeld a. a. O., Bappert—Maunz a. a. O.).

[9] III. **Wirkung:** Das Vergriffensein der Auflagen oder Abzüge bewirkt von selbst (ipso jure) die Beendigung des Verlagsvertragsverhältnisses (Bappert—Maunz a. a. O. Rdz. 7). Hat aber das Vertragsverhältnis sein Ende gefunden, so sind damit das Vervielfältigungs- u. Verbreitungsrecht des Verl. u., sofern ein solches bestellt wurde, auch sein Verlagsrecht erloschen. Weiter vorgenommene Werknutzungshandlungen des Verl. stellen sich, solange die Schutzfrist des Werkes noch läuft u. damit das Urheberrecht des Verf. oder Verl. noch besteht, als Urheberrechtsverletzungen dar (Bappert—Maunz Rdz. 5).

[10] IV. **Folgen:** Die Auskunftspflicht des Verl. gegenüber dem sie verlangenden Verfasser. Über den Begriff des „Verlangens" vgl. § 33 Rdz. 28 ff. Die Auskunftspflicht des Verl. ist zweifacher Art. Er muß Auskunft darüber geben

1. nach § 29 Abs. 2, ob die einzelnen, näml. die gegenwärtig laufende Auflage oder die vertragl. bestimmte Zahl von Abzügen **vergriffen** ist. Die unmittelbar aus dem Vertragsverhältnis entspringende Auskunftspflicht ist bedingt durch das vom Verf. gestellte Auskunftsverlangen. Der Verl. muß ihm jederzeit, d. h. in jedem Zeitabschnitt des Vertragsverhältnisses nachkommen. Die Verpflichtung erschöpft sich in der Auskunft darüber, ob die gegenwärtige Auflage oder die bestimmte Zahl von Abzügen im Zeitpunkt der Anfrage vergriffen ist oder nicht (Bappert—Maunz a. a. O. Rdz. 6).

[11] 2. **wieviele Werkstücke noch vorhanden** sind. Diese Auskunftspflicht freil. ist nicht unbestritten. Eine ältere (zuletzt von Allfeld a. a. O. I 3 mit Nachweisungen vertretene) Auffassung stützte sich auf den Wortlaut des Gesetzes und beschränkte die Auskunftspflicht allein auf die Frage des Vergriffenseins. Diese Meinung hat nicht den Beifall des übrigen, insbesondere des späteren Schriftt. gefunden. Denn die Auskunftspflicht des Verl. nach § 29 Abs. 2 ist kein Sonderfall einer angebl. allg. Rechenschaftspflicht des Verl., auf die § 260 BGB anzuwenden wäre. Sie steht aber auch im Gegensatz zu der Rechnungslegungspflicht des Verl. gemäß § 24. Dies ergibt sich aus der Verschiedenheit des Wortlauts und des Zwecks der beiden Bestimmungen. Während § 29 Abs. 2 ledigl. Klarheit über

Beendigung oder Fortdauer des Vertragsverhältnisses als solchen schaffen will, betrifft § 24 die Sonderfrage der Verfasservergütung und legt für diesen Bereich eine besondere Rechnungslegungspflicht des Verl. fest. Für den Bereich des wissenschaftl. Verlagswesens hat jedoch die Verkehrssitte eine weitgehende Angleichung der Auskunftspflicht des § 29 an die Rechnungslegungspflicht des § 24 durchgeführt. Ziff. 11 der Vereinbarungen über Vertragsnormen bei wissenschaftlichen Verlagswerken vom 2. 3. 1951 (abgedruckt Anh. S. 472) verpflichtet allg. den Verl., über den Stand des Absatzes der laufenden Auflage u. über den beim Verl. tatsächl. vorhandenen Bestand der Exemplare Auskunft zu geben u. berechtigt den Verfasser, durch einen gerichtlich vereidigten Bücherrevisor oder Wirtschaftsprüfer die Nachprüfung der Auslieferungs- und Bestandsziffern auf seine Kosten in den Geschäftsräumen des Verlegers vornehmen zu lassen (Hoffmann § 29 Anm. 5; Bappert—Maunz a. a. O.; Ulmer S. 358 Ziff. I 1).

D. Der Zeitablauf: § 29 Abs. 3

[12] I. **Voraussetzungen:** Ist im Verlagsvertrag vereinbart worden, daß das ganze Vertragsverhältnis nach Ablauf einer bestimmten Frist oder zu einem bestimmten Zeitpunkt sein Ende finden soll, endet es mit dem Ablauf der Frist oder zu dem vorherbestimmten Termin, ohne daß es einer bes. rechtsgeschäftl. Aufhebung durch die Parteien bedürfte. Sind in einem Verlagsvertrag nur einzelne Berechtigungen oder Verpflichtungen der Parteien, z. B. die Vergütungspflicht des Verl., mit einer zeitl. Befristung versehen, so ist an Hand der gesamten Umstände des Einzelfalles zu ermitteln, ob damit nach dem Parteiwillen das Verlagsvertragsverhältnis als Ganzes zeitl. befristet werden sollte (Bappert—Maunz a. a. O. Rdz. 10, Dittrich S. 245).

[13] II. **Veränderung des vertraglich vereinbarten Zeitablaufes** durch Verkürzung oder Verlängerung ist jederzeit durch ausdrückl. oder stillschw. Vereinbarung mögl., u. zwar die Verlängerung auf eine weitere bestimmte Zeit oder auch unbefristet. Eine stillschw. Verlängerung kann u. U. darin erblickt werden, daß der eine Vertragsteil ohne Widerspruch des anderen den Vertrag als weiterbestehend behandelt, etwa der Verf. auch nach Vertragsablauf weiterhin widerspruchslos Honorarbeträge annimmt. Doch wird man eine solche stillschw. Verlängerung in der Regel nicht als Umwandlung eines befristeten in ein erst mit dem Ablauf der Schutzfrist

endendes Vertragsverhältnis werten können. Vielmehr können beide Vertragsteile (nicht nur der mit der Fortsetzung stillschweigend einverstanden gewesene Teil) das Vertragsverhältnis durch eine einfache, an keine weiteren Voraussetzungen geknüpfte Erklärung jederzeit für beendet erklären (Bappert—Maunz a. a. O., Dittrich S. 230).

III. **Wirkungen:**

[14] 1. Mit dem Ablauf der vertragl. vereinbarten Vertragsdauer **erlischt** das Verlagsrecht des Verl. u. endet sein Vervielfältigungs- und Verbreitungsrecht (Bappert—Maunz a. a. O. Rdz. 11).

[15] 2. **Vor Beendigung des Vertragsverhältnisses** darf der Verl. die ihm eingeräumte Zahl von Auflagen u. Abzügen voll ausschöpfen, aber auch die noch vorhandenen Bestände verramschen.

a) Ist die **Verramschung zulässig** (vgl. hierüber § 21 Rdz. 21), so ist streitig, aber mit der herrsch. Meinung (Hoffmann § 29 Anm. 1, Bappert—Maunz a. a. O. Rdz. 12, a. A. Allfeld § 29 Anm. II 4) zu bejahen, daß der Restbuchhändler auch nach Ablauf des Verlagsvertragsverhältnisses zum Verkauf der Restexemplare an das Publikum berechtigt ist. Denn der Verl. hat, indem er vor Vertragsablauf die zum Ladenpreis unverkäufl. Bestände dem Restbuchhändler überlassen hat, nicht nur sein Verbreitungsrecht erschöpft, sondern auch seiner Verbreitungspflicht Genüge getan (Bappert—Maunz a. a. O., Dittrich S. 249).

b) Ist dagegen die **Verramschung nicht zulässig,** etwa weil der Verl. die Vorräte erst kurz vor Vertragsablauf zu dem offensichtl. Zweck des Vertriebes gerade im Rest- oder Reisebuchhandel hat herstellen lassen, dann würde es sich nicht mehr um den Vertrieb eines infolge Absatzmangels unverkäufl. gewordenen Restbestandes handeln, sondern um eine vom Verl. pflichtwidrig herbeigeführte Verbreitungsart, die von beiden Parteien ursprünglich nicht gewollt war. In diesem Falle verletzt der Verl. seine Verpflichtung zur übl. Verbreitung des Werkes und ist dem Verf. wegen Vertragsverletzung schadensersatzpflichtig (Bappert—Maunz a. a. O., Dittrich a. a. O.).

[16] 3. **Nach Beendigung** des Vertragsverhältnisses darf der Verl., wenn er noch Exemplare auf Lager hat oder ihm solche, z. B. als an den Sortimentsbuchhandel versandte Bedingtexemplare, noch zur Verfügung stehen, die Lagerstücke nicht mehr verbreiten u. muß die Bedingtexemplare vom Sortimentsbuchhandel zurückrufen. Hat der Verl. dagegen vor Vertragsablauf Exemplare auf feste Rechnung

an den Sortimentsbuchhandel verkauft u. ausgeliefert, so hat er durch diese Festverkäufe von seinem Verbreitungsrecht fristgerecht Gebrauch gemacht; der einzelne Sortimentsbuchhändler darf daher solche Exemplare auch nach Ablauf des Verlagsvertragsverhältnisses an das Publikum weiterveräußern (Bappert—Maunz a. a. O. Rdz. 11). Der Verl. selbst darf nach Beendigung des Vertragsverhältnisses den Restbestand makulieren (Dittrich a. a. O.).

E. Bes. Umstände: Verbot u. Ende der Schutzfrist

[17] I. **Das gerichtl. Verbot** des Werkes, dem bei der immer noch unverändert anhaltenden Verbotswelle erhebl. Bedeutung zukommt, wird (Dittrich S. 259 mit Nachw. für das österr. Recht) als Unmöglichkeit der Leistung betrachtet, die das Vertragsverhältnis zum Erlöschen bringe. Diese Auffassung erscheint als Umweg: Denn (jedenfalls im deutschen Recht nach §§ 134, 138 BGB) ist ein Verlagsvertrag über ein Werk nichtig, das entweder schon verboten oder wegen seines gotteslästerl., unsittl. oder sonst jugendgefährdenden Inhalts verbotsanfällig ist (vgl. § 1 Rdz. 13). Liegt aber solche Nichtigkeit vor, wirkt sie auf den Zeitpunkt des Abschlusses des Verlagsvertrages zurück. Das Verlagsvertragsverhältnis erlischt hier also nicht; es ist von Anfang nicht entstanden. Wichtig kann daher die Frage, ob ein gerichtl. Verbot die Unmöglichkeit der Leistung ist, u. welche Folgerungen daraus zu ziehen sind, nur in Ausnahmefällen werden, etwa in Fällen, in denen ein Buch in Tausenden von Stücken verkauft wird u. plötzl. mit Beschlagnahme als Vorbotin des Verbots überzogen wird oder in den nicht wenigen Fällen patinierter Pornographie (vgl. dazu Leiss in NJW 1971, 1201). In diesen Fällen hat die Unmöglichkeit der weiteren Leistung, näml. der Vervielfältigung u. Verbreitung, weder der Verl. noch der Verf. (Herausgeber) zu vertreten. Der Verf. verliert daher gemäß § 323 Abs. 1 BGB den Anspruch auf die Gegenleistung, das Honorar, jedoch erst ab Verbot.

II. Das Ende der Schutzfrist:

[18] 1. Ist das Werk ohne zeitl. Begrenzung für sämtl. Auflagen dem Verl. zur Vervielfältigung u. Verbreitung überlassen, so endet das Verlagsvertragsverhältnis dann, **wenn der Schutz des Urheberrechts** an dem Verlagswerk durch Ablauf der Schutzfrist **endet.** Mit dem Ablauf der urheberrechtl. Schutzfrist erlischt auf jeden Fall —

sofern es eingeräumt worden war — das Verlagsrecht, weil dieses als Teil des Urheberrechts des Verf. von dessen Bestehen abhängig ist. Darüber hinaus muß aber mit der hersch. Lehre (vgl. Allfeld Anm. 1; Voigtländer—Elster Anm. 5) u. Rechtspr. (RGZ 79, 160) angenommen werden, daß auch das schuldrechtl. Verlagsvertragsverhältnis in der Regel mit Ablauf der urheberrechtl. Schutzfrist sein Ende findet (Bappert—Maunz a. a. O. Rdz. 7; a. A. Hoffmann § 29 Anm. 2).

[19] 2. Das schuldrechtl. Verlagsvertragsverhältnis kann jedoch **das Erlöschen des Urheberrechts überdauern.**

a) Dies kann durch die Parteien ausdrückl. sowohl bei Vertragsabschluß als auch zu einem späteren Zeitpunkt, selbst noch nach Ablauf der urheberrechtl. Schutzfrist **vereinbart** werden. Solche vertragl. vereinbarten Ausdehnungen der Laufzeit des Vertragsverhältnisses sind nicht etwa nichtig. Denn wenn schon nach § 39 Verlagsverträge über gemeinfreie Werke zulässig sind, so sind es erst recht Verlagsverträge über gemeinfrei werdende oder eben erst gemeinfrei gewordene Werke.

b) Eine Erstreckung des Vertragsverhältnisses über die urheberrechtl. Schutzdauer hinaus kann aber auch den **bes. Umständen,** unter denen der Vertragsabschluß erfolgt ist, entnommen werden. Sie wird regelmäßig dann angenommen werden können, wenn der Verlagsvertrag erst kurze Zeit vor dem beiden Parteien bekannten Ablauf der urheberrechtl. Schutzfrist abgeschlossen wurde. Das Verlagsrecht u. damit das negative Verbietungsrecht des Verl. gegenüber Dritten wie gegenüber dem Verf. ist jedoch auch hier erloschen. Die beiderseitige Interessenlage ist dadurch eine wesentl. andere geworden, daß Gegenstand des Verlagsvertrags nunmehr ein ungeschütztes Werk ist. Dies kann sich vor allem bei der Bemessung der Vergütung des Verf. äußern. Dagegen würde eine schematische oder auch nur entsprechende Anwendung des § 39 Abs. 3 auf die nunmehrige Enthaltungspflicht des Verf. (Wegfall der Enthaltungspflicht 6 Monate nach Veröffentlichung) den berechtigten Interessen des Verl. nicht gerecht (so zutr. Ulmer S. 358 Ziff. I 1). Anderseits wird man aber nicht behaupten können, daß „die Vervielfältigungs- u. Verbreitungsverpflichtung des durch den Schutzfristablauf depossedierten Verlegers“ aufhören muß; denn die in §§ 1 Satz 2, 14 festgelegte Vervielfältigungs- u. Verbreitungsverpflichtung des Verl. ist wesentl. Bestandteil des schuldrechtl. Verlagsvertragsverhältnisses u. hat mit dem Bestehen oder Erlöschen des Verlagsrechtes des Verl.

nichts zu tun (Voigtländer—Elster § 29 Anm. 5, 6, Bappert—Maunz a. a. O. Rdz. 8).

§ 30

Wird das Werk ganz oder zum Teil nicht rechtzeitig abgeliefert, so kann der Verleger, statt den Anspruch auf Erfüllung geltend zu machen, dem Verfasser eine angemessene Frist zur Ablieferung mit der Erklärung bestimmen, daß er die Annahme der Leistung nach dem Ablauf der Frist ablehne. Zeigt sich schon vor dem Zeitpunkt, in welchem das Werk nach dem Vertrag abzuliefern ist, daß das Werk nicht rechtzeitig abgeliefert werden wird, so kann der Verleger die Frist sofort bestimmen; die Frist muß so bemessen werden, daß sie nicht vor dem bezeichneten Zeitpunkt abläuft. Nach dem Ablauf der Frist ist der Verleger berechtigt, von dem Vertrag zurückzutreten, wenn nicht das Werk rechtzeitig abgeliefert worden ist; der Anspruch auf Ablieferung des Werkes ist ausgeschlossen.

Der Bestimmung einer Frist bedarf es nicht, wenn die rechtzeitige Herstellung des Werkes unmöglich ist oder von dem Verfasser verweigert wird oder wenn der sofortige Rücktritt von dem Vertrag durch ein besonderes Interesse des Verlegers gerechtfertigt wird.

Der Rücktritt ist ausgeschlossen, wenn die nicht rechtzeitige Ablieferung des Werkes für den Verleger nur einen unerheblichen Nachteil mit sich bringt.

Durch diese Vorschriften werden die im Falle des Verzugs des Verfassers dem Verleger zustehenden Rechte nicht berührt.

[1]

A. Vorbemerkungen

I. Die §§ 30, 31 behandeln die Rechte und Rechtsbehelfe des Verl., wenn der Verf. das Werk entweder ganz oder zum Teil nicht oder nicht rechtzeitig (§ 30) oder nicht in vertragsmäßiger Beschaffenheit (§ 31) abliefert.

II. Liefert der Verf. das Werk nicht oder nicht rechtzeitig ab, hat der Verl. Rechte

1. aus dem Verlagsvertrag auf Erfüllung [2]
2. aus § 30 Abs. 1—3 auf Rücktritt [7]
3. aus § 30 Abs. 4 mit §§ 284, 285, 326 BGB aus dem Verzug des Verf., näml. auf Rücktritt [33] oder Schadensersatz wegen Nichterfüllung [38].

III. Die Verzahnung der Rechte zu II 2 und II 3 läßt ein Verfahren des Verl. angezeigt erscheinen, das Rdz. 7 ff. dargestellt wird. Wenn also der Verl. aus irgendeinem Grunde die Erfüllung des Verlagsvertrages durch den säumigen Verf. nicht mehr wünscht, wird er das Rdz. 7 ff. dargestellte Verfahren wählen. Dieses Verfahren mag umständl. erscheinen, gewährleistet aber allein alle Rechte des Verl. gegenüber dem säumigen Verf., von dem er sich trennen will.

B. Der Anspruch des Verl. ist verschieden, je nachdem das Werk noch nicht hergestellt (Rdz. 2 ff.), oder zwar hergestellt, aber noch nicht abgeliefert ist (Rdz. 5 ff.)

I. Das Werk ist noch nicht hergestellt

[2] 1. Soll der Verf. auf Grund des Verlagsvertrages das Werk erst herstellen und versäumt der Verf. die Herstellung bis zum Ablieferungstermin, dann ist dem Verl. grundsätzl. die **Klage auf Herstellung** gegeben (Bappert—Maunz § 30 Rdz. 4), aber eben nur dann, wenn das Werk im Verlagsvertrag eindeutig genau bezeichnet ist, u. zwar geht auch in diesem Falle der Klagantrag auf Ablieferung des Manuskriptes u. allenfalls auf Begründung des Verlagsrechtes. Eine Klage auf Herstellung des „Werkes" ist ausgeschlossen, weil § 30 sich auf das abzuliefernde „Werk", mithin das Manuskript, bezieht. Der Verlagsvertrag gibt dem Verl. niemals das Recht, zu fordern, daß der Verf. nach einer bestimmten Richtung tätig wird, sondern ledigl. den Anspruch auf Ablieferung des Manuskriptes u. Bestellung des Verlagsrechtes, sobald das Manuskript fertig oder nach Ansicht des Verf. druckreif vorliegt (Hoffmann § 30 Anm. 1).

[3] 2. Ist der Verf. zur Herstellung verurteilt, wird eine **Zwangsvollstreckung** in der Regel nicht möglich sein. Die Herstellung eines Werkes der Literatur oder Tonkunst ist eine unvertretbare Handlung i. S. des § 888 ZPO. Danach darf der Schuldner nur dann mit den Zwangsmitteln der Geldstrafe und Haft zur Vornahme der Herstellung angehalten werden, wenn die Handlung ausschließl. von seinem Willen abhängt. Geistige Leistungen höherer Art, seien sie wissenschaftl., literar. oder künstler. Natur, hängen jedoch nicht ausschließl. vom Willen des Verf., sondern von seinen Fähigkeiten, ja sogar von Stimmungen, Eingebungen u. ä. ab. Hinzu kommt, daß der Verf. kraft seines Urheberpersönlichkeitsrechts nach seinem Gut-

dünken das hergestellte Werk zurückhalten kann, weil es ihm nicht gelungen ist, oder aus sonstigen Gründen nicht veröffentlichungsreif erscheint (Allfeld § 30 Anm. 5 b, Bappert—Maunz a. a. O. Rdz. 5).

[4] 3. Der Verl. wird daher in der Regel nur mit einem **Verfahren nach § 283** BGB weiterkommen. Nach dieser Vorschrift kann der Verl. dem Verf., der zur Herstellung des Werkes verurteilt ist, eine angemessene Frist mit der Erklärung bestimmen, daß er das Manuskript nach dem Ablauf der Frist nicht mehr annehmen werde. Der Verl. kann aber ein Leistungsurteil gegen den Verf. nur dann erlangen, wenn zur Zeitpunkt der Entscheidung die Herstellung des Werkes mögl. war. Die Klage muß abgewiesen werden, wenn bereits zu dieser Zeit feststeht, daß die Herstellung unmögl. ist (vgl. RGZ 107, 16, Palandt—Heinrichs § 283 Anm. 4 b). Nach Ablauf der Frist erlangt der Verl. einen Schadensersatzanspruch auch ohne den Nachweis, daß die Erfüllung für ihn kein Interesse mehr hat. Er braucht auch nicht darzulegen, daß der Verf. mit der Herstellung im Verzug ist. Ist die Fristsetzung aussichtslos, z. B. weil der Verf. erklärt hat, daß er das Manuskript nicht herstellen könne, so ist die Fristsetzung entbehrl. (Palandt—Heinrichs a. a. O. Anm. 3 a). Der Verl. kann dann sofort Schadenersatz verlangen (vgl. RGZ 109, 235). Zwar tritt nach § 283 Abs. 1 Satz 3 BGB für den Verf. die Schadensersatzpflicht nicht ein, wenn ihm die Herstellung des Werkes nach Rechtskraft des Urteils infolge eines Umstands unmöglich wird, den er nicht zu vertreten hat. Doch befreit § 283 Abs. 1 Satz 3 BGB den Verf. nicht, wenn er sich bereits im Verzug befand, weil er dann nach § 287 BGB sogar für Zufall einzutreten hat (vgl. RGZ 107, 233). Ist dem Verf. aber die Leistung infolge eines von ihm nicht zu vertretenden Umstandes nach Rechtskraft des Urteils unmögl. geworden, ohne daß er sich im Verzug befunden hat, so kann er Vollstreckungsgegenklage gemäß § 767 ZPO erheben (vgl. Staudinger—Werner § 283 Rdz. 20; Allfeld a. a. O., Bappert—Maunz a. a. O. Rdz. 6).

4. **Zusammenfassend** läßt sich sagen: Der Umweg über die Klage auf Erfüllung (Herstellung) ist für den Verl. nur dann von Wert, wenn er ausnahmsweise die Herstellung für erzwingbar hält. Andernfalls wird er mit Fristsetzung u. nachfolgendem Rücktritt gem. § 30 schneller vorankommen (Allfeld a. a. O., Bappert—Maunz a. a. O. Rdz. 7).

II. Das Werk ist hergestellt

[5] 1. Ist das Werk bereits fertig hergestellt, so kann der Verl. auf Herausgabe des Gegenstandes, in dem das Werk verkörpert ist

(der Handschrift, Zeichnung usw.), klagen. Zur Begründung der **Klage** gehört aber die Behauptung der Tatsache, daß sich das Werk in dem Zustand befinde, in welchem es der Verf. veröffentlichen wolle; wird diese Tatsache bestritten, muß sie der Verl. beweisen; denn es ist allein Sache des Verf., darüber zu befinden, ob das Werk druckreif ist oder nicht. Wenn freil. der Vertrag über ein bereits vollendetes Werk geschlossen ist (s. § 11 Abs. 1), dann hat der Verf. schon durch den Vertragsabschluß zu erkennen gegeben, daß das Werk so, wie es ist, in die Öffentlichkeit treten solle; der Verl. hat in diesem Falle einen Anspruch darauf, das Werk in dieser Gestalt zu erhalten und führt den Beweis der Tatsache, daß der Verf. selbst das Werk für druckreif halte, einfach durch den Nachweis des Vertragsinhaltes (Allfeld § 30 Anm. 4 a, Bappert—Maunz a. a. O. Rdz. 8).

[6] 2. Wird der Verf. zur Herausgabe des Werkes verurteilt, so erfolgt die **Zwangsvollstreckung** nach § 883 ZPO mittels Wegnahme des Manuskriptes durch den Gerichtsvollzieher. Die Vorschrift des § 114 Abs. 1 UrhG, die die Zwangsvollstreckung in das Werk des Verf. ohne dessen Einwilligung nicht zuläßt, steht dem Herausgabeverlangen des Verl. nicht entgegen. Mit dem Abschluß des Verlagsvertrages hat der Verf. diese Einwilligung schon im voraus erteilt, so daß der Verl. seinen Herausgabeanspruch mit allen nach der Rechtsordnung zu Gebote stehenden Mitteln durchsetzen kann (vgl. Allfeld a. a. O.). Wollte sich der Verf. bei einer Vollstreckung dieses Anspruchs auf § 114 Abs. 1 UrhG berufen, so würde er sich damit in einen unzulässigen Widerspruch mit seinem eigenen früheren Verhalten setzen u. könnte damit nicht gehört werden (Bappert—Maunz a. a. O.); ein klassischer Fall des nach § 242 BGB unzulässigen venire contra factum proprium.

[7]

C. Das vom Verl. einzuschlagende Verfahren, wenn er die Erfüllung des Verlagsvertrages nicht mehr wünscht

gliedert sich in mehrere Stufen: die Mahnung an den Verf., die Nachfristsetzung an den Verf., eine Zwischenzeit und die Folgerungen, die an die Vergeblichkeit von Mahnung und Nachfristsetzung geknüpft werden.

[8] I. Die Mahnung

1. Das Verfahren des Verl. gegenüber dem säumigen Verf. muß grundsätzl. mit der Mahnung beginnen. Die **Mahnung** ist nur **entbehrl.**

[9] a) Nach § 284 Abs. 2 S. 1 BGB, wenn für die Leistung eine Zeit nach dem Kalender bestimmt ist, das Werk also zu einem genau oder annähernd genau bestimmten Zeitpunkt abzuliefern ist; genügend etwa „spätestens am 10. 4." oder „noch im Laufe des April" (RGZ 106, 89; OLG Hamburg: OLG 33, 214).

b) Nach den das Verlagsvertragsverhältnis beherrschenden Grundsätzen von Treu und Glauben, wenn der Verf. vor oder nach der Fälligkeit die Ablieferung bestimmt und endgültig verweigert hat (ständ. Rechtspr., zuletzt BGH: NJW 1964, 820; wegen weiterer Einzelheiten Staudinger—Werner § 284 Rdz. 37). Überhaupt tritt Verzug ohne Mahnung ein, wenn das Zeitmoment nach dem Vertragswillen für die Vertragserfüllung von entscheidender Bedeutung ist (ständ. Rechtspr., zuletzt BGH: NJW 1959, 933; 1963, 1823; vgl. auch Palandt—Heinrichs a. a. O. Anm. 4 c). Der innere Grund hierfür liegt darin, daß in solchen Fällen der mit der Mahnung erfolgte Zweck bereits durch den Inhalt des Vertrages selbst erreicht wird (Staudinger—Werner § 284 Rdz. 41). Das spielt insbes. bei zeitgebundenen Veröffentlichungen eine sehr große Rolle. Mahnung ist daher in allen Fällen entbehrlich, in denen eine Veröffentlichung vertragsgemäß zu einem bestimmten bes. Zeitpunkt oder einem bestimmten bes. Anlaß erscheinen soll.

2. **Die Mahnung.**

[10] a) **Art und Inhalt**: Die Mahnung ist die an den Verf. gerichtete Aufforderung des Verl., das Werk abzuliefern (vgl. Staudinger—Werner § 284 Rdz. 14). Aus ihr muß mit Bestimmtheit hervorgehen, daß der Verl. die Ablieferung des Werkes verlangt. Der Wille, daß das Werk abgeliefert werden soll, muß deutl. zum Ausdruck kommen (Staudinger—Werner a. a. O. Rdz. 19). Die Mahnung muß demgemäß bestimmt und eindeutig sein (RGZ 93, 301), erfordert aber keine Fristsetzung oder Androhung bestimmter Folgen, muß jedoch erkennen lassen, daß das Ausbleiben der Ablieferung Folgen haben werde (Palandt—Heinrichs § 284 Anm. 3 a mit Nachw.).

[11] b) **Wesen**: Die Mahnung ist einseitige, empfangsbedürftige formlose Aufforderung (Palandt—Heinrichs a. a. O. Anm. 3, zur

Formlosigkeit: RG Recht 1918 Nr. 675). Der Streit, ob sie Rechtsgeschäft sei, ist bedeutungslos geworden, seit auf rechtsgeschäftl. Handlungen die Vorschriften über Rechtsgeschäfte entspr. angewendet werden (Staudinger—Werner § 284 Rdz. 15, § 326 Rdz. 40). Daraus folgt die Anwendbarkeit des § 131 BGB, der bestimmt, daß Willenserklärungen, die von einem Geschäftsunfähigen oder in der Geschäftsfähigkeit Beschränkten abzugeben sind, erst wirksam werden, wenn sie seinem gesetzl. Vertreter zugehen. Das wird bei minderjährigen oder wegen hochgradiger Senilität schon geschäftsunfähigen Verf. eine nicht unerhebl. Rolle spielen.

[12] c) **Zeit:** Die Mahnung kann nach dem Wortlaut des § 284 Abs. 1 S. 1 BGB wirksam erst nach Eintritt der Fälligkeit des Anspruchs auf Ablieferung des Werkes ergehen.

[13] 3. Die **Folge der Mahnung** ist verschieden, je nachdem der Verf. die Unmöglichkeit seiner Leistung verschuldet hat oder nicht. Dabei zählt nicht nur das eigene Verschulden des Verf., sondern gemäß § 278 BGB auch das seiner Erfüllungsgehilfen, also seiner Mitarbeiter, bei höherstehenden Werken auch der Schreibkräfte und aller sonstigen Personen, die ihn bei der Erstellung des Werkes unterstützen. Demgemäß ist zu unterscheiden:

[14] a) Der Verf. hat die **Unmöglichkeit** seiner Leistung selbst **verschuldet** oder das Verschulden seiner Erfüllungsgehilfen an der Unmöglichkeit der Leistung zu vertreten. Hier sind die Folgen verschieden, je nachdem eine Haupt- oder Nebenverpflichtung aus dem Verlagsvertrag unmöglich wird. Denn es macht einen Unterschied, ob der Verf. das Manuskript nicht rechtzeitig abliefert, einen versprochenen Druckkostenzuschuß nicht bezahlt oder die Korrekturen nicht liest. Nach der ständ. Rechtspr. des RG (vgl. RGZ 92, 170; 118, 293) treten die schwerwiegenden Folgen aus § 326 BGB nur ein, wenn der Verf. mit einer Hauptverpflichtung im Verzug ist. Was Haupt- und Nebenverpflichtung ist, bestimmen der Verlagsvertrag und die sonstigen Umstände (Bappert—Maunz a. a. O. Rdz. 24; wegen weiterer Einzelheiten vgl. Staudinger—Werner § 326 Rdz. 73). Ist eine Hauptverpflichtung dieser Art durch das Verschulden des Verf. oder seiner Erfüllungsgehilfen unmöglich, tritt Verzug des Verf. ein. Dieser vermeidet den Verzug nur, wenn er nach Empfang der Mahnung ohne schuldhaftes Zögern abliefert. Verzögert er die Ablieferung schuldhaft oder infolge eines Umstandes, den er zu vertreten hat, gilt der Verzug als im Zeitpunkt der Mahnung ein-

getreten (Staudinger—Werner § 284 Rdz. 28). Der Verf. hat keinen Anspruch darauf, daß ihm nach der Mahnung noch Zeit gelassen werde, seine Leistung selbst noch vorzubereiten (RG Seuff. A 75 Nr. 185).

[15] b) Der Verf. hat die **Unmöglichkeit** seiner Leistung **nicht selbst verschuldet** und auch das Verschulden seiner Erfüllungsgehilfen an der Unmöglichkeit der Leistung nicht zu vertreten. Nicht verschuldet ist etwa die Erkrankung des Verf. (Staudinger—Werner § 326 Rdz. 48, 50) oder seiner eingearbeiteten Mitarbeiter, etwa seiner Schreibkräfte, aber auch berufl. bedingter Wohnungswechsel und dadurch verunmöglichte oder erschwerte Beschaffung von Schriftt. u. Unterlagen, aber auch von Mitarbeitern u. Schreibkräften. Liegen diese Voraussetzungen vor, tritt gem. § 285 BGB der Verzug des Verf. nicht ein. Aus dieser Bestimmung folgt aber, daß, wenn Streit darüber besteht, ob der Verf. das Ausbleiben seiner Leistung zu vertreten hat oder nicht, den Verf. die Beweislast trifft, er sich also entlasten muß (BGHZ 32, 218; KG: DJZ 1920, 852; bedenkl. KG: DRiZ 1926 Nr. 676). Der Verf., der nicht rechtzeitig geleistet hat, hat also zu beweisen, daß die Leistung infolge eines Umstandes unterblieben ist, den er nicht zu vertreten hat. Den Verl. trifft keinerlei Beweislast. Auch das Unterbleiben der Leistung braucht er nicht zu beweisen. Denn dem Verf. obliegt der Beweis der Erfüllung (Staudinger—Werner § 285 Rdz. 10, Palandt—Heinrichs § 285 Anm. 1).

[16] II. Die Nachfristsetzung

1. Gleichgültig, ob der Verf. in Verzug geraten ist oder nicht, hat ihm jetzt der Verl. eine Nachfrist zu setzen. Die **Nachfristsetzung** ist nur **entbehrl.**

[17] a) wenn die rechtzeitige **Herstellung** des Werkes **unmögl.** ist. Das kann je nach der Art des Werkes der Fall sein, wenn der Verf. wegen längerer Abwesenheit, wegen Fehlens der notwendigen Literatur, wegen Krankheit oder aus anderen Gründen tatsächlich nicht in der Lage ist, das Werk rechtzeitig herzustellen (Allfeld a. a. O. II 8 c α, Voigtländer—Elster §§ 30, 31 Anm. 2 b α; Bappert—Maunz a. a. O. Rdz. 17),

[18] b) wenn die rechtzeitige **Herstellung** des Werkes vom Verf. **verweigert** wird (§ 30 Abs. 2). Die Weigerung muß ernsthaft und

endgültig sein. Sie kann in einer mündl. oder schriftl. Erklärung ihren Ausdruck finden. Sie kann aber auch aus dem Verhalten des Verf. entnommen werden, z. B. aus dem Abhängigmachen der Leistung von unzulässigen Bedingungen (Gruch 54, 628). Meinungsverschiedenheiten über den Inhalt des Vertrages allein genügen nicht, um die Fristsetzung zu erübrigen (RGZ 66, 419, RG: MuW 1920, 144; Allfeld a. a. O. 8 c β, Voigtländer—Elster a. a. O. 2 b β, Bappert—Maunz a. a. O. Rdz. 18),

[19] c) wenn der sofortige **Rücktritt** vom Vertrag durch ein „bes. Interesse des Verl.“ **gerechtfertigt** wird (§ 30 Abs. 2). Was unter dem „bes. Interesse“ des Verl. zu verstehen ist, ist streitig.

aa) Nach einer allerdings vereinzelten Meinung wird unter Berufung auf die entspr. Anwendbarkeit des § 634 BGB „jedes“ bes. Interesse des Verl. verstanden (so offenbar Voigtländer—Elster a. a. O. b γ). Dazu zählt auch das für die Durchführung gerade des Verlagsvertragsverhältnisses erforderl. Vertrauen. Wird es durch die unterlassene rechtzeitige Ablieferung des Werkes erschüttert, etwa weil dem Verl. Zweifel daran kommen müssen, ob der Verf. überhaupt je seiner Ablieferungspflicht nachkommen werde, ist jedenfalls nach dieser Meinung eine Fristsetzung entbehrl. (vgl. Staudinger—Riedel § 634 Rdz. 8 c, Palandt—Thomas § 634 Anm. 1 c je mit Nachw.).

bb) Die herrsch. Meinung versteht unter „bes. Interesse“ des Verl. nur das Interesse an der rechtzeitigen Ablieferung des Werkes. Diese Beschränkung ergebe sich aus dem Inhalt des § 30 u. aus einem Vergleich mit der entspr. Bestimmung des § 326 Abs. 2 BGB. Ein solches Interesse des Verl. sei immer dann gegeben, wenn das Werk anläßl. einer ganz bestimmten Gelegenheit oder eines bes. Ereignisses herauskommen soll. Hier müsse der Verl., wenn der Verf. den Ablieferungstermin nicht eingehalten hat u. nicht die Gewähr dafür bietet, daß er noch vor dem bestimmten Ereignis, zu dem das Werk erscheinen soll, liefern wird, sofort mit einem anderen Verf. Abmachungen treffen können. Gleiches gelte insbes. bei Sammelwerken, wenn der Herausgabezeitpunkt bei einer Vielzahl von Verf. gerade durch die Säumigkeit eines Verf. gefährdet wird u. nicht mehr ausreichend Zeit für eine Nachfrist verbleibt (Hoffmann § 30 Anm. 2 a, Allfeld a. a. O. 8 a γ, Bappert—Maunz a. a. O. Rdz. 19).

cc) Der von dieser Meinung in Anspruch genommene § 326 BGB rechtfertigt jedoch die Eingrenzung des „besonderen Interesses“ des Verl. auf sein Interesse an der rechtzeitigen Ablieferung nicht. Denn sofern es sich nicht gerade um ganz bes. zeitbedingte Werke handelt, wie Werke von oder über Sportgrößen oder die oben erwähnten zu bestimmten Gelegenheiten oder aus bestimmten Anlässen, wird nicht selten ein Interesse des Verl. nicht nur an der rechtzeitigen Ablieferung, sondern an der Ablieferung überhaupt bestehen, dies ganz bes. dann, wenn der Verf. eine berühmte oder berüchtigte Persönlichkeit ist. Man wird daher mehr noch als bisher das bes. Interesse des Verl. auf den Einzelfall abstellen müssen.

[20] dd) Einen Schutz vor allzu großer Ausweitung bietet das in § 634 Abs. 2 BGB verwendete Wort „gerechtfertigt", das auch in § 30 Abs. 2 aufscheint. Denn es legt die Beweislast für die Entbehrlichkeit der Fristsetzung dem Verl. auf (Staudinger—Riedel a. a. O. Rdz. 8 d, Palandt—Thomas § 634 Anm. 5; ähnl. übrigens für § 326 BGB Staudinger Rdz. 202 u. Palandt—Heinrichs Anm. 14 b). Das zwingt den Verl. zu bes. sorgfältiger Prüfung der Entbehrlichkeit der Fristsetzung, weil im Streitfalle nicht er, sondern das Gericht diese zu beurteilen hat.

[21] d) wenn sie **ausdrückl. oder stillschweigend** von den Parteien **ausgeschlossen** worden ist. Dieser vertragl. Verzicht kann sowohl im voraus wie nachträgl. erfolgen. Ein stillschweigender Verzicht wird sich gelegentl. daraus herleiten lassen, daß dem Zeitmoment im Vertrag eine bes. Bedeutung zukommt (Staudinger § 326 Rdz. 180), wie etwa bei Veröffentlichungen zu bestimmten Anlässen, bei Festschriften zu Geburtstagen und Feiern aller Art, Gedenkschriften u. dgl.

2. Die Nachfristsetzung im einzelnen.

[22] a) **Wann** diese erfolgen muß, insbes. in welchem zeitl. Abstand zur Mahnung und zum Ablieferungszeitpunkt, bestimmt das Gesetz nicht. Der Verl. kann die Frist dann setzen, wenn der Ablieferungstermin verstrichen ist. Er kann aber auch noch eine gewisse Zeit zuwarten. Es genügt, wenn er die Frist innerhalb eines Zeitraums bestimmt, der nach Treu und Glauben noch als ausreichend anzusehen ist (vgl. RGZ 60, 348). Andererseits ist der Verl. nicht gehalten, die Frist erst dann zu setzen, wenn der zur Ablieferung bestimmte Zeitpunkt erfolglos verstrichen ist. Er kann vielmehr die Frist auch schon vor diesem Termin in Lauf setzen, wenn der Verf. zu erkennen gibt oder sich auf andere Weise zeigt, daß er das Werk

nicht rechtzeitig abliefern wird (Allfeld § 30 Anm. II 6 a, Bappert—Maunz a. a. O. Rdz. 11).

[23] b) **Wie** die Fristsetzung erfolgen muß, bestimmt das Gesetz nicht. Eine Form für sie ist nicht vorgeschrieben. Die Fristsetzung kann daher schriftl. oder mündl. geschehen (Bappert—Maunz a. a. O. Rdz. 10). Sie muß jedoch den Zweck erkennen lassen und mit der in § 30 Abs. 1 S. 1 vorgeschriebenen Erklärung verbunden sein, daß bei fruchtlosem Ablauf der Frist die Annahme des Werkes abgelehnt werde (vgl. Staudinger—Riedel § 634 Rdz. 5). Die Erklärung muß also so deutl. sein, daß der Verf. völlige Klarheit darüber erhält, wie sich der Verl. weiterhin verhalten wird, wenn er (der Verf.) die ihm gesetzte Frist fruchtlos verstreichen läßt. Aus der Erklärung muß daher hervorgehen, daß der Verl. die Leistung nicht mehr annehmen wird. Erklärungen anderen Inhalts, wie beispielsweise die Androhung gerichtl. Schritte, der Vorbehalt aller Rechte oder des Rücktritts, die Anmeldung von Schadensersatzansprüchen usw. genügen nicht. Fristsetzung und Erklärung des Verl. müssen zwar nicht zusammen abgegeben werden, müssen aber in so enger Zeitfolge stehen, daß sie als verbunden anzusehen sind (so RG: Gruchot 61, 297; Hoffmann § 30 Anm. 7 a, Allfeld § 30 Anm. II 6 a δ; Staudinger § 326 Rdz. 100, Palandt—Heinrichs § 326 Anm. 5 b).

[24] c) Die Fristsetzung mit dem eben bezeichneten Inhalt ist eine **empfangsbedürftige Willenserklärung** (Hoffmann § 30 Anm. 2 a, Allfeld § 30 Anm. II 6 a ε: Bappert—Maunz a. a. O. Rdz. 10). Zu ihrer Wirksamkeit ist daher erforderl., daß sie dem anderen Teil oder seinem legitimierten Vertreter zugeht (Staudinger § 326 Rdz. 99, 100).

[25] d) Die gesetzte Frist muß **angemessen** sein:

aa) Welche Frist „angemessen" ist, bestimmt sich aus den Umständen u. dem Vertragszweck, nicht aus den Sonderinteressen des Verl. (mißverständl. Allfeld a. a. O. a γ). Die dem Verf. zur Fertigstellung des Werkes gesetzte Frist braucht nicht von solcher Dauer zu sein, daß das ganze Werk hergestellt werden kann. Sie muß aber so bemessen werden, daß die begonnene Arbeit mit Sicherheit zu Ende geführt werden kann (vgl. Allfeld a. a. O.). Feste Richtlinien darüber, welche Frist angemessen ist, lassen sich nicht geben. Dieser Zeitraum ist stets nach Treu u. Glauben mit Rücksicht auf die bes. Umstände u. die Verkehrssitte für jeden Fall bes. zu beurteilen (Hoffmann a. a. O., Allfeld a. a. O., Bappert—Maunz a. a. O. Rdz. 12). Jedoch kann bei Fristsetzung der Verl. im allg. voraussetzen, daß das Werk bereits im großen u. ganzen vorbereitet u. nur noch zu einem kleinen Teil rückständig ist. Er kann daher im allg. die Frist so bestimmen, daß sie zur Vollendung einer nahezu völlig vorbereiteten Leistung ausreicht. Hierbei kommt es auch darauf an, wieviel Zeit dem Verf. schon bisher zur Bewirkung der Leistung zur Verfügung gestanden hat. Ein Verf., der lange Zeit völlig untätig geblieben ist, hat keinen Anspruch darauf, ein noch gar nicht begonnenes Werk erst noch anzufangen u. innerhalb der Nachfrist zu vollenden (Staudinger a. a. O. Rdz. 88).

[26] bb) Ist die Frist **unangemessen kurz**, so beginnt ohne weiteres eine angemessene Frist ihren Lauf (RG in ständ. Rechtspr.; Staudinger—Werner § 250 Rdz. mit eingehenden Nachw., § 326 Rdz. 93). Wenn aber schon eine zu kurze Fristbemessung eine angemessene Frist in Lauf setzt, dann muß auch eine von vornherein ergangene Aufforderung des Verl. an den Verf. das Werk „binnen angemessener Frist“ zu liefern, ausreichend sein (Staudinger—Werner § 250 Rdz. 6). Es ist deshalb nicht erforderl., daß die Frist genau nach Wochen u. Tagen bestimmt wird (Bappert—Maunz a. a. O. Rdz. 14, a. A. Allfeld a. a. O.). Dagegen reicht die Aufforderung, die Leistung „sofort“ zu bewirken, nicht aus; denn sie enthält keine Nach„frist“setzung (Staudinger a. a. O. mit Nachw.).

[27] cc) **Die allg. Regel, daß eine zu kurz bemessene Frist eine angemessene in Lauf setzt, gilt nicht,** wenn die Frist mit Absicht so kurz bemessen ist, daß der Verf. sie unmögl. einhalten kann, weil der Verl. aus irgendeinem Grund vom Vertrag loskommen will (ständ. Rechtspr., etwa RGZ 91, 204, RG: JW 1911, 92, 755), ein Verhalten, das u. U. als positive Vertragsverletzung angesehen werden kann (vgl. RG: JW 1935, 2624). Die Regel gilt auch nicht, wenn der Verl. gleich zu erkennen gibt, daß er auch die innerhalb der Nachfrist erfolgende Ablieferung des Werkes keinesfalls entgegennehmen werde (ständ. Rechtspr., zuletzt RG: JW 1935 a. a. O.).

[28] dd) Ob der Verf. berechtigt ist, sich **um eine unangemessen kurze Frist** überhaupt **nicht zu kümmern,** ist streitig. Grundsätzl. besteht eine Verpflichtung des Verf., der Setzung einer zu

kurzen Frist sofort zu widersprechen, nicht (Staudinger—Werner § 326 Rdz. 94 mit Nachw.). Aus seinem Schweigen, ja selbst aus seinem entgegenkommenden Verhalten gegenüber dem Verl. ist keine Zustimmung zur Setzung einer zu kurzen Frist herzuleiten. Ist die Frist so kurz bemessen, daß der Verf. während ihres Laufes das Werk unmögl. fertigstellen kann (RGZ 56, 231) oder daß er mit Gewißheit erkennen kann, daß der Verl. auf der unangemessen kurzen Frist bestehen bleiben wird (vgl. RG Seuff. A 79, 146), darf er schon aus diesem Grunde schweigen (Staudinger a. a. O.).

[29] ee) Eine nachträgl. Änderung der einmal gesetzten Frist ist durch Vereinbarung der Vertragsteile mögl. Einseitige nachträgl. Verkürzung ist nicht zulässig (RGZ 53, 167). Einseitige nachträgl. Verlängerung dürfte grundsätzl. zulässig sein, wenn sie nicht ausnahmsweise zur Benachteiligung des Verf. führt u. für diesen den Einwand der Schikane (§ 226 BGB) begründet. Der Säumige kann bis zum Ende der Verlängerung erfüllen; der Verl. kann aber seinen Schaden nicht auf das Ende der Verlängerung berechnen, wenn diese Berechnung dem Verf. nachteiliger ist (OLG Hamburg; Seuff. A 57 Nr. 445; Würdinger, RGRKomm. z. HGB Anhang zu § 374 Anm. 69). Dagegen kann der Verf. eine Berechnung auf diesen Zeitpunkt verlangen. Eine einseitige Verlängerung der abgelaufenen Frist ist jedenfalls ausgeschlossen, weil mit dem Ablauf der Frist die Verpflichtung des Schuldners zur Erfüllung schon erloschen ist; durch Vereinbarung kann die Frist auch nach Ablauf noch verlängert werden (RG: LZ 1917 Sp. 1420). Es verstößt nicht gegen Treu u. Glauben, wenn der Verl. die Bitte des säumigen Verf. um Verlängerung der angemessenen Frist ablehnt (Staudinger—Werner a. a. O. Rdz. 96).

III. Die Zwischenzeit nach fruchtlosem Ablauf der Nachfrist oder bei ihrer Entbehrlichkeit nach Verstreichen des vereinbarten Ablieferungszeitpunktes gestaltet sich verschieden für Verf. und Verl.

[30] 1. **Der Verf. behält,** solange der Verl. nicht den Rücktritt erklärt, trotz des Fristablaufes den **Anspruch** auf Abnahme, Vervielfältigung u. Verbreitung des Werkes durch den Verl. (Allfeld § 30 Anm. II 9 b γ, Bappert—Maunz a. a. O. Rdz. 27). Er kann

a) Vervielfältigung u. Verbreitung des Werkes verlangen u. dieses Verlangen im Klagewege durchzusetzen versuchen, um dann freilich

u. U. erleben zu müssen, daß der Verl. durch den Rücktritt der Klage den Boden entzieht (vgl. RGZ 50, 144),

b) aber auch auf andere Weise den Verl. zu einer Erklärung zwingen. Er kann ihm gemäß § 355 BGB für die Ausübung des Rücktrittsrechtes eine angemessene Frist bestimmen. Die Rechtslage gleicht dann der auf Grund des § 17 Abs. 2, vgl. hierüber § 17 Rdz. 14 ff.

[31] 2. **Der Verl. hat keinen Anspruch** mehr auf Ablieferung des Werkes. Sein Anspruch ist mit Ablauf der Nachfrist oder bei ihrer Entbehrlichkeit mit Verstreichen des vereinbarten Ablieferungszeitpunktes erloschen (Hoffmann § 30 Anm. 2 b). Er kann also die Ablieferung des Werkes nicht mehr verlangen, muß es aber, selbst wenn es noch so verspätet abgeliefert wird, abnehmen, vervielfältigen und verbreiten.

Der Verleger wird daher sofort nach fruchtlosem Ablauf der Nachfrist oder bei ihrer Entbehrlichkeit sofort nach Verstreichen des vereinbarten Ablieferungszeitpunktes die sich hieraus ergebenden Folgerungen ziehen müssen.

[32] IV. Diese **Folgerungen** sind verschieden, je nachdem der Verf. in Verzug geraten ist oder nicht.

1. Ist der **Verf. nicht in Verzug** geraten, kann der Verl. vom Verlagsvertrag zurücktreten (Rdz. 33 ff.).

2. Ist dagegen der **Verf. in Verzug** geraten, kann der Verl. entweder vom Verlagsvertrag zurücktreten (Rdz. 33 ff.) oder Schadensersatz wegen Nichterfüllung des Verlagsvertrags verlangen (Rdz. 38). Wählt er diesen zuerst, kann er von ihm auf den Rücktritt übergehen. Dagegen entzieht der Rücktritt vom Vertrag, da er diesen zum Erlöschen bringt, der Schadensersatzforderung den Boden (RGZ 109, 184).

D. Der Rücktritt

[33] I. Voraussetzung des Rücktritts

ist die Unterlassung der Ablieferung überhaupt oder zur rechten Zeit: Grundsätzlich kann der Verl. der Frage des Rücktritts erst nähertreten, wenn „das Werk (ganz) oder zum Teil nicht rechtzeitig abgeliefert" wird. Der Verl. muß also erst den Ablieferungszeitpunkt verstreichen lassen, ehe er die auf den Rücktritt hinführenden Schritte unternehmen kann. Nur wenn sich schon vor dem Ablieferungszeitpunkt zeigt, daß das Werk nicht rechtzeitig abgeliefert werden wird, kann er gemäß § 30 Abs. 1 S. 2 „sofort", also in dem Augenblick, in dem er feststellt, daß das Werk nicht rechtzeitig abgeliefert werden wird, die auf den Rücktritt hinführenden Schritte unternehmen.

[34] II. Eine **Frist für den Rücktritt** besteht nicht. Verzögert ihn der Verl., kann er in Schwierigkeiten kommen.

1. Es kann ihm gemäß § 355 BGB vom Verf. eine **angemessene Frist** für die Ausübung des Rücktrittsrechts bestimmt werden; hierüber oben Rdz. 25 ff.

2. Die Verzögerung des Rücktritts kann einen **Verstoß gegen Treu und Glauben** darstellen (vgl. RGZ 60, 340), die das Verlagsvertragsverhältnis beherrschen. Unter Umständen kann in längerem Zuwarten des Verl. ein Verzicht auf das Rücktrittsrecht gefunden werden (RG: LZ 1913, 381; Allfeld a. a. O. 9 d β, Bappert—Maunz a. a. O. Rdz. 24) oder auf das längere, insbesondere ungebührlich lange Zuwarten die Einrede der Verwirkung des Rücktrittsrechts (über die Zulässigkeit vgl. Staudinger—Weber § 242 Rdz. D 713 mit Nachweisungen) gegründet werden (RGZ 107, 109, BGHZ 25, 52, Palandt—Heinrichs § 242 Anm. 9 f., § 355 Anm. 2).

[35] III. Eine **Form für den Rücktritt** ist nicht vorgeschrieben. Der Rücktritt kann daher auf jede Art und Weise, im Rechtsstreit auch durch den Prozeßbevollmächtigten erklärt werden (RGZ 50, 144).

[36] IV. **Wesensmäßig** ist der Rücktritt Gestaltungsgeschäft (Palandt—Danckelmann Überblick 3 d vor § 104) u. als gemäß § 349 BGB gegenüber dem Verf. zu erklärend eine einseitige empfangsbedürftige Willenserklärung (Palandt—Danckelmann Überbl. 3 a vor § 104, § 130 Anm. 1, Bappert—Maunz a. a. O. Rdz. 22) u. daher gemäß § 130 BGB grundsätzl. unwiderrufl. (Palandt—Heinrichs § 349 Anm. 1).

V. Über die **Wirkungen des Rücktritts** vgl. § 37 und die Anmerkungen hierzu.

[37] VI. **Ausschluß des Rücktritts** ist mögl.

1. entweder nach § 30 Abs. 2, wenn die nicht rechtzeitige Ablieferung des Werkes für den Verl. nur einen unerhebl. Nachteil mit

sich bringt, was der Verf. zu beweisen hat (Allfeld § 30 Anm. II 10 e, Bappert—Maunz a. a. O. Rdz. 21),

2. oder aus bürgerlich-rechtl. Gründen, näml. § 37 in Verbindung mit §§ 351 ff. BGB (Allfeld a. a. O., zu eng Bappert—Maunz a. a. O.). Hierüber siehe § 37 mit den Anmerkungen hierzu.

E. Der Schadensersatz wegen Nichterfüllung

[38] **I. Der Schadensersatz wegen Nichterfüllung** ist der Unterschiedsbetrag zwischen dem Interesse des Verl. an der Vertragserfüllung u. der von ihm ersparten Gegenleistung der Vervielfältigung u. Verbreitung (vgl. Staudinger—Werner § 326 Rdz. 122). Der Hauptposten bei der Berechnung des Schadensersatzes ist hiernach das Interesse des Verl. an der Vertragserfüllung. Für seine Ermittlung empfiehlt sich die sog. abstrakte Schadensberechnung. Sie beruht auf der Vermutung, daß der Verl. durch den Verkauf des ihm zur Vervielfältigung abzuliefernden Werkes einen Gewinn hätte machen können (vgl. RGZ 90, 423; 101, 240).

Der Schadensersatz wegen Nichterfüllung ist daher zunächst Ersatz des Gewinnes, den der Verl. aus der Verbreitung des Werkes nach dem gewöhnl. Lauf der Dinge oder nach den bes. Umständen, insbes. den getroffenen Anstalten u. Vorkehrungen mit Wahrscheinlichkeit hätte ziehen können (§ 252 BGB).

[39] **II. Zum Schadensersatz wegen Nichterfüllung gehören auch**

1. die vom Verl. im Hinblick auf die beabsichtigte Vervielfältigung und Verbreitung gemachten **Vorkehrungen** aller Art, und zwar

a) Aufwendungen, etwa der Einkauf von bes. gerade und nur für dieses Werk erforderl. Papier, der Druck des abgelieferten Teiles des Manuskripts, dem der andere Teil nicht gefolgt ist (Allfeld § 30 Anm. III 11) und

b) Unterlassungen, etwa die Ausschlagung oder Zurückstellung anderer Verlagsvorhaben, dadurch bedingter Leerlauf im Verlag und Unterbeschäftigung des Personals.

2. die **Kosten der Mahnung,** durch die der Verf. in Verzug gesetzt wird (sehr streitig, wie hier etwa Staudinger—Werner § 286 Rdz. 22 mit Nachw.; a. A. Palandt—Danckelmann § 286 Anm. 2 b mit Nachw.), und die Kosten der Nachfristsetzung auch durch den Anwalt (OLG Hamburg: OLG 44, 355; Staudinger—Werner a. a. O.).

[40]

F. Ein Sonderfall von Unmöglichkeit der Ablieferung

Die Vorschrift des § 30 trifft keine Bestimmung darüber, welche Rechtsfolgen eintreten, wenn dem Verf. die Ablieferung des Manuskripts **unmögl.** wird, **ohne daß er in der Lage ist, ein neues Manuskript herzustellen.** Für diesen Fall sind die Vorschriften der §§ 323 ff. BGB über das Unmöglichwerden einer Leistung aus gegenseitigem Vertrag anzuwenden. Dabei ist zu unterscheiden:

I. Hat **weder der Verf. noch der Verl. die Unmöglichkeit zu vertreten,** so wird der Verf. nach § 275 Abs. 1 BGB von der Verpflichtung zur Ablieferung des Manuskripts frei. Er verliert andererseits gemäß § 323 Abs. 1 BGB auch seinen Anspruch auf die Gegenleistung, insbesondere also auf das Honorar. War schon ein Teil des Honorars vorschußweise gezahlt, so kann der Verl. den Vorschuß gemäß § 323 Abs. 3 BGB in Verbindung mit § 812 Abs. 1 Satz 2 BGB zurückverlangen. Vgl. aber § 818 Abs. 3 BGB.

II. **Ist die Unmöglichkeit vom Verf. zu vertreten,** fällt ihm also Vorsatz oder Fahrlässigkeit zur Last oder befindet er sich in Verzug (§ 287 BGB), so kann der Verl., ohne das unter Rdz. 7 ff. dargestellte Verfahren einzuhalten, gemäß § 325 BGB Schadensersatz wegen Nichterfüllung fordern oder vom Vertrag zurücktreten (vgl. dazu oben Rdz. 7 ff.). Bei teilweiser Unmöglichkeit ist der Verl. nach § 325 Abs. 1 Satz 2 BGB berechtigt, Schadensersatz wegen Nichterfüllung der ganzen Verbindlichkeit zu verlangen, wenn die teilweise Erfüllung des Verlagsvertrags für ihn kein Interesse hat. Dieses Interesse wird dann fehlen, wenn das Manuskript eines einheitl. Werkes unwiederbringl. zu einem Teil vernichtet ist. Anders, wenn das Werk in inhaltl. selbständigen Abteilungen erscheint. Dann kann an den übrigen Abteilungen durchaus ein fortbestehendes Interesse vorliegen (Bappert—Maunz a. a. O. Rdz. 26 ff.).

§ 31

Die Vorschriften des § 30 finden entsprechende Anwendung, wenn das Werk nicht von vertragsmäßiger Beschaffenheit ist. Beruht der Mangel auf einem Umstand, den der Verfasser zu vertreten hat, so kann der Verleger statt des im § 30 vorgesehenen Rücktrittsrechts den Anspruch auf Schadensersatz wegen Nichterfüllung geltend machen.

[1] ## A. Vorbemerkungen

I. § 31 behandelt die Rechte des Verl. bei nicht vertragsmäßiger Beschaffenheit des Werkes. Es sind

1. aus dem Verlagsvertrag der Anspruch auf Herstellung eines Werkes von vertragsmäßiger Beschaffenheit [13]
2. aus §§ 31, 30 Abs. 1—3 das Recht auf Rücktritt vom Verlagsvertrag (E)
3. aus § 31 Abs. 2 das Recht auf Schadensersatz wegen Nichterfüllung (F)
4. aus §§ 31, 30 Abs. 4 die Rechte aus dem Verzug des Verf., nämlich auf Rücktritt vom Verlagsvertrag (E) und auf Schadensersatz wegen Nichterfüllung (F).

II. Die Verzahnung der Rechte zu I 2 bis I 4 läßt ähnlich wie in § 30 ein Verfahren des Verl. angezeigt erscheinen, wie es unter Rdz. 15 ff. dargestellt wird. Wenn also der Verl., etwa angesichts der Unfähigkeit des Verf. zur Herstellung eines Werkes von vertragsmäßiger Beschaffenheit die Erfüllung des Verlagsvertrages nicht mehr wünscht, wird er das unter Rdz. 15 ff. dargestellte Verfahren wählen. Dieses mag umständlich erscheinen, gewährleistet aber allein alle Rechte des Verl. gegenüber dem Verf.

[2] ## B. Das nicht vertragsmäßig beschaffene Werk

I. Mit dem Schriftt. (Bappert—Maunz § 31 Rdz. 2) lassen sich 3 Gruppen von Fällen unterscheiden, in denen das Werk nicht von vertragsmäßiger Beschaffenheit ist.

1. Das Werk ist nicht druckfähig im verlagstechnischen Sinn (Rdz. 3 ff.).
2. Das Werk ist nicht veröffentlichungsfähig (Rdz. 4 ff.).
3. Das Werk ist nicht ausgabefähig (Rdz. 11 ff.).

[3] II. **Das Werk ist nicht druckfähig.** Es ist also nicht in einem für die Vervielfältigung geeigneten Zustand, in dem es der Verf. nach § 10 abzuliefern verpflichtet ist. Hierüber vgl. § 10 Rdz. 3.

III. **Das Werk ist nicht veröffentlichungsfähig.** Hier 3 Fallgruppen:

[4] 1. Das Werk ist **vereinbarungswidrig,** weil es den im Verlagsvertrag festgelegten Vereinbarungen nicht entspricht.

a) Das Werk ist ein **ganz anderes als das vereinbarte.** Der Verlagsvertrag bezog z. B. (Allfeld § 31 Anm. 2 I) auf ein geschichtswissenschaftl. Lehrbuch, der Verfasser liefert aber einen historischen Roman; der Verf. sollte vereinbarungsgemäß eine Flächenkarte herstellen, legt aber eine Reliefkarte vor usw. Spricht der Verlagsvertrag dagegen nur schlechthin von der Anfertigung einer Landkarte, dann hängt es vom Vertragszweck ab, ob die Flächenkarte oder die Reliefkarte eine vertragsgemäße Leistung darstellt (Bappert—Maunz a. a. O. Rdz. 7). Sicher vereinbarungswidrig ist es, wenn der Verf. statt des vereinbarten Werkes über Grundbuchrecht einen Kommentar zum Zivilprozeßrecht abliefert (Hoffmann § 31 Anm. 1, Dittrich S. 68). Schwierig kann die Abgrenzung dann werden, wenn etwa ein Buch über die Raumfahrt vereinbart ist, der Verl. dabei an ein sog. populär-wissenschaftl., der Verf. dagegen an ein streng wissenschaftl. denkt u. danach handelt. Hier liegt ein Fall des sog. versteckten Dissenses vor, der das Zustandekommen eines Vertrages verhindert (RGZ 93, 299; Staudinger—Coing § 155 Rdz. 3, Palandt—Danckelmann § 155 Anm. 1).

[5] b) Das Werk ist **wesentl. umfangreicher als vereinbart.** Der Verl. kann dann das Werk als von nicht vertragsmäßiger Beschaffenheit beanstanden, wenn der vereinbarte Umfang des Werkes nicht eingehalten wird, obwohl er zum wesentl. Vertragsinhalt gehört (so bereits OLG Kolmar Recht 1909 Nr. 2197; Allfeld a. a. O. § 31 Anm. 1; Hoffmann in Ufita 1933, 222 entgegen seiner früheren Ansicht im Kommentar; Bappert—Maunz a. a. O. Rdz. 6). Die Beanstandung ist jedoch nur begründet, wenn entweder durch das Ausmaß der Abweichung oder wegen der bes. Umstände des Einzelfalles die Absatzfähigkeit des Werkes beeinträchtigt oder die Kalkulationsgrundlage des Verl. erschüttert wird. Geringfügige Abweichungen im Umfang müssen demnach vom Verl. in der Regel hingenommen werden. Ein Anspruch des Verl., stets ein dem vereinbarten Umfang genau entsprechendes Werkstück übergeben zu erhalten, kann schon deshalb nicht angenommen werden, weil es nahezu unmöglich ist, den Umfang des Werkes im voraus genau zu planen. Ein solcher Anspruch des Verl. wäre auch damit unvereinbar, daß das Verlagsverhältnis ein besonderes Vertrauensverhältnis darstellt. Wurde über den Umfang nichts vereinbart, dann spielt er bei der Beurteilung der Vertragsmäßigkeit des Werkes keine Rolle. Einem Verlagsvertrag über Beiträge zu Zeitschriften und Zeitungen, der keine ausdrückl. Vereinbarung über den Umfang des Werkes enthält, ist stets die schlüssige Vereinbarung immanent,

daß das Werk seinem Umfang nach für die Zeitschrift oder Zeitung geeignet sein muß, wenn nicht bes. Umstände dagegen sprechen. Im Buchverlag hingegen ist mangels ausdrückl. Vereinbarung eine schlüssige Vereinbarung über den Umfang nur dann anzunehmen, wenn hierfür bes. Umstände sprechen (Dittrich a. a. O. S. 71).

[6] c) Das Werk **entspricht nicht dem** vertragl. vereinbarten oder bei Vertragsabschluß vorausgesetzten **Zweck oder läuft ihm geradenwegs zuwider.** Eine vertragsmäßige Beschaffenheit liegt deshalb nicht vor, wenn das gelieferte Schulbuch für den Unterrichtsgebrauch nicht geeginet ist, weil es den von der Schulverwaltung vorgeschriebenen Bedingungen nicht entspricht (Allfeld a. a. O.) oder wenn das gelieferte Werk zum großen Teil der Abklatsch des Werkes eines anderen ist, obwohl der Verl. auf eine eigene Arbeit des Verf. Wert legte und sie nach dem Verlagsvertrag auch erwarten konnte (Bappert—Maunz a. a. O. Rdz. 8). Eine Festschrift zum Jubiläum eines Unternehmens darf inhaltl. nicht zur Kampfschrift gegen dessen angebl. unsoziale Einstellung werden, eine Agitationsschrift einer politischen Partei nicht die von ihr vertretenen Grundsätze bekämpfen oder herabsetzen. An Stelle eines humorvollen, auf einen breiten Leserkreis berechneten Werkes darf nicht ein Werk geliefert werden, das zwar kulturgeschichtl. wertvolle Bilder enthält, aber einen breiten Leserkreis nicht anspricht. Ein wissenschaftl. Werk darf nicht unwissenschaftl. gehalten sein, eine Übersetzung muß im Hinblick auf die Sprachkenntnisse des Übersetzers nach den Gepflogenheiten des tägl. Lebens noch als solche bezeichnet werden können (Dittrich S. 70). Zweckwidrig ist es auch, wenn ein namhafter Komponist, der sich zur Vertonung eines Operettentextes verpflichtet hat, fremde Kompositionen benutzt. Das RG (Ufita 1934, 492 und GRUR 1934, 694) führt dazu aus, nach dem Vertrag sei der Komponist verpflichtet, eine eigene Komposition zu liefern. Ein Werk, das zu einem erhebl. Teil durch die Benutzung von Kompositionen anderer einen der musikal. Persönlichkeit des Komponisten fremden Charakter habe, sei vertragswidrig (Bappert—Maunz a. a. O.).

[7] 2. Das Werk ist **ein den Verl. gefährdendes Werk,** weil es ihn in die Gefahr des Verstoßes gegen das Gesetz oder gegen die guten Sitten u. damit in die Gefahr strafrechtl. Verfolgung oder zivilrechtl. Schadenersatzansprüche bringt. Das Werk ist daher nicht von vertragsmäßiger Beschaffenheit, wenn es gegen ein gesetzl. Verbot oder gegen die guten Sitten verstößt (so schon OLG Kolmar: LZ 1909,

953, vgl. Allfeld § 31 Anm. 2 I, Voigtländer—Elster § 31 Anm. 3 b). Dem Verl. ist weiter die Vervielfältigung u. Verbreitung eines Werkes nicht zuzumuten, wenn er sich damit der strafrechtl. Verfolgung aussetzen würde, weil das Werk beispielsweise Beleidigungen enthält (vgl. OLG Dresden: Ufita 1929, 333). Auch wenn die Verbreitung des abgelieferten Werkes nur zivilrechtl. Schadensersatzansprüche oder eine Verurteilung zur Unterlassung weiterer Verbreitung nach sich ziehen würde, ist das Werk nicht von vertragsmäßiger Beschaffenheit (vgl. RGZ 84, 295). So darf das Werk insbes. kein Plagiat sein, unabhängig davon, ob diejenigen, deren Urheberrechte verletzt sind, nachträgl. zustimmen (vgl. RGZ 74, 359 u. OLG Frankfurt: Recht 1904, 580; Bappert—Maunz a. a. O. Rdz. 4).

[8] 3. Das Werk ist **unvollständig.** Denn auch das unvollständige Werk ist nicht von vertragsmäßiger Beschaffenheit. Unvollständig ist das unvollendete Werk, wenn der Verlagsvertrag nicht gerade über ein Fragment abgeschlossen worden ist (vgl. dazu § 1 Rdz. 75). Auch sonst ist der Inhalt u. Zweck des einzelnen Vertrages bei der Prüfung zu berücksichtigen, ob eine vertragswidrige Unvollständigkeit des abgelieferten Werkes gegeben ist (Bappert—Maunz a. a. O. Rdz. 5). Dabei ist zu unterscheiden zwischen

[9] a) **Fach- und Sachbüchern,** an deren Vollständigkeit ein strenger Maßstab angelegt werden muß. Ihr Gegenstand muß erschöpfend behandelt werden (Allfeld § 31 Anm. 2 I, Bappert—Maunz a. a. O.). Wann diese erschöpfende Darstellung vorliegt oder fehlt, ist vom Einzelfall her zu beurteilen. Der Auslegung der Möglichkeiten sind hier keine Grenzen gesetzt (Bappert—Maunz a. a. O., Dittrich S. 68). Doch sollte man dem Verf. überlassen, welche Teilgebiete eines von ihm behandelten wissenschaftl. oder schulischen Stoffgebietes er ausführlicher und welche er weniger ausführl. behandeln will. Widmet z. B. der Verfasser einer österreichischen Geschichte Kaiser Josef II. wesentlich mehr Raum als Kaiserin Maria Theresia oder wird das Thema nach Meinung des Verl. in anderer Weise unbefriedigend behandelt, dann ist dies keine Vertragswidrigkeit (Dittrich S. 69). Wie denn überhaupt Unrichtigkeiten und Irrtümer selbst grober Art das Werk nicht zu einer unvollständigen Arbeit machen (Bappert—Maunz a. a. O.). Wegen weiterer Einzelheiten in dieser Richtung siehe unten Rdz. 11.

[10] b) **schöngeistigem Schriftt.** Was immer man darunter verstehen mag, kann nicht mit dem gleichen strengen Maßstab gemes-

sen werden, weil es hier an ähnl. festen Merkmalen für die Vollständigkeit fehlt. Stilistische Mängel sind auf jeden Fall unbeachtl. (Bappert—Maunz a. a. O., Dittrich a. a. O.).

[11] 4. **Nicht** in diese Fallgruppe gehört **ein Werk, das Gütemängel aufweist,** also wissenschaftl., künstler. oder literar. Ansprüchen nicht genügt. So versagt das Reichsgericht (LZ 1913, 474) dem Verl. grundsätzl. alle Rechte, wenn das Werk des Verf. in der Öffentlichkeit abfällig kritisiert wird. Ebenso mißt das OLG Dresden (Ufita 1930, 206) dem Umstand, daß eine Anzahl von Schriftstellern sich über das Werk absprechend geäußert hat, keine Bedeutung zu. Die Pflicht des Verl. zur Vervielfältigung u. Verbreitung des Werkes wird davon nicht betroffen. Es ist vielmehr Sache des Verl., sich über Eignung u. Fähigkeiten des Verf. vorher zu erkundigen (so auch Gamm Einf. 88). Ungünstige Kritiken allein berechtigen den Verl. nicht, vom Verlagsvertrag zurückzutreten (Bappert—Maunz a. a. O. Rdz. 9, Dittrich S. 71 mit Nachw.). Denn in dieser Richtung trifft den Verf. keine Haftung (OLG München: MDR 1955, 682; Dittrich S. 71 Fn. 55 mit weiteren Nachw.). Von einem vertragsgemäßen Werk kann aber nicht mehr gesprochen werden, wenn ein wissenschaftl. Werk unwissenschaftl. gehalten ist (vgl. OLG Dresden: Ufita 1929, 338), eine Übersetzung als eine solche schon gar nicht mehr bezeichnet werden kann, oder die geistige Persönlichkeit des Verf. infolge Krankheit eine so erhebl. Veränderung erfährt, daß eine wissenschaftl oder künstler. Leistung von nun an überhaupt undenkbar ist (vgl. OLG Kolmar: Recht 1909 Nr. 2197; a. A. Allfeld a. a. O., Bappert—Maunz a. a. O.). Etwas anderes ist es, wenn der Verf. eines Fach- oder Sachbuches sich verpflichtet hat, für die neue Auflage ein überarbeitetes u. auf den neuesten Stand gebrachtes Werk abzuliefern. Kommt der Verf. dieser Verpflichtung nicht nach, so verliert das Werk dadurch seine vertragsmäßige Beschaffenheit. Kommt der Verf. seiner Verpflichtung zwar nach, nimmt aber die Neubearbeitung nur unzureichend vor, so stehen dem Verl. hieraus Rechte nicht zu, weil er den mangelnden wissenschaftl. oder literar. Wert des Werkes nicht rügen kann. Eine Ausnahme gilt nur dann, wenn etwa der Verf. eines wissenschaftl. Werkes eine bedeutende neue Lehrmeinung in die Neuauflage nicht einbezieht, so daß sie dadurch vom wissenschaftl. Standpunkt her gesehen als unvollständig angesehen werden muß (Allfeld a. a. O., Bappert—Maunz a. a. O. Rdz. 10).

[11 a] IV. **Das Werk ist nicht „ausgabefähig"** (zum Ausdruck vergl. Kohler S. 308 und Hoffmann § 31 Anm. 1). Das Werk muß

so beschaffen sein, daß der Verl. es, ohne damit seiner Persönlichkeit oder seinem Verlagsgeschäft Abbruch zu tun, in den Verkehr bringen kann (Elster in Ufita 1929, 48, OLG Dresden: Ufita 1930, 206 u. a.).

1. Begründet wird diese Auffassung im wesentl. mit einem Persönlichkeitsrecht des Verl. (so insbes. Kohler S. 467, auch noch Bappert—Maunz a. a. O. Rdz. 11 mit Nachw.), neuerdings jedoch aus der Tatsache, daß das Verlagsvertragsverhältnis ein bes. Vertrauensverhältnis schafft, das auch auf die Vorverhandlungen ausstrahlt (Dittrich S. 73 Fn. 63; ähnl. für diesen Fall Hoffmann in Ufita 1933, 219 und Bappert—Maunz a. a. O. Rdz. 12). Diese Meinung hat auch die Rechtspr. (OLG Dresden: Ufita 1929, 333 und MuW 1929, 555) für sich, die in solchen Fällen auf die Zumutbarkeit abstellt, einen Rechtsbegriff, der mit dem Vertrauensverhältnis eng verknüpft wird (vgl. hierüber oben Rdz. 5).

[12] 2. **Nicht „ausgabefähig“** und damit auch nicht vertragsmäßig ist ein Werk für einen Verl. dann, wenn gerade dieser Verl. seiner Vertragspflicht zur Vervielfältigung u. Verbreitung nicht nachkommen kann, weil das Werk zur Persönlichkeit des Verl. einen unüberbrückbaren Gegensatz bildet, u. ihm Gründe zur Seite stehen, die ihn nach Treu und Glauben von seinen Verpflichtungen befreien. Der Verl. kann seiner Vertragspflicht zur Verbreitung nur nachkommen, wenn ihm der Verf. hierbei keine Hindernisse in den Weg legt. Ein solches Hindernis ist es, wenn im Vorwort des Werkes unhaltbare Angriffe gegen andere Verf. des gleichen Verlags enthalten sind oder ein Verl. einer bestimmten polit. Richtung ein Werk herausbringen soll, das entgegengesetzte polit. Ansichten propagiert. In diesen Fällen ist das Werk für diesen Verl. von nicht vertragsmäßiger Beschaffenheit.

Den Verl. trifft aber beim Abschluß jedes Verlagsvertrages auch in dieser Hinsicht eine gewisse Sorgfalts- u. Erkundigungspflicht. Ihre schuldhafte Verletzung kann sogar zur Folge haben, daß das Werk zwar vertragswidrig ist, der Verl. aber trotzdem seine Rechte nicht geltend machen kann (Bappert—Maunz a. a. O. Rdz. 12), weil er mit für ihn ungünstigen, ja verhängnisvollen Folgen der Vervielfältigung u. Verbreitung des Werkes wenigstens zum Teil gerechnet hat (OLG Dresden a. a. O.).

C. Der Anspruch auf Herstellung eines Werkes von vertragsmäßiger Beschaffenheit

[13] I. Die Verpflichtung des Verf. zur Herstellung eines Werkes von vertragsmäßiger Beschaffenheit folgt aus dem Verlagsvertrag. Doch geht das Erfüllungsverlangen **grundsätzl. nicht auf Herstellung eines neuen vertragsmäßigen Werkes** (vgl. RGZ 107, 341; Voigtländer—Elster §§ 30, 31 Anm. 3 c). Eine Ausnahme gilt nur (Bappert—Maunz a. a. O. Rdz. 13), wenn das Werk dem Vertrag überhaupt nicht entspricht (hierüber oben Rdz. 6). Hier kann die Herstellung des vertragsmäßig beschaffenen Werkes verlangt werden, weil der Vertrag durch die Ablieferung des überhaupt nicht vertragsmäßigen Werkes nicht erfüllt worden ist.

[14] II. Im Regelfall geht das **Erfüllungsverlangen des Verl. auf Beseitigung der Mängel** (Allfeld a. a. O. II 3 a). Ist doch dieses Verlangen, der sog. Mängelbeseitigungsanspruch ein (Staudinger—Riedel § 633 Rdz. 1, 3, 16; nach Palandt—Thomas Einleitung 4 vor § 633 ein) modifizierter Erfüllungsanspruch. Er kommt insbes. in Betracht, wenn das Werk wesentl. umfangreicher ist als vereinbart oder umgekehrt als Fach- oder Sachbuch nicht erschöpfend genug. Hier empfiehlt sich dann das Verfahren unter Rdz. 15 ff.

[15] D. Das vom Verl. anzuschlagende Verfahren

gliedert sich ähnl. dem in § 30 (dort Rdz. 7 ff.) in mehrere Stufen (ähnlich Voigtländer—Elster a. a. O. Anm. 3 e): die Mängelrüge (genauer die Geltendmachung des Mängelbeseitigungsanspruchs), die Nachfristsetzung an den Verf., eine Zwischenzeit und die Folgerungen, die an die Vergeblichkeit von Mängelrüge und Nachfristsetzung geknüpft werden.

[16] **I. Die Mängelrüge (Geltendmachung des Mängelbeseitigungsanspruchs).**

1. Sie ist im Verlagsrecht nicht geregelt, bedarf aber auch einer solchen Regelung nicht, da sie, wie oben Rdz. 14 ausgeführt, Anspruch auf Erfüllung des Verlagsvertrages ist. Sie ist daher gleichen Wesens wie die auf Erfüllung des Verlagsvertrages hinzielende Mahnung. Die Ausführungen zu § 30 Rdz. 8 ff. gelten daher grundsätzl. entspr. **Ausnahmen** bestehen insofern, als die Geltendmachung des Mängelanspruchs entbehrl. ist, wenn

[17] a) die **Mängel** des Werkes **geringfügig** sind. Zwar fehlt in § 31 der in § 459 Abs. 1 BGB enthaltene Satz: „Eine unerhebl. Minderung des Werkes kommt nicht in Betracht". Verschiedentl. wurde daher angenommen, daß regelmäßig auch die Beseitigung unerhebl. Mängel gefordert werden könne. Da aber völlig geringfügige Mängel vom Verkehr nicht beachtet werden, wird man auch hier annehmen müssen, daß der Verl. solche dulden muß und den Verf. für sie nicht haftbar machen kann. Völlig geringfügige Mängel sind eben im Grunde keine Mängel im eigentl. Sinne. Die gegenteilige Auffassung würde gegen den das Verlagsvertragsverhältnis beherrschenden Grundsatz von Treu und Glauben verstoßen (wie hier Staudinger—Riedel § 633 Rdz. 20, a. A. Palandt—Thomas § 633 Anm. 2).

[18] b) die **Mängelbeseitigung** einen **unverhältnismäßigen Aufwand** erfordern würde. Dieser in § 633 Abs. 2 S. 1 BGB niedergelegte Rechtsgedanke bringt zum Ausdruck, daß der Schuldner vor unzumutbaren Leistungen geschützt werden müsse, was ohnehin in dem zwischen Verfasser und Verleger bestehenden Vertrauensverhältnis liegt. Unverhältnismäßiger Aufwand läge etwa vor, wenn die Verbringung der Neuauflage eines Fach- oder Sachbuches auf den neuesten Stand einer völligen Neubearbeitung gleichkäme. Das kann vom Verf. jedenfalls nicht auf diesem Wege verlangt werden. Es darf aber nicht dazu führen, daß der Verl. jeden unverhältnismäßigen Mangel ohne weiteres hinnehmen muß. Vielmehr treten eben die sonstigen Rechtsfolgen des Mangels ein (Staudinger—Riedel a. a. O. Rdz. 24); es muß also die Nachfristsetzung erfolgen.

II. Für die **Nachfristsetzung** gelten gemäß § 31 Abs. 1 die Ausführungen zu § 30 entsprechend (vgl. dort Rdz. 16 ff.). Einer Fristsetzung **bedarf es hier nicht:**

[19] 1. **bei Unmöglichkeit der Mängelbeseitigung.** Ist dem Verf. die Beseitigung der Mängel unmögl., so macht es keinen Unterschied, ob die Beseitigung der gerügten Mängel objektiv unmögl. ist, weil der Verf. beispielsweise bei einem wissenschaftl. Werk die erforderl. Literatur nicht oder nicht mehr zur Verfügung hat, oder ob ein bloßes Unvermögen des Verf. infolge Arbeitsunfähigkeit oder Unfähigkeit, gerade diese Arbeit zu erledigen, vorliegt (vgl. RGZ 74, 359).

[20] 2. **bei Verweigerung der Mängelbeseitigung.** Die Weigerung die Mängel zu beseitigen, muß dem Verl. gegenüber erklärt werden. Es genügt also nicht, wenn der Verf. Dritten gegenüber Erklärungen

abgibt, daß er die Mängel nicht zu beseitigen gedenke u. diese Erklärungen zur Kenntnis des Verl. kommen. Die Weigerung des Verf., die Mängel zu beseitigen, kann sich auch in einem bloßen Bestreiten der Mängel gegenüber dem Verl. äußern (vgl. RG in WarnRspr. 1919 Nr. 159).

3. **Bei bes. Interesse des Verl.** vgl. dazu oben Rdz. 7 und § 20 Rdz. 19.

[21] III. **Die Zwischenzeit** nach fruchtlosem Ablauf der Nachfrist zur Mängelbeseitigung oder bei ihrer Entbehrlichkeit nach Verstreichen des vereinbarten Ablieferungszeitpunktes gestaltet sich verschieden für Verf. und Verl. Daher gelten hier die Ausführungen in § 30 Rdz. 30 ff. mit der Maßgabe entsprechend, daß an die Stelle der Ablieferung die Mängelbeseitigung tritt.

[22] IV. Anders als in § 30, wo die **Folgerungen** verschieden sind, je nachdem der Verf. in Verzug geraten ist, besteht hier kein solcher Unterschied. Denn nach § 31 Abs. 2 hat der Verl. hier auch dann die Möglichkeit, Schadensersatz wegen Nichterfüllung zu beanspruchen, wenn der Verf. nicht in Verzug geraten ist.

E. Über den Rücktritt vom Vertrag

vgl. § 30 Rdz. 33 ff.

F. Über den Schadensersatz wegen Nichterfüllung

vgl. § 30 Rdz. 38, 39

§ 32

Wird das Werk nicht vertragsmäßig vervielfältigt oder verbreitet, so finden zu Gunsten des Verfassers die Vorschriften des § 30 entsprechende Anwendung.

[1] A. Vorbemerkungen

I. Die Vorschrift läßt § 30 entsprechend anwenden, wenn der Verl. das Werk des Verf. nicht vertragsgemäß vervielfältigt oder verbreitet. Sie ist also insoweit das Gegenstück zu den §§ 30 und 31, die die Rechte des Verl. bei nicht vertragsgemäßem Verhalten des Verf. regeln.

II. Die Vorschrift beschränkt die Anwendbarkeit des § 30 ausdrückl. auf die nicht vertragsgemäße Vervielfältigung u. Verbreitung. Sie ist daher eng auszulegen (Allfeld § 32 Anm. II 1). Kommt daher der Verl. seinen sonstigen Vertragspflichten, z. B. der Honorarzahlung, der Rechnungslegung, der Lieferung von Freiexemplaren oder der Rückgabe des Manuskripts nicht ordentl. nach, kann der Verf. hiergegen nur nach den allg. schuldrechtl. Vorschriften (§§ 323 ff. BGB) vorgehen (Hoffmann § 32 Anm. 1, Bappert—Maunz § 32 Rdz. 1; a. A. für das Honorar Voigtländer—Elster § 32 Anm. 2).

III. In den Fällen der Anwendbarkeit des § 32 [2] hat der Verf.

1. aus dem Verlagsvertrag das Recht auf Erfüllung [8],
2. aus §§ 32, 30 Abs. 1—3 das Recht auf Rücktritt (E),
3. aus §§ 32, 30 Abs. 4 mit §§ 284, 285, 326 BGB das Recht aus dem Verzug des Verl., näml. auf Rücktritt (E) oder Schadensersatz wegen Nichterfüllung (F).

[2] B. Nicht vertragsgemäße Vervielfältigung u. Verbreitung liegt vor, wenn der Verl.

I. **nicht vervielfältigt,** nämlich die neue Auflage, obwohl er dazu verpflichtet ist durch ausdrückl. Erklärung oder durch Versäumung der Nachfrist des § 17,

[3] II. **nicht selbst** vervielfältigt und/oder verbreitet, also wenn er seine Rechte aus dem Verlagsvertrag auf einen anderen Verl. überträgt, ohne daß der Verf. die hierfür erforderl. Zustimmung des § 28 gegeben hat (Bappert—Maunz a. a. O.). Wegen weiterer Einzelheiten vgl. § 28 Rdz. 25 ff.

[4] **III. nicht vertragsgemäß** vervielfältigt, indem er

1. **nicht rechtzeitig** vervielfältigt, also mit der Vervielfältigung nicht beginnt, sobald ihm das Werk „zugegangen“ ist (§ 15; vgl. dazu OLG Dresden: Sächs. Archiv für Rechtspflege 5, 93; Recht 1914, 4203). Wegen weiterer Einzelheiten vgl. § 15 Rdz. 4 ff.

2. **nicht in zweckentsprechender** und übl. Weise vervielfältigt (§ 14); wegen weiterer Einzelheiten vgl. § 14 Rdz. 2 ff.

[5] 3. **in unzulässiger Weise vervielfältigt,** indem er

a) am Werk **unzulässige Änderungen** vornimmt (§ 13); wegen weiterer Einzelheiten vgl. § 13 Rdz. 2 ff.,

b) dem Verf. vor Veranstaltung einer neuen Aufl. **keine Gelegenheit zu Änderungen** gibt (§ 12 Abs. 1 S. 2), vorausgesetzt, daß dieser erhebl. Änderungen vorgenommen hätte (Allfeld a. a. O. 2 I f; KG: Muw. 1920, 165). Wegen weiterer Einzelheiten vgl. § 12 Rdz. 7 ff.

c) entgegen § 20 **nicht für Korrektur sorgt;** wegen weiterer Einzelheiten vgl. § 20 Rdz. 2 ff.

[6] 4. **nicht in dem vereinbarten oder vorgeschriebenen Maß vervielfältigt.** Dies ist der Fall

a) wenn der Verl. **eine geringere Zahl von Abzügen** herstellt oder die Zahl der Abzüge überschreitet, zu der er durch Vertrag oder gemäß § 5 berechtigt ist. Auch die Herstellung eines anastatischen Neudrucks ohne Erlaubnis des Verf. enthält einen widerrechtl. Nachdruck und eine Verletzung des Verlagsvertrages, die den Verf. zum Rücktritt vom Vertrag berechtigt (vgl. KG: MuW 1915, 235; Allfeld a. a. O. 2 I i); wegen weiterer Einzelheiten vgl. § 5 Rdz. 7.

b) wenn der Verl. **nicht rechtzeitig dafür sorgt, daß der Bestand nicht vergriffen wird,** weil er entweder die vertragl. oder gesetzl. vorgesehene Anzahl von Abzügen nicht herstellt (§ 16) oder der übernommenen Verpflichtung, eine neue Auflage zu veranstalten, überhaupt nicht oder nicht rechtzeitig nachkommt (§ 17). Kommt der Verl. der übernommenen Verpflichtung, eine Neuauflage zu veranstalten, nicht ordnungsgemäß nach, dann kann der Verf. auch nach § 17 vorgehen. Will er aber Schadensersatzansprüche geltend machen, dann muß er sich der Rechtsbehelfe der §§ 32, 30 bedienen (Bappert—Maunz a. a. O. Rdz. 2/7). Wegen weiterer Einzelheiten vgl. § 16 Rdz. 7, § 17 Rdz. 8.

[7] IV. **nicht vertragsgemäß verbreitet,** indem er

1. **nicht in zweckentsprechender u. übl. Weise verbreitet** (§ 14); wegen weiterer Einzelheiten vgl. § 14 Rdz. 2 ff. „Nicht zweckentsprechende u. übl. Verbreitung" liegt auch vor, wenn der Verl. den Absatz des Werkes absichtl. hemmt, um das Erscheinen einer Neuauflage zu verhindern (Hoffmann § 32 Anm. 1), dies etwa dann, wenn ihm das Recht zur Neuauflage nicht (mehr) zusteht u. vom Verf. auch nicht gewährt ist.

2. wenn der Verl. unter Verletzung berechtigter Interessen des Verf. den **Ladenpreis ermäßigt oder** den Preis ohne Zustimmung

des Verf. **erhöht** (§ 21; vgl. RGZ 110, 275; Bappert—Maunz a. a. O. Rdz. 2/10). Wegen weiterer Einzelheiten vgl. § 21 Rdz. 17 ff.

C. Der Anspruch des Verf. auf Erfüllung durch den Verl.

[8] I. Der Verf. hat zunächst das Recht auf Erfüllung des Verlagsvertrages durch den Verl., also auf Herstellung des vertragsgemäßen oder gesetzl. Zustandes, sohin auf vertragsgemäße Vervielfältigung u. Verbreitung. Diesen Anspruch kann er im **Klagewege** erzwingen.

[9] II. Wird der Verl. zur Erfüllung verurteilt, wird, da die zu leistende Handlung, namentl. die Vervielfältigung u. Verbreitung des Werkes, durch einen Dritten ausgeführt werden kann, das Urteil nach § 887 ZPO in der Weise **vollstreckt,** daß der Verf. auf seinen Antrag durch das Prozeßgericht erster Instanz ermächtigt wird, die Handlung durch einen Dritten auf Kosten des Verl. ausführen zu lassen. Hierbei hat der die Vervielfältigung ausführende Verlag auf dem Werk nicht seine eigene Firma, sondern die des verurteilten Verlags anzugeben. Kann die zu erzwingende Handlung von einem Dritten nicht vorgenommen werden, weil z. B. der Verl. allein die zur Vervielfältigung erforderliche Einrichtung besitzt, dann wird der Verl. gemäß § 888 ZPO auf Antrag des Verf. durch Geldstrafe zur Vornahme der Handlung angehalten (Hoffmann § 32 Anm. 2; Allfeld § 32 Anm. II 3 a, Bappert—Maunz a. a. O. Rdz. 4).

[10] D. Ähnl. wie im Falle des § 30 gliedert sich das

Verfahren, das der Verf. einschlagen sollte

wenn er die Erfüllung des Verlagsvertrages nicht mehr wünscht, in mehreren Stufen: Die Mahnung an den Verl., die Nachfristsetzung an den Verl., eine Zwischenzeit u. die Folgerungen, die an die Vergeblichkeit von Mahnung u. Nachfristsetzung geknüpft werden.

I. Für die **Mahnung** gilt das in § 30 Rdz. 8 ff. Ausgeführte entsprechend.

[11] 1. Wie dort läßt auch hier gerade das Zeitmoment eine Mahnung **entbehrl.** werden. Wer mit dem Verl. einen Verlagsvertrag über ein bes. zeitgebundenes Werk, etwa aus einem bes. Anlaß, zu einer bes. Gelegenheit, über eine bestimmte Person von kurzlebiger Bedeutung schließt, erwartet allein, wenn nicht ausschließl. aus

wirtschaftl. Erwägungen heraus, daß es so rechtzeitig vervielfältigt wird, daß es nicht schon bei Erscheinen überlebt u. Makulatur ist. In diesen Fällen verbietet nicht selten die Kürze der Zeit eine Mahnung des Verf. an den Verl.

[12] 2. Die **Folgen der Mahnung** sind verschieden, je nachdem der Verl. die Unmöglichkeit seiner Leistung verschuldet haben muß oder nicht. Dabei ist nicht nur das eigene Verschulden des Verl., sondern gemäß § 278 BGB auch das seiner Erfüllungsgehilfen, also seiner Mitarbeiter im Verlagsbetrieb, aber auch der Drucker (Allfeld § 32 Anm. 2 I i), Buchbinder u. aller sonstigen Personen zu berücksichtigen, die ihn bei der Vervielfältigung u. Verbreitung des Werkes unterstützen.

[13] a) Die Frage des **Verschuldens des Verl.** u. seiner Erfüllungsgehilfen ist überall da von Belang, wo es sich um die **„Rechtzeitigkeit“ seiner Leistung,** näml. der Vervielfältigung u. Verbreitung geht: So wenn er nicht rechtzeitig mit der Vervielfältigung (vgl. § 15) oder mit den Vorbereitungen für die Verbreitung z. B. mit der Werbung (§ 14) beginnt, vorzeitig (näml. ohne dem Verf. Gelegenheit zu Änderungen gegeben zu haben) mit der Vervielfältigung anfängt (§ 12) oder nicht rechtzeitig dafür sorgt, daß der Bestand der Auflage nicht vergriffen ist (§ 16). Hier können die Wirkungen der Nichtbeachtung der Mahnung auch eintreten, wenn zufällige Ereignisse, wie Arbeitseinstellung, Streik oder sonstige Lohnbewegungen inmitten liegen (Staudinger—Riedel § 636 Rdz. 2 b). Wenn also der Verl. der Mahnung des Verf. nicht entsprechen kann, weil etwa die für ihn arbeitende Druckerei bestreikt wird, hat er das zu vertreten. Anders soll es sein, wenn es ihm innerhalb der Mahnungsfrist nicht mögl. ist, wegen Streiks andere Arbeiter einstellen zu können (RGRKomm. § 636 Anm. 1). Um ganz sicher zu gehen, sollte er im Verlagsvertrag, etwa durch Aufnahme der sogenannten Streikklausel Vorsorge treffen (vgl. Staudinger—Riedel a. a. O.).

[14] b) In den Fällen, in denen es **nicht um die Rechtzeitigkeit** geht, entscheidet die Frage des Verschuldens des Verl. oder seiner Erfüllungsgehilfen, das er zu vertreten hat, über die Folgen der Mahnung.

144), etwa weil er sich von der Verbreitung nichts (mehr) verspricht.
ein. Dieser vermeidet den Verzug nur, wenn er nach Empfang der Mahnung ohne schuldhaftes Zögern die angemahnte Handlung vornimmt. Verzögert er diese schuldhaft oder infolge

eines Umstandes, den er zu vertreten hat, gilt der Verzug als im Zeitpunkt der Mahnung eingetreten (Staudinger—Werner § 284 Rdz. 28). Der Verl. hat keinen Anspruch darauf, daß ihm nach der Mahnung noch Zeit gelassen werde, seine Leistung selbst noch vorzubereiten (vgl. RG Seuff. A 75 Nr. 185).

bb) Der Verl. hat die **Unmöglichkeit** der Leistung, weil weder von ihm noch von seinen Erfüllungsgehilfen verschuldet, **nicht zu vertreten.** Insoweit wird auf § 30 Rdz. 15 verwiesen.

II. Die Nachfristsetzung.

1. Gleichgültig ob der Verl. in Verzug geraten ist oder nicht, hat ihm jetzt der Verf. eine Nachfrist zu setzen. Die Nachfristsetzung ist gemäß §§ 32, 30 Abs. 2 nur **entbehrlich,**

[16] a) wenn die **Vervielfältigung und/oder Verbreitung** des Werkes **unmögl.** ist, etwa weil der Verl. in Vermögensverfall geraten ist (Allfeld a. a. O. II 4 b) oder das Manuskript gerichtl. beschlagnahmt oder seine Vervielfältigung und/oder Verbreitung durch einstweilige Verfügung oder Gerichtsurteil verboten wird oder Personen, die die Zustimmung zur Veröffentlichung überhaupt oder von für das Werk wesentl. Teilen, etwa Lichtbildern ihrer selbst oder ihrer verstorbenen nächsten Verwandten oder ihrer künstler. Werke zu geben hätten, diese endgültig verweigern (Fall Kandinsky);

[17] b) wenn die **Vervielfältigung und/oder Verbreitung vom Verleger verweigert** wird (Allfeld a. a. O., vgl. auch RG: Muw. 1920,

aa) Der Verl. hat die **Unmöglichkeit** seiner Leistung verschuldet oder das Verschulden seiner Erfüllungsgehilfen **zu vertreten.** Hier tritt bei Vergeblichkeit der Mahnung Verzug des Verl.

Die Sportgröße etwa, die als Verf. auftreten oder den Gegenstand der Veröffentlichung bilden sollte, ist der längst fälligen Vergessenheit oder ehren- oder strafgerichtl. Verfolgung anheimgefallen;

[18] c) wenn der **sofortige Rücktritt** durch ein bes. Interesse des Verf. **gerechtfertigt** wird, etwa dadurch, daß dieser gerade jetzt Gelegenheit hat, das Werk, dessen Vervielfältigung der Verl. verzögert, in einem anderen, möglicherweise bekannteren Verlage erscheinen zu lassen oder dadurch, daß sich seit dem Zeitpunkt, zu dem der Vertrag hätte erfüllt werden sollen, die Auffassung des Verf. über den Gegenstand des Werkes geändert hat (Allfeld a. a. O.), dieser etwa durch neue Entdeckungen, Funde, Veröffentlichungen, Gesetze, Gerichtsentscheidungen überholt, ja unrichtig geworden

ist, oder endlich, wenn eine vertragswidrige buchhändlerische Verwertung durch den Verl. droht (Bappert—Maunz a. a. O. Rdz. 5 a);

d) wenn sie von den Parteien **durch Vereinbarung ausgeschlossen** worden ist. Hierüber vgl. § 30 Rdz. 21

zu a)—d): Für die **Beweislast** gilt das in § 30 Ausgeführte entsprechend. Die Beweislast für die Entbehrlichkeit der Frist trägt hier der Verf.

2. Zur **Fristsetzung im einzelnen** vgl. § 30 Rdz. 22 ff.

[19] III. Die **Zwischenzeit** nach fruchtlosem Ablauf der Frist oder bei deren Entbehrlichkeit nach Verstreichen des vereinbarten Verbreitungs- und/oder Vervielfältigungszeitpunktes gestaltet sich verschieden für Verf. und Verl.

1. Der Verl. kann, solange der Verf. nicht den Rücktritt erklärt, vervielfältigen u. verbreiten.

2. Der Verf. hat keinen Anspruch mehr auf Vervielfältigung und Verbreitung. Sein Anspruch ist mit Ablauf der Nachfrist oder bei ihrer Entbehrlichkeit mit Verstreichen des Zeitpunktes für Vervielfältigung und/oder Verbreitung erloschen. Er muß also, selbst wenn ihm dies noch so unangenehm ist, die Vervielfältigung und/oder Verbreitung durch den Verl. hinnehmen. Er wird daher, wenn ihm an der Vervielfältigung u. Verbreitung nichts mehr liegt, gut daran tun, sofort nach fruchtlosem Ablauf der Nachfrist oder bei deren Entbehrlichkeit des Verstreichens des Zeitpunktes für die Vervielfältigung und/oder Verbreitung die sich hieraus ergebenden Folgerungen zu ziehen.

[20] IV. Diese **Folgerungen** sind verschieden, je nachdem der Verl. in Verzug geraten ist oder nicht.

1. Ist der **Verl. nicht in Verzug geraten,** kann der Verf. vom Verlagsvertrag zurücktreten (E).

2. Ist dagegen der **Verl. in Verzug geraten,** kann der Verf. entweder vom Vertrag zurücktreten (E) oder Schadensersatz wegen Nichterfüllung (F) verlangen.

a) Das ist jedoch nur möglich, wenn der Verl. **mit einer Hauptverpflichtung im Verzug ist** (RGZ 101, 431). Die vom Verl. im Verlagsvertrag übernommene Verpflichtung zur Abrechnung ist eine solche Hauptverpflichtung, weil ihr nach dem Willen der Beteiligten eine wesentl. Bedeutung beigelegt wurde, und der Verf. den Vertrag nicht geschlossen hätte, wenn ihm nicht ein bestimmter Anteil vom Ladenpreis der verkauften Exemplare eingeräumt worden wäre (OLG Dresden: GRUR 1923, 45). Es kommt eben auf die bes. Bedeutung an, die die Parteien einer Vertragspflicht beigelegt haben. Die Tatsache, daß im Verlagsvertrag eine bestimmte Leistungspflicht erwähnt wird, genügt aber für sich allein nicht, um sie schon zu einer Hauptverpflichtung zu machen. Die Vereinbarung eines Honorars für den Verf. wird jedoch in der Regel auch als eine Hauptverbindlichkeit gewollt sein (Bappert—Maunz a. a. O. Rdz. 7 mit Nachw.).

b) Wählt der Verf. **zuerst den Schadensersatz wegen Nichterfüllung,** kann er von ihm auf den Rücktritt übergehen. Dagegen entzieht der Rücktritt vom Vertrag, da er diesen zum Erlöschen bringt, der Schadensersatzforderung den Boden (RGZ 109, 184).

c) Der Rücktritt ist ausgeschlossen, wenn das vertragswidrige Verhalten des Verl. für den Verf. **nur** einen **unerhebl. Nachteil** mit sich bringt, z. B. der Verl. hat nur einzelne unwesentl. Änderungen vorgenommen. Die Beweislast hierfür trifft den Verl. Anders ist es im Falle des Verzugs. Hier stehen die Rechte auf Rücktritt oder Schadensersatz wegen Nichterfüllung dem Verf. auch dann zu, wenn der Verzug des Verl. für ihn nur einen unerhebl. Nachteil mit sich bringt (OLG Dresden: Sächs. Arch. für Rechtspfl. 5, 93; Recht 1914 Nr. 4203).

E. Bezüglich des Rücktritts vgl. § 30 Rdz. 33 ff.

F. Bezüglich des Schadensersatzes wegen Nichterfüllung vgl. § 30 Rdz. 38 ff.

§ 33

Geht das Werk nach der Ablieferung an den Verleger durch Zufall unter, so behält der Verfasser den Anspruch auf die Vergütung. Im übrigen werden beide Teile von der Verpflichtung zur Leistung frei.

Auf Verlangen des Verlegers hat jedoch der Verfasser gegen eine angemessene Vergütung ein anderes im wesentlichen übereinstimmendes Werk zu liefern, sofern dies auf Grund vorhandener Vorarbeiten oder sonstiger Unterlagen mit geringer Mühe geschehen kann; erbietet sich der Verfasser, ein solches Werk innerhalb einer angemessenen Frist kostenfrei zu liefern, so ist der Verleger verpflichtet, das Werk an Stelle des untergegangenen zu vervielfältigen und zu verbreiten. Jeder Teil kann diese Rechte auch geltend

machen, wenn das Werk nach der Ablieferung infolge eines Umstandes untergegangen ist, den der andere Teil zu vertreten hat.

Der Ablieferung steht es gleich, wenn der Verleger in Verzug der Annahme kommt.

A. Vorbemerkungen

[1] I. **Die Vorschrift regelt** den Fall, daß das Werk nach Ablieferung an den Verl. oder (nach Abs. 3) Annahmeverzug des Verl. durch Zufall untergeht. Es ist also der Fall, daß der Verf. seine Hauptverpflichtung aus dem Verlagsvertrag, die Ablieferung des Werkes erfüllt hat, der Verl. aber seine Hauptverpflichtung aus dem Verlagsvertrag, die Vervielfältigung und Verbreitung des Werkes nicht erfüllen kann, weil das Werk nach Ablieferung an ihn oder Annahmeverzug durch Zufall untergegangen ist. Für diesen Fall gibt das Gesetz zwei Regeln:

1. Grundsätzl. (Abs. 1 u. 3) erlischt der Verlagsvertrag [7]

2. Unter den Voraussetzungen und Umständen des Absatz 2 lebt er aber wieder auf [24].

[2] II. **Nicht geregelt** sind durch § 33, ja überhaupt durch das Verlagsgesetz die Fälle, daß

1. das Werk vor Ablieferung an den Verl. untergeht [3] oder

2. unverschuldet oder verschuldet die Erfüllung der durch den Verlagsvertrag begründeten Verbindlichkeit unmöglich wird [6].

B. Die im VerlagsG nicht geregelten Fälle der Unmöglichkeit der Erfüllung des Verlagsvertrags

[3] I. Der **Untergang des Werkes vor Ablieferung** an den Verl.

1. **Zu den Begriffen** „Untergang" § 7 Rdz. 2ff. und **unten** Rdz. 7 ff. u. „Ablieferung" unten Rdz. 12 ff.

2. Im übrigen ist zu unterscheiden, ob das Werk nicht nur als Verkörperung einer geistigen Schöpfung, sondern auch als einmaliger bestimmter Gegenstand Inhalt des Verlagsvertrags ist.

[4] a) Im ersteren Fall liegt Unmöglichkeit der Leistung nicht vor, wenn der Verf. nach dem Verlagsvertrag das Werk erst herzustellen hatte u. er nach dem Untergang seiner Handschrift eine solche aufs neue herstellen kann; denn in diesem Falle war **nicht die unter-**

gegangene Handschrift, sondern die geistige Schöpfung, welche ihre Verkörperung in einer neuen Handschrift finden kann, Gegenstand des Verlagsvertrages; der Verf. ist also zur Neuherstellung berechtigt u. verpflichtet. Kann er infolge des Unterganges seiner Handschrift nicht rechtzeitig liefern, so stehen dem Verl. die in § 30 vorgesehenen Rechte zu. Das gleiche gilt dann, wenn zwar der Vertrag über ein bereits vollendetes Werk geschlossen wurde, jedoch anzunehmen ist, daß nicht die vorhandene Handschrift, sondern das Geisteswerk als solches, also auch in anderer Verkörperung, Gegenstand des Vertrages sein soll (Allfeld § 33 Anm. 1 B a α, Bappert—Maunz § 33 Rdz. 19).

[5] b) Anders dann, wenn sich der Verlagsvertrag auf **eine ganz bestimmte Verkörperung des Geisteswerkes** bezog (z. B. den Briefwechsel eines verstorbenen Dichters, die Jugendwerke eines berühmt gewordenen Komponisten) u. dieses Werk untergeht. Hier wird die Leistung für den Verf. unmögl. Das trifft auch dann zu, wenn der Verf. zwar verpflichtet war, das Werk erst herzustellen, ein Ersatz der untergegangenen Arbeit aber unmögl. ist, weil er etwa infolge fortgeschrittenen Alters die dazu erforderl. Reisen nicht nochmals durchführen kann oder unentbehrl. und unersetzl. Hilfsmaterial zusammen mit dem Werk untergegangen ist. In diesen Fällen ist die Vertragserfüllung unmögl. Der Verf. wird von seiner Leistungspflicht frei, verliert aber auch seinerseits den Anspruch auf Vergütung. Der Verl. kann vom Verlagsvertrag zurücktreten, gegebenenfalls auch Schadensersatzansprüche geltend machen. Für die einzelnen Fälle sind die allgemeinen Vorschriften der §§ 275 ff., 323—325, 327 BGB maßgebend (Allfeld a. a. O. Anm. 1 D a β, Hoffmann § 33 Anm. 2, Bappert—Maunz a. a. O. Rdz. 20).

[6] II. **Sonstige unverschuldete oder verschuldete Unmöglichkeit** der Erfüllung der durch den Verlagsvertrag begründeten Verbindlichkeiten.

Auch hier sind die allg. Grundsätze — §§ 275—282, 323—325, 327 BGB — anzuwenden. Nach ihnen beurteilt sich insbes. der Fall, daß der Verf. das Verlagsrecht nicht verschaffen kann, weil er es nach Abschluß des Vertrages, aber vor Ablieferung des Werkes an den Verl., einem anderen Verl. eingeräumt hat. Liefert auch in einem solchen Falle der Verf. die Handschrift ab, so hat doch diese teilweise Erfüllung für den Verl. in der Regel gar keinen Wert; denn er entbehrt nicht nur der ausschließl., sondern wegen der Kollision mit dem Verlagsrecht des anderen Verl. überhaupt der Befugnis, das Werk zu vervielfältigen u. zu verbreiten, so daß er gemäß § 325 Abs. 1 Satz 2 BGB Schadensersatz wegen Nichterfüllung der ganzen Verbindlichkeit verlangen kann (Allfeld a. a. O. Anm. 1 B b).

C. Zufälliger Untergang des Werkes nach Ablieferung an den Verl.

I. Der „Untergang" des Werkes (vgl. dazu auch § 7 Rdz 2)

[7] 1. **„Untergegangen"** ist das Werk, wenn das abgelieferte Manuskript vernichtet oder für die Vervielfältigung unbrauchbar geworden ist. Das geistige Werk des Verf. in seiner körperl. Festlegung muß in einen für die Vervielfältigung ungeeigneten Zustand geraten sein. Das ist nicht der Fall, wenn sich außer der untergegangenen Handschrift noch ein weiteres Exemplar entweder im Besitz des Verl. oder des Verf. befindet; denn „Werk" i. S. des § 33 ist nicht nur das dem Verl. abgelieferte Manuskript, sondern die in eine bestimmte Form gebrachte geistige Schöpfung selbst (Bappert—Maunz a. a. O. Rdz. 2). Diese ist aber solange nicht untergegangen, als sie noch in irgendeiner körperl. Form besteht.

[8] a) Befindet sich eine **Zweitschrift beim Verl.**, hat also etwa vorsichtshalber der Verf. dem Verl. die Handschrift in zwei Exemplaren geliefert oder der Verl. sofort eine Abschrift davon fertigen lassen, so ist, wenn nur ein Exemplar oder das Original, nicht aber die Abschrift untergeht, das Werk nicht „untergegangen"; denn die Gestalt, in welcher das Werk vervielfältigt werden soll, tritt hier in jedem Exemplar und auch in der Abschrift hervor (Allfeld a. a. O. Anm. 4).

[9] b) Befindet sich **eine Zweitschrift beim Verf.**, gilt das gleiche. Dann hat dieser ja nach § 1 auf Grund des Verlagsvertrags dem Verl. das Werk zu überlassen; das Werk existiert aber in jeder Niederschrift, durch welche es nicht nur inhaltl., sondern auch seiner Form nach wiedergegeben ist, so daß der Verl., auch abgesehen von Abs. 2 des § 33, schon nach dem Verlagsvertrage die Lieferung der Abschrift verlangen kann (Allfeld a. a. O., Bappert—Maunz a. a. O.).

[10] 2. **Schwierigkeiten** können sich **bei teilweisem Untergang** des Werkes ergeben. Hier kommt der Verlust des überwiegenden Teiles dem Untergang des gesamten Werkes gleich, während der Verlust eines geringeren Teiles den Verf. verpflichtet, den fehlenden Teil zu

ersetzen (Hoffmann § 33 Anm. 1, Bappert—Maunz a. a. O.), und zwar nur gegen entspr. Vergütung. Der Verl. selbst kann eine Ergänzung wegen des § 13 nur mit Einwilligung des Verf. durchführen (Allfeld a. a. O.).

[11] 3. **„Untergang"** liegt schließl. **nicht** vor, wenn das Werk bereits vervielfältigt ist, es sei denn, daß das Manuskript, der Satz und alle Abzüge untergegangen sind (Allfeld a. a. O., Bappert—Maunz a. a. O.).

II. Die Ablieferung des Werkes

[12] 1. Über **Begriff und Ort** der „Ablieferung" vgl. oben Rdz. 3. **„Ablieferung"** bedeutet „endgültige" Ablieferung. Von Wichtigkeit sind daher 2 Gruppen von Fällen:

[13] a) **Das Werk liegt** zunächst **dem Verl. zur Einsicht u. Entscheidung über den Abschluß eines Verlagsvertrages vor.**

aa) Der Verl. **schließt dann einen Verlagsvertrag** hierüber ab. Hier ist zu unterscheiden:

α) Der Verl. hat das Werk **zur Einsicht** u. Beurteilung **verlangt** u. danach erst darüber einen Verlagsvertrag abgeschlossen. Hier gilt die Ablieferung als mit dem Abschluß des Verlagsvertrages erfolgt. Geht das Werk vor Vertragsabschluß bei dem Verl. unter, so wäre der Verlagsvertrag auf eine unmögl. Leistung gerichtet u. deshalb nach § 306 BGB nichtig. Trifft den Verl. am Untergang des Manuskripts jedoch ein Verschulden, dann stehen dem Verf. Schadensersatzansprüche aus dem Gesichtspunkt des Verschuldens beim Vertragsabschluß (culpa in contrahendo) nach §§ 276, 249 BGB zu (Allfeld a. a. O. Anm. 5 a, Bappert—Maunz a. a. O.).

[14] β) Der Verl. hat das Werk **nicht zur Einsicht** u. Beurteilung **verlangt** u. danach erst über das unverlangt empfangene Werk einen Verlagsvertrag abgeschlossen. Auch hier gilt die Ablieferung als mit dem Abschluß des Verlagsvertrages erfolgt. Geht das Werk vor Vertragsabschluß beim Verl. unter, so wäre der Verlagsvertrag als auf eine unmögl. Leistung gerichtet, nach § 306 BGB nichtig. Trifft jedoch den Verl. ein Verschulden am Untergang des unverlangt eingesandten Werkes, so gelten die Ausführungen in Rdz. 18 zu § 1.

bb) Der Verl. **schließt keinen Verlagsvertrag** über das Werk ab.

Auch hier ist zu unterscheiden:

[15] α) Hat er das Werk **zur Einsicht** u. Beurteilung **verlangt,** liegt ein leiheähnl. Verhältnis bezügl. des Werkes vor. Der Fall gleicht etwa dem, daß dem, der eine Lieferung zu vergeben hat, unter Vorlage wirtschaftl. wertvoller Muster ein Vertragsangebot unterbreitet wird. Hier haben Rechtspr. (RGZ 83, 87, WarnR 1932 Nr. 197) und Schriftt. (etwa Staudinger—Riedel § 598 Rdz. 10) ein leiheähnl. Verhältnis angenommen, auf das die §§ 598 ff. BGB anzuwenden sind. Danach haftet der Verl. als quasi-Entleiher nach § 276 BGB für jedes Verschulden (RG: LZ 1918, 496), jedoch nicht für Zufall, Beschädigung oder Vernichtung der Sache, an denen ihn kein Verschulden trifft (Staudinger—Riedel § 599 Rdz. 5, a. A. LG Aachen: NJW 1952, 426). Die Gefahr für diese Ereignisse hat daher der Verf. zu tragen (Palandt—Putzo § 599 Anm. 1).

β) Hat er das Werk nicht zur Einsicht u. Beurteilung verlangt, gelten die Ausführungen in Rdz. 18 zu § 1.

[16] b) Das Werk wurde **an den Verl. abgeliefert. Dieser sendet es,** gleichgültig aus welchen Gründen, **vorübergehend an den Verf. zurück.** Hier besteht Streit über die Rechtsfolgen.

aa) Nach einer Rechtsauffassung (Bappert—Maunz a. a. O. Rdz. 5) ist zur Lösung der Streitfrage davon auszugehen, daß mit der Ablieferung des Werkes nicht nur die Gefahr für den zufälligen Untergang des Werkes übergeht, sondern auch das Verlagsrecht begründet wird. Diese mit der Ablieferung verknüpften Rechtsfolgen würden deshalb bei einer Rücksendung des Manuskripts an den Verf. nur dann aufgehoben, wenn der Wille der Parteien darauf gerichtet sei, nicht an dem abgelieferten Werk, sondern an einem veränderten Werk das Verlagsrecht zu begründen. Ein solcher Wille werde selten vorhanden sein. Die Ablieferung des Werkes müsse also ihre volle Rechtswirkung behalten, auch wenn der Verl. dem Verf. das Werk vorübergehend zurücksende.

bb) Diese Rechtsauffassung wird der Sach- und Rechtslage, insbes. dem Willen der Verlagsvertragsparteien, über die Abwicklung des Verlagsvertrages nicht gerecht. Zutreffend ist danach zu unterscheiden, ob der Anstoß zur Rücksendung des Werkes an den Verf. von diesem oder vom Verl. ausgeht.

[17] α) Geht der Anstoß zur Rücksendung des Werkes **vom Verf.** aus, etwa weil er neue Entdeckungen, Erfindungen, Gesetze, wissenschaftl. oder gerichtl. Erkenntnisse in das Werk einoder dieses in Hinblick darauf ganz oder teilweise umarbeiten will, dann nimmt er mit dem Verlangen der Rücksendung die damit verbundene Gefahr des Untergangs in Kauf. Ja man kann noch weiter gehen u. sagen, daß, wenn der Verf. selbst das Werk zum Zwecke von Änderungen zurückverlangt, hiermit die Ablieferung rückgängig gemacht wird u. das Werk erst (wieder) „abgeliefert" ist, wenn der Verf. es neuerdings dem Verl. übergeben oder an ihn versandt hat. In diesem Falle geht also die Gefahr wieder auf den Verf. über, sobald der Verl. ihm das Manuskript zurückgegeben oder zum Zwecke der Versendung an ihn der Post übergeben hat (Allfeld a. a. O. Anm. 5 b).

[18] β) Geht der Anstoß zur Rücksendung des Werkes **vom Verl.** aus, etwa weil er die eben erwähnten Umstände oder Tatsachen in das Werk ein- oder dieses in Hinblick hierauf vom Verf. ganz oder teilweise umgearbeitet sehen möchte, dann nimmt er mit der Rücksendung die damit verbundene Gefahr des Untergangs in Kauf. Wenn daher der Verl. von sich aus (wenn auch im Einverständnis mit dem Verf.) das Werk zurückgibt, so wird damit der Ablieferung nicht ihre Wirkung genommen; denn der Begriff der Ablieferung setzt nicht voraus, daß der Gegenstand der Ablieferung frei von Mängeln sei; der Verl. kann also auch durch Beanstandung des Werkes nicht bewirken, daß die Ablieferung als nicht geschehen anzusehen sei oder ihre Wirkung wegfalle. Geht also in diesem Falle das Werk unterwegs oder beim Verf. durch Zufall unter, so wird der Verl. von der Verpflichtung, die Vergütung zu leisten, nicht frei (Allfeld a. a. O. mit Schrifttumsnachw.). Eine Ausnahme hiervon soll nur dann bestehen, wenn die Rücksendung an den Verf. „unbedingt nötig" war; allein abgesehen davon, daß die Beweisführung durch diese Unterscheidung außerordentl. erschwert würde — wie sollte nach dem Untergang des Werkes der Beweis dafür erbracht werden, daß die Rücksendung unbedingt nötig war? — erscheint diese Unterscheidung auch innerl. nicht als gerechtfertigt; denn wenn auch der Verf. die Rücksendung durch mangelhafte Leistung verschuldet hat, so ist

dies doch nicht gleichbedeutend mit einem Verschulden in Ansehung des Untergangs seines Werkes (Allfeld a. a. O.).

[19] 2. **„Ablieferung“ bedeutet Ablieferung des gesamten Werkes.** Eine „Ablieferung des Werkes“ liegt daher erst vor, wenn der Verfasser das gesamte Werk dem Verleger übergeben hat. Dagegen genügt die Ablieferung eines Teiles, um die Gefahr des zufälligen Untergangs auf den Verl. übergehen zu lassen, wenn das Werk in Abteilungen erscheinen soll (§ 15; Allfeld a. a. O. Anm. 5 c, Bappert—Maunz Rdz. 6).

[20] III. Der **„Zufall“** ist ein weder vom Verf. noch vom Verl. zu vertretender Umstand (Palandt—Heinrichs §§ 276 Anm. 10 a; 376 Anm. 2).

IV. Die **Rechtsfolgen des zufälligen Untergangs** des Werkes nach seiner Ablieferung.

[21] 1. **Grundsätzl.** (Abs. 1 S. 2) **erlischt der Verlagsvertrag,** so daß beide Teile von der Verpflichtung zur Leistung frei werden. Der Verl. braucht also nicht mehr zu vervielfältigen und zu verbreiten, auch dem Verf. den etwaigen Schaden, den er über den Betrag der Vergütung hinaus durch das Unterbleiben der Vervielfältigung und Verbreitung erleidet, nicht zu ersetzen. Andererseits hat der Verf. dem Verl. nicht mehr das Verlagsrecht zu verschaffen; er muß sich fernerhin der Vervielfältigung und Verbreitung des Werkes nicht mehr enthalten, er kann also sofort ein identisches Werk in einem anderen Verlag erscheinen lassen; er hat den Verl. nicht schadlos zu halten (Allfeld a. a. O. Anm. 7).

2. Ungeachtet dessen **behält** (nach Abs. 1 S. 1) **der Verf. den Anspruch auf Vergütung.**

[22] a) **Wesen des Vergütungsanspruchs:** Er ist nicht, wie aus dem Wortlaut des Gesetzes („behält“) geschlossen werden könnte, ein vertragl. Anspruch, ein solcher aus dem Verlagsvertrag. Denn nach Abs. 1 S. 2 erlischt ja der Verlagsvertrag mit dem zufälligen Untergang des Werkes nach Ablieferung. Der Vergütungsanspruch ist vielmehr ein mindestens schadensersatzähnl. Anspruch, etwa vergleichbar mit dem Verzugsschaden des § 287 BGB oder dem Herausgabeschaden des § 848 BGB. Nur dann ist die unten zu behandelnde Entscheidung des KG zu verstehen, die die Frage des mitwirkenden Verschuldens des Verf. am Untergang des Werkes aufwirft.

[23] b) Bei **Berechnung dieses Anspruches** spielt es keine Rolle

aa) ob die Vergütung als Pauschalsumme oder nach Druckbogen zu zahlen ist, ob sie sich nach dem Absatz oder nach Zeilen errechnet. Das Gesetz gewährt die volle Vergütung schlechthin. Daher ist bei der Vereinbarung eines Absatzhonorars der voraussichtl. Absatz des Werkes auf Grund aller in Betracht kommender Umstände, insbes. nach der Art des Werkes, der Persönlichkeit des Verf. usw. zu berechnen (Bappert—Maunz a. a. O. Rdz. 8, herrsch. Auffassung, a. A. nur Hoffmann § 33 Anm. 3 b, nach dem der Anspruch auf Absatz- u. Anteilshonorar infolge seiner Abhängigkeit vom Absatz des Werkes nicht entstanden sei). Der Berechnung der Vergütung nach Druckbogen muß, wenn es zur Vervielfältigung nicht gekommen ist, die Schrift des Verf. im Verhältnis zu der in Aussicht genommenen Druckweise, der Berechnung nach dem Absatz oder Gewinn der voraussichtl. Erfolg des Werkes nach seiner Gattung, der Person des Verf. u. den sonstigen Umständen zugrunde gelegt werden (Allfeld a. a. O. Anm. 6).

bb) Ob sich der Verl. zur Veranstaltung mehrerer Auflagen verpflichtet hat oder nicht. Wenn der Verl. die Verpflichtung zur Veranstaltung weiterer Auflagen übernommen hatte, so muß er die Vergütung für alle zugesicherten Auflagen bezahlen. In anderen Fällen kann der Verf. für weitere Auflagen die Vergütung nur dann verlangen, wenn er — etwa auf Grund bisheriger Erfolge — nachweist, daß die Veranstaltung dieser Auflagen mit Wahrscheinlichkeit hätte erwartet werden können, wenn das Werk erhalten geblieben wäre (Allfeld a. a. O. mit Schrifttumsnachw.). Mit Recht beruft sich das dies bejahende Schriftt. auf die entspr. Anwendbarkeit des § 252 BGB. Denn, wie oben Rdz. 22 ausgeführt, ist der Vergütungsanspruch des Verf. schadensersatzanspruchähnl., so daß auch § 252 BGB auf ihn angewendet werden kann (a. A. Hoffmann a. a. O. Anm. 2 b, Bappert—Maunz a. a. O. Rdz. 8).

cc) Ob der Verf. eine Abschrift des Werkes zurückbehalten hat oder nicht. Der Umstand, daß er es nicht getan hat, begründet grundsätzl. kein mitwirkendes Verschulden, also keinen Rechtsgrund für den Verl., das Honorar entsprechend zu mindern (KG: GRUR 1905, 372). Eine Ausnahme besteht dann, wenn verlagsvertragl. festgelegt ist, daß der Verf. eine Zweitschrift des Werkes anzufertigen u. bis auf Abruf des Verl. bei sich zu verwahren habe. Handelt der Verf. dieser vertragl. Vereinbarung zuwider u. fertigt oder verwahrt er keine Zweitschrift, dann trifft ihn mitwirkendes Verschulden im Sinne des § 254 BGB mit der Folge, daß der Verl. unter Umständen von der Zahlung der Vergütung an den Verf. befreit wird, eine Rechtsfolge, die überhaupt nur mit dem Wesen des Vergütungsanspruchs als eines schadensersatzähnl. zu rechtfertigen ist.

D. Das Wiederaufleben des Verlagsvertrages (Abs. 2):

Voraussetzungen und Wirkungen.

[24] I. **Ursprüngl. Voraussetzungen** des Wiederauflebens des Verlagsvertrages sind

1. der **Untergang des Werkes nach Ablieferung an den Verl.** Hierüber oben Rdz. 7 ff.

2. Als **Ursache des Untergangs**

a) der Zufall. Hierüber oben Rdz. 20.

b) nach Abs. 2 S. 3 ein Umstand, den der andere Teil zu vertreten hat (hierüber vgl. § 7 Rdz. 7).

[25] aa) Ist das Werk infolge eines **vom Verf.** zu vertretenden Umstandes untergegangen, z. B. aus Verschulden des Verf., nachdem dieser es zur Vornahme von Verbesserungen vom Verl. zurückerhalten hatte (vgl. oben Rdz. 16 ff.), so kann der Verl., wenn er nicht vom Vertrag zurücktreten oder Schadensersatz wegen Nichterfüllung verlangen will (§ 325 BGB), die Nachlieferung — etwa unter Setzung einer Frist (vgl. §§ 250, 634 BGB) — verlangen; tut er dies, so muß er auch seinerseits den Vertrag erfüllen, insbes. das neu hergestellte Werk vervielfältigen u. verbreiten u. die ursprüngl. geschuldete Vergütung (nicht aber eine weitere) bezahlen.

[26] bb) Wenn das Werk infolge eines **vom Verl.** zu vertretenden Umstandes untergegangen ist, so kann der Verl. unter keinen Umständen die Nachlieferung beanspruchen. Dagegen kann in diesem Falle der Verf., der sich zu kostenfreier Nachlieferung erbietet, verlangen, daß der Verl. das nachgelieferte Werk vervielfältige u. verbreite. Den Anspruch auf die nach dem Verlagsvertrag zu leistende Vergütung behält der Verf. hier auch dann, wenn er sich zur Nachlieferung nicht entschließt (§ 324 BGB); er kann in diesem Falle auch Schadensersatz wegen Nichterfüllung verlangen oder vom Vertrag zurücktreten (§ 325

BGB). Liegt die Nachlieferung auch im Interesse des Verl., so wird dieser, wenn der Verf. sie kostenfrei nicht vornehmen will, zu einer weiteren Vergütung sich erbieten müssen (Allfeld a. a. O. Anm. 17 a, 18 b, Bappert—Maunz a. a. O. Rdz. 15 ff.).

[27] II. **Weitere Vorausetzung** für das Wiederaufleben des Verlagsvertrages ist die **Erklärung** eines der beiden Vertragspartner des (durch den nach Ablieferung an den Verl. erfolgten Untergang des Werkes erloschenen) Verlagsvertrages, und zwar entweder das „Verlangen des Verl.“ (Rdz. 28 ff.) oder das „Erbieten des Verf.“ (Rdz. 34 ff.).

1. Das Verlangen des Verl.

[28] a) **Frist für das Verlangen des Verl.**: Das Verlangen ist an keine Frist geknüpft. Da jedoch der Verf., wenn das Werk untergegangen ist, solange der Verl. die Nachlieferung nicht verlangt hat, ein mit dem untergegangenen Werke im wesentl. übereinstimmendes Werk in einem anderen Verlag erscheinen lassen kann, ohne damit gegen den Verlagsvertrag, der ja seine Kraft verloren hat, zu verstoßen, wird der Verl. die Nachlieferung alsbald zu verlangen haben; denn wenn einmal der Verf. einem anderen Verl. das Werk zur Vervielfältigung und Verbreitung überlassen hat, werden die Rechte dieses anderen Verl. durch das Wiederaufleben des ersten Vertrags nicht berührt und ist einmal für den zweiten Verl. durch Ablieferung des Werkes das Verlagsrecht entstanden (§§ 8, 9), so ist der Verf. gar nicht mehr in der Lage, das Werk für den ersten Verl. nachzuliefern; er würde hierdurch die Rechte des zweiten Verl. verletzten (Allfeld a. a. O. Anm. 10/bb, Bappert—Maunz a. a. O. Rdz. 10).

[29] b) **Inhalt des Verlangens.**

aa) Der Verl. muß vom Verf. verlangen, daß er ein anderes im wesentl. übereinstimmendes Werk **liefere.** Das Ersatzwerk muß nur im wesentl. mit dem untergegangenen übereinstimmen, kann also in einzelnen Ausführungen davon abweichen. Soweit den Verf. nicht der im Verlagsvertrag festgestellte Plan bindet, soweit er sich namentl. nicht mit der vertragsgemäß einzuhaltenden Richtung des Werkes in Widerspruch setzt, kann er in dem Ersatzwerk auch seinen etwa inzwischen veränderten Anschauungen Rechnung tragen. Dies ergibt sich schon daraus, daß, solange nicht berechtigte Interessen des Verl. dadurch verletzt werden, der Verf. bis zur Beendigung der Vervielfältigung an seinem Werk beliebig Änderungen vornehmen darf (§ 12). Der Umstand, daß der Verf. inzwischen seine Ansichten geändert hat, ist also an sich nicht unbedingt ausschlaggebend dafür, daß die Nachlieferung von ihm nicht verlangt werden kann (Allfeld a. a. O. Anm. 9 aa, Bappert—Maunz a. a. O. Rdz. 11).

[30] bb) Der Verl. muß dem Verf. zur Lieferung des Werkes eine **Frist** setzen. Die Nachlieferung muß binnen eines Zeitraums geschehen, innerhalb dessen der Verf. das Werk bei einer seinen Verhältnissen entspr. Arbeitsleistung herstellen kann (vgl. § 11 Abs. 2). Dabei kommt für die Bemessung der Frist jede anderweitige Tätigkeit (zu diesem Begriff vgl. § 11 Rdz. 7) in Betracht, die der Verf. bereits zu der Zeit, als der Verl. die Nachlieferung verlangte, übernommen hatte, gleichviel, ob der Verl. davon Kenntnis hatte oder nicht; denn der Verf. hatte nicht, wie ursprüngl. auf Grund des Verlagsvertrags, die Verpflichtung, sich die Zeit freizuhalten (Allfeld a. a. O. Anm. 12 b).

[31] cc) Der Verleger muß dem Verf. eine **angemessene Vergütung** anbieten. „Angemessen" ist die Vergütung nur dann, wenn sie den Umständen des Falles, insbes. der vom Verf. zu verwendenden Zeit u. Mühe entspricht u. ihn für den etwa durch die Übernahme der Nachlieferung bewirkten Ausfall eines anderweitigen Erwerbes entschädigt. In der Regel wird die für das Werk ursprüngl. zu leistende Vergütung bei Aufstellung des Maßstabes für die Berechnung der Nachlieferungsvergütung mit heranzuziehen sein. U. U. können die veränderten Verhältnisse, z. B. ein Wechsel in der Lebensstellung des Verf., die fortschreitende Geldentwertung u. ä. sogar eine höhere Vergütung rechtfertigen als die vom Verl. ursprüngl. zu leistende (vgl. Allfeld a. a. O. Anm. 11 cc, Bappert—Maunz Rdz. 12).

[32] c) **Erfolg des Verlangens**: Das Verlangen des Verl. kann nur Erfolg haben, wenn es dem Verf. auf Grund vorhandener Vorarbeiten oder sonstiger Unterlagen mit geringer Mühe möglich ist, das unter Rdz. 29 erwähnte Ersatzwerk herzustellen.

aa) „Gering" wird die Mühe insbesondere dann sein, wenn der Verf. noch die Hilfsquellen und Notizen zur Verfügung hat, mit deren Hilfe er das Werk wieder zusammenstellen kann oder wenn es ihm (etwa bei Werken mit geringerem Umfang) möglich ist, das Werk aus dem Gedächtnis wiederzugeben. Dagegen scheidet der Fall, daß der Verf. noch eine Abschrift des untergegangenen Werkes im Besitz hat, aus, da hier das Werk nicht untergegangen ist. Maßgebend für die dem Verf. zumutbare „geringe Mühe“ ist nur die Arbeit, die zur Wiederherstellung des Werkes erforderl. ist. Andere Erschwerungsgründe, z. B. die Inanspruchnahme durch anderweitige Arbeiten, nicht gewährte Beurlaubung zur Anfertigung des Ersatzwerkes oder ausgedehnte Dienstreisen verpflichten den Verl. zwar zur Berücksichtigung bei Bestimmung des Ablieferungstermins, befreien den Verf. aber nicht von der Ersatzlieferung (Allfeld a. a. O. Anm. 9 aa, Bappert—Maunz a. a. O. Rdz. 11).

bb) „Gering“ ist die Mühe dagegen nicht, wenn der Verf., um ein seinen veränderten Ansichten entsprechendes Werk schreiben zu können, das frühere Konzept, ältere Entwürfe usw. nicht verwenden kann, so daß deshalb die Herstellung eines anderen Werkes ihm größere Schwierigkeiten macht, als ihm zugemutet werden kann. Vielleicht auch hat die Anschauung des Verf. in der Zwischenzeit einen solchen Umschwung erfahren, daß er ein Werk, wie das den Gegenstand des Verlagsvertrags bildende, überhaupt nicht mehr schreiben kann, ohne seiner Überzeugung untreu zu werden; dann kann die Nachlieferung nicht verlangt werden (Allfeld a. a. O.).

[33] b) **Rechtsfolge der Nachlieferung.** Wenn der Verf. auf Verlangen des Verl. ein im wesentl. übereinstimmendes Werk nachgeliefert hat, ist der Verl. auch verpflichtet, das Werk zu vervielfältigen und zu verbreiten. Denn das Verlangen des Verl. läßt das Vertragsverhältnis wieder aufleben, so daß auch die Verpflichtungen des Verl. wieder erwachen (Allfeld a. a. O. Anm. 13 c).

2. Das „Erbieten des Verf.“

[34] a) **Frist für das Erbieten:** Eine Frist für das Erbieten des Verf. besteht nicht. Es liegt jedoch im Interesse des Verf., wenn er baldmöglichst dem Verl. die Nachlieferung binnen angemessener Frist anbietet, da der Verl. nach Untergang des Werkes mit jedem anderen Verf. über das gleiche Thema einen Verlagsvertrag abschließen kann. Die Vervielfältigung u. Verbreitung des Ersatzwerkes würde dann den Verlagsvertrag mit dem neuen Verf. verletzen u. daher den Verl. (wie den Verf. im umgekehrten Fall, vgl. Rdz. 28) von jeder Annahmepflicht freistellen.

Weigert sich der Verl., das Ersatzwerk binnen angemessener Frist anzunehmen, so kann der Verf. auf Feststellung klagen (§ 256 ZPO), daß der Verl. zur Annahme verpflichtet ist. Der Verf. hat ein rechtl. Interesse daran, daß alsbald, d. h. noch bevor er das Werk wiederhergestellt hat, geklärt wird, ob der Verl. es annehmen u. verbreiten muß oder nicht. Bietet der Verf. dem Verl. in angemessener Frist das fertige Ersatzwerk an und lehnt der Verl. es ab, so kann der Verf. auf Erfüllung, also auf Vervielfältigung u. Verbreitung klagen, oder falls der Verl. in Verzug ist, auch Schadensersatz wegen Nichterfüllung verlangen (Bappert—Maunz a. a. O. Rdz. 20).

[35] b) **Inhalt des Erbietens.**

aa) Der Verf. muß sich erbieten, ein anderes, im wesentl. übereinstimmendes Werk zu liefern. Dieser Teil des Erbietens entspricht dem Verlangen des Verl. zu oben Rdz. 29.

bb) Der Verf. muß sich ferner erbieten, die Lieferung innerhalb einer angemessenen Frist vorzunehmen (Allfeld a. a. O. Anm. 15 c). „Angemessen" muß die Frist sein nicht nur den Verhältnissen des Verf., sondern auch den geschäftl. Interessen des Verl.; so mag eine Lieferung nach Jahren den Verhältnissen des Verf., insbes. in Anbetracht seiner anderweitigen Beschäftigung, immer noch entsprechen, eine so weit ausgedehnte Lieferungsfrist aber für den Verl. insbes. dann nicht mehr, wenn die Herausgabe des Werkes nach so langer Zeit dem im Verlagsvertrag angestrebten Zweck nicht mehr dient, etwa wenn inzwischen durch Konkurrenzwerke das Bedürfnis der Abnehmer gedeckt ist u. dgl. (Allfeld a. a. O. Anm. 15 a, Bappert—Maunz a. a. O. Rdz. 13 b).

cc) Der Verf. muß sich schließl. zu kostenfreier Lieferung erbieten. „Kostenfrei" bedeutet ohne Vergütung für die Nachlieferung (Allfeld a. a. O. Anm. 15 b, Bappert—Maunz a. a. O. Rdz. 13 c).

c) Für den **Erfolg des Erbietens** gilt das für den Erfolg des Verlangens des Verl. oben Rdz. 32 Ausgeführte entsprechend.

[36] d) **Rechtsfolgen der Ersatzlieferung.** Der Verl. ist verpflichtet, das im wesentl. übereinstimmende Werk zu vervielfältigen u. zu verbreiten. Die alten Rechte u. Pflichten aus dem ursprüngl. Verlagsvertrag leben wieder auf. Demgemäß hat der Verl., wenn der Verf. das Ersatzwerk nicht rechtzeitig oder nicht in vertragsmäßiger Beschaffenheit abliefert, die Rechtsbehelfe der §§ 30, 31. Der Verf. kann jedoch kraft seines Zurückbehaltungsrechts das Ersatzwerk so lange einbehalten, bis der Verl. das Honorar für das untergegangene Werk bezahlt hat. Bei nicht vertragsmäßiger Vervielfältigung oder Verbreitung durch den Verl. kann er die ihm durch § 32 eingeräumten Rechte geltend machen (Bappert—Maunz Rdz. 14).

§ 34

Stirbt der Verfasser vor der Vollendung des Werkes, so ist, wenn ein Teil des Werkes dem Verleger bereits abgeliefert worden war, der Verleger berechtigt, in Ansehung des gelieferten Teiles den Vertrag durch eine dem Erben des Verfassers gegenüber abzugebende Erklärung aufrecht zu erhalten.

Der Erbe kann dem Verleger zur Ausübung des im Abs. 1 bezeichneten Rechts eine angemessene Frist bestimmen. Das Recht erlischt, wenn sich der Verleger nicht vor dem Ablauf der Frist für die Aufrechterhaltung des Vertrags erklärt.

Diese Vorschriften finden entsprechende Anwendung, wenn die Vollendung des Werkes infolge eines sonstigen nicht von dem Verfasser zu vertretenden Umstandes unmöglich wird.

[1]

A. Vorbemerkungen

I. Die Vorschrift **regelt die Fälle,** in denen vor Vollendung des bereits teilweise abgelieferten Werkes vom Verf. nicht zu vertretende Umstände eintreten, die die völlige Fertigstellung des Werkes verunmöglichen, u. zwar

1. der Tod des Verf. in den Absätzen 1 und 2 [3],

2. sonstige vom Verf. nicht zu vertretende Umstände in Abs. 3 [13].

[2] II. Die Vorschrift regelt nicht die Fälle, in denen nach Vollendung des Werkes vom Verf. nicht zu vertretende Umstände eintreten, die die Erfüllung seiner Nebenrechte u. seiner Nebenverpflichtungen aus dem Verlagsvertrag erschweren oder verunmöglichen. In Betracht kommen unter anderem

1. die Ablieferung des vollendeten Werkes in einem für die Vervielfältigung nicht geeigneten Zustand (§ 10).

2. Die Zustimmung zu vom Verl. für notwendig oder erwünscht gehaltenen Änderungen (§ 13 Abs. 1). Geregelt ist also nicht der Fall, daß ein vollendetes Werk, etwa vor Veranstaltung einer neuen Auflage geändert werden soll. Ist der Verf. verstorben oder außerstande, das Werk zu ändern, so muß sich der Verl. bezüglich der Person des Bearbeiters mit dem Verf. bzw. seinen Erben verständigen. Er selbst kann einseitig den Bearbeiter nicht auswählen (Allfeld § 34 Anm. 1).

3. Die Genehmigung der Korrekturabzüge (§ 20), ja nach Vertrag u./oder Verkehrssitte diese selbst (vgl. § 20 Rdz. 6, 7).

4. Die Zustimmung zur Erhöhung des Ladenpreises (§ 21 S. 3).

[3]

B. Der Tod des Verf.

I. Grundsatz: Zu unterscheiden ist

1. das einheitl. Werk.

a) Der Tod des Verf. **vor der Vollendung des Werkes** ist ein Umstand, den er u. deshalb auch sein Erbe nicht zu vertreten hat, der die vertragl. Leistung aber unmögl. macht, weil diese höchstpersönl. Art ist u. durch einen Dritten nicht erbracht werden kann. Der Tod des Verf. vor Vollendung des Werkes beendet also das Verlagsvertragsverhältnis.

aa) Auswirkungen für den Erben des Verf.: Der Erbe des Verf. hat nicht die Pflicht, das unvollendete Werk des Erblassers zu vollenden oder durch einen Dritten vollenden zu lassen. Er kann aber auch nicht verlangen, daß das unvollendete Werk des Verf. in dieser Form vom Verl. vervielfältigt u. verbreitet wird oder daß es dieser durch einen Dritten vollenden läßt u. dann vervielfältigt u. verbreitet (vgl. Bappert—Maunz § 34 Rdz. 2). Demgemäß verliert er jeden Anspruch auf eine Gegenleistung des Verl. Dem Verf. bereits gewährte Honorarvorschüsse sind zurückzugewähren (§§ 275, 323 BGB).

bb) Auswirkungen für den Verl.: Der Verl. kann weder vom Erben die im Nachlaß befindl. Teile des Werkes, also das unvollendete Werk herausverlangen (so auch Bappert—Maunz § 34 Rdz. 4) noch verlangen, daß der Erbe das unvollendete Werk des Verf. vollendet oder vollenden läßt, noch kann er endl. das unvollendete Werk als solches oder vollendet durch einen von ihm bestellten Dritten vervielfältigen u. verbreiten.

b) Anders dagegen ist die Rechtslage, wenn das vertragl. Verhältnis zwischen Verf. u. Verl. nicht als Verlagsvertrag angesprochen werden kann, dies etwa, weil der Verl. den Plan zu dem Werk gefaßt hat, seine inhaltl. (nicht die drucktechnische) Gestaltung mehr oder minder entscheidend beeinflußt u./oder es großzügig unterstützt hat, etwa durch Finanzierung von Forschungsreisen für das Werk, durch Bereitstellung wichtiger Unterlagen u. ä. Je stärker hier die Einflußnahme des Verl., desto größer die Entfernung des Vertrages vom Verlagsvertrag, desto näher der Bestellvertrag (zu dem die Anm. zu § 48 zu vergleichen sind). Dann aber gilt nicht die Sondervorschrift des § 34, sondern die allg. des § 323 BGB; denn der Tod des Verf. ist, wie oben erwähnt, eine von ihm nicht zu vertretende nachfolgende Unmöglichkeit, seinen Vertrag mit dem Verl. zu erfüllen.

aa) Hatte der Verf. mit dem Werk überhaupt noch nicht begonnen, ist die Unmöglichkeit eine vollständige. Gemäß § 323 Abs. 1

BGB verliert der Erbe des Verf. den Anspruch auf die Leistung des Verl., hauptsächl. also auf das Honorar. Gem. § 323 Abs. 3 BGB hat er, was der Verf. vom Verl. erhalten hat, nach den Vorschriften über die Herausgabe einer ungerechtfertigten Bereicherung (§ 812 ff. BGB) zurückzugeben. Demgemäß muß der Verl. etwa Ausgaben für die Finanzierung von Forschungsreisen als unwiederbringl. Verlust abbuchen; dagegen kann er das bei ihnen gewonnene u. das von ihm zur Verfügung gestellte Material vom Erben des Verf. herausverlangen.

bb) Hatte der Verf. mit dem Werk bereits begonnen, ist die Unmöglichkeit dann eine teilweise, wenn nach Inhalt u. Zweck des Vertrages die Teilleistung für den Verl. von Interesse u. Wert ist (vgl. Staudinger—Kaduck, § 323 Anm. 68; Palandt—Heinrichs § 275 Anm. 5). Das kann der Fall sein, wenn der Verl. das Werk angeregt u. inhaltl. entscheidend beeinflußt hat u. nun befürchten muß, daß sein in dem nachgelassenen Bruchstück des Werkes steckendes Gedankengut vom Erben einem anderen Verl. angetragen oder sonst nutzbar gemacht werden soll. Hier kann der Verl. das nachgelassene Bruchstück des Werkes vom Erben herausverlangen. Tut er dies, bemißt sich das an den Erben des Verf. zu zahlende Honorar gemäß § 321 Abs. 1 BGB nach den Bestimmungen der §§ 472, 473 BGB. In Betracht kommt hier wohl nur § 472 Abs. 1 BGB, wonach das Honorar, wie folgt, herabzusetzen ist: Der objektive Wert des vollständigen Manuskripts verhält sich zum objektiven Wert des nachgelassenen Teils wie das vereinbarte Honorar zu dem geminderten Honorar (Palandt—Putzo § 472 Anm. 2). Diese Berechnung dürfte gerade im vorliegenden Falle, zumal bei vereinbartem Absatzhonorar, recht schwierig sein. Für die Herausgabe des etwa auf Forschungsreisen gewonnenen oder das vom Verl. zur Verfügung gestellten Materials gilt das oben unter aa) Ausgeführte entsprechend.

[4] 2. Das Fortsetzungs- oder Abteilungswerk.

Genauso wie unter bb) dargetan, ist die Rechtslage, wenn das Werk in Abteilungen erscheinen soll (§ 15). Hier handelt es sich um eine teilbare Leistung, so daß der Verl. in der Regel eine bereits fertiggestellte Abteilung des Werkes vom Erben herausverlangen kann. Der Anspruch auf die Vergütung mindert sich dann im Wertverhältnis des ganzen Werkes zum tatsächl. fertiggestellten Teil (Allfeld a. a. O. Anm. 2, Bappert—Maunz a. a. O.).

[5] II. Die Ausnahme und ihre Regelung

1. **Voraussetzungen**: Das Werk muß beim Tod des Verf. zum Teil an den Verl. abgeliefert sein.

a) Es muß **„abgeliefert“** sein. Über den Begriff der „Ablieferung“ siehe § 33 Rdz. 12 ff. Die bloße Fertigstellung des fragl. Teiles durch den Verf. genügt, wie oben ausgeführt, ebensowenig wie seine Vorbereitungen zur Ablieferung. Hier findet § 34 ebensowenig Anwendung wie in dem Falle, daß der Verf. vor seinem Tode den fertigen Teil des Werkes dem Verl. angeboten, dieser ihn aber nicht angenommen hat u. dadurch in Verzug geraten ist (Bappert—Maunz a. a. O. Rdz. 4). § 34 ist auch unanwendbar, wenn erst die Erben des Verf. dem Verl. gegenüber die Bereitschaft erklären, den fertigen Teil des Werkes abzuliefern (Allfeld a. a. O. Anm. 3 b) oder ihn ihm anbieten. „Abgeliefert“ bedeutet demgemäß hier „vor dem Tode des Verfassers abgeliefert“ (so auch Hoffmann § 34 Anm. 1 a).

[6] b) **„Ein Teil des Werkes“** muß dem Verl. abgeliefert sein.

aa) die Größe des Teiles ist gleichgültig (Hoffmann a. a. O.). Ein noch so kleiner Teil des Werkes genügt, um § 34 anwendbar zu machen.

bb) Die Geschlossenheit u. objektive Druckreife des abgelieferten Teiles ist ebenfalls gleichgültig, da der Verf. ja durch die Ablieferung die Druckreife dieses Teiles des Werkes anerkannt hat (Hoffmann a. a. O.).

2. **Die Erklärung der Aufrechterhaltung des Verlagsvertrages.**

[7] a) Eine **Berechtigung zur Erklärung** besteht nur für den Verl., nicht aber für die Erben des Verf. (Allfeld a. a. O. Anm. 3 a). Die Erben des Verf. können also den durch den Erblasser nur teilweise erfüllten Verlagsvertrag nicht aufrechterhalten.

[8] b) Ihrem **Wesen** nach ist die Erklärung des Verl. eine empfangsbedürftige Willenserklärung i. S. der §§ 130—132 BGB. Der Abgabe einer ausdrückl. Erklärung ist eine stillschweigende Erklärung dann gleichzusetzen, wenn sie dem Erben gegenüber abgegeben wird. Dies trifft jedoch dann nicht zu, wenn der Verl. den abgelieferten Teil des Werkes ohne Benachrichtigung des Erben vervielfältigt und verbreitet. In einem solchen Vorgehen kann auch nicht eine dem Erben gegenüber stillschweigend abgegebene Erklärung gesehen werden. Wohl aber ist eine stillschweigende, ablehnende Erklärung des Verl. in der Rücksendung des bereits abgelie-

ferten Teiles des Werkes an den Erben zu sehen, da sie dem Erben gegenüber abgegeben ist. Ist eine Vielzahl von Erben vorhanden, so muß die Erklärung des Verl., um allen Erben gegenüber wirksam zu sein, jedem Erben zugehen (Hoffmann a. a. O. Anm. 2 b, Allfeld a. a. O. Anm. 3 c, Bappert—Maunz a. a. O. Rdz. 5).

[9] c) Eine **Zeit** für die Abgabe der Erklärung durch den Verl. bestimmt das Gesetz nicht.

aa) Das Interesse des Erben an einer baldigen Entscheidung über das Schicksal des abgelieferten Teils des Werkes wird dadurch berücksichtigt, daß der Erbe nach Abs. 2 dem Verl. eine angemessene Frist setzen kann, innerhalb derer der Verl. die Erklärung abzugeben hat (Bappert—Maunz a. a. O. Rdz. 6). Über die Angemessenheit der Frist vgl. § 17 Rdz. 17, § 30 Rdz. 25 ff.

bb) Solange sich der Verl. nicht erklärt u. auch die ihm gesetzte angemessene Frist noch nicht verstrichen ist, ist der Verlagsvertrag hinsichtlich des abgelieferten Teils in der Schwebe. Der Erbe ist nicht berechtigt, während dieses Schwebezustandes über den fertiggestellten u. bereits abgelieferten Teil des Werkes zu verfügen (Allfeld a. a. O. Anm. 3 d, Bappert—Maunz a. a. O. Rdz. 7).

3. Die **Rechtsfolgen** der Erklärung des Verl.

[10] a) Erklärt der Verl., daß er **von seinem Recht keinen Gebrauch** mache — ausdrückl. oder stillschweigend durch Rücksendung des an ihn abgelieferten Teiles — oder läßt er die ihm bestimmte Frist verstreichen, ohne eine Erklärung abzugeben, so erlischt sein Recht, den Vertrag aufrechtzuerhalten u. endet damit das ganze Vertragsverhältnis (vgl. Abs. 2 S. 2). Der Erbe erlangt damit völlig freie Verfügung auch über den abgelieferten Teil. Der Verl. hat diesen, falls er es noch nicht getan hat, dem Erben zurückzugeben. Hat etwa der Verf. oder dessen Erbe schon einen Teil der Vergütung erhalten, so ist auch diese zurückzuerstatten (Hoffmann a. a. O. Anm. 1 b, Allfeld a. a. O. Anm. 3 c, Bappert—Maunz a. a. O. Rdz. 8).

[11] b) Wenn der Verl. sich **rechtzeitig für Aufrechterhaltung des Vertrages erklärt,** so ist er verpflichtet, den an ihn abgelieferten Teil zu vervielfältigen u. zu verbreiten sowie dem Erben einen entspr. Teil der vereinbarten Vergütung zu bezahlen (§ 323 Abs. 1 BGB). Der Erbe hat sich bezügl. dieses Teiles nach Maßgabe der §§ 2, 3 der Vervielfältigung u. Verbreitung zu enthalten. Dagegen bleibt sein Verfügungsrecht bezügl. der an den Verl. nicht ab-

gelieferten im Nachlaß vorhandenen Teile des Manuskripts unberührt. Kommt der Verl. seiner Verpflichtung zur Vervielfältigung u. Verbreitung nicht nach, so ist zugunsten des Erben § 32 anwendbar (Allfeld a. a. O. Anm. 3 f., Bappert—Maunz a. a. O. Rdz. 9).

[12] 4. Die **Rechtsstellung des Verl. nach Erklärung der Aufrechterhaltung**: Der Verl. kann das teilweise abgelieferte Werk durch einen anderen Verf. vollenden lassen. Der Verl. muß aber, falls er nicht eine unzulässige Änderung des Werkes und damit eine Urheberrechtsverletzung begehen will, die Ergänzung des Werkes unter dem Namen des neuen Verf. herausgeben (Hoffmann a. a. O. Anm. 2, Allfeld a. a. O. Anm. 3 g, Bappert—Maunz a. a. O. Rdz. 10, Dittrich S. 250).

C. Sonstige vom Verf. nicht zu vertretende Umstände

[13] I. Der Unmöglichkeit der Leistung, die durch den Tod des Verf. eintritt, setzt das Gesetz im Abs. 3 andere, vom Verf. nicht zu vertretende Umstände gleich, die die Vollendung des Werkes unmöglich machen. Darunter sind aber nur solche Umstände zu verstehen, die die Vollendung des Werkes für immer ausschließen (Bappert—Maunz a. a. O. Rdz. 12).

1. **In Betracht kommen Umstände,**

[14] a) **die in der Person des Verf. liegen,** wie Geisteskrankheit, Erblindung (Allfeld a. a. O. Anm. 4), dauernde Krankheit, auch alters- oder krankheitsbedingte Hinfälligkeit, die den Verf. außerstande setzt, Bibliotheken, Archive u. dgl. zu besuchen oder Reisen zu machen u. hierbei die für das Werk erforderl. Unterlagen zu sammeln, aber auch beim Illustrator Gicht oder Schüttellähmung, beim Komponisten die hier gar nicht so seltene Ertaubung;

[15] b) **die im Werk des Verf. liegen,** wie insbes. das rechtskräftige Verbot der Vervielfältigung u. Verbreitung (dazu Dittrich S. 259 mit Nachw.).

[16] 2. **Ausscheiden Umstände nur vorübergehender Natur,** durch die die Vollendung des Werkes nur hinausgeschoben, nicht aber dauernd verunmöglicht wird, etwa berufl., dienstl. oder polit. Ver-

oder Behinderung, Freiheitsentzug, Sanatoriumsaufenthalt. Hier greift nicht § 34, sondern § 30 Platz (Allfeld a. a. O., Bappert—Maunz a. a. O.).

II. Die dem Verl. nach § 34 Abs. 1 mögl. **Erklärung** und die den Erben nach § 34 Abs. 2 mögl. Fristsetzung sind hier **auf den Verf. abzustellen.** Die Erklärung nach § 34 Abs. 1 ist **gegenüber,** die Fristsetzung nach § 34 Abs. 2 **von** dem Verf. abzugeben (Allfeld a. a. O.).

[17] 1. **Ist die Erklärung gegenüber dem Verf. abzugeben,** so ist, wenn dieser infolge seines Gebrechens geschäftsunfähig oder auch nur beschränkt geschäftsfähig ist, die Erklärung nach § 130 BGB nicht wirksam, bevor sie dem gesetzl. Vertreter gegenüber abgegeben wird. Der Verl. muß sich also an den Vormund des Verf. wenden, um sich ihm gegenüber zur Aufrechterhaltung des Verlagsvertrages zu erklären. Nun ist in der Regel gerade in solchen Fällen ein Vormund für den Verf. nicht bestellt, ja seine Bestellung um des angebl. durch eine Bestellung in Gefahr geratenden Rufes des Verf. wegen gar nicht erwünscht. Der Verl. wird daher in diesen Fällen seine Erklärung über die Aufrechterhaltung des Verlagsvertrages rechtswirksam gar nicht an den richtigen Empfänger bringen können u. nach Sachlage in der Regel auch gar nicht wollen.

[18] 2. **Ist die Erklärung vom Verf. abzugeben,** so sind, wenn dieser infolge seines Gebrechens geschäftsunfähig oder auch nur beschränkt geschäftsfähig ist, §§ 105 Abs. 111 BGB zu beachten, nach denen die Willenserklärung des Geschäftsunfähigen schlechthin, die des beschränkt Geschäftsfähigen ohne die erforderliche Einwilligung des gesetzl. Vertreters unwirksam ist. Der Verf. kann also in diesen Fällen von sich aus die Fristsetzung nach § 34 Abs. 2 gar nicht vornehmen; wünscht er sie, muß er sie über seinen gesetzl. Vertreter gehen lassen. Da ein solcher, wie unter Rdz. 17 erwähnt, regelmäßig nicht bestellt wird, wäre eine trotzdem erfolgende Fristsetzung unwirksam. Der Verl. braucht, ja darf sie nicht beachten.

§ 35

Bis zum Beginn der Vervielfältigung ist der Verfasser berechtigt, von dem Verlagsvertrag zurückzutreten, wenn sich Umstände ergeben, die bei dem Abschluß des Vertrags nicht vorauszusehen waren

und den Verfasser bei Kenntnis der Sachlage und verständiger Würdigung des Falles von der Herausgabe des Werkes zurückgehalten haben würden. Ist der Verleger befugt, eine neue Auflage zu veranstalten, so findet für die Auflage diese Vorschrift entsprechende Anwendung.

Erklärt der Verfasser auf Grund der Vorschrift des Abs. 1 den Rücktritt, so ist er dem Verleger zum Ersatz der von diesem gemachten Aufwendungen verpflichtet. Gibt er innerhalb eines Jahres seit dem Rücktritt das Werk anderweitig heraus, so ist er zum Schadensersatz wegen Nichterfüllung verpflichtet; diese Ersatzpflicht tritt nicht ein, wenn der Verfasser dem Verleger den Antrag, den Vertrag nachträglich zur Ausführung zu bringen, gemacht und der Verleger den Antrag nicht angenommen hat.

A. Vorbemerkungen

[1] 1. Die Vorschrift wird ergänzt durch § 42 UrhG, abgedruckt Anh. S. 429.

Die in § 42 UrhG angezogenen Bestimmungen des § 41 Abs. 5 und 7 sind Anh. S. 429 abgedruckt.

[2] II. Über das **Verhältnis beider Bestimmungen zueinander** führt die amtl. Begründung zu § 42 UrhG aus: „Nach § 35 kann der Verf. bis zum Beginn der Vervielfältigung von dem Verlagsvertrag zurücktreten, wenn sich Umstände ergeben, die beim Abschluß des Vertrages nicht vorauszusehen waren u. ihn bei Kenntnis der Sachlage u. verständiger Würdigung des Falles von der Veröffentlichung des Werkes zurückgehalten haben würden. Dieses Rücktrittsrecht reicht jedoch wegen seiner Beschränkung auf die Zeit bis zum Beginn der Vervielfältigung nicht aus." (Gamm § 41 Rdz. 1, § 42 Rdz. 1, Möhring—Nicolini § 42 Anm. 1 a). Darnach bezieht sich das Rücktrittsrecht des Verf. nach § 35 auf gewisse bis zum Beginn der Vervielfältigung eingetretene, das Rückrufsrecht des Verf. nach § 42 UrhG auf die nachher eingetretenen Umstände.

III. Daraus könnte man schließen, daß die in § 35 Abs. 1 bezeichneten **„Umstände"**, die bei dem Abschluß des Vertrages nicht vorauszusehen waren u. den Verf. bei Kenntnis der Sachlage und verständiger Würdigung des Falles von der Herausgabe des Werkes zurückhalten würden" mit den in § 42 Abs. 1 UrhG genannten Umständen, daß nämlich „das Werk seiner Überzeugung nicht mehr entspricht und ihm deshalb die Verwertung des Werkes nicht mehr zugemutet werden kann", wesensgleich sind. Davon kann jedoch keine Rede sein. Die Umstände des § 35 Abs. 1 umfassen nicht nur die der gewandelten Überzeugung, sondern, wie darzutun sein wird, auch die der veränderten persönl. Verhältnisse des Verf. (Berufswechsel, schwere Erkrankung) und die veränderten politischen Zustände.

[3] IV. Hieraus ergibt sich folgende Systematik des **Verhältnisses beider Bestimmungen zueinander:**

1. **Vor Beginn der Vervielfältigung:** nach § 35 **Rücktritt** bei Eintritt irgendwelcher Umstände, die bei Abschluß des Vertrages nicht vorauszusehen waren und den Verf. bei Kenntnis der Sachlage und verständiger Würdigung des Falles von der Herausgabe des Werkes zurückgehalten hätten (Rdz. 4 ff.).

2. **Nach Beginn der Vervielfältigung:** nach § 42 UrhG **Rückruf** nur noch, wenn das Werk der Überzeugung des Verf. nicht mehr entspricht u. ihm deshalb die Verwertung des Werkes nicht mehr zugemutet werden kann (Rdz. 25 ff.).

V. Aus Gründen der Vereinfachung wird hier zusätzl. die Kündigung des Verlagsvertrages durch den Verf., aber auch durch den Verleger „aus wichtigem Grund" behandelt (Rdz. 28 ff.).

B. Das Rücktrittsrecht des Verf. vor Beginn der Vervielfältigung

[4] I. Rechtfertigung des Rücktrittsrechts:

Der Verlagsvertrag begründet ein Dauerschuldverhältnis, das seiner Eigentümlichkeit nach für beide Vertragspartner schwerwiegende Folgen sowohl ideeller als auch materieller Art haben kann. Ganz bes. gilt dies für den Verf. Seine Verpflichtung, seine geistige Schöpfung, die bislang ausschließl. unter seinem persönl. Herrschaftsbereich stand, dem Verl. zur Herausgabe zu überlassen. Die sich anschließende Vervielfältigung u. Verbreitung dieses Werkes können seinen wissenschaftl., künstler. oder literar., ja sogar seinen menschl. Ruf in der Öffentlichkeit gefährden (Bappert—Maunz § 35 Rdz. 1). Es versteht sich daher von selbst, nach Abschluß des Verlagsvertrages bis zum Beginn der Vervielfältigung oder Erstellung einer neuen Auflage erkennbar gewordene Umstände als Grund dafür zu bestimmen, der den Verf. zum Rücktritt vom Verlagsvertrag berechtige. Damit aber ist die Vorschrift einer der seltenen

Fälle der gesetzl. Anwendung der clausula rebus sic stantibus mit Rücktrittsfolgen (Hoffmann § 35 Anm. 1, Allfeld § 35 Anm. 1, Staudinger—Weber § 242 Rdz. E 700).

II. Voraussetzungen des Rücktrittsrechts des Verf.

[5] 1. Die **Vervielfältigung des Werkes** oder die Erstellung der neuen Auflage, sofern der Verl. hierzu befugt ist, darf **noch nicht begonnen** haben. Die Vervielfältigung beginnt mit der Herstellung des Satzes, des Stiches usw. (Bappert—Maunz a. a. O., Rdz. 2). Das Rücktrittsrecht besteht aber für jede Auflage, welche der Verl. zu veranstalten befugt ist, bis zum Beginn der Vervielfältigung eben dieser Auflage, kann also auch nach dem Beginn oder der Vollendung der Vervielfältigung einer Auflage für die künftigen Auflagen ausgeübt werden; § 35 Abs. 1 S. 2 (Allfeld a. a. O. Anm. A 2 a).

[6] 2. Es müssen sich **neue Umstände** ergeben haben.

a) **„Neu“** sind nur solche Umstände, die im maßgeblichen Zeitpunkt (hierüber Rdz. 7) noch nicht vorlagen. Es genügt also nicht ein Umstand, der damals schon vorlag und nur dem Verf. (noch) nicht bekannt war (Allfeld a. a. O. Anm. A 3 b). Hier greift nur die Anfechtung wegen Irrtums Platz (Hoffmann a. a. O. Anm. 2 b, Bappert—Maunz a. a. O. Rdz. 3), über die § 1 Rdz. 6 ff. zu vergleichen sind.

[7] b) **Der maßgebl. Zeitpunkt der „Neuheit“.**

Hier ist zu unterscheiden:

aa) Bei der **ersten Auflage** ist es der Vertragsabschluß. Die neuen Umstände dürfen daher bei Vertragsabschluß noch nicht gegeben sein.

bb) Bei Erstellung der **Neuauflage** scheiden sich die Meinungen.

α) Nach der einen Meinung müssen die neuen Umstände nach der letzten Auflage eingetreten sein. Der Verf. kann somit auf Umstände nicht zurückgreifen, die vor Veranstaltung der letzten Auflage sich ereignet haben, auch wenn sie damals neu und nicht vorauszusehen waren. Der Verf. hat dann sein Recht durch Nichtausübung verloren (Hoffmann a. a. O.).

β) Diese Meinung hat jedoch nicht den Beifall des späteren Schrifttums gefunden. Das Gesetz biete hierfür keinen Anhalt; es sei doch sehr wohl möglich, daß der Verf. einen schon vor der letzten Auflage eingetretenen Umstand bei der späteren Auflage eine größere Bedeutung beilege. Es komme daher darauf an, wann der Verf. dem Verl. das Recht zur Neuauflage eingeräumt hat. Geschah dies erst später, so darf zu dieser Zeit der Umstand noch nicht vorhanden gewesen sein. Ist aber schon im Verlagsvertrag das Recht des Verl. zur Veranstaltung weiterer Auflagen vorgesehen, so steht dem Rücktrittsrecht nur die Tatsache entgegen, daß der Umstand schon zur Zeit des Vertragsabschlusses vorlag (Allfeld a. a. O., Bappert—Maunz a. a. O. Rdz. 7). Diese Auffassung darf als die jetzt herrschende angesprochen werden.

3. Die neuen Umstände dürfen bei Abschluß des Vertrages **„nicht voraussehbar"** gewesen sein.

[8] a) Die **„neuen Umstände"** dürfen nicht voraussehbar gewesen sein. Das darf nicht allzu wörtl. genommen werden. Es genügt, daß die Umstände ihrer Art u. Wirkung nach vorauszusehen waren (z. B. Erschwerung durch Aufenthaltswechsel), ohne daß sie genau bestimmt zu sein brauchten; z. B. wann und wohin der Aufenthaltswechsel erfolgt; vgl. RGZ 140, 273 (Bappert—Maunz a. a. O. Rdz. 4).

[9] b) Die neuen Umstände dürfen nicht **„voraussehbar"** gewesen sein. Es genügt also nicht, wenn die Umstände bloß tatsächl. vom Verf. nicht vorausgesehen wurden; es muß für ihn nach der objektiven Sachlage auch bei gehöriger Aufmerksamkeit nicht mögl. gewesen sein, den Eintritt der Umstände vorauszusehen. Auch bei Fahrlässigkeit des Verf. ist der Rücktritt ausgeschlossen. Waren die Umstände objektiv voraussehbar, so wird häufig den Verf., der sie nicht voraussah, der Vorwurf der Fahrlässigkeit treffen. Ist dies nicht der Fall, so wird das Rücktrittsrecht nicht dadurch berührt, daß die für den Verf. nicht voraussehbaren Umstände von anderen Personen vorausgesehen werden konnten (Allfeld a. a. O. Anm. A 4 c, Staudinger—Weber a. a. O. Rdz. E 706). Ein nicht voraussehbares Ereignis liegt demnach nicht vor, wenn der Verf. beispielsweise nach Vertragsabschluß feststellt, daß er das Werk wegen unzureichender Literatur nicht herstellen kann. Diese Feststellung hätte der Verf. ebensogut bereits vor Vertragsabschluß treffen können; denn dieser Umstand war jedenfalls objektiv voraussehbar. Wenn ihn der Verf. nicht voraussah, beruht dies auf fahrlässigem Verhalten, das einen Rücktritt ausschließt. Das gleiche gilt für den Fall, wo sich der Verf. verpflichtet hatte, ein Buch über das Kunstgewerbe eines Landes zu schreiben und nach Prüfung des zusammengetragenen Stoffes zu

dem Ergebnis kommt, daß sich die Herausgabe des Werkes nicht lohnt (Hoffmann a. a. O., Bappert—Maunz a. a. O.). Denn der Verf. hatte hier die Verpflichtung, vor Abschluß des Verlagsvertrages sich über Umfang und Wert dieses Kunstgewerbes zu unterrichten. Ereignisse also, die nach Lage des Falles hätten eintreten können, was der Verf. bei der von jedem vorauszusetzenden Aufmerksamkeit hätte erkennen müssen, so auch wirtschaftl. Krise, oder der weitere Niedergang des Geldwertes nach Beginn einer Inflation (Hoffmann in GRUR 1921, S. 62), schließen das Rücktrittsrecht des Verf. aus (Hoffmann a. a. O.).

c) Die neuen Umstände dürfen **„bei dem Abschluß des Vertrages"** nicht voraussehbar gewesen sein. Hierüber siehe oben Rdz. 4.

4. Die neuen Umstände hätten den sie voraussehenden Verf. bei **Kenntnis der Sachlage und „verständiger Würdigung des Falles"** von der Herausgabe des Werkes **zurückgehalten.** Diese aus § 119 BGB übernommene Voraussetzung enthält ein subjektives und ein objektives Element.

[10] a) **„Zurückgehalten"**: Die Umstände müssen so geartet sein, daß sie den Verf. von der Herausgabe des Werkes **überhaupt abgehalten** hätten (RG: JW 1922, 1208; OLG Köln: GRUR 1950, 585). Es genügt daher nicht, daß die Umstände den Verf. nur von der Herausgabe gerade durch diesen Verl. abgehalten u. ihn bewogen hätten, mit einem anderen Verl. abzuschließen. Der Verf. kann also z. B. nicht zurücktreten wegen einer entehrenden Verurteilung oder eines beleidigenden Verhaltens des Verl. ihm gegenüber oder wegen Konfessionswechsels oder wegen drohender Insolvenz des Verl. (Allfeld a. a. O. Anm. A 6 aa) oder weil sich der Verl. zu einer anderen polit. Auffassung bekannt hat, also überhaupt nicht auf Grund von Umständen, die sich auf die Person des Verl. beziehen (Staudinger—Weber a. a. O. Rdz. E 707). Daher kann der Verf. auch nicht zurücktreten, wenn in der Person des Verl. durch Erbfolge oder Übertragung des Verlagsrechtes nach § 28 eine Änderung eintritt (Allfeld a. a. O., Bappert—Maunz a. a. O. Rdz. 7). Vgl. aber § 28 Rdz. 8.

[11] b) **„Verständige Würdigung"**: Die Umstände müssen so geartet sein, daß sie den Verf. „bei verständiger Würdigung des Falles" von der Herausgabe abgehalten hätten. **„Verständig"** muß also der Fall vom Verf. gewürdigt werden. Das bedeutet

aa) **Subjektiv:** Alle seine individuellen Verhältnisse dürfen u. müssen dabei Berücksichtigung finden, nur ein Unverstand nicht

(Staudinger—Coing § 119 Rdz. 36), also nicht sein Eigensinn, seine subjektiven Launen u. seine törichten Anschauungen (RGZ 62, 206; Palandt-Heinrichs § 119 Anm. 5).

bb) **Objektiv:** Wenn der Verf. auch glaubhaft machen kann, daß er bei verständiger Würdigung des Falles das Werk vor der Öffentlichkeit zurückgehalten hätte, so ist doch noch weiter erforderl., daß nach den obwaltenden Verhältnissen dieser Schritt Billigung verdient hätte. Diese Verhältnisse können objektive sein; so wird gegen die Veranstaltung einer neuen Auflage der Verf. mit Recht Widerspruch erheben, wenn es sich um ein wissenschaftl. Werk handelt, das durch die Ergebnisse neuerer Forschungen überholt ist, aber vielleicht gleichwohl infolge seines von früher her fest begründeten Ansehens dem Verl. noch weiterhin Gewinn verspricht. Auch rechtfertigt der Umstand, daß die wissenschaftl. Ergebnisse des Verf. durch ein inzwischen erschienenes Werk eines anderen Verf. vorweggenommen sind, den Rücktritt. Das gleiche gilt, wenn die in dem Werk bekämpfte staatl. Einrichtung sich infolge veränderter polit. Verhältnisse, z. B. Ausbruch eines Krieges, als notwendig erweist oder die Tatsache, daß das Werk von der römischen Kurie auf den Index gesetzt ist, zumal wenn der Verf. gläubiger Katholik, etwa gar kath. Theologe ist. Aber auch die rein persönl. Verhältnisse des Verf. können Berücksichtigung erheischen, so z. B. ein Umschwung in der religiösen, polit., wissenschaftl. Anschauung, ein Wechsel in der Berufsstellung, der eine größere Abhängigkeit des Verf. mit sich bringt, so daß es ihm schaden könnte, wenn das Werk veröffentlicht würde, dauernde Kränklichkeit, auch wenn sie den Verf. nicht arbeitsunfähig macht, aber von der Art ist, daß die mit der Herstellung des Werkes verbundene Anstrengung dem Verf. schaden könnte (Allfeld a. a. O. Anm. A 7 bb; Bappert—Maunz a. a. O. Rdz. 6).

III. Der **Rücktritt des Verf.:**

Über seine Form und seine Wirkungen vgl. § 37 und die Anm. hierzu

IV. Der **Schutz des Verl. nach dem Rücktritt des Verf.** § 35 Abs. 2

Der durch den vorzeitigen Rücktritt des Verf. um den Verlagsvertrag und seine ideellen und materiellen Ergebnisse gebrachte Verl. genießt einen doppelten Schutz dadurch, daß der Verf. ihm die Aufwendungen für das Werk ersetzen (Rdz. 12 ff.) und sich an eine einjährige Sperrfrist halten muß (Rdz. 17 ff.).

1. Der **Ersatz der** vom Verl. für das Werk gemachten **Aufwendungen.**

[12] a) Der **Begriff der „Aufwendungen"** ist hier so wenig wie im bürgerl. Recht bestimmt. Rechtspr. und Schriftt. haben daher den Begriff dahin entwickelt, daß als „Aufwendungen" die „freiwillige Aufopferung von Vermögenswerten (auch Übernahme von Verbindlichkeiten: RGZ 151, 99) zur Erreichung bestimmter Zwecke" gelten (RGZ 122, 303, BGH: NJW 1960, 1569; Palandt—Heinrichs § 256 Anm. 1).

[13] b) **Ersatzfähig sind diese Aufwendungen nur,** wenn sie der Erreichung des Zweckes, nämlich der Vervielfältigung u. Verbreitung des Werkes dienten, also

aa) **gerade für diesen Zweck** gemacht wurden. Daher kann der Verl. nur den Ersatz solcher Aufwendungen verlangen, die ihm nicht erwachsen wären, wenn er nicht gerade dieses Werk hätte herausgeben wollen. Hat etwa der Verl. die Einrichtung seiner Druckerei ergänzt, weil diese den Anforderungen seines Betriebes überhaupt nicht mehr genügte, so hat diesen Aufwand der Verf. nicht zu ersetzen, wenn auch der mit ihm geschlossene Vertrag gerade den Anlaß zu der Anschaffung gab (Allfeld a. a. O. Anm. C 10 I). Ebenso wenig hat der Verf. die Kosten des für den Druck vorgesehenen Papiers oder der Drucktypen zu ersetzen, soweit beide auch für ein anderes Werk verwendet werden können (Hoffmann a. a. O. 2 d/aa, Bappert—Maunz a. a. O. Rdz. 9).

[14] bb) **Angemessen** sind, sohin der hier herrsch. Verkehrssitte u. den bes. Umständen entsprechen. Hierher zählen in aller Regel alle Ausgaben des Verl., die ihm durch die Vorbereitung zur Herausgabe gerade dieses Werkes entstanden sind, so z. B. die Kosten für Reklame, die Fahrtkosten zu notwendigen Besprechungen, das Honorar für den Entwurf des Bucheinbandes, der Schadensersatzbetrag, den der Drucker für die Lösung eines bereits abgeschlossenen Druckvertrages fordert, die Kosten zur Beschaffung von Bildmaterial usw. (Bappert—Maunz a. a. O.).

[15] c) **Die Ersatzpflicht für die Aufwendungen erstreckt sich**

aa) gemäß § 256 BGB auf Zinsen von der Zeit der Aufwendung an (vgl. dazu Staudinger § 256 Rdz. 7);

bb) gemäß § 257 BGB auf die Befreiung von Verbindlichkeiten, die der Verl. im Zuge der ersatzfähigen Aufwendungen gemacht hat. Der Verl. hat etwa gerade und nur für den Druck dieses Werkes geeignetes Papier angekauft oder Klischees von Abbildungen machen lassen u. noch nicht bezahlt. Von den hieraus entstandenen Verbindlichkeiten befreit zu werden, kann der Verl. verlangen; nicht dagegen kann er den zur Tilgung der Verbindlichkeiten erforderlichen Geldbetrag beanspruchen (Staudinger § 257 Rdz. 4). Dem Verf. bleibt daher überlassen, auf welche Weise er die Befreiung des Verl. von den Verbindlichkeiten bewirken will (RGZ 47, 118), ob durch Erfüllung (§ 362 ff. BGB), durch befreiende Schuldübernahme (§ 414 BGB) oder auf andere Weise (Staudinger a. a. O., Palandt-Heinrichs § 257 Anm. 2).

[16] d) Seinem **Wesen** nach ist der Aufwendungsersatz kein Schadensersatz, sondern Wertersatz (Palandt-Heinrichs § 256 Anm. 2, vgl. auch Bappert—Maunz a. a. O.). Dennoch sind die Grundsätze über die Vorteilsausgleichung auf ihn ebenso anzuwenden (BGH: MDR 1955, 283), wie „mitunter Grundsätze des Schadensersatzrechtes" (Staudinger § 256 Rdz. 9). Insbes. kommen hier die zu § 254 BGB entwickelten Grundsätze über die Schadensminderungspflicht des Ersatzberechtigten in Betracht. Hiernach ist es mitwirkendes Verschulden i. S. des § 254 Abs. 2 BGB, wenn der Ersatzpflichtige die Maßnahmen unterläßt, die ein ordentl. u. verständiger Mensch zur Schadensminderung ergreifen würde (BGH: NJW 1951, 797; BGH: VersR 1965, 1173; Palandt—Heinrichs § 254 Anm. 3 b). Daher muß der ersatzberechtigte Verl., zumal wenn sich eine günstige Gelegenheit bietet, das gerade u. nur für die Vervielfältigung dieses Werkes beschaffte Papier bestmögl. weiterverkaufen, die Klischees rohstoffmäßig verwerten, etwaiges Bildmaterial anderweitig unterzubringen versuchen. „Dies ist ein Ausfluß des Rechtsgedankens des § 242" (Staudinger § 256 Rdz. 56, auch Staudinger—Weber § 242 Rdz. B 35), der, wie immer wieder zu betonen ist, gerade das Verlagsrecht beherrscht.

2. Die einjährige Sperrfrist für den Verf.

a) Aus § 35 Abs. 2 Satz 2 ergibt sich eine einjährige Sperrfrist für den Verf.; dieser darf das Werk innerhalb eines Jahres seit seinem Rücktritt nicht anderweitig herausbringen.

[17] aa) **Zweck der Sperrfrist:** Die Befristung auf ein Jahr ist aus einer Abwägung der Interessen des Verl. und Verf. erfolgt. Sie

gibt dem Verf. die Möglichkeit, ohne eine Schadensersatzforderung des Verl. befürchten zu müssen, das gleiche Werk nach einem Jahr doch noch herauszugeben. Die einjährige Frist zählt von der Rücktrittserklärung des Verf. an, wobei der Tag der Rücktrittserklärung nicht mitgerechnet wird: §§ 187, 188 BGB (Bappert—Maunz a. a. O. Rdz. 10).

[18] bb) **Gegenstand der Sperrfrist** ist das Werk. Das gesperrte Werk muß mit dem, das den Gegenstand des Verlagsvertrages bildete, mindestens im wesentl. übereinstimmen, so daß, wenn der Verlagsvertrag noch zu Recht bestünde, die anderweite Herausgabe als Verletzung des Verlagsrechtes erschiene. Ob diese Übereinstimmung besteht, ist eine nach den Umständen zu entscheidende Frage. Die Veränderung kann trotz sonstiger Übereinstimmung insbes. deshalb, weil der Verf. jetzt ganz andere Anschauungen vertritt, um derentwillen er zurückgetreten ist, eine so weittragende sein, daß von Übereinstimmung keine Rede sein kann. Aber es ist noch weiter zu gehen: Die Ersatzpflicht wird auch nicht begründet durch Herausgabe einer dem Verf. nach § 2 Abs. 2 vorbehaltenen, nicht durch bes. Vereinbarung dem Verl. überlassene Bearbeitung; denn sie schließt die Annahme eines Mißbrauchs des Rücktrittsrechts, dem durch die gegenwärtige Vorschrift vorgebeugt werden sollte, aus, da ja der Verf. eine solche Bearbeitung auch während des Bestehens des Vertragsverhältnisses anderweit herausgeben konnte; der Rücktritt bezieht sich überhaupt nur auf das Werk in der Gestalt, in welcher es der Verl. als Gegenstand des Verlagsvertrages für sich beanspruchen konnte. Wenn dagegen der Verf. Bearbeitungen anderer Art anderwärts erscheinen läßt, ist er ersatzpflichtig (Allfeld a. a. O. Anm. C 13 b, ähnl. Bappert—Maunz a. a. O. Rdz. 11).

[19] b) Die **Nichteinhaltung der Sperrfrist** zieht grundsätzl. den Schadensersatz nach § 35 Abs. 2 S. 2 nach sich.

aa) Der Schadensersatz setzt ein **Verschulden des Verf.** an der Nichteinhaltung der Sperrfrist **nicht** voraus (Allfeld a. a. O. Anm. C 15 d, Bappert—Maunz a. a. O. Rdz. 10). Bringen daher die Erben des Verf., der vom Rücktrittsrecht nach § 35 Abs. 1 Gebrauch gemacht hat, das Werk, das sie durch einen Dritten haben druckfertig machen lassen, in Unkenntnis der Sperrfrist innerhalb derselben bei einem anderen Verl. heraus, so sind sie schadensersatzpflichtig.

[20] bb) Die Schadensersatzpflicht ist **nicht Wertersatzpflicht,** sondern echte Schadensersatzpflicht, auf die §§ 249 ff. BGB anzuwenden sind. Der Schadensersatz umfaßt auch den entgangenen Gewinn (§ 252 BGB). Als „entgangener Gewinn" gilt nur, was der Verl. bei Fortbestand des Vertrags mit Wahrscheinlichkeit als Gewinn erwarten konnte, nicht der Gewinn, den der Verf. bei der Neuherausgabe des Werkes erzielt. Über die Höhe des dem Verl. entgangenen Gewinns hat, da der Verl. häufig keinen strengen Beweis führen kann, das Gericht unter Würdigung aller Umstände nach freier Überzeugung gemäß § 287 ZPO zu entscheiden (Allfeld a. a. O. Anm. C 16 e, Bappert—Maunz a. a. O.).

[21] cc) Die Schadensersatzpflicht **tritt auch ein,** wenn der Verf. durch die Neuherausgabe des Werkes bei einem anderen Verl. nicht bereichert ist (Allfeld a. a. O.), etwa weil sich diese als Fehlschlag erwiesen hat. Jedoch kann dieser Fehlschlag einen Anhaltspunkt für den vom Verf. zu erstattenden entgangenen Gewinn ganz bes. dann bilden, wenn etwa Ausstattung des Werkes u. Werbung für das Werk in seiner Neuherausgabe wesentl. besser waren als beim ursprüngl. Verl.

[22] c) Die **Schadensersatzpflicht tritt** in Abweichung vom Grundsatz dann **nicht ein,** wenn der Verf. dem Verl. den Antrag, das Werk nachträgl. zur Ausführung zu bringen, gemacht u. der Verl. den Antrag nicht angenommen hat.

aa) Der Antrag ist **einseitige empfangsbedürftige Willenserklärung** im Sinne der §§ 130 ff. BGB, muß also zu seiner Wirksamkeit dem Verl. „zugehen". Über diesen Begriff siehe § 15 Rdz. 4.

bb) Der **Inhalt** des Antrags geht dahin, das Werk nachträgl. zur Ausführung zu bringen. Über den Begriff des „Werkes" in diesem Zusammenhang siehe § 2 Rdz. 5. Aus der Verbindung der Worte „das Werk nachträglich" ergibt sich, daß der Antrag des Verf. sich auf die Erfüllung des ursprüngl. Vertrages richten muß (so auch Allfeld a. a. O. Anm. C 17 f., Bappert—Maunz a. a. O. Rdz. 12). Der Antrag, einen neuen Vertrag etwa mit einem vom ursprüngl. stark abweichenden Inhalt oder gar über ein ganz anderes Werk befreit den Verf. nicht von der Schadensersatzpflicht.

cc) Der **Antrag** darf vom Verl. **nicht angenommen** worden sein.

[23] **„Nicht angenommen" bedeutet**

α) gemäß § 147 BGB unter Anwesenden „sofort angenommen", unter Abwesenden bis zu dem Zeitpunkt angenommen, in dem der Antragende den Eingang der Antwort unter regelmäßigen Umständen erwarten darf. Um die damit verbundene Unsicherheit auszuschließen, empfiehlt sich Fristsetzung. Denn gemäß § 148 BGB kann die Annahme nur innerhalb der gesetzten Frist erfolgen. Geschieht dies nicht, ist nach Ablauf der Frist eine klare Rechtslage geschaffen: Der Antrag ist nicht angenommen;

β) keine Form der Annahme. Diese kann daher auch stillschweigend erfolgen (Palandt—Danckelmann § 148 Anm. 1), etwa mit der Aufforderung, das Manuskript oder Fahnen oder Bogen korrigiert zu übersenden oder mit der Zahlung eines in dem Antrag erbetenen Vorschusses.

[24] dd) Der Wegfall der Schadensersatzpflicht befreit nicht von der Aufwendungsersatzpflicht. „Denn es heißt, diese Ersatzpflicht, offenbar mit ausschließlicher Bezugnahme auf den 1. Halbsatz des 2. Satzes." (Allfeld a. a. O.).

C. Das Rückrufsrecht des Verf. nach Beginn der Vervielfältigung

[25] I. **Berechtigter** ist grundsätzl. nur der Verf. Ausnahmsweise ist es auch sein Rechtsnachfolger, wenn er nachweist, daß der Verf. vor seinem Tode zum Rückruf berechtigt gewesen war u. an der Erklärung des Rückrufs gehindert war oder diese letztwillig verfügt hat.

II. Voraussetzungen:

[26] 1. **Das Werk entspricht nicht mehr der Überzeugung des Verf.**, sagt das Gesetz. Das ist jedoch ungenau. Gemeint ist: Die im Werk erkennbar, also sinnl. wahrnehmbar ausgedrückte Überzeugung des Verf. entspricht nicht mehr der, die er jetzt hat.

[27] a) Die **„Überzeugung"**, von der sich der Verf. nun abkehrt, kann sein (vgl. dazu im einzelnen Gamm § 42 Rdz. 5, Möhring—Nicolini § 42 Anm. 5 a)

aa) eine **wissenschaftl. Überzeugung:** Das Werk ist nach Meinung des Verf. durch neuere Erkenntnisse der Wissenschaft gänzl. überholt, neuerl. Veröffentlichungen widerlegen seine Ausführungen;

[28] bb) eine **künstler. Überzeugung**: Mit Recht wird es als zu eng bezeichnet, wenn der Wandel der künstler. Überzeugung für sich allein nicht zum Rückruf berechtigen solle, weil „das Werk Ausdruck einer bestimmten, außerhalb des rein künstlerischen liegenden Auffassung und Überzeugung sein" müsse. Diese könne „eine bestimmte wissenschaftl., moralische, politische oder auch nur allgemeine geistige Haltung sein". Eine solche Meinung sieht im „rein künstlerischen" nur das Mittel zur Darstellung einer bestimmten geistigen Haltung u. verkennt damit, daß das „rein künstlerische" ein Wert an sich ist u. wie schwer sich viele bildende Künstler gerade der neueren Zeit zu einem Wandel ihrer künstler. Überzeugung durchgerungen haben. Beispiele im guten Sinne sind etwa die Expressionisten, insbesondere die Künstler des Blauen Reiter, im schlechten Sinne jene, die in schwerwiegenden politischen Wandlungen ihren Mantel nach deren Wind hängen;

cc) eine **religiöse Überzeugung:** Sie wandelt sich während der Vervielfältigung etwa infolge eines Bekehrungserlebnisses oder umgekehrt einer Erschütterung, die zur Gott- oder Glaubenslosigkeit hin- oder von ihr wegführt;

[29] dd) eine **politische Überzeugung;** freil. keine parteipolit. Die politischen Chamäleons, an denen selbst in höchsten Stellungen in jüngster Zeit kein Mangel ist, können eine polit. Überzeugung nicht für sich in Anspruch nehmen. Anders zu beurteilen ist die Frage, ob eine Änderung der polit. Verhältnisse, die nicht zu einer anderen Überzeugung beim Verf. geführt hat, ein Rückrufsrecht begründet. Früher bejahte man das nach bisherigem Recht entwickelte Widerrufsrecht auch in diesen Fällen, wenn Konflikte für den Verf. im Falle der Veröffentlichung zu befürchten waren. Doch erscheint nunmehr gem. § 42 UrhG die Feststellung eines inneren Wandels geboten. Hat der Verfasser seine polit. Überzeugung nicht geändert, so handelt es sich ledigl. darum, daß er gewisse Gefahren für seine Person befürchtet, wenn das Werk unter veränderten polit. Verhältnissen weiter veröffentlicht wird. Dies ist kein Fall des § 42 UrhG (so zutreffend Möhring—Nicolini a. a. O.).

[30] b) Der **„Wandel" der Überzeugung**: Die Abkehr von der im Werk erkennbar ausgedrückten Überzeugung. In dieser im Werk zum Ausdruck gebrachten Überzeugung muß ein eindeutiger u. wesentl. Wandel eingetreten sein. Bloße Modifizierun-

gen genügen nicht. Ob die neue Überzeugung des Verfassers sachl. zutreffend ist, ist belanglos. Entscheidend ist allein der Wandel, u. zwar nicht einmal ein tatsächl. innerer Wandel, sondern die äußere Abkehr von der früher im Werk zum Ausdruck gelangten Überzeugung, so daß es auf die wirkl. Einstellung u. Gesinnung des Verf. nicht ankommt (Gamm a. a. O.).

2. Die Verwertung des Werkes muß **dem Verfasser „nicht mehr zugemutet“** werden können.

[31] a) Die Verwertung des Werkes muß gerade **„dem Verfasser“** nicht mehr zugemutet werden können. Hieran fehlt es im allg., wenn der Verf. nur ein bestimmtes Werk oder dieses nur bezügl. einer bestimmten Verwertungsform zurückruft, andere Verwertungsformen jedoch weiterhin zuläßt oder andere Werke weiterhin verwertet, für die sachl. die gleichen Gesichtspunkte gelten (Gamm a. a. O. Rdz. 6).

[32] b) Die **„Unzumutbarkeit“** der weiteren Werkverwertung erfordert eine Interessenabwägung zwischen den verwertungsrechtl. Interessen des Verl. u. den ausschließl. unheberpersönlichkeitsrechtl. Interessen des Verf. Maßgebend ist dabei in erster Linie der Gegenstand u. Charakter des Werks sowie sein schöpfer. Eigentümlichkeitsgrad, da sich danach die Intensität der persönl. u. geistigen Bindungen des Verf. an sein Werk bestimmt. Demnach kommt es darauf an, in welchem Umfang u. mit welcher Stärke die fragl. gewandelte Überzeugung des Werkschöpfers ihren Ausdruck und Niederschlag gefunden hat (Gamm a. a. O.). Je größer Umfang u. Stärke der Überzeugung des Verf., desto geringer die verwertungsrechtl. Interessen des Verl. Erfolgt umgekehrt die Wandlung der Überzeugung nur hinsichtl. unwesentl. Kleinigkeiten, ist dem Verfasser die Verwertung des Werkes nach wie vor zuzumuten, da er sich hinsichtl. der erwähnten Kleinigkeiten auf andere Weise in der Öffentlichkeit Gehör verschaffen kann, während ein Rückruf für den Verleger eine unverhältnismäßig große Belastung bedeuten würde (Möhring—Nicolini a. a. O. Anm. 5 b).

[33] c) Ein völlig anderer Gesichtspunkt wird ins Spiel gebracht, wenn die Frage der **„Zumutbarkeit“** auch an dem Interesse gemessen wird, das die Mit- oder Nachwelt an dem Werk haben kann. „Hierher gehören Fälle, in denen die Veröffentlichung einer an sich überholten wissenschaftl. (aber auch politischen oder religiösen) Ansicht noch wissenschaftl. Wert haben kann u. die Veröffentlichung

die persönl. Interessen des Verf. nicht in schwerwiegender Weise beeinträchtigen würde, ein Rückrufsrecht dagegen sehr nachteilige Folgen hätte. Das gleiche gilt für Fälle, in denen ein Künstler sich einer völlig anderen Kunstrichtung angeschlossen hat. Hier ist die Verwertung eines älteren Werks dem Verf. noch zuzumuten, wenn seine persönl. Interessen dadurch nicht erhebl. beeinträchtigt werden. Insoweit kann auch die Forschung ein Interesse daran haben, die Entwicklung des Künstlers aufzuzeigen. Wenn dagegen die in dem Werk sich offenbarende Auffassung nach dem vom Verf. nunmehr selbst anerkannten allg. Urteil der Kunstkritik unhaltbar geworden ist (Kitsch), soll dem Verf. die weitere Verwertung nicht mehr zugemutet werden können" (Möhring—Nicolini a. a. O.). Solche Erwägungen sind bedenkl. Sie widersprechen dem Gesetz, das mit der „Zumutbarkeit" die Abwägung der Interessen nur des Verf. u. des Verl. gegeneinander, nicht aber auch im Verhältnis zur Öffentlichkeit zuläßt. Im übrigen würde damit dem Verf. ein Sonderopfer für die Öffentlichkeit zugemutet, für das jede rechtl. Grundlage fehlt. Und schließl. diente als Maßstab für Interessenabwägung wie Sonderopfer das „allg. Urteil der Kunstkritik", nach den Erfahrungen der jüngsten Vergangenheit so zieml. das Unzuverlässigste, was sich denken läßt.

[34] 3. Der Verf. muß **dem Verl. die Aufwendungen ersetzen,** die dieser bis zur Erklärung des Rückrufs gemacht hat oder Sicherheit dafür leisten oder die 3-Monatsfrist verstreichen lassen, die er dem Verl. zur Mitteilung der Aufwendungen gesetzt hat. Auch von dieser **Voraussetzung** ist nach der ausdrücklichen Bestimmung des § 42 Abs. 3 S. 3 UrhG die Wirksamkeit des Rückrufs abhängig. Über den Aufwendungsersatz als **Folge** des Rückrufs s. unten Rdz. 36 Zum Begriff als „Aufwendungen" vgl. oben Rdz. 12.

[35] III. **Ausübung:** Sie geschieht durch einseitige, bedingungsfeindl., empfangsbedürftige Willenserklärung. Eine bes. Form ist nicht vorgeschrieben; auf den Gebrauch des (dem allg. Sprachgebrauch nicht geläufigen) Wortes „Rückruf" kommt es nicht an, sofern nur der Inhalt der Erklärung eindeutig ist. Die Einhaltung einer Ausübungsfrist, Androhung und Nachfristsetzung — wie beim Rückruf aus § 41 UrhG (s. § 17 Rdz. 14 ff.) sind ebenso wenig erforderl. wie das Anerbieten zur Entschädigung des Nutzungsberechtigten oder die Aufforderung zur Angabe der Aufwendungen oder der verlangten Entschädigung (vgl. Gamm a. a. O. Rdz. 4).

IV. Rechtsfolgen:

[36] 1. Über die **Rechtsfolgen** des Rückrufs **im allgemeinen,** die denen des Rücktritts entsprechen, vgl. § 37 mit den Anm. hierzu.

2. **Zusätzl. Rechtsfolgen** sind

a) die **Entschädigungspflicht** des Verf. zugunsten des Verl. Sie ist in Abweichung von § 41 Abs. 4 UrhG keine „billige", sondern eine **„angemessene".**

aa) Die **„angemessene"** Entschädigung weist eine weitgehende Verwandtschaft mit dem Schadensersatzanspruch des allg. Schadensersatzrechts auf (BGHZ 11, 156; 29, 217), so daß dessen Grundsätze teilweise anwendbar u. die Anm. Rdz. 20 zu § 23 zu vergleichen sind. Das gilt für die Prozeßvorschrift des § 287 ZPO (BGHZ 6, 270; 7, 96; 11, 156; 13, 395; 29, 217). Der durch den Rückruf betroffene Verl. soll grundsätzl. in den Stand gesetzt werden, mit Hilfe der Entschädigung ein gleichwertiges Werk zu erlangen (vgl. BGHZ 26, 373; 29, 217; Gamm a. a. O. Rdz. 9).

bb) Der **Mindestbetrag** der Entschädigung ist nach § 42 Abs. 3 S. 2 UrhG mindestens die Deckung der Aufwendungen, die der Verl. bis zur Erklärung des Rückrufs durch den Verf. gemacht hat. Jedoch bleiben dabei Aufwendungen, die auf bereits gezogene Nutzungen entfallen, außer Betracht. Zum Begriff der Aufwendungen oben Rdz. 12.

[37] b) Die **Anbietungspflicht** des Verf. bei Wiederverwertung des rückgerufenen Werkes: Die Vorschrift soll nach dem Willen des Gesetzgebers verhindern, daß der Verf. das Rückrufsrecht wegen gewandelter Überzeugung dazu mißbraucht, das ihm mißliebig gewordene Verlagsvertragsverhältnis aufzulösen, um später einen neuen ihm genehmeren, insbes. günstigeren Verlagsvertrag abzuschließen. Deshalb ist bestimmt, daß der Verf., wenn er nach Rückruf das Werk wieder verwerten will, dem früheren Verl. das Verlagsrecht zu „angemessenen" Bedingungen wieder anzubieten hat. Der Verf. hat das Verlagsrecht also nicht zu denselben Bedingungen wie früher, sondern nur zu „angemessenen" Bedingungen anzubieten (Möhring—Nicolini a. a. O. Anm. 18). „Angemessen" sind Bedingungen, die nach den gesamten Umständen üblicherweise in solchen Fällen vereinbart werden. Das sind vielfach, aber nicht notwendig die alten Bedingungen.

D. Die Kündigung des Verlagsvertrags aus wichtigem Grund

[38] I. Aus dem Wesen des Verlagsvertrages als eines Dauerschuldverhältnisses ergibt sich, daß der Verlagsvertrag wie jedes Verhältnis dieser Art einem **außerordentl. Kündigungsrecht** durch die Vertragsparteien ausgesetzt ist (st. Rechtspr. etwa RGZ 79, 156; 87, 215, 110, 281; 112, 188; 115, 358; 140, 275; RG: Recht 1912, 1146; RG: Ufita 1931, 634; Staudinger—Weber § 242 Rdz. A 184), also dem Recht zu fristloser Kündigung aus wichtigem Grund (Bappert—Maunz a. a. O. Rdz. 23).

II. Der wichtige Grund

[39] 1. Ein **„wichtiger Grund" ist gegeben,** wenn die Durchführung des Vertrags durch ein Ereignis so erhebl. gefährdet ist, daß das Festhalten an dem Vertrag dem Kündigenden nicht mehr zugemutet werden kann (Staudinger—Weber § 242 Rdz. A 726 mit eingehenden Rechtsprechungsnachw.; Palandt—Heinrichs § 242 Anm. 4 f. mit Nachw.). Drei Eigenschaften kennzeichnen also den „wichtigen" Grund": Ein Ereignis (Rdz. 40), das die Durchführung des Verlagsvertrages erhebl. gefährdet (Rdz. 41), so daß das Festhalten an ihm unzumutbar wird (Rdz. 42).

[40] 2. **Das „Ereignis" des „wichtigen Grundes":**

Der Begriff des „Ereignisses" ist weder im VerlagsG noch im bürgerl. Recht bestimmt. Er ist der Begriffsbestimmung beider Rechtskreise fremd. Dagegen gehört er dem Haftpflicht- u. dem Verfahrensrecht an. So sprechen §§ 2 SHaftpfG, 7 Abs. 2 StVG von unabwendbaren „Ereignissen", §§ 44 S. 1 StPO, 233 Abs. 1 S. 1, 337 S. 1 ZPO von Natur„ereignissen" oder anderen unabwendbaren Zufällen. Jedoch auch hier haben weder die Gesetze noch Rechtspr. und Schriftt. den Begriff des Ereignisses bestimmt (vgl. etwa Floegel—Hartung, Straßenverkehrsrecht[19] München 1971, § 7 StVG Rdz. 26, Wussow, Das Unfallhaftpflichtrecht[10] Köln 1969, Rdz. 709 ff. jeweils mit Rechtsprechungs- und Schrifttumsnachw.).

Der Begriff muß daher hier aus den Worten selbst genommen werden. Danach ist „Ereignis" etwas, das sich ereignet, also bei Abschluß des Verlagsvertrages nicht schon als „feststehende Tatsache" vorhanden ist, vielmehr nach Abschluß des Verlagsvertrages eintritt, gleichgültig ob dieser Eintritt mit oder ohne Zutun einer der Vertragsparteien, ja überhaupt eines Menschen herbeigeführt wird. Im

Rahmen dieser Betrachtung kann das Verhalten eines Subverlegers nicht ohne weiteres unter Anwendung des § 278 BGB als Verhalten des Originalverlegers gewertet werden (BGH: MDR 1964, 393). Beispiele hierfür siehe unten Rdz. 41.

[41] 3. **Die „erhebl. Gefährdung" der Durchführung** des Verlagsvertrages: Der Begriff der „erheblichen Gefährdung" gehört dem bürgerl. Recht an: § 544 BGB. Hier besagt „Gefährdung", daß einerseits die Beschädigung noch nicht eingetreten zu sein braucht, andererseits aber der Eintritt einer Beschädigung immerhin naheliegend sein muß, wenn auch nicht schon in allernächster Zeit (Staudinger—Kiefersauer § 544 Rdz. 6 mit Nachw., ähnl. Palandt—Lauterbach § 1667 Anm. 1 mit Nachw.) und „erheblich", daß die Gefährdung nicht unbedeutend (Staudinger—Kiefersauer a. a. O.) und nicht nur vorübergehend (Palandt—Putzo § 544 Anmerkung 2) sein darf. Eine erhebl. Gefährdung der Durchführung des Verlagsvertrages liegt demgemäß vor, wenn diese nicht nur vorübergehend und nicht nur unbedeutend in Gefahr gerät. Hierher gehören etwa die Fälle, in denen wegen dauernder erhebl. Vermögensschwierigkeiten des Verl. eine wiederholte Verzögerung des Druckes eintritt oder dem Verf. eine Verwirklichung seines Honoraranspruchs nicht möglich ist (vgl. RGZ 79, 160; RG: LZ 1928, 622), ferner Vertragsverletzungen, wie z. B. unzulässiger Nachdruck oder vom Verf. nicht gebilligter Mehrdruck. Auch schwere Beleidigungen der Parteien untereinander können das Verhältnis erschüttern, weil durch den Ausschluß des gedeihl. Zusammenwirkens der Vertragszweck gefährdet ist (vgl. RG: Ufita 1929, 90). Doch darf sich die kündigende Partei nicht auf eine Zuspitzung der persönl. Beziehungen berufen, die sie selbst verschuldet hat (vgl. RG 112, 189). Dagegen ist der Verl. etwa wegen ungünstiger Urteile, die kritisch über die früheren Werke des Verf. abgegeben worden sind, nicht berechtigt, den Vertrag zu kündigen, weil es Sache des Verl. ist, sich vor Vertragsabschluß über die persönl. u. schriftsteller. Qualitäten des Verf. zu erkundigen u. sie richtig einzuschätzen (so RG: LZ 1913, 474, Bappert—Maunz a. a. O. Rdz. 24).

[42] 4. **Zur Frage der Zumutbarkeit** vgl. § 1 Rdz. 10. Durch die Einführung des Begriffs der „Unzumutbarkeit" in das Recht der außerordentlichen Kündigung wird der „wichtige Grund" in die unmittelbare Nähe der „Erschütterung oder des Wegfalls der Vertrauensgrundlage" gerückt, über die § 1 Rdz. 10 zu vergleichen sind. Mit Recht wird daher im Schriftt. (Bappert—Maunz a. a. O. Rdz. 25) ausgeführt, es bedürfe bei der Kündigung „aus wichtigem Grund"

einer sorgfältigen Prüfung, ob das Vertrauensverhältnis zwischen Verf. und Verl. so weit erschüttert sei, daß die Fortsetzung des Vertrages dem einen Teil nicht mehr zugemutet werden könne.

§ 36

Wird über das Vermögen des Verlegers der Konkurs eröffnet, so finden die Vorschriften des § 17 der Konkursordnung auch dann Anwendung, wenn das Werk bereits vor der Eröffnung des Verfahrens abgeliefert worden war.

Besteht der Konkursverwalter auf der Erfüllung des Vertrags, so tritt, wen er die Rechte des Verlegers auf einen anderen überträgt, dieser an Stelle der Konkursmasse in die sich aus dem Vertragsverhältnis ergebenden Verpflichtungen ein. Die Konkursmasse haftet jedoch, wenn der Erwerber die Verpflichtungen nicht erfüllt, für den von dem Erwerber zu ersetzenden Schaden wie ein Bürge, der auf die Einrede der Vorausklage verzichtet hat. Wird das Konkursverfahren aufgehoben, so sind die aus dieser Haftung sich ergebenden Ansprüche des Verfassers gegen die Masse sicher zu stellen.

War zur Zeit der Eröffnung des Verfahrens mit der Vervielfältigung noch nicht begonnen, so kann der Verfasser von dem Vertrag zurücktreten.

[1]

A. Vorbemerkungen

I. Die **Vorschrift**, der „Konkursparagraph" 36, der im Gegensatz zu allen anderen Bestimmungen des VerlG **zwingender Natur** ist, also von den Beteiligten durch Vereinbarungen nicht abgeändert oder aufgehoben werden kann, enthält die Regelung für den Konkurs des Verl. [4]. Sie enthält keine Regelung für den Konkurs des Verf. [31].

[2] **II. Das Verhältnis zu § 17 KO.**

1. Die Vorschrift bezieht sich auf § 17 KO, der folgenden Wortlaut hat:

§ 17 KO

Wenn ein zweiseitiger Vertrag zur Zeit der Eröffnung des Konkursverfahrens von dem Gemeinschuldner und von dem anderen Teil nicht oder nicht vollständig erfüllt ist, so kann der Konkursverwalter an Stelle

des Gemeinschuldners den Vertrag erfüllen und die Erfüllung von dem anderen Teil verlangen.

Der Verwalter muß auf Erfordern des andern Teils, auch wenn die Erfüllungszeit noch nicht eingetreten ist, demselben ohne Verzug erklären, ob er die Erfüllung verlangen will. Unterläßt er dies, so kann er auf der Erfüllung nicht bestehen.

[3] 2. **Abweichend von der Vorschrift des § 17 KO** bestimmt § 36, daß

a) die Konkursmasse als selbstschuldnerischer Bürge haftet, wenn der Konkursverwalter auf der Erfüllung des Verlagsvertrages besteht, die Rechte aus dem Verlagsrecht auf einen anderen Verl. überträgt und dieser seine Verlegerpflichten nicht erfüllt;

b) der Verf. vom Vertrag zurücktreten, also den Erfüllungsanspruch der Masse vereiteln kann, wenn zur Zeit der Eröffnung des Konkursverfahrens mit der Vervielfältigung noch nicht begonnen ist (vgl. dazu Bappert—Maunz § 36 Rdz. 1).

B. Der Konkurs des Verlegers

[4] I. **Überblick**: Die Regelungen nach §§ 36 VerlG 17 KO lassen unterscheiden:

1. Der Verf. hat **bei Konkurseröffnung** das Werk noch **nicht abgeliefert** [6].
2. Der Verf. hat **bei Konkurseröffnung** das Werk **abgeliefert** gehabt. Hier folgende Fälle:
   a) **Mit der Vervielfältigung** war bei Konkurseröffnung **noch nicht begonnen** [7 ff.];
   b) **Mit der Vervielfältigung** war bei Konkurseröffnung **schon begonnen.**
      aa) Der Verf. hat vollständig erfüllt [10].
      bb) Der Verf. hat noch nicht vollständig erfüllt [11 ff.]. Hier 3 Fälle:
      α) Der Konkursverwalter lehnt die Erfüllung des Verlagsvertrages ab [16 ff.].
      β) Der Konkursverwalter wählt die Erfüllung des Verlagsvertrages [21 ff.]
      γ) Der Konkursverwalter überträgt das Verlagsrecht einem anderen Verl. [26 ff.].

[5] 3. Der gemeinsame Begriff **„bei Konkurseröffnung“** bedeutet, wie aus den Absätzen 1 und 3 der Bestimmung ersichtl. ist, „bei Eröffnung des Konkursverfahrens“. Eröffnet wird das Konkursverfahren gemäß § 108 Abs. 1 KO durch den Eröffnungsbeschluß. „Bei Konkurseröffnung“ oder „bei Eröffnung des Konkursverfahrens“ bedeutet also „bei Erlaß des die Stunde des Konkurses angebenden Beschlusses des gemäß § 71 KO zuständigen Amtsgerichts“.

[6] II. Der Verf. hat **bei Konkurseröffnung** das Werk **noch nicht abgeliefert.** Zwischen dem Verf. u. dem nun in Konkurs gegangenen Verl. ist zwar ein Verlagsvertrag abgeschlossen worden, aber keine der Parteien hat mit der Erfüllung der Hauptverpflichtungen aus dem Vertrag begonnen.

1. Der **Verf. kann** vom Verlagsvertrag **zurücktreten.** Das Recht zum Rücktritt ergibt sich freil. nicht aus § 36 Abs. 3. Denn er, wie die ganze Bestimmung setzt voraus, daß der Verf. das Werk vor Konkurseröffnung abgeliefert hat (§ 36 Abs. 1). Das Recht des Verf. zum Rücktritt gründet sich vielmehr auf § 35, weshalb die Anm. zu dieser Vorschrift heranzuziehen sind.

2. Der **Konkursverwalter hat,** da der Verlagsvertrag von keinem Vertragsteil erfüllt ist, **das Wahlrecht** nach § 17 KO. Hierüber siehe unten Rdz. 13 ff.

III. Der Verf. hat bei Konkurseröffnung das Werk **schon abgeliefert gehabt, mit der Vervielfältigung war aber noch nicht begonnen** worden.

Der Verf. kann nach § 36 Abs. 3 vom Vertrag **zurücktreten.**

[7] a) **Der Verf. tritt vom Vertrag zurück.**

aa) Über **Form und Inhalt** der Rücktrittserklärung vgl. § 37 u. die Anm. hierzu. Erklärt wird der Rücktritt gegenüber dem Konkursverwalter. Dieser kann, um Klarheit über die Absichten des Verf. zu gewinnen, diesem eine (angemessene) Frist zur Erklärung über den Rücktritt setzen. Über die „Angemessenheit“ der Frist vgl. § 17 Rdz. 17, § 20 Rdz. 25 ff. Er kann die Entscheidung des Verf. aber einfach auch dadurch herbeiführen, daß er den Beginn der Vervielfältigung ankündigt, u. kann die Entscheidung des Verf. dadurch ausschließen, daß er mit der Vervielfältigung beginnt (Bappert—Maunz a. a. O. Rdz. 7).

[8] bb) **Folgen:** Das Recht des Verf. nach § 36 Abs. 3 ist ein echtes Rücktrittsrecht, nicht ein Kündigungsrecht; denn der Vertrag

wird, wenn der Verf. sein Recht ausübt, nicht nur für die Zukunft gelöst, sondern auch für die Vergangenheit. Die Vertragschließenden haben sich, was sie auf Grund des Vertrages empfangen haben, zurückzugewähren. Der Verf. hat also eine etwa schon erhaltene Vergütung an die Konkursmasse zu erstatten, während ihm freil. nur Konkursforderungen zustehen (Allfeld § 36 Anm. D 19 b δ). Dagegen kann er das an den Verl. abgelieferte Manuskript nach § 43 KO aussondern, da es sein Eigentum geblieben ist. Sein Aussonderungsrecht ist nicht an den Vorbehalt der Rückgabe geknüpft, den § 27 bei der Rückgabe nach der Vervielfältigung voraussetzt (a. A. Hoffmann Anm. I 1 für den Fall, daß sich der Verf. die Rückgabe nicht gemäß § 27 vorbehalten hat. Aber das Fehlen des Vorbehalts gibt dem Verl. nur ein Recht zum Besitz nach § 986 BGB, das dem Aussonderungsverlangen jedoch nicht entgegengehalten werden kann. Von Bedeutung ist der Vorbehalt des § 27 im Konkurs daher ledigl. für den Anspruch auf eine unversehrte Rückgabe; vgl. dazu § 27 Rdz. 3). Ein Anspruch auf Auslagenersatz, wie ihn § 35 Abs. 2 dem Verl. gibt, steht beiden Parteien nicht zu (Allfeld a. a. O., Bappert—Maunz a. a. O. Rdz. 8).

[9] b) **Der Verf. tritt nicht vom Vertrag zurück.**

aa) **Form:** Der Nichtrücktritt kann ausdrückl., etwa durch Erklärung gegenüber dem Konkursverwalter erfolgen. Er kann sich aber auch aus dem Verhalten des Verf. ergeben, so etwa wenn er die Anfrage des Konkursverwalters, ob er an dem Vertrag festhalten wolle, mit der Übersendung des restl. Teiles des Manuskripts oder mit dem Verlangen nach einem Honorarvorschuß beantwortet.

bb) **Folge:** Der Konkursverwalter kann (u. muß) gemäß § 17 Abs. 2 KO auf Aufforderungen des Verf. sich erklären, ob er an Stelle des Verl. den Vertrag erfüllen und die Erfüllung vom Verf. verlangen will oder nicht. Wegen der Einzelheiten vgl. unten Rdz. 15.

[10] IV. Der Verf. hat bei Konkurseröffnung das Werk schon abgeliefert gehabt, mit der Vervielfältigung war auch schon begonnen worden.

Hier hängt die weitere Entwicklung davon ab, ob der **Verf.** über die Ablieferung des Werkes hinaus **alle seine Verpflichtungen** aus dem Verlagsvertrag **erfüllt** hat.

1. **Der Verf. hat den Vertrag vollständig erfüllt.** Er hat dann keine Pflichten, nur noch Rechte aus dem Verlagsvertrag, die er gegenüber dem Konkursverwalter geltend machen kann. Hierüber siehe unten Rdz. 11.

2. Der **Konkursverwalter hat keine Rechte, nur noch Pflichten** aus dem Verlagsvertrag, die er gegenüber dem Verf. zu erfüllen hat.

V. Der Verf. hat bei Konkurseröffnung das Werk schon abgeliefert gehabt, mit der Vervielfältigung war auch schon begonnen worden. Der Verf. hat aber seine sonstigen Verpflichtungen aus dem Verlagsvertrag nicht vollständig erfüllt.

[11] 1. Ob man, wenn die Ablieferung erfolgt ist, noch annehmen kann, der Verf. habe noch nicht vollständig erfüllt, ob namentl. die Beobachtung der Enthaltungspflicht (§ 2) u. die Gestattung der Vervielfältigung u. Verbreitung (§ 1) noch zur Erfüllung des Vertrages gehört, könnte zweifelhaft sein. Das Gesetz hat diesen Zweifel abgeschnitten durch die Vorschrift, § 17 KO finde auch dann Anwendung, wenn das Werk bereits vor der Eröffnung des Konkursverfahrens abgeliefert ist. Damit ist zum Ausdruck gebracht, daß auch nach der Ablieferung des Werkes bis zur Beendigung des Vertragsverhältnisses **die vollständige Erfüllung** seitens des Verf. **nicht** denken läßt, da insbes. die Verbreitung der zulässigen Zahl von Abzügen der Verf. fort u. fort gestatten muß, wenn auch vielleicht die Enthaltungspflicht früher ein Ende erreicht (s. z. B. § 3). Das gilt auch, wenn zur Zeit der Konkurseröffnung das Werk vollständig vervielfältigt u. teilweise auch schon verbreitet ist, wenn nur die ganze Auflage nicht schon erschöpft ist; ja wenn der Gemeinschuldner das Recht hat, weitere Auflagen zu veranstalten (Allfeld a. a. O. Anm. B 6).

[12] 2. **Der Verf. kann,** da mit der Vervielfältigung schon begonnen wurde, **weder auf Grund § 35 noch auf Grund § 36 Abs. 3 vom Vertrag zurücktreten.** (Hoffmann § 36 Anm. II 1). Er ist davon abhängig, wie der Konkursverwalter die vertraglichen Beziehungen zu gestalten beabsichtigt.

3. **Der Konkursverwalter kann das Wahlrecht aus § 17 KO geltend machen.** Bezüglich der Ausübung des Wahlrechts gilt grundsätzl. folgendes:

[13] a) Die vom Konkursverwalter abzugebende **Erklärung** muß **eindeutig** sein. Vorbehalte, durch welche die an die Erklärung ge-

knüpften Rechtsfolgen eingeschränkt werden, machen die Wahlausübung unwirksam. Eine einmal abgegebene und dem Verf. zugegangene Wahlerklärung kann der Konkursverwalter nicht mehr einseitig widerrufen, wohl aber allenfalls nach §§ 119, 123 BGB wegen Irrtums oder arglistiger Täuschung anfechten (Allfeld a. a. O. Anm. C 9, Bappert—Maunz a. a. O. Rdz. 14).

[14] b) Die Erklärung ist **dem Verf. gegenüber abzugeben.** Einer ausdrückl. Erklärung ist ein entsprechendes Handeln des Konkursverwalters, das als Ablehnung der Erfüllung oder als Bestehen auf Erfüllung gedeutet werden kann, gleichzustellen. So gilt als Verlangen auf Erfüllung etwa die Weiterzahlung des Honorars oder die Fortsetzung der Vervielfältigung des Werkes; als Erfüllungsablehnung etwa das Bestreiten einer angemeldeten Honorarforderung des Verf. (Bappert—Maunz a. a. O.).

[15] c) **Erklärt sich der Konkursverwalter nicht,** so kann ihn der Verfasser gemäß § 17 Abs. 2 KO zur Erklärung auffordern. Zwei Fälle:

aa) Der Konkursverwalter erklärt sich nicht „ohne Verzug“, also gemäß § 121 Abs. 1 S. 1 BGB nicht „ohne schuldhaftes Zögern“. Das ist nicht dasselbe wie „sofort“ (dazu § 11 Rdz. 3).
Dem Konkursverwalter muß eine **angemessene Überlegungsfrist** zustehen (vgl. dazu RGZ 124, 118), auch, ja gerade hier zur Beratung mit Rechtskundigen (RG: HRR 1931, 584; auch Staudinger—Coing § 121 Rdz. 3, Palandt—Heinrichs § 121 Anm. 3, Allfeld a. a. O. Anm. C I 10 b) und Wirtschaftssachverständigen, ganz bes. dann, wenn der Konkursverwalter selbst nicht Verlagsfachmann ist u. die Tragweite seiner Entscheidung nicht abschätzen kann. Hat der Konkursverwalter diese Möglichkeiten erschöpft u. sich dennoch nicht erklärt, ist sein Wahlrecht erloschen (Allfeld a. a. O. Anm. B 7). Er kann dann die Erfüllung des Verlagsvertrages nicht mehr fordern. Der Verf. hat nunmehr statt der Ansprüche aus dem Verlagsvertrage einen Anspruch auf Schadensersatz wegen Nichterfüllung, der nach § 252 BGB auch entgangenen Gewinn mit umfaßt. Mit Erlöschen des Verlagsvertrages erlischt auch das Verlagsrecht. Weder der Verl. noch der Konkursverwalter können nun das Verlagswerk vervielfältigen u. verbreiten. Das Urheberrecht des Verf. ist wieder zum Vollrecht geworden, so daß der Verf. nun wieder frei über sein Werk verfügen kann (Hoffmann a. a. O. Anm. II 1 a).

bb) Der Verf. fordert den Konkursverwalter nicht zur Erklärung auf; dieser gibt auch von sich aus keine Erklärung ab. Hier bleibt das Vertragsverhältnis zwischen Verf. und Verl. unberührt u. kann nach Konkursbeendigung in der ursprüngl. Gestalt geltend gemacht werden. Der Verwalter kann aber bis zur Konkursbeendigung sein Wahlrecht noch ausüben (Hoffmann a. a. O., Allfeld a. a. O. Anm. B 8).

VI. Der Konkursverwalter wählt die Ablehnung der Erfüllung des Verlagsvertrages

1. Über **Form und Inhalt der Ablehnung** vgl. oben Rdz. 13, 14.

[16] 2. **Wirkungen der Ablehnung:**

a) **für den Verlagsvertrag und das Verlagsrecht:** Der Verlagsvertrag und die sich aus ihm ergebenden beiderseitigen Erfüllungsansprüche erlöschen für die Zukunft (RGZ 86, 250), aber nicht rückwirkend. Das gleiche gilt für das Verlagsrecht als solches (Bappert—Maunz a. a. O. Rdz. 22).

[17] b) **für den Verf.:**

aa) **Honorar:** An die Stelle des Honoraranspruchs tritt eine gewöhnl. Konkursforderung des Verf. auf Schadensersatz wegen Nichterfüllung (RG 86, 250). Inhalt u. Umfang des Schadensersatzanspruches richten sich nach den allg. Bestimmungen des bürgerl. Rechts (§§ 249 ff. BGB); der Schadensersatz umfaßt auch den entgangenen Gewinn (§ 252 BGB). Mitwirkendes Verschulden des Verf. (etwa bei verspäteter Ablieferung des Manuskriptes) ist nach § 254 BGB entspr. zu berücksichtigen (Bappert—Maunz a. a. O.). Andererseits braucht der Verf. ein vor Konkurs empfangenes Honorar nicht herauszugeben, muß es sich aber auf die Schadensersatzforderungen anrechnen lassen. Übersteigt das Honorar den Schaden, dann hat der Verf. den Mehrwert der Masse nach Bereicherungsgrundsätzen wegen Wegfalls des Rechtsgrundes herauszugeben. Wegfall des Rechtsgrundes ist hier nicht die Auflösung des Vertrages, sondern das Nichtmehrbestehen von Erfüllungsansprüchen. Damit ist der rechtl. Grund der in Erfüllung des Verlagsvertrages bewirkten Honorarzahlung weggefallen (vgl. RGZ 135, 172).

bb) **Druckkostenzuschüsse** des Verf. können nicht zurückgefordert werden (Allfeld a. a. O. Anm. C 11).

[18] cc) **Manuskript:** Das Erlöschen der ursprüngl. Erfüllungsansprüche hat zur Folge, daß der Verf. Rückgabe seines Manuskripts verlangen kann, da dieses in das Eigentum des Verl. nicht übergegangen ist. Für die hier vertretene Ansicht spricht neben den rechtlichen Erwägungen (dazu § 27 Rdz. 5) auch die Natur der Sache. Wozu sollte der Konkursverwalter das Manuskript behalten dürfen, wenn er es doch nicht zur Vervielfältigung benutzen darf? Anderseits würde der Verf. ohne das Manuskript über sein Werk nicht verfügen können. Selbst wenn die Annahme, der Verl. erwerbe durch die Übergabe an dem Manuskript das Eigentum, zuträfe, so wäre dieser Erwerb doch an die Bedingung der Fortdauer des Verlagsverhältnisses geknüpft (Allfeld a. a. O; a. A. Hoffmann a. a. O. II 1 a).

[19] dd) **Restauflage bei Konkurseröffnung:** Der Verf. kann die bei Konkurseröffnung im Verlag vorhandenen fertigen Exemplare des Werkes nicht herausverlangen. Sie sind, da vom Verl. hergestellt, dessen Eigentum u. gehören zur Konkursmasse. Der Konkursverwalter muß die Exemplare, da er sie nicht mehr verbreiten darf, makulieren, es sei denn, der Verf. übernimmt sie gegen Verrechnung auf seinen Schadensersatzanspruch (Allfeld a. a. O. mit Nachw., Bappert—Maunz a. a. O.).

c) **Für den Konkursverwalter:** Mit dem Erlöschen des Verlagsrechtes erlischt auch das Recht des Konkursverwalters zur Vervielfältigung u. Verbreitung des Werkes.

[20 a] bb) Er kann den **Verf. nicht daran hindern,** nun **über das lage** nicht verwerten. Hierüber im einzelnen oben Rdz. 19.

[20] aa) Er darf die bei Konkurseröffnung vorhandene **Restauflage** nicht verwerten. Hierüber im einzelnen oben Rdz. 19.

[21] bb) Er kann den **Verf. nicht daran hindern,** nur **über das Werk frei zu verfügen.**

α) Wenn er das Verlagsgeschäft mit Aktiven u. Passiven an einen Dritten veräußert, kann dieser das Verlagsrecht an dem Werk des Verf. nicht geltend machen. Dieses Recht ist als solches erloschen u. steht allein dem Verf., nicht aber dem Konkursverwalter oder einem Dritterwerber zu (Allfeld a. a. O. mit Nachw.).

β) Dagegen kann der Verf. seinerseits mit einem anderen Verl. einen Verlagsvertrag über das Werk schließen. Erzielt er dabei eine geringere Vergütung als die ihm der Gemeinschuldner versprochen hatte, kann er für den Ausfall von der Konkursmasse als Konkursgläubiger Ersatz verlangen. Dieser Anspruch ist gewöhnliche Konkursforderung (Voigtländer—Elster § 36 Anm. 2 b).

VII. Der Konkursverwalter wählt die Erfüllung des Verlagsvertrages

[21] 1. **Über Form u. Inhalt der Erklärung** vgl. oben Rdz. 13, 14. Stillschweigend kann die Erfüllung des Verlagsvertrags etwa dadurch erklärt werden, daß der Konkursverwalter das Manuskript einem anderen Verl. zur Vervielfältigung übergibt oder selbst den Druck auszuführen beginnt oder den begonnenen Druck vollendet oder Anstalten zur Veräußerung der vorhandenen Abzüge trifft u. dgl. Veräußert der Konkursverwalter das ganze Verlagsgeschäft des Gemeinschuldners, ohne das Verlagsrecht an einem der Werke auszunehmen, so bringt er damit zum Ausdruck, daß er alle Verlagsverträge erfüllen will (Hoffmann a. a. O. Anm. II 1 b, Allfeld a. a. O. Anm. C ii 12).

2. **Wirkungen der Erfüllungserklärung.**

[22] a) **für den Konkursverwalter:**
Er ist genau wie der Verl. **an den Verlagsvertrag gebunden.**

aa) Er hat das Werk zu vervielfältigen u. zu verbreiten, dem Verf. das Honorar zu zahlen, Freiexemplare zu liefern, gemäß § 12 Änderungen zu gestatten u. gem. § 17 rechtzeitig Neuauflagen zu veranstalten. Diese **Erfüllungsansprüche** des Verf. sind Masseschulden (§ 59 Ziff. 2 KO). Masseschulden sind auch gemäß § 51 Ziff. 1 KO etwaige Schadensersatzforderungen des Verf., die aus fehlerhafter Vertragserfüllung durch den Konkursverwalter oder aus Verletzung der Unterlassungspflichten nach §§ 4, 13 entstehen (Hoffmann a. a. O., Allfeld a. a. O. Anm. C II 12 ff., Bappert—Maunz a. a. O. Rdz. 17).

[23] bb) **Einwendungen** u. Einreden für u. gegen den Verl. bestehen für u. gegen den Konkursverwalter weiter. Das gilt insbes. für die Vereinbarung von Lieferterminen u. für den Verzug. Befand sich daher der Verl. mit der Vervielfältigung des Werkes in Verzug u. hat der Verf. schon vor Konkurseröffnung wegen ergebnislos abgelaufener Frist Schadensersatz wegen Nichterfüllung verlangt, oder ist er vom Vertrag zu-

rückgetreten, so ist der Konkursverwalter nicht mehr in der Lage, „an Stelle des Gemeinschuldners“ (Verl.) Erfüllung zu verlangen. Der Verf. hat dann hinsichtl. seiner Schadensersatzansprüche nur eine Konkursforderung, da die Nichterfüllung keine Konkursfolge bildet. Wenn dagegen die dem Verl. gesetzte Frist über den Konkursbeginn hinausläuft, kann der Konkursverwalter innerhalb dieser Frist noch erfüllen u. seinerseits Erfüllung verlangen (Allfeld a. a. O. Anm. C II 14, Bappert—Maunz a. a. O. Rdz. 18 mit Nachw.).

b) Für **den Verf.**:

[24] aa) Er hat alle **Verpflichtungen** aus dem Verlagsvertrag **zu erfüllen,** insbes. sich jeder Vervielfältigung u. Verbreitung des Werkes zu enthalten, den Rest des Manuskriptes sofort u. druckreif abzuliefern u. für eine vertragl. vereinbarte Korrektur zu sorgen.

[25] bb) Dem hierauf gerichteten Verlangen kann sich der Verf. bezügl. der Ablieferung des Manuskripts auf die Einrede aus § 321 BGB berufen, wenn infolge zu geringer Masse sein Anspruch auf das **Honorar** sogar als bevorzugtes Massegläubigerrecht **gefährdet** erscheint (Allfeld a. a. O., Bappert—Maunz a. a. O., Staudinger § 321 Rdz. 9). Damit ist allerdings dem Verf. in der Regel nicht viel gedient. Denn er will nicht nur seine eigene Leistung verweigern können, sondern darüber hinaus Gewißheit erhalten, wie sich der auf Erfüllung des Verlagsvertrags bestehende Konkursverwalter die Zahlung oder Minderzahlung des Honorars vorstellt. Diese Gewißheit gibt ihm § 321 BGB nicht. Denn er läßt das Vertragsverhältnis in der Schwebe, gibt auch kein Rücktritts- oder Schadensersatzrecht, kann den Verzug des Konkursverwalters u. demgemäß die Möglichkeiten aus § 326 BGB nicht begründen (Palandt—Heinrichs § 321 Anm. 3). Der durch § 321 BGB erzielte Schwebezustand muß aber irgendeinmal ein Ende nehmen. Der Verf. muß wissen, ob er noch mit der schließl. Erfüllung des Vertrags zu rechnen hat oder nicht; er muß wissen, ob er die Leistung noch weiter bereit halten muß oder nicht. Man wird infolgedessen dem Verf. auf Grund des § 242 BGB das Recht einräumen müssen, vom Vertrag zurückzutreten, wenn der Konkursverwalter sich weigert, Zug um Zug zu erfüllen oder Sicherheit zu leisten, oder wenn dieser innerhalb einer ihm hierwegen zu setzenden angemessenen Frist keine Erklärung darüber abgibt, ob er zur

Leistung Zug um Zug oder zur Sicherheitsleistung bereit ist. Dieses Rücktrittsrecht läßt sich aus § 242 BGB ableiten, da es mit Treu u. Glauben nicht vereinbar wäre, daß der Verf., der durchaus vertragstreu ist u. nur von seinem gesetzl. Recht aus § 321 BGB Gebrauch machen will, dauernd im Ungewissen darüber bleiben sollte, ob er seine Leistung noch bereitzuhalten hat oder nicht. Andernfalls könnte der Konkursverwalter die Abwicklung des Vertrages zu einem in seine Willkür gestellten Schwebezustand bringen. Ein solches Verhalten braucht sein Vertragspartner nicht hinzunehmen, weil es dem Wesen u. Zweck des Vertrages u. dem Gedanken widerspräche, daß der Schuldner grundsätzl. alles zu unterlassen hat, was geeignet ist, die Erreichung des Schuldzweckes zu vereiteln (Staudinger a. a. O. Rdz. 34, vgl. auch Palandt—Heinrichs a. a. O.). Über den Rücktritt des Verf. s. § 37 u. die Anm. hierzu.

VIII. Der Konkursverwalter wählt die Übertragung der Verlagsrechte auf einen Dritten

[26] 1. **Zulässigkeit der Übertragung**: Hier ist zu unterscheiden

a) die Zulässigkeit der **Übertragung der Verlagsrechte an allen Werken des Verf.** Für diese bestehen die gleichen Voraussetzungen, wie für die Übertragung durch den Verl. (§ 28, dessen Anm. zu vergleichen sind); denn der Konkursverwalter nimmt die Übertragung vor, um auf diesem Wege an Stelle des Verl., des Gemeinschuldners, den Vertrag zu erfüllen, er kann aber nicht in weiterem Umfang die Rechte des Verl. übertragen, als dieser selbst (Allfeld a. a. O. Anm. C II 16 a, Bappert—Maunz a. a. O. Rdz. 19);

b) die Zulässigkeit der **Übertragung der Verlagsrechte an einzelnen Werken des Verf.** Der Konkursverwalter kann die Rechte des Verl. ohne Zustimmung des Verf. nicht übertragen, wenn der Übertragungsvertrag nur über einzelne Werke geschlossen werden soll. Verweigert der Verf. die Zustimmung ohne wichtigen Grund, so kann der Konkursverwalter die Zustimmung im Prozeßwege erzwingen. Er handelt auch hier „an Stelle“ des Gemeinschuldners; darum kann er wie dieser den Anspruch auf Erteilung der Zustimmung erheben (Allfeld a. a. O., Bappert—Maunz a. a. O.);

[27] c) **die Zulässigkeit der Übertragung bei vertragl. Ausschluß der Übertragbarkeit.**

aa) Über die **Zulässigkeit** des vertragl. Ausschlusses der Übertragbarkeit vgl. § 28 Rdz. 11 ff. Gegen einen zur Benachteiligung von Gläubigerinteressen vereinbarten Ausschluß der Übertragbarkeit des Verlagsrechtes schützt die Anfechtung nach §§ 29 ff. KO (Bappert—Maunz a. a. O.).

bb) Ist der **Ausschluß** der Übertragbarkeit der Rechte aus dem Verlagsvertrag **zulässig** u. überträgt sie der Konkursverwalter trotzdem, ergeben sich folgende Rechtsbeziehungen:

α) **Konkursverwalter u. Erwerber:**
Der Meinung des Schriftt. (Hoffmann a. a. O. Anm. II 1 b/bb, Bappert—Maunz a. a. O. Rdz. 19), daß der Erwerber kein Verlagsrecht erwerbe, weil der Konkursverwalter nicht mehr Rechte übertragen könne, als er habe, kann jedenfalls in dieser allg. Form nicht beigetreten werden. Die Übertragung der Rechte ist eine Verfügung über sie, die der Konkursverwalter als (infolge des Ausschlusses der Übertragbarkeit) Nichtberechtigter trifft. Das rechtl. Schicksal dieser Verfügung des nichtberechtigten Konkursverwalters hängt von der Stellungnahme des Verf. zu ihr ab. Hat er zu ihr seine Einwilligung erteilt, was geschehen wird, wenn der Erwerber ein ebenso anerkannter wie vermögl. Verl. ist (so auch Hoffmann a. a. O.), wird die Übertragung gemäß § 185 Abs. 1 BGB mit seiner Einwilligung, genauer mit der Erteilung der Einwilligung durch ihn wirksam. Hat der Verf. die Einwilligung zur Übertragung nicht erteilt, wird diese gemäß § 185 Abs. 2 S. 1 BGB nur wirksam, wenn er sie genehmigt, also nachträgl. seine Zustimmung zur Übertragung gibt (vgl. Staudinger—Coing § 185 Rdz. 6). Bis dahin besteht ein Schwebezustand. Dieser endet nicht durch bloßen Zeitablauf, während dessen noch das Genehmigungsrecht besteht. Wohl aber kann er dadurch endigen, daß der Verf., der um die Verfügung über seinen Gegenstand weiß, dieser Verfügung ruhig zusieht, ohne ihr zu widersprechen, obwohl ihm Anlaß dazu gegeben war; denn in solchem Verhalten kann den konkreten Umständen nach eine Genehmigung durch schlüssiges Verhalten zu finden sein. Bestritten ist, ob die Verweigerung der Genehmigung widerrufen werden kann, ob also der Verf. trotz verweigerter Genehmigung diese nachträgl. doch noch erteilen u. dadurch das Geschäft wirksam machen kann. Im Zweifel wird man annehmen dürfen, daß, wenn die Parteien die Genehmigungsbedürftigkeit des Geschäftes gekannt haben, sie, wenn einmal die Genehmigung verweigert wird, nicht weiter gebunden sein wollen. Grundsätzl. Unwiderruflichkeit der Genehmi-

gungsverweigerung wird angenommen in der eingehend begründeten RGZ 139, 118 ff. (Staudinger—Coing a. a. O.).

[28] β) **Konkursverwalter u. Verf.**:

Hier gilt das Voraufgeführte entspr. Hat der Verf. in die Übertragung eingewilligt, ist sie gemäß § 185 Abs. 1 BGB wirksam. Der Erwerber tritt an die Stelle von (Verl. u.) Konkursverwalter. Hierüber siehe unten Rdz. 29. Ist die Übertragung ohne Einwilligung des Verf. erfolgt, hängt sie zwischen Konkursverwalter u. Erwerber in der Schwebe. Dem Verf. gegenüber hat in dieser Zeit der Konkursverwalter die Stellung des Verl. Verweigert der Verf. die Genehmigung, etwa weil er einen für ihn günstigeren Verl. gefunden hat, ist die Übertragung des Konkursverwalters rückwirkend unwirksam (vgl. Palandt—Danckelmann § 185 Anm. 2). Der Konkursverwalter muß hier selbst die Vervielfältigung u. Verbreitung des Werkes vornehmen, sofern er es, zumal wenn die Bewirkung der Verlagsverpflichtungen sich über Jahre hinziehen kann, nicht vorzieht, die Erfüllung des Vertrages mit u. gegenüber dem Verf. abzulehnen (Hoffmann a. a. O.).

2. Wirkungen der (zulässigen) Übertragung.

[29] a) Der **Erwerber tritt an Stelle der Konkursmasse** in die sich aus dem Vertragsverhältnis ergebenden Verpflichtungen ein. Einer bes. Übernahme dieser Verpflichtungen dem Konkursverwalter gegenüber bedarf es hier nicht (anders im Falle der Übertragung durch den Verl. selbst, § 28 Abs. 2 Satz 2). Der Erwerb hat also hier ausnahmsweise die Wirkung einer befreienden Schuldübernahme (Hoffmann a. a. O./aa, Allfeld a. a. O. Anm. C 17 b/aa) i. S. der §§ 414 ff. BGB. Demgemäß ist der Erwerber berechtigt, Bücher unter Beibehaltung der Firma des in Konkurs geratenen Verlags auf dem Titelblatt zu verwerten (OLG Dresden: GRUR 1913, 113). Nur er ist noch verpflichtet, das Werk zu vervielfältigen u. zu verbreiten, Honorar zu zahlen usw. Die Konkursmasse haftet nicht mehr unmittelbar für die Erfüllung des Verlagsvertrages (Bappert—Maunz a. a. O. Rdz. 20).

[30] b) Doch **scheidet die Konkursmasse nicht aus jeder Haftung aus.** Sie bleibt vielmehr dem Verf. im Falle der Nichterfüllung der Verpflichtungen durch den Erwerber für den hieraus entstehenden Schaden wie ein Bürge verhaftet, der auf die Einrede der Vorausklage verzichtet hat (§ 773 Nr. 1 BGB). Der Verf. kann sich also

wegen seiner Schadensersatzansprüche sofort an die Konkursmasse halten, ohne zuvor den Erwerber ergebnislos in Anspruch genommen zu haben. Der Konkursverwalter kann jedoch die dem Erwerber zustehenden Einreden geltend machen (§ 768 BGB). Um auch durch diese Haftung der Konkursmasse die Beendigung des Konkursverfahrens nicht aufzuhalten, enthält Abs. 2 Satz 3 folgerichtig die Bestimmung, daß die aus dieser Haftung sich ergebenden Ansprüche des Verf. gegen die Masse bei Aufhebung des Konkursverfahrens sicherzustellen sind. Der Aufhebung des Konkursverfahrens (§§ 163 ff. KO) ist die Einstellung des Konkursverfahrens (§§ 202 ff. KO) gleichzustellen. Der Konkursverwalter hat jedoch nur solche Ansprüche der Berechnung der Sicherheitsleistung zugrunde zu legen, die bei Beendigung des Konkurses dem Verf. zustehen, nicht auch künftige Haftungsmöglichkeiten zu berücksichtigen. Die Sicherstellung erfolgt nach Maßgabe der §§ 232 ff. BGB. Diese Verbindlichkeit ist eine bedingte Masseschuld (Hoffmann a. a. O., Allfeld a. a. O./bb, Bappert—Maunz a. a. O.).

C. Der Konkurs des Verf.

[31] I. Der Konkurs des noch lebenden Verf.

1. **Konkursmasse:** Beim Konkurs des Verf. kommt es darauf an, welche Rechte aus seinem Verlagsvertrag mit dem Verl. zur Konkursmasse gehören (Gamm § 34 Rdz. 19, Möhring—Nicolini § 112 Anm. 2). Was zur Konkursmasse gehört, bestimmt § 1 Abs. 1 KO, der lautet:

Das Konkursverfahren umfaßt das gesamte, einer Zwangsvollstreckung unterliegende Vermögen des Gemeinschuldners, welches ihm zur Zeit der Eröffnung des Verfahrens gehört (Konkursmasse).

Ob also Rechte des Verf. aus seinem Verlagsvertrag mit dem Verl. zu seiner Konkursmasse gehören, bemißt sich darnach, ob die Rechte der Zwangsvollstreckung unterliegen. Das wiederum richtet sich grundsätzl. nach § 113 S. 1 UrhG, der lautet:

Gegen den Urheber ist die Zwangsvollstreckung wegen Geldforderungen in das Urheberrecht nur mit seiner Einwilligung und nur insoweit zulässig, als er Nutzungsrechte einräumen kann.

2. Hieraus ergeben sich 3 Gruppen von Rechten des Verf. aus dem Verlagsvertrag:

[32] a) **Rechte, bezüglich deren der Verf. Nutzungsrechte nicht einräumen kann, die daher der Zwangsvollstreckung nicht unterworfen sind** u. demgemäß nicht zur Konkursmasse gehören:

aa) Das **Urheberrecht als Ganzes.** Das folgt aus der grundsätzl. Unübertragbarkeit des Urheberrechts (§§ 29 S. 2 UhrG, 857 Abs. 3 ZPO).

bb) **Das Urheberrecht mit seinem umfassenden Verwertungsrecht als Ganzes** (§ 15 UhrG). Das folgt ebenfalls aus der Unübertragbarkeit (§§ 29 S. 2 UrhG, 857 Abs. 3 ZPO). Es ergibt sich auch aus der Unübertragbarkeit künftiger (von dem umfassenden Verwertungsrecht umschlossener) Rechte (§ 31 Abs. 4 UrhG). Dieser Rechtslage entspricht der Wortlaut des § 113 S. 1 UrhG.

cc) **Das Urheberpersönlichkeitsrecht,** da dieses kein der Vollstreckung unterliegendes Vermögensrecht ist (§ 857 Abs. 1 ZPO). Diese Rechtsfolge ergibt sich auch aus der Unübertragbarkeit des vollen Rechts, die ihrerseits auf die Unübertragbarkeit des urheberpersönlichkeitsrechtl. Kerns zurückgeht. Auch dem entspricht der Wortlaut des § 113 S. 1 UrhG.

dd) **Urheberpersönlichkeitsrechtliche Berechtigungen,** da auch diese keine Vermögensrechte darstellen (§ 857 Abs. 1 ZPO). Das ergibt sich ferner aus § 113 S. 1 UrhG, da sich die Nutzungsrechtseinräumung nicht auf urheberpersönlichkeitsrechtl. Berechtigungen erstreckt (vgl. Gamm § 112 Rdz. 3, § 113 Rdz. 6).

ee) Die im Besitz des Verf. befindl. **Exemplare,** insbes. die ihm gelieferten Freiexemplare. Denn zwar stehen sie im Eigentum des Gemeinschuldners, dem zwar eine Verbreitung dieser Exemplare, nicht aber eine gewerbsmäßige Verbreitung zusteht. Die Verwertung durch den Konkursverwalter stellt aber eine gewerbsmäßige Verbreitung dieser Exemplare dar u. würde daher einen unzulässigen Eingriff in die ausschließl. Befugnis des Verl. darstellen (Hoffmann § 36 Anm. I 1).

[33] b) **Rechte, die der Zwangsvollstreckung (unbedingt) unterworfen sind u. daher zur Konkursmasse gehören:**

aa) **Zahlungsansprüche,** die aus urheberpersönlichkeitsrechtl. Berechtigungen (§§ 26 Abs. 1, 36 Abs. 1 UrhG) oder ihrer Verletzung herrühren (§ 97 Abs. 2 UrhG) ab vertragl. Anerkennung oder Rechtshängigkeit (§§ 851 Abs. 1 ZPO, 26 Abs. 2 S. 2, 36 Abs. 3 S. 2, 97 Abs. 2 S. 2 UrhG, vgl. dazu Bappert—Maunz a. a. O. Rdz. 37, Gamm § 113 Rdz. 6).

bb) **Zahlungsansprüche auf Vergütung oder Honorar** (Hoffmann a. a. O. Anm. I 2, Bappert—Maunz a. a. O.) oder Schadensersatz wegen Nichterfüllung, soweit sie vor Konkurseröffnung entstanden sind.

c) **Rechte, die der Zwangsvollstreckung bedingt unterworfen sind** u. daher nur bei Eintritt dieser Bedingung zur Konkursmasse gehören. Das sind die Rechte, in die die Zwangsvollstreckung nur mit Einwilligung des Verf. zulässig ist, die daher der Konkursmasse nur angehören, wenn der Verf. diese Einwilligung erteilt hat. Hierüber nun unter 3.

3. Die bedingt zur Konkursmasse gehörenden Rechte.

a) Zu den Rechten des Verf., in die nur mit seiner Einwilligung zwangsvollstreckt werden kann u. die erst dann zur Konkursmasse gehören, zählen

[34] aa) **alle Rechte** des Verf. **aus dem Verlagsvertrag** mit Ausnahme von Vergütung u. Schadensersatz wegen Nichterfüllung, also insbes. etwa die Rechte aus §§ 2 Abs. 2, Abs. 3, 12, 25 (Anspruch auf Freiexemplare) u. 26 (Anspruch auf Autorenpreisexemplare);

[35] bb) **das Manuskript.** Dieses ist Original i. S. des Urheberrechts (Gamm § 114 Rdz. 4, Möhring—Nicolini § 114 Anm. 3). Die Zwangsvollstreckung in das Manuskript richtet sich daher nach § 114 Abs. 1 UrhG, der Anh. S. 447 abgedruckt ist.

Für das frühere Recht vgl. etwa Hoffmann § 28 Anm. 7, Ulmer S. 309 Ziffer II.

[36] b) Die **Einwilligung des Verf.**

aa) **Wesen** der Einwilligung: Sie ist vorherige Zustimmung (§ 183 Abs. 1 BGB) und kann nach dieser Bestimmung bis zum Beginn der Zwangsvollstreckung (Gamm § 113 Rdz. 7), also auch bis zur Eröffnung des Konkurses widerrufen werden.

[37] bb) **Bindungsfreiheit** der Einwilligung. Diese ist an keine Form gebunden (Bappert—Maunz a. a. O. Rdz. 36, Gamm a. a. O.) u. kann unbeschränkt oder räuml., zeitl. oder inhaltl. beschränkt werden. Gegen solche Beschränkungen, auch in zeitl. Hinsicht, bestehen aus dem Wesen der Zwangsvollstreckung keine Bedenken. Denn sie konkretisieren im Ergebnis ledigl. den Umfang des der Pfändung unterliegenden Verwertungsrechts (Ulmer S. 307 Ziff. II 1, Gamm a. a. O.). Aus der zeitl. Bindungsfreiheit der Einwilligung ergibt sich, daß sie, da sie gegenüber dem Konkursverwalter abgegeben werden muß, auch nach Konkurseröffnung wirksam erklärt werden kann (Bappert—Maunz a. a. O. Rdz. 35 mit Nachw.).

[38] cc) **Unersetzbarkeit** der Einwilligung: Die Einwilligung kann nach §§ 113 S. 2, 114 Abs. 1 S. 2 UrhG nicht durch den gesetzl. Vertreter erteilt werden. Das bedeutet

α) Ist der Verf. geschäftsunfähig, gibt es keine Einwilligungsmöglichkeit (Gamm a. a. O.). Der Geschäftsunfähige kann nicht einwilligen (Bappert—Maunz a. a. O.), der gesetzl. Vertreter darf nicht einwilligen. Das Werk des Geschäftsunfähigen kann daher nicht in die Konkursmasse fallen (Bappert—Maunz a. a. O.; gegen diese Regelung Möhring—Nicolini § 113 Anm. 5);

β) Ist der Verf. in der Geschäftsfähigkeit beschränkt, kann er nur mit Einwilligung seines gesetzl. Vertreters eine wirksame Einwilligungserklärung abgeben (Ulmer a. a. O.);

γ) Die Erteilung der Einwilligung durch einen Bevollmächtigten ist nach neuester Meinung (Gamm a. a. O.) uneingeschränkt zulässig. Eine frühere Meinung gestattete die Einwilligung durch einen Bevollmächtigten nur auf Grund Spezialvollmacht (Ulmer a. a. O.), also auf Grund einer für diesen Fall eigens erteilten Vollmacht (Bappert—Maunz a. a. O.) u. hielt die Einwilligung auf Grund Generalvollmacht des Verf. für unzulässig (Ulmer a. a. O. mit Nachw.). Beides hat jedoch im Gesetz keine Stütze. Die Bevollmächtigung ist grundsätzl. formfrei (Staudinger—Coing § 167 Rdz. 7). Auch enthält das Gesetz eine dem § 1751 a Abs. 2 BGB entsprechende Formvorschrift nicht. Der Rechtsgedanke dieser Bestimmung soll auch nur da Platz greifen, wo Vertretung in der „Erklärung des Willens" bei einem formbedürftigen Rechtsgeschäft in Frage steht, bei dem „Vertretung im Willen" nicht zugelassen ist (Palandt—Heinrichs § 167 Anm. 1 b), ein Fall also, wie er hier nicht gegeben ist. Die Unterscheidung zwischen Spezial- u. Generalvollmacht vollends ist dem insoweit einschlägigen bürgerl. Recht fremd (Staudinger—Coing a. a. O. Rdz. 12). Sie hierher einzuführen, besteht kein Anlaß.

[39] c) Die **Einwilligung** des Verf. bereitet nur **bei Mehrheit von Verf.** gewisse Schwierigkeiten. Zu unterscheiden ist (nach den Ausführungen zu § 1 Rdz. 34 ff.)

aa) das untrennbare Gemeinschaftswerk (§ 1 Rdz. 35 ff.). Zwei Fälle:

α) Die Mitverf. sind gleichberechtigt (vgl. § 1 Rdz. 37 ff.). Die zwischen ihnen bestehende Gesellschaft wird mit Beginn des Konkurses eines Mitverf. nach § 728 BGB aufgelöst. Die

Auseinandersetzung erfolgt nach § 16 KO. Danach gibt es nur einen Konkurs über das Vermögen des einzelnen Gesellschafters. Dabei ergreift die Konkursmasse gemäß § 1 KO nur das dem Gemeinschuldner gehörige Vermögen, also nur den Anteil des in Konkurs geratenen Gesellschafters am Gesellschaftsvermögen, wobei die Auseinandersetzung zwecks Ermittlung des Nettoanteils außerhalb des Konkursverfahrens stattfindet (RGZ 26, 113). Aus der gesonderten Auseinandersetzung folgt das Recht der anderen Gesellschafter auf Aussonderung des Gesellschaftsvermögens aus der Konkursmasse zwecks Durchführung der Auseinandersetzung, bei der die anderen Gesellschafter das Recht auf Deckung ihrer Ansprüche an die Gesellschaft aus deren Vermögen haben (§ 733 Abs. 1 BGB). Wie die Teilung erfolgt, ist unerhebl. Es gilt der Absonderungsanspruch auch dann, wenn der Konkursverwalter einem Gesellschafter gegen eine Ablieferung das Vermögen der Gesellschaft überläßt; ebenso wenn er mit Zustimmung des oder der anderen Gesellschafter den Anteil des Gemeinschuldners an einen Dritten verkauft (Staudinger—Kessler § 728 Rdz. 18).

β) Die Mitverf. sind nicht gleichberechtigt (vgl. § 1 Rdz. 43). Hier gilt das eben Ausgeführte entspr.

bb) Die trennbare Werksverbindung (§ 1 Rdz. 44 ff.). Zwei Fälle:

α) Die Werksverbindung ist gleichartig (§ 1 Rdz. 46). Hier gilt, wenn die Beiträger gleichberechtigt sind, das unter aa) Ausgeführte entspr. (§ 1 Rdz. 47). Sind die Beiträger nicht gleichberechtigt, weil einer von ihnen als sog. Herausgeber aus ihrer Masse herausragt, muß zwischen dem Konkurs des Herausgebers u. dem eines der Beiträger unterschieden u. demgemäß verfahren werden.

β) Die Werksverbindung ist ungleichartig (§ 1 Rdz. 66). Hier berührt der Konkurs des einen Mitverf. die Rechtslage des/der anderen Mitverf. nicht (vgl. auch Bappert—Maunz a. a. O. Rdz. 35).

d) **Folgen der Einwilligung des Verf.**: Auf den Verlagsvertrag findet § 17 KO Anwendung, wenn im Zeitpunkt der Konkurseröffnung der Verl. noch Honorarforderungen zu erfüllen oder das Werk noch zu vervielfältigen u. zu verbreiten hat oder sonstige Leistungen schuldet u. der Verf. dem Verl. das Manuskript noch nicht abgeliefert oder die Vervielfältigung u. Verbreitung zu unterlassen hat (Bappert—Maunz a. a. O. Rdz. 38). Die Rechtslage entspricht dann etwa der gleichen beim Konkurs des Verl., weshalb die Ausführungen oben Rdz. 6 ff. entspr. anzuwenden sind.

[40] **II. Nachlaßkonkurs des Verf.**

1. Hier gelten auf Grund der §§ 115, 116 UrhG (abgedruckt Anh. S. 447) grundsätzl. dieselben Bestimmungen wie für den Konkurs des noch lebenden Verf.

2. Das **Erfordernis der Einwilligung** (oben Rdz. 36 ff.) **fällt** jedoch gem. §§ 115 S. 2, 116 Abs. 2 Ziff. 2 UrhG **weg, wenn das Werk erschienen ist.** Wann ein Werk im urheberrechtl. Sinne „erschienen" ist, bestimmt § 6 Abs. 2 S. 1 UrhG, der Anh. S. 422 abgedruckt ist. Zum Begriff des „Erscheinens" vgl. im übrigen § 3 Rdz. 3.

[41] **III. Konkurs des Verf. als Selbstverleger**

Der Konkurs des Selbstverlegers ist stets ein Konkurs des Verf. Daher berechtigt ihn das ihm zustehende ausschließl. Vervielfältigungs- u. Verbreitungsrecht auch im Konkurs jederzeit, die begonnene Vervielfältigung u. Verbreitung einzustellen. Der Konkursverwalter kann den Gemeinschuldner, der Selbstverleger ist, nicht zwingen, seine Zustimmung zur weiteren Vervielfältigung u. Verbreitung zu geben. Er kann auch nicht etwa an Stelle des Gemeinschuldners die Vervielfältigung u. Verbreitung anordnen. Jede Einflußnahme auf die Vervielfältigung u. Verbreitung ist ihm untersagt, da es ausschließl. Rechte des Selbstverlegers sind, die ohne Einwilligung des Selbstverlegers nicht in die Konkursmasse fallen. Auch die Vorräte an fertigen Exemplaren kann der Konkursverwalter nicht veräußern. Sie zählen zwar zur Konkursmasse, aber der Konkursverwalter kann sie nur als Makulatur verwerten. Dagegen kann er über die noch ausstehenden Kaufpreisforderungen der vom Selbstverleger an die Sortimenter fest verkauften Exemplare verfügen (Bappert—Maunz a. a. O. Rdz. 41).

§ 37

Auf das in den §§ 17, 30, 35, 36 bestimmte Rücktrittsrecht finden die für das vertragsmäßige Rücktrittsrecht geltenden Vorschriften der §§ 346 bis 356 des Bürgerlichen Gesetzbuches entsprechende Anwendung. Erfolgt der Rücktritt wegen eines Umstandes, den der

andere Teil nicht zu vertreten hat, so haftet dieser nur nach den Vorschriften über die Herausgabe einer ungerechtfertigten Bereicherung.

§ 38

Wird der Rücktritt von dem Verlagsvertrag erklärt, nachdem das Werk ganz oder zum Teil abgeliefert worden ist, so hängt es von den Umständen ab, ob der Vertrag teilweise aufrecht erhalten bleibt. Es begründet keinen Unterschied, ob der Rücktritt auf Grund des Gesetzes oder eines Vorbehalts im Vertrag erfolgt.

Im Zweifel bleibt der Vertrag insoweit aufrecht erhalten, als er sich auf die nicht mehr zur Verfügung des Verlegers stehenden Abzüge, auf frühere Abteilungen des Werkes oder auf ältere Auflagen erstreckt.

Soweit der Vertrag aufrecht erhalten bleibt, kann der Verfasser einen entsprechenden Teil der Vergütung verlangen.

Diese Vorschriften finden auch Anwendung, wenn der Vertrag in anderer Weise rückgängig wird.

[1]

A. Vorbemerkungen

I. Die Vorschriften regeln die Ausübung des Rücktrittsrechtes u. die sich daraus ergebenden Rechtsfolgen.

II. **Übersicht:** Es werden demgemäß behandelt

1. die Berechtigung zum Rücktritt [2],
2. die auf den Rücktritt anzuwendenden bürgerl.-rechtl. Vorschriften [7],
3. Förmlichkeiten u. Ausschluß des Rücktritts [8],
4. die Folgen des Rücktritts [12].

B. Die Berechtigung zum Rücktritt

I. Auf Grund des Verlagsrechtes sind zum Rücktritt **berechtigt:**

[2] 1. **der Verf.**

a) **in Ansehung weiterer Auflagen,** wenn der Verl. binnen der ihm bestimmten angemessenen Frist von seinem Recht zur Veranstaltung einer neuen Auflage keinen Gebrauch macht (§ 17). Dieses Rücktrittsrecht soll (nach Hoffmann §§ 37, 38 Anm. 1 u. Bappert—Maunz §§ 37, 38 Rdz. 1) nicht Rücktrittsrecht, sondern Kündigungsrecht sein, weil es die Vertragswirkungen nur für die Zukunft, nicht aber auch für die Vergangenheit beseitige. Diese Meinung wird jedoch im übrigen Schriftt. weder für das Rücktrittsrecht aus § 17 (Allfeld §§ 37, 38 Anmerkung 1 a/aa) noch für das gleichinhaltl. Rückrufsrecht des § 41 UrhG geteilt (Gamm Einl. 75).

[3] b) **in Ansehung des Verlagsvertrages überhaupt,**

aa) wenn der Verl. das Werk nicht vertragsgemäß vervielfältigt oder verbreitet (§§ 32, 30). Wegen gewisser Einzelheiten vgl. § 32 Anm. E,

bb) wenn sich unvorhersehbare Umstände ergeben, die den Verf. von der Herausgabe des Werkes abgehalten hätten (§ 35). Ähnliches gilt für das Rückrufsrecht nach § 42 UrhG (Gamm a. a. O.).

c) wenn über das Vermögen des Verl. das Konkursverfahren eröffnet wird, ohne daß mit der Vervielfältigung des Werkes begonnen ist (§ 36 Abs. 3). Wegen gewisser Einzelheiten vgl. § 36 Rdz. 7 ff.).

[4] 2. **Der Verl.**, wenn das Werk

a) **nicht rechtzeitig abgeliefert wird** (§ 30). Wegen gewisser Einzelheiten vgl. § 30 Rdz. 30 ff.

b) **nicht vertragsmäßig beschaffen** ist (§§ 31, 30). Wegen gewisser Einzelheiten vgl. § 31 Anm. E.

[5] II. **Auf Grund bürgerl. Rechtes,** nämlich auf Grund §§ 325, 326 BGB sind Verf. wie Verl. zum Rücktritt berechtigt (Allfeld a. a. O.). Diese Bestimmungen lauten:

§ 325

(1) Wird die aus einem gegenseitigen Vertrage dem einen Teile obliegende Leistung infolge eines Umstandes, den er zu vertreten hat, unmöglich, so kann der andere Teil Schadensersatz wegen Nichterfüllung verlangen oder von dem Vertrage zurücktreten. Bei teilweiser Unmöglichkeit ist er, wenn die teilweise Erfüllung des Vertrages für ihn kein Interesse hat, berechtigt, Schadensersatz wegen Nichterfüllung der ganzen Verbindlichkeit nach Maßgabe des § 280 Abs. 2 zu verlangen oder von dem ganzen Vertrage zurückzutreten. Statt des Anspruchs auf Schadensersatz und des Rücktrittsrechts kann er auch die für den Fall des § 323 bestimmten Rechte geltend machen.

(2) Das gleiche gilt in dem Falle des § 283, wenn nicht die Leistung bis zum Ablaufe der Frist bewirkt wird oder wenn sie zu dieser Zeit teilweise nicht bewirkt ist.

§ 326

(1) Ist bei einem gegenseitigen Vertrage der eine Teil mit der ihm obliegenden Leistung im Verzuge, so kann ihm der andere Teil zur Bewirkung der Leistung eine angemessene Frist mit der Erklärung bestimmen, daß er die Annahme der Leistung nach dem Ablaufe der Frist ablehne. Nach dem Ablaufe der Frist ist er berechtigt, Schadensersatz wegen Nichterfüllung zu verlangen oder von dem Vertrage zurückzutreten, wenn nicht die Leistung rechtzeitig erfolgt ist; der Anspruch auf Erfüllung ist ausgeschlossen. Wird die Leistung bis zum Ablaufe der Frist teilweise nicht bewirkt, so findet die Vorschrift des § 325 Abs. 1 Satz 2 entsprechende Anwendung.

(2) Hat die Erfüllung des Vertrags infolge des Verzugs für den anderen Teil kein Interesse, so stehen ihm die im Absatz 1 bezeichneten Rechte zu, ohne daß es der Bestimmung einer Frist bedarf.

2. Auf dieses Rücktrittsrecht finden gemäß § 327 BGB die Bestimmungen der §§ 346—356 BGB Anwendung.

[6] III. **Auf Grund vertragl. Vereinbarung oder vertragl. Vorbehalts** derjenige, zu dessen Gunsten das Rücktrittsrecht bestellt ist. Auf solche Rücktrittsrechte finden (über §§ 37, 38) die eben erwähnten bürgerl.-rechtl. Bestimmungen Anwendung (Bappert—Maunz a. a. O.).

[7] C. Die auf den Rücktritt anzuwendenden bürgerl.-rechtl. Vorschriften lauten

§ 346

Hat sich in einem Vertrag ein Teil den Rücktritt vorbehalten, so sind die Parteien, wenn der Rücktritt erfolgt, verpflichtet, einander die empfangenen Leistungen zurückzugewähren. Für geleistete Dienste sowie für die Überlassung der Benutzung einer Sache ist der Wert zu vergüten oder, falls in dem Vertrag eine Gegenleistung in Geld bestimmt ist, diese zu entrichten.

§ 347

Der Anspruch auf Schadensersatz wegen Verschlechterung, Untergangs oder einer aus einem anderen Grunde eintretenden Unmöglichkeit der Herausgabe bestimmt sich im Falle des Rücktritts von dem Empfange der Leistung an nach den Vorschriften, welche für das Verhältnis zwischen dem Eigentümer und dem Besitzer von dem Eintritt der Rechtshängigkeit des Eigentumsanspruchs an gelten. Das gleiche gilt von dem Anspruch auf

Herausgabe oder Vergütung von Nutzungen und von dem Anspruch auf Ersatz von Verwendungen. Eine Geldsumme ist von der Zeit des Empfanges an zu verzinsen.

§ 348

Die sich aus dem Rücktritt ergebenden Verpflichtungen der Parteien sind Zug um Zug zu erfüllen. Die Vorschriften der §§ 320, 322 finden entsprechende Anwendung.

§ 349

Der Rücktritt erfolgt durch Erklärung gegenüber dem anderen Teile.

§ 350

Der Rücktritt wird nicht dadurch ausgeschlossen, daß der Gegenstand, welchen der Berechtigte empfangen hat, durch Zufall untergegangen ist.

§ 351

Der Rücktritt ist ausgeschlossen, wenn der Berechtigte eine wesentliche Verschlechterung, den Untergang oder die anderweitige Unmöglichkeit der Herausgabe des empfangenen Gegenstandes verschuldet hat. Der Untergang eines erheblichen Teiles steht einer wesentlichen Verschlechterung des Gegenstandes, das von dem Berechtigten nach § 278 zu vertretende Verschulden eines anderen steht dem eigenen Verschulden des Berechtigten gleich.

§ 352

Der Rücktritt ist ausgeschlossen, wenn der Berechtigte die empfangene Sache durch Verarbeitung oder Umbildung in eine Sache anderer Art umgestaltet hat.

§ 353

Hat der Berechtigte den empfangenen Gegenstand oder einen erheblichen Teil des Gegenstandes veräußert oder mit dem Rechte eines Dritten belastet, so ist der Rücktritt ausgeschlossen, wenn bei demjenigen, welcher den Gegenstand infolge der Verfügung erlangt hat, die Voraussetzungen des § 351 oder des § 352 eingetreten sind.

Einer Verfügung des Berechtigten steht eine Verfügung gleich, die im Wege der Zwangsvollstreckung oder der Arrestvollziehung oder durch den Konkursverwalter erfolgt.

§ 354

Kommt der Berechtigte mit der Rückgewähr des empfangenen Gegenstandes oder eines erheblichen Teiles des Gegenstandes in Verzug, so kann ihm der andere Teil eine angemessene Frist mit der Erklärung bestimmen, daß er die Annahme nach dem Ablaufe der Frist ablehne. Der Rücktritt wird unwirksam, wenn nicht die Rückgewähr vor dem Ablaufe der Frist erfolgt.

§ 355

Ist für die Ausübung des Rücktrittsrechts eine Frist nicht vereinbart, so kann dem Berechtigten von dem andern Teile für die Ausübung eine

angemessene Frist bestimmt werden. Das Rücktrittsrecht erlischt, wenn nicht der Rücktritt vor dem Ablaufe der Frist erklärt wird.

§ 356

Sind bei einem Vertrag auf der einen oder der anderen Seite mehrere beteiligt, so kann das Rücktrittsrecht nur von allen und gegen alle ausgeübt werden. Erlischt das Rücktrittsrecht für einen der Berechtigten, so erlischt es auch für die übrigen.

D. Förmlichkeiten u. Ausschluß des Rücktritts

I. Förmlichkeiten

[8] Die Erklärung des Rücktritts erfolgt durch Abgabe einer einseitigen empfangsbedürftigen Erklärung (§ 349 BGB). Die Erklärung ist der anderen Vertragspartei gegenüber abzugeben und wird, wenn sie in deren Abwesenheit abgegeben wird, in dem Zeitpunkt wirksam, in welchem sie ihr zugeht (§ 130 BGB). Bei einer Mehrheit von Beteiligten auf der einen oder auf der anderen Vertragsseite, insbes. also bei einer Mehrheit von Verf., gilt § 356 BGB (Bappert—Maunz a. a. O.). Wegen weiterer Einzelheiten vgl. insbes. § 17 Rdz. 21 ff.

II. Ausschluß des Rücktritts

[9] 1. Der Rücktritt ist ausgeschlossen, **wenn der Berechtigte**

a) eine wesentl. Verschlechterung, den Untergang oder die anderweitige Unmöglichkeit der Herausgabe des empfangenen Gegenstandes **verschuldet** hat. Der Untergang eines erheblichen Teiles steht einer wesentl. Verschlechterung des Gegenstandes, das von dem Berechtigten nach § 278 BGB zu vertretende Verschulden eines anderen steht dem eigenen Verschulden des Berechtigten gleich (§ 351 BGB).

aa) Bedeutung der Vorschrift für das Verlagsrecht:
Sie kommt in Betracht wenn

α) der an sich rücktrittsberechtigte Verl. das ihm vom Verf. übergebene Werk schuldhaft wesentl. verschlechtert, untergehen läßt oder anderweit herauszugeben nicht in der Lage ist. Das Werk wird etwa in der vom Verl. mit der Drucklegung beauftragten Druckerei bei einem von einem Arbeiter verschuldeten Brand teilweise zerstört. Dieser Teiluntergang ist nach § 351 S. 2 BGB wesentl. Verschlechterung, die der Verl. nach der gleichen Bestimmung zu vertreten hat. Er kann daher nicht vom Vertrag zurücktreten. Im übrigen vgl. § 33 Rdz. 7 ff.;

β) der an sich rücktrittsberechtigte Verf. das ihm vom Verl. etwa zur Vornahme vereinbarter Änderungen zurückgegebene Werk schuldhaft verschlechtert, untergehen läßt oder sonst nicht mehr herausgeben kann. Das Werk wird etwa bei einem vom Verf. verschuldeten Brand teilweise zerstört. Der Verf. kann nicht mehr vom Vertrag zurücktreten.

bb) **Zum Begriff des Untergangs** vgl. § 7 Rdz. 2. Verschulden ist jedes Verschulden, auch die schuldhafte Unvorsichtigkeit in eigenen Angelegenheiten (Bappert—Maunz Rdz. 3).

[10] b) Die empfangene Sache durch Verarbeitung oder Umbildung in eine Sache anderer Art **umgestaltet** hat (§ 352 BGB). Die Vorschrift gilt nur für den an sich rücktrittsberechtigten Verl., und zwar wenn er

aa) das Werk einer **Verarbeitung** unterworfen hat. Der Begriff der „Verarbeitung" ist weder in der Rechtspr. noch im Schriftt. näher umschrieben (vgl. die Anm. bei Staudinger—Berg und Palandt—Degenhart). Für das Verlagsrecht können 2 Formen der Verarbeitung in Betracht kommen

α) die Verarbeitung des Werkes des Verf. durch Aufnahme in ein Sammelwerk. Aus dem ursprüngl. selbständigen Werk wird ohne sonstige Veränderung ein Beitrag zu einem Sammelwerk. Vereinbart ist etwa die Herausgabe einer Novelle des Verf. als selbständiges Werk; tatsächl. erscheint dann die Novelle jedoch „nur" in einer Anthologie moderner Literatur. Vereinbart ist die Herausgabe eines wissenschaftl. Werkes des Verf. als selbständiges Werk; tatsächl. erscheint es jedoch als Beitrag in einer Festschrift. Der hier an sich nur auf Grund §§ 31, 30 denkbare Rücktritt des Verl. ist durch die Verarbeitung ausgeschlossen.

β) Die Verarbeitung des Werkes des Verf. durch Unterteilung in mehrere Werke. Aus dem ursprüngl. einheitl. u. geschlossenen Werk werden ohne sonstige Veränderung mehrere Werke. Ein überlanger Roman oder ein zu umfangreich geratener Kommentar wird vom Verl. in mehrere selbständige Bände aufgeteilt. Für den ähnl. gelagerten Fall der Zerschneidung eines Bildes in einzelne Bildgruppen verneinen zwar Rechtspr. u. Schriftt. (Palandt—Degenhart § 950 Anm. 2 b mit Nachw.) die „Verarbeitung". Man wird jedoch gerade im Verlagsrecht daran festhalten u. dem Verl. das ihm an sich auf Grund §§ 31, 30 möglicherweise zustehende Rücktrittsrecht absprechen müssen.

bb) Für den Begriff der **„Umbildung"** gilt das Voraufgeführte entspr. Verlagsrechtl. kommt die Änderung im Sinne der §§ 12, 13 in Betracht, deren Erläuterungen zu vergleichen sind. Da jedoch § 352 BGB die Umbildung „in eine Sache anderer Art" verlangt, dürfte diese Möglichkeit der Bestimmung für das Verlagsrecht kaum Bedeutung haben (ebenso Allfeld Anm. 3 B c, Bappert—Maunz Rdz. 3).

c) Die Voraussetzungen des § 353 BGB erfüllt. Diese Bestimmung hat jedoch für das Verlagsrecht keine Bedeutung (Allfeld a. a. O., Bappert—Maunz a. a. O.).

[11] 2. Die **Beweislast** im Prozeß trifft den Rücktrittsberechtigten. Er muß den Beweis führen, daß er an der wesentl. Verschlechterung oder der Unmöglichkeit der Herausgabe schuldlos ist, wenn der Vertragsgegner zur Beseitigung der Rücktrittsfolgen das Verschulden des Rücktrittsberechtigten behauptet (vgl. RGZ 56, 26; WarnRspr. 1910 Nr. 148; Bappert—Maunz a. a. O., Palandt—Heinrichs § 250 Anm. 2). Auch trifft ihn die Beweislast dafür, daß er die empfangene Sache in eine solche anderer Art umgestaltet hat.

E. Die Rechtsfolgen des Rücktritts

I. Die Rechtsfolgen des Rücktritts sind verschieden, je nachdem bei Erklärung des Rücktritts das Werk noch nicht (Rdz. 12, 13) oder schon abgeliefert ist (Rdz. 14 ff.). Zum Begriff der „Ablieferung" vgl. § 33 Rdz. 12.

II. Das **Werk ist bei Rücktritt noch nicht abgeliefert.** Hier ist die Frage nur, was von den Vertragsparteien einander zurückgewährt werden muß.

[12] 1. **Grundsätzl.** haben sich die Vertragsparteien die empfangenen Leistungen zurückzugewähren. Das sind insbes. das vorausbezahlte Honorar oder ein Druckkostenvorschuß, ferner alle Gegegenstände, die sie sich als Hilfsmittel zur Vertragserfüllung (etwa bes. Lettern, Bildvorlagen) gegenseitig übergeben haben. Die Geldansprüche sind gemäß §§ 347 Satz 3, 246 BGB nicht vom Zeitpunkt des Rücktritts, sondern bereits von der Zeit des Empfangs an zu

verzinsen. Der Einwand des Wegfalls der Bereicherung (§ 818 Abs. 3 BGB) kann nicht geltend gemacht werden. Ist der zurückzugewährende Gegenstand inzwischen untergegangen oder seine Herausgabe aus einem anderen Grund unmögl. geworden oder ist er beschädigt worden, so haftet der zur Herausgabe Verpflichtete nach §§ 347, 989 BGB wie ein bösgläubiger Besitzer gegenüber dem Eigentümer (Allfeld a. a. O. C I 4, Bappert—Maunz a. a. O. Rdz. 6).

[13] 2. **Ausnahmen** gelten in 2 Fällen.

a) Die vom Verl. u. Verf. aus Anlaß des Vertragsabschlusses gemachten Aufwendungen und Auslagen sind nicht als „empfangene Leistungen" anzusehen. Sie werden nicht nur im einseitigen Interesse der Gegenpartei, sondern auch im eigenen Interesse gemacht. Dies gilt z. B. für die Vorbereitung des Druckes durch den Verl. oder für die vom Verf. bereits geleistete Arbeit am Werk. Auch kann der Verl. Ausgaben für die Ankündigung des Werkes (Reklamekosten) und der Verf. Ausgaben für Reisen oder Buchanschaffungen nicht als Verwendungen i. S. der §§ 347 Satz 2, 994 BGB ersetzt verlangen (Allfeld a. a. O., Bappert—Maunz a. a. O. Rdz. 7).

b) Die Rückgewähr ist auf die ungerechtfertigte Bereicherung (§§ 812 ff. BGB) beschränkt, wenn der zur Rückgewähr Verpflichtete den Umstand, um dessentwillen der Rücktritt erfolgt, nicht zu vertreten hat (§ 37 Satz 2).

aa) **Geltungsbereich:** Die Vorschrift des § 37 Satz 2 bezieht sich nur auf das Rücktrittsrecht der in § 37 Satz 1 aufgezählten §§ 17, 30, 35, 36, dagegen nicht auf ein anderes gesetzl. oder vertragl. vereinbartes Rücktrittsrecht (Allfeld a. a. O. C I 5). Für das nach den §§ 325, 326 BGB eingeräumte Rücktrittsrecht enthält § 327 BGB eine mit § 37 Satz 2 gleichlautende Bestimmung (Bappert—Maunz a. a. O. Rdz. 9).

bb) **Inhalt:** Die Rückgewähr des hierzu Verpflichteten beschränkt sich auf die ungerechtfertigte Bereicherung. Dadurch sollen Härten vermieden werden, die sich nach den §§ 346 ff. BGB für den zur Rückgewähr Verpflichteten ergeben, den kein Verschulden an dem Rücktritt trifft (vgl. RGZ 130, 123). Daher hat der Verf., der den Rücktritt nicht verschuldet hat, weil der Verl. die Vervielfältigung des Werkes verzögert hat oder er selbst erkrankt ist, von einem erhaltenen Honorarvorschuß nichts zurückzuzahlen, wenn er nicht mehr bereichert ist (§ 818 Abs. 3 BGB; Bappert—Maunz a. a. O. Rdz. 8).

cc) **Verschulden:** Die Vertragsparteien haben nicht nur eigenes Verschulden, sondern auch nach § 278 BGB das ihrer Erfüllungsgehilfen zu vertreten. Den Ausbruch des Konkurses hat die Konkursmasse zu vertreten, so daß auf den Rücktritt des Verf. nach § 36 Abs. 3 die Bestimmung des § 37 Satz 2 keine Anwendung findet. (Bestr.; wie hier Allfeld a. a. O. C I 5; a. A. ohne Begründung: Hoffmann § 36 Anmerkung 2, §§ 37, 38 Anm. 3 b).

[14] III. **Das Werk war bei Rücktritt ganz oder teilweise abgeliefert:** § 38.

Hier geht es weniger um die Frage der Rückgewähr, als um die, ob der Vertrag aufrecht erhalten bleibt oder nicht.

1. Ist zu der Zeit, da der Rücktritt erklärt wird, das Werk bereits ganz oder zum Teil abgeliefert, so entspricht es weder stets der Absicht der Parteien, noch ist es immer mögl., alles, was auf Grund des Vertrages bereits vorgenommen ist, rückgängig zu machen. Namentl. gilt dies dann, wenn im Falle des § 17 der Verf. das Rücktrittsrecht für die späteren Auflagen ausübt. Darum hängt es hier von den Umständen ab, ob der Vertrag teilweise aufrecht erhalten bleibt (§ 38 Abs. 1 Satz 1). Dabei begründet es keinen Unterschied, ob der Rücktritt auf Grund des Gesetzes oder eines Vorbehalts im Vertrag erfolgt (§ 38 Abs. 1 Satz 2), oder der Vertrag in anderer Weise rückgängig wird: § 38 Abs. 4 (Allfeld a. a. O. C II 6).

[15] 2. Welche **Umstände für die teilweise Aufrechterhaltung des Vertrages oder für das Gegenteil** sprechen, ist grundsätzlich Frage des Einzelfalles. Eine Ausnahme besteht in § 38 Abs. 2, wo das Gesetz eine Vermutung für die Aufrechterhaltung des Vertrages aufstellt, insoweit er sich auf die nicht mehr zur Verfügung des Verlegers stehenden (also die bereits fest verkauften) Abzüge, auf frühere Abteilungen des Werkes oder auf ältere Auflagen erstreckt. Wenn also eine der Parteien, trotzdem eine dieser Voraussetzungen der teilweisen Aufrechterhaltung vorliegt, behauptet, der Vertrag sei rückwirkend, also z. B. auch in bezug auf die frühere Auflage, aufgehoben, muß sie eine hierauf bezügliche bes. Vereinbarung nachweisen, die freilich auch stillschweigend geschlossen sein kann (Allfeld a. a. O. C II 7). Demgemäß ist zu unterscheiden:

[16] a) Ergibt sich oder wird vermutet, daß der **Vertrag teilweise aufrecht erhalten** bleibt, stellt sich der Rücktritt als Kündigung dar. Es tritt also Auflösung des Vertrages nur für die Zukunft, z. B. für

neue Auflagen, für weitere Abteilungen des Werkes usw. ein. Bezügl. der Vergütung ist bes. (in Abs. 3) bestimmt, daß der Verf. einen entspr. Teil davon verlangen könne, also z. B. nur den Teil, der der schon herausgegebenen Abteilung des Werkes oder der Zahl der schon abgesetzten Exemplare entspricht. Der Verf. wird sich daher, wenn der Vertrag in Ansehung der noch nicht verkauften Abzüge aufgehoben wird, soweit nicht der Verl. die Kündigung zu vertreten hat, etwa die Vervielfältigung nicht in zweckentsprechender oder übl. Weise geschah, eine entspr. Ermäßigung der Vergütung nicht nur, was selbstverständl. ist, dann gefallen lassen müssen, wenn sich die Vergütung nach der Zahl der abgesetzten Exemplare bemißt, sondern auch, wenn die Höhe der zu zahlenden Vergütung von dem Umfang des Absatzes nicht abhängt, da ja immerhin die Zahl der Exemplare, die der Verl. verbreiten darf, für die Höhe der Vergütung maßgebend ist. Für die Berechnung des „entsprechenden Teiles" der Vergütung ist, wenn der Vertrag bezügl. der schon erschienenen oder doch zu selbständigem Erscheinen geeigneten Abteilung aufrecht erhalten bleibt, nicht nur der Umfang dieser Abteilung im Verhältnis zum ganzen entscheidend, sondern es kommt auch auf sonstige Umstände an, insbes. auf den Grad der Möglichkeit, die Abteilung als solche abzusetzen. War die Vergütung schon voll zur Auszahlung gelangt, so ist der dem Verf. infolge der Kündigung nicht gebührende Teil nach den Grundsätzen der ungerechtfertigten Bereicherung zurückzuerstatten (Allfeld a. a. O. C II 8 a, Bappert—Maunz a. a. O. Rdz. 11).

[17] b) Ergibt sich dagegen, daß der **Vertrag rückwirkend aufgelöst** sein soll, dann gilt das oben Rdz. 12 Ausgeführte entsprechend. Ergänzend sei bemerkt:

aa) Gegenstand der Rückgewährung ist ferner in diesem Falle namentlich die an den Verl. abgelieferte Handschrift des Werkes. Der Verf. kann diese auch dann zurückverlangen, wenn er sich die Rückgabe nicht vorbehalten hat; denn wenn auch der Grund der in § 27 gemachten Einschränkung, daß man dem Verl. beim Mangel des Vorbehaltes der Rückgabe nicht zumuten könne, auf die Erhaltung des Manuskriptes eine besondere Sorgfalt zu verwenden, auch hier zutrifft, so ist doch § 27 ausschließl. auf den Fall berechnet, daß die Handschrift, nachdem sie der zur Erfüllung des Verlagsvertrages vorgenommenen Vervielfältigung zugrunde gelegt ist, ihren Zweck erfüllt hat u. nur ausnahmsweise der Verf. noch ein Interesse daran hat, sie zu besitzen, während im Falle des Rücktritts mit Wirkung für die Vergangenheit das Manuskript für den Verf. wiederum die volle Bedeutung der unter Umständen einzigen Verkörperung seines Werkes erlangt, mit deren Hilfe allein er weiterhin über das Werk verfügen kann. Ist infolge Verschuldens des Verl. die Handschrift verdorben worden oder untergegangen oder kann sie aus einem anderen Grunde von ihm nicht herausgegeben werden, so hat der Verf. gegen den Verl. gemäß § 347 BGB einen Schadensersatzanspruch. Zu den Leistungen, deren Wert etwa zu vergüten ist, kommt hier ferner die Überlassung des Werkes seitens des Verf. an den Verl. zum Zwecke der Vervielfältigung u. Verbreitung andererseits gegebenenfalls die tatsächl. Vervielfältigung u. Verbreitung des Werkes durch den Verl. Aber auch in Ansehung dieser Leistungen gilt das Rdz. 12 Bemerkte (Allfeld a. a. O. C II 9 b, Bappert—Maunz a. a. O. Rdz. 12).

bb) Ob die während des (scheinbaren) Bestehens des Verlagsvertrages hergestellten Exemplare widerrechtl. hergestellt wurden, hängt davon ab, welche Bedeutung der Rückwirkung der Auflösung des Vertrages beigemessen wird. Hierüber s. Rdz. 18.

[18] 3. **Einfluß des Rücktritts auf vorher begangene Vertrags- oder Urheberverletzungen.**

a) **Vertragsverletzungen:** Hier gilt das eben Ausgeführte. Ob solche überhaupt mögl. sind, hängt also von der Bedeutung ab, die der Rückwirkung der Auflösung des Vertrages beigemessen wird. Hier nun gehen die Meinungen im Schriftt. sehr weit auseinander. Die vom älteren Schrifttum (Allfeld a. a. O. C 3, 10, Hoffmann a. a. O. Anm. 4) vertretene Auffassung, daß nach erfolgtem Rücktritt die Rechtslage so zu beurteilen ist, als habe der Verl. nie ein Verlagsrecht innegehabt, so daß alle Verletzungshandlungen gegenstandslos werden, müßte folgerichtig dann auch zu dem Ergebnis kommen, daß die während des Bestehens des Verlagsvertrags vom Verl. durchgeführte Vervielfältigung u. Verbreitung des Werkes nachträgl. zur Urheberrechtsverletzung wird. Dieses Ergebnis soll aber gerade durch den Verweis auf die §§ 346 ff. BGB ausgeschlossen werden (Bappert—Maunz a. a. O. Rdz. 13). Demgemäß verlieren nicht nur die Verletzungen des scheinbar bestehenden Vertrages nicht ihren rechtswidrigen Charakter. Es werden umgekehrt auch die während des Bestehens des Verlagsvertrags hergestellten Exemplare nicht zu widerrechtl. hergestellten Exemplaren. Das würde einer absoluten, unmittelbaren Rückwirkung gleichkommen, die gerade durch die Bezugnahme auf die §§ 346 ff. BGB, die nur einen obligatorischen Rückgewähranspruch auslösen, ausgeschlossen werden soll. Die bereits gedruckten Exemplare darf der Verl. jedoch nicht verwerten, weil sein Verlagsrecht durch die Rücktrittserklärung erlischt. Der Verf. seinerseits hat aber auch keinen Herausgabeanspruch hinsichtl. dieser Exemplare, weil sie Eigentum des Verl. sind (Bappert—Maunz a. a. O. Rdz. 12). Sofern sich daher die beiden nicht hierüber einigen, bleibt dem Verl. nur die Makulierung dieser Exemplare.

b) **Urheberrechtsverletzungen**, die der Verl. begangen hat bevor der Vertrag durch Rücktritt aufgelöst wurde, behalten, auch wenn der Rücktritt sich auf die Zeit ihrer Begehung zurück erstreckt, ihre zivilrechtl. und strafrechtl. Bedeutung; denn ihr Angriffsobjekt war nicht der Vertrag, sondern einzig und allein das Urheberrecht des Verf.; der Vertrag schränkte im Gegenteil das Gebiet der Rechtsverletzungen zugunsten des Verl. ein (Allfeld a. a. O., Hoffmann a. a. O. Anm. 5).

§ 39

Soll Gegenstand des Vertrags ein Werk sein, an dem ein Urheberrecht nicht besteht, so ist der Verfasser zur Verschaffung des Verlagsrechts nicht verpflichtet.

Verschweigt der Verfasser arglistig, daß das Werk bereits anderweit in Verlag gegeben oder veröffentlicht worden ist, so finden die Vorschriften des bürgerlichen Rechtes, welche für die dem Verkäufer wegen eines Mangels im Rechte obliegende Gewährleistungspflicht gelten, entsprechende Anwendung.

Der Verfasser hat sich der Vervielfältigung und Verbreitung des Werkes gemäß den Vorschriften des § 2 in gleicher Weise zu enthalten, wie wenn an dem Werke ein Urheberrecht bestände. Diese Beschränkung fällt weg, wenn seit der Veröffentlichung des Werkes durch den Verleger sechs Monate abgelaufen sind.

§ 40

Im Falle des § 39 verbleibt dem Verleger die Befugnis, das von ihm veröffentlichte Werk gleich jedem Dritten von neuem unverändert oder mit Änderungen zu vervielfältigen. Diese Vorschrift findet keine Anwendung, wenn nach dem Vertrage die Herstellung neuer Auflagen oder weiterer Abzüge von der Zahlung einer besonderen Vergütung abhängig ist.

[1]
A. Vorbemerkungen

Die §§ 39, 40 VerlG werden **ergänzt** durch die §§ 70, 71 UrhG, die Anh. S. 438 abgedruckt sind.

[2]
B. Systematik etwaiger Verlagsvertragsverhältnisse an Werken (Texten), an denen „ein Urheberrecht nicht besteht"

[3]
I. Urheberrechtl. niemals oder nicht mehr geschützte Werke (Rdz. 3)

1. die **nicht** erschienen sind (5)
   a) wissenschaftl. Ausgabe: § 70 UrhG [8],
   b) (nicht wissenschaftl.) Erscheinen-lassen: § 71 UrhG [7];
2. die **bereits** erschienen sind [8]
   a) wissenschaftl. Ausgabe: § 70 UrhG [8],
   b) (nicht wissenschaftl.) Erscheinen-lassen: §§ 39, 40 VerlG [8].

II. Urheberrechtl. nicht schutzwürdige oder schutzfrei gestellte Werke [11]

1. die **nicht** erschienen sind [12]
   a) wissenschaftl. Ausgabe: § 70 UhrG [12],
   b) (nicht wissenschaftl.) Erscheinen-lassen; nicht § 71 UrhG, sondern §§ 39, 40 VerlG [12];
2. die **bereits** erschienen sind [13]
   a) wissenschaftl. Ausgabe: § 70 UrhG [13],
   b) (nicht wissenschaftl.) Erscheinen-lassen: §§ 39, 40 VerlG [13].

C. Verlagsverträge über urheberrechtl. niemals oder nicht mehr geschützte Werke (Texte)

[3]
I. Arten

1. Hinsichtl. des **Gegenstandes** sind zu unterscheiden

a) **Werke**, nämlich sämtl. Formgestaltungen des § 2 UrhG, (Gamm § 70 Rdz. 5), also Erzeugnisse, die eine persönl., geistige Schöpfung im Sinne des § 2 Abs. 2 UrhG darstellen (Möhring-Nicolini § 70 Anm. 3);

b) **Texte,** nämlich Schriften, die keine persönl. u. geistige Schöpfungen im Sinne des § 2 Abs. 2 UrhG sind, etwa Gesetzestexte, Briefe u. dgl. (Möhring—Nicolini a. a. O.).

[4] 2. Hinsichtl. des **Schutzes** sind zu unterscheiden

a) urheberrechtl. **niemals geschützte Werke.** Das sind Werke, die vor Bestehen eines gesetzl. Urheberrechtsschutzes entstanden sind (Gamm a. a. O.), wie Volksmärchen, Volkslieder, Volkstänze sowie Handschriften alter Meister (Möhring—Nicolini § 71 Anm. 1 b).

b) Urheberrechtl. **nicht mehr geschützte Werke,** das sind Werke, die ursprüngl. urheberrechtl. geschützt waren, deren Schutzfrist aber abgelaufen ist (Gamm § 70 Rdz. 5, § 71 Rdz. 3).

II. Das urheberrechtl. niemals oder nicht mehr geschützte Werk ist bisher nicht erschienen

[5] **1. Das Nichterscheinen.**

a) Zum **Begriff** des „Erscheinens" siehe § 3 Rdz. 3 (vgl. auch Gamm § 71 a. a. O.).

b) Der **Zeitpunkt,** bis zu dem das Werk nicht erschienen sein darf, ist im Gesetz nicht bestimmt. Nach dem Schriftt. (Möhring—Nicolini § 71 Anm. 4) darf es vorher nicht erschienen sein. Daraus kann wohl entnommen werden, daß das Werk nicht erschienen sein darf, bevor es nun an die Öffentlichkeit gebracht wird.

c) Daraus, daß das Werk niemals u. nirgends erschienen sein darf, ergibt sich, daß auch das **Erscheinen im Ausland** ein „Erscheinen" im Rechtssinn ist. Daß das Werk nur im Inland noch nicht erschienen sein darf (so Gamm a. a. O.), ergibt sich weder aus dem Gesetzeswortlaut noch aus dem Gesetzeszweck. Gerade im Gegenteil soll das Verdienst des Herausgebers für den Arbeits- und Kostenaufwand honoriert werden, den er mit dem Auffinden alter Handschriften und der Aufzeichnung alter Märchen, Volkslieder usw. gehabt hat. Das Abdrucken im Ausland erschienener Werke sollte hingegen nicht geschützt werden (Möhring—Nicolini a. a. O.).

[6] 2. Wird das bisher nicht erschienene niemals oder nicht mehr geschützte Werk in einer Weise herausgegeben, daß die **Ausgabe das Ergebnis wissenschaftl. sichtender Tätigkeit** darstellt, und sich wesentl. von den bisher bekannten Ausgaben der Werke oder Texte

unterscheidet, unterfällt diese wissenschaftl. Ausgabe der Regelung des § 70 UrhG (abgedruckt Anh. S. 438). Damit erhält der Herausgeber, den § 70 Abs. 2 UrhG ausdrückl. „Verf." nennt, ein Schutzrecht an dem Text seiner Ausgabe im gleichen Umfang wie ein Urheberrecht (so zutreffend Möhring—Nicolini § 71 Anm. 1 b, erhebl. einschränkend Gamm § 70 Rdz. 8). Besitzt aber der Verf. eines solchen Werkes ein mindestens urheberrechtsähnl. Recht, dann schließt dieses wie jenes gemäß § 15 Abs. 1 UrhG das Vervielfältigungs- und Verbreitungsrecht für das Werk ein. Das Recht zur Vervielfältigung u. Verbreitung ist aber gemäß der Begriffsbestimmung des § 8 VerlG das Verlagsrecht. Der Verf. jenes Werkes besitzt also verlagsrechtlich gesehen das Verlagsrecht an diesem Werk. Er kann es demgemäß zum Gegenstand eines Verlagsvertrages machen. Gerade das Gegenteil aber setzen die §§ 39, 40 VerlG voraus. Sie gehen davon aus, daß der Verf. dem Verleger das Verlagsrecht nicht verschaffen kann (Allfeld §§ 39, 40 Anm. B 4 a). Die §§ 39, 40 VerlG finden daher in unserem Falle keine Anwendung. Der Verlagsvertrag, den der Verf. jenes Werkes mit dem Verl. schließt, ist demgemäß nicht ein solcher nach §§ 39, 40 VerlG (uneigentl. oder unechter Verlagsvertrag), sondern ein eigentl. oder echter Verlagsvertrag.

[7] 3. Läßt jemand das bisher nicht erschienene niemals oder nicht mehr geschützte Werk nicht in der eben bezeichneten wissenschaftl., sondern **in einer das Werk nicht wissenschaftl. aufarbeitenden Weise** (vgl. Gamm § 71 Rdz. 1) erscheinen, unterfällt dieses Erscheinenlassen der Regelung des § 71 UrhG (abgedruckt Anh. S . 438) bei niemals geschützten Werken immer, bei nicht geschützten Werken dann, wenn der Verf. schon länger als 70 Jahre tot ist. § 71 UrhG gibt dem, der das Werk erscheinen läßt, in seinem Abs. 1 das ausschließl. Recht, das Werk zu vervielfältigen u. zu verbreiten. Dieses Recht ist nach § 8 VerlG das Verlagsrecht. Daher gilt auch hier das unter Rdz. 6 Ausgeführte entsprechend.

[8] III. Das urheberrechtl. niemals oder nicht mehr geschützte Werk ist bereits erschienen

1. Wird das Werk in Gestalt einer **wissenschaftl. Ausgabe** im Sinne des § 70 Abs. 1 UrhG herausgegeben, gelten die einschlägigen Ausführungen zu oben Rdz. 6 entsprechend.

2. Im anderen Falle dagegen, also bei **nicht wissenschaftl. Ausgabe** kommt § 71 UrhG nicht zur Anwendung. Denn er setzt voraus, daß das Werk vorher nicht erschienen war. Ein eigentl. oder echter

Verlagsvertrag kann daher hier nicht abgeschlossen werden. Der Fall regelt sich vielmehr nach den §§ 39, 40 VerlG (vgl. Allfeld a. a. O. Anm. A 2 a, Bappert—Maunz §§ 39, 40 Rdz. 1).

[9] IV. **Ein Sonderfall:** Der **Schutz** des bei Vertragsabschluß geschützten Werkes ist **während der Laufzeit des Vertrages weggefallen,** weil die Schutzfrist ausgelaufen ist oder der Schutz auf andere Weise (Gesetz oder Rechtsprechung) endet (vgl. Voigtländer—Elster §§ 39, 40 Anm. 4).

1. **Bedeutung** hat dieser Sonderfall nach den Ausführungen zu II. und III. überall da, wo das Fehlen oder der Wegfall des Urheberrechtsschutzes den Verlagsvertrag zum uneigentl. oder unechten macht, also bei nichtwissenschaftl. Erscheinenlassen eines schon erschienenen Werkes, verständlicher gesagt: bei weiterer wissenschaftl. unbearbeiteter Vervielfältigung und Verbreitung eines schon erschienenen, nun nicht mehr geschützten Werkes (oben Rdz. 6).

[10] 2. Durch den Ablauf des Urheberrechtsschutzes sind die Parteien des Verlagsvertrages vor eine **völlig veränderte Rechtslage** gestellt.

a) Das Urheber- u. damit das **Verlagsrecht des Verf.** ist **erloschen.** Das nun nicht mehr geschützte Werk kann von jedem Dritten genutzt, vervielfältigt u. verbreitet werden. Der Verl. des Werkes kann zwar den Abdruck des Werkes nicht mehr verbieten, wohl aber, daß eine von einem Dritten veranstaltete Faksimileausgabe seinen, des Originalverlegers Namen, trägt. Zwar ist der Nachdruck des Werkes gestattet. Dieser beinhaltet aber nicht eine Wiedergabe des Werkes in der Ausstattung, die ihm der erste Verl. gab. Vielmehr muß aus der den Namen des Originalverlegers tragenden Faksimileausgabe geschlossen werden, trägt sie sonst nicht an sofort erkennbarer Stelle den deutlichen Hinweis auf ihren jetzigen Verl., daß ihr Verl. wieder der alte Verl. ist. Dann ist die Faksimileausgabe nach ihrer äußeren Form und Ausstattung geeignet, Verwechslungen mit der Ausgabe des Originalverlegers herbeizuführen, während dies dadurch ausgeschlossen wird, daß der neue Verl. sich als solcher bezeichnet. Dagegen kann der Originalverleger, ist die Herausgabe der Faksimileausgabe sonst zulässig, den Gebrauch seiner Firmenbezeichnung durch den Dritten nicht verbieten, weil durch die Bezeichnung der Ausgabe als Faksimileausgabe kenntl. gemacht ist, daß vom Verl. nicht die Bezeichnung des Originalverlegers benutzt wird, sondern das Buch in seiner Originalausgabe in allen Teilen wörtl. wiedergegeben wird (Hoffmann §§ 39, 40 Anm. 3).

b) **Auf Seiten des Verf. entfällt die Verpflichtung, dem Verl. weiterhin das Verlagsrecht zu gewährleisten.** Denn die Möglichkeit hierzu ist mit dem Erlöschen des Urheberrechtes nicht mehr vorhanden (Bappert—Maunz a. a. O. Rdz. 10). Die Enthaltungspflicht des Verf. (§ 2) gem. § 39 Abs. 3 auf die Dauer von 6 Monaten nach Ablauf der urheberrechtlichen Schutzfrist zu beschränken, ist nicht mögl. Die Gegenmeinung (Allfeld §§ 39, 40 Anm. B 5 b) übersieht den häufigen Fall, daß der Verl. kurz vor Ablauf der Schutzfrist den Verlagsvertrag abschließt, um beim Gemeinfreiwerden des Werkes einen Vorsprung vor der Konkurrenz zu gewinnen. In diesem Fall wäre es unbillig, wenn der Verf. bereits 6 Monate nach Ablauf der Schutzfrist das Werk anderwärts in Verlag geben könnte. Hat sich der Verl. nicht vertragl. eine längere Enthaltungspflicht ausbedungen, so wird, notfalls durch richterl. Entscheidung, die sechsmonatige Enthaltungspflicht angemessen zu verlängern sein (so Bappert—Maunz a. a. O.).

Noch schwieriger ist die Frage der Vergütung des Verf., die im bisherigen Verlagsvertrag über das bisher geschützte Werk vereinbart wurde. Entgegen älterer Meinung, wonach der Honoraranspruch des Verf. mit dem Wegfall des Urheberrechtsschutzes völlig aufhöre (Allfeld a. a. O.), wird man ein Fortbestehen dieses Anspruches in (notfalls richterl.) ermäßigter Höhe annehmen müssen; denn es wäre ein unbilliger Verstoß gegen den verlagsrechtlichen Treuegedanken, wenn der Verl., der u. U. jahrzehntelang aus dem geschützten Werk Nutzen gezogen hatte, mit dem Ablauf der Schutzfrist und dem Erlöschen seines Verlagsrechts von jegl. Honorarverpflichtung frei würde (Voigtländer—Elster a. a. O., Bappert—Maunz a. a. O.).

c) **Auf Seiten des Verl. ist das Recht zu erneuter Vervielfältigung des Werkes nach Ablauf der Schutzfrist nach § 40 zu beurteilen,** wobei aber § 40 Satz 2 zu beachten ist. Seine Vervielfältigungspflicht bleibt bestehen. Freilich wird sie — von abweichenden Vereinbarungen abgesehen — nach Ablauf der Schutzfrist auf eine Auflage bzw. auf 1000 Exemplare zu beschränken sein (Hoffmann a. a. O., Bappert—Maunz a. a. O).

D. Verlagsverträge über nicht schutzwürdige oder über schutzfrei gestellte Werke

[11] I. Arten

1. **„Nicht schutzwürdig“** sind Werke, die infolge fehlender Eigentümlichkeit gemeinfrei sind (Gamm § 70 Rdz. 5), weil sie eben sich

nicht als Ergebnis individueller Geistestätigkeit darstellen u. kein eigentüml. geistiges Gepräge aufweisen (Bappert—Maunz a. a. O. Rdz. 1 mit Nachw.). Kurz gesagt: „nicht schutzwürdig" sind hauptsächl. die Werke, die nicht unter § 2 UrhG (abgedruckt Anh. S. 421) fallen.

2. **„Schutzfrei gestellt"** sind Werke, deren Vervielfältigung u. Verbreitung durch urheberrechtl. Sonderbestimmungen ausdrückl. für zulässig erklärt sind. Das sind insbesondere die sog. amtl. Werke des § 5 Abs. 1 UrhG.

[12] II. Das urheberrechtl. nicht schutzwürdige oder schutzfrei gestellte Werk ist **bisher nicht erschienen.**

1. Zum **Begriff** des Nichterscheinens vgl. oben Rdz. 5.

2. Wird das bisher nicht erschienene, nicht schutzwürdige oder schutzfrei gestellte Werk in Gestalt einer **wissenschaftl. Ausgabe** i. S. des § 70 Abs. 1 UrhG herausgegeben, gelten die einschlägigen Ausführungen zu oben Rdz. 8 entsprechend.

3. Läßt jemand das eben genannte Werk nicht in den vorbezeichneten wissenschaftl., sondern in einer das Werk **nicht wissenschaftl. bearbeitenden Weise** (vgl. Gamm § 71 Rdz. 1) erscheinen, fällt dieses Erscheinenlassen anders als bei den niemals oder nicht mehr geschützten Werken nicht unter die Regelung des § 71 UrhG. Denn diese Bestimmung setzt stets ein an sich urheberrechtl. schutzfähiges Werk voraus (Gamm a. a. O. Rdz. 3, Möhring—Nicolini § 71 Anm. 1 b). Ein über das bisher noch nicht erschienene, nicht schutzwürdige oder schutzfrei gestellte Werk zu schließender oder geschlossener Vertrag regelt sich daher nach §§ 39, 40 VerlG.

[13] III. Das urheberrechtl. nicht schutzwürdige oder schutzfrei gestellte Werk ist **bereits erschienen.**

1. Wird es in Gestalt einer **wissenschaftl. Ausgabe** i. S. des § 70 Abs. 1 UrhG herausgegeben, gelten die einschlägigen Ausführungen zu oben Rdz. 8 entspr.

2. Im anderen Falle dagegen, also **bei nichtwissenschaftl. Ausgabe** kommt § 71 UrhG nicht zur Anwendung. Denn er setzt voraus, daß das Werk vorher nicht erschienen war. Ein eigentl. oder echter Verlagsvertrag kann daher hier nicht abgeschlossen werden. Der Fall regelt sich vielmehr nach §§ 39, 40 VerlG (vgl. Allfeld a. a. O. Anm. A 2 a, Bappert—Maunz a. a. O. Rdz. 1).

[14] **E. Ein weiterer Sonderfall:**

Das den Gegenstand des Verlagsvertrags bildende Werk **erscheint** urheberrechtl. geschützt, ist es aber nicht.

I. **Grundsatz**: Der Verlagsvertrag ist gem. § 306 BGB nichtig. Es drängen sich jedoch 2 Fragen auf:

1. Es ließe sich erwägen, daß von den vertragl. Verpflichtungen des Verf. nur eine einzige wegen objektiver Erfüllungsmöglichkeit der Nichtigkeit verfällt, näml. die Verpflichtung zur Verschaffung des Verlagsrechts. Die Nichtigkeit des Verlagsvertrags nach § 306 BGB ist daher zunächst nur eine teilweise. Würden freil. die Parteien den Verlagsvertrag bei Kenntnis der Ungeschütztheit des Werkes überhaupt nicht abgeschlossen haben (und dies wird im Regelfall für den Verl. zutreffen), so ist der Verlagsvertrag als Ganzes gem. § 139 BGB nichtig (Bappert—Maunz a. a. O. Rdz. 2).

2. Sodann ließe sich die Frage aufwerfen, ob das nichtige Rechtsgeschäft, also der eigentl. oder echte Verlagsvertrag nicht im Wege der Umdeutung nach § 140 BGB in einen uneigentl. oder unechten Verlagsvertrag i. S. der §§ 39, 40 VerlG umgedeutet werden kann. Die Beantwortung der Frage wird je nach den Umständen des Einzelfalles sehr verschieden sein. Nicht immer müssen sich das Interesse des Verf. an Veröffentlichung u. Honorar u. das Interesse des Verl. an Verbreitung u. Gewinn decken.

II. Die **Folgen der Nichtigkeit des Vertrages** sind verschieden, je nachdem beide Vertragsteile den Nichtigkeitsgrund, die Ungeschütztheit des Vertragsgegenstandes genannt haben oder doch hätten kennen müssen oder nicht. Hier ergeben sich 3 Fälle.

[15] 1. **Beide Vertragsteile** haben die Ungeschütztheit des Vertragsgegenstandes nicht gekannt u. auch nicht kennen müssen.

a) Beide Vertragsteile können etwa schon erbrachte Leistungen nach den Grundsätzen über die ungerechtfertigte Bereicherung (§§ 812 ff. BGB) zurückfordern (Staudinger—Müller § 812 Rdz. 18 a). Es kann also der Verf. das Werk u. einen etwaigen Druckkostenzuschuß, der Verl. einen Honorar- und/oder Spesenvorschuß zurückverlangen, die Zu- u. Vorschüsse jedoch gem. § 818 Abs. 3 BGB nur, soweit der Empfangende noch bereichert ist. Weitere Ansprüche aus §§ 812 ff. BGB stehen den Vertragsteilen nicht zu. Insbes. können sie Aufwendungen, die sie im Vertrauen auf die Gültigkeit des Vertrages gemacht haben, etwa der Verf. Reisen in fremde Länder, zu Bibliotheken, Archiven, Museen, ferner Lichtbildaufnahmen aller Art, der Verl. die Beschaffung bes. Papiers oder bes. Drucktypen voneinander nicht beanspruchen.

b) Die Vertragsteile werden sich daher nach einer den bes. Verhältnissen besser entspr. Regelung umsehen müssen. Sie entspringt daraus, daß beide Vertragsteile bei Abschluß des Vertrages eine gemeinsame Vorstellung, nämlich die über die Geschütztheit des Vertragsgegenstandes gehabt haben, von der sie sich bei Festsetzung des Vertragsinhaltes haben leiten lassen. Diese Vorstellungen waren irrig, weil das Werk nicht geschützt war. Beide Vertragsteile sind also gemeinsam von irrigen Voraussetzungen ausgegangen. Dieser beiderseitige Irrtum über die Geschäftsgrundlage (vgl. Staudinger—Weber § 242 Rdz. 155 ff.) regelt sich nach § 242 BGB (Staudinger—Coing § 119 Rdz. 58, Palandt—Danckelmann § 119 Anm. 2 je mit Nachw.). Es sind daher die einschlägigen Ausführungen zu § 1 Rdz. 11 zu vergleichen.

c) Beiderseitige Anfechtung des Vertrages über die wesentl. Eigenschaft der urheberrechtl. Geschütztheit des Werkes entfällt demgemäß ebenso wie die Ersatzpflicht nach § 122 BGB (Staudinger—Coing § 122 Rdz. 11).

[16] 2. **Ein Vertragsteil hat die Ungeschütztheit des Vertragsgegenstandes gekannt oder hätte sie kennen müssen,** der andere hat sie weder gekannt noch hätte er sie kennen müssen.

a) Aus der Nichtigkeit des Verlagsvertrages ergibt sich, daß beide Vertragsteile etwa schon erbrachte Leistungen nach den Grundsätzen über die ungerechtfertigte Bereicherung (§§ 812 ff. BGB) zurückfordern können. Insoweit sind daher die Ausführungen zu oben Rdz. 15 zu vergleichen. Diese werden jedoch hier durch § 307 Abs. 1 S. 1 BGB ergänzt (Staudinger—Kaduk § 307 Rdz. 1). Hiernach hat der Wissende oder fahrlässig Nichtwissende dem unverschuldet Nichtwissenden den Schaden zu ersetzen, den dieser dadurch erleidet, daß er auf die Gültigkeit des Vertrages vertraut hat, jedoch nicht über den Betrag des Interesses hinaus, das er an der Gültigkeit des Vertrages hat (so auch Bappert—Maunz a. a. O. Rdz. 2). Damit kann je nach Lage des Falles der Verf. oder der Verl. Ersatz der oben Rdz. 15 bezeichneten Aufwendungen von der Gegenseite verlangen.

b) Dadurch wird die Frage bedeutungslos, ob der unverschuldet Nichtwissende seine Vertragserklärung wegen Irrtums über eine wesentl. Eigenschaft, nämlich die Ungeschütztheit des Vertragsgegenstandes gem. § 119 Abs. 2 BGB anfechten kann. Denn selbst wenn man, wie dies nun allg. geschieht (Staudinger—Coing § 123

Rdz. 17, Palandt—Danckelmann Einf. 4 d vor § 104), diese Anfechtung neben der Geltendmachung der Nichtigkeit nach § 306 BGB für zulässig hält (a. A. Bappert—Maunz a. a. O.), führt sie zu keinem anderen Ergebnis. Der Anfechtende kann etwa schon Geleistetes nach §§ 812 ff. BGB zurückverlangen (Palandt—Danckelmann § 122 Anm. 3) und gemäß § 122 Abs. 1 BGB das oben Rdz. 15 erwähnte Vertrauensinteresse beanspruchen.

c) Die eben erwähnte Grundsatzfrage gewinnt aber dann Bedeutung, wenn der die Ungeschütztheit des Werkes Kennende dies dem nichtwissenden Vertragsgegner gegenüber arglistig verschweigt. Arglistiges Verschweigen ist überall dort arglistiges Tun, also arglistige Täuschung, wo eine Aufklärungspflicht besteht (st. Rspr., zuerst RGZ 77, 314). Diese kann in der Rücksicht auf Treu u. Glauben wurzeln (Staudinger—Coing § 123 Rdz. 23 mit Nachw.). Gerade Treu u. Glauben aber beherrschen das gesamte Verlagsrecht (§ 1 Rdz. 9). Sie begründen eine Aufklärungspflicht des Vertragsgegners darüber, daß ein von ihm für geschützt gehaltenes Werk in Wirklichkeit nicht (mehr) geschützt ist. Wird diese Aufklärungspflicht verletzt, liegt arglistige Täuschung vor, die den Getäuschten gemäß § 123 BGB zur Anfechtung des Vertrages berechtigt. Aus der Anfechtung als solcher folgt jedoch kein Schadensersatzanspruch, nicht einmal ein solcher auf das Vertrauensinteresse, sondern ledigl. ein Anspruch auf Rückgewähr etwa schon vollzogener Leistungen als Bereicherungsanspruch nach §§ 812 ff. BGB (Staudinger—Coing a. a. O. Rdz. 46, Palandt—Danckelmann § 123 Anm. 1 c, 1 f). Der wegen arglistiger Täuschung durch den Wissenden anfechtende Nichtwissende erhält daher auf Grund der Anfechtung weniger, als wenn er sich auf §§ 306, 307 Abs. 1 S. 1 BGB beruft.

d) Die durch treuwidriges Verschweigen begangene arglistige Täuschung weist jedoch den Weg, wie der Getäuschte zu Schadensersatz gelangen kann. Die arglistige Täuschung ist unerlaubte Handlung im Sinne der §§ 823, 826 BGB. Dies ist zwar nicht unbestritten. Aber auch wenn man eine Verletzung der Freiheit des Getäuschten im Sinne des § 823 BGB nicht annimmt, so wird man doch kaum bestreiten können, daß die arglistige Täuschung die Verletzung des Eigentums des Getäuschten verursacht haben kann u. daß bei ihr zugleich der strafrechtl. Tatbestand des § 263 StGB gegeben sein kann u. dann die Verletzung eines Schutzgesetzes im Sinne des § 823 Abs. 2 BGB vorliegt (Staudinger—Coing a. a. O. Rdz. 44). Die Bedeutung des sich hieraus ergebenden Schadensersatzanspruches zeigt sich am besten in der Abgrenzung gegenüber dem Anspruch aus der Anfechtung. Wird angefochten, so muß ein Zustand hergestellt werden, als wenn der Vertrag nicht geschlossen wäre, d. h. jeder Beteiligte hat das vom andern Empfangene zurückzugewähren; der Anfechtende kann dann, da der Vertrag nach seinem Willen als nicht geschlossen gilt, nicht das Vertragserfüllungsinteresse verlangen, sondern nur Ersatz des Vertragsinteresses, also des Schadens, den er durch den Abschluß des Vertrages erlitten hat. Wird Schadensersatz auf Grund unerlaubter Handlung verlangt, so besteht der Schadensersatz in der Herstellung des Zustandes, der bestehen würde, wenn das schädigende Ereignis (z. B. die Täuschung) nicht eingetreten wäre (§ 249 BGB). Der Getäuschte muß so gestellt werden, wie er stehen würde, wenn die zugesicherte Tatsache wahr wäre. Der Schadensersatz besteht also hier in der Erfüllung des Vertrages, in der Herstellung des zugesicherten Tatbestandes oder des zugesicherten Rechtszustandes. Ist das unmögl., so tritt an die Stelle der Erfüllung die Entschädigung in Geld (§ 251 BGB); auch der entgangene Gewinn ist zu ersetzen (§ 252 BGB: Staudinger—Coing a. a. O. Rdz. 46). Damit aber ist der vom anderen Vertragsteil über die Geschütztheit des Vertragsgegenstandes Getäuschte weitgehend schadlos gestellt.

[17] 3. **Ein Vertragsteil hat die Ungeschütztheit des Vertragsgegenstandes gekannt oder hätte sie kennen müssen, der andere Vertragsteil hat sie zwar nicht gekannt, hätte sie aber seinerseits kennen müssen.**

a) Aus der Nichtigkeit des Verlagsvertrages ergibt sich, daß beide Teile etwa schon erbrachte Leistungen nach den Grundsätzen über die ungerechtfertigte Bereicherung (§§ 812 ff. BGB) zurückfordern können. Insoweit sind die Ausführungen zu oben Rdz. 15 zu vergleichen. Die Vorschrift des § 819 Abs. 1 BGB, wonach der Empfänger, der den Mangel des rechtl. Grundes bei Empfang seiner Leistung kennt, vom Empfang oder der Erlangung der Kenntnis zur Herausgabe verpflichtet ist, wie wenn der Anspruch auf Herausgabe zu dieser Zeit rechtshängig geworden wäre, gilt für den fahrlässig Nichtwissenden nicht. Denn fahrlässige Unkenntnis, das Kennenmüssen genügt hier nicht (RG: JW 1937, 610; Palandt—Thomas § 119 Anm. 2 a).

Die Ausführungen zu oben Rdz. 15 werden hier durch § 307 Abs. 1 S. 2 BGB ergänzt (Staudinger—Kaduk § 307 Rdz. 1). Danach entfällt, wenn beide Teile ein Verschulden trifft, der Schadensersatzanspruch aus § 307 Abs. 1 Satz 2 BGB. Dieser Satz ist ein Ausfluß des dem § 254 BGB zugrundeliegenden Rechtsgedankens. Andererseits ist durch die bestimmte Regelung der Bedeutung eines

Verschuldens des anderen Teiles in § 307 Abs. 1 Satz 2 BGB eine Anwendung des § 254 BGB selbst ausgeschlossen. Es wird also nicht etwa der dem einen Teil nach § 307 BGB an sich zustehende Ersatzanspruch durch Mitverschulden des anderen Teils nach der Regel des § 254 BGB bald nur gemindert, bald völlig ausgeschlossen, bald ganz unberührt gelassen. Vielmehr schließt die Sondervorschrift des § 307 Abs. 1 Satz 2 BGB jedes richterl. Ermessen, wie es nach § 254 BGB Platz greifen würde, vollständig aus; der Schadensersatzanspruch aus § 307 BGB fällt schlechthin weg, wenn beide Teile ein Verschulden trifft (RGZ 105, 412; 106, 162; 110, 53; 151, 357 (Staudinger—Kaduk a. a. O. Rdz. 6). Daher gibt es hier keine Haftung des selbst vorsätzl. Wissenden gegenüber dem bloß fahrlässig Nichtwissenden (RGZ 110, 55). Dieser kann das Vertrauensinteresse des § 307 Abs. 1 S. 1 BGB vom selbst vorsätzl. Wissenden nicht verlangen.

b) Der fahrlässig nicht Wissende kommt jedoch schon mit Anfechtung wegen Irrtums über die wesentl. Eigenschaft der Ungeschütztheit des Vertragsgegenstandes etwas weiter. Zwar schadet es ihm nicht, daß er fahrlässig irrt, da es auf die Entschuldbarkeit des Irrtums für die Anfechtbarkeit nicht ankommt (Staudinger—Coing § 119 Rdz. 51 mit Nachw.). Auch muß er dem anderen gemäß § 122 Abs. 2 BGB das oben Rdz. 15 erwähnte Vertrauensinteresse nicht ersetzen, weil dieser (vorsätzl. oder gleichfalls fahrlässig nicht Wissende) den Grund der Anfechtbarkeit, die Ungeschütztheit des Vertragsgegenstandes, kannte oder kennen mußte. Und schließl. bemessen sich die gegenseitigen Ansprüche nach §§ 812 ff. BGB (Palandt—Danckelmann § 122 Anm. 3). Danach bekommt der fahrlässig Nichtwissende zurück, was er dem vorsätzl. Wissenden in Hinblick auf den Vertrag geleistet hat (Verf.: Werk, Druckkostenzuschuß; Verl.: Honorar- u. Spesenvorschuß), muß aber dem vorsätzl. Wissenden das, was dieser in Hinblick auf den Vertrag geleistet hat, gemäß § 815 BGB nicht zurückerstatten (vgl. Staudinger—Müller § 815 Rdz. 1).

c) Das gleiche gilt bei Anfechtung durch den fahrlässig Nichtwissenden wegen arglistiger Täuschung durch den vorsätzl. Wissenden. Hierüber siehe oben Rdz. 16. Wie dort, kann auch hier der Tatbestand der §§ 823, 826 BGB vorliegen (für § 826 vgl. Palandt—Heinrichs § 307 Anm. 1), weshalb ohne Rdz. 16 zu vergleichen ist.

F. Die Sonderregelung der §§ 39, 40 VerlG: Der uneigentl. oder unechte Verlagsvertrag

[18] I. Der uneigentl. oder unechte Verlagsvertrag ist **Verlagsvertrag** im Sinne des § 1. Er weist alle Merkmale eines Verlagsvertrags auf. Denn auch in ihm verpflichtet sich der Verf., ein Schrift- oder Tonwerk dem Verl. zur Vervielfältigung und Verbreitung zu überlassen, während sich der Verl. verpflichtet, die Vervielfältigung und Verbreitung des Werkes vorzunehmen. Kraft ihrer rechtl. Natur als Verlagsverträge sind daher grundsätzlich auf die Verträge über ungeschützte Werke alle Vorschriften des VerlG (einschließl. § 36) anzuwenden (Bappert—Maunz a. a. O. Rdz. 3). Die Ausnahmen ergeben sich aus §§ 39, 40.

[19] II. Die **erste Ausnahme** besteht darin, daß gemäß § 39 Abs. 1 der Verf. zur Verschaffung des Verlagsrechtes an den Verl. nicht verpflichtet ist. Das bedeutet eine Ausnahme von § 8, wonach der Verf. dem Verl. das Verlagsrecht zu verschaffen hat. Die Ausnahme hat ihren Grund darin, daß die Verschaffung des Verlagsrechts an dem ungeschützten Werk objektiv unmögl. ist (Bappert—Maunz a. a. O. Rdz. 8). Der Verl. kann also, was eigentl. selbstverständl. ist, weil er kein Verlagsrecht erhält, weder Schadenersatz wegen Nichterfüllung fordern, noch die Einrede des nicht erfüllten Vertrages geltend machen, noch vom Vertrag zurücktreten (Allfeld a. a. O. Anm. B 4 a).

[20] III. Aus der ersten Ausnahme ergibt sich geradezu zwangsläufig die **zweite.**

1. Da sich beide Parteien bei Vertragsabschluß über die Ungeschütztheit des Werkes im klaren sind, muß der Verl. damit rechnen, daß das ungeschützte Werk nicht nur künftig auch jedem Dritten zur Werknutzung offensteht, sondern daß es möglicherweise auch jetzt schon anderwärts vervielfältigt und verbreitet worden ist. Demgemäß haftet der Verf. auch nicht dafür, daß dies bis jetzt noch nicht geschehen ist. Er ist nicht einmal verpflichtet, besondere Nachforschungen nach solchen anderweitigen Werknutzungen anzustellen, bevor er den Vertrag abschließt (Allfeld a. a. O., Bappert—Maunz a. a. O. Rdz. 5). Dies ganz bes. dann, wenn der erste Anschein dafür spricht, daß das Werk bisher nicht veröffentlicht worden ist. Fahrlässige Unkenntnis anderweiter Verlaggabe oder Veröffentlichung schadet daher dem Verf. nicht.

2. Anders dagegen, **wenn der Verf. die anderweite Verlaggabe oder Veröffentlichung des Werkes** kennt. Hier ist zu unterscheiden, je nachdem der Verf. weiß oder annimmt, daß der Verl. die anderweite Verlaggabe oder Veröffentlichung des Werkes kennt, oder **nicht.**

a) Nimmt der Verf. (irrtüml.) an, der Verl. kenne die anderweite Verlaggabe oder Veröffentlichung, so ist dieser zur Anfechtung des Verlagsvertrages nach § 119 Abs. 2 BGB wegen Irrtums über die wesentl. Eigenschaft anderweiter Verlaggabe oder Veröffentlichung berechtigt (Bappert—Maunz a. a. O.). Diese Anfechtung nützt ihm jedoch nur insoweit, als er nach den Grundsätzen über die ungerechtfertigte Bereicherung (§§ 812 ff. BGB) die Herausgabe etwa schon erbrachter Leistungen, wie Honorar- oder Spesenvorschüsse verlangen kann, dafür aber dem Verf. das von diesem Vorgeleistete (Werk, Druckkostenzuschuß) herausgeben (Palandt—Danckelmann § 122 Anmerkung 3) und obendrein gem. § 122 Abs. 1 BGB das Vertrauensinteresse ersetzen muß (vgl. dazu die Ausführungen zu Rdz. 15). Die Anfechtung kann daher den Verl. recht teuer zu stehen kommen. Es empfiehlt sich also für ihn, Nachforschungen über die anderweite Verlaggabe u. Veröffentlichung des Werkes anzustellen, zu denen er an sich nicht verpflichtet ist (RGZ 76, 321, Hoffmann a. a. O. Anm. 1 b). Davon kann er nur absehen, wenn Vertragsgegenstand ein so ausgefallenes oder so lange nicht mehr erschienenes Werk ist, daß der Verf. unmögl. annehmen konnte, dem Verl. sei die anderweite Verlaggabe oder Veröffentlichung bekannt.

b) Weiß der Verf., daß der Verl. die anderweite Verlaggabe oder Veröffentlichung des Werkes nicht kennt u. schließt er dennoch den Verlagsvertrag über das Werk so, als sei es nicht anderweit in Verlag gegeben oder veröffentlicht, handelt er arglistig (Allfeld a. a. O., Bappert—Maunz a. a. O.). Insoweit sei auf die Ausführungen zu oben Rdz. 16 verwiesen. Rein vorsorgl. sei jedoch vermerkt, daß sich § 39 Abs. 2 nur auf arglistiges Verschweigen anderwärtiger Verlaggabe oder Veröffentlichung des geschützten Werkes bezieht, nicht aber auf arglistige Täuschungen über die urheberrechtl. Ungeschütztheit des Werkes (über diese oben Rdz. 4; unklar daher Voigtländer—Elster a. a. O. Anmerkung 1, Bappert—Maunz a. a. O.). Über die Rechtsfolgen dieses arglistigen Verschweigens siehe nun Rdz. 21.

[21] 3. **Rechtsfolgen des arglistigen Verschweigens anderweiter Verlaggabe oder Veröffentlichung.**

a) Nach § 39 Abs. 2 finden die Vorschriften über die dem Verkäufer wegen eines Mangels im Recht obliegende Gewährleistungspflicht (§§ 440, 442 BGB) Anwendung. Da § 440 Abs. 1 BGB auf §§ 320—327 BGB verweist, ergibt sich nach dem Schrifttum (Hoffmann a. a. O., Allfeld a. a. O., Bappert—Maunz a. a. O.) folgende Rechtslage:

aa) Der arglistig getäuschte Verl. kann seine **Gegenleistung** (Vervielfältigung und Verbreitung) **verweigern.** Dieses Leistungsverweigerungsrecht ist aber nach § 320 BGB an die Bewirkung der Gegenleistung durch den Verf. geknüpft. Der Verl. kann nicht schlechthin und unbeschränkt, sondern nur bis zur Bewirkung der Gegenleistung durch den Verf. verweigern. Worin aber besteht hier die Gegenleistung des Verf.? Man könnte sie in der Beschaffung des Verlagsrechtes an dem anderweit in Verlag gegebenen oder veröffentlichten Werk sehen. Dann kann der getäuschte Verl. seine Leistung so lange verweigern, bis ihm der Verf. das Verlagsrecht an dem vom getäuschten Verl. zu vervielfältigenden und zu verbreitenden Werk verschafft hat. Da jedoch der Verl. meist erst nach Vervielfältigung und Verbreitung des Werkes durch einen anderen Verl. erfährt, daß er vom Verf. über die anderweite Verlaggabe und Veröffentlichung des Werkes getäuscht wurde, ist es für die Verweigerung der hauptsächlichsten Gegenleistung, nämlich der Vervielfältigung u. Verbreitung zu spät. Was bleibt, ist die Verweigerung der Auszahlung des Honorars.

bb) Der arglistig getäuschte Verl. kann **Schadensersatz wegen Nichterfüllung** verlangen oder vom Vertrag zurücktreten. Auch dieses Recht hat der getäuschte Verl. nicht ohne weiteres. Voraussetzung hierfür ist nach § 326 Abs. 1 BGB der Verzug des Verf. Der getäuschte Verl. muß daher zunächst den Verf. in Verzug setzen, ehe er überhaupt an Schadensersatz wegen Nichterfüllung oder Rücktritt vom Vertrag denken kann. Und selbst dann ist noch die Setzung einer Nachfrist erforderlich. Das von ihm einzuschlagende Verfahren gleicht daher im wesentl. dem in § 30 Rdz. 8 dargestellten. Danach ist der getäuschte Verl. jedenfalls insoweit in einer nicht eben beneidenswerten Lage.

cc) Hier nun hilft ihm die Rechtsspr., die ihm bei subjektivem Unvermögen des Verf. Schadensersatz wegen Nichterfüllung gewährt (Palandt—Putzo § 440 Anm. 1 mit Nachw.). Ein solches subjektives Unvermögen des Verf. liegt hier vor, da er nicht in der Lage ist, dem von ihm getäuschten Verl. das Verlagsrecht an dem anderweit in Verlag gegebenen oder veröffentlichten Werk zu verschaffen. Für den daraus sich ergebenden Schadensersatz gilt das oben Rdz. 16 Ausgeführte entsprechend. Insbesondere haftet der täuschende Verf. dem getäuschten Verl. auch für den diesem infolge Nichtveröffentlichung entgangenen Gewinn (§ 252 BGB).

b) Dieser Rechtslage gegenüber kommt der Anfechtung des Vertrags durch den Verl. geringere Bedeutung zu. Anfechtung wegen Irrtums über die wesentl. Eigenschaft der nicht anderweiten Verlaggabe oder Veröffentlichung des Werkes (vgl. dazu Bappert—Maunz a. a. O.) ist zwar neben der Gewährleistungspflicht aus §§ 39 Abs. 2 VerlG, 440 BGB zulässig (vgl. Palandt—Danckelmann § 119 Anm. 4 d), erzielt aber wie oben Rdz. 16 für einen ähnl. gelagerten Fall ausgeführt wurde, nur die Rückgabe der beiderseitigen Leistungen nach den Bereicherungsgrundsätzen der §§ 812 ff. BGB (Palandt—Danckelmann § 122 Anm. 3). Das gleiche gilt für die Anfechtung wegen arglistiger Täuschung (vgl. oben Rdz. 16).

c) Der getäuschte Verleger kann jedoch auf den **Schadensersatz aus §§ 823, 826 BGB** zurückgreifen, für den das oben Rdz. 16 Ausgeführte entspr. gilt.

[22] IV. **Eine weitere Ausnahme** vom eigentl. oder echten Verlagsvertrag besteht nach § 39 Abs. 3 darin, daß zwar eine Enthaltungspflicht für den Verf. besteht (hierüber im einzelnen § 2 mit den Anm. hierzu), die Enthaltungspflicht aber zeitl. begrenzt ist. Sie fällt näml. weg, wenn seit der Veröffentlichung des Werkes durch den Verl. 6 Monate verstrichen sind.

1. Wegen der **Fristberechnung** vgl. §§ 187 Abs. 1, 188 BGB. Bis zum Ablauf dieser Frist, die vertragl. verlängert oder weiter abgekürzt werden kann, hat sich der Verf. der Vervielfältigung u. Verbreitung des Werkes gemäß § 2 in gleicher Weise zu enthalten, „wie wenn an dem Werk ein Urheberrecht bestände". Darnach wird — jedoch nur in Hinsicht auf die sechsmonatige Enthaltungspflicht des Verf. — das Bestehen eines Urheberrechts fingiert; auch stehen dem Verf. während dieser Zeit die in § 2 Abs. 2 dem Verf. vorbehaltenen Werknutzungsarten (Übersetzung, Dramatisierung, Verfilmung usw.) offen (Bappert—Maunz a. a. O. Rdz. 6).

2. Ist dem Verl. vertragl. die **Veranstaltung weiterer Auflagen oder die Herstellung weiterer Abzüge** des ungeschützten Werkes gegen Zahlung einer neuerl. Vergütung eingeräumt worden u. macht der Verl. von dieser Befugnis Gebrauch, so hat sich der Verf. nach dem jeweiligen Erscheinen der neuen Auflage bzw. der neuen Ab-

züge erneut 6 Monate lang der Vervielfältigung u. Verbreitung des Werkes zu enthalten (Hoffmann a. a. O. Anm. 2 d, Bappert—Maunz a. a. O.).

[23] V. **Die letzte Ausnahme** betrifft das Vervielfältigungsrecht des Verl.

1. Bezügl. dieses Rechtes an dem nicht geschützten Werk soll der Verl. im Regelfalle nicht schlechter gestellt sein als jeder Dritte, dem die unbeschränkte Werknutzung offensteht. § 40 Satz 1 räumt daher dem Verl. ein Recht zu erneutem, unverändertem oder auch verändertem Nachdruck ein. Die gesetzl. Wortfassung ist jedoch insofern zu eng und irreführend, als der Verl. nicht nur unbeschränkt zur Veranstaltung neuer Auflagen befugt ist, sondern auch — gleichfalls wie jeder Dritte — völlig frei darüber befinden kann, wie viele Abzüge er beim erstmaligen Druck des Werkes herstellen will. Freil. enstpricht diesem unbeschränkten Vervielfältigungsrecht des Verl. keine entsprechende Vervielfältigungspflicht i. S. des § 16. Auch bezieht sich das Recht des Verl. zu verändertem Nachdruck (Neuauflage in gekürzter Bearbeitung, Übersetzung) nur auf neue Auflagen des Werkes. Die erste Auflage muß jedenfalls in der Fassung herausgebracht werden, in der das Werk zur Veröffentlichung überlassen wurde (Allfeld a. a. O. Anm. B 6 c, Bappert—Maunz a. a. O. Rdz. 7).

2. Dieses unbeschränkte Vervielfältigungsrecht des Verl. findet nach dem Gesetz seine Grenzen, wenn im Verlagsvertrag die Herstellung neuer Auflagen oder weiterer Abzüge vereinbart oder von der Zahlung einer besonderen Vergütung abhängig gemacht ist.

§ 41

Werden für eine Zeitung, eine Zeitschrift oder ein sonstiges periodisches Sammelwerk Beiträge zur Veröffentlichung angenommen, so finden die Vorschriften dieses Gesetzes Anwendung, soweit sich nicht aus den §§ 42 bis 46 ein Anderes ergibt.

[1]

A. Vorbemerkungen

I. Die Vorschrift befaßt sich mit den angenommenen Beiträgen für eine Zeitung, Zeitschrift oder ein sonstiges periodisches Sammelwerk [2], und läßt auf sie die Bestimmungen des VerlG anwenden [10], soweit sich nicht aus den Bestimmungen der §§ 42—46 ein anderes ergibt [9].

II. § 42 ist durch § 141 Ziff. 4 UrhG aufgehoben worden. Anwendbar geblieben (vgl. OLG Frankfurt: GRUR 67, 151 = NJW 1966, 1462) sind aber die anderen eben genannten Bestimmungen des VerlG, nämlich §§ 41 (Anwendung des VerlG auf Verlagsverträge über Beiträge zu periodischen Sammelwerken), 43 (Zahl der Abzüge u. Korrektur bei periodischen Sammelwerken), 44 (Änderungsrecht des Verl. bei Beiträgen ohne Urheberbezeichnung), 45 (Kündigungsrecht des Verf., wenn der Beitrag nicht innerhalb eines Jahres nach Ablieferung veröffentlicht wird), 46 (keine Freiexemplare, kein Ankaufsrecht des Verf.: Gamm § 38 Rdz. 1).

B. Angenommene Beiträge für Zeitungen, Zeitschriften u. sonstige periodische Sammelwerke

[2] I. „Beiträge"

1. Nach früherem Recht waren „Beiträge" Werke der Literatur oder der Tonkunst, die an sich Gegenstand eines Verlagsvertrages sein konnten, also selbständige Aufsätze, Gedichte, Abhandlungen, Abbildungen oder Tonwerke (Allfeld § 41 Anm. 2, Bappert—Maunz § 41 Rdz. 2). Dabei war streitig, ob unter „Beiträgen" nur solche Arbeiten zu verstehen seien, die schutzfähig sind. Die Frage entsteht nach neuem Recht nicht. Da der Ausdruck **„Werke"** jetzt als Alternative zu den „anderen Beiträgen" verwendet ist, ist klar, daß mit den **„anderen Beiträgen"** solche Arbeitsergebnisse gemeint sind, **die keine Werke sind.** Es kann sich bei ihnen auch um bloße Tatsachen u. Daten handeln, so daß auch die Bestandteile eines Adreßbuches oder einer Tabelle „Beiträge" sein können (Möhring—Nicolini § 4 Anm. 3 b/aa). Die Beiträge selbst müssen auch nicht aktuelle Bedeutung haben, können also auch Kurzgeschichten, Fortsetzungsromane, Gedichte u. Bilder sein (Möhring—Nicolini § 41 Anm. 7).

2. Nach früherem Recht sollten die „Beiträge" ihrer Zweckbestimmung nach nicht allein, sondern zusammen mit den Arbeiten anderer Verf. in einem äußerl. zusammenhängenden Werk veröffentlicht werden (vgl. Bappert—Maunz a. a. O.). Der Ausdruck **„Beiträge"** umfaßt jetzt **auch solche** Arbeiten, **die nicht planmäßig für die Sammlung hergestellt worden sind.** Der frühere Sinngehalt des Ausdrucks entsprach der sprachl. Bedeutung des Wortes „Beiträge" zwar besser als der jetzige; dies hindert jedoch nicht, den

Ausdruck unter der Herrschaft des neuen Gesetzes in der neuen angegebenen Bedeutung auszulegen (Möhring-Nicolini § 4 Anm. 3 b/cc).

[3] 3. **Keine „Beiträge"** sind in der Regel die Zeitungsanzeigen. Denn Voraussetzung für den Beitrag ist seine urheberrechtl. Schutzfähigkeit. Für diese kommt es aber darauf an, ob der Beitrag eine bes. künstler. oder literar. Leistung eigenschöpfer. Art darstellt oder nicht. Im ersten Falle gilt er als schutzwürdig, andernfalls dagegen nicht (RGZ 127, 206; Löffler I S. 649, Rdz. 27; ähnl. Gamm § 2 Rdz. 18 unter „Werbeanzeigen"). Da das erstere die Ausnahme bildet, sind die Zeitungsanzeigen keine „Beiträge" i. S. der §§ 42 bis 46. Für das Rechtsverhältnis zwischen dem Anzeigenbesteller u. dem Verleger, Redakteur oder Herausgeber sind daher ausschließl. die allgemeinen Vertragsgrundsätze, in der Hauptsache die Vorschriften über den Werkvertrag (§§ 631 ff. BGB) maßgebend (Bappert—Maunz a. a. O.; wegen weiterer Einzelheiten vgl. Löffler I S. 473 Rdz. 25 ff.).

[4] 4. **Abbildungen zu Beiträgen** für periodische Sammelwerke sind nur dann „Beiträge", unterliegen also nur dann den Vorschriften der §§ 42—46, wenn der Verf. des Beitrages auch die Abbildungen liefert. Wird das Bildmaterial zu dem Beitrag dagegen von einem Dritten bezogen, dann finden die §§ 42—46 keine Anwendung. Es liegt dann hinsichtl. der Abbildungen ein bes. Rechtsverhältnis, meistens ein Bestellvertrag nach § 47 vor (Bappert—Maunz a. a. O. Rdz. 7).

II. „Angenommene" Beiträge

[5] 1. Die §§ 41—46 beziehen sich **nur auf „angenommene" Beiträge,** also auf solche, bezügl. deren durch Annahme oder Bestellung ein Rechtsverhältnis zustande gekommen ist (Voigtländer—Elster § 41 Anm. 2). Ob dies der Fall ist, muß nach allg. Grundsätzen festgestellt werden. Bei Zeitungen und Zeitschriften ist der Redakteur zur Annahme der Beiträge berechtigt (Hoffmann § 41 Anm. 3).

2. **Nicht** beziehen sich die Vorschriften **auf nicht angenommene Beiträge,** also auf unverlangt eingesandte und dann nicht förml. angenommene Beiträge. Hierüber vgl. § 1 Rdz. 18, § 11 Rdz. 8, § 33 Rdz. 14.

III. Die „periodischen Sammelwerke" des § 41

Die Vorschrift zählt dazu

[6] 1. **Zeitungen.** Der Begriff der „Zeitung" ist gesetzl. nicht bestimmt. „Sie ist ein periodisches Sammelwerk, das in tagebuchartiger Weise fortlaufend über die aktuellen Vorgänge in allen oder in bestimmten Lebensbereichen in Schrift und Bild öffentl. berichtet" (Löffler I S. 157 Rdz. 8, II S. 136 Rdz. 20). „Charakteristisch ist daher für die ‚Zeitung' ihre ständige, in kurzen regelmäßigen Zeitabschnitten erfolgenden Erscheinungsweise u. ihr überwiegend auf aktuellen Tagesneuigkeiten abgestellter Inhalt mit einer sich vorwiegend auf das Wort gestützten journalistischen Berichterstattung" (Gamm § 38 Rdz. 6, ähnl. Bappert—Maunz a. a. O. Rdz. 5). Die „Zeitung" hat also die Aufgabe, den Leser mit dem überwiegenden Teil ihres Stoffes möglichst sofort u. unmittelbar über alle Vorkommnisse ohne Beschränkung auf ein sachl. Gebiet zu unterrichten. Daß einzelne Abschnitte wie z. B. das Feuilleton, der Handelsteil u. die Literaturbeilage Beschränkungen auf ein bestimmtes Gebiet kennen, ändert an der Gesamttendenz der Zeitung nichts. Doch fallen solche Beilagen, soweit sie den Charakter selbständiger Zeitschriften tragen, als solche für die rechtl. Beurteilung aus dem Rahmen der Zeitung heraus (Möhring—Nicolini § 48 Anm. 8).

[7] 2. **„Zeitschriften** sind periodische Sammelwerke, die einzelne Fragen oder Vorgänge in Schrift u. Bild öffentl. erörtern" (Löffler I S. 156 Rdz. 9, II S. 136 Rdz. 24). Im einzelnen ist die Abgrenzung zwischen Zeitungen u. Zeitschriften fließend. Bei monatl. Erscheinungsweise liegt meist schon eine Zeitschrift vor, ebenso bei überwiegenden Bildreportagen. Eine literarisch anspruchsvollere, von der journalistischen Tagesberichterstattung abweichende Darstellung u. Gestaltung führt bereits zur Zeitschrift, zumal damit regelmäßig ein inhaltl. Übergang auf über den Tag hinausreichende Themen und eine in längeren Zeitabschnitten erfolgende Erscheinungsweise verbunden ist (Gamm a. a. O.). Die „Zeitschrift" hat darnach die Aufgabe, den Leser auf einem sachl. begrenzten Gebiet zu unterrichten. Beispiele sind Zeitschriften über Politik, Wirtschaft, Kultur, Geschichte, Finanzwesen, Rechtswesen usw. Die sachl. Beschränkung kann sich auch allein auf die Unterhaltung beziehen (illustrierte Wochenzeitschriften) oder in dem Auszug aus Tageszeitungen oder der summarischen Unterrichtung über die in einem Zeitabschnitt geschehenen Ereignisse bestehen (Möhring-Nicolini a. a. O.; ausführlicher bei Bappert—Maunz a. a. O. Rdz. 6).

[8] 3. **Die „sonstigen periodischen Sammelwerke"**: Über den Begriff vgl. § 4 Rdz. 2. Nichtperiodische Sammelwerke, also Werke, die entweder (abgesehen von Neuauflagen) nur einmal als einheitl., geschlossenes Werk (Beispiel: Festschriften; Sammelwerke einzelner Beiträge zu einem bestimmten Thema, RGSt. 30, 292) oder als einheitl., geschlossenes Werk, aber in Einzellieferungen (häufiger Fall: mehrbändige Lexika, Handbücher, Enzyklopädien; RGZ 112, 2: „Brehms Tierleben"; ferner aber auch BGH: GRUR 54, 129: abgeschlossene, aber in Lieferungen erscheinende Reihe von Werken der Weltliteratur: Gamm § 4 Rdz. 9, § 39 Rdz. 7; ähnlich Möhring—Nicolini § 38 Anm. 4 a) erscheinen, fallen nicht unter die §§ 41—46.

[9] C. Die für Beiträge zu periodischen Sammelwerken geltenden Sondervorschriften

I. Gemäß 41 aus dem Verlagsrecht

1. § 42, aufgehoben durch § 141 Ziff. 4 UrhG,
2. § 43,
3. § 44, wo das Verhältnis zu § 39 UrhG zu erörtern ist,
4. § 45, wo das Verhältnis zu § 41 UrhG zu erörtern ist,
5. § 46.

II. Aus dem UrhG

1. § 38, der etwa § 42 VerlG entspricht,
2. § 41, in seinem Verhältnis zu § 45 VerlG und
3. § 42.

[10] D. Die für Beiträge zu periodischen Sammelwerken geltenden allg. Vorschriften des Verlagsrechts

(vgl. Hoffmann § 41 Anm. 2, Bappert—Maunz a. a. O. Rdz. 10)

1. § 4 (Art der anderweiten Verwertung seitens des Verlegers),
2. § 10 (Ablieferung des Beitrages in druckfähigem Zustand),
3. § 11 (Zeitpunkt der Ablieferung des Beitrages),
4. § 12 (Änderungsrecht des Verf.),
5. § 18 (Kündigungsrecht des Verl., insbes. § 18 Abs. 2),
6. § 19 (Recht des Verl., einzelne Beiträge wegzulassen),
7. § 20 (Korrekturverpflichtung des Verl., jedoch ohne Abs. 1, Satz 2 vgl. § 43),

8. §§ 22—24 (Honorar),
9. § 25 (Freiexemplare vgl. aber § 46),
10. § 27 (Rückgabe des Manuskriptes),
11. § 29 (Übertragbarkeit der Rechte aus dem Vertrage),
12. §§ 30, 31 (Recht des Verl. bei nicht rechtzeitiger Ablieferung u. wegen nicht vertragsmäßiger Beschaffenheit des Beitrages),
13. §§ 33—38.

§ 42

Sofern nicht aus den Umständen zu entnehmen ist, daß der Verleger das ausschließliche Recht zur Vervielfältigung und Verbreitung erhalten soll, verbleibt dem Verfasser die anderweitige Verfügung über den Beitrag.

Über einen Beitrag, für welchen der Verleger das ausschließliche Recht zur Vervielfältigung und Verbreitung erhalten hat, darf der Verfasser anderweit verfügen, wenn seit dem Ablaufe des Kalenderjahres, in welchem der Beitrag erschienen ist, ein Jahr verstrichen ist. Ist der Beitrag für eine Zeitung geliefert, so steht diese Befugnis dem Verfasser alsbald nach dem Erscheinen zu.

[1] A. Vorbemerkungen

I. **§ 42 ist** durch § 141 Ziff. 4 UrhG **aufgehoben** worden. Inhaltl. entspricht ihm etwa § 38 UrhG, der Anh. S. 428 abgedruckt ist.

[2] II. § 38 Abs. 1 und 3 UrhG behandeln das Nutzungsrecht an **Beiträgen in periodisch erscheinenden Sammlungen,** und zwar

1. Absatz 1 Beiträge in periodisch erscheinenden Sammlungen mit Ausnahme von Zeitungen [3];
2. Absatz 3 Beiträge in Zeitungen [8].

III. § 38 UrhG enthält **Auslegungsregeln** für den Umfang der Nutzungsrechtseinräumung an Beiträgen zu Sammlungen. Ihre Anwendung setzt damit die Auslegungsbedürftigkeit u. -fähigkeit des maßgebenden Vertrags voraus. Eindeutige Vertragsbestimmungen können nicht im Weg der Auslegung nach § 38 UrhG übergangen oder abgeändert werden (Gamm § 38 Rdz. 2).

B. Beiträge zu periodisch erscheinenden Sammlungen mit Ausnahme von Zeitungen

[3] I. Die **Aufnahme der Beiträge** in periodisch erscheinende Sammlungen.

1. Zum **Begriff der Beiträge** vgl. § 41 Rdz. 2.

Der Beitrag muß urheberrechtl. geschützt sein. Daher ist urheberrechtl. für den Verl. der Sammlung ein Erwerb entspr. Nutzungsrechte von dem Schöpfer eines Beitrags nur bei dessen Geschütztheit erforderlich. Allein auf diesen Fall stellt es der Wortlaut des § 38 UrhG ab, der ausdrückl. vom „Urheber" u. vom aufgenommenen „Werk" spricht. Verträge über nicht (mehr) geschützte Beiträge unterliegen daher an sich nicht dem § 38 UrhG; doch sind auf sie dessen Auslegungsregeln im Sinn einer entspr. Enthaltungspflicht des Beitragsverfassers, für die in § 38 UrhG festgelegten Zeitspannen entsprechend heranzuziehen. Denn die Interessen der Beteiligten liegen insoweit sachl. gleich. Wenn sich der Verl. der Sammlung schon mit einem nicht (mehr) geschützten Beitrag begnügt u. daher kein ausschließl. Nutzungsrecht erwerben kann, so erwartet er doch, daß seine Verwertungstätigkeit innerhalb des (übl.) Zeitraums des § 38 UrhG zwar nicht durch Dritte, aber jedenfalls durch den Verf. des Beitrags unbeeinträchtigt bleibt (Gamm a. a. O. Rdz. 4).

2. Zum **Begriff der periodisch erscheinenden Sammlung** vgl. § 4 Rdz. 2.

[4] 3. Der **Begriff der „Aufnahme"** ist gesetzl. nicht bestimmt. Er bedeutet die Einreihung unter die übrigen Beiträge u. die Vervielfältigung u. Verbreitung im Rahmen der periodisch erscheinenden Sammlung, deren Teil der Beitrag geworden ist.

II. **Rechtsfolgen der Aufnahme** des Beitrags in eine periodisch erscheinende Sammlung.

[5] 1. § 38 Abs. 1 UrhG gibt, ausgeführt durch die Worte „im Zweifel", wie eingangs erwähnt, nur eine **Auslegungsregel.** Ihr Anwendungsbereich beschränkt sich auf das Rechtsverhältnis zwischen dem Verf. des Einzelbeitrages und dem Verl. der periodisch erscheinenden Sammlung (Gamm a. a. O. Rdz. 2).

[6] 2. Aus dem Wesen des § 38 Abs. 1 UrhG als einer Auslegungsregel ergibt sich, daß sie in vollem Umfange oder auch nur teilweise (durch Verlagsvertrag oder zusätzl. dazu) **abdingbar** ist (OLG Frank-

furt: NJW 1966, 1462). Fehlt eine solche ausdrückl. Vereinbarung, so greift Abs. 1 Satz 1 ein. Es ist also davon auszugehen, daß der Verl. ein ausschließl. Nutzungsrecht erhalten hat. Der Verf. trägt dann die Beweislast dafür, daß der Verl. nur ein einfaches Nutzungsrecht erhalten habe (Möhring—Nicolini § 38 Anm. 2 e).

[7] 3. Das Nutzungsrecht des § 38 Abs. 1 UrhG ist **im Zweifel „ausschließl.“.** Dieser Begriff ist im Sinne des § 31 Abs. 3 UrhG zu verstehen (Möhring—Nicolini a. a. O. Anm. 2 d). Das ausschließl. Nutzungsrecht gibt also dem Inhaber das Recht, das Werk unter Ausschluß aller anderen Personen einschließl. des Verf. zu vervielfältigen u. zu verbreiten (vgl. Möhring—Nicolini § 39 Anm. 9). Über die Vervielfältigung u. Verbreitung, die das hier im Zweifel angenommene ausschließl. Nutzungsrecht des Verl. an dem von ihm aufgenommenen Beitrag beinhaltet, vgl. § 8 Rdz. 6, 11.

4. Über die **zeitl. Begrenzung** dieses auschließl. Nutzungsrechtes (§ 38 Abs. 1 S. 1 UrhG) vgl. unten Rdz. 12.

C. Beiträge zu Zeitungen

I. Überlassung von Beiträgen an Zeitungen

Vgl. zu den Begriffen „Überlassung“ § 1 Rdz. 85, „Beiträge“ § 41 Rdz. 2 und „Zeitungen“ § 41 Rdz. 6.

II. Rechtsfolge der Überlassung von Beiträgen an Zeitungen

[8] 1. § 38 Abs. 3 UrhG gibt, wie eingangs erwähnt, nur eine **Auslegungsregel.** Ihr Anwendungsbereich beschränkt sich auf das Rechtsverhältnis zwischen dem Verf. des Einzelbeitrages und dem Verl. der Zeitung (Gamm a. a. O. Rdz. 2).

[9] 2. Aus § 38 Abs. 3 S. 1 UrhG ergibt sich, daß die Auslegungsregel in vollem Umfang oder auch nur teilweise (durch Verlagsvertrag oder zusätzl. zu ihm) **abdingbar** ist (OLG Frankfurt: NJW 1966, 1462). Fehlt eine solche Vereinbarung, für die der Verl. beweispflichtig ist (Möhring—Nicolini a. a. O. Anm. 5 c), erwirbt der Verl. nach der eben erwähnten Bestimmung nur ein einfaches Nutzungsrecht.

[10] 3. Für **die freien hauptberuflich tätigen Journalisten an Tageszeitungen** gilt § 7 Abs. 1 der Richtlinien für Vertragsbedingungen

und Mindesthonorare dieser Journalisten, gültig ab 1. 10. 1969. Hiernach hat der Verf. bei Einsendung oder Vorlage anzugeben, ob der Beitrag in der vorliegenden Fassung zur Alleinveröffentlichung, zum Erstdruck oder zum Zweitdruck angeboten wird. Zur Erläuterung führt das als Anhang zu den Richtlinien erschienene Merkblatt über urheber- und verlagsrechtl. Fragen bei der Zusammenarbeit von Verlagen (Redaktionen) u. freien hauptberuflich tätigen Journalisten aus:

1.
Inhalt des Angebots

Nach § 7 der „Richtlinien für Vertragsbedingungen und Mindesthonorare der freien hauptberuflich tätigen Journalisten an Tageszeitungen“ soll der freie Journalist bei Einsendung oder Vorlage eines Beitrags angeben, ob der Beitrag zur Alleinveröffentlichung (exklusiv), zum Erstdruck oder zum Zweitdruck angeboten wird.

Enthält das Angebot diese Angabe nicht, dann gilt der Beitrag als zum Erstdruck angeboten.

2.
Erstdruckrecht

Beim Erstdruckrecht (modifiziertes ausschließliches Nutzungsrecht gem. § 38 Abs. 3 Satz 2 UrhG) hat der Verleger Anspruch auf die Priorität der Veröffentlichung des Beitrags in seinem Verbreitungsgebiet; der freie Mitarbeiter darf also den gleichen Beitrag n i c h t zum vorherigen oder gleichzeitigen Abdruck im Verbreitungsgebiet anderweitig anbieten.

3.
Zweitdruckrecht

Beim Zweitdruckrecht (einfaches Nutzungsrecht gem. § 38 Abs. 3 S. 1) muß der Verleger mit der vorherigen oder gleichzeitigen Veröffentlichung des Beitrags in seinem Verbreitungsgebiet rechnen; der freie Mitarbeiter kann also den gleichen Beitrag auch vor Veröffentlichung durch den Verlag zum vorherigen oder gleichzeitigen Abdruck im Verbreitungsgebiet anderweitig anbieten.

4.
Alleinveröffentlichungsrecht (Exklusivrecht)

Das Alleinveröffentlichungsrecht (Exklusivrecht/ausschließliches Nutzungsrecht gem. § 38 Abs. 3, S. 2 UrhG) schließt eine anderweitige Verfügung des freien Journalisten über den Beitrag im Bundesgebiet einschließlich des Landes Berlin aus. Will der Verleger verhindern, daß der von ihm erworbene Beitrag nach der Veröffentlichung anderweitig erscheinen kann, so muß das besonders vereinbart werden.

5.
Umfang des Veröffentlichungsrechts

a) Allgemein: Im Zweifel erhält der Verlag nur das Recht zur einmaligen Veröffentlichung des Beitrags in den Ausgaben bzw. in den einer

Zentralredaktion angeschlossenen Zeitungen, für die er angenommen ist (vgl. § 3 Abs. 2 der Richtlinien).

b) Bildbeiträge: Wird ein Bild für das Archiv angekauft, so erwirbt der Verlag das Eigentum an dem Abzug und gleichzeitig das unbefristete Recht zu Veröffentlichungen dieses Bildes ohne vorherige Rückfrage beim Urheber.

Für jede Veröffentlichung steht dem Urheber das Abdruckshonorar zu, falls dieses nicht bereits beim Ankauf mit einem Pauschal-Abdruckshonorar abgegolten worden ist. Eine weitergehende Einräumung urheberrechtlicher Befugnisse bedarf besonderer Vereinbarung.

6.
Urhebervermerk bei Bildbeiträgen

Die Veröffentlichung von Bildbeiträgen darf nur mit Angabe des Urhebers erfolgen. Ein Sammelvermerk für eine Seite oder für Bildserien ist lediglich unter Hinzufügung der Bildzahl zulässig.

[11] 4. Das Nutzungsrecht des § 38 Abs. 3 S. 1 UrhG ist ein **einfaches Nutzungsrecht.** Durch dieses wird der Inhaber nur berechtigt, das Werk neben dem Verf. oder einem anderen Nutzungsberechtigten zu vervielfältigen und zu verbreiten (vgl. Möhring—Nicolini a. a. O. Anm. 8). Bietet also ein Verf. einen Beitrag einer Zeitung ohne bes. Vermerk an, so kann er ihn gleichzeitig auch anderen Zeitungen zur Verfügung stellen, es sei denn, daß sich aus den Umständen, insbes. aus dem Inhalt des Beitrags oder aus seinen Beziehungen zu der Zeitung etwas anderes ergibt (Möhring—Nicolini a. a. O. Anm. 5 b).

[12] 5. Hat der Verf. dem Verl. im Verlagsvertrag oder zusätzl. zu ihm ein **ausschließl. Nutzungsrecht** eingeräumt (hierüber oben Rdz. 7), so wird diese Ausschließlichkeit gemäß § 38 Abs. 3 S. 2 UrhG grundsätzl. nur bis zum Erscheinen der Zeitung gewährt. Für die gegenteilige Vereinbarung ist der Verl. beweispflichtig (Möhring—Nicolini a. a. O. Anmerkung 6 d).

§ 43

Der Verleger ist in der Zahl der von dem Sammelwerke herzustellenden Abzüge, die den Beitrag enthalten, nicht beschränkt. Die Vorschrift des § 20 Abs. 1 Satz 2 findet keine Anwendung.

[1]

A. Vorbemerkungen

Die Vorschrift regelt

1. in Satz 1 die Berechtigung des Verl. eines periodischen Sammelwerkes Abzüge in unbeschränkter Zahl herzustellen [2];

2. in Satz 2 die Befreiung des Verl. von der Verpflichtung des § 20 Abs. 1 S. 2, dem Verf. rechtzeitig einen Korrekturabzug zur Durchsicht vorzulegen [5].

B. Die Berechtigung des Verl. eines periodischen Sammelwerkes, Abzüge in unbeschränkter Zahl herzustellen

[2] I. **Wesen der Berechtigung**: Sie ist eine Ausnahme von § 5 Abs. 2, wonach der Verl. nur die verlagsvertragl. vereinbarte Zahl oder aber 1000 der Abzüge herstellen darf. Der Inhalt periodischer Sammelwerke ist zeitbedingt. Sie können deshalb in der Regel nur in einer einmaligen Ausgabe veröffentlicht werden, da sie sonst ihren Sofortwert einbüßen. Die Zahl der Abzüge richtet sich einerseits nach dem festen Bezieherkreis des Sammelwerkes, andererseits nach den Verkaufsaussichten, die vom Inhalt der Ausgabe oder sonstigen Umständen der Marktlage abhängen. Nur der Verl., der das Geschäftsrisiko zu tragen hat, kann diese Verkaufsaussichten richtig einschätzen. Da sie sich stets ändern, muß der Verl. die erforderl. Zahl der Abzüge des periodischen Sammelwerkes unbeschränkt bestimmen können (Allfeld § 43 Anm. 1, Voigtländer—Elster § 43 Anm. 1, Bappert—Maunz § 43 Rdz. 1).

[3] II. **Rechtsfolgen**: Bei Abschluß eines Vertrages über einen Beitrag zu einem periodischen Sammelwerk, der auch stillschweigend oder durch Annahme eines unverlangt eingesandten Beitrages erfolgen kann, ist eine Einigung über die (dem Verf. zumeist wenigstens annähernd bekannte) Auflagenhöhe nicht erforderl. Der Verf. hat auch keinen Anspruch auf Vervielfältigung seines Beitrages in einer bestimmten Anzahl von Vervielfältigungsexemplaren. Hat aber der Verl. die Verpflichtung übernommen, den Beitrag zu vervielfältigen u. zu verbreiten, dann hat er ihn in allen Abzügen des periodischen Sammelwerks abzudrucken. Ein u. U. erforderl. Nachdruck ist in unveränderter Form vorzunehmen. Dieser Neudruck stellt dann keine Neuauflage, sondern nur die Ergänzung des

Erstdruckes dar (Bappert—Maunz a. a. O.). Veranstaltet der Verl. einen solchen Neudruck, so hat er den Beitrag des Verf. auch dann abzudrucken, wenn für ihn ursprüngl. hierzu keine Verpflichtung bestand. Die einmal erfolgte Veröffentlichung ersetzt in bezug auf Neudrucke eine ausdrückl. Zeitbestimmung nach § 45 Abs. 2 durch den Verl. Der Verf. erlangt dadurch aber nur einen Anspruch auf Veröffentlichung u. Vervielfältigung für den Fall, daß der Verl. sich zu einem Neudruck entschließt. Nur wenn die Voraussetzungen des § 19 vorliegen, kann der Verl. bei einem solchen Neudruck einzelne Beiträge weglassen (Voigtländer—Elster a. a. O., Bappert—Maunz a. a. O. Rdz. 2 c; a. A. Allfeld a. a. O.). Der Neudruck kann sich im übrigen auf ganze Jahrgänge erstrecken. Der Verl. ist daher berechtigt, von den Gesamtjahrgängen des periodischen Sammelwerkes Neudrucke zu veranstalten u. sie in gebundener Form zu veröffentlichen. Durch diese Veröffentlichungsform verlieren die Einzelbeiträge ihren Charakter als Beiträge des periodischen Sammelwerkes nicht (Hoffmann § 40 Anm. 3, Bappert—Maunz a. a. O. Rdz. 2 b; a. A. Voigtländer—Elster a. a. O.).

[4] III. **Umfang der Berechtigung:** Der Verl. ist nicht berechtigt, den Beitrag in anderer Weise als durch Abdruck in dem periodischen Sammelwerk zu vervielfältigen u. zu verbreiten. Einem solchen Vorhaben stünde die Vorschrift des § 4 entgegen (vgl. Allfeld a. a. O.; RGStr. 42, 194). Der Verl. darf deshalb weder mehrere Einzelbeiträge zu einer Sondernummer zusammenstellen, noch einen für das periodische Sammelwerk gelieferten Beitrag anderweitig, z. B. als Reklame für ein Sonderheft der Zeitschrift verwenden (Hoffmann § 43 Anm. 1, Bappert—Maunz a. a. O.). Vgl. im übrigen auch § 4 mit den Anm. hierzu.

C. Korrektur des periodischen Sammelwerkes

I. Nach § 43 Satz 2 ist der Verl. nicht verpflichtet, dem Verf. rechtzeitig einen Korrekturabzug zur Durchsicht vorzulegen. Eine solche Verpflichtung würde den Verl. vor große technische Schwierigkeiten stellen, da er dann jedem der vielen Verf. einen Probeabzug zu liefern hätte. Diese Schwierigkeiten werden durch § 43 Satz 2 ausgeräumt (Bappert—Maunz a. a. O. Rdz. 3).

II. Die Regelung hat aber nur dort Bedeutung, wo weder ein Verlagsvertrag noch die Bedeutung oder Schwierigkeit des Beitrages eine Korrektur, ja schon eine Durchsicht durch den Verf. notwendig machen. In allen anderen Fällen wird der Verl. eines periodischen Sammelwerkes schon zur eigenen Absicherung sich nicht auf die Regelung berufen.

III. Denn die Verpflichtung des Verl., gemäß § 20 Abs. 1, dessen Anmerkungen zu vergleichen sind, für die ordnungsgemäße Korrektur zu sorgen, bleibt durch § 43 S. 2 unberührt (Hoffmann a. a. O. Anm. 3, Bappert—Maunz a. a. O.).

§ 44

Soll der Beitrag ohne den Namen des Verfassers erscheinen, so ist der Verleger befugt, an der Fassung solche Änderungen vorzunehmen, welche bei Sammelwerken derselben Art üblich sind.

[1]

A. Vorbemerkungen

I. Die **Vorschrift regelt** die Änderungsbefugnis des Verl. an anonym erscheinenden Beiträgen zu periodischen Druckschriften.

II. Sie stellt eine **Abweichung vom § 39 UrhG** dar. Dieser ist Anh. S. 428 abgedruckt.

Liegen nämlich die Voraussetzungen des § 41 vor, so sind abweichend von dem Grundsatz des § 39 UrhG Änderungen an dem Beitrag zulässig. Diese Änderungsbefugnis geht weiter als die des § 39 Abs. 2 UrhG. Während der Verl. an einem sonstigen Werk, auch wenn es anonym erscheint, nur solche Änderungen vornehmen darf, für welche der Verf. nach Treu u. Glauben seine Zustimmung nicht versagen kann, ist der Verl. eines periodischen Sammelwerkes berechtigt, den anonym erscheinenden Beitrag so abzuändern, wie dies bei Sammelwerken dieser Art übl. ist. Das Gesetz kommt mit dieser Regelung den Bedürfnissen der Praxis entgegen, da der Verl. eines Beitrages, dessen Urheber nach außen nicht genannt wird, für Inhalt und Form dieses Beitrages verantwortl. wird u. deshalb darauf auch eine Einflußmöglichkeit haben muß (Bappert—Maunz § 44 Rdz. 2).

B. Die Änderungsbefugnis des Verl. im Einzelnen

I. Voraussetzungen der Änderungsbefugnis

[2] 1. **Der Beitrag soll anonym erscheinen.** Der Verf. will seinen Namen nicht genannt wissen (vgl. RGZ 119, 401).

a) Unter **„Name“** in diesem Sinne ist jede Bezeichnung des Verf. zu verstehen, die geeignet ist, ihn als Urheber einem größeren Kreise gegenüber kenntl. zu machen. Wenn der Verf. lediglich. verbietet, daß sein wirkl. Name genannt wird, gegen die Veröffentlichung unter seinem Pseudonym aber nichts einzuwenden hat, kommt nicht § 44, sondern § 39 zur Anwendung. Das gleiche gilt, wenn der Verf. seine Arbeiten mit dem Anfangsbuchstaben seines Namens zeichnet u. dadurch als Verf. zu erkennen ist. Auch ein sonstiges Zeichen, mit welchem der Verf. in einer für einen weiteren Kreis verständl. Weise den Beitrag als sein Werk zu kennzeichnen pflegt, muß die Anwendung des § 44 ausschließen. Wird umgekehrt die Urheberschaft am Beitrag gegen den Willen des Verf. kenntlich gemacht, liegt ein Verstoß gegen § 39 Abs. 1 vor (Allfeld § 44 Anm. B 4 a, Bappert—Maunz a. a. O. Rdz. 3). Das gleiche gilt, wenn der Verl. gegen den Willen des Verf. dessen Namen wegläßt (Allfeld a. a. O.).

[3] b) **Für Beiträge mit Urheberbezeichnung** entfällt grundsätzl. jede weitergehende Abänderungsbefugnis. Zulässig sind regelmäßig nur sachl. unbedeutende Änderungen geringen Umfangs, soweit sie durch die tatsächl. Bedürfnisse des fragl. periodischen Druckwerks, insbes. die Zusammensetzung des Leserkreises gerechtfertigt sind (RGZ 119, 401). Daher keine Abänderungsbefugnis beim Abdruck eines technischen Aufsatzes mit Verfasserangabe (RG a. a. O.), einer Serie mit Verf.angabe (OLG Hamburg: GRUR 52, 588: Gamm § 39 Rdz. 5 unter „Periodische Sammelwerke“, Allfeld a. a. O. Anm. A 2, Voigtländer—Elster § 44 Anm. 2).

2. Der Beitrag muß **in einem periodischen Sammelwerk** erscheinen. Zum Begriff des „periodischen Sammelwerkes“ siehe § 4 Rdz. 2.

II. Umfang der Änderungsbefugnis

[4] 1. Die Änderungen dürfen **nur die Fassung des Beitrags** betreffen. „Fassung“ ist die äußere Form des Beitrages (Hoffmann § 44 Anm. 2).

a) **Zulässig** sind daher Änderungen, die sich auf die Verbesserung sprachl. Ungenauigkeiten, Ausmerzung derber oder scharfer Ausdrücke, das Beheben von Verstößen gegen die Sprachregeln, das Ersetzen überflüssiger oder mißverständl. Fremdwörter durch entsprechende deutsche Ausdrücke, Kürzungen geringeren Umfanges ohne Änderung des Sinns, sinnverdeutlichende Zusätze beschränken (Allfeld a. a. O. Anm. B 5 b, Voigtländer—Elster § 44 Anm. 2, Bappert—Maunz a. a. O. Rdz. 4).

[5] b) **Unzulässig** dagegen sind Änderungen, die den Inhalt des Beitrages betreffen. Denn die „Fassung" schließt den gedankl. Inhalt nicht ein (Hoffmann a. a. O.). Änderungen, die an den gedanklichen Inhalt des Beitrages rühren, sind daher nicht gestattet. Doch können sich hier die Grenzen sehr leicht verwischen. Ein Beitrag, der bewußt sehr scharf gehalten ist, um die Person oder Einrichtung, gegen die er sich richtet, herauszufordern, würde auch seines gedankl. Inhaltes entkleidet, wenn er seine Schärfe verlöre. Sicher aber ist, daß der systematische Aufbau (Bappert—Maunz a. a. O.) und die Gliederung des Beitrages nicht den Änderungsbefugnissen des Verl. unterworfen sind.

2. Die **Änderung** muß bei Sammelwerken dieser Art **üblich** sein. Hier ist zu unterscheiden:

[6] a) Zeitungen

aa) Bei ihnen geht die Befugnis zur Vornahme von Änderungen am weitesten. Sie sind daher bei aktuellen Nachrichten (vornehmlich von ständigen Mitarbeitern) zu weitestgehenden Änderungen, insbes. zu Kürzungen, Bearbeitungen u. freier Titelwahl berechtigt; bei Presseberichten dieser Art ist eine Zusammendrängung der wesentl. Vorgänge übl. (BGHZ 31, 308; Gamm a. a. O.).

bb) Diese weitestgehende Änderungsbefugnis erfordern die bes. Verhältnisse beim Zeitungsverlag. Meistens können die Beiträge nur innerhalb einer kürzeren Frist zweckentspr. verwendet werden, so daß in der Regel nicht mehr genügend Zeit zu einer Rücksprache mit dem Verf. bleibt, wenn Änderungen notwendig werden. Dies gilt bes. dann, wenn die Beiträge kurz vor Redaktionsschluß eintreffen. Werden solche offensichtl. unverzüglich zu verwertenden Beiträge vom Verf. aus freien Stücken vorbehaltlos zur Veröffentlichung ohne Namensnennung eingesandt, dann kann der Verl. in der Regel davon ausgehen, daß ihm der Beitrag zur freien Benutzung überlassen wird. In diesen Fällen sind ausnahmsweise Änderungen über den oben Rdz. 4 bezeichneten Rahmen hinaus als übl. anzusehen. Hauptsächlich kommen hier Kürzungen größeren Umfangs in Betracht (Bappert—Maunz a. a. O. Rdz. 6).

cc) Die Änderungsbefugnis ist bei wissenschaftl. Beiträgen auf zum Verständnis für den angesprochenen Leserkreis unbedingt erforderl. Änderungen eingeschränkt; dazu gehören Titeländerungen nicht. Für feuilletonistische Beiträge besteht grundsätzl. keine Änderungsbefugnis (Gamm a. a. O.).

[7] b) **Zeitschriften u. sonstige periodische Sammelwerke:** Für sie oder ein sonstiges periodisches Sammelwerk hält sich das Änderungsrecht in engeren Grenzen, weil in diesen Fällen eine schnelle Verwertung des Beitrages in der Regel nicht geboten ist (OLG Köln: GRUR 1953, 499). Es liegt deshalb kein ausreichender Grund vor, den Verl. zu größeren Änderungen zu berechtigen. Der Verl. ist hier nach Treu und Glauben immer verpflichtet, sich mit dem Verf. auseinanderzusetzen (Bappert—Maunz a. a. O. Rdz. 8, Gamm a. a. O., Löffler I S. 726 Rdz. 121).

§ 45

Wird der Beitrag nicht innerhalb eines Jahres nach der Ablieferung an den Verleger veröffentlicht, so kann der Verfasser das Vertragsverhältnis kündigen. Der Anspruch auf die Vergütung bleibt unberührt.

Ein Anspruch auf Vervielfältigung und Verbreitung des Beitrags oder auf Schadensersatz wegen Nichterfüllung steht dem Verfasser nur zu, wenn ihm der Zeitpunkt, in welchem der Beitrag erscheinen soll, von dem Verleger bezeichnet worden ist.

[1]

A. Vorbemerkungen

I. Die Vorschrift **regelt** die Folgen vertragswidrigen Nichterscheinens eines vom Verl. angenommenen Beitrages zu einem periodisch erscheinenden Sammelwerk.

II. Diese **Rechtsfolgen** sind verschieden, je nachdem dem Verf. ein Zeitpunkt, zu dem der Beitrag erscheinen soll, bezeichnet worden ist (Abs. 2; hier Rdz. 9) oder nicht (Abs. 1; hier Rdz. 6).

[2] III. Wie erwähnt, bezieht sich die Vorschrift nur auf vom Verl. **„angenommene" Beiträge** (Voigtländer—Elster § 45 Anm. 1). „Angenommen" bedeutet hier, daß zwischen Verf. und Verl. ein Verlagsvertrag über den Beitrag zustande gekommen ist. Das kann auf verschiedene Weise geschehen. Es ist mögl., daß der Verl. beim Verf. die Lieferung eines Beitrages bestellt u. dieser den Auftrag angenommen hat. Häufig bietet aber der Verf. dem Verl. den Beitrag unaufgefordert an. Der Vertrag kommt dann zustande, wenn der Verl. den Beitrag entweder unter ausdrückl. Erklärung oder durch schlüssiges Handeln stillschweigend annimmt, also etwa,

wenn der Verl. den Beitrag eines Verf. behält, von welchem er schon des öfteren andere Arbeiten erhalten u. entweder veröffentlicht oder alsbald zurückgeschickt hat (vgl. Allfeld § 45 Anm. 2 a, Voigtländer—Elster a. a. O.; einschränkend Wohlfahrt in GRUR 1948, 245). Bittet der Verf. eines nicht bestellten Beitrages im Falle der Nichtannahme um Rücksendung und fügt er das Rückporto bei, so kommt ein Vertrag zustande, wenn der Verl. den Beitrag behält. Das Unterlassen unverzügl. Rücksendung allein kann aber eine Annahme durch den Verl. nicht begründen (Bappert—Maunz § 45 Rdz. 2).

IV. Die Vorschrift bezieht sich nur auf **angenommene Beiträge zu periodisch erscheinenden Sammelwerken,** „die nicht innerhalb eines Jahres nach der Ablieferung an den Verleger veröffentlicht worden sind".

[3] 1. **„Veröffentlichung"** ist hier nur der Abdruck in dem periodisch erscheinenden Sammelwerk (Allfeld § 45 Anm. 2), für das er bestimmt ist. Der Beitrag ist daher nicht veröffentlicht, wenn ihn der Verl. in anderer Weise verwendet, etwa ohne Einwilligung des Verf. in einem anderen periodisch erscheinenden Sammelwerk (so auch Bappert—Maunz a. a. O. Rdz. 4) oder als Sonderdruck herausbringt.

[4] 2. Der Beitrag muß **innerhalb eines Jahres** nach der Ablieferung an den Verl. veröffentlicht sein.

a) Die Jahresfrist ist **nicht durch § 41 Abs. 2 S. 2 UrhG beseitigt,** wonach die Rückrufsfrist bei einem Beitrag zu einer Zeitung 3 Monate, bei einem Beitrag zu einer monatl. oder in kürzeren Abständen erscheinenden Zeitschrift 6 Monate und bei einem Beitrag zu anderen Zeitschriften 1 Jahr beträgt. Denn § 45 enthält eine den § 41 UrhG insoweit, näml. für den Fall der Nichtveröffentlichung vorgehende Spezialbestimmung (Gamm § 41 Rdz. 5, unklar Möhring—Nicolini § 41 Anm. 1 a).

[5] Für **freie hauptberufl. tätige Journalisten an Tageszeitungen** gilt allerdings auf Grund § 8 Abs. 5 der **Richtlinien für Vertragsbedingungen und Mindesthonorare,** gültig ab 1. 10. 1969 folgender:

§ 8

...

(5) Wird ein bestellter oder angenommener Beitrag (Wort und Bild) nicht innerhalb von drei Monaten nach Ablieferung veröffentlicht, so kann der Journalist schriftlich eine Nachfrist von einem Monat für die

Veröffentlichung setzen und zugleich für den Fall der nicht fristgerechten Veröffentlichung zum Ablauf der Nachfrist kündigen. Die Nachfrist beginnt mit dem Zugang der Ankündigung. Nach Ablauf der Nachfrist kann der Journalist über den Beitrag anderweitig verfügen. Der Anspruch auf das volle Honorar bleibt in diesem Fall bestehen. Mit dem Ablauf der Nachfrist erlischt das Nutzungsrecht des Verlags.

Diese Richtlinien besitzen keine die Verbände u. deren Mitglieder bindende material-rechtl. Wirkung. Sie sind aber als Richtschnur für die Beteiligten von Bedeutung (Löffler I S. 459 Rdz. 51). Sie schaffen näml. eine Verkehrssitte, die vom Gericht zu berücksichtigen ist (Löffler a. a. O. S. 465 Rdz. 73 mit Nachw.).

b) Der **Lauf der Jahresfrist beginnt** mit dem Zeitpunkt der Ablieferung des Beitrages, d. h. mit dem Ablauf des Tages, an welchem der Verl. den Besitz am Manuskript erlangt hat (§ 187 Abs. 1 BGB). Das Ende der Jahresfrist bestimmt sich nach § 188 Abs. 2 BGB. Für den Lauf der Frist ist bedeutungslos, wann der Verl. die Annahme des Beitrages erklärt hat (a. A. Wohlfahrt in GRUR 1948, 244, der den Zeitpunkt der Annahme für maßgebend hält). „Innerhalb der Jahresfrist veröffentlicht“ ist der Beitrag dann, wenn er in dem periodischen Sammelwerk des Verl., in welchem die Veröffentlichung beabsichtigt war, zum Abdruck gekommen ist (Allfeld a. a. O. Anm. 2 a, Bappert—Maunz a. a. O. Rdz. 3).

B. Dem Verf. ist vom Verl. kein Erscheinenszeitpunkt bezeichnet (§ 45 Abs. 1)

I. Der Verf. kann kündigen

[6] 1. Zu **Form und Inhalt der Kündigung** vgl. § 18 Rdz. 5. Eine Kündigungserklärung ist aber dann nicht erforderl., wenn der Vertragszweck unmögl. geworden ist, wenn also z. B. das periodische Sammelwerk sein Erscheinen eingestellt hat (Bappert—Maunz a. a. O. Rdz. 5).

[7] 2. Nach § 45 Abs. 1 S. 2 kann der Verf. **erst kündigen,** wenn sein Beitrag nicht innerhalb eines Jahres nach der Ablieferung veröffentlicht worden ist. Vor Ablauf dieser Frist kann er also den Vertrag nicht kündigen. Er kann deshalb nur dann über den gelieferten Beitrag verfügen, wenn der Verl. auf sein Vervielfältigungs- und Verbreitungsrecht verzichtet oder dem Verf. mitteilt, daß er nicht daran denke, seinen Beitrag zu veröffentlichen. Eine vorzeitige

Kündigung ist auch dann wirkungslos, wenn der Verf. kein Honorar verlangt (Allfeld a. a. O., Bappert—Maunz a. a. O. Rdz. 4).

[8] II. **Der Vergütungsanspruch des Verf. „bleibt unberührt“.** Durch die Kündigung verliert also der Verf. den Anspruch auf ein im Vertrag ausdrückl. oder ein stillschweigend vereinbartes Honorar nicht. Dies entspricht der Billigkeit; denn der Verf. überträgt dem Verl. durch den Vertrag die Vervielfältigungs- und Verbreitungsrechte für mindestens ein Jahr u. begibt sich damit für diese Zeit jeder weiteren finanziellen Auswertungsmöglichkeit an seinem Beitrag. Oft hat der Beitrag des Verf. aber nach Ablauf des Jahres seine Bedeutung verloren, so daß dann weder ein finanzieller noch ein schriftstellerischer Erfolg zu erzielen ist. Deshalb hat nicht der Verf., sondern der Verl. das wirtschaftl. Risiko für den Fall zu tragen, daß der Beitrag innerhalb der Jahresfrist nicht veröffentlicht wird. Auch der Erlös, den der Verf. nach der Kündigung durch eine spätere Verwertung des Beitrages erzielt, kann von seinem Honorar nicht abgezogen werden. Die Vorschrift des § 649 BGB findet keine Anwendung, da der Verf. weder ein „kündigender Besteller“, noch die Interessenlage in § 45 der des § 649 BGB gleichzusetzen ist (h. M.; vgl. Allfeld a. a. O., Bappert—Maunz a. a. O. Rdz. 7).

C. Dem Verf. ist vom Verl. ein Erscheinenszeitpunkt bezeichnet (§ 45 Abs. 2)

[9] I. Die Bezeichnung des Erscheinenszeitpunktes

1. Diese kann **ausdrückl.** geschehen, indem der Verl. dem Verf. den Zeitpunkt des Erscheinens seines Beitrages entweder zu einem bestimmten Zeitpunkt oder in einer bestimmten Nummer oder einem bestimmten Heft zugesagt hat oder hierüber eine Vereinbarung zwischen den Parteien bei Annahme des Beitrages oder auch später zustande gekommen ist (Hoffmann § 45 Anm. 2). Es genügt jedoch, wenn die Veröffentlichung im nächsten oder in einem der nächsten Hefte vereinbart ist, da bei einem periodischen Sammelwerk aus dieser Bezeichnung ein genauer Zeitpunkt ohne Mühe ermittelt werden kann. Läßt der Verl. das Heft aus irgendeinem Grunde aber erhebl. später als vorausgesehen erscheinen, dann ist er verpflichtet, bei der Wiedergabe des Beitrages einen Vermerk über die Zeit der Entstehung u. Übergabe des Beitrages anzubringen (KG: JW 1918, 569 u. GRUR 1918, 218, Bappert—Maunz a. a. O. Rdz. 9).

[10] 2. Die Bezeichnung des Erscheinungszeitpunktes kann auch **stillschweigend** geschehen, indem der Verf. einer einseitigen Zeitbestimmung des Verl. nicht widerspricht. Erhebt er dagegen Einwände, dann liegt eine Bezeichnung des Erscheinungszeitpunktes i. S. der Vorschrift nicht vor. Für den Verl. ist also die Vervielfältigungs- und Verbreitungspflicht in diesem Fall nicht entstanden. Umgekehrt muß der Verl. einer Zeitbestimmung des Verf. ausdrückl. widersprechen, wenn er den Beitrag zu dieser Zeit nicht veröffentlichen kann oder will (vgl. Allfeld a. a. O.). Lehnt er die diesbezügl. Vorschläge des Verf. ab, wird in der Regel hierin auch gleichzeitig die Ablehnung der Annahme des Beitrages überhaupt zu erblicken sein (Bappert—Maunz a. a. O.).

[11] 3. Schließl. kann sich die Bezeichnung des Erscheinenszeitpunktes **aus den Umständen** ergeben, dies dann, wenn der Beitrag nur zu einem bestimmten Zeitpunkt zur Veröffentlichung geeignet u. in Hinblick auf diesen von dem Verl. angenommen worden ist. Hier ist der Zeitpunkt des Erscheinens durch den allein zur Veröffentlichung geeigneten Zeitpunkt festgelegt (Hoffmann a. a. O., Bappert—Maunz a. a. O.). In Betracht kommen hier insbesondere Beiträge zum -zigsten Geburts- oder Todestag eines berühmten oder berüchtigten Menschen oder zur -zigsten Wiederholung oder Wiederkehr eines bekannten oder berüchtigten Ereignisses.

[12]

II. Die Rechtsfolgen der Bezeichnung des Erscheinenszeitpunktes

Der Verf. kann

1. **kündigen** wie oben Rdz. 6. Er behält dann seinen Honoraranspruch;

2. **Vervielfältigung u. Verbreitung des Beitrages verlangen.** Wenn das überhaupt noch mögl. u. sinnvoll ist (vgl. die Fälle zu oben Rdz. 11), hat dies mit einem Vermerk über die Zeit der Entstehung u. Übergabe des Beitrages an den Verl. zu geschehen. Verstößt der Verl. gegen diese seine Pflichten, kann der Verf. nach § 32 die Rechte aus § 30 (Rücktritt vom Vertrag nach Nachfristsetzung) geltend machen. Vgl. hierüber § 32 mit den Anm. hierzu;

3. **Schadensersatz wegen Nichterfüllung verlangen** (vgl. hierzu die Ausführungen zu § 30 Rdz. 38, 39). Dies ist zumeist für den Verf. nicht tunl. Denn der Schadensersatzanspruch ist in der Regel wirtschaftl. gesehen gleichbedeutend mit dem Honoraranspruch, da der Verf. einen über die Höhe des Honorars hinausgehenden Scha-

den nur in bes. Fällen nachweisen kann. Er muß sich aber bei Geltendmachung des Schadensersatzanspruchs dasjenige anrechnen lassen, was er durch anderweitige Verwendung des Beitrages erwirbt. Der Verf. macht deshalb besser nicht den Schadensersatzanspruch, sondern nach Ablauf des Jahres den Honoraranspruch geltend (Bappert—Maunz a. a. O. Rdz. 10).

§ 46

Erscheint der Beitrag in einer Zeitung, so kann der Verfasser Freiexemplare nicht verlangen.

Der Verleger ist nicht verpflichtet, dem Verfasser Abzüge zum Buchhändlerpreis zu überlassen.

[1] A. Vorbemerkungen

Die Vorschrift regelt

1. das Recht des Verf. auf Freiexemplare [2]

2. für alle periodisch erscheinenden Sammelwerke das Recht des Verf. auf Abzüge zum Buchhändlerpreis [3].

B. Einzelheiten der Regelung

[2] I. Freiexemplare (§ 46 Abs. 1)

1. **Beiträge in Zeitungen**: Hier kann in Abweichung von § 25 der Verf. nicht Freiexemplare der Nummer verlangen, in der sein Beitrag erschienen ist. Auch ein Anspruch auf ein Belegexemplar steht dem Verf. eines Zeitungsbeitrages nicht zu. Es ist aber in der Praxis üblich, dem Verf. eines einigermaßen erhebl. Beitrages auf Wunsch ein Belegexemplar zu überlassen (Bappert—Maunz § 46 Rdz. 1).

2. **Beiträge in sonstigen periodisch erscheinenden Sammelwerken**: Hier gilt § 46 nicht. Bei den „sonstigen periodisch erscheinenden Sammelwerken“ kann der Verf. Freiexemplare der Zeitschrift verlangen, in der sein Beitrag erschienen ist. Darüber hinaus stehen ihm üblicherweise auch noch sog. Belegstücke zu. Insbes. bei Zeitschriften geht die Übung dahin, daß eine größere oder geringere Anzahl von

Belegstücken dem Verf. kostenlos geliefert wird, sei es in Gestalt einiger weniger Stücke der ganzen Nummer, sei es in Gestalt einer bis zu 10 und 20 Stück gehenden Zahl von Sonderabdrucken (so namentl. bei wissenschaftl. Zeitschriften). Darüber hinausgehende Wünsche pflegen gegen angemessenes Entgelt erfüllt zu werden (Voigtländer—Elster § 46 Anm. 1).

[3] II. Ankäufe zum Buchhändlerpreis (§ 46 Abs. 2)

1. Nicht ganz unbestritten ist, ob sich die Vorschrift nur auf Zeitungen oder auf alle periodisch erscheinenden Sammelwerke bezieht. Die überwiegende Meinung nimmt das letztere mit der Begründung an, daß andernfalls Gefahr bestehe, daß ein einzelner Verf. durch Ausüben seines Ankaufsrechts das Erscheinen des ganzen Sammelwerkes verhindere. Die Ausnahmebestimmung diene nicht nur dem Schutze des Verl., sondern auch der Verf. der anderen Beiträge des Sammelwerkes, die an dem Erscheinen dieser Beiträge erhebl. Interesse haben könnten (Hoffmann § 46 Anm. 2, Voigtländer—Elster a. a. O. Anm. 2, Bappert—Maunz a. a. O. Rdz. 3).

2. Demgegenüber wird auf die Fassung des Gesetzes hingewiesen, die zur Annahme zwinge, daß sich die Vorschrift nur auf Beiträge in Zeitungen beziehe. „Die Fassung des Gesetzes ist keine glückliche; der 2. Absatz sollte an erster Stelle stehen" (so auch Allfeld § 46 Anm. 2 mit dem früheren Schriftt.). Wenn dem damit begegnet wird, daß man sagt: „Doch zwingt diese Fassung nicht zu der dem Bedürfnisse des Verkehrs widersprechenden gegnerischen Ansicht" (Allfeld a. a. O.), so vermag eine solche Auffassung so wenig zu überzeugen wie die Beschwörung der Gefahr, der Verf. könne durch Aufkauf aller Exemplare zum Buchhändlerpreis das weitere Erscheinen des periodischen Sammelwerkes verhindern.

a) Der Wortlaut des Gesetzes spricht eindeutig dafür, daß sich § 46 Abs. 2 nur auf Beiträge in Zeitungen bezieht. Hätte der Gesetzgeber etwas anderes gewollt, hätte er das ausgesprochen, und zwar entweder schon im VerlG selbst oder doch spätestens im UrhG, das sich ja auch (in § 141 Ziff. 4) mit dem Verlagsrecht befaßt.

b) Dazu bestand u. besteht jedoch kein Bedürfnis. Die oben genannte Gefahr der Verhinderung des weiteren Erscheinens des periodischen Sammelwerkes durch Aufkauf durch den Verf. ist denkbar gering zu veranschlagen. Der Versuch der Verhinderung weiteren Erscheinens eines periodischen Sammelwerkes durch Aufkauf durch den Verf. geht in den allermeisten Fällen in die Leere. Denn in einem etwaigen Wettlauf zwischen Verl. und Verf. um das periodische

Sammelwerk, genauer um den Teil des Sammelwerkes, in dem der Beitrag des Verf. erschienen ist, bleibt der Verl. immer der Sieger. Ist er doch gemäß § 43 in der Zahl der von dem Sammelwerk herzustellenden Abzüge, die den Beitrag enthalten nicht beschränkt. Er kann also solange nachdrucken, bis dem Verf. die Lust vergeht oder wirtschaftl. die Luft ausgeht. Im übrigen steht es dem Verleger, was sich insbes. bei größeren oder sich länger hinziehenden Sammelwerken empfiehlt, frei, den § 26 verlagsvertragl. auszuschließen oder auf ein ihm erträgl. erscheinendes Maß zu beschränken (Hoffmann § 26 Anm. vor 1, Allfeld § 26 Anm. 1). Die Gefahr, der Verf. könne durch Aufkauf des Teiles des Sammelwerkes, in dem sein Beitrag erschienen ist, dieses zum Erliegen bringen, ist daher außerordentl. klein. Zutreffend wird deshalb in dem im übrigen die gegenteilige Meinung vertretenden Schriftt. ausgeführt: „Auf Zeitungen findet § 26 keine Anwendung“ (Allfeld a. a. O. Anm. 4 a. E.). Damit ist deutl. ausgesprochen, daß § 26 für alle periodischen Sammelwerke gilt, die nicht Zeitungen sind.

c) Schließl. stellt der Aufkauf sämtlicher Teile des Sammelwerkes, in denen der Beitrag des Verfassers erschienen ist, durch diesen allein zu dem Zweck, das Weitererscheinen des Werkes überhaupt zu verhindern, ja schon zu erschweren, einen Mißbrauch der Rechtsstellung des Verf. u. damit einen Verstoß gegen den das Verlagsrecht beherrschenden Grundsatz von Treu und Glauben (hierüber § 1 Rdz. 9) dar. Denn nach st. Rechtspr. darf der Berechtigte seine Rechte nicht so ausnutzen, daß dadurch die Interessen des anderen in unzulässiger Weise beeinträchtigt werden (Staudinger—Weber § 242 Rdz. A 281 mit eingehenden Nachw.). Beginnt also der Verf. mit dem Aufkauf des Teiles des periodischen Sammelwerkes, in dem sein Beitrag erschienen ist, zu dem Zweck, das weitere Erscheinen zu erschweren oder gar zu verunmöglichen, wird ihm der Verl. die Bestimmung des § 242 BGB entgegenhalten und ihn damit entweder vom weiteren Aufkauf ausschließen oder diesen auf ein für ihn tragbares Maß beschränken können. Dies durch Rechtsstreit abzuwenden, wird sich der Verf. doch wohl in aller Regel scheuen, weil er Gefahr läuft, zu seinem Schaden die Hintergründe seines Verhaltens gegenüber dem Verl. aufdecken zu müssen.

§ 47

Übernimmt jemand die Herstellung eines Werkes nach einem Plan, in welchem ihm der Besteller den Inhalt des Werkes sowie die

Art und Weise der Behandlung genau vorschreibt, so ist der Besteller im Zweifel zur Vervielfältigung und Verbreitung nicht verpflichtet.

Das gleiche gilt, wenn sich die Tätigkeit auf die Mitarbeit an enzyklopädischen Unternehmungen oder auf Hilfs- oder Nebenarbeiten für das Werk eines Anderen oder für ein Sammelwerk beschränkt.

[1] A. Vorbemerkungen

I. Die Vorschrift befaßt sich, jedoch ohne Regelung im Einzelnen,

1. in Abs. 1 mit dem sog. Bestellvertrag [2]

2. In Abs. 2 mit der sich auf die Mitarbeit an enzyklopädischen Unternehmungen [16] oder Hilfs- oder Nebenarbeiten für das Werk eines Anderen [17] oder für ein Sammelwerk [18] beschränkenden Tätigkeit.

II. Nicht unumstritten war früher die Frage, ob durch § 47 die sog. „tiefstehende" oder „niedere" Verfassertätigkeit überhaupt oder nur insoweit geregelt werden soll, als sie den sog. Bestellvertrag ausmacht.

1. Eine ältere Auffassung ging davon aus, daß durch die nachgiebige Bestimmung des § 47 VerlG prinzipiell die „tiefstehende" Verfassertätigkeit geregelt wird, näml. eine solche, zu der nicht nur, wie oft im Verlagsgeschäft, die Anregung zur Schaffung des betr. Werkes vom Verl. ausging, sondern bei der der Verl. dem Verf. den Plan der Arbeit in allen ihren Einzelheiten so ausführl. und so genau beschrieben und vorgeschrieben hat, daß die innere Form des Werkes Schöpfung des Verl. ist, so daß die Tätigkeit des Verf. darin besteht, in genauer Befolgung jenes detaillierten Planes die innere Form des Verl. zu objektivieren. Aus diesem Grunde spricht diese Auffassung von einer „tiefstehenden" Arbeit des Verf. (Hoffmann § 47 Anm. 1, Voigtländer—Elster § 47 Anm. 1).

2. Demgegenüber wird nunmehr angenommen, daß sich das Merkmal der „tiefstehenden" oder „niederen" Verfassertätigkeit nur auf den sog. Bestellvertrag bezieht (Ulmer S. 327 Ziff. II 3, Bappert—Maunz § 47 Rdz. 11, Dittrich S. 18). Da diese Auffassung jetzt als die herrschende bezeichnet werden kann, wird die „tiefstehende" oder „niedere" Verfassertätigkeit im Rahmen des Bestellvertrages behandelt.

B. Der sog. Bestellvertrag

[2] I. **Voraussetzungen** für das Vorliegen des Bestellvertrags ist die Übernahme der Herstellung eines Werkes (Rdz. 3) nach einem Plan (Rdz. 4), in dem der Besteller (Rdz. 5) den Inhalt des Werkes (Rdz. 6) sowie Art und Weise der Behandlung (Rdz. 7) genau (Rdz. 8) vorschreibt (Rdz. 10).

[3] 1. Erste Voraussetzung ist die **Übernahme der Herstellung eines Werkes durch den Verf.** Diese Voraussetzung in Zusammenhang mit dem Wort „vorschreibt" verlangt, daß das Werk noch nicht vorhanden sein darf. Denn die Herstellung des Werkes kann nur übernommen, für die Herstellung kann nur vorgeschrieben werden, wenn das herzustellende Werk noch nicht da ist. Das bedeutet nicht, daß überhaupt nichts da ist, und der Verf. das Werk gleichsam aus dem Nichts seiner freien schöpferischen Erfindung erzeugt. „Übernahme der Herstellung eines Werkes" liegt daher auch vor, wenn der Verf. ein eigenes oder ein fremdes Werk nach einer bestimmten ihm vom Verl. gewiesenen Richtung oder für einen bestimmten ihm vom Verl. angegebenen Zweck be- oder umarbeiten soll, etwa die berüchtigte Bearbeitung von Klassikern in usum delphini. Die Übernahme der Herstellung eines Werkes ist aber auch dann anzunehmen, wenn der Verl. den Verf. mit der Nacherzählung eines bestimmten Stoffes beauftragt und ihm Vorschriften darüber gemacht hat, welche Einzelheiten in die Darstellung aufzunehmen, welche Quellen zu benützen sind usw. Das gleiche gilt, wenn der Verf. die Ausarbeitung eines Berichts über eine Versammlung oder ein Fest übernimmt und ihm vom Besteller das hierzu erforderliche Material überlassen wird, wobei er gleichzeitig Anweisung bezüglich des Umfangs, des Charakters und der hervorzuhebenden Einzelheiten enthält oder wenn ein Schriftsteller mit der Abfassung einer Familiengeschichte betraut wird, für die ihm vom Besteller die Unterlagen verschafft werden (Bappert—Maunz a. a. O. Rdz. 8).

[4] 2. Sowohl die Übernahme der Herstellung des Werkes wie die Herstellung selbst müssen **„nach einem Plan" des Verl.** erfolgen. Das bedeutet nicht, daß die Übernahme der Herstellung des Werkes und diese selbst von langer Hand geplant worden sein müsse. Es genügt auch eine spontane intuitive Planung, so wenn der Besteller auf Grund eines, wie jedenfalls er meint, alle Welt oder doch bestimmte Kreise bewegenden Ereignisses den Plan faßt, ein Werk ins Leben zu rufen und jemand mit der Herstellung zu beauftragen. Wann ein

solcher Plan, wann überhaupt ein Plan im Sinne der Bestimmung vorliegt, zu entscheiden, ist mitunter nicht leicht (so zutreffend auch Bappert—Maunz a. a. O. Rdz. 7).

[5] 3. **Der Plan muß vom Besteller stammen,** nicht notwendig vom Verl., obwohl er in erster Linie als Besteller in Frage kommt. Aus der Fassung der Vorschrift ergibt sich jedoch, daß auch eine andere Person, z. B. der Herausgeber, der Auftraggeber für literarische Arbeiten, Werbetexte, Gutachten usw. oder auch der Verf. eines Werkes selbst Besteller i. S. des § 47 sein kann (Bappert—Maunz a. a. O. Rdz. 1). Besteller kann daher auch jemand sein, der einen **ghost-writer** für sich tätig werden lassen will. Daher ist unter den sonstigen Voraussetzungen ein solcher Vertrag Bestellvertrag im Sinne des § 47 Abs. 1. Weiteres über den ghost-writer vgl. § 1 Rdz. 31, 36.

[6] 4. **Der Besteller muß den Inhalt des Werkes vorschreiben.** Es genügt also nicht, wenn dem Verf. vom Verl. ledigl. der Umfang der Arbeit bezeichnet oder die Anweisung gegeben worden ist, daß die zu schaffende Arbeit, die ein Band eines Reihenwerkes werden soll, sich dem Charakter dieses Werkes anzupassen hat, oder wenn die Anregung zur Arbeit von dem Verl. ausgegangen oder wenn er genaue Angaben ledigl. über den Umfang des Werkes gemacht hat (Hoffmann a. a. O. Anm. 2 b). Ebensowenig genügt es, wenn der Verl. zur Herstellung des Werkes ledigl. den Abnehmerkreis, der für das Buch bestimmt sein soll, u. die Art des Vertriebs bezeichnet hat, oder wenn der Verl. einen Verf. veranlaßt, eine volkstüml. Darstellung der wichtigsten Grundsätze des geltenden Rechts oder eine Staatsbürgerkunde für höhere Lehranstalten zu verfassen, selbst wenn der Verl. dabei vorschreibt, welche Rechtsgebiete besonders zu behandeln sind. Das gleiche gilt, wenn der Verl. nur bestimmte Wünsche — etwa für die Ausgestaltung des Stoffes — geäußert oder eine Richtlinie gegeben hat (Bappert—Maunz a. a. O. Rdz. 9).

[7] 5. **Der Besteller muß „die Art und Weise der Behandlung"** des **Werkes vorschreiben.** Dies ist etwa der Fall, wenn der Verf. mit der Kommentierung von bestimmten Gesetzesvorschriften beauftragt wird und ihm dabei die Behandlungsweise, d. h. die Art, wie oder nach welcher Methode er die Erläuterungen vorzunehmen hat, genau vorgeschrieben wird, oder wenn für die Arbeit eine so kurze Frist bemessen ist, daß „etwas im Gedankeninhalt Selbständiges, durch persönl. Eigenart des Verfassers Gekennzeichnetes nicht bezweckt"

sein konnte (RGZ 140, 103 ff.; GRUR 1933, 512, Bappert—Maunz a. a. O.).

[8] 6. **Der Besteller muß** Inhalt und Art und Weise der Behandlung **„genau" vorschreiben.**

a) Dabei ist **nicht notwendig,** daß der Verl. mit der Vorzeichnung des Planes bis **ins einzelne** geht, etwa die Gedankenfolge Schritt für Schritt angibt und dem Verf. die Ausarbeitung (Ordnung, Formulierung, etwaige Ergänzung der Gedanken) oder nur die stilistische Gestaltung überläßt. Vielmehr hat das Gesetz hauptsächl. solche Fälle im Auge, wo die eigentl. formgestaltende Tätigkeit völlig Sache des anderen, dieser allein also der Urheber und als solcher ursprünglich berechtigt ist, der Besteller aber, ohne an der Formgestaltung mitzuwirken, in bezug auf Inhalt u. Art der Behandlung enge unverrückbare Grenzen gezogen hat; z. B. der Verl. läßt bestimmte Sagen aus der Vorzeit oder historische Ereignisse oder gewisse Teile der Naturgeschichte, bekannte Erfindungen u. dgl. für eine Jugendschrift darstellen u. macht dabei genaue Angabe darüber, welche Einzelheiten in die Darstellung aufzunehmen, welche Quellen zu benützen sind (Allfeld § 47 Anm. A 2). Die Abgrenzung im einzelnen ist nicht immer leicht.

[9] b) Das gilt ganz bes. beim sog. **Rezensionsvertrag** (vgl. dazu Kohler: ArchBürgR 30, 133; Elster a. a. O. 32, 341; Staudinger—Riedel Vorb. 27 vor § 631). Dieser hat die Rezension im weitesten Sinne, die Beurteilung eines Werkes in der Regel bei seinem ersten oder neuerl. Erscheinen in der Öffentlichkeit zum Gegenstand: die Theater- und Opernkritiker u. die Rezensenten von Neuerscheinungen auf dem Büchermarkt sind vielfach ebenso gefürchtete wie umworbene Partner von Rezensionsverträgen.

Die Rezension gliedert sich in 2 Stufen:

aa) Der, der etwas rezensiert haben will (der Verl. eines Buches, der Veranstalter einer Theater-, Opern- usw. Aufführung, einer Ausstellung) übersendet dem Verl. u./oder Herausgeber einer Zeitung oder Zeitschrift etwas, was den Zugang zu dem zu Rezensierenden ermöglicht (Besprechungsexemplar, Freikarte für Theater, Oper, Ausstellung) in der Absicht, daß der Verl. u./oder Herausgeber entweder selbst die Rezension vornehme oder jemand mit der Rezension beauftrage. Erwartet der Verl. oder Veranstalter, daß der Verleger/Herausgeber der Zeitung oder Zeitschrift die Rezension selbst vornimmt, ist die Übersendung des Besprechungsexemplars oder der Freikarte ein

Antrag auf Abschluß eines Rezensionsvertrages (hierüber unten unter 6 b). Erwartet er, wie in aller Regel, das nicht, vielmehr daß der Verl./Herausgeber der Zeitung oder Zeitschrift jemand mit der Rezension beauftrage, ist die Übersendung des Besprechungsexemplars oder der Freikarte der Antrag, einen Auftragsvertrag nach § 662 ff. BGB abzuschließen, der dann zustande kommt, wenn der Verleger/Herausgeber der Zeitung oder Zeitschrift jemand mit der Rezension beauftragt.

bb) Der Verleger/Herausgeber einer Zeitung oder Zeitschrift beauftragt jemand mit der Rezension. Ob solche Verträge Bestellverträge im Sinne des § 47 Abs. 1 oder echte Verlagsverträge sind, hängt vom Einzelfall ab. Sicher ist dem Rezensenten der Inhalt seines Werkes genau vorgeschrieben: das zu beurteilende Werk. Ob ihm aber auch Art und Weise der Behandlung genau vorgeschrieben sind, bemißt sich nach dem Einzelfall. Zumeist wird gerade hier den Rezensenten größte Freiheit gewährt, so daß dann echte Verlagsverträge gegeben sind.

[10] 7. Der Besteller muß **„vorschreiben"**.

a) Grundsätzl. sei wegen dieser Voraussetzung auf oben Rdz. 3 und Rdz. 6 verwiesen.

b) Der **„Besteller"** muß vorschreiben. Nicht genügt es, wenn nicht der Besteller, sondern ein Dritter, etwa die Staatsgewalt durch Gesetze, Verordnungen, Erlasse und dergleichen, darüber Vorschriften macht, wie ein vom Besteller bestelltes Werk beschaffen sein müsse oder nicht beschaffen sein dürfe. Ein Musterbeispiel hierfür war etwa die Anordnung des Reichsministers für Volksaufklärung und Propaganda über Kunstkritik vom 27. 11. 1936 (vgl. Wulf „Die bildenden Künste im Dritten Reich" RoRoRo 806—808 S. 127).

c) Damit hängt die Frage zusammen, ob das **„Vorschreiben"** sich auf den Einzelfall, also das gerade zur Herstellung bestellte Werk, oder auf alle vom Besteller an den gleichen oder verschiedene Verf. ausgehenden Bestellungen bezieht. Das wird von Bedeutung für gewisse Gruppen der Unterhaltungsliteratur, die Groschenhefte, billigen Kriminalromane, die Comic-strips, die (nicht dem Preise nach) billige Pornographie. Hier pflegen die Verl. „ihren" Verf. von Anfang an u. ganz allgemein recht handfeste Richtlinien u. Leitsätze für den Inhalt des Werkes u. die Art und Weise der Behandlung an die Hand zu geben, ohne diese im Einzelfall zum Gegenstand der Verträge zu machen. Diese allg. Vorschreibung muß aber dem § 47 genügen, da sie stillschweigender Vertragsinhalt ist.

II. Rechtswirkungen des Bestellvertrages

[11] 1. Das Gesetz kennt **nur eine Rechtswirkung des Bestellvertrages:** Der Besteller ist im Zweifel zur Vervielfältigung u. Verbreitung des bestellten Werkes nicht verpflichtet. Wenn also weder der Bestellvertrag noch bes. Umstände ein anderes ergeben, braucht der Besteller das bestellte Werk weder zu vervielfältigen noch zu verbreiten. Diese für den Verf. im übl. Sinne, dem die Vervielfältigung u. Verbreitung seines Werkes kein minder großes Anliegen als das Honorar ist, schwer erträgl. Folgerung aus dem Bestellvertrag erklärt sich allein aus der Rolle, die dieser der Tätigkeit des Verf. zuweist: die Rolle der tiefstehenden oder niederen Verfassertätigkeit (hierüber oben Rdz. 1).

2. Im übrigen sagt das Gesetz nicht, nach welchen Regeln der Bestellvertrag zu beurteilen ist. Doch ist ihm zu entnehmen, daß es sich **nicht um einen Verlagsvertrag handeln** kann, da es an der erforderl. Pflicht des Bestellers zur Vervielfältigung u. Verbreitung des Werkes fehlt (vgl. § 1 Rdz. 1), während das für den Bestellvertrag charakteristische Einstehen des Verf. für den Arbeiterfolg u. die Qualität des bestellten Werkes dem Verlagsvertrag fremd ist (vgl. etwa § 31 Rdz. 11). Für das Rechtsverhältnis zwischen Verf. u. Verl. sind daher die Vorschriften des BGB maßgebend. Vor allem kommen die Bestimmungen über den Werkvertrag, aber auch die Regeln über Auftrag oder Dienstvertrag oder selbst Kauf (Allfeld a. a. O. Anm. II 6, Bappert—Maunz a. a. O. Rdz. 13) in Betracht. Der Bestellvertrag ist somit ein nach den Vorschriften des BGB zu beurteilender Vertrag eigener Art, in welchem sich der Verf. verpflichtet, ein Werk entspr. dem genauen Plan des Bestellers herzustellen u. das ihm zustehende Vervielfältigungs- u. Verbreitungsrecht auf den Besteller zu übertragen, ohne daß dieser zu einer Vervielfältigung u. Verbreitung verpflichtet wird (Bappert—Maunz a. a. O. Rdz. 14). Durch solche Erwägungen aber wird die rechtl. Beurteilung des Bestellvertrages nicht erleichtert. Um so erstaunlicher ist es daher, daß er ganz allg. von Rechtspr. (RGZ 140, 130) u. Schriftt. (Staudinger—Riedel a. a. O. Rdz. 21, Palandt—Thomas Einl. IV k vor § 631, Bappert—Maunz a. a. O. Rdz. 15 ff.) dem Werkvertrag zugeordnet u. nach werkvertragl. Grundsätzen beurteilt wird. Erstaunl. ist das deshalb, weil es einen beträchtl. Mangel an Kenntnis der Kunst-, Literatur- und Musikgeschichte verrät. Schon seit dem Manierismus sind Kunst, Literatur und Musik überaus reich an Werken, deren Urhebern nicht nur der Inhalt des Werkes, sondern auch Art und Weise der Handlung bis in alle Einzelheiten von weltl. u. geistl. Bestellern

vorgeschrieben wurden u. die vielleicht gerade deswegen zu außergewöhnl. Meisterschaft gediehen sind: das französische Hoftheater, die nach genauestem Programm des Bauherrn von Künstlern erbauten und ausgeschmückten Kirchen, zumal des bayerischen Barock und die Kirchenmusik der österreichischen Klassiker bis hinauf zu Bruckner. Solche Werke mit den Maßen des Werkvertrages zu messen, würde doch wohl schwerlich einem kunstverständigen Menschen einfallen. Bei der rechtl. Würdigung des Bestellvertrages müssen daher die Person dessen, bei dem bestellt wird, und das Werk, das bestellt wird, berücksichtigt werden. Erwartet von beiden der Besteller eine künstler. oder wissenschaftl. hochstehende Leistung auch innerhalb des von ihm gesteckten, oft recht engen Rahmens, muß der diese Erwartung ausdrückende Bestellvertrag nicht als Werkvertrag, sondern als Dienstvertrag gewürdigt werden.

[12] III. Der Bestellvertrag als Dienst- oder Werkvertrag

Die Abgrenzung zwischen Dienst- und Werkvertrag kann im hier gegebenen Zusammenhang nur auftreten, wo das bestellte Werk den Erwartungen des Bestellers nicht entspricht, weil es entweder schlechthin oder doch für die dem Verf. bekannten Zwecke des Bestellers unbrauchbar ist: Das Theater- oder Musikstück etwa ist nicht einmal im Fernsehen unterzubringen oder nur nach gründl. Überarbeitung durch einen Dritten zu verwenden.

1. Ob eine solche Überarbeitung, also die Änderung des dargestellten Werkes durch den Verl. oder einen von ihm beauftragten Dritten rechtl. zulässig ist, bemißt sich nicht nach Dienst- oder Werkvertrag, so daß es jedenfalls insoweit nicht auf die Abgrenzung zwischen beiden ankommt. Die Frage der rechtl. Zulässigkeit der Überarbeitung bestimmt sich vielmehr nach § 39 UrhG. Da gem. § 39 Abs. 2 UrhG Änderungen, zu denen der Verf. seine Einwilligung nach Treu u. Glauben nicht versagen kann, zulässig sind, kann der Verl. geringfügige Abweichungen des Werkes vom Plan oder in der Art u. Weise der Behandlung selbst vornehmen oder beseitigen (so für das frühere Recht Hoffmann a. a. O. Anm. 3 a mit Nachw., Voigtländer—Elster § 47 Anm. 3; dagegen insbes. Bappert—Maunz a. a. O. Rdz. 16). Die Überarbeitung des Werkes nach Inhalt oder Art u. Weise der Behandlung ist jedenfalls in größerem Umfang ohne Einwilligung des Verf. unzulässig.

2. Die hieraus sich ergebenden Folgerungen sind bei Dienst- und Werkvertrag verschieden.

[13] a) Ist der **Bestellvertrag** ein **Dienstvertrag,** kann der Besteller diesen gemäß § 627 Abs. 1 BGB, jederzeit auch ohne Grund kündigen. Denn die Voraussetzung des § 627 Abs. 1 BGB, daß der Verf. ohne in einem dauernden Dienstverhältnis mit festen Bezügen zu stehen, Dienste höherer Art zu leisten hat, die auf Grund besonderen Vertrauens übertragen zu werden pflegen, trifft gerade für den Verf. zu (vgl. Staudinger—Nipperdey § 627 Rdz. 3 „Künstler"). Wird ihm auf Grund des § 627 Abs. 1 BGB gekündigt, bestimmen sich seine Vergütungsansprüche, aber auch der Schadensersatzanspruch des Bestellers nach § 628 BGB. Hiernach hat der Verf., wenn er vertragswidrig eine minderwertige Leistung erbracht u. dadurch die Kündigung durch den Verl. heraufbeschworen hat, einen Anspruch auf Vergütung insoweit nicht, als sein Werk für den Verl. kein Interesse hat. Der Verf. muß im Gegenteil dem Verl. den durch die Aufhebung des Bestellvertrags entstehenden Schaden ersetzen. Solcher Schaden sind unter anderem die höheren Kosten für eine Ersatzleistung durch einen Dritten, die Auslagen für deren Beschaffung u. die Verluste einschließl. des entgangenen Gewinns (Staudinger—Nipperdey § 628 Rdz. 48). Das mangelhafte, gar minderwertige Werk kann daher dem Verf. hier sehr teuer zu stehen kommen.

[14] b) Ist dagegen der **Bestellvertrag Werkvertrag,** kann der Verl.

aa) die Beseitigung des Mangels, dagegen nicht die Herstellung eines neuen, mangelfreien Werkes verlangen (RGZ 57, 275). Der Verf. ist berechtigt, die Beseitigung des Mangels zu verweigern, wenn sie einen unverhältnismäßigen Aufwand erfordert (§ 633 Abs. 2 BGB, vgl. dazu § 31 Rdz. 18). Die Verpflichtungen des Verf. gehen im Rahmen des Bestellvertrages weiter als im Verlagsvertrag, da er hier ein Werk von ganz bestimmten äußeren u. inneren Qualitäten zu liefern hat, während beim Verlagsvertrag das Werk nur von allg., vertragsmäßiger Beschaffenheit zu sein braucht (vgl. RGZ 74, 359; OLG Dresden: GRUR 1912, 129, ferner § 31 Rdz. 11). Beruhen die Mängel des Werkes auf der Mangelhaftigkeit des vom Besteller bestimmten Planes, so haftet der Verf. dafür nicht (BayObLG: Seuff. A 48, 284, Allfeld a. a. O. Anm. II 7 a, Bappert—Maunz a. a. O. Rdz. 15);

bb) dem Verf. eine angemessene Frist mit der Erklärung bestimmen, daß er die Beseitigung des Mangels nach Ablauf der Frist ablehne. Nach Ablauf der Frist kann der Besteller den Bestellvertrag rückgängig machen (Wandlung) oder die Vergütung herabsetzen (Minderung), es sei denn, daß der Mangel rechtzeitig beseitigt worden ist (§ 634 Abs. 1 BGB). Beruht der

Mangel des Werkes auf einem Umstand, den der Verf. zu vertreten hat, so kann der Besteller gemäß § 635 BGB auch statt der Wandlung oder der Minderung Schadensersatz wegen Nichterfüllung verlangen (Bappert—Maunz a. a. O. Rdz. 17). Über diesen vgl. § 30 Rdz. 38, 39.

Von besonderer Bedeutung ist hier die Minderung des Honorars für den Verf., zumal dieses bei völliger Wertlosigkeit des bestellten Werkes voll herauszugeben (BGHZ 42, 232; ferner Palandt—Thomass § 634 Anm. 3 b) oder voll nicht zu bezahlen ist. Im übrigen gilt für die Berechnung der Minderung gemäß § 634 Abs. 4 BGB die Bestimmung des § 472 Abs. 1 BGB, wonach die Vergütung in dem Verhältnis herabzusetzen ist, in dem zur Zeit des Abschlusses des Bestellvertrages der Wert des bestellten Werkes in mangelfreiem Zustand zu dem wirklichen Wert gestanden hätte: Der objektive Wert des mangelfreien Werkes verhält sich zum objektiven Wert des mangelhaften Werkes wie die vereinbarte Vergütung zur geminderten Vergütung (Palandt—Putzo § 472 Anm. 4).

cc) Zwar kann der Verl. gem. § 649 BGB bis zur Vollendung des Werkes den Bestellvertrag jederzeit kündigen. Kündigt er, so ist jedoch der Verf. berechtigt, die vereinbarte Vergütung zu verlangen. Er muß sich aber dasjenige anrechnen lassen, was er infolge der Aufhebung des Vertrages an Aufwendungen erspart oder durch anderweitige Verwendung seiner Arbeitskraft erwirbt oder zu erwerben böswillig unterläßt (OLG München: JW 1932, 1906, Bappert—Maunz a. a. O. Rdz. 19). Damit ist jedoch dem Verl. nicht gedient. Er wird daher von diesem Recht kaum je Gebrauch machen wollen.

[15] IV. Bestellverträge von und für Tageszeitungen

Hier gelten auf Grund der Richtlinien für Vertragsbedingungen und Mindesthonorare der freien hauptberuflich tätigen Journalisten an Tageszeitungen, gültig ab 1. 10. 1969 deren

§ 8

...

(3) Für die Aufträge, die dem freien Journalisten von der Redaktion erteilt werden, sind die Honorare auch dann zu zahlen, wenn der Beitrag termingemäß abgeliefert, aber nicht veröffentlicht wird, sofern der Beitrag den Voraussetzungen der Bestellung entspricht.

...

(5) Wird ein bestellter oder angenommener Beitrag (Wort oder Bild) nicht innerhalb von drei Monaten nach Ablieferung veröffentlicht, so kann der Journalist schriftlich eine Nachfrist von einem Monat für die Veröffentlichung setzen und zugleich für den Fall der nicht fristgerechten Veröffentlichung zum Ablauf der Nachfrist kündigen. Die Nachfrist beginnt mit dem Zugang der Ankündigung. Nach Ablauf der Nachfrist kann der Journalist über den Beitrag anderweitig verfügen. Der Anspruch auf das volle Honorar bleibt in diesem Fall bestehen. Mit dem Ablauf der Nachfrist erlischt das Nutzungsrecht des Verlags.

§ 9

...

(2) Für einen bestellten oder angenommenen Beitrag ist das Honorar ohne Rücksicht auf die verzögerte Veröffentlichung fällig, wenn seit dem Ablauf des Monats, in dem der Beitrag eingegangen ist, ein weiterer Monat verstrichen ist. Ist eine feste Vergütung vereinbart, so ist bis zu diesem Zeitpunkt der volle Betrag zu zahlen. Bei einem nach Zeilen zu berechnenden Honorar ist eine Abschlagszahlung von mindestens 80 v. H. des voraussichtlichen Honorars zu leisten. Die Schlußzahlung ist nach erfolgter Veröffentlichung vorzunehmen.

Diese Richtlinien besitzen keine die Verbände u. deren Mitglieder bindende materiell-rechtliche Wirkung. Sie sind aber als Richtschnur für die Beteiligten von Bedeutung (Löffler I S. 459 Rdz. 51). Sie schaffen näml. eine Verkehrssitte, die vom Gericht zu berücksichtigen ist (Löffler a. a. O. S. 465 Rdz. 73 mit Nachw.).

C. Die übrigen Fälle des § 47, für die nach Abs. 2 dieser Bestimmung das unter B Ausgeführte gilt

[16] I. Die Mitarbeit an enzyklopädischen Werken

1. „Enzyklopädie“ ist ein Werk, welches entweder das menschl. Wissen in seiner Gesamtheit oder ein engeres oder weiteres Gebiet des Wissens in übersichtl. — systematischer oder alphabetischer — Darstellung behandelt. Die Anordnung des Ganzen muß hier nach einheitl. Gesichtspunkten geschehen, denen sich jeder Beitrag unterordnen muß. Daher muß es dem Besteller hier freistehen, ob er den auf Bestellung gelieferten Beitrag aufnehmen will oder nicht. Dagegen macht es bezüglich des einzelnen Beitrages für die Anwendung des § 47 keinen Unterschied, ob auch dieser selbst nach einem genauen Plan des Bestellers herzustellen war oder nicht. Auch die Beschränkung auf „kleinere Artikel, die nicht selbständig verlagsfähig sind“ ließe sich nicht rechtfertigen, vielmehr bezieht sich § 47 auf

jede Art von Mitarbeit zu enzyklopädischen Unternehmungen. Will der Verf. den Verl. zur Aufnahme seines Beitrages verpflichten, so muß er eine hierauf bezügl. Bestimmung im Vertrag vorsehen (Allfeld a. a. O. Anm. I 4 a, Bappert—Maunz a. a. O. Rdz. 10, 11).

2. Auf **andere Sammelwerke** wie Jahrbücher, Kalender, Zeitschriften bezieht sich § 47 nicht (Allfeld a. a. O.).

[17] **II. Hilfs- oder Nebenarbeiten für das Werk eines anderen:**

Als Hilfs- oder Nebenarbeiten für ein fremdes Werk kommen in Betracht: Die Bearbeitung neuer Auflagen des Werkes eines verstorbenen Verf., wenn keine grundsätzl. Umarbeitung erfolgt; das Anfertigen des Sachregisters oder des Inhalts- oder Schrifttumsverzeichnisses für ein fremdes Werk; die Prüfung der Rechtschreibung von Fremdwörtern; das Korrekturlesen; die Lieferung von Abbildungen zu einem Schriftwerk; die Anfertigung des Fingersatzes bei Kompositionen; die Bearbeitung von Klavierauszügen; Arrangements von Musikstücken, etwa Anfertigen einer anderen Instrumentierung oder Transponieren in eine andere Tonart; ferner das Anfertigen kleinerer Übersetzungen wie etwa der von Zitaten (Hoffmann a. a. O., Allfeld a. a. O. Anm. I 5 b, Bappert—Maunz a. a. O. Rdz. 13).

[18] III. Hilfs- oder Nebenarbeit für ein **Sammelwerk**: Über den Begriff des Sammelwerkes vgl. § 4 Rdz. 2. Für die Hilfs- und Nebenarbeiten gilt das oben Ausgeführte.

§ 48

Die Vorschriften dieses Gesetzes finden auch dann Anwendung, wenn derjenige, welcher mit dem Verleger den Vertrag abschließt, nicht der Verfasser ist.

[1] A. Vorbemerkungen

I. Die Bestimmung behandelt den Fall, daß es nicht der Verf. eines Werkes ist, der mit dem Verl. einen Vertrag über die Verlegung des Werkes abschließt.

II. **Übersicht:** Demgemäß ist zu unterscheiden

1. das den Gegenstand des Vertrages bildende Werk hat einen Verf., dessen Rechte urheberrechtl. geschützt sind [2].

a) Der Nicht-Verfasser ist zum Abschluß eines Vertrages über das Werk mit dem Verl. berechtigt [2]

b) oder nicht [5].

2. Das den Gegenstand des Vertrages bildende Werk hat entweder keinen Verf. oder zwar einen Verf., ist aber urheberrechtl. nicht oder nicht mehr geschützt [6].

a) Grundsätzl. besteht hier Verlagsvertragsfreiheit [6].

b) Es bestehen jedoch weittragende Ausnahmen [7].

B. Das den Gegenstand des Vertrags zwischen dem Nichtverfasser (Verlaggeber) u. dem Verl. bildende Werk ist urheberrechtl. geschützt

I. Der **Verlaggeber** ist **zum Abschluß** des Vertrages mit dem Verl. **berechtigt.** Hier sind zu unterscheiden:

[2] 1. **der urheberrechtl. berechtigte Verlaggeber,** das ist

a) nach §§ 28 Abs. 1, 29 UrhG auf Grund Gesetzes oder letztwilliger Verfügung der Erbe oder die Miterben oder ein Vermächtnisnehmer oder im Wege der Erbauseinandersetzung ein Miterbe (vgl. Möhring—Nicolini § 29 Anm. 2), gleichgültig ob der Erbe oder Vermächtnisnehmer eine natürl. oder jur. Person, je selbst nach §§ 1936, 1964 ff. BGB, Art. 138, 139 EGBGB in Verbindung mit den einschlägigen landesrechtl. Bestimmungen der Fiskus ist (vgl. Gamm § 48 Rdz. 1);

b) nach § 28 Abs. 2 UrhG der letztwillig bestimmte Testamentsvollstrecker. Dieser kann dann das Urheberrecht in seinem ganzen Umfang geltend machen, also insbes. auch das Urheberpersönlichkeitsrecht, ist jedoch durch die allg. Vorschriften (§§ 2197 ff. BGB) beschränkt. § 28 Abs. 2 S. 1 UrhG soll es dem Urlauber ermöglichen, für den Fall, daß ihm seine Erben zur Wahrung seines geistigen Nachlasses nicht geeignet erscheinen, die Ausübung des Urheberrechts einer besser geeigneten Persönlichkeit anzuvertrauen, ohne jedoch zugleich seinen Erben die wirtschaftl. Früchte aus der Nutzung seiner Werke zu entziehen. Damit ist § 2208 BGB insoweit durch die Spezialvorschrift des § 28 Abs. 2 Satz 1 UrhG ersetzt worden (Möhring—Nicolini a. a. O. Anm. 3 a). Daß § 2210 BGB nicht anzuwenden ist, bedeutet, daß die Testamentsvollstreckung nicht regelmäßig auf eine Höchstdauer von 30 Jahren beschränkt ist, sondern der Erblasser sie darüber hinaus verlängern, aber auch wesentl. kürzer halten kann (vgl. dazu im einzelnen Gamm a. a. O., Möhring—Nicolini a. a. O. Anm. 3 b).

c) Jeder gesetzl. Vertreter des Verf., also etwa die Eltern (§§ 1626 Abs. 2, 1705 BGB), der Vormund (§ 1793 BGB), der Nachlaßpfleger (§ 1960 BGB als gesetzl. Vertreter [vgl. etwa Palandt—Keidel § 1960 Anm. 5 C c/bb]), nicht dagegen der Nachlaßverwalter (Palandt—Keidel § 1985 Anm. 1 a).

d) Jeder Bevollmächtigte des Verf., wenn er zur Verfügung über das Verlagsrecht im eigenen Namen vom Berechtigten nach § 185 Abs. 1 BGB ermächtigt worden ist. Dieser Fall der Verfügungsbefugnis über das Verlagsrecht ist zu unterscheiden von einer bevollmächtigten Vertretung beim Abschluß eines Verlagsvertrages, bei welcher der Dritte nur für den Berechtigten, nicht aber für sich selbst handelt (Bappert—Maunz § 48 Rdz. 2).

[3] 2. **Der verlagsrechtl. berechtigte Verlaggeber.** Hierüber vgl. § 28 und die Anm. hierzu.

[4] 3. **Der bürgerl.-rechtl. berechtigte Verlaggeber.** Das ist der Verlaggeber, dem der Verf. in Erfüllung seiner Verpflichtungen aus einem Arbeits- oder Dienstverhältnis das Urheber- oder Werknutzungsrecht an dem im Rahmen des Arbeits- oder Dienstverhältnisses geschaffenen Werks übertragen hat. Für diesen Fall gilt § 43 UrhG, der Anh. S. 430 abgedruckt ist.

Die Ausnahmeregelung des § 43 UrhG ist deshalb geschaffen worden, weil die oben erwähnten unverzichtbaren Rechte in erster Linie zum Schutz des freischaffenden Verfassers gedacht sind, der kein festes Gehalt bezieht, sondern auf die Erträgnisse aus der Verwertung seiner Werke angewiesen ist. Der wirtschaftl. gesicherte Arbeitnehmer oder Beamte trägt dagegen kein solches Risiko für sein Schaffen u. bedarf daher der Schutzvorschriften in der Regel nicht. Ob auf Urheber im Arbeits- oder Dienstverhältnis aber die Schutzbestimmungen überhaupt nicht bzw. welche Schutzbestimmungen anzuwenden sind, wird ja nach Art des Arbeits- oder Dienstverhältnisses verschieden sein. Dabei kann es möglicherweise auch darauf ankommen, in welcher wirtschaftl. Stellung sich der Verf. befindet u. inwieweit sein Arbeits- oder Diensteinkommen ein angemessenes Entgelt für seine urheberrechtl. Leistungen darstellt. Eine durchschnittl. etwa tarifgemäße Entlohnung läßt darauf schließen, daß die Einräumung der Nutzungsrechte nur im übl. Umfang u. unbeschadet eines Beteiligungsanspruches aus § 36 im Falle außerordentl. hoher finanzieller Verwertungsergebnisse erfolgt (Möhring—Nicolini § 43 Anm. 4, Fromm—Nordemann Anm. 4). Ein Rücktrittsrecht nach § 17 oder ein Rückrufsrecht wegen Nichtausübung gem. § 41 wird gewöhnl. als ausgeschlossen gelten müssen, weil der Verfasser, der aufgrund eines Arbeits- oder Dienstverhältnisses ein Werk schafft, die Verwertung weitgehend in das Ermessen des Arbeitgebers oder Dienstherrn zu stellen hat u. die Ausübung auch dessen alleinige Angelegenheit ist (Möhring—Nicolini a. a. O.; Gamm § 41 Rdz. 11, a. A. Fromm—Nordemann § 43 Anm. 4, wonach im Zweifel §§ 41, 42 UrhG anwendbar sind).

Ob ein Rücktrittsrecht wegen veränderter Umstände nach § 35 oder ein Rückrufsrecht wegen gewandelter Überzeugung nach § 42 ausgeschlossen ist, wird im wesentl. davon abhängen, inwieweit der Verf. des Werkes der Öffentlichkeit gegenüber als solcher in Erscheinung tritt u. eine erhebl. Beeinträchtigung seiner persönl. Interessen erleidet (vgl. Gamm § 42 Rdz. 6).

[5] II. Der **Verlaggeber** ist zum Abschluß des Vertrages mit dem Verl. **nicht berechtigt.** Hier wird der Verlagsvertrag nur u. erst wirksam durch die nachträgl. (im Zweifel nur für eine Auflage in der vereinbarten oder gesetzl. bestimmten Höhe geltende: RG: LZ 1921, 782; RG: MuW 1928, 141) Genehmigung des Verf. (Allfeld § 48 Anm. 1, Bappert—Maunz a. a. O. Rdz. 4).

C. Das den Gegenstand des Vertrages zwischen Verlaggeber und Verf. bildende Werk ist urheberrechtl. nicht oder nicht mehr geschützt

[6] I. Ist das Werk nicht oder nicht mehr urheberrechtl. geschützt, dann kann **jeder Dritte** als **Verlaggeber** mit dem Verl. darüber einen Verlagsvertrag abschließen (vgl. hierzu §§ 39, 40 und die Anm. hierzu).

II. Von diesem Grundsatz gibt es **3 Ausnahmen**

[7] 1. **Das Werk befindet sich im Eigentum einer natürl. oder jur. Person.**

a) **Berechtigt** ist dann nur diese oder die Person, der sie die Erlaubnis zur Benutzung gibt.

b) **Nicht berechtigt** ist jeder andere, der sich ohne diese Erlaubnis das Werk, eine Abbildung oder ein Lichtbild zum Zwecke der Veröffentlichung beschafft.

aa) Der zwischen dem Nichtberechtigten u. dem Verl. abgeschlossene Vertrag wird zwar nicht ungültig, wenn etwa der Eigentümer das Manuskript vom Verl. herausverlangt u. dieser das Werk dann tatsächl. nicht mehr vervielfältigen u. verbreiten kann. Der Verl. kann vom nichtberechtigten Verlaggeber nach § 325 BGB Schadensersatz wegen Nichterfüllung verlangen oder vom Vertrag zurücktreten (Bappert—Maunz a. a. O. Rdz. 5).

bb) **Im Verhältnis zum Eigentümer des Werkes** gilt es, folgendes **zu unterscheiden**

α) 1. Fall: **Der Eigentümer blieb im Besitz des Werkes.** Es wurde unbefugt u. zumeist unbemerkt eine Abschrift oder ein Lichtbild des Werkes zum Zwecke der Veröffentlichung angefertigt. Diese Abschrift oder dieses Lichtbild kann der Eigentümer des Werkes nicht nach § 985 BGB herausverlangen, da sie nicht sein Eigentum geworden sind. Wenn überhaupt, kann ein solches Verlangen nur auf §§ 823 Abs. 1 (Verletzung des Eigentums an dem Werk), 249 (Wiederherstellung des früheren Zustands) BGB gegründet werden. Eine Verletzung des Eigentums an einem Werk durch Fertigung von Lichtbildaufnahmen von ihm soll aber (etwa nach Staudinger—Berg § 1004 Rdz. 9 mit Nachw.) nur in bes. Fällen mögl. sein. Ebenso hängt die Frage, ob auch die Herausgabe der Veröffentlichung, in der die Abschrift oder das Lichtbild des Werkes wiedergegeben ist, verlangt werden kann, von den Umständen des Einzelfalles ab u. ist unter Berücksichtigung des § 51 UrhG zu beantworten.

β) 2. Fall: **Dem Eigentümer wird das Werk** zum Zweck der Fertigung einer Abschrift oder eines Lichtbildes **entzogen,** die dann vom Verlaggeber oder Verleger oder in ihrem Auftrag von einem Dritten gemacht werden. Hier kann das Werk selbst nach § 985 BGB von dem herausverlangt werden, der es eben besitzt. Dieser haftet dem Eigentümer gemäß § 992 BGB nach Maßgabe der §§ 823 ff. BGB schlechthin, jeder andere an der Entziehung u. Anfertigung von Abschrift u. Lichtbild Beteiligte nur nach den bes. Umständen des Einzelfalles (s. oben α). Für den Umfang der Haftung gilt das ebenda Ausgeführte. Im Falle des § 992 BGB umfaßt die Haftung des Herausgabepflichtigen die Nutzungen, die er selbst gezogen hat, auch wenn sie der Eigentümer selbst nicht gezogen hätte (allg. Ansicht; vgl. etwa Staudinger—Berg § 992 Rdz. 4 mit Nachw.). Die „Nutzungen“ sind nach § 100 BGB die durch Verwendung der Sache gewonnenen Werte, wenn sie gerade auf die Benutzung der Sache dieser Art zurückzuführen sind (Staudinger—Coing § 100 Rdz. 1). „Nutzungen“ sind also hier die des Urheberrechtes, also die Werknutzungen, von denen die Vervielfältigung ein Unterfall ist (§ 15 Abs. 1 Ziff. 1 UrhG; vgl. Gamm § 31 Rdz. 3). Da nun die Vervielfältigung auf jede erdenkl. Weise u. gleichgültig in wievielen Stücken erfolgen kann (§ 16 Abs. 1 UrhG), ist die Anfertigung einer Abschrift oder eines Lichtbilds eine „Nutzung“, deren Erzeugnis gem. § 992 BGB dem Eigentümer herausgegeben werden muß.

[8] 2. **Die wissenschaftl. Ausgabe** des § 70 UrhG. Dieser ist Anh. S. 438 abgedruckt.

[9] 3. **Die Ausgabe nachgelassener Werke** nach § 71 UrhG. Dieser ist Anh. S. 438 abgedruckt.

§ 49

In bürgerlichen Rechtsstreitigkeiten, in welchen durch Klage oder Widerklage ein Anspruch auf Grund der Vorschriften dieses Gesetzes geltend gemacht ist, wird die Verhandlung und Entscheidung letzter Instanz im Sinne des § 8 des Einführungsgesetzes zum Gerichtsverfassungsgesetz dem Reichsgericht zugewiesen.

Gegenstandslos

§ 50

Dieses Gesetz tritt am 1. Januar 1902 in Kraft.

Anhang I
Text des UrhG

Anhang I

Gesetz über Urheberrecht und verwandte Schutzrechte (Urheberrechtsgesetz)

vom 9. September 1965 (BGBl. I S. 1273) in der Fassung der Novelle vom 10. November 1972 (BGBl. I S. 2081).

Erster Teil. Urheberrecht

Erster Abschnitt. Allgemeines

§ 1. Die Urheber von Werken der Literatur, Wissenschaft und Kunst genießen für ihre Werke Schutz nach der Maßgabe dieses Gesetzes.

Zweiter Abschnitt. Das Werk

§ 2. Geschützte Werke. (1) Zu den geschützten Werken der Literatur, Wissenschaft und Kunst gehören insbesondere:
1. Sprachwerke, wie Schriftwerke und Reden;
2. Werke der Musik;
3. pantomimische Werke einschließlich der Werke der Tanzkunst;
4. Werke der bildenden Künste einschließlich der Werke der Baukunst und der angewandten Kunst und Entwürfe solcher Werke;
5. Lichtbildwerke einschließlich der Werke, die ähnlich wie Lichtbildwerke geschaffen werden;
6. Filmwerke einschließlich der Werke, die ähnlich wie Filmwerke geschaffen werden;
7. Darstellungen wissenschaftlicher oder technischer Art, wie Zeichnungen, Pläne, Karten, Skizzen, Tabellen und plastische Darstellungen.

(2) Werke im Sinne dieses Gesetzes sind nur persönliche geistige Schöpfungen.

§ 3. Bearbeitungen. Übersetzungen und andere Bearbeitungen eines Werkes, die persönliche geistige Schöpfungen des Bearbeiters sind, werden unbeschadet des Urheberrechts am bearbeiteten Werk wie selbständige Werke geschützt.

§ 4. Sammelwerke. Sammlungen von Werken oder anderen Beiträgen, die durch Auslese oder Anordnung eine persönliche geistige Schöpfung sind (Sammelwerke), werden unbeschadet des Urheberrechts an den aufgenommenen Werken wie selbständige Werke geschützt.

§ 5. Amtliche Werke. (1) Gesetze, Verordnungen, amtliche Erlasse und Bekanntmachungen sowie Entscheidungen und amtlich verfaßte Leitsätze zu Entscheidungen genießen keinen urheberrechtlichen Schutz.

(2) Das gleiche gilt für andere amtliche Werke, die im amtlichen Interesse zur allgemeinen Kenntnisnahme veröffentlicht worden sind, mit der Einschränkung, daß die Bestimmungen über Änderungsverbot und Quellenangabe in § 62 Abs. 1 bis 3 und § 63 Abs. 1 und 2 entsprechend anzuwenden sind.

§ 6. Veröffentlichte und erschienene Werke. (1) Ein Werk ist veröffentlicht, wenn es mit Zustimmung des Berechtigten der Öffentlichkeit zugänglich gemacht worden ist.

(2) Ein Werk ist erschienen, wenn mit Zustimmung des Berechtigten Vervielfältigungsstücke des Werkes nach ihrer Herstellung in genügender Anzahl der Öffentlichkeit angeboten oder in Verkehr gebracht worden sind. Ein Werk der bildenden Künste gilt auch dann als erschienen, wenn das Original oder ein Vervielfältigungsstück des Werkes mit Zustimmung des Berechtigten bleibend der Öffentlichkeit zugänglich ist.

Dritter Abschnitt. Der Urheber

§ 7. Urheber. Urheber ist der Schöpfer des Werkes.

§ 8. Miturheber. (1) Haben mehrere ein Werk gemeinsam geschaffen, ohne daß sich ihre Anteile gesondert verwerten lassen, so sind sie Miturheber des Werkes.

(2) Das Recht zur Veröffentlichung und zur Verwertung des Werkes steht den Miturhebern zur gesamten Hand zu; Änderungen des Werkes sind nur mit Einwilligung der Miturheber zulässig. Ein Miturheber darf jedoch seine Einwilligung zur Veröffentlichung, Verwertung oder Änderung nicht wider Treu und Glauben verweigern. Jeder Miturheber ist berechtigt, Ansprüche aus Verletzungen des gemeinsamen Urheberrechts geltend zu machen; er kann jedoch nur Leistung an alle Miturheber verlangen.

(3) Die Erträgnisse aus der Nutzung des Werkes gebühren den Miturhebern nach dem Umfang ihrer Mitwirkung an der Schöpfung des Werkes, wenn nichts anderes zwischen den Miturhebern vereinbart ist.

(4) Ein Miturheber kann auf seinen Anteil an den Verwertungsrechten (§ 15) verzichten. Der Verzicht ist den anderen Miturhebern gegenüber zu erklären. Mit der Erklärung wächst der Anteil den anderen Miturhebern zu.

§ 9. Urheber verbundener Werke. Haben mehrere Urheber ihre Werke zu gemeinsamer Verwertung miteinander verbunden, so kann jeder vom anderen die Einwilligung zur Veröffentlichung, Verwertung und Änderung der verbundenen Werke verlangen, wenn die Einwilligung dem anderen nach Treu und Glauben zuzumuten ist.

§ 10. Vermutung der Urheberschaft. (1) Wer auf den Vervielfältigungsstükken eines erschienenen Werkes oder auf dem Original eines Werkes der bildenden Künste in der üblichen Weise als Urheber bezeichnet ist, wird bis zum Beweis des Gegenteils als Urheber des Werkes angesehen; dies gilt auch für eine Bezeichnung, die als Deckname oder Künstlerzeichen des Urhebers bekannt ist.

(2) Ist der Urheber nicht nach Absatz 1 bezeichnet, so wird vermutet, daß derjenige ermächtigt ist, die Rechte des Urhebers geltend zu machen, der auf den Vervielfältigungsstücken des Werkes als Herausgeber bezeichnet ist. Ist kein Herausgeber angegeben, so wird vermutet, daß der Verleger ermächtigt ist.

Vierter Abschnitt. Inhalt des Urheberrechts

1. Allgemeines

§ 11. Das Urheberrecht schützt den Urheber in seinen geistigen und persönlichen Beziehungen zum Werk und in der Nutzung des Werkes.

2. Urheberpersönlichkeitsrecht

§ 12. Veröffentlichungsrecht. (1) Der Urheber hat das Recht zu bestimmen, ob und wie sein Werk zu veröffentlichen ist.

(2) Dem Urheber ist es vorbehalten, den Inhalt seines Werkes öffentlich mitzuteilen oder zu beschreiben, solange weder das Werk noch der wesentliche Inhalt oder eine Beschreibung des Werkes mit seiner Zustimmung veröffentlicht ist.

§ 13. Anerkennung der Urheberschaft. Der Urheber hat das Recht auf Anerkennung seiner Urheberschaft am Werk. Er kann bestimmen, ob das Werk mit einer Urheberbezeichnung zu versehen und welche Bezeichnung zu verwenden ist.

§ 14. Entstellung des Werkes. Der Urheber hat das Recht, eine Entstellung oder eine andere Beeinträchtigung seines Werkes zu verbieten, die geeignet ist, seine berechtigten geistigen oder persönlichen Interessen am Werk zu gefährden.

3. Verwertungsrechte

§ 15. Allgemeines. (1) Der Urheber hat das ausschließliche Recht, sein Werk in körperlicher Form zu verwerten; das Recht umfaßt insbesondere
1. das Vortrags, Aufführungs- und Vorführungsrecht (§ 19),
2. das Verbreitungsrecht (§ 17),
3. das Ausstellungsrecht (§ 18).

(2) Der Urheber hat ferner das ausschließliche Recht, sein Werk in unkörperlicher Form öffentlich wiederzugeben (Recht der öffentlichen Wiedergabe); das Recht umfaßt insbesondere
1. das Vortrags-, Aufführungs- und Vorführungsrecht (§ 19),
2. das Senderecht (§ 20),
3. das Recht der Wiedergabe durch Bild- oder Tonträger (§ 21),
4. das Recht der Wiedergabe von Funksendungen (§ 22).

(3) Die Wiedergabe eines Werkes ist öffentlich, wenn sie für eine Mehrzahl von Personen bestimmt ist, es sei denn, daß der Kreis dieser Personen bestimmt abgegrenzt ist und sie durch gegenseitige Beziehungen oder durch Beziehung zum Veranstalter persönlich untereinander verbunden sind.

§ 16. **Vervielfältigungsrecht.** (1) Das Vervielfältigungsrecht ist das Recht, Vervielfältigungsstücke des Werkes herzustellen, gleichviel in welchem Verfahren und in welcher Zahl.

(2) Eine Vervielfältigung ist auch die Übertragung des Werkes auf Vorrichtungen zur wiederholbaren Wiedergabe von Bild- oder Tonfolgen (Bild- oder Tonträger), gleichviel, ob es sich um die Aufnahme einer Wiedergabe des Werkes auf einen Bild- oder Tonträger oder um die Übertragung des Werkes von einem Bild- oder Tonträger auf einen anderen handelt.

§ 17. **Verbreitungsrecht.** (1) Das Verbreitungsrecht ist das Recht, das Original oder Vervielfältigungsstücke des Werkes der Öffentlichkeit anzubieten oder in Verkehr zu bringen.

(2) Sind das Original oder Vervielfältigungsstücke des Werkes mit Zustimmung des zur Verbreitung im Geltungsbereich dieses Gesetzes Berechtigten im Wege der Veräußerung in Verkehr gebracht worden, so ist ihre Weiterverbreitung zulässig.

§ 18. **Ausstellungsrecht.** Das Ausstellungsrecht ist das Recht, das Original oder Vervielfältigungsstücke eines unveröffentlichten Werkes der bildenden Künste oder eines unveröffentlichten Lichtbildwerkes öffentlich zur Schau zu stellen.

§ 19. **Vortrags-, Aufführungs- und Vorführungsrecht.** (1) Das Vortragsrecht ist das Recht, ein Sprachwerk durch persönliche Darbietung öffentlich zu Gehör zu bringen.

(2) Das Aufführungsrecht ist das Recht, ein Werk der Musik durch persönliche Darbietung öffentlich zu Gehör zu bringen oder ein Werk öffentlich bühnenmäßig darzustellen.

(3) Das Vortrags- und das Aufführungsrecht umfassen das Recht, Vorträge und Aufführungen außerhalb des Raumes, in dem die persönliche Darbietung stattfindet, durch Bildschirm, Lautsprecher oder ähnliche technische Einrichtungen wahrnehmbar zu machen.

(4) Das Vorführungsrecht ist das Recht, ein Werk der bildenden Künste, ein Lichtbildwerk, ein Filmwerk oder Darstellungen wissenschaftlicher oder technischer Art durch technische Einrichtungen öffentlich wahrnehmbar zu machen. Das Vorführungsrecht umfaßt nicht das Recht, die Funksendung solcher Werke öffentlich wahrnehmbar zu machen (§ 22).

§ 20. **Senderecht.** Das Senderecht ist das Recht, das Werk durch Funk, wie Ton- oder Fernsehrundfunk, Drahtfunk oder ähnliche technische Einrichtungen der Öffentlichkeit zugänglich zu machen.

§ 21. **Recht der Wiedergabe durch Bild- oder Tonträger.** Das Recht der Wiedergabe durch Bild- oder Tonträger ist das Recht, Vortäge oder Aufführungen des Werkes mittels Bild- oder Tonträger öffentlich wahrnehmbar zu machen. § 19 Abs. 3 gilt entsprechend.

§ 22. **Recht der Wiedergabe von Funksendungen.** Das Recht der Wiedergabe von Funksendungen ist das Recht, Funksendungen des Werkes durch Bildschirm, Lautsprecher oder ähnliche technische Einrichtungen öffentlich wahrnehmbar zu machen. § 19 Abs. 3 gilt entsprechend.

§ 23. Bearbeitungen und Umgestaltungen. Bearbeitungen oder andere Umgestaltungen des Werkes dürfen nur mit Einwilligung des Urhebers des bearbeiteten oder umgestalteten Werkes veröffentlicht oder verwertet werden. Handelt es sich um eine Verfilmung des Werkes, um die Ausführung von Plänen und Entwürfen eines Werkes der bildenden Künste oder um den Nachbau eines Werkes der Baukunst, so bedarf bereits das Herstellen der Bearbeitung oder Umgestaltung der Einwilligung des Urhebers.

§ 24. Freie Benutzung. (1) Ein selbständiges Werk, das in freier Benutzung des Werkes eines anderen geschaffen worden ist, darf ohne Zustimmung des Urhebers des benutzten Werkes veröffentlicht und verwertet werden.

(2) Absatz 1 gilt nicht für die Benutzung eines Werkes der Musik, durch welche eine Melodie erkennbar dem Werk entnommen und einem neuen Werk zugrunde gelegt wird.

4. Sonstige Rechte des Urhebers

§ 25. Zugang zu Werkstücken. (1) Der Urheber kann vom Besitzer des Originals oder eines Vervielfältigungsstückes seines Werkes verlangen, daß er ihm das Original oder das Vervielfältigungsstück zugänglich macht, soweit dies zur Herstellung von Vervielfältigungsstücken oder Bearbeitungen des Werkes erforderlich ist und nicht berechtigte Interessen des Besitzers entgegenstehen.

(2) Der Besitzer ist nicht verpflichtet, das Original oder das Vervielfältigungsstück dem Urheber herauszugeben.

§ 26. Folgerecht. (1) Wird das Original eines Werkes der bildenden Künste weiterveräußert und ist hieran ein Kunsthändler oder Versteigerer als Erwerber, Veräußerer oder Vermittler beteiligt, so hat der Veräußerer dem Urheber einen Anteil in Höhe von fünf vom Hundert des Veräußerungserlöses zu entrichten. Die Verpflichtung entfällt, wenn der Veräußerungserlös weniger als einhundert Deutsche Mark beträgt.

(2) Der Urheber kann auf seinen Anteil im voraus nicht verzichten. Die Anwartschaft darauf unterliegt nicht der Zwangsvollstreckung; eine Verfügung über die Anwartschaft ist unwirksam.

(3) Der Urheber kann von einem Kunsthändler oder Versteigerer Auskunft darüber verlangen, welche Originale von Werken des Urhebers innerhalb des letzten vor dem Auskunftsersuchen abgelaufenen Kalenderjahres unter Beteiligung des Kunsthändlers oder Versteigerers weiterveräußert wurden.

(4) Der Urheber kann, soweit dies zur Durchsetzung seines Anspruchs gegen den Veräußerer erforderlich ist, von dem Kunsthändler oder Versteigerer Auskunft über den Namen und die Anschrift des Veräußerers sowie über die Höhe des Veräußerungserlöses verlangen. Der Kunsthändler oder Versteigerer darf die Auskunft über Namen und Anschrift des Veräußerers verweigern, wenn er dem Urheber den Anteil entrichtet.

(5) Die Ansprüche nach den Absätzen 3 und 4 können nur durch eine Verwertungsgesellschaft geltend gemacht werden.

(6) Bestehen begründete Zweifel an der Richtigkeit oder Vollständigkeit einer Auskunft nach Absatz 3 oder 4, so kann die Verwertungsgesellschaft verlangen, daß nach Wahl des Auskunftspflichtigen ihr oder einem von ihm zu bestimmenden Wirtschaftsprüfer oder vereidigten Buchprüfer Einsicht in die Geschäftsbücher oder sonstigen Urkunden soweit gewährt wird, wie dies zur Feststellung der Richtigkeit oder Vollständigkeit der Auskunft erforderlich ist. Erweist sich die Auskunft als unrichtig oder unvollständig, so hat der Auskunftspflichtige die Kosten der Prüfung zu erstatten.

(7) Die Ansprüche des Urhebers verjähren in zehn Jahren.

(8) Die vorstehenden Bestimmungen sind auf Werke der Baukunst und der angewandten Kunst nicht anzuwenden.

§ 27. Vermieten und Verleihen von Vervielfältigungsstücken. (1) Für das Vermieten oder Verleihen von Vervielfältigungsstücken eines Werkes, deren Weiterverbreitung nach § 17 Abs. 2 zulässig ist, ist dem Urheber eine angemessene Vergütung zu zahlen, wenn das Vermieten oder Verleihen Erwerbszwecken des Vermieters oder Verleihers dient oder die Vervielfältigungsstücke durch eine der Öffentlichkeit zugängliche Einrichtung (Bücherei, Schallplattensammlung oder Sammlung anderer Vervielfältigungsstücke) vermietet oder Verliehen werden. Der Vergütungsanspruch kann nur durch eine Verwertungsgesellschaft geltend gemacht werden.

(2) Absatz 1 ist nicht anzuwenden, wenn das Werk ausschließlich zum Zwecke des Vermietens oder Verleihens erschienen ist oder die Vervielfältigungsstücke im Rahmen eines Arbeits- oder Dienstverhältnisses ausschließlich zu dem Zweck verliehen werden, sie bei der Erfüllung von Verpflichtungen aus dem Arbeits- oder Dienstverhältnis zu benutzen.

Fünfter Abschnitt. Rechtsverkehr im Urheberrecht

1. Rechtsnachfolge in das Urheberrecht

§ 28. Vererbung des Urheberrechts. (1) Das Urheberrecht ist vererblich.

(2) Der Urheber kann durch letztwillige Verfügung die Ausübung des Urheberrechts einem Testamentsvollstrecker übertragen. § 2210 des Bürgerlichen Gesetzbuchs ist nicht anzuwenden.

§ 29. Übertragung des Urheberrechts. Das Urheberrecht kann in Erfüllung einer Verfügung von Todes wegen oder an Miterben im Wege der Erbauseinandersetzung übertragen werden. Im übrigen ist es nicht übertragbar..

§ 30. Rechtsnachfolger des Urhebers. Der Rechtsnachfolger des Urhebers hat die dem Urheber nach diesem Gesetz zustehenden Rechte, soweit nichts anderes bestimmt ist.

2. Nutzungsrechte

§ 31. Einräumung von Nutzungsrechten. (1) Der Urheber kann einem anderen das Recht einräumen, das Werk auf einzelne oder alle Nutzungsarten zu nutzen (Nutzungsrecht). Das Nutzungsrecht kann als einfaches oder ausschließliches Recht eingeräumt werden.

(2) Das einfache Nutzungsrecht berechtigt den Inhaber, das Werk neben dem Urheber oder anderen Berechtigten auf die ihm erlaubte Art zu nutzen.

(3) Das ausschließliche Nutzungsrecht berechtigt den Inhaber, das Werk unter Ausschluß aller anderen Personen einschließlich des Urhebers auf die ihm erlaubte Art zu nutzen und einfache Nutzungsrechte einzuräumen. § 35 bleibt unberührt.

(4) Die Einräumung von Nutzungsrechten für noch nicht bekannte Nutzungsarten sowie Verpflichtungen hierzu sind unwirksam.

(5) Sind bei der Einräumung des Nutzungsrechts die Nutzungsarten, auf die sich das Recht erstrecken soll, nicht einzeln bezeichnet, so bestimmt sich der Umfang des Nutzungsrechts nach dem mit seiner Einräumung verfolgten Zweck.

§ 32. **Beschränkung von Nutzungsrechten.** Das Nutzungsrecht kann räumlich, zeitlich oder inhaltlich beschränkt eingeräumt werden.

§ 33. **Weiterwirkung einfacher Nutzungsrechte.** Ein einfaches Nutzungsrecht, das der Urheber vor Einräumung eines ausschließlichen Nutzungsrechts eingeräumt hat, bleibt gegenüber dem Inhaber des ausschließlichen Nutzungsrechts wirksam, wenn nichts anderes zwischen dem Urheber und dem Inhaber des einfachen Nutzungsrechts vereinbart ist.

§ 34. **Übertragung von Nutzungsrechten.** (1) Ein Nutzungsrecht kann nur mit Zustimmung des Urhebers übertragen werden. Der Urheber darf die Zustimmung nicht wider Treu und Glauben verweigern.

(2) Werden mit dem Nutzungsrecht an einem Sammelwerk (§ 4) Nutzungsrechte an den in das Sammelwerk aufgenommenen einzelnen Werken übertragen, so genügt die Zustimmung des Urhebers des Sammelwerkes.

(3) Ein Nutzungsrecht kann ohne Zustimmung des Urhebers übertragen werden, wenn die Übertragung im Rahmen der Gesamtveräußerung eines Unternehmens oder der Veräußerung von Teilen eines Unternehmens geschieht.

(4) Abweichende Vereinbarungen zwischen dem Inhaber des Nutzungsrechts und dem Urheber sind zulässig.

(5) Ist die Übertragung des Nutzungsrechts nach Vertrag oder kraft Gesetzes ohne Zustimmung des Urhebers zulässig, so haftet der Erwerber gesamtschuldnerisch für die Erfüllung der sich aus dem Vertrag mit dem Urheber ergebenden Verpflichtungen des Veräußerers.

§ 35. **Einräumung einfacher Nutzungsrechte.** (1) Der Inhaber eines ausschließlichen Nutzungsrechts kann einfache Nutzungsrechte nur mit Zustimmung des Urhebers einräumen. Der Zustimmung bedarf es nicht, wenn das ausschließliche Nutzungsrecht nur zur Wahrnehmung der Belange des Urhebers eingeräumt ist.

(2) Die Bestimmungen in § 34 Abs. 1 Satz 2, Abs. 2 und Abs. 4 sind entsprechend anzuwenden.

§ 36. **Beteiligung des Urhebers.** (1) Hat der Urheber einem anderen ein Nutzungsrecht zu Bedingungen eingeräumt, die dazu führen, daß die vereinbarte Gegenleistung unter Berücksichtigung der gesamten Beziehungen des Urhebers zu dem anderen in einem groben Mißverhältnis zu den Erträgnissen aus der Nutzung des Werkes steht, so ist der andere auf Verlangen des Urhebers verpflichtet, in eine Änderung des Vertrages einzuwilligen, durch die dem Urheber eine den Umständen nach angemessene Beteiligung an den Erträgnissen gewährt wird.

(2) Der Anspruch verjährt in zwei Jahren von dem Zeitpunkt an, in dem der Urheber von den Umständen, aus denen sich der Anspruch ergibt, Kenntnis erlangt, ohne Rücksicht auf diese Kenntnis in zehn Jahren.

(3) Auf den Anspruch kann im voraus nicht verzichtet werden. Die Anwartschaft darauf unterliegt nicht der Zwangsvollstreckung; eine Verfügung über die Anwartschaft ist unwirksam.

§ 37. Verträge über die Einräumung von Nutzungsrechten. (1) Räumt der Urheber einem anderen ein Nutzungsrecht am Werk ein, so verbleibt ihm im Zweifel das Recht der Einwilligung zur Veröffentlichung oder Verwertung einer Bearbeitung des Werkes.

(2) Räumt der Urheber einem anderen ein Nutzungsrecht zur Vervielfältigung des Werkes ein, so verbleibt ihm im Zweifel das Recht, das Werk auf Bild- oder Tonträger zu übertragen.

(3) Räumt der Urheber einem anderen ein Nutzungsrecht zu einer öffentlichen Wiedergabe des Werkes ein, so ist dieser im Zweifel nicht berechtigt, die Wiedergabe außerhalb der Veranstaltung, für die sie bestimmt ist, durch Bildschirm, Lautsprecher oder ähnliche technische Einrichtungen öffentlich wahrnehmbar zu machen.

§ 38. Beiträge zu Sammlungen. (1) Gestattet der Urheber die Aufnahme des Werkes in eine periodisch erscheinende Sammlung, so erwirbt der Verleger oder Herausgeber im Zweifel ein ausschließliches Nutzungsrecht zur Vervielfältigung und Verbreitung. Jedoch darf der Urheber das Werk nach Ablauf eines Jahres seit Erscheinen anderweit vervielfältigen und verbreiten, wenn nichts anderes vereinbart ist.

(2) Absatz 1 Satz 2 gilt auch für einen Beitrag zu einer nicht periodisch erscheinenden Sammlung, für dessen Überlassung dem Urheber kein Anspruch auf Vergütung zusteht.

(3) Wird der Beitrag einer Zeitung überlassen, so erwirbt der Verleger oder Herausgeber ein einfaches Nutzungsrecht, wenn nichts anderes vereinbart ist. Räumt der Urheber ein ausschließliches Nutzungsrecht ein, so ist er sogleich nach Erscheinen des Beitrags berechtigt, ihn anderweit zu vervielfältigen und zu verbreiten, wenn nichts anderes vereinbart ist.

§ 39. Änderungen des Werkes. (1) Der Inhaber eines Nutzungsrechts darf das Werk, dessen Titel oder Urheberbezeichnung (§ 10 Abs. 1) nicht ändern, wenn nichts anderes vereinbart ist.

(2) Änderungen des Werkes und seines Titels, zu denen der Urheber seine Einwilligung nach Treu und Glauben nicht versagen kann, sind zulässig.

§ 40. **Verträge über künftige Werke.** (1) Ein Vertrag, durch den sich der Urheber zur Einräumung von Nutzungsrechten an künftigen Werken verpflichtet, die überhaupt nicht näher oder nur der Gattung nach bestimmt sind, bedarf der schriftlichen Form. Er kann von beiden Vertragsteilen nach Ablauf von fünf Jahren seit dem Abschluß des Vertrages gekündigt werden. Die Kündigungsfrist beträgt sechs Monate, wenn keine kürzere Frist vereinbart ist.

(2) Auf das Kündigungsrecht kann im voraus nicht verzichtet werden. Andere vertragliche oder gesetzliche Kündigungsrechte bleiben unberührt.

(3) Wenn in Erfüllung des Vertrages Nutzungsrechte an künftigen Werken eingeräumt worden sind, wird mit Beendigung des Vertrages die Verfügung hinsichtlich der Werke unwirksam, die zu diesem Zeitpunkt noch nicht abgeliefert sind.

§ 41. **Rückrufsrecht wegen Nichtausübung.** (1) Übt der Inhaber eines ausschließlichen Nutzungsrechts das Recht nicht oder nur unzureichend aus und werden dadurch berechtigte Interessen des Urhebers erheblich verletzt, so kann dieser das Nutzungsrecht zuruckrufen. Dies gilt nicht, wenn die Nichtausübung oder die unzureichende Ausübung des Nutzungsrechts überwiegend auf Umständen beruht, deren Behebung dem Urheber zuzumuten ist.

(2) Das Rückrufsrecht kann nicht vor Ablauf von zwei Jahren seit Einräumung oder Übertragung des Nutzungsrechts oder, wenn das Werk später abgeliefert wird, seit der Ablieferung geltend gemacht werden. Bei einem Beitrag zu einer Zeitung beträgt die Frist drei Monate, bei einem Beitrag zu einer Zeitschrift, die monatlich oder in kürzeren Abständen erscheint, sechs Monate und bei einem Beitrag zu anderen Zeitschriften ein Jahr.

(3) Der Rückruf kann erst erklärt werden, nachdem der Urheber dem Inhaber des Nutzungsrechts unter Ankündigung des Rückrufs eine angemessene Nachfrist zur zureichenden Ausübung des Nutzungsrechts bestimmt hat. Der Bestimmung der Nachfrist bedarf es nicht, wenn die Ausübung des Nutzungsrechts seinem Inhaber unmöglich ist oder von ihm verweigert wird oder wenn durch die Gewährung einer Nachfrist überwiegende Interessen des Urhebers gefährdet würden.

(4) Auf das Rüchrufsrecht kann im voraus nicht verzichtet werden. Seine Ausübung kann im voraus für mehr als fünf Jahre ausgeschlossen werden.

(5) Mit Wirksamwerden des Rückrufs erlischt das Nutzungsrecht

(6) Der Urheber hat den Betroffenen zu entschädigen, wenn und soweit es der Billigkeit entspricht.

(7) Rechte und Ansprüche der Beteiligten nach anderen gesetzlichen Vorschriften bleiben unberührt.

§ 42. **Rückrufsrecht wegen gewandelter Überzeugung.** (1) Der Urheber kann ein Nutzungsrecht gegenüber dem Inhaber zurückrufen, wenn das Werk seiner Überzeugung nicht mehr entspricht und ihm deshalb die Ver-, wertung des Werkes nicht mehr zugemutet werden kann. Der Rechtsnachfolger des Urhebers (§ 30) kann den Rückruf nur erklären, wenn er nachweist, daß der Urheber vor seinem Tode zum Rückruf berechtigt gewesen wäre und an der Erklärung des Rückrufs gehindert war oder diese letztwillig verfügt hat.

(2) Auf das Rückrufsrecht kann im voraus nicht verzichtet werden. Seine Ausübung kann nicht ausgeschlossen werden.

(3) Der Urheber hat den Inhaber des Nutzungsrechts angemessen zu entschädigen. Die Entschädigung muß mindestens die Aufwendungen decken, die der Inhaber des Nutzungsrechts bis zur Erklärung des Rückrufs gemacht hat; jedoch bleiben hierbei Aufwendungen, die auf bereits gezogene Nutzungen entfallen, außer Betracht. Der Rückruf wird erst wirksam, wenn der Urheber die Aufwendungen ersetzt oder Sicherheit dafür geleistet hat. Der Inhaber des Nutzungsrechts hat dem Urheber binnen einer Frist von drei Monaten nach Erklärung des Rückrufs die Aufwendungen mitzuteilen; kommt er dieser Pflicht nicht nach, so wird der Rückruf bereits mit Ablauf dieser Frist wirksam.

(4) Will der Urheber nach Rückruf das Werk wieder verwerten, so ist er verpflichtet, dem früheren Inhaber des Nutzungsrechts ein entsprechendes Nutzungsrecht zu angemessenen Bedingungen anzubieten.

(5) Die Bestimmungen in § 41 Abs. 5 und 7 sind entsprechend anzuwenden.

§ 43. Urheber in Arbeits- oder Dienstverhältnissen. Die Vorschriften dieses Unterabschnitts sind auch anzuwenden, wenn der Urheber das Werk in Erfüllung seiner Verpflichtung aus einem Arbeits- oder Dienstverhältnis geschaffen hat, soweit sich aus dem Inhalt oder dem Wesen des Arbeits- oder Dienstverhältnisses nichts anderes ergibt.

§ 44. Veräußerung des Originals des Werkes. (1) Veräußert der Urheber das Original des Werkes, so räumt er damit im Zweifel dem Erwerber ein Nutzungsrecht nicht ein.

(2) Der Eigentümer des Originals eines Werkes der bildenden Künste oder eines Lichtbildwerkes ist berechtigt, das Werk öffentlich auszustellen, auch wenn es noch nicht veröffentlicht ist, es sei denn, daß der Urheber dies bei der Veräußerung des Originals ausdrücklich ausgeschlossen hat.

Sechster Abschnitt. Schranken des Urheberrechts

§ 45. Rechtspflege und öffentliche Sicherheit. (1) Zulässig ist, einzelne Vervielfältigungsstücke von Werken zur Verwendung in Verfahren vor einem Gericht, einem Schiedsgericht oder einer Behörde herzustellen oder herstellen zu lassen.

(2) Gerichte und Behörden dürfen für Zwecke der Rechtspflege und der öffentlichen Sicherheit Bildnisse vervielfältigen oder vervielfältigen lassen.

(3) Unter den gleichen Voraussetzungen wie die Vervielfältigung ist auch die Verbreitung, öffentliche Ausstellung und öffentliche Wiedergabe der Werke zulässig.

§ 46. Sammlungen für Kirchen-, Schul- oder Unterrichtsgebrauch. (1) Zulässig ist die Vervielfältigung und Verbreitung, wenn Teile von Werken,

Sprachwerke oder Werke der Musik von geringem Umfang, einzelne Werke der bildenden Künste oder einzelne Lichtbildwerke nach dem Erreichen in eine Sammlung aufgenommen werden, die Werke einer größeren Anzahl von Urhebern vereinigt und nach ihrer Beschaffenheit nur für den Kirchen-, Schul- oder Unterrichtsgebrauch bestimmt ist. Auf der Titelseite oder an einer entsprechenden Stelle der Sammlung ist deutlich anzugeben, wozu sie bestimmt ist.

(2) Absatz 1 gilt für Werke der Musik, die in eine für den Musikunterricht bestimmte Sammlung aufgenommen werden, nur, wenn es sich um eine Sammlung für den Musikunterricht in Schulen mit Ausnahme der Musikschulen handelt.

(3) Mit der Vervielfältigung darf erst begonnen werden, wenn die Absicht, von der Berechtigung nach Absatz 1 Gebrauch zu machen, dem Urheber oder, wenn sein Wohnort oder Aufenthaltsort unbekannt ist, dem Inhaber des ausschließlichen Nutzungsrechts durch eingeschriebenen Brief mitgeteilt worden ist und seit Absendung des Briefes zwei Wochen verstrichen sind. Ist auch der Wohnort oder Aufenthaltsort des Inhabers des ausschließlichen Nutzungsrechts unbekannt, so kann die Mitteilung durch Veröffentlichung im Bundesanzeiger bewirkt werden.

(4) Für die Vervielfältigung und Verbreitung ist dem Urheber eine angemessene Vergütung zu zahlen.

(5) Der Urheber kann die Vervielfältigung und Verbreitung verbieten, wenn das Werk seiner Überzeugung nicht mehr entspricht, ihm deshalb die Verwertung des Werkes nicht mehr zugemutet werden kann und er ein etwa bestehendes Nutzungsrecht aus diesem Grunde zurückgerufen hat (§ 42). Die Bestimmungen in § 136 Abs. 1 und 2 sind entsprechend anzuwenden.

§ 47. Schulfunksendungen. (1) Schulen sowie Einrichtungen der Lehrerbildung und der Lehrerfortbildung dürfen einzelne Vervielfältigungsstükke von Werken, die innerhalb einer Schulfunksendung gesendet werden, durch Übertragung der Werke auf Bild- oder Tonträger herstellen. Das gleiche gilt für Erziehungsheime der Jugendfürsorge.

(2) Die Bild- oder Tonträger dürfen nur für den Unterricht verwendet werden. Sie sind spätestens am Ende des laufenden Schuljahres zu löschen, es sei denn, daß dem Urheber eine angemessene Vergütung gezahlt wird.

§ 48. Öffentliche Reden. (1) Zulässig ist

1. die Vervielfältigung und Verbreitung von Reden über Tagesfragen in Zeitungen sowie in Zeitschriften oder anderen Informationsblättern, die im wesentlichen den Tagesinteressen Rechnung tragen, wenn die Reden bei öffentlichen Versammlungen oder im Rundfunk gehalten worden sind, sowie die öffentliche Wiedergabe solcher Reden,
2. die Vervielfältigung, Verbreitung und öffentliche Wiedergabe von Reden, die bei öffentlichen Verhandlungen vor staatlichen, kommunalen oder kirchlichen Organen gehalten worden sind.

(2) Unzulässig ist jedoch die Vervielfältigung und Verbreitung der in Absatz 1 Nr. 2 bezeichneten Reden in Form einer Sammlung, die überwiegend Reden desselben Urhebers enthält.

§ 49. Zeitungsartikel und Rundfunkkommentare. (1) Zulässig ist die Vervielfältigung und Verbreitung einzelner Rundfunkkommentare und einzelner Artikel aus Zeitungen und anderen lediglich Tagesinteressen dienenden Informationsblättern in anderen Zeitungen und Informationsblättern dieser Art sowie die öffentliche Wiedergabe solcher Kommentare und Artikel, wenn sie politische, wirtschaftliche oder religiöse Tagesfragen betreffen und nicht mit einem Vorbehalt der Rechte versehen sind. Für die Vervielfältigung, Verbreitung und öffentliche Wiedergabe ist dem Urheber eine angemessene Vergütung zu zahlen, es sei denn, daß es sich um eine Vervielfältigung, Verbreitung oder öffentliche Wiedergabe kurzer Auszüge aus mehreren Kommentaren oder Artikeln in Form einer Übersicht handelt.

(2) Unbeschränkt zulässig ist die Vervielfältigung, Verbreitung und öffentliche Wiedergabe von vermischten Nachrichten tatsächlichen Inhalts und von Tagesneuigkeiten, die durch Presse oder Funk veröffentlicht worden sind; ein durch andere gesetzliche Vorschriften gewährter Schutz bleibt unberührt.

§ 50. Bild- und Tonberichterstattung. Zur Bild- und Tonberichterstattung über Tagesereignisse durch Funk und Film sowie in Zeitungen oder Zeitschriften, die im wesentlichen den Tagesinteressen Rechnung tragen, dürfen Werke, die im Verlauf der Vorgänge, über die berichtet wird, wahrnehmbar werden, in einem durch den Zweck gebotenen Umfang vervielfältigt, verbreitet und öffentlich wiedergegeben werden.

§ 51. Zitate. Zulässig ist die Vervielfältigung, Verbreitung und öffentliche Wiedergabe, wenn in einem durch den Zweck gebotenen Umfang

1. einzelne Werke nach dem Erscheinen in ein selbständiges wissenschaftliches Werk zur Erläuterung des Inhalts aufgenommen werden.
2. Stellen eines Werkes nach der Veröffentlichung in einem selbständigen Sprachwerk angeführt werden.
3. einzelne Stellen eines erschienenen Werkes der Musik in einem selbständigen Werk der Musik angeführt werden.

§ 52. Öffentliche Wiedergabe. (1) Zulässig ist die öffentliche Wiedergabe eines erschienenen Werkes,

1. wenn die Wiedergabe keinem Erwerbszweck des Veranstalters dient, die Teilnehmer ohne Entgelt zugelassen werden und im Falle des Vortrages oder der Aufführung des Werkes den ausübenden Künstlern (§ 73) keine besondere Vergütung gezahlt wird; jedoch hat, wenn die Veranstaltung dem Erwerbszweck eines Dritten dient, dieser dem Urheber für die Wiedergabe eine angemessene Vergütung zu zahlen;
2. wenn die Wiedergabe bei einem Gottesdienst, einer kirchlichen Feier oder einer anderen Veranstaltung der Kirchen oder Religionsgesellschaften des öffentlichen Rechts stattfindet; jedoch hat der Veranstalter dem

Urheber für die Wiedergabe eine angemessene Vergütung zu zahlen, es sei denn, daß die in Nummer 1 aufgeführten Voraussetzungen vorliegen.

(2) Öffentliche bühnenmäßige Aufführungen und Funksendungen eines Werkes sowie öffentliche Vorführungen eines Filmwerkes sind stets nur mit Einwilligung des Berechtigten zulässig.

§ 53. **Vervielfältigung zum persönlichen Gebrauch.** (1) Zulässig ist, einzelne Vervielfältigungsstücke eines Werkes zum persönlichen Gebrauch herzustellen.

(2) Der zur Vervielfältigung Befugte darf die Vervielfältigungsstücke auch durch einen anderen herstellen lassen; doch gilt dies für die Übertragung von Werken auf Bild- oder Tonträger und die Vervielfältigung von Werken der bildenden Künstler nur, wenn es unentgeltlich geschieht.

(3) Die Vervielfältigungsstücke dürfen weder verbreitet noch zu öffentlichen Wiedergaben benutzt werden.

(4) Die Aufnahme öffentlicher Vorträge, Aufführungen oder Vorführungen eines Werkes auf Bild- oder Tonträger, die Ausführung von Plänen und Entwürfen zu Werken der bildenden Künste und der Nachbau eines Werkes der Baukunst sind stets nur mit Einwilligung des Berechtigten zulässig.

(5) Ist nach der Art eines Werkes zu erwarten, daß es durch Aufnahme von Funksendungen auf Bild- oder Tonträger oder durch Übertragung von einem Bild- oder Tonträger auf einen anderen zum persönlichen Gebrauch vervielfältigt wird, so hat der Urheber des Werkes gegen den Hersteller von Geräten, die zur Vornahme solcher Vervielfältigungen geeignet sind, einen Anspruch auf Zahlung einer Vergütung für die durch die Veräußerung der Geräte geschaffene Möglichkeit, solche Vervielfältigungen vorzunehmen. Neben dem Hersteller haftet als Gesamtschuldner, wer die Geräte in den Geltungsbereich dieses Gesetzes gewerblich einführt oder wiedereinführt. Der Anspruch entfällt, soweit nach den Umständen mit Wahrscheinlichkeit erwartet werden kann, daß die Geräte zur Vornahme der genannten Vervielfältigungen nicht im Geltungsbereich dieses Gesetzes benutzt werden. Der Anspruch kann nur durch eine Verwertungsgesellschaft geltend gemacht werden. Als Vergütung steht jedem Berechtigten ein angemessener Anteil an dem vom Hersteller aus der Veräußerung der Geräte erzielten Erlös zu; die Summe der Vergütungsansprüche aller Berechtigten einschließlich der Berechtigten nach §§ 84, 85 Abs. 3 und § 94 Abs. 4 darf fünf vom Hundert dieses Veräußerungserlöses nicht übersteigen.

§ 54. **Vervielfältigungen zum sonstigen eigenen Gebrauch.** (1) Zulässig ist, einzelne Vervielfältigungsstücke eines Werkes herzustellen oder herstellen zu lassen

1. zum eigenen wissenschaftlichen Gebrauch, wenn und soweit die Vervielfältigung zu diesem Zweck geboten ist,

2. zur Aufnahme in ein eigenes Archiv, wenn und soweit die Vervielfältigung zu diesem Zweck geboten ist und als Vorlage für die Vervielfältigung ein eigenes Werkstück benutzt wird,
3. zur eigenen Unterrichtung über Testfragen, wenn es sich um ein durch Funk gesendetes Werk handelt.
4. zum sonstigen eigenen Gebrauch,
   a) wenn es sich um kleine Teile eines erschienenen Werkes oder um einzelne Aufsätze handelt, die in Zeitungen oder Zeitschriften erschienen sind,
   b) wenn es sich um ein vergriffenes Werk handelt und der Berechtigte nicht auffindbar ist. Ist der Berechtigte auffindbar und das Werk länger als drei Jahre vergriffen, so darf er seine Einwilligung zur Vervielfältigung nur aus wichtigem Grunde verweigern.

(2) Dient die Vervielfältigung gewerblichen Zwecken des zur Vervielfältigung Befugten, so hat er dem Urheber hierfür eine angemessene Vergütung zu zahlen.

(3) Die Bestimmungen in § 53 Abs. 3 und 4 sind entsprechend anzuwenden.

§ 55. Vervielfältigungen durch Sendeunternehmen. (1) Ein Sendeunternehmen, das zur Funksendung eines Werkes berechtigt ist, darf das Werk mit eigenen Mitteln auf Bild- oder Tonträger übertragen, um diese zur Funksendung über jeden seiner Sender oder Richtstrahler je einmal zu benutzen. Die Bild- oder Tonträger sind spätestens einen Monat nach der ersten Funksendung des Werkes zu löschen.

(2) Bild- oder Tonträger, die außergewöhnlichen dukomentarischen Wert haben, brauchen nicht gelöscht zu werden, wenn sie in ein amtliches Archiv aufgenommen werden. Von der Aufnahme in das Archiv ist der Urheber unverzüglich zu benachrichtigen.

§ 56. Vervielfältigungen und öffentliche Wiedergabe durch Geschäftsbetriebe. (1) In Geschäftsbetrieben, die Bild- oder Tonträger, Geräte zu deren Herstellung oder Wiedergabe oder zum Empfang von Funksendungen vertreiben oder instandsetzen, dürfen Werke auf Bild- oder Tonträger übertragen und mittels Bild- oder Tonträger öffentlich wiedergegeben sowie Funksendungen von Werken öffentlich wahrnehmbar gemacht werden, soweit dies notwendig ist, um Kunden diese Geräte und Vorrichtungen vorzuführen oder um die Geräte instandzusetzen.

(2) Nach Absatz 1 hergestellte Bild- oder Tonträger sind unverzüglich zu löschen.

§ 57. Unwesentliches Beiwerk. Zulässig ist die Vervielfältigung, Verbreitung und öffentliche Wiedergabe von Werken, wenn sie als unwesentliches Beiwerk neben dem eigentlichen Gegenstand der Vervielfältigung, Verbreitung oder öffentlichen Wiedergabe anzusehen sind.

§ 58. Katalogbilder. Zulässig ist, öffentlich ausgestellte sowie zur öffentlichen Ausstellung oder zur Versteigerung bestimmte Werke der bildenden Künste in Verzeichnissen, die zur Durchführung der Ausstellung oder Versteigerung vom Veranstalter herausgegeben werden, zu vervielfältigen und zu verbreiten.

§ 59. **Werke an öffentlichen Plätzen.** (1) Zulässig ist, Werke, die sich bleibend an öffentlichen Wegen, Straßen oder Plätzen befinden, mit Mitteln der Malerei oder Graphik, durch Lichtbilder oder durch Film zu vervielfältigen, zu verbreiten und öffentlich wiederzugeben. Bei Bauwerken erstrecken sich diese Befugnisse nur auf die äußere Ansicht.

(2) Die Vervielfältigungen dürfen nicht an einem Bauwerk vorgenommen werden.

§ 60. **Bildnisse.** (1) Der Besteller eines Bildnisses oder sein Rechtsnachfolger darf es durch Lichtbild vervielfältigen oder vervielfältigen lassen. Handelt es sich bei dem Bildnis um ein Lichtbildwerk, so ist die Vervielfältigung auch auf andere Weise als durch Lichtbild zulässig. Die Vervielfältigungsstücke dürfen unentgeltlich verbreitet werden.

(2) Die gleichen Rechte stehen bei einem auf Bestellung geschaffenen Bildnis dem Abgebildeten, nach seinem Tode seinen Angehörigen zu.

(3) Angehörige im Sinne des Absatzes 2 sind der Ehegatte und die Kinder oder, wenn weder ein Ehegatte noch Kinder vorhanden sind, die Eltern.

§ 61. **Zwangslizenz zur Herstellung von Tonträgern.** (1) Ist einem Hersteller von Tonträgern ein Nutzungsrecht an einem Werk der Musik eingeräumt worden mit dem Inhalt, das Werk zu gewerblichen Zwecken auf Tonträger zu übertragen und diese zu vervielfältigen und zu verbreiten, so ist der Urheber verpflichtet, jedem anderen Hersteller von Tonträgern, der im Geltungsbereich dieses Gesetzes seine Hauptniederlassung oder seinen Wohnsitz hat, nach Erscheinen des Werkes gleichfalls ein Nutzungsrecht mit diesem Inhalt zu angemessenen Bedingungen einzuräumen; dies gilt nicht, wenn das bezeichnete Nutzungsrecht erlaubterweise von einer Verwertungsgesellschaft wahrgenommen wird oder wenn das Werk der Überzeugung des Urhebers nicht mehr entspricht, ihm deshalb die Verwertung des Werkes nicht mehr zugemutet werden kann und er ein etwa bestehendes Nutzungsrecht aus diesem Grunde zurückgerufen hat. Der Urheber ist nicht verpflichtet, die Benutzung des Werkes zur Herstellung eines Filmes zu gestatten.

(2) Gegenüber einem Hersteller von Tonträgern, der weder seine Hauptniederlassung noch seinen Wohnsitz im Geltungsbereich dieses Gesetzes hat, besteht die Verpflichtung nach Absatz 1, soweit in dem Staat, in dem er seine Hauptniederlassung oder seinen Wohnsitz hat, den Hersteller von Tonträgern, die ihre Hauptniederlassung oder ihren Wohnsitz im Geltungsbereich dieses Gesetzes haben, nach einer Bekanntmachung des Bundesministers der Justeiz im Bundesgesetzblatt ein entsprechendes Recht gewährt wird.

(3) Das nach den vorstehenden Bestimmungen einzuräumende Nutzungsrecht wirkt nur im Geltungsbereich dieses Gesetzes und für die Ausfuhr nach Staaten, in denen das Werk keinen Schutz gegen die Übertragung auf Tonträger genießt.

(4) Hat der Urheber einem anderen das ausschließliche Nutzungsrecht eingeräumt mit dem Inhalt, das Werk zu gewerblichen Zwecken auf Tonträger zu übertragen und diese zu vervielfältigen und zu verbreiten, so gelten die vorstehenden Bestimmungen mit der Maßgabe, daß der Inhaber des ausschließlichen Nutzungsrechts zur Einräumung des in Absatz 1 bezeichneten Nutzungsrechts verpflichtet ist.

(5) Auf ein Sprachwerk, das als Text mit einem Werk der Musik verbunden ist, sind die vorstehenden Bestimmungen entsprechend anzuwenden, wenn einem Hersteller von Tonträgern ein Nutzungsrecht eingeräumt worden ist mit dem Inhalt, das Sprachwerk in Verbindung mit dem Werk der Musik auf Tonträger zu übertragen und diese zu vervielfältigen und zu verbreiten.

(6) Für Klagen, durch die ein Anspruch auf Einrämung des Nutzungsrechts geltend gemacht wird, sind, sofern der Urheber oder im Falle des Absatzes 4 der Inhaber des ausschließlichen Nutzungsrechts im Geltungsbereich dieses Gesetzes keinen allgemeinen Gerichtsstand hat, die Gerichte zuständig, in deren Bezirk das Patentamt seinen Sitz hat. Einstweilige Verfügungen können erlassen werden, auch wenn die in den §§ 935 und 940 der Zivilprozeßordnung bezeichneten Voraussetzungen nicht zutreffen.

(7) Die vorstehenden Bestimmungen sind nicht anwendbar, wenn das in Absatz 1 bezeichnete Nutzungsrecht lediglich zur Herstellung eines Filmes eingeräumt worden ist.

§ 62. Änderungsverbot. (1) Soweit nach den Bestimmungen dieses Abschnitts die Benutzung eines Werkes zulässig ist, dürfen Änderungen an dem Werk nicht vorgenommen werden. § 39 gilt entsprechend.

(2) Soweit der Benutzungszweck es erfordert, sind Übersetzungen und solche Änderungen des Werkes zulässig, die nur Auszüge oder Übertragungen in eine andere Tonart oder Stimmlage darstellen.

(3) Bei Werken der bildenden Künste und Lichtbildwerken sind Übertragungen des Werkes in eine andere Größe und solche Änderung zulässig, die das für die Vervielfältigung angewendete Verfahren mit sich bringt.

(4) Bei Sammlungen für Kirchen-, Schul- oder Unterrichtsgebrauch (§ 46) sind außer den nach den Absätzen 1 bis 3 erlaubten Änderungen solche Änderungen von Sprachwerken zulässig, die für den Kirchen-, Schul- oder Unterrichtsgebrauch erforderlich sind. Diese Änderungen bedürfen jedoch der Einwilligung des Urhebers, nach seinem Tode der Einwilligung seines Rechtsnachfolgers (§ 30), wenn dieser Angehöriger (§ 60 Abs. 3) des Urhebers ist oder das Urheberrecht auf Grund letztwilliger Verfügung des Urhebers erworben hat. Die Einwilligung gilt als erteilt, wenn der Urheber oder der Rechtsnachfolger nicht innerhalb eines Monats, nachdem ihm die beabsichtigte Änderung mitgeteilt worden ist, widerspricht und er bei der Mitteilung der Änderung auf diese Rechtsfolge hingewiesen worden ist.

§ 63. Quellenangabe. (1) Wenn ein Werk oder ein Teil eines Werkes in den Fällen des § 45 Abs. 1, der §§ 46 bis 48, 50, 51, 58, 59 und 61 vervielfältigt wird, ist stets die Quelle deutlich anzugeben. Bei der Vervielfältigung ganzer Sprachwerke oder ganzer Werke der Musik ist neben dem Urheber auch der Verlag anzugeben, in dem das Werk erschienen ist, und außerdem kenntlich zu machen, ob an dem Werk Kürzungen oder andere Änderungen vorgenommen worden sind. Die Verpflichtung zur Quellenangabe entfällt, wenn die Quelle weder auf dem benutzten Werkstück oder bei der benutzten Werkswiedergabe genannt noch dem zur Vervielfältigung Befugten anderweit bekannt ist.

(2) Soweit nach den Bestimmungen dieses Abschnitts die öffentliche Wiedergabe eines Werkes zulässig ist, ist die Quelle deutlich anzugeben, wenn und soweit die Verkehrssitte es erfordert.

(3) Wird ein Artikel aus der Zeitung oder einem anderen Informationsblatt nach § 49 Abs. 1 in einer anderen Zeitung oder in einem anderen Informationsblatt abgedruckt oder durch Funk gesendet, so ist stets außer dem Urheber, der in der benutzten Quelle bezeichnet ist, auch die Zeitung oder das Informationsblatt anzugeben, woraus der Artikel entnommen ist; ist dort eine andere Zeitung oder ein anderes Informationsblatt als Quelle angeführt, so ist diese Zeitung oder dieses Informationsblatt anzugeben. Wird ein Rundfunkkommentar nach § 49 Abs. 1 in einer Zeitung oder einem anderen Informationsblatt abgedruckt oder durch Funk gesendet, so ist stets außer dem Urheber auch das Sendeunternehmen anzugeben, das den Kommentar gesendet hat.

Siebenter Abschnitt. Dauer des Urheberrechts

§ 64. **Allgemeines.** (1) Das Urheberrecht erlischt siebzig Jahre nach dem Tode des Urhebers.

(2) Wird ein nachgelassenes Werk nach Ablauf von sechzig, aber vor Ablauf von siebzig Jahren nach dem Tode des Urhebers veröffentlicht, so erlischt das Urheberrecht erst zehn Jahre nach der Veröffentlichung.

§ **65. Miturheber.** Steht das Urheberrecht mehreren Miturhebern (§ 8) zu, so erlischt es siebzig Jahre nach dem Tode des längstlebenden Miturhebers.

§ **66. Anonyme und pseudonyme Werke.** (1) Ist der wahre Name oder der bekannte Deckname des Urhebers weder nach § 10 Abs. 1 noch bei einer öffentlichen Wiedergabe des Werkes angegeben worden, so erlischt das Urheberrecht siebzig Jahre nach der Veröffentlichung des Werkes.

(2) Die Dauer des Urheberrechts berechnet sich auch im Falle des Absatzes 1 nach den §§ 64 und 65 ,

1. wenn innerhalb der in Absatz 1 bezeichneten Frist der wahre Name oder der bekannte Deckname des Urhebers nach § 10 Abs. 1 angegeben oder der Urheber auf andere Weise als Schöpfer des Werkes bekannt wird,
2. wenn innerhalb der in Absatz 1 bezeichneten Frist der wahre Name des Urhebers zur Eintragung in die Urheberrolle (§ 138) angemeldet wird,
3. wenn das Werk erst nach dem Tode des Urhebers veröffentlicht wird.

(3) Zur Anmeldung nach Absatz 2 Nr. 2 sind der Urheber, nach seinem Tode sein Rechtsnachfolger (§ 30) oder der Testamentsvollstrecker (§ 28 Abs. 2) berechtigt.

(4) Die vorstehenden Bestimmungen sind auf Werke der bildenden Künste nicht anzuwenden.

§ 67. Lieferungswerke. Bei Werken, die in inhaltlich nicht abgeschlossenen Teilen (Lieferungen) veröffentlicht werden, ist in den Fällen des § 64 Abs. 2 und des § 66 Abs. 1 für die Berechnung der Schutzfrist der Zeitpunkt der Veröffentlichung der letzten Lieferung maßgebend.

§ 68. Lichtbildwerke. Das Urheberrecht an Lichtbildwerken erlischt fünfundzwanzig Jahre nach dem Erscheinen des Werkes, jedoch bereits fünfundzwanzig Jahre nach der Herstellung, wenn das Werk innerhalb dieser Frist nicht erschienen ist.

§ 69. Berechnung der Fristen. Die Fristen dieses Abschnitts beginnen mit dem Ablauf des Kalenderjahres, in dem das für den Beginn der Frist maßgebende Ereignis eingetreten ist.

Zweiter Teil. Verwandte Schutzrechte

Erster Abschnitt. Schutz bestimmter Ausgaben

§ 70. Wissenschaftliche Ausgaben. (1) Ausgaben urheberrechtlich nicht geschützter Werke oder Texte werden in entsprechender Anwendung der Vorschriften des Ersten Teils geschützt, wenn sie das Ereignis wissenschaftlich sichtender Tätigkeit darstellen und sich wesentlich von den bisher bekannten Ausgaben der Werke oder Texte unterscheiden.

(2) Das Recht steht dem Verfasser der Ausgaben zu.

(3) Das Recht erlischt zehn Jahre nach dem Erscheinen der Ausgabe, jedoch bereits zehn Jahre nach der Herstellung, wenn die Ausgabe innerhalb dieser Frist nicht erschienen ist. Die Frist ist nach § 69 zu berechnen.

§ 71. Ausgaben nachgelassener Werke. (1) Wer ein nicht erschienenes Werk im Geltungsbereich dieses Gesetzes nach Erlöschen des Urheberrechts erscheinen läßt, hat das ausschließliche Recht, das Werk zu vervielfältigen und zu verbreiten sowie die Vervielfältigungsstücke des Werkes zur öffentlichen Wiedergabe zu benutzen. Das gleiche gilt für nicht erschienene Werke, die im Geltungsbereich dieses Gesetzes niemals geschützt waren, deren Urheber aber schon länger als siebzig Jahre tot ist. Die §§ 5, 15 bis 24, 27 und 45 bis 63 sind sinngemäß anzuwenden.

(2) Das Recht ist übertragbar.

(3) Das Recht erlischt zehn Jahre nach dem Erscheinen des Werkes. Die Frist ist nach § 69 zu berechnen.

Zweiter Abschnitt. Schutz der Lichtbilder

§ 72. (1) Auf Lichtbilder und auf Erzeugnisse, die ähnlich wie Lichtbilder hergestellt werden, sind die für Lichtbildwerke geltenden Vorschriften des Ersten Teils sinngemäß anzuwenden.

(2) Das Recht nach Absatz 1 steht dem Lichtbildner zu.

Dritter Abschnitt. Schutz des ausübenden Künstlers*

§ 73. **Ausübender Künstler.** Ausübender Künstler im Sinne dieses Gesetzes ist, wer ein Werk vorträgt oder aufführt oder bei dem Vortrag oder der Aufführung eines Werkes künstlerisch mitwirkt.

§ 74. **Bildschirm- und Lautsprecherübertragungen.** Die Darbietung des ausübenden Künstlers darf nur mit seiner Einwilligung außerhalb des Raumes, indem sie stattfindet, durch Bildschirm, Lautsprecher oder ähnliche technische Einrichtungen öffentlich wahrnehmbar gemacht werden.

§ 75. **Vervielfältigungen.** Die Darbietung des ausübenden Künstlers darf nur mit seiner Einwilligung auf Bild- oder Tonträger aufgenommen werden. Die Bild- oder Tonträger dürfen nur mit seiner Einwilligung vervielfältigt werden.

§ 76. **Funksendung.** (1) Die Darbietung des ausübenden Künstlers darf nur mit seiner Einwilligung durch Funk gesendet werden.

(2) Die Darbietung des ausübenden Künstlers, die erlaubterweise auf Bild- oder Tonträger aufgenommen worden ist, darf ohne seine Einwilligung durch Funk gesendet werden, wenn die Bild- oder Tonträger erschienen sind; jedoch ist ihm hierfür eine angemessene Vergütung zu zahlen.

§ 77. **Öffentliche Wiedergabe.** Wird die Darbietung des auszuübenden Künstlers mittels Bild- oder Tonträger oder die Funksendung seiner Darbietung öffentlich wahrnehmbar gemacht, so ist ihm hierfür eine angemessene Vergütung zu zahlen.

§ 78. **Abtretung.** Der ausübende Künstler kann die nach den §§ 74 bis 77 gewährten Rechte und Ansprüche an Dritte abtreten; jedoch behält er stets die Befugnis, die in den §§ 74, 75 und 76 Abs. 1 vorgesehene Einwilligung auch selbst zu erteilen.

§ 79. **Ausübende Künstler in Arbeits- oder Dienstverhältnissen.** Hat ein ausübender Künstler eine Darbietung in Erfüllung seiner Verpflichtungen aus einem Arbeits- oder Dienstverhältnis erbracht, so bestimmt sich, wenn keine besonderen Vereinbarungen getroffen sind, nach dem Wesen des Arbeits- oder Dienstverhältnisses, in welchem Umfang und unter welchen Bedingungen der Arbeitgeber oder Dienstherr die Darbietung benutzen und anderen ihre Benutzung gestatten darf.

§ 80. **Chor-, Orchester- und Bühnenaufführungen.** (1) Bei Chor-, Orchester- und Bühnenaufführungen genügt in den Fällen der §§ 74, 75 und 76 Abs. 1 neben der Einwilligung der Solisten, des Dirigenten und des Regisseurs die Einwilligung der gewählten Vertreter (Vorstände) der mitwirkenden Künstlergruppen, wie Chor, Orchester, Ballett und Bühnenensemble. Hat eine Gruppe keinen Vorstand, so wird die Einwilligung der

* Beachte auch Internationales Abkommen über den Schutz der ausübenden Künstler, der Hersteller von Tonträgern und der Sendeunternehmen vom 26. 10. 1961 (BGBl. 1965 II S. 1245), Gesetz zu dem Internationalen Abkommen vom 15. 9. 1965 (BGBl. II S. 1243) und Bek. über das Inkrafttreten vom 21. 10. 1966 (BGBl. II S. 1473, ber. 1967 II S. 2004) sowie Bek. über den Geltungsbereich: BGBl. 1967 II S. 1535.

ihr angehörenden ausübenden Künstler durch die Einwilligung des Leiters der Gruppe ersetzt.

(2) Zur Geltendmachung der sich aus den §§ 74 bis 77 ergebenden Rechte mit Ausnahme der Einwilligungsrechte sind bei Chor-, Orchester- und Bühnenaufführungen für die mitwirkenden Künstlergruppen jeweils deren Vorstände und, soweit für eine Gruppe ein Vorstand nicht besteht, der Leiter dieser Gruppe allein ermächtigt. Die Ermächtigung kann auf eine Verwertungsgesellschaft übertragen werden.

§ 81. Schutz des Veranstalters. Wird die Darbietung des ausübenden Künstlers von einem Unternehmen veranstaltet, so bedarf es in den Fällen der §§ 74, 75 und 76 Abs. 1 neben der Einwilligung des ausübenden Künstlers auch der Einwilligung des Inhabers des Unternehmens.

§ 82. Dauer der Rechte. Ist die Darbietung des ausübenden Künstlers auf einen Bild- oder Tonträger aufgenommen worden, so erlöschen die Rechte des ausübenden Künstlers und des Veranstalters fünfundzwanzig Jahre nach dem Erscheinen des Bild- oder Tonträgers, jedoch bereits fünfundzwanzig Jahre nach der Darbietung, wenn der Bild- oder Tonträger innerhalb dieser Frist nicht erschienen ist. Die Frist ist nach § 69 zu berechnen.

§ 83. Schutz gegen Entstellung. (1) Der ausübende Künstler hat das Recht, eine Entstellung oder eine andere Beeinträchtigung seiner Darbietung zu verbieten, die geeignet ist, sein Ansehen oder seinen Ruf als ausübender Künstler zu gefährden.

(2) Haben mehrere ausübende Künstler gemeinsam eine Darbietung erbracht, so haben sie bei der Ausübung des Rechts aufeinander angemessene Rücksicht zu nehmen.

(3) Das Recht erlischt mit dem Tode des ausübenden Künstlers, jedoch erst fünfundzwanzig Jahre nach der Darbietung, wenn der ausübende Künstler vor Ablauf dieser Frist verstorben ist; die Frist ist nach § 69 zu berechnen. Nach dem Tode des ausübenden Künstlers steht das Recht seinen Angehörigen (§ 60 Abs. 3) zu.

§ 84. Beschränkung der Rechte. Auf die dem ausübenden Künstler und dem Veranstalter nach diesem Abschnitt zustehenden Rechte sind die Vorschriften des Sechsten Abschnitts des Ersten Teils mit Ausnahme des § 61 sinngemäß anzuwenden.

Vierter Abschnitt. Schutz des Herstellers von Tonträgern.

§ 85. Vervielfältigungs- und Verbreitungsrecht. (1) Der Hersteller eines Tonträgers hat das ausschließliche Recht, den Tonträger zu vervielfältigen und zu verbreiten. Ist der Tonträger in einem Unternehmen hergestellt worden, so gilt der Inhaber des Unternehmens als Hersteller. Das Recht entsteht nicht durch Vervielfältigung eines Tonträgers.

(2) Das Recht erlischt fünfundzwanzig Jahre nach dem Erscheinen des Tonträgers, jedoch bereits fünfundzwanzig Jahre nach der Herstellung, wenn der Tonträger innerhalb dieser Frist nicht erschienen ist. Die Frist ist nach § 69 zu berechnen.

(3) Die Vorschriften des Sechsten Abschnitts des Ersten Teils mit Ausnahme des § 61 sind sinngemäß anzuwenden.

§ 86. Anspruch auf Beteiligung. Wird ein erschienener Tonträger, auf den die Darbietung eines ausübenden Küstlers aufgenommen ist, zur öffentlichen Wiedergabe der Darbietung benutzt, so hat der Hersteller des Tonträgers gegen den ausübenden Künstler einen Anspruch auf angemessene Beteiligung an der Vergütung, die dieser nach § 76 Abs. 2 und § 77 erhält.

Fünfter Abschnitt. Schutz des Sendeunternehmens.

§ 87. (1) Das Sendeunternehmen hat das ausschließliche Recht,
1. seine Funksendung weiterzusenden,
2. seine Funksendung auf Bild- oder Tonträger aufzunehmen, Lichtbilder von seiner Funksendung herzustellen sowie die Bild- oder Tonträger oder Lichtbilder zu vervielfältigen,
3. an Stellen, die der Öffentlichkeit nur gegen Zahlung eines Eintrittsgeldes zugänglich sind, seine Fernsehsendung öffentlich wahrnehmbar zu machen.

(2) Das Recht erlischt fünfundzwanzig Jahre nach der Funksendung. Die Frist ist nach § 69 zu berechnen.

(3) Die Vorschriften des Sechsten Abschnitts des Ersten Teils mit Ausnahme des § 47 Abs. 2 Satz 2, des § 53 Abs. 5 und des § 61 sind sinngemäß anzuwenden.

Dritter Teil. Besondere Bestimmungen für Filme.

Erster Abschnitt. Filmwerke

§ 88. Recht zur Verfilmung. (1) Gestattet der Urheber einem anderen, sein Werk zu verfilmen, so liegt darin im Zweifel die Einräumung folgender ausschließlicher Nutzungsrechte:
1. das Werk unverändert oder unter Bearbeitung oder Umgestaltung zur Herstellung eines Filmwerkes zu benutzen;
2. das Filmwerk zu vervielfältigen und zu verbreiten;
3. das Filmwerk öffentlich vorzuführen, wenn es sich um ein zur Vorführung bestimmtes Filmwerk handelt;
4. das Filmwerk durch Funk zu senden, wenn es sich um ein zur Funksendung bestimmtes Filmwerk handelt;
5. Übersetzungen und andere filmische Bearbeitungen oder Umgestaltungen des Filmwerkes in gleichem Umfang wie dieses zu verwerten.

(2) Die in Absatz 1 bezeichneten Befugnisse berechtigen im Zweifel nicht zu einer Wiederverfilmung des Werkes. Der Urheber ist im Zweifel berechtigt, sein Werk nach Ablauf von zehn Jahren nach Vertragsabschluß anderweit filmisch zu verwerten.

(3) Die vorstehenden Bestimmungen sind auf die in den §§ 70 und 71 bezeichneten Schutzrechte entsprechend anzuwenden.

§ 89. Rechte am Filmwerk. (1) Wer sich zur Mitwirkung bei der Herstellung eines Filmes verpflichtet, räumt damit für den Fall, daß er ein Urheberrecht am Filmwerk erwirbt, dem Filmhersteller im Zweifel das ausschließliche Recht ein, das Filmwerk sowie Übersetzungen und andere filmische Bearbeitungen oder Umgestaltungen des Filmwerkes auf alle bekannten Nutzungsarten zu nutzen.

(2) Hat der Urheber des Filmwerkes das in Absatz 1 bezeichnete Nutzungsrecht im voraus einem Dritten eingeräumt, so behält er gleichwohl stets die Befugnis, dieses Recht beschränkt oder unbeschränkt dem Filmhersteller einzuräumen.

(3) Die Urheberrechte an den zur Herstellung des Filmwerkes benutzten Werken, wie Roman, Drehbuch und Filmmusik, bleiben unberührt.

§ 90. Einschränkung der Rechte. Die Bestimmungen über das Erfordernis der Zustimmung des Urhebers zur Übertragung von Nutzungsrechten (§ 34) und zur Einräumung einfacher Nutzungsrechte (§ 35) sowie über das Rückrufsrecht wegen Nichtausübung (§ 41) und wegen gewandelter Überzeugung (§ 42) gelten nicht für die in § 88 Abs. 1 Nr. 2 bis 5 und § 89 Abs. 1 bezeichneten Rechte. Dem Urheber des Filmwerkes (§ 89) stehen Ansprüche aus § 36 nicht zu.

§ 91. Rechte an Lichtbildern. Die Rechte zur filmischen Verwertung der bei der Herstellung eines Filmwerkes entstehenden Lichtbilder erwirbt der Filmhersteller. Dem Lichtbildner stehen insoweit keine Rechte zu.

§ 92. Ausübende Künstler. Ausübenden Künstlern, die bei der Herstellung eines Filmwerkes mitwirken oder deren Darbietungen erlaubterweise zur Herstellung eines Filmwerkes benutzt werden, stehen hinsichtlich der Verwertung des Filmwerkes Rechte nach § 75 Satz 2, §§ 76 und 77 nicht zu.

§ 93. Schutz gegen Entstellungen. Die Urheber des Filmwerkes und der zu seiner Herstellung benutzten Werke sowie die Inhaber verwandter Schutzrechte, die bei der Herstellung des Filmwerkes mitwirken oder deren Leistungen zur Herstellung des Filmwerkes benutzt werden, können nach den §§ 14 und 83 hinsichtlich der Herstellung und Verwertung des Filmwerkes nur gröbliche Entstellungen oder andere gröbliche Beeinträchtigungen ihrer Werke oder Leistungen verbieten. Sie haben hierbei aufeinander und auf den Filmhersteller angemessene Rücksicht zu nehmen.

§ 94. Schutz des Filmherstellers. (1) Der Filmhersteller hat das ausschließliche Recht, den Bildträger oder Bild- und Tonträger, auf den das Filmwerk aufgenommen ist, zu vervielfältigen, zu verbreiten und zur öffentlichen Vorführung oder Funksendung zu benutzen. Der Filmhersteller hat ferner das Recht, jede Entstellung oder Kürzung des Bildträgers oder Bild- und Tonträgers zu verbieten, die geeignet ist, seine berechtigten Interessen an diesem zu gefährden.

(2) Das Recht ist übertragbar.

(3) Das Recht erlischt fünfundzwanzig Jahre nach dem Erscheinen des Bildträgers oder Bild- und Tonträgers, jedoch bereits fünfundzwanzig Jahre nach der Herstellung, wenn der Bildträger oder Bild- und Tonträger innerhalb dieser Frist nicht erschienen ist.

(4) Die Vorschriften des Sechsten Abschnittes des Ersten Teils mit Ausnahme des § 61 sind sinngemäß anzuwenden.

Zweiter Abschnitt. Laufbilder

§ 95. Die §§ 88, 90, 91, 93 und 94 sind auf Bildfolgen und Bild- und Tonfolgen, die nicht als Filmwerke geschützt sind, entsprechend anzuwenden.

Vierter Teil. Gemeinsame Bestimmungen für Urheberrecht und verwandte Schutzrechte

Erster Abschnitt. Verwertungsverbot

§ 96. (1) Rechtswidrig hergestellte Vervielfältigungsstücke dürfen weder verbreitet noch zu öffentlichen Wiedergaben benutzt werden.

(2) Rechtswidrig veranstaltete Funksendungen dürfen nicht auf Bild- oder Tonträger aufgenommen oder öffentlich wiedergegeben werden.

Zweiter Abschnitt. Rechtsverletzungen

1. Bürgerlich-rechtliche Vorschriften; Rechtsweg

§ 97. Anspruch auf Unterlassung und Schadenersatz. (1) Wer das Urheberrecht oder ein anderes nach diesem Gesetz geschütztes Recht widerrechtlich verletzt, kann vom Verletzten auf Beseitigung der Beeinträchtigung, bei Wiederholungsgefahr auf Unterlassung und, wenn dem Verletzer Vorsatz oder Fahrlässigkeit zur Last fällt, auch auf Schadenersatz in Anspruch genommen werden. An Stelle des Schadenersatzes kann der Verletzte die Herausgabe des Gewinns, den der Verletzer durch die Verletzung des Rechts erzielt hat, und Rechnungslegung über diesen Gewinn verlangen.

(2) Urheber, Verfasser wissenschaftlicher Ausgaben (§ 70), Lichbildner (§ 72) und ausübende Künstler (§ 73) können, wenn dem Verletzer Vorsatz oder Fahrlässigkeit zur Last fällt, auch wegen des Schadens, der nicht Vermögensschaden ist, eine Entschädigung in Geld verlangen, wenn und soweit es der Billigkeit entspricht. Der Anspruch ist nicht übertragbar, es sei denn, daß er durch Vertrag anerkannt oder daß er rechtshängig geworden ist.

(3) Ansprüche aus anderen gesetzlichen Vorschriften bleiben unberührt.

§ 98. Anspruch auf Vernichtung und ähnliche Maßnahmen. (1) Der Verletzte kann verlangen, daß alle rechtswidrig hergestellten, rechtswidrig verbreiteten und zur rechtswidrigen Verbreitung bestimmten Vervielfältigungsstücke vernichtet werden.

(2) Der Verletzte kann ferner verlangen, daß die ausschließlich zur rechtswidrigen Herstellung von Vervielfältigungsstücken bestimmten Vorrichtungen, wie Formen, Platten, Steine, Druckstöcke, Matrizen und Negative, unbrauchbar gemacht oder, falls dies nicht durchführbar ist, vernichtet werden.

(3) Kann der durch die Rechtsverletzung verursachte Zustand von Vervielfältigungsstücken oder Vorrichtungen auf andere Weise beseitigt werden, insbesondere dadurch, daß Änderungen als nicht vom Berechtigten

herrührend gekennzeichnet werden, so kann der Verletzte nur die hierzu erforderlichen Maßnahmen verlangen.

(4) Die in den Absätzen 1 bis 3 vorgesehenen Maßnahmen sind nur die Vervielfältigungsstücke und Vorrichtungen unterworfen, die Eigentum der an der rechtswidrigen Herstellung oder Verbreitung der Vervielfältigungsstücke Beteiligten oder deren Erben sind. Diese Maßnahmen dürfen erst vollzogen werden, nachdem dem Eigentümer gegenüber rechtskräftig auf sie erkannt ist.

§ 99. Anspruch auf Überlassung. (1) Statt der in § 98 vorgesehenen Maßnahmen kann der Verletzte verlangen, daß ihm die Vervielfältigungsstücke und Vorrichtungen ganz oder teilweise gegen eine angemessene Vergütung überlassen werden, welche die Herstellungskosten nicht übersteigen darf.

(2) Die Bestimmungen in § 98 Abs. 3 und 4 gelten entsprechend.

§ 100. Haftung des Inhabers eines Unternehmens. Ist in einem Unternehmen von einem Arbeitnehmer oder Beauftragten ein nach diesem Gesetz geschütztes Recht widerrechtlich verletzt worden, so hat der Verletzte die Ansprüche aus den §§ 97 bis 99 mit Ausnahme des Anspruchs auf Schadenersatz auch gegen den Inhaber des Unternehmens. Weitergehende Ansprüche nach anderen gesetzlichen Vorschriften bleiben unberührt.

§ 101. Ausnahmen. (1) Richten sich im Falle der Verletzung eines nach diesem Gesetz geschützten Rechts die Ansprüche des Verletzten auf Beseitigung oder Unterlassung (§ 97), auf Vernichtung oder Unbrauchbarmachung (§ 98) oder auf Überlassung (§ 99) gegen eine Person, der weder Vorsatz noch Fahrlässigkeit zur Last fällt, so kann diese zur Abwendung der Ansprüche den Verletzten in Geld entschädigen, wenn ihr durch die Erfüllung der Ansprüche ein unverhältnismäßig großer Schaden entstehen würde und dem Verletzten die Abfindung in Geld zuzumuten ist. Als Entschädigung ist der Betrag zu zahlen, der im Falle einer vertraglichen Einräumung des Rechts als Vergütung angemessen gewesen wäre. Mit der Zahlung der Entschädigung gilt die Einwilligung des Verletzten zur Verwertung im üblichen Umfange als erteilt.

(2) Den in den §§ 98 und 99 vorgesehenen Maßnahmen unterliegen nicht:

1. Bauwerke;
2. ausscheidbare Teile von Vervielfältigungsstücken und Vorrichtungen, deren Herstellung oder Verbreitung nicht rechtswidrig ist.

§ 102. Verjährung. (1) Der Anspruch auf Schadenersatz nach § 97 verjährt in drei Jahren von dem Zeitpunkt an, welchem der Verletzte von dem Schaden und der Person des Ersatzpflichtigen Kenntnis erlangt, ohne Rücksicht auf diese Kenntnisse in dreißig Jahren von der Begehung der Handlung an.

(2) Die Ansprüche aus den §§ 98 und 99 unterliegen nicht der Verjährung.

§ 103. Bekanntmachung des Urteils. (1) Ist eine Klage auf Grund dieses Gesetzes erhoben worden, so kann im Urteil der obsiegenden Partei die Befugnis zugesprochen werden, das Urteil auf Kosten der unterliegenden Partei öffentlich bekanntzumachen, wenn sie ein berechtigtes Interesse dartut. Das Urteil darf erst nach Rechtskraft bekanntgemacht werden, wenn nicht das Gericht etwas anderes bestimmt.

(2) Art und Umfang der Bekanntmachung werden im Urteil bestimmt. Die Befugnis zur Bekanntmachung erlischt, wenn das Urteil nicht innerhalb von sechs Monaten nach Eintritt der Rechtskraft bekanntgemacht wird.

(3) Die Partei, der die Befugnis zur Bekanntmachung zusteht, kann beantragen, die unterliegende Partei zur Vorauszahlung der Bekanntmachungskosten zu verurteilen. Über den Antrag entscheidet das Prozeßgericht erster Instanz durch Beschluß ohne mündliche Verhandlung. Vor der Entscheidung ist die unterliegende Partei zu hören.

§ 104. Rechtsweg. Für alle Rechtsstreitigkeiten, durch die ein Anspruch aus einem der in diesem Gesetz geregelten Rechtsverhältnisse geltend gemacht wird, (Urheberrechtsstreitsachen) ist der ordentliche Rechtsweg gegeben. Für Urheberrechtsstreitsachen aus Arbeits- oder Dienstverhältnissen, die ausschließlich Ansprüche auf Leistung einer vereinbarten Vergütung zum Gegenstand haben, bleiben der Rechtsweg zu den Gerichten für Arbeitssachen und der Verwaltungsweg unberührt.

§ 105. Gerichte für Urheberrechtsstreitsachen. (1) Die Landesregierungen werden ermächtigt, durch Rechtsverordnung Urheberrechtsstreitsachen, für die das Landgericht in erster Instanz oder in der Berufungsinstanz zuständig ist, für die Bezirke mehrerer Landgerichte einem von ihnen zuzuweisen, wenn dies der Rechtspflege dienlich ist.

(2) Die Landesregierungen werden ferner ermächtigt, durch Rechtsverordnung die zur Zuständigkeit der Amtgerichte gehörenden Urheberrechtsstreitsachen für die Bezirke mehrerer Amtsgerichte einem von ihnen zuzuweisen, wenn dies der Rechtspflege dienlich ist.

(3) Die Landesregierungen können die Ermächtigungen nach den Absätzen 1 und 2 auf die Landesjustizverwaltungen übertragen.

(4) Vor einem Landgericht, dem nach Absatz 1 die Urheberrechtsstreitsachen aus den Bezirken mehrerer Landgerichte zugewiesen sind, können sich die Parteien auch durch Rechtsanwälte vertreten lassen, die bei dem sonst zuständigen Landgericht zugelassen sind. Das Entsprechende gilt für die Vertretung vor dem Oberlandesgericht als Berufungsgericht.

(5) Die Mehrkosten, die einer Partei dadurch erwachsen, daß sie sich nach Absatz 4 durch einen nicht beim Prozeßgericht zugelassenen Rechtsanwalt vertreten läßt, sind nicht zu erstatten.

2. Strafrechtliche Vorschriften

§ 106. Unerlaubte Verwertung urheberrechtlich geschützter Werke. Wer in anderen als den gesetzlich zugelassenen Fällen vorsätzlich ohne Einwilligung des Berechtigten ein Werk oder eine Bearbeitung oder Umgestaltung eines Werkes vervielfältigt, verbreitet oder öffentlich wiedergibt, wird mit Geldstrafe oder mit Freiheitsstrafe bis zu einem Jahr bestraft.

§ 107. **Unzulässiges Anbringen der Urheberbezeichnung.** Wer vorsätzlich

1. auf dem Original eines Werkes der bildenden Künste die Urheberbezeichnung (§ 10 Abs. 1) ohne Einwilligung des Urhebers anbringt oder ein derart bezeichnetes Original verbreitet,
2. auf einem Vervielfältigungsstück, einer Bearbeitung oder Umgestaltung eines Werkes der bildenden Künste die Urheberbezeichnung (§ 10 Abs. 1) auf eine Art anbringt, die dem Vervielfältigungsstück, der Bearbeitung oder Umgestaltung den Anschein eines Originals gibt, oder ein derart bezeichnetes Vervielfältigungsstück, eine solche Bearbeitung oder Umgestaltung verbreitet,

wird mit Geldstrafe oder mit Freiheitsstrafe bis zu einem Jahr bestraft, wenn die Tat nicht in anderen Vorschriften mit schwererer Strafe bedroht ist.

§ 108. **Unerlaubte Eingriffe in verwandte Schutzrechte.** Wer in anderen als den gesetzlich zugelassenen Fällen vorsätzlich ohne Einwilligung des Berechtigten

1. eine wissenschaftliche Ausgabe (§ 70) oder eine Bearbeitung oder Umgestaltung einer solchen Ausgabe vervielfältigt, verbreitet oder öffentlich wiedergibt,
2. ein nachgelassenes Werk oder eine Bearbeitung oder Umgestaltung eines solchen Werkes entgegen § 71 verwertet,
3. ein Lichtbild (§ 72) oder eine Bearbeitung oder Umgestaltung eines Lichtbildes vervielfältigt, verbreitet oder öffentlich wiedergibt,
4. die Darbietung eines ausübenden Künstlers entgegen den §§ 74, 75 oder 76 Abs. 1 verwertet,
5. eine Funksendung entgegen § 87 verwertet,
7. einen Bildträger oder Bild- und Tonträger entgegen §§ 94 oder 95 in Verbindung mit § 94 verwertet,

wird mit Geldstrafe oder mit Freiheitsstrafe bis zu einem Jahr bestraft.

§ 109. **Strafantrag.** Die Tat wird nur auf Antrag verfolgt. Der Antrag kann zurückgenommen werden.

§ 110. **Anspruch auf Vernichtung und ähnliche Maßnahmen.** Der Verletzte kann bei Vergehen nach den §§ 106, 107 Nr. 2 und § 108 die in den §§ 98 und 99 bezeichneten Ansprüche nach den Vorschriften der Strafprozeßordnung über die Entschädigung des Verletzten (§§ 403 bis 406c) geltend machen, im Verfahren vor dem Amtsgericht ohne Rücksicht auf den Wert des Streitgegenstandes. Bei diesen Vergehen ist § 40 des Strafgesetzbuchs auf die in den §§ 98 und 99 genannten Gegenstände nicht anzuwenden.

§ 111. **Bekanntmachung des Urteils.** (1) Wird in den Fällen der §§ 106 bis 108 auf Strafe erkannt, so kann im Urteil auf Antrag zugleich dem Verletzten die Befugnis zugesprochen werden, die Verurteilung auf Kosten des Angeklagten öffentlich bekanntzumachen, wenn der Verletzte ein berechtigtes Interesse an der Bekanntmachung hat. Dem Verletzten ist auf Kosten des Angeklagten eine Ausfertigung des rechtskräftigen Urteils zuzustellen. Die Befugnis zur Bekanntmachung erlischt, wenn die Verurteilung nicht innerhalb von sechs Monaten nach der Zustellung bekanntgemacht wird.

(2) Art und Umfang der Bekanntmachung werden im Urteil bestimmt.

Dritter Abschnitt. Zwangsvollstreckung

1. Allgemeines

§ 112. Die Zulässigkeit der Zwangsvollstreckung in ein nach diesem Gesetz geschütztes Recht richtet sich nach den allgemeinen Vorschriften, soweit sich aus den §§ 113 bis 119 nichts anderes ergibt.

2. Zwangsvollstreckung wegen Geldforderungen gegen den Urheber

§ 113. Urheberrecht. Gegen den Urheber ist die Zwangsvollstreckung wegen Geldforderungen in das Urheberrecht nur mit seiner Einwilligung und nur insoweit zulässig, als er Nutzungsrechte einräumen kann (§ 31). Die Einwilligung kann nicht durch den gesetzlichen Vertreter erteilt werden.

§ 114. Originale von Werken. (1) Gegen den Urheber ist die Zwangsvollstreckung wegen Geldforderungen in die ihm gehörenden Originale seiner Werke nur mit seiner Einwilligung zulässig. Die Einwilligung kann nicht durch den gesetzlichen Vertreter erteilt werden.

(2) Der Einwilligung bedarf es nicht,

1. soweit die Zwangsvollstreckung in das Original des Werkes zur Durchführung der Zwangsvollstreckung in ein Nutzungsrecht am Werk notwendig ist,
2. zur Zwangsvollstreckung in das Original eines Werkes der Baukunst,
3. zur Zwangsvollstreckung in das Original eines anderen Werkes der bildenden Künste, wenn das Werk veröffentlicht ist.

In den Fällen der Nummern 2 und 3 darf das Original des Werkes ohne Zustimmung des Urhebers verbreitet werden.

3. Zwangsvollstreckung wegen Geldforderungen gegen den Rechtsnachfolger des Urhebers

§ 115. Urheberrecht. Gegen den Rechtsnachfolger des Urhebers (§ 30) ist die Zwangsvollstreckung wegen Geldforderungen in das Urheberrecht nur mit seiner Einwilligung und nur insoweit zulässig, als er Nutzungsrechte einräumen kann (§ 31). Der Einwilligung bedarf es nicht, wenn das Werk erschienen ist.

§ 116. Originale von Werken. (1) Gegen den Rechtsnachfolger des Urhebers (§ 30) ist die Zwangsvollstreckung wegen Geldforderungen in die ihm gehörenden Originale von Werken des Urhebers nur mit seiner Einwilligung zulässig.

(2) Der Einwilligung bedarf es nicht

1. in den Fällen des § 114 Abs. 2 Satz 1,

2. zur Zwangsvollstreckung in das Original eines Werkes, wenn das Werk erschienen ist.

§ 114 Abs. 2 Satz 2 gilt entsprechend.

§ 117. Testamentsvollstrecker. Ist nach § 28 Ab. 2 angeordnet, daß das Urheberrecht durch einen Testamentsvollstrecker ausgeübt wird, so ist die nach den §§ 115 und 116 erforderliche Einwilligung durch den Testamentsvollstrecker zu erteilen.

4. Zwangsvollstreckung wegen Geldforderungen gegen den Verfasser wissenschaftlicher Ausgaben und gegen den Lichtbildner

§ 118. Die §§ 113 bis 117 sind sinngemäß anzuwenden
1. auf die Zwangsvollstreckung wegen Geldforderungen gegen den Verfasser wissenschaftlicher Ausgaben (§ 70) und seinen Rechtsnachfolger,
2. auf die Zwangsvollstreckung wegen Geldforderungen gegen den Lichtbildner (§ 72) und seinen Rechtsnachfolger.

5. Zwangsvollstreckung wegen Geldforderungen in bestimmte Vorrichtungen

§ 119. (1) Vorrichtungen, die ausschließlich zur Vervielfältigung oder Funksendung eines Werkes bestimmt sind, wie Formen, Platten, Steine, Druckstöcke, Matrizen und Negative, unterliegen der Zwangsvollstreckung wegen Geldforderungen nur, soweit der Gläubiger zur Nutzung des Werkes mittels dieser Vorrichtungen berechtigt ist.

(2) Das gleiche gilt für Vorrichtungen, die ausschließlich zur Vorführung eines Filmwerkes bestimmt sind, wie Filmstreifen und dergleichen.

(3) Die Absätze 1 und 2 sind auf die nach den §§ 70 und 71 geschützten Ausgaben, die nach § 72 geschützten Lichtbilder und die nach § 75 Satz 2, §§ 85, 87, 94 und 95 geschützten Bild- und Tonträger entsprechend anzuwenden.

Fünfter Teil. Anwendungsbereich. Übergangs- und Schlußbestimmungen

Erster Abschnitt. Anwendungsbereich des Gesetzes

1. Urheberrecht

§ 120. Deutsche Staatsangehörige. (1) Deutsche Staatsangehörige genießen den urheberrechtlichen Schutz für alle ihre Werke, gleichviel, ob und wo die Werke erschienen sind. Ist ein Werk von Miturhebern (§ 8) geschaffen, so genügt es, wenn ein Miturheber deutscher Staatsangehöriger ist.

(2) Deutschen Staatsangehörigen stehen Deutsche im Sinne des Artikels 116 Abs. 1 des Grundgesetzes gleich, die nicht die deutsche Staatsangehörigkeit besitzen.

§ 121. Ausländische Staatangehörige. (1) Ausländische Staatangehörige genießen den urheberrechtlichen Schutz für ihre im Geltungsbereich dieses Gesetzes erschienenen Werke, es sei denn, daß das Werk oder eine Übersetzung des Werkes früher als dreißig Tage vor dem Erscheinen im Geltungsbereich dieses Gesetzes außerhalb dieses Gebietes erschienen ist. Mit der gleichen Einschränkung genießen ausländische Staatsangehörige den Schutz auch für solche Werke, die im Geltungsbereich dieses Gesetzes nur in Übersetzung erschienen sind.

(2) Den im Geltungsbereich dieses Gesetzes erschienenen Werken im Sinne des Absatzes 1 werden die Werke der bildenden Künste gleichgestellt, die mit einem Grundstück im Geltungsbereich dieses Gesetzes fest verbunden sind.

(3) Der Schutz nach Absatz 1 kann durch Rechtsverordnung des Bundesministers der Justiz für ausländische Staatsangehörige beschränkt werden, die keinem Mitgliedstaat der Berner Übereinkunft zum Schutze von Werken der Literatur und der Kunst angehören und zur Zeit des Erscheinens des Werkes weder im Geltungsbereich dieses Gesetzes noch in einem anderen Mitgliedstaat ihren Wohnsitz haben, wenn der Staat, dem sie angehören, deutschen Staatsangehörigen für ihre Werte keinen genügenden Schutz gewährt.

(4) Im übrigen genießen ausländische Staatsangehörige den urheberrechtlichen Schutz nach Inhalt der Staatsverträge. Bestehen keine Staatsverträge, so besteht für solche Werke urheberrechtlicher Schutz, soweit in dem Staat, dem der Urheber angehört, nach einer Bekanntmachung des Bundesministers der Justiz im Bundesgesetzblatt deutsche Staatsangehörige für ihre Werke einen entsprechenden Schutz genießen.

(5) Das Folgerecht (§ 26) steht ausländischen Staatsangehörigen nur zu, wenn der Staat, dem sie angehören, nach einer Bekanntmachung des Bundesministers der Justiz im Bundesgesetzblatt deutschen Staatsangehörigen ein entsprechendes Recht gewährt.

(6) Den Schutz nach den §§ 12 bis 14 genießen ausländische Staatsangehörige für alle ihre Werke, auch wenn die Voraussetzungen der Absätze 1 bis 5 nicht vorliegen.

§ 122. Staatenlose. (1) Staatenlose mit gewöhnlichem Aufenthalt im Geltungsbereich dieses Gesetzes genießen für ihre Werke den gleichen urheberrechtlichen Schutz wie deutsche Staatsangehörige.

(2) Staatenlose ohne gewöhnlichen Aufenthalt im Geltungsbereich dieses Gesetzes genießen für ihre Werke den gleichen urheberrechtlichen Schutz wie die Angehörigen des ausländischen Staates, in dem sie ihren gewöhnlichen Aufenthalt haben.

§ 123. Ausländische Flüchtlinge. Für Ausländer, die Flüchlinge im Sinne von Staatsverträgen oder anderen Rechtsvorschriften sind, gelten die Bestimmungen des § 122 entsprechend. Hierdurch wird ein Schutz nach § 121 nicht ausgeschlossen.

2. Verwandte Schutzrechte

§ 124. Wissenschaftliche Ausgaben und Lichtbilder. Für den Schutz wissenschaftlicher Ausgaben (§ 70) und den Schutz von Lichtbildern (§ 72) sind die §§ 120 bis 123 sinngemäß anzuwenden.

§ 125. Schutz des ausübenden Künstlers. (1) Den nach den §§ 73 bis 84 gewährten Schutz genießen deutsche Staatsangehörige für alle ihre Darbietungen, gleichviel, wo diese stattfinden, § 120 Abs. 2 ist anzuwenden.

(2) Ausländische Staatsangehörige genießen den Schutz für alle ihre Darbietungen, die im Geltungsbereich dieses Gesetzes stattfinden, soweit nicht in den Absätzen 3 und 4 etwas anderes bestimmt ist.

(3) Werden Darbietungen ausländischer Staatsangehöriger erlaubterweise auf Bild- oder Tonträger aufgenommen und sind diese erschienen, so genießen die ausländischen Staatsangehörigen hinsichtlich dieser Bild- oder Tonträger den Schutz nach § 75 Satz 2, § 76 Abs. 2 und § 77, wenn die Bild- oder Tonträger im Geltungsbereich dieses Gesetzes erschienen sind, es sei denn, daß die Bild- oder Tonträger früher als dreißig Tage vor dem Erscheinen im Geltungsbereich dieses Gesetzes außerhalb dieses Gebietes erschienen sind.

(4) Werden Darbietungen ausländischer Staatsangehöriger erlaubterweise durch Funk gesendet, so genießen die ausländischen Staatsangehörigen den Schutz gegen Aufnahme der Funksendung auf Bild- oder Tonträger (§ 75 Satz 1) und Weitersendung der Funksendung (§ 76 Abs. 1) sowie den Schutz nach § 77, wenn die Funksendung im Geltungsbereich dieses Gesetzes ausgestahlt worden ist.

(5) Im übrigen genießen ausländische Staatsangehörige den Schutz nach Inhalt der Verträge. § 121 Abs. 4 Satz 2 sowie die §§ 122 und 123 gelten entsprechend.

(6) Den Schutz nach den §§ 74, 75 Satz 1 und § 83 genießen ausländische Staatsangehörige für alle ihre Darbietungen, auch wenn die Voraussetzungen der Absätze 2 bis 5 nicht vorliegen. Das gleiche gilt für den Schutz nach § 76 Abs. 1, soweit es sich um die unmittelbare Sendung der Darbietung handelt.

§ 126. Schutz des Herstellers von Tonträgern. (1) Den nach den §§ 85 und 86 gewährten Schutz genießen deutsche Staatsangehörige oder Unternehmen mit Sitz im Geltungsbereich dieses Gesetzes für alle ihre Tonträger, gleichviel, ob und wo diese erschienen sind. § 120 Abs. 2 ist anzuwenden.

(2) Ausländische Staatsangehörige oder Unternehmen ohne Sitz im Geltungsbereich dieses Gesetzes genießen den Schutz für ihre im Geltungsbereich dieses Gesetzes erschienenen Tonträger, es sei denn, daß der Tonträger früher als dreißig Tage vor dem Erscheinen im Geltungsbereich dieses Gesetzes außerhalb dieses Gebietes erschienen ist.

(3) Im übrigen genießen ausländische Staatsangehörige oder Unternehmen ohne Sitz im Geltungsbereich dieses Gesetzes den Schutz nach Inhalt der Staatsverträge. § 121 Abs. 4 Satz 2 sowie die §§ 122 und 123 gelten entsprechend.

§ 127. Schutz des Sendeunternehmens. (1) Den nach § 87 gewährten Schutz genießen Sendeunternehmen mit Sitz im Geltungsbereich dieses Gesetzes für alle Funksendungen, gleichviel, wo sie diese ausstrahlen.

(2) Sendeunternehmen ohne Sitz im Geltungsbereich dieses Gesetzes genießen den Schutz für alle Funksendungen, die sie im Geltungsbereich dieses Gesetzes ausstrahlen.

(3) Im übrigen genießen Sendeunternehmen ohne Sitz im Geltungsbereich dieses Gesetzes den Schutz nach Inhalt der Staatsverträge. § 121 Abs. 4 Satz 2 gilt entsprechend.

§ 128. Schutz des Filmherstellers. (1) Den nach den §§ 94 und 95 gewährten Schutz genießen deutsche Staatsangehörige oder Unternehmen mit Sitz im Geltungsbereich dieses Gesetzes für alle ihre Bildträger oder Bild- und Tonträger, gleichviel, ob und wo diese erschienen sind. § 120 Abs. 2 ist anzuwenden.

(2) Für ausländische Staatsangehörige oder Unternehmen ohne Sitz im Geltungsbereich dieses Gesetzes gelten die Bestimmungen in § 126 Abs. 2 und 3 entsprechend.

Zweiter Abschnitt. Übergangsbestimmungen

§ 129. Werke. (1) Die Vorschriften dieses Gesetzes sind auch auf die vor seinem Inkrafttreten geschaffenen Werke anzuwenden, es sei denn, daß sie zu diesem Zeitpunkt urheberrechtlich nicht geschützt sind oder daß in diesem Gesetz sonst etwas anderes bestimmt ist. Dies gilt für verwandte Schutzrechte entsprechend.

(2) Die Dauer des Urheberrechts an einem Werk, das nach Ablauf von fünfzig Jahren nach dem Tode des Urhebers, aber vor dem Inkrafttreten dieses Gesetzes veröffentlicht worden ist, richtet sich nach den bisherigen Vorschriften.

§ 130. Übersetzungen. Unberührt bleiben die Rechte des Urhebers einer Übersetzung, die vor dem 1. Januar 1902 erlaubterweise ohne Zustimmung des Urhebers des übersetzten Werkes erschienen ist.

§ 131. Vertonte Sprachwerke. Vertonte Sprachwerke, die nach § 20 des Gesetzes betreffend das Urheberrecht an Werken der Literatur und der Tonkunst vom 19. Juni 1901 (Reichsgesetzbl. S. 227) in der Fassung des Gesetzes zur Ausführung der revidierten Berner Übereinkunft zum Schutze von Werken der Literatur und Kunst vom 22. Mai 1910 (Reichsgesetzbl. S. 793) ohne Zustimmung ihres Urhebers vervielfältigt, verbreitet und öffentlich wiedergegeben werden durften, dürfen auch weiterhin in gleichem Umfang vervielfältigt, verbreitet und öffentlich wiedergegeben werden, wenn die Vertonung des Werkes vor dem Inkrafttreten dieses Gesetzes erschienen ist.

§ 132. Verträge. (1) Die Vorschriften dieses Gesetzes sind mit Ausnahme der §§ 42, 43 und 79 auf Verträge, die vor dem Inkrafttreten dieses Gesetzes abgeschlossen worden sind, nicht anzuwenden. Die §§ 40 und 41 gelten für solche Verträge mit der Maßgabe, daß die in § 40 Abs. 1 Satz 2 und § 41 Abs. 2 genannten Fristen frühestens mit dem Inkrafttreten dieses Gesetzes beginnen.

(2) Vor dem Inkrafttreten dieses Gesetzes getroffene Verfügungen bleiben wirksam.

§ 133. Tonträger. (1) Bei Werken der Musik, die nach § 63a Abs. 1 des Gesetzes betreffend das Urheberrecht an Werken der Literatur und der Tonkunst vom 19. Mai 1901 in der Fassung des Gesetzes zur Ausführung der revidierten Berner Übereinkunft zum Schutze von Werken der Literatur und Kunst vom 22. Mai 1910 auf Vorrichtung zur mechanischen Wiedergabe frei übertragen werden durften, ist auch weiterhin zulässig, sie auf Tonträger zu übertragen und diese zu vervielfältigen und zu verbreiten.

(2) Absatz 1 ist auf Tonfilme nicht anzuwenden.

§ 134. Urheber. Wer zur Zeit des Inkrafttretens dieses Gesetzes nach den bisherigen Vorschriften, nicht aber nach diesem Gesetz als Urheber eines Werkes anzusehen ist, gilt, abgesehen von den Fällen des § 135, weiterhin als Urheber. Ist nach den bisherigen Vorschriften eine juristische Person als Urheber eines Werkes anzusehen, so sind für die Berechnung der Dauer des Urheberrechts die bisherigen Vorschriften anzuwenden.

§ 135. Inhaber verwandter Schutzrechte. Wer zur Zeit des Inkrafttretens dieses Gesetzes nach den bisherigen Vorschriften als Urheber eines Lichtbildes oder der Übertragung eines Werkes auf Vorrichtungen zur mechanischen Wiedergabe für das Gehör anzusehen ist, ist Inhaber der entsprechenden verwandten Schutzrechte, die dieses Gesetz ihm gewährt.

§ 135a. Berechnung der Schutzfrist. Wird durch die Anwendung dieses Gesetzes auf ein vor seinem Inkrafttreten entstandenes Recht die Dauer des Schutzes verkürzt und liegt das für den Beginn der Schutzfrist nach diesem Gesetz maßgebende Ereignis vor dem Inkrafttreten dieses Gesetzes, so wird die Frist erst vom Inkrafttreten dieses Gesetzes an berechnet. Der Schutz erlischt jedoch spätestens mit Ablauf der Schutzdauer nach den bisherigen Vorschriften.

§ 136. Vervielfältigung und Verbreitung. (1) War eine Vervielfältigung, die nach diesem Gesetz unzulässig ist, bisher erlaubt, so darf die vor Inkrafttreten dieses Gesetzes begonnene Herstellung von Vervielfältigungsstücken vollendet werden.

(2) Die nach Absatz 1 oder bereits vor dem Inkrafttreten dieses Gesetzes hergestellten Vervielfältigungsstücke dürfen verbreitet werden.

(3) Ist für eine Vervielfältigung, die nach den bisherigen Vorschriften frei zulässig war, nach diesem Gesetz eine angemessene Vergütung an den Berechtigten zu zahlen, so dürfen die in Absatz 2 bezeichneten Vervielfältigungsstücke ohne Zahlung einer Vergütung verbreitet werden.

§ 137. Übertragung von Rechten. (1) Soweit das Urheberrecht vor Inkrafttreten dieses Gesetzes auf einen anderen übertragen worden ist, stehen dem Erwerber die entsprechenden Nutzungsrechte (§ 31) zu. Jedoch erstreckt sich die Übertragung im Zweifel nicht auf Befugnisse, die erst durch dieses Gesetz begründet werden.

(2) Ist vor dem Inkrafttreten dieses Gesetzes das Urheberrecht ganz oder teilweise einem anderen übertragen worden, so erstreckt sich die Übertragung im Zweifel auch auf den Zeitpunkt, um den die Dauer des Ur-

heberrechts nach den §§ 64 bis 66 verlängert worden ist. Entsprechendes gilt, wenn vor dem Inkrafttreten dieses Gesetzes einem anderen die Ausübung einer dem Urheber vorbehaltenen Befugnis erlaubt worden ist.

(3) In den Fällen des Absatzes 2 hat der Erwerber oder Erlaubnisnehmer dem Veräußerer oder Erlaubnisgeber eine angemessene Vergütung zu zahlen, sofern anzunehmen ist, daß dieser für die Übertragung oder die Erlaubnis eine höhere Gegenleistung erzielt haben würde, wenn damals bereits die verlängerte Schutzdauer bestimmt gewesen wäre.

(4) Der Anspruch auf die Vergütung entfällt, wenn alsbald nach seiner Geltendmachung der Erwerber dem Veräußerer das Recht für die Zeit nach Ablauf der bisher bestimmten Schutzdauer zur Verfügung stellt oder der Erlaubnisnehmer für diese Zeit auf die Erlaubnis verzichtet. Hat der Erwerber das Urheberrecht vor dem Inkrafttreten dieses Gesetzes weiterveräußert, so ist die Vergütung insoweit nicht zu zahlen, als sie den Erwerber mit Rücksicht auf die Umstände der Weiterveräußerung unbillig belasten würde.

Dritter Abschnitt. Schlußbestimmungen

§ 138. Urheberrolle. (1) Die Urheberrolle für die in § 66 Abs. 2 Nr. 2 vorgesehenen Eintragungen wird beim Patentamt geführt. Das Patentamt bewirkt die Eintragung, ohne die Berechtigung des Antragstellers oder die Richtigkeit der zur Eintragung angemeldeten Tatsachen zu prüfen.

(2) Wird die Eintragung abgelehnt, so kann der Antragsteller gerichtliche Entscheidung beantragen. Über den Antrag entscheidet das für den Sitz des Patentamtes zuständige Oberlandesgericht durch einen mit Gründen versehenen Beschluß. Der Antrag ist schriftlich bei dem Oberlandesgericht einzureichen. Die Entscheidung des Oberlandesgerichts ist endgültig. Im übrigen gelten für das gerichtliche Verfahren die Vorschriften des Gesetzes über die Angelegenheiten der freiwilligen Gerichtsbarkeit entsprechend. Für die Gerichtskosten gilt die Kostenordnung; die Gebühren richten sich nach § 131 der Kostenordnung.

(3) Die Eintragungen werden im Bundesanzeiger öffentlich bekanntgemacht. Die Kosten für die Bekanntmachung hat der Antragsteller im voraus zu entrichten.

(4) Die Einsicht in die Urheberrolle ist jedem gestattet. Auf Antrag werden Auszüge aus der Rolle erteilt; sie sind auf Verlangen zu beglaubigen.

(5) Der Bundesminister der Justiz wird ermächtigt, durch Rechtsverordnung

1. Bestimmungen über die Form des Antrages und die Führung der Urheberrolle zu erlassen,
2. zur Deckung der Verwaltungskosten die Erhebung von Kosten (Gebühren und Auslagen) für die Eintragung, für die Ausfertigung eines Eintragungsscheins und für die Erteilung sonstiger Auszüge und deren Beglaubigung anzuordnen sowie Bestimmungen über den Kostenschuldner, die Fälligkeit von Kosten, die Kostenvorschußpflicht, Kostenbefreiungen, die Verjährung, das Kostenfestsetzungsverfahren und die Rechts-

behelfe gegen die Kostenfestsetzung zu treffen. Die Gebühr für die Eintragung darf 3 Deutsche Mark nicht übersteigen.

(6) Eintragungen, die nach § 56 des Gesetzes betreffend das Urheberrecht an Werken der Literatur und der Tonkunst vom 19. Juni 1901 beim Stadtrat in Leipzig vorgenommen worden sind, bleiben wirksam.

§ 139. ...

§ 140. ...

§ 141. Aufgehobene Vorschriften. Mit dem Inkrafttreten dieses Gesetzes werden aufgehoben:

1. die §§ 57 bis 60 des Gesetzes betreffend das Urheberrecht an Schriftwerken, Abbildungen, musikalischen Kompositionen und dramatischen Werken vom 11. Juni 1870 (Bundesgesetzblatt des Norddeutschen Bundes S. 339);
2. die §§ 17 bis 19 des Gesetzes betreffend das Urheberrecht an Werken der bildenden Künste vom 9. Januar 1876 (Reichsgesetzbl. S. 4);
3. das Gesetz betreffend das Urheberrecht an Werken der Literatur und der Tonkunst vom 19. Juni 1901 in der Fassung des Gesetzes zur Ausführung der revidierten Berner Übereinkunft zum Schutze von Werken der Literatur und Kunst vom 22. Mai 1910 und des Gesetzes zur Verlängerung der Schutzfristen im Urheberrecht vom 13. Dezember 1934 (Reichsgesetzbl. II S. 1395);
4. die §§ 3, 13 und 42 des Gesetzes über das Verlagsrecht vom 19. Juni 1901 (Reichsgesetzbl. S. 217) in der Fassung des Gesetzes zur Ausführung der revidierten Berner Übereinkunft zum Schutze von Werken der Literatur und Kunst vom 22. Mai 1910;
5. das Gesetz betreffend das Urheberrecht an Werken der bildenden Künste und der Photographie vom 9. Januar 1907 (Reichsgesetzbl. S. 7) in der Fassung des Gesetzes zur Ausführung der revidierten Berner Übereinkunft zum Schutze von Werken der Literatur und Kunst vom 22. Mai 1910, des Gesetzes zur Verlängerung der Schutzfristen im Urheberrecht vom 13. Dezember 1934 und des Gesetzes zur Verlängerung der Schutzfristen für das Urheberrecht an Lichtbildern vom 12. Mai 1940 (Reichsgesetzbl. I S. 758), soweit es nicht den Schutz von Bildnissen betrifft;
6. die Artikel I, III und IV des Gesetzes zur Ausführung der revidierten Berner Übereinkunft zum Schutze von Werken der Literatur und Kunst vom 22. Mai. 1910;
7. das Gesetz zur Erleichterung der Filmberichterstattung vom 30. April 1936 (Reichsgesetzbl. I S. 404);
8. § 10 des Gesetzes über die Rechtsstellung heimatloser Ausländer im Bundesgebiet vom 25. April 1951 (Bundesgesetzbl. I S. 269).

§ 142. Geltung im Land Berlin. Dieses Gesetz gilt nach Maßgabe des § 13 Abs. 1 des Dritten Überleitungsgesetzes vom 4. Januar 1952 (Bundesgesetzbl. I S. 1) auch im Land Berlin. Rechtsverordnungen, die auf Grund dieses Gesetzes erlassen werden, gelten im Land Berlin nach § 14 des Dritten Überleitungsgesetzes.

§ 143. Inkrafttreten. (1) Die §§ 64 bis 67, 69, 105 Abs. 1 bis 3 und § 138 Abs. 5 treten am Tage nach der Verkündung dieses Gesetzes in Kraft.

(2) Im übrigen tritt dieses Gesetz am 1. Januar 1966 in Kraft.

Anhang II

1. Normalvertrag zwischen schöngeistigen Schriftstellern u. Verlegern

Anordnung des Präsidenten der Reichsschrifttumskammer vom 3. Juni 1935

(Amtliche Bekanntmachung Nr. 72)

A. Allgemeine und vertragliche Pflichten

1. Die Parteien haben in ihrem geschäftlichen Verkehr auf die Wahrung der Berufsehre zu achten.
2. Der Verfasser soll sein Werk in druckfähigem und gut leserlichem Zustand einreichen.
3. Auf dem Titelblatt des Manuskripts sollen Name und Anschrift des Verfassers verzeichnet sein.
4. Der Verleger hat den Empfang des Werkes unverzüglich zu bestätigen.
5. Ist ein Werk zur näheren Prüfung nicht geeignet, so hat es der Verleger unverzüglich zurückzusenden.

   Die Prüfungsfrist darf vier Wochen nicht überschreiten, außer wenn schriftlich etwas anderes vereinbart wird.

   Der Verleger darf die Rücksendung nicht von der vorherigen Einsendung des Rückportos abhängig machen.

B. Pflichten und Rechte bei Vertragsabschluß

6. Die Parteien sind gehalten, bei Abschluß eines Verlagsvertrags das Muster des nachstehenden Verlagsvertrags zu benutzen. Es steht ihnen im Einzelfalle frei, die Musterbestimmungen nach den besonderen Umständen des Falles abzuändern, soweit sie dies mit dem Geist dieser Anordnung für vereinbar halten.
7. Vergütung des Verfassers (vgl. § 8 des Mustervertrages):

   Der Verfasser ist grundsätzlich am Erfolg seines Werkes zu beteiligen.

   Um die zahllosen Streitquellen, die aus der Honorarfestsetzung nach dem gehefteten oder gebundenen Stück herrühren, zu beseitigen, sollen die Verleger sich allmählich auf Honorarabrechnung nach dem Umsatz umstellen.

Die Vergütung unterliegt der freien Vereinbarung; doch soll sie in der Regel nicht weniger als 12,5 v. H. vom Umsatz betragen.

Die Vergütung kann unter 12,5 v. H. vom Umsatz vereinbart werden:

a) für die ersten 2000 Stück; sobald diese verkauft sind, muß aber auch hierfür ein Honorar nicht unter 10 v. H. vom Umsatz gezahlt werden,
b) für alle Auflagen, wenn triftige Gründe vorliegen, die dem Geist dieser Anordnung nicht widersprechen, z. B. bei Volksausgaben, Massenauflagen usw.

Der Verleger darf den Verfasser an den Verlagskosten, sei es in Form von Umsatzgarantien, Druckkostenzuschüssen oder dergl., nur mit Einwilligung des Präsidenten der Reichsschrifttumskammer beteiligen.

Bei größerem Umsatz soll der Verfasser am Gewinn angemessen beteiligt werden.

Falls das Honorar nicht nach dem Umsatz berechnet wird, gelten 12,5 v. H. vom Umsatz = 10 v. H. vom Ladenpreis des gehefteten Stücks = 7,5 v. H. vom Ladenpreis des gebundenen Stücks.

8. Durch den Verlagsvertrag kann der Verleger den Verfasser verpflichten, höchstens die nächsten fünf Werke oder höchstens die Produktion der nächsten drei Jahre zuerst dem Verleger anzubieten (Optionsrecht).

Dem Optionsrecht muß eine Gegenleistung des Verlegers gegenüberstehen. Diese kann bestehen:

a) in der Einführung eines Erstlingswerks des Verfassers,
b) in einer Vorauszahlung auf künftige Werke,
c) im Erwerb des Vorkaufsrechts gegen eine gesondert festzusetzende Summe.

9. Die Parteien können in dem Vertrag vereinbaren, daß Streitigkeiten aus dem Vertrag unter Ausschluß des ordentlichen Rechtswegs von dem zwischen dem Reichsverband Deutscher Schriftsteller und dem Bund Reichsdeutscher Buchhändler eingerichteten Schiedsgericht des deutschen Schrifttums entschieden werden.

C. Zuwiderhandlungen

10. Über Verstöße gegen diese Bestimmungen entscheidet der Präsident der Reichsschrifttumskammer im Rahmen der Reichskulturkammergesetzgebung. Danach können Verwarnungen, Verweise, Geldbußen und in schweren Fällen Ausschlüsse aus der Reichsschrifttumskammer verhängt werden.

*

Soweit die Anordnung, deren wichtige Ergänzung der Normalvertrag bildet:

Verlagsvertrag

§ 1 Zwischen .... als Verleger und .... als Verfasser wird folgender Verlagsvertrag geschlossen.

§ 2 Der Verfasser überträgt dem Verleger für alle Ausgaben und Auflagen das alleinige Verlagsrecht an seinem Werk .... Er steht dafür ein, daß er allein berechtigt ist, über das Urheberrecht zu verfügen, und daß er dieses weder ganz noch teilweise vergeben hat.

§ 3 Der Verfasser überträgt dem Verleger gleichfalls das Recht

a) des Nachdrucks in Zeitungen und Zeitschriften, soweit der Nachdruck nach Erscheinen des Buches erfolgt,
b) des Nachdrucks in Buchform.

Die Parteien verpflichten sich gegenseitig, sich gegebenenfalls ins Benehmen zu setzen wegen der Verwertung des Rechts

c) der Übersetzung,
d) der Bearbeitung als Drama oder Hörspiel,
e) des Vordrucks in Zeitungen und Zeitschriften,
f) der Verfilmung.

Im Falle der Verwertung der Rechte zu a—f sind beide Parteien zur Hälfte am Gewinn beteiligt, in den Fällen d—f jedoch nur, wenn der Verleger die Gelegenheit zum Abschluß des Verwertungsvertrags nachgewiesen oder den Vertrag vermittelt hat.

Der Gewinn aus der Verwertung des Senderechts regelt sich nach der Satzung der Gesellschaft für Senderechte.

§ 4 In eine Ausgabe der gesammelten Werke des Verfassers darf dieses Werk 20 Jahre nach Ablauf des laufenden Jahres aufgenommen werden, es sei denn, daß das Verlagsrecht vorher an den Verfasser zurückfällt.

§ 5 Die endgültige Festsetzung des Titels erfolgt in beiderseitigem Einvernehmen.

Die Ausstattung des Buches ist Sache des Verlegers; er hat die Wünsche des Verfassers angemessen zu berücksichtigen. Die Auflagenhöhe bestimmt der Verleger, er hat den Ladenpreis, Ermäßigung und Erhöhung des Ladenpreises nach pflichtmäßigem Ermessen festzusetzen.

Den Erscheinungstermin bestimmt der Verleger, jedoch soll das Buch nicht später als neun Monate nach Erhalt des druckfähigen Manuskriptes erscheinen.

Alle sonstigen mit dem Verlagsvertrag zusammenhängenden Maßnahmen bleiben dem Verleger überlassen.

§ 6 Der Verleger ist zur Berichtigung der gewöhnlichen Satzfehler verpflichtet.

Der Verfasser hat auf Wunsch den Korrektor anzuhören. Er hat das Recht und die Pflicht, die Fahnenkorrektur und Bogenrevision ohne besondere Vergütung vorzunehmen.

Für Manuskriptänderungen, die auf Wunsch des Verfassers nachträglich im Satz vorgenommen werden, haftet der Verleger nur bis zu einem Betrag von 10 v. H. des gesamten Satzpreises.

Etwaige Mehrkosten hat der Verfasser zu tragen.

Die vom Verfasser erteilte Druckerlaubnis gilt als Genehmigung etwa erfolgter Manuskriptänderungen.

§ 7 Der Verleger ist verpflichtet, das Werk zu vervielfältigen und zu verbreiten. Er muß es in geeigneter Weise fördern, z. B. durch Versand von Besprechungsstücken, Anzeigen im Börsenblatt für den Deutschen Buchhandel u. dgl.

Die eingegangenen Besprechungen sind in angemessenen Zeiträumen dem Verfasser zur Kenntnis vorzulegen, der sie auf Wunsch binnen acht Tagen an den Verleger zurückzusenden hat.

§ 8 Die Vergütung des Verfassers beträgt .... v. H. vom Umsatz. Die Honorarabrechnung erfolgt halbjährlich, mindestens aber jeweils sechs Wochen nach Verkauf einer Auflage.

Für den das .... Tausend übersteigenden Teil der Bücher erhöhen sich die vorstehenden Sätze um .... v. H.

§ 9 Der Verfasser ist nicht zur Einsichtnahme in die Bücher des Verlegers befugt, er kann aber mit Zustimmung des Reichsverbandes Deutscher Schriftsteller verlangen, daß die Angaben des Verlegers durch Bescheinigungen eines vereidigten Bücherrevisors oder eines Sachverständigen der Reichsschrifttumskammer glaubhaft gemacht werden.

Die Kosten der Revision hat, wenn der Revisionsbericht die Behauptungen des Verlegers bestätigt, der Verfasser zu tragen, sonst der Verleger.

§ 10 Der Verfasser erhält von der ersten Auflage .... gebundene und .... geheftete Freistücke, von jedem weiteren Tausend .... Freistücke. Darüber hinaus ist der Verfasser zum Bezug der Stücke zum niedrigsten Preise berechtigt, für den der Verleger sie im Betrieb seines Verlagsgeschäftes abgibt.

Er darf diese Stücke nicht verkaufen.

§ 11 Sinkt der Bestand der verkaufsfähigen Stücke unter hundert, so hat der Verleger in angemessener Frist dem Verfasser zu erklären, ob er eine Neuauflage zu veranstalten beabsichtigt. Er hat dem Verfasser Gelegenheit zur Neubearbeitung des Werkes zu geben.

Auf Ersuchen des Verlegers ist der Verfasser binnen .... Wochen zur Neubearbeitung verpflichtet.

§ 12 Wenn in zwei aufeinanderfolgenden Jahren durchschnittlich weniger als 150 Stück abgesetzt werden, so kann der Verleger dem Verfasser durch eingeschriebenen Brief eine angemessene Frist setzen, die Restbestände zu erwerben. Äußert sich dieser nicht, oder lehnt er den Erwerb ab, so ist der Verleger berechtigt, die Restbestände einzustampfen oder unter Aufhebung des Ladenpreises in angemessener Frist einen Ausverkauf zu veranstalten.

Das Verlagsrecht fällt damit an den Verfasser zurück.

§ 13 Etwaige Stempelgebühren für diesen Vertrag trägt der Verleger. Der Verleger soll das amerikanische Copyright nach pflichtmäßigem Ermessen erwerben.

§ 14 Für diesen Vertrag gelten ergänzend die Bestimmungen des Urheber- und Verlagsrechts.

§ 15 Der Vertrag ist in zwei gleichlautenden Ausfertigungen unterschrieben, von denen jede Partei eine erhalten hat.

2. Mitteilung des Präs. der Reichsschrifttumskammer

Vom 27. Juli 1937 (vgl. Voigtländer—Elster S. 185)

In meiner Anordnung über den Normalvertrag zwischen Schriftstellern und Verlegern vom 3. Juni 1935 (Amtliche Bekanntmachung Nr. 72) sind von mir für die vertraglichen Beziehungen zwischen Verfassern schöngeistiger Werke und deren Verlegern allgemein gültige und grundlegende Bestimmungen erlassen worden. Um Irrtümer auszuschalten, verständige ich Sie davon, daß der Normalvertrag auch für das Jugendschrifttum gültig ist. Ich erkenne jedoch an, daß beim Jugendbuchverlag bezüglich der Honorarsätze besondere Verhältnisse gemäß § 7 b meiner Amtlichen Bekanntmachung Nr. 72 vorliegen. Aus diesem Grunde habe ich keine Bedenken, wenn der Jugendschriftenverlag in Durchführung meiner Anordnung bezüglich der Vergütungen an die Verfasser von Jugendbüchern und -schriften herabgeht . . . .

Von dieser Entscheidung wollen Sie bitte umgehend die Mitglieder der Fachschaft Verlag verständigen. Ich bitte, die Mitglieder der Fachschaft Verlag außerdem darauf hinzuweisen, daß es sich bei den von mir anerkannten Beteiligungshonoraren um Mindestsätze handelt. Ich setze voraus, daß sich der deutsche Verleger nur dann dieser Mindestsätze bedient, wenn ihm auf Grund seiner besonderen Verhältnisse die Gewährung der in meinem Normalvertrag festgesetzten Vergütungen nicht zugemutet werden kann. Nichtsdestoweniger wünsche ich, daß der Verleger in dem Schriftsteller seinen nächsten Mitarbeiter sieht, ohne den er — wie auch umgekehrt — nicht an der Neugestaltung des deutschen Schrifttums schaffen könnte. Das gegenseitige volle Verständnis in allen Fragen des Schrifttums — und damit in kulturpolitischen Fragen — ist ebenso notwendig wie die Herbeiführung ordentlicher wirtschaftlicher Beziehungen zwischen den Beteiligten.

3. Vereinbarungen über Vertragsnormen bei wissenschaftl. Verlagswerken u. Schiedsordnung für Regelung von Streitigkeiten zwischen wissenschaftl. Autoren u. Verlegern

(in der vom Börsenverein Deutscher Verleger- u. Buchhändlerverbände e. V. Frankfurt a. M. o. J. herausgegebenen Form)

Zwischen

dem Hochschulverband, Sitz in Hamburg,
und dem Börsenverein Deutscher Verleger-
und Buchhändler-Verbände eV, Frankfurt/Main,

ist in Fortführung der früheren Vereinbarungen zwischen dem Verband der deutschen Hochschulen, Sitz in Bonn, dem Börsenverein der Deutschen Buchhändler zu Leipzig und dem Deutschen Verlegerverein, Sitz in Leipzig, folgender

Vertrag

geschlossen worden:

§ 1 Um die Weiterbildung des Urheber- und Verlagsrechtes und der Verkehrssitte auf dem Gebiete des wissenschaftlichen Verlags durch vertrauensvolle gemeinsame praktische Arbeit zu fördern, einigen sich die vertragschließenden Verbände über Vertragsnormen und Auslegungsgrundsätze für Verlagsverträge über wissenschaftliche Werke.

Die hierüber aufgestellten Richtlinien (Anlage A) sowie die Schiedsordnung (Anlage B) bilden einen Teil dieses Vertrages.

§ 2 Die vertragschließenden Verbände verpflichten sich, während der Dauer dieses Vertrages alle Maßregeln zu unterlassen, die das nach § 1 erstrebte Ziel zu beeinträchtigen geeignet sind, und in Fragen der gesetzgeberischen Änderungs des Urheber- und Verlagsrechts, soweit sie sich auf Gegenstände dieser Vertragsnormen beziehen, nur gemeinsam vorzugehen.

Sie verpflichten sich ferner, ihren Einfluß auf ihre Mitglieder dahin geltend zu machen, daß die in den Vertragsnormen (Anlage A) festgelegten Grundsätze in alle künftig abzuschließenden Verlagsverträge auf dem Gebiete des wissenschaftlichen Verlags übernommen werden, soweit dies mit den Besonderheiten des Einzelfalles irgendwie vereinbar ist, und daß bei Abschluß jedes künftigen Verlagsvertrages eine Schiedsvereinbarung getroffen wird, kraft deren Streitigkeiten aus dem Vertrag vor dem in der Schiedsordnung vorgesehenen Schiedsgericht ausgetragen werden sollen.

§ 3 Eine fortlaufende Ergänzung der Vertragsnormen auf dem Wege der Verhandlungen zwischen den vertragschließenden Verbänden ist in Aussicht genommen. Die Ergebnisse solcher Verhandlungen werden auf gemeinsamen Beschluß von Fall zu Fall in den Verbandzeitschriften veröffentlicht werden.

In gleicher Weise sollen solche Schiedssprüche, die im schiedsgerichtlichen Verfahren ergangen sind und infolge ihrer überwiegenden Bedeutung allgemeines Interesse haben, nach vorheriger Verständigung der vertragschließenden Verbände, ohne Angabe der Parteien, im Rahmen der von den Verbänden herausgegebenen Veröffentlichungen bekanntgegeben werden, sofern der Schiedsspruch nichts anderes bestimmt.

§ 4 Die bisherige Übung, daß die Werke an die Hörer des Verfassers unter dem Ladenpreis abgegeben werden, soll beibehalten werden. Die Dozenten sollen veranlaßt werden, eigenhändig unterzeichnete Bezugsscheine auszustellen, die im Sortimentsgeschäft bei Bezug des Werkes abzugeben sind.

§ 5 Dieser Vertrag tritt mit der Unterzeichnung in Kraft und ist vom Jahre 1952 an mit halbjähriger Frist auf Jahresende kündbar. Hamburg und Frankfurt/Main, den 2. März 1951

Anlage A
Vertragsnormen und Auslegungsgrundsätze für Verlagsverträge über wissenschaftliche Werke

Der Verlagsvertrag begründet ein Vertrauensverhältnis. Dieses setzt nicht erst mit Abschluß des Vertrages ein, sondern besteht für beide Teile schon im Stadium der Vorverhandlungen.

Die folgenden Vertragsnormen sollen künftighin als Normalbedingungen und Auslegungsgrundsätze für alle Verlagsverträge zwischen den Mitgliedern der vertragschließenden Verbände gelten.

1. Indem der Verl. das Werk auf eigene Rechnung vervielfältigt u. verbreitet, dient er zugleich seinem eigenen und dem Interesse des Verf. Ein gedeihl. Zusammenarbeiten zu dem gemeinsamen Ziele ist nur auf Grund persönl. Vertrauens denkbar. Dabei ist nie zu vergessen, daß Verlagsverträge über wichtige Werke, die längere Zeit am Markt bleiben, erst im Laufe vieler Jahre abgewickelt werden, daß der Verf. also in solchen Fällen den Vertrag häufig nicht nur für sich, sondern auch für seine Erben schließt. Man sollte im Interesse beider Teile nur mit einem Verl. abschließen, zu dem man persönl. Vertrauen hat u. mit dem man, wenn mögl., auch persönl. Konnex gewinnt.

2. Dem Vertrauensverhältnis dient vor allem volle Klarheit der Vertragsschließenden über die Verpflichtungen, welche sie übernehmen. Diese Klarheit pflegt zwar bei den Verl., nicht immer aber bei den Verf. vorhanden zu sein. Deshalb empfiehlt es sich im Zweifelsfalle, zunächst einmal aufzuklären, ob u. inwieweit der — regelmäßig ja vom Verl. herrührende — Vertragsentwurf zuungunsten des Verf. vom Verlagsgesetz und den Vertragsnormen abweicht. Schon eine Anfrage bei dem Verl. wird hier im allg. zum Ziele führen; denn der Verl. wird im Interesse der Klarheit der Beziehungen zur Auskunft gerne bereit, übrigens auch auf Grund des Vertrauensverhältnisses, das schon die Vorverhandlungen umfaßt, zu sachgemäßer Auskunft nach Treu und Glauben verpflichtet sein. Im übrigen empfiehlt es sich, den Vertrag schriftlich zu schließen, wie das ja auch üblich ist.

1. Verlagsvertrag und Werkvertrag: Übersetzungsrecht

Über wissenschaftl. Werke sind nur Verlagsverträge abzuschließen. Daher verbleibt bei allen solchen Verträgen dem Verf. das Urheberrecht nebst den in § 2 Abs. 2 VerlG vorgesehenen Befugnisse.

Bei geschlossenen Sammlungen nicht streng wissenschaftl. Charakters u. bei Sammelwerken, deren Gesamtplan vom Verl. bestimmt wird, sind auch Werkverträge zulässig, auf Grund deren das Recht der Vervielfältigung u. Verbreitung dem Verl. übertragen wird. Das Urheberrecht verbleibt dem Verf. Weitergehende Übertragungen urheberrechtl. Befugnisse sind bei lexikographischen Werken zulässig, bei denen die Verf. der einzelnen Beiträge nicht erkennbar sind.

Eine Übertragung des Übersetzungsrechts auf den Verl. sowie die Bestellung eines Rechtes zur Mitverfügung darüber bedarf einer ausdrückl. Vereinbarung. Dabei ist der Verf. an dem Reinerlös aus der Verwertung des Übersetzungsrechts mindestens mit der Hälfte zu beteiligen. Der Reinerlös für die Überlassung von Klischees verbleibt dem Verl. allein, sofern nicht die Zeichnungen zu den Klischees vom Verf. angefertigt sind. In diesem letzteren Falle ist der Verf. an diesem Reinerlös zu beteiligen.

Sind keine ausdrückl. Vereinbarungen getroffen worden, so verbleibt das Übersetzungsrecht dem Verf. Er soll es aber nur im Einverständnis mit dem Verl. verwerten.

Zu Nummer 1

1. Der Verlagsvertrag berechtigt den Verl. nicht nur, das Werk auf eigene Rechnung u. also auf eigenes Risiko zu vervielfältigen u. zu verbreiten, sondern verpflichtet ihn auch dem Verf. gegenüber dazu. Diese Verpflichtung des Verl. ist für den Verf., der ja das Werk auf den Büchermarkt gebracht zu sehen wünscht, unerläßlich. Deshalb sollen grundsätzl. über wissenschaftl. Werke nur Verlagsverträge geschlossen werden.

2. Durch den Werkvertrag verpflichtet sich der Verf., dem Verl. das Manuskript zu liefern, der Verl., das vereinbarte Honorar zu zahlen. Dagegen übernimmt der Verl. nicht die Pflicht, das Werk nun auch wirklich zu vervielfältigen u. zu verbreiten. Hier liegt der wesentlichste Unterschied zum Verlagsvertrag, u. eben deshalb sollen Werksverträge über wissenschaftl. Werke nicht geschlossen werden (siehe Anm. 1). Davon müssen aber zwei Ausnahmen gelten: 1. für geschlossene Sammlungen nicht streng wissenschaftl. Charakters, wobei an die bekannten populären Reihen zu denken ist, welche über unser Gesamtwissen oder ein Teilgebiet desselben eine Übersicht geben, u. 2. bei Sammelwerken, deren Gesamtplan vom Verl. bestimmt wird, also insbes. bei lexikographischen Werken. Hier sollen — damit der Charakter der Sammlung rein erhalten werden kann — Werkverträge zulässig sein, d. h. praktisch, der Verl. soll sich vorbehalten können, den Beitrag nicht zu bringen, wobei allerdings seine Zahlungspflicht unberührt bleibt. Auch in diesen Fällen ist aber vom Standpunkt des Verf. aus ein echter Verlagsvertrag, sofern er zu erreichen ist, die günstigere Lösung.

3. Auf Grund des Verlagsvertrages erwirbt der Verl. das Verlagsrecht, d. h. das ausschließl. Recht, das Werk zu vervielfältigen u. zu verbreiten, insbes. auch gegen Nachdruck von dritter Seite vorzugehen. Dieses Recht bezieht sich aber nur auf das Werk in der Form, welche ihm der Verf. gegeben hat; der Verl. darf am Text grundsätzl. nichts ändern. Das Urheberrecht bleibt beim Verf., einschl. aller Bearbeitungsrechte, von denen bei wissenschaftl. Werken das Übersetzungsrecht das wichtigste sein dürfte. Nur das Recht zur Vervielfältigung u. Verbreitung, das durch den Verlagsvertrag dem Verl. überlassen wurde, darf auch der Verf. inzwischen nicht ausüben. Mit Beendigung des Verlagsverhältnisses erlischt das Verlagsrecht; das Recht der Vervielfältigung u. Verbreitung steht wieder dem Verf. zu.

4. Durch einen Werkvertrag wird an sich das Urheberrecht nicht berührt, doch der Verf. in aller Regel verpflichtet sein, dem Verl. das Recht zur Vervielfältigung u. Verbreitung zu bestellen, da ohne dieses der Vertragszweck nicht erreicht werden kann.

5. Nach der heute herrsch. Auffassung ist das Urheberrecht als solches nicht übertragbar. Wohl aber kann der Urheber das Recht zur Verwertung in allen seinen Zweigen, das Vervielfältigungs- u. Verbreitungsrecht, das Senderecht usw., und selbst die Bearbeitungsrechte, wie das Recht der Übersetzung oder der Verfilmung, an einen anderen übertragen. Auch kann dem Erwerber das Recht zur Änderung eingeräumt werden, alles das freil. nicht ganz unbeschränkt.

Dem persönl. Verhältnis, in welchem der Gelehrte zu seinem Werk steht, entspricht es nicht, die Herrschaft über das Schicksal seines Werks durch so weitgehende Verträge ganz u. dauernd aus der Hand zu geben; es entspricht auch nicht der Würde der Wissenschaft. Daher herrscht volles Einverständnis zwischen den Vertragschließenden Verbänden darüber, daß solche Verträge nicht in den wissenschaftl. Verlag gehören u. deshalb nicht geschlossen werden sollen. Auch der Hochschulverband warnt dringend vor Verträgen, durch die das gesamte Verwertungsrecht, also die Summe aller Werknutzungsrechte übertragen wird. Davon gibt es nur eine weniger wichtiger Ausnahme: für anonyme Beiträge zu lexikographischen Werken sind auch solche Übertragungsverträge zulässig, da hier einerseits der Verl. ein Interesse an voller Verfügung über den Beitrag haben kann, andererseits das Interesse des Verf. an dem Beitrag, für den er seinen Namen nicht hergegeben hat, geringer zu sein pflegt als an sonstigen Arbeiten.

6. Der Verlagsvertrag läßt das Übersetzungsrecht beim Verf. (§ 2 Ziff. 1 VerlG., s. o. Anm. 3), der also an sich befugt wäre, ohne Zustimmung des Verl. Übersetzungen zu autorisieren.

Aber gerade bei der Verwertung der Übersetzungsrechte sollte sich das Vertrauensverhältnis bewähren. Denn einerseits verengt jede Übersetzung dem Verl. den Auslandsmarkt, andererseits wird der Verf., der diesen Markt u. die ausländischen Verlagsverhältnisse nicht genügend zu kennen pflegt, erfahrungsgemäß ohne Hilfe seines Verl. nur selten einen angemessenen Erlös für die Übersetzungsrechte erzielen. Deshalb soll die Verwertung grundsätzl. im Einverständnis der Vertragschließenden erfolgen. Es kann nicht als unzulässig gelten, dem Verl., der, wie gesagt, an der Frage ein erhebl. Interesse hat, das Übersetzungsrecht übertragen oder (zweckmäßiger) ihm ein Mitverfügungsrecht darüber für die Dauer des Vertragsverhältnisses einzuräumen. Die Vertragsnormen beschränken sich also darauf, im Interesse der Klarheit des Verlagsverhältnisses ausdrückl. Vereinbarungen anzuordnen u. dem Verf. eine angemessene Beteiligung am Erlöse — mindestens 50 Prozent — zu sichern.

Jedenfalls sollten in jeden Verlagsvertrag genaue Bestimmungen über die Übersetzungsrechte aufgenommen werden.

2. Verlagsverträge über mehrere Auflagen (§§ 5 und 17 VerlG)

Wissenschaftl. Werke dürfen bei Lebzeiten des Verf. nicht ohne seine Zustimmung von einem Dritten für eine neue Auflage bearbeitet werden.

Lehnt der Verf. bei einem Verlagsvertrag über mehrere Auflagen die Bearbeitung für eine Neuauflage ab, oder ist er nicht in der Lage, eine notwendig werdende Neuauflage selbst zu bearbeiten, so hat er das Recht, die Bearbeitung einem auch dem Verl. genehmen Fachmann zu übertragen.

Tut er dies innerhalb von drei Monaten, von der Aufforderung durch den Verl. gerechnet, nicht, so kann ihm der Verl. seinerseits einen sachkundigen Bearbeiter in Vorschlag bringen.

Der Verf. darf die Übertragung der Bearbeitung an einen Dritten nicht verweigern, wenn seine Weigerung gegen Treu u. Glauben verstoßen würde. Das gleiche gilt sinngemäß für den Druck einer unveränderten Neuauflage.

Sin in einem Verlagsvertrag Abmachungen über mehrere Auflagen getroffen, so kann jeder Teil nur dann verlangen, daß die Bedingungen für die neue Auflage in angemessener Weise geändert werden, wenn die Beibehaltung der früheren Abreden den veränderten Verhältnissen nach Treu u. Glauben nicht mehr entspricht.

Im Verhältnis zu einem neuen Bearbeiter soll der Verf. oder seine Erben an Honoraren solange in angemessener Weise beteiligt werden, als das Werk noch im wesentl. auf der geistigen Arbeit des Verf. beruht.

Zu Nummer 2

1. (Zu Abs. 1.) Nach § 5 VerlG. ist der Verl. nur zu einer Auflage berechtigt, sofern im Vertrage nicht anderes bestimmt ist. Nach Absetzung der Auflage erlischt sein Recht. Doch ist ein Abschluß über mehrere, ja meist über alle Auflagen übl. und liegt regelmäßig im Inter-

esse beider Teile. Denn der Verl., der das finanzielle Risiko der Veröffentlichung zu tragen hat, wird erheblichere Opfer für Honorierung des Verf. u. für Ausstattung u. Einführung des Werkes (Reklamekosten usw.) nur dann auf sich nehmen können, wenn er mit einem Gewinn aus mehreren Auflagen rechnen kann. Dagegen sollte ein Verf., dem sein Verl. solche Vorteile nicht einzuräumen in der Lage ist oder der gar selbst die Herstellungskosten oder das Risiko der ersten Auflage zu übernehmen genötigt ist, nicht grundlos dem Verl. das Recht auf weitere Auflagen einräumen. In solchen Fällen bleiben die Abmachungen darüber besser der Zukunft vorbehalten. Denn es ist wohl zu beachten, daß nach § 5 Satz 2 VerlG. für den Fall, daß dem Verl. das Recht zur Veranstaltung mehrerer Auflagen eingeräumt worden ist, im Zweifel für jede Neuauflage die gleichen Abreden gelten, wie für die vorhergehende. Der Verf. bindet sich also ohne Not u. verschlechtert sich die Möglichkeit einer Ausnutzung günstigerer Verhältnisse in späterer Zeit, während der Verl. keine entspr. Bindung übernimmt. Denn § 17 Satz 1 VerlG. bestimmt ausdrückl. „Ein Verl., der das Recht hat, eine neue Auflage zu veranstalten, ist nicht verpflichtet, von diesem Rechte Gebrauch zu machen."

2. Dann aber entsteht die gerade im wissenschaftl. Verlage wichtige Frage, wie das Werk auf dem laufenden zu erhalten ist. Es entspricht nach Auffassung des Hochschulverbandes nicht der Würde der wissenschaftl. Publikation, daß bei Lebzeiten des Autors gegen seinen Willen Bearbeitungen durch Dritte vorgenommen werden. Kein Gelehrter sollte Bestimmungen unterschreiben, die in irgendeinem Zusammenhang zu diesem Ergebnis führen könnten. Dieser Grundsatz ist in Nr. 2 Abs. 1 ausgesprochen. Es blieb für den Fall vorzusorgen, daß der Verf. die notwendige Bearbeitung für eine Neuauflage nicht übernehmen will oder kann; dies ist so geschehen (Abs. 2—4), daß möglichts auf vertrauensvolle Zusammenarbeit beider Teile abgestellt, jedenfalls aber dem Verf. das erforderliche Maß von Mitbestimmung bei der Auswahl des Bearbeiters gewahrt wird.

3. (Zu Abs. 5.) Im Verlagsrecht gilt wie bei allen Verträgen der Satz: pacta sunt servanda. Auch beim Vertrage über mehrere Auflagen gilt in erster Linie, was abgemacht ist. Da aber das Vertragsverhältnis auf längere Zeit geschlossen wird u. als Vertrauensverhältnis im besonderen Maße unter dem Grundsatz von Treu u. Glauben steht, so kann sich aus veränderten Umständen die Notwendigkeit einer Änderung der Vertragsbestimmungen ergeben.

Beispiel. Ein Anfänger hat für seine Erstlingsarbeit einen Verlagsvertrag ohne Honorar abschließen oder gar Druckkostenzuschuß zahlen müssen. Das Werk begründet seinen Ruhm u. läßt einen sicheren Absatz für eine Anzahl von Auflagen erwarten. Hier ist es angemessen, daß unter Änderung des Vertrages der Verf. für die weiteren Auflagen am Gewinn beteiligt werde. Er hat darauf einen Rechtsanspruch.

4. Besondere Schwierigkeiten ergeben sich, wenn nach dem Tode des Verf. eine Neubearbeitung notwendig wird. Die Erben werden so gut wie

nie die Bearbeitung selbst vornehmen können. Es wird also die Gewinnung und Honorierung eines neuen Bearbeiters notwendig werden. Da der Verl. nicht doppelt zahlen kann, so wird die Verteilung des vertragsmäßigen Honorars zwischen dem Bearbeiter u. den Erben notwendig werden. Eine feste Regel für diese Fälle läßt sich nicht aufstellen, da die Leistung des Bearbeiters von Fall zu Fall verschieden groß ist. Nur soviel wird sich sagen lassen, daß oft von Auflage zu Auflage das Werk mehr u. mehr sein Geisteskind werden wird. Die Vortragsnormen müssen sich also darauf beschränken, den Erben wenigstens solange eine angemessene Beteiligung zu sichern, als das Werk noch im wesentlichen auf der Geistesarbeit ihres Erblassers beruht.

3. Druckkostenzuschuß

Werden die Kosten der Vervielfältigung eines Werkes vom Verf. u. Verl. anteilig getragen, so empfiehlt es sich, daß der Verf. einen festen Druckkostenzuschuß zahlt. Läßt sich dieser zum voraus nicht bestimmen, so soll wenigstens die Höchstsumme, für die der Verf. zu haften hat, begrenzt werden.

Eine Beteiligung am Verlust empfiehlt sich für den Verf. nicht, da das einzugehende Risiko schwer zu übersehen ist. In jedem Fall soll auch dann eine feste Höchstsumme für die Beteiligung festgelegt werden.

Zu Nummer 3

Der Verlagsvertrag verpflichtet den Verl., das Werk auf eigene Rechnung zu vervielfältigen u. zu verbreiten. Er trägt also grundsätzlich das finanzielle Risiko allein. Gerade bei solchen wissenschaftl. Werken, die sich nur an einen kleinen Kreis von Sachkennern wenden, wird er aber dazu nicht in der Lage sein. Die Herausgabe wird also, wenn nicht öffentl. Mittel (Notgemeinschaft usw.) zur Verfügung stehen, nicht ohne einen Druckkostenzuschuß des Verf. zu erreichen sein. Da zwar der Verl., nicht aber der Verf. geschäftl. Erfahrungen zu haben pflegt, so sollte dieser nur Verträge eingehen, bei denen sein Einsatz klar übersehbar ist. Deshalb sollte ein fester Druckkostenzuschuß vereinbart oder, wenn das ausnahmsweise nicht tunl. ist, wenigstens die Höchstsumme des Kostenanteils des Verf. fest begrenzt werden.

Vor einer Vereinbarung, welche den Verf. verpflichtet, einen Anteil an einem eventuellen Verlust zu tragen, ist zu warnen. Ist ausnahmsweise eine solche Vereinbarung nicht zu umgehen, so sollte auch hier eine feste Höchstsumme ausgemacht werden.

4. Höhe der Auflage
(Zu §§ 5 Abs. 2 u. 16 Satz 1 VerlG)

Ist die Zahl der Abzüge nicht bestimmt u. will der Verl. mehr als 1000 Abzüge oder weniger herstellen, so hat er rechtzeitig vorher

dem Verf. die in Aussicht genommene Anzahl mitzuteilen. Der Verf. kann nur aus wichtigen Gründen Widerspruch erheben.

Bei Sammelwerken, bei denen der Herausgeber auf die Gestaltung des Werkes einen entscheidenden Einfluß hat, hat die Mitteilung dem Herausgeber gegenüber zu erfolgen, für dessen etwaigen Widerspruch Entsprechendes gilt.

Zu Nummer 4

Nach §§ 5 Abs. 2, 16 Satz 1 VerlG. ist der Verl., wenn nichts anderes vereinbart ist, zur Herstellung von 1000 Abzügen für die Auflage (ausschließlich der Zuschuß- und Freiexemplare) berechtigt u. verpflichtet, sofern er nicht vor Beginn der Vervielfältigung durch Erklärung an den Verf. eine geringere Zahl bestimmt.

Demgegenüber sieht Nr. 4 der Vertragsnormen einerseits die Möglichkeit der Abweichung nach oben u. unten, andererseits aber ein Widerspruchsrecht des Verf. aus wichtigem Grunde vor.

5. Beschaffenheit des Manuskriptes und Ausführung der Korrekturen (Zu § 10, § 12 Abs. 3 u. § 20 u. VerlG)

Der Verf. ist verpflichtet, sein Manuskript in leserl. u. druckfertigem Zustand zum vereinbarten Termin an den Verl. abzuliefern.

Er ist verpflichtet, die Fahnenkorrektur u. Bogenrevision ohne besondere Entschädigung unverzügl. vorzunehmen.

Bei Änderungen im fertigen Satz hat der Verf. die Kosten der von ihm verschuldeten Korrekturen insoweit zu tragen, als sie 10 Prozent der Satzkosten übersteigen.

Zu Nummer 5

Die Norm behandelt einige wesentl. Pflichten des Verf. nach Maßgabe des Gesetzes u. der verlegerischen Verkehrssitte.

In manchen Fällen haben sich Schwierigkeiten daraus ergeben, daß der Verf. das Werk nicht in druckfertigem Zustande oder nicht rechtzeitig ablieferte oder daß er noch in den Korrekturfahnen umfangreiche Änderungen vornahm. Demgegenüber muß betont werden, daß die Pflichten die der Verf. im Verlagsvertrage übernimmt, mit genau der gleichen Sorgfalt erfüllt werden müssen, die wir der Erfüllung unserer sonstigen Rechtspflichten widmen. Wie er vom Verl. verlangt, daß er zum gemeinsamen Ziel vertragsmäßig mitwirkte, so muß auch der Verf. das Seinige tun.

Deshalb entspricht es verlegerischer Verkehrsitte, daß der Verf. mit den Kosten solcher Änderungen im fertigen Satze belastet wird, die 10% der Satzkosten übersteigen.

6. Festsetzung des Ladenpreises. Verramschen und Makulieren (Zu § 21 VerlG)

Hinsichtlich der Bestimmung des Ladenpreises bleibt es bei der grundsätzl. Regelung des Gesetzes. Hat der Verf. den Wunsch, zur Festsetzung des Ladenpreises beratend gehört zu werden, so soll dies geschehen, soweit dadurch das Erscheinen des Werkes nicht verzögert wird.

Zum Verramschen oder Makulieren ist der Verl. berechtigt, wenn nach den Erfahrungen auf dem Gebiete des Verlagswesens ein Absatz in irgendwie nennenswertem Umfange nicht mehr zu erzielen ist. Doch ist vor dem Verramschen oder Makulieren der Verf. von der Absicht des Verl. in Kenntnis zu setzen, um ihm die Möglichkeit zu geben, die Vorräte selbst zu erwerben.

Zu Nummer 6

1. Nach § 21 VerlG. bestimmt der Verl. für jede Auflage den Ladenpreis; er darf ihn nachträgl. ermäßigen, sofern nicht ein berechtigtes Interesse des Verf. verletzt wird, ihn aber nicht ohne dessen Zustimmung nachträglich erhöhen.

Das grundsätzl. Bestimmungsrecht des Verl. beruht darauf, daß er das Werk auf seine Kosten herauszubringen hat, also auch seinen Preis kalkulieren muß. Eine beratende Mitwirkung des Verf. (sofern er dies wünscht) sieht die Vertragsnorm vor. Übrigens darf auch das Bestimmungsrecht des Verl. nicht willkürl. ausgeübt werden, sondern unterliegt, wie das ganze Vertragsverhältnis, den Grundsätzen von Treu u. Glauben.

2. Verramschen ist der Gesamtverkauf des Auflagerestes an einen Resthändler zu herabgesetztem Preise, Makulieren die Vernichtung der noch vorhandenen Exemplare.

Beides widerspricht an sich der Verbreitungspflicht des Verl., ist also nur zulässig, wenn die Verbreitung unmögl. geworden, d. h. wenn ein irgendwie nennenswerter Absatz nicht mehr zu erzielen ist. Für diese Notfälle kann es freil. nicht entbehrt werden, da dem Verl. nicht zuzumuten ist, einen unverwertbaren Auflagerest dauernd auf Lager zu halten. Doch sorgt die Vertragsnorm dafür, daß dem Verf. Gelegenheit gegeben wird, durch Aufkaufen des Auflagerestes die beiden Maßnahmen zu verhüten. S. u. zu Nr. 10.

7. Honorarberechnung (Zu §§ 21–24 VerlG)

Die Form der Honorarberechnung (Pausch-, Bogen- oder Beteiligungshonorar) soll der Vereinbarung im Einzelfall überlassen bleiben. Dabei soll auch eine Beteiligung an der Gesamtbruttoeinnahme aus den vom Verl. verkauften Exemplaren als eine zulässige Art der Berechnung gelten.

Im Falle der Beteiligung des Verf. am Ladenpreis ist dieser Ladenpreis zu verstehen als der vom Verl. festgesetzte Verkaufspreis für das broschierte Exemplar, zu dem es nachweisl. an das Publikum abgegeben worden ist (gewöhnl. Ladenpreis, Partie-Preis, Subskriptionspreis).

Übersteigt der Unterschied der Verkaufspreise des gebundenen u. des nicht gebundenen Exemplars das gerechtfertigte Maß, so kann der Verf. das Honorar nach dem Verkaufspreis des gebundenen Exemplars beanspruchen.

Zu Nummer 7

Eine generelle Regelung der Honorarfrage ist bei der Verschiedenheit der Fälle nicht mögl. Auch die Formen der Honorarberechnung sind verschieden. Feste Honorare für das Gesamtwerk oder den Bogen (u. zwar regelmäßig je Auflage) haben für beide Teile den Vorteil größerer Klarheit, für den Verf. den eines festen Summenanspruches.

Häufig aber wird aber eine Berechnung nach dem Absatz, seltener als Beteiligung an der Gesamtbruttoeinnahme, häufiger in Prozent des Ladenpreises des abgesetzten Exemplares vereinbart, um so dem Verl. das Risiko zu erleichtern. Für die letztere Berechnung gibt Abs. 2 und 3 gemäß buchhändler. Verkehrssitte die nötigen Anhaltspunkte.

8. Freistücke

(Zu § 25 VerlG)

Der Verf. ist in der Verfügung über die ihm zustehenden Freistücke nicht beschränkt; er darf sie aber nicht gewerbsmäßig verbreiten.

Zu Nummer 8

Die Bestimmung gibt dem Verf. an sich freie Verfügung über seine Freiexemplare; er soll sie aber nicht gewerbsmäßig verbreiten dürfen. Gewerbsmäßig ist die auf Gewinnerzielung gerichtete Tätigkeit. Mit anderen Worten: Der Verf. darf nicht mit seinen Freiexemplaren Handel treiben u. so seinem eigenen Verl. Konkurrenz machen; vgl. auch Nr. 10.

9. Aushängebogen

(Zu § 25 VerlG)

Der Verl. hat dem Verf. Aushängebogen seines Buches in einem Abzuge zu übersenden.

Zu Nummer 9

Die Bestimmung enthält insofern eine Verbesserung der Rechtslage des Verf., als sie die Lieferung von Aushängebogen allgemein vorschreibt, während § 25 VerlG. sie dem Verl. nur zur Pflicht macht, sofern der Verf. es verlangt.

10. Bezugsrecht des Verfassers
(Zu § 26 VerlG)

Verlagsverträge sollen keine Bestimmungen enthalten, die geeignet sind, die Rechte des Verf. aus § 26 abzuschwächen oder zu beseitigen.

Für die Abgabe an die Hörer des Verf. durch das wissenschaftl. Sortiment wird ein Nachlaß von 20–25 Prozent von dem Ladenpreis gegen einen vom Verf. unterzeichneten Hörerschein empfohlen.

Zu Nummer 10

1. § 26 VerlG. gibt dem Verf. das Recht, von dem Verl. die Lieferung der noch zu seiner Verfügung stehenden Abzüge des Werkes zum sogenannten „niedrigsten Verlegerpreise" zu verlangen. D. h. praktisch in der Regel: Der Verl. hat dem Verf. die Exemplare zu dem gleichen Preise zu überlassen, zu dem er sie an die Sortimenter abgibt. Diese Befugnis, die in den verschiedensten Beziehungen wichtig werden kann, soll nicht zum Nachteil des Verf. abänderbar sein. Natürlich darf der Verf. auch diese Exemplare nicht mit Gewinn weiter veräußern.

2. An sich könnte der Verf. dieses Recht benutzen, um die Exemplare an seine Hörer zum Selbstkostenpreis abzugeben. Die Belieferung der Hörer unmittelbar durch den Dozenten hat aber in der Praxis zu mancherlei Schwierigkeiten geführt, u. deshalb ist über den Vertrieb von Autorenexemplaren zwischen den beteiligten Verbänden am 24. 5. 1921 ein Abkommen getroffen worden. Danach soll der Bezug von Autorenexemplaren durch das Sortiment erfolgen, das in diesem Falle 20—25 % Rabatt von dem Ladenpreise gewährt. Um einen Mißbrauch des Bezugsrechts zu vermeiden, sollen die Dozenten ihren Hörern eigenhändig unterzeichnete Bezugsscheine ausstellen, die auf den Namen des betreffenden Hörers lauten. Gegen Ablieferung dieser Bezugsscheine hat der Sortimenter das Buch zu dem ermäßigten Preise zu liefern. Diese Übung soll nach § 4 des Mantelvertrages weiter gelten.

11. Auskunftspflicht des Verlegers
(Zu §§ 24 u. 29 Abs. 2 VerlG)

Der Verl. ist verpflichtet, über den Stand des Absatzes der laufenden Auflage u. über den beim Verl. tatsächl. vorhandenen Bestand der Exemplare Auskunft zu erteilen. Der Verf. ist berechtigt, durch einen vereidigten Bücherrevisor oder Wirtschaftsprüfer die Nachprüfung der Auslieferungs- u. Bestandsziffern auf seine Kosten in den Geschäftsräumen des Verl. vornehmen zu lassen.

Zu Nummer 11

1. Die Auskunftspflicht des Verl. ist für die wichtigsten Fälle schon im VerlagsG. bestimmt. Sie wird hier verallgemeinert. Der Verf. bedarf ihrer

nicht nur bei den Verträgen, bei denen sich das Honorar nach dem Absatz bestimmt, sondern allgemein zwecks Ausübung seines Rechtes aus § 26 VerlG. (siehe oben Nr. 10) u. zur Feststellung, ob u. wann die Auflage vergriffen ist. Vor einer vertragl. Abschwächung dieser Verlegerpflicht ist deshalb zu warnen.

2. Die bloße Auskunftspflicht wird in aller Regel genügen. Nur wo das Vertrauen zwischen Verf. u. Verl. ausnahmsweise so erschüttert ist, daß der Verf. nicht einmal mehr den zahlenmäßigen Angaben des Verl. traut, ist ein weiterer Rechtsbehelf notwendig. Deshalb ist dem Verf. das Recht gegeben, durch einen vereidigten Bücherrevisor oder Wirtschaftsprüfer die Auslieferungs- und Bestandsziffern nachprüfen zu lassen.

Die Kosten dieser Nachprüfung muß naturgemäß der Verfasser tragen, der sie veranlaßt hat.

Die Anwendung dieses äußeren Aufklärungsmittels sollte aber auf Notfälle beschränkt bleiben. Ohne Anlaß angewandt, muß es auf das im Interesse beider Teile notwendige vertrauensvolle Einvernehmen zwischen Verf. u. Verl. unheilvoll wirken.

12. Ausschluß einzelner Bestimmungen

Es gilt als mit der Auffassung der vertragschließenden Parteien nicht vereinbart, in den Verlagsvertrag Bestimmungen aufzunehmen darüber, daß der Verf. für alle seine künftigen Werke an den Verl. gebunden sein soll.

Vereinbarungen, die den Verf. hindern, andere Arbeiten über gleiche oder verwandte Gegenstände zu veröffentlichen, sind nur insoweit zulässig, als solche Veröffentlichungen mit dem Sinn u. Zweck des Verlagsvertrages nach Treu u. Glauben nicht vereinbar wären.

Zu Nummer 12

1. Die Bestimmung sucht wissenschaftl. u. wirtschaftl. Freiheit des Gelehrten zu schützen.

2. Der erste Absatz verbietet die vertragl. Bindung des Verf. an den Verl. für alle seine künftigen Werke, weil eine solche Bindung anständigem Verlagsgebrauch nicht entspricht. Sollten übrigens trotzdem solch Verträge noch vorkommen, so würden sin in aller Regel als sittenwidrige Knebelungsverträge nichtig sein.

3. Der zweite Absatz wahrt dem Verf. seine schriftstellerische Freiheit, allerdings naturgemäß nur, soweit ihre Ausübung mit Treu u. Glauben vereinbar ist, was sich nach den Umständen des Einzelfalles bestimmt. So wird, wer bei einem Verl. einen Grundriß über ein bestimmtes Wissenschaftsgebiet herausgebracht hat, regelmäßig nicht bei einem anderen Verl. einen Grundriß über den gleichen Gegenstand erscheinen lassen dürfen, da dieser dem ersten Werk in seiner Treu u. Glauben widersprechenden Weise Konkurrenz machen würde.

Anlage B. Schiedsordnung

1. Errichtung und Zuständigkeit des Schiedsgerichtes

Die vertragschließenden Verbände errichten ein ständiges Schiedsgericht mit dem Sitz in Frankfurt am Main.

Das Schiedsgericht ist dazu berufen, Streitigkeiten zwischen Mitgliedern der vertragschließenden Verbände (Hochschuldozenten und Verlegern) aus einem verlagsrechtlichen Verhältnis einschließlich der Sreitigkeiten wegen Nichtigkeit eines Verlagsvertrags und über Schadensersatzforderungen aus § 945 ZPO zu entscheiden. Die Zuständigkeit erstreckt sich auch auf Streitigkeiten zwischen Herausgebern und Autoren aus Anlaß der Herausgabe von Sammelwerken und Gemeinschaftswerken.

Das Schiedsgericht ist in diesen Fällen zuständig, wenn die Parteien im Verlagsvertrag oder anderweit seine Zuständigkeit vereinbart haben. Es gilt als das Schiedsgericht im Sinne der Ziffer 13 Anlage A des Normenvertrages.

Für das Schiedsgericht gelten die Vorschriften des 10. Buches der ZPO, sofern nicht im folgenden ein anderes bestimmt ist.

Für gerichtliche Entscheidungen gemäß § 1045 ist das Landgericht Frankfurt/Main zuständig.

2. Besetzung des Schiedsgerichts

Das Schiedsgericht ist besetzt mit einem Mitglied des Bundesgerichts als Obmann und je einem von den vertragschließenden Verbänden zu benennenden Mitglied als Beisitzer.

Es enstcheidet jedoch in einer Besetzung mit einem Obmann und je zwei Beisitzern, wenn beide Parteien es beantragen, oder es der Obmann in Rechtsfragen von grundsätzlicher Bedeutung bestimmt.

Der Obmann und für den Fall seiner Behinderung ein Vertreter werden durch gemeinsamen Beschluß der Vorstände der Verbände auf zwei Jahre bestellt. Wiederbestellung ist zulässig. Die Beisitzer werden durch die Vorstände der vertragschließenden Verbände von Fall zu Fall ernannt.

Für den Ausschluß von Schiedsrichtern sowie für ihre Ablehnung wegen Befangenheit gelten die Bestimmungen der ZPO.

3. Anzuwendende Grundsätze

Das Schiedsgericht entscheidet nach den geltenden Gesetzen und nach dem zwischen den Vertragschließenden vereinbarten Verlagsvertrag und den Vertragsnormen und Auslegungsgrundsätzen für Verlagsverträge über wissenschaftliche Werke (Anlage A).

Zwischen den vertragschließenden Verbänden besteht Einverständnis darüber, daß nach Verkehrssitte und nach ständiger Rechtsprechung Verlagsverträge stets aus wichtigen Gründen gekündigt werden können, sofern ihre Fortsetzung nach den besonderen Umständen des Falles einer Vertragspartei nicht mehr zugemutet werden kann.

4. Die Klage

Die Klageschrift ist dem Obmann einzureichen. Abschriften für die Beisitzer und für jeden Beklagten sollen beigefügt werden.

Der Obmann setzt den Streitwert vorläufig fest und veranlaßt die Zustellung der Klage an den Beklagten mittels eingeschriebenen Briefes. Er sucht nach Ablauf der Frist des § 2 Abs. 2 die Vorstände der vertragschließenden Verbände um Ernennung der Beisitzer.

5. Vorbereitung der Entscheidung

Die Vorbereitung der Entscheidung liegt dem Obmann ob. Er hat zu diesem Zweck die Parteien zu dem erforderlichen Schriftwechsel sowie zur Vorlegung von Urkunden zu veranlassen, die Termine zu bestimmen und für die nötigen Ladungen Sorge zu tragen.

6. Mündliche Verhandlung

Das Schiedsgericht entscheidet auf Grund mündlicher Verhandlung.

Es kann jedoch im schriftlichen Verfahren entscheiden, wenn die Parteien dies übereinstimmend beantragen.

Bleibt im Termin zu der mündlichen Verhandlung eine Partei aus, so kann das Schiedsgericht nach Lage der Akten entscheiden. Ein Versäumnisverfahren im Sinne der §§ 330 ff. ZPO findet nicht statt.

7. Entscheidung des Obmanns

Der Obmann kann auf Antrag beider Parteien als Einzelrichter entscheiden. Er soll sein Einverständnis dazu nur erteilen, wenn es sich nicht um Rechtsfragen von grundsätzlicher Bedeutung handelt.

8. Der Schiedsspruch

Das Schiedsgericht entscheidet mit einfacher Stimmenmehrheit. Stimmenthaltung ist nicht zulässig.

Ist das Schiedsgericht mit fünf Personen besetzt (§ 2), so bedarf der Schiedsspruch einer qualifizierten Mehrheit von 4 zu 1. Wird diese Mehrheit nicht erreicht, so findet § 1033 Abs. 2 ZPO entsprechende Anwendung.

9. Gerichtsort

Der Obmann kann die Termine zu der mündlichen Verhandlung im Einverständnis mit den Parteien, die Termine zu beratenden Sitzungen nach freiem Ermessen auch an anderen Orten als in Frankfurt am Main anberaumen.

10. Das Verfahren im allgemeinen

Alle Zustellungen erfolgen durch eingeschriebenen Brief. Im übrigen bestimmt das Schiedsgericht sein Verfahren im Rahmen des § 1034 ZPO frei.

11. Kosten des Rechtsstreits, Kostenvorschuß

In dem Schiedsspruch ist über die Kosten des Rechtsstreites zu entscheiden.

Die Gerichtskosten bestehen aus den baren Auslagen des Gerichts und der Beisitzer sowie aus der Vergütung für den Obmann, welche zwischen diesem und den Vorständen der vertragschließenden Verbände vereinbart wird. Zu den Kosten gehören auch die Kosten eines von einer der Parteien zugezogenen Rechtsanwalts nach den Sätzen der Gebührenordnung für deutsche Rechtsanwälte für die erste Instanz.

Der Kläger hat den vom Obmann geforderten Kostenvorschuß für die Gerichtskosten zu leisten, von dessen Eingang die Tätigkeit des Schiedsgerichts abhängt.

Kommt mangels der nach § 8 Abs. 2 erforderlichen Mehrheit ein Schiedsspruch nicht zustande, so folgt die Kostenpflicht der Kostenentscheidung des ordentlichen Gerichts in dem über die Hauptsache ergangenen Urteil.

12. Veröffentlichung von Schiedssprüchen

Die Parteien und die vertragschließenden Verbände sind berechtigt, die Schiedssprüche mit Ausnahme der vom Obmann als Einzelrichter erlassenen Entscheidungen in den Verbandszeitschriften zu veröffentlichen, sofern nicht das Schiedsgericht auf Antrag einer Partei oder von Amts wegen aus wichtigen Gründen im Schiedsverfahren ein anderes bestimmt.

Die Namen der Parteien sind von der Veröffentlichung ausgeschlossen.

Anhang III

Muster für Verlagsverträge

Übersicht: Seite

1. Muster eines Verlagsvertrages über wissenschaftliches Schrifttum

Zwischen

— im folgenden kurz „Verfasser“ genannt —

— einerseits —

und dem Verlag

— im folgenden kurz „Verlag“ genannt —

— andererseits —

wird folgender

geschlossen:

§ 1

1. Der Verfasser überträgt dem Verlag das ausschließliche und uneingeschränkte Recht zur Vervielfältigung und Verbreitung an seinem Werk mit dem Titel

   für alle Auflagen und Ausgaben für die Dauer des gesetzlichen Urheberrechts.
2. Die endgültige Festsetzung des Titels bleibt späteren Vereinbarungen vorbehalten.
3. Der Verfasser versichert, daß sein Werk (einschließlich etwaiger Abbildungen, Tabellen und dergleichen) keine Rechte Dritter verletzt und er allein berechtigt ist, über die Rechte an dem Werk zu verfügen und daß er bisher weder ganz noch teilweise eine solche Verfügung getroffen hat.
4. Der Verfasser verpflichtet sich, bei einem anderen Verlag ohne Genehmigung des Verlages weder Auszüge aus dem Werk zu veröffentlichen, noch ein Werk erscheinen zu lassen, das den gleichen Gegenstand oder Teile davon in ähnlicher Weise behandelt, bzw. an einem solchen Werk mitzuwirken; in den letzten Fällen darf der Verlag die Genehmigung nur verweigern, soweit das Vorhaben des Verfassers mit dem Sinn dieses Verlagsvertrages nach Treu und Glauben nicht zu vereinbaren ist, insbesondere deswegen, weil das andere Werk geeignet ist, die Verbreitung dieses Werkes ernsthaft zu beeinträchtigen.
5. Der Verlag verpflichtet sich, das angenommene Werk zu vervielfältigen und zu verbreiten.

§ 2

1. Das Manuskript hat der Verfasser dem Verlag am

   bereits übergeben. Es umfaßt Manuskriptblätter und

   Das Register ist/nicht darin enthalten. Wesentliche Änderungen, Zufügungen und Streichungen sollen nur im Einvernehmen mit dem Verlag vorgenommen werden.

oder (1—3)

1. Es ist vorgesehen, daß der Verfasser dem Verlag das vollständige, satzfertige, einseitig mit Maschine geschriebene Manuskript einschließlich der reproduzierfähigen Vorlagen für die Abbildungen bis spätestens übergeben wird.

   Sollte die Ablieferung bis zu diesem Zeitpunkt nicht erfolgen, so wird als eine angemessene Nachfrist im Sinne des § 30 Verlagsgesetz ein Zeitraum von Monaten bestimmt.
2. Der Umfang des Werkes soll Druckbogen zu je 16 Seiten (Text einschließlich Titelei, Register und)

   betragen. Ergeben sich während der Bearbeitung begründete Umstände, die dem Verfasser eine Veränderung des Planes oder des Umfanges ratsam erscheinen lassen, so bedarf dies des Einverständnisses des Verlages. Kommt eine Einigung nicht zustande, so ist der Verlag zum Rücktritt berechtigt.

3. Der Verfasser ist aus Sicherheitsgründen gehalten, eine Zweitschrift seines Manuskriptes zu fertigen, die dem Verlag zur Verfügung gestellt wird, wenn das Original in Verlust geraten sollte. Hat der Verfasser ein vollständiges Doppel nicht gefertigt, so ist er verpflichtet, dies dem Verlag bei Übersendung des Manuskriptes mitzuteilen. Die Haftung des Verlages für den etwaigen Verlust des Manuskriptes oder Teilen davon wird für die Fälle ausgeschlossen, in denen ein Doppel nicht vorhanden ist und der Verfasser Mitteilung hiervon gemäß dem vorstehenden Satz unterlassen hat. Hat der Verfasser die Mitteilung gemacht, so wird die Haftung auf den zur Wiederherstellung des Manuskriptes erforderlichen Aufwand bis zu einem Höchstbetrag von DM 50 000,— beschränkt.

§ 3

1. Um eine bestmögliche Verwertung der in Betracht kommenden Nutzungsarten und deren zweckentsprechende Koordinierung zu gewährleisten, überträgt der Verfasser dem Verlag bereits jetzt die folgenden sonstigen Nutzungsrechte:

1. zum Vorabdruck und Nachdruck in Zeitungen und Zeitschriften;
2. zur Veranstaltung von Sonderausgaben, Veröffentlichung in sonstigen eigenen oder fremden Verlagserzeugnissen, in der originalen oder in — im Einvernehmen mit dem Verfasser — gekürzter Fassung;
3. zur Vervielfältigung (auch durch Dritte) in allen sonstigen Verfahren, z. B. Xerokopie oder Mikrofilm;
4. zur Übersetzung oder zur Übertragung in andere Sprachen;
5. das Recht zur Herausgabe von veränderten und bearbeiteten Fassungen, zur anderen Umgestaltung (insbesondere als Fernsehfilm und dergleichen), dies jedoch im Einzelfall nur im Einvernehmen mit dem Verfasser;
6. zur Verwertung des Werkes für Einrichtungen der automatisierten Speicherung (z. B. Datenbanken, Magnetbandaufzeichnungen und dergleichen).

Verfasser und Verlag sind darin einig, daß alle gegenwärtigen und etwa künftig entstehenden sonstigen Nutzungsrechte für den Fall einer sich bietenden Gelegenheit dem Verlag übertragen werden sollen.

2. Der Verlag bemüht sich um bestmögliche Nutzung dieser Rechte soweit es möglich, üblich, zumutbar und dem Werke angemessen ist. Der Verlag ist berechtigt, aber nicht verpflichtet, die Auswertung selber oder durch Übertragung ausschließlicher oder einfacher Lizenzen oder durch Abschluß von Wahrnehmungsverträgen mit Verwertungsgesellschaften vorzunehmen. Bei allen Verwertungen wird der Verlag bedacht sein, die Urheberpersönlichkeitsrechte (d. h. das Recht auf Verwendung im angemessenen Rahmen und dergleichen) des Verfas-

sers zu wahren. Der Verlag kann in Einzelfällen (Ausnahmefällen) eine unentgeltliche Nutzung zulassen, wenn er dadurch die Verbreitung der Originalausgabe zu fördern hofft oder wenn nur Bagatellbeträge zu erzielen sind.

3. Der durch die Auswertung der vorstehenden Rechte im Wege der Lizenzvergabe erzielte Nettoerlös wird zwischen dem Verfasser und dem Verlag hälftig geteilt. Nimmt der Verlag die Rechte selber wahr, so sind besondere Honorarvereinbarungen zu treffen, für die die in § 6 getroffenen Regelungen die Richtschnur darstellen sollen. Rahmenverträge mit Verwertungsgesellschaften sehen teilweise vor, daß die Autorenanteile aus der Verwertung nicht dem Verfasser zufließen (weil das hierzu notwendige Abrechnungsverfahren verwaltungstechnisch zu schwierig ist), sondern an Autorenvereinigungen oder sonstige Institutionen abgeführt werden. Der Verfasser nimmt hiervon Kenntnis und ist mit dieser Regelung einverstanden.

4. Die Abrechnung und Zahlung der Lizenzbeträge erfolgt nach Eingang beim Verlag.

5. Die Einräumung der nicht genannten oder erst später entstehenden Nutzungsrechte soll entsprechend den vorstehenden Bestimmungen erfolgen.

§ 4

1. Der Verfasser übernimmt es, unverzüglich nach Übersendung die Korrektur der Fahnenabzüge und der umbrochenen Bogen sowie die Erstellung etwaiger Register ohne besondere Vergütung durchzuführen. Mit der Druckreiferklärung (Imprimatur) genehmigt der Verfasser den Druck in der vorgelegten Form. Der Druck der Auflage erfolgt erst nach Erteilung des Imprimaturs durch den Verfasser.

2. Kosten für Korrekturen im fertigen Satz, die nicht vom Setzer verursacht und die — bei rechtswissenschaftlichen Werken — nicht durch die notwendige Berücksichtigung von Gesetzesänderungen und neuer Rechtsprechung unvermeidbar sind, übernimmt der Verlag nur bis zur Höhe von 10% der Satzkosten; darüberhinausgehende Kosten sind vom Verfasser zu tragen und können gegebenenfalls mit dem Honorar verrechnet werden.

3. Ist zwischen Verfasser und Verlag über die Herstellung des Werkes ein Terminplan vereinbart, so werden Verlag und Verfasser alles in ihren Kräften stehende tun, um den Terminplan einzuhalten.

§ 5

1. Der Verlag bestimmt die Ausstattung, die jeweilige Auflagenhöhe und den Ladenpreis sowie die zur verlagsüblichen Verbreitung erforderlichen Werbemaßnahmen und Vertriebswege.

2. Der Verlag hat bei jeder Auflage das Recht, über die Nominalauflage hinaus zusätzliche Exemplare bis zu 15% der Nominalauflage herzustellen; diese Exemplare darf der Verlag nach eigenem Ermessen ver-

wenden, in erster Linie honorarfrei als Partie-, Frei-, Werbe- und Besprechungsexemplare.

§ 6

1. Der Verfasser erhält für jedes gedruckte Tausend von Exemplaren ein Honorar von DM   pro Bogen, zahlbar bei Erscheinen einer Auflage. Erklärt der Verfasser, daß er mehrwertsteuerpflichtig ist, so wird ihm die auf das Honorar entfallende Mehrwertsteuer zusätzlich vergütet.

oder

1. Ein Honorar für die erste Auflage ist nicht vorgesehen. Für eine etwaige zweite Auflage soll über die Frage einer Honorarzahlung von   % des um den gesetzlichen Mehrwertsteuersatz verminderten Ladenpreises verhandelt werden.

oder

1. Der Verfasser erhält ein Honorar von   % des um den gesetzlichen Mehrwertsteuersatz verminderten Ladenpreises für jedes verkaufte und bezahlte Exemplar. Erklärt der Verfasser, daß er mehrwertsteuerpflichtig ist, so wird ihm die auf das Honorar entfallende Mehrwertsteuer zusätzlich vergütet.
2. Über den Absatz wird jährlich abgerechnet und zwar jeweils bis zum Juli für das vorangegangene Kalenderjahr.
   Übersteigt der Honorarbetrag ein und derselben Auflage in vier aufeinanderfolgenden Jahren nicht den Betrag von jeweils DM 50,—, so kann der Verlag anstelle weiterer Honorarabrechnungen eine Abfindung zahlen. Die Höhe der Abfindung beträgt das Doppelte des für die letzten vier Jahre insgesamt gezahlten Honorars.

§ 7

Der Verfasser erhält für seinen persönlichen Bedarf bei der ersten Auflage   Freiexemplare, bei jedem weiteren Tausend   Freiexemplare. Darüber hinaus kann er beliebig viele Exemplare mit einem Nachlaß von 30% beziehen. Diese Exemplare darf der Verfasser nicht verkaufen.

§ 8

1. Der Verlag wird dem Verfasser rechtzeitig mitteilen, wann er eine neue Auflage zu veranstalten beabsichtigt. Der Verfasser verpflichtet sich, binnen einer dann zu vereinbarenden Frist das Manuskript für die Neuauflage an den Verlag abzuliefern.
2. Sollte der Verfasser nicht willens oder in in der Lage sein, die Bearbeitung der Neuauflage vorzunehmen oder das Manuskript für die Neuauflage nicht binnen der vereinbarten Frist abliefern, so ist der Verlag berechtigt, entweder einen unveränderten Nachdruck zu veranstalten oder aber einen neuen Bearbeiter zu bestellen.
3. Im Falle des Ausscheidens und der Neubearbeitung durch einen Dritten erhalten der Verfasser oder seine Erben für die erste Neuauflage

nach dem Ausscheiden 1/ des in § 6 Absatz 1 vereinbarten Bogenhonorars; werden in einem Zeitraum von drei Jahren nach Erscheinen dieser Auflage weitere Exemplare gedruckt, so werden auch diese Exemplare entsprechend honoriert.

oder

3. Im Falle des Ausscheidens und einer Neubearbeitung durch einen Dritten erhalten der Verfasser oder seine Erben drei Jahre lang, gerechnet von dem dem Erscheinen der Neuauflage folgenden Monatsersten, 1/ des Honorars gemäß § 6 in jährlicher Abrechnung entsprechend § 6 Abs. 2.
Hat der Verfasser ein Honorar nicht erhalten, so entfällt ein Abfindungsanspruch.
Für einen unveränderten Nachdruck gilt hinsichtlich des Honorars § 6.

§ 9

Ist der Absatz so zurückgegangen, daß ein nennenswerter Absatz nicht mehr zu erwarten ist, so ist der Verlag berechtigt den Restbestand entweder zu einem stark ermäßigten Preis zu verkaufen oder aber zu makulieren. Wird der Rest einer Auflage zu einem stark ermäßigten Preis verkauft, so erhält der Verfasser für den Fall, daß Absatzhonorar vereinbart ist, die Hälfte des in § 6 vereinbarten, am ursprünglichen Ladenpreis zu bemessenden, Honorars. Im Falle der Makulierung besteht ein Vergütungsanspruch nicht. Vorstehendes gilt entsprechend bei Erscheinen einer Neuauflage für die Restexemplare der Vorauflage.

§ 10

Für die Auslegung dieses Vertrages und die Entscheidung über alle Streitigkeiten aus diesem Vertragsverhältnis ist das am Sitz des Verlages geltende Recht maßgebend.
Erfüllungsort und Gerichtsstand ist der Sitz des Verlages.

§ 11

Besondere Vereinbarungen: . . . .

2. Muster eines Verlagsvertrages über ein zu erstellendes wissenschaftliches Werk mit Optionsbindung.

Hier empfiehlt es sich, nach § 1 des unter 1, aufgeführten Mustervertrages etwa folgenden § 1 a einzufügen:

1. Der Verfasser räumt dem Verlag eine Option auf den Erwerb der Verlagsrechte an den nächsten von ihm zur Veröffentlichung bestimmten Werken ein. Für die Einräumung dieser Option zahlt der Verlag dem Verfasser
DM
bei Abschluß des Vertrages. Diese Optionsgebühr ist im Falle der Ausübung der Option je anteilig auf die Einkünfte des Verfassers aus

dem mit der Option in Anspruch genommenen Werk verrechenbar, im Falle der Nichtausübung der Option jedoch insoweit nicht seitens des Verfassers zurückzuzahlen.

2. Der Verlag hat ferner in sinngemäßer Anwendung der vorstehenden Bestimmungen eine Option auf alle Werke des Verfassers, die in anderen Verlagen erschienen sind, sofern diese Verlagsverträge ihr Ende finden und die Rechte an den Verfasser zurückfallen. Die Bestimmungen über die Optionsgebühr finden jedoch keine Anwendung.
3. Der Verlag hat sich innerhalb von zwei Monaten nach Eingang des druckfertigen Manuskriptes eines neuen Werkes bzw. nach entsprechender Freigabe-Mitteilung im Sinne des Abs. 2 dem Verfasser gegenüber darüber zu erklären, ob er von der Option Gebrauch macht und das Verlagsrecht an dem ihm angebotenen Werk in Anspruch nimmt.
4. Macht der Verlag dem Verfasser gegenüber von der Option Gebrauch, so gelten mangels anderweitiger Vereinbarungen alle sonstigen Bestimmungen dieses Vertrages entsprechend.
5. Unabhängig davon, ob der Verlag die ihm nach vorstehenden Bestimmungen zustehenden Optionen ausübt oder nicht, hat er im Sinne des § 2 Abs. 3 VerlG das Recht, nicht aber die Pflicht, 20 Jahre nach Abschluß dieses Vertrages eine Ausgabe der gesamten Werke des Verfassers zu veranstalten und in diese auch solche Werke des Verfassers aufzunehmen, die in einem anderen Verlag erschienen sind. Mangels anderweitiger Vereinbarungen gelten auch für eine solche Ausgabe die Bestimmungen dieses Vertrages entsprechend.
6. Macht der Verlag von seinem ihm nach vorstehendem Abs. 5 zustehenden Recht Gebrauch, so ist der Verfasser zur Beseitigung rechtlicher Hemmnisse verpflichtet, die der Ausgabe gesamter Werke des Verfassers mit Rücksicht auf den Rechtsbesitz anderer Verlage entgegenstehen.

3. Vertragsmuster über ein zu erstellendes wissenschaftliches Werk mit Verpflichtung zur Lieferung von Bildvorlagen.

Hier empfiehlt es sich, nach § 2 des unter 1, aufgeführten Mustervertrages etwa folgenden § 2 a einzufügen:

1. Die Parteien sind sich darüber einig, daß in das Werk Abbildungen aufgenommen werden sollen
gegebenenfalls auch Faltblätter und Pläne.
2. Durch die aufzunehmenden Abbildungen darf der in § 5 Abs. 3 festgelegte Gesamtumfang des Werkes nicht überschritten werden.
3. Es wird sich um etwa schwarz-weiß Abbildungen, um etwa farbige Reproduktionen, um etwa Textfiguren, um etwa Tafeln und etwa um Pläne handeln.

4. Gleichzeitig mit dem Manuskript wird der Verfasser die vervielfältigungsfähigen Vorlagen für das Abbildungsmaterial dem Verlag übergeben. Der Verlag behält sich vor, über die nach diesen Vorlagen hergestellten Druckstöcke frei zu verfügen und sie auch außerhalb des Werkes unter Quellenangabe zu verwenden.
5. Der Verfasser verpflichtet sich, dem Verlag alle Rechte an solchen Bildvorlagen zu verschaffen und steht gegenüber dem Verlag hierfür ein.

4. Vertragsmuster über einen Beitrag zu einem wissenschaftlichen Reihenwerk.

Hier empfiehlt es sich, nach § 1 des unter 1, aufgeführten Mustervertrages etwas folgenden § 1 a einzufügen:

1. Der Verfasser erklärt sich mit den im Anschluß an den Vertragstext abgedruckten allgemeinen Grundsätzen, nach denen der Verlag die Sammlung herausgibt und nach denen die Bearbeitung der übernommenen Bändchen im Interesse der Einheitlichkeit der Sammlung erfolgen soll, einverstanden.
2. Der in § 1 bezeichnete Titel gehört innerhalb der Sammlung in die Gruppe der Einführungen/Kompendien/Lexika/Besondere Themen/

5. Muster eines Verlagsvertrages für schöngeistiges Schrifttum

Zwischen
(nachstehend Verfasser genannt) — einerseits —
und dem
(nachstehend Verlag genannt) — andererseits —
wird folgender Vertrag geschlossen, dessen Rechte und Pflichten auch für die Rechtsnachfolger beider Vertragschließenden gelten. Der Vertrag ist in zwei gleichlautenden Ausfertigungen von den Vertragschließenden zur Bekundung ihres Einverständnisses unterschrieben. Jeder Teil hat eine Ausfertigung erhalten.

§ 1

Erwerbung der Rechte

1. Der Verfasser überträgt dem Verlag für alle Auflagen und Ausgaben für die Dauer des gesetzlichen Urheberrechts das ausschließliche und uneingeschränkte Verlagsrecht an seinem Werk:
   (Arbeitstitel)
2. Die endgültige Festsetzung des Titels bleibt späterer Vereinbarung zwischen Verfasser und Verlag vorbehalten.
3. Als Ablieferungstermin für das völlig satzfertige Manuskript — in zweifacher Ausfertigung — (und der Bildvorlagen) wird
   vereinbart.
4. Umfang des Manuskripts (Schreibmaschinenseite zu dreißig Zeilen à sechzig Anschlägen gerechnet = durchschnittlich 1800 Anschläge):
   Seiten.

5. Als voraussichtlicher Erscheinungstermin ist vorgesehen.

6. Besondere Vereinbarungen: . . . .

§ 2

Urheberrecht

1. Der Verfasser versichert, daß er über das Urheberrecht an dem genannten Werk (einschließlich der Bildrechte) uneingeschränkt verfügt und das Verlagsrecht zur Veröffentlichung in einer Buchausgabe bisher weder ganz noch teilweise vergeben hat. Der Verfasser versichert ferner, daß sein Werk (und das von ihm zur Verfügung gestellte Bildmaterial) nicht Rechte Dritter verletzt und daß er den Verlag von eventuellen Ansprüchen Dritter freistellt.

2. Der Verfasser verpflichtet sich, während der Dauer dieses Vertrages in keinem anderen Verlag ohne schriftliche Genehmigung des Verlages Auszüge aus seinem Werk zu veröffentlichen oder ein Werk erscheinen zu lassen, das den gleichen Gegenstand oder Teile davon in gleicher oder ähnlicher Weise wiedergibt und daher geeignet wäre, mit dem Verlagswerk in Wettbewerb zu treten.

§ 3

Ausstattung und Auflage

1. Den endgültigen Erscheinungstermin, die Ausstattung, wobei der Verlag die Wünsche des Verfassers angemessen berücksichtigen wird, Auflagenhöhe und Ladenpreis sowie deren Veränderung auf Grund der buchhändlerischen Marktlage bestimmt der Verlag nach bestem Ermessen.

§ 4

Honorar

1. Als Honorar erhält der Verfasser vom Nettoladenpreis (= Bruttopreis minus Mehrwertsteuer) jedes verkauften und bezahlten Exemplars.

2. Aus Sonderverkäufen von gebundenen Exemplaren mit einem Rabatt von fünfzig Prozent und höher erhält der Verfasser zwölfeinhalb Prozent vom Erlös.

3. Für Verkäufe von Roh- (ungebundenen) Exemplaren an Büchereien usw. gilt die gleiche Honorarstaffel wie unter (1). Dabei wird der Ladenpreis zugrunde gelegt, der 70% vom Preis des normalen Auflagenexemplars beträgt.

4. Erhält der Verfasser eine Vorschußzahlung, so gilt diese nicht als Mindestgarantie für künftige Honorare und ist auf alle Ansprüche des Verfassers gegen den Verlag anrechenbar. Sie ist vom Verfasser gegebenenfalls an den Verlag zurückzuzahlen, wenn die dem Verfasser

nach diesem Vertrag zustehenden Ansprüche den Vorschuß nicht abdecken.

5. Die Honorarabrechnung erfolgt einmal jährlich zum 31. Dezember. Sie ist jeweils innerhalb von drei Monaten nach dem Stichtag zu erstellen; gleichzeitig wird das Honorarguthaben zur Zahlung fällig.

5. Wenn der Verfasser mehrwertsteuerpflichtig ist bzw. für die Mehrwertsteuer optiert hat und der Verlag schriftlich darüber unterrichtet wurde, wird die auf das Honorar anfallende Mehrwertsteuer jeweils zusätzlich vom Verlag bezahlt.

6. Der Verfasser erklärt, daß er mehrwertsteuerpflichtig ist / nicht für die Mehrwertsteuer optiert hat. (Nichtzutreffendes bitte streichen.)

§ 5

Werbeexemplare

1. Folgende Exemplare sind von der Honorierung ausgenommen: Autoren- und buchhändlerische Freiexemplare, Lese- und Prüfexemplare, Partiestücke und Remittenden, Dedikationsstücke und Besprechungsexemplare sowie sonstige vom Verlag zur Förderung des Werkes und zum Ersatz unbrauchbar gewordener Exemplare kostenlos abgegebene Stücke. Vom Nachweis über die Verwendung der genannten Freiexemplare ist der Verlag entbunden.

§ 6

Nebenrechte

1. Der Verfasser überträgt dem Verlag ferner folgende Rechte:

   a) Vorabdruck des Werkes oder von Teilen desselben in Zeitungen und Zeitschriften sowie der Lesung in Rundfunk und Fernsehen vor Erscheinen des Buches;

   b) Nachdrucke des Werkes oder von Teilen desselben in Zeitungen und Zeitschriften sowie der Lesung in Rundfunk und Fernsehen nach Erscheinen des Buches;

   c) Nachdrucke in Buchform (Lizenzausgaben an Buchgemeinschaften, in Taschenbuch- oder anderen wohlfeilen Buchreihen);

   d) Übersetzungen in alle Sprachen und für alle Länder;

   e) Verwertung des Werkes für Rundfunk und Fernsehen;

   f) Verwertung des Werkes für Bühne und Film sowie für mechanische Vervielfältigungen auf Tonbändern, Platten und etwaigen anderen Bild- und Tonträgern sowie die daraus abgeleiteten Vorführ- und entsprechenden Verwertungsrechte;

   g) die nach dem Wahrnehmungsvertrag der Verwertungsgesellschaft Wort in seiner jeweiligen Fassung wahrzunehmenden Rechte.

2. Die Nettoerlöse (nach Abzug der dem Verlag zum Beispiel entstehenden Agentenprovision) aus der Vergabe der genannten Nebenrechte werden zwischen Verfasser und Verlag wie folgt geteilt:
3. Der Verfasser räumt dem Verlag das Recht ein, Rohbogen des genannten Werkes im Rahmen von Lizenzvereinbarungen an Buchgemeinschaften zu verkaufen, wobei das anteilige Lizenzhonorar zwischen Verfasser und Verlag im gleichen Verhältnis wie unter (2c) geteilt wird.
4. Besondere Vereinbarungen: . . . .

§ 7

Freiexemplare

1. Der Verfasser erhält von allen Auflagen des genannten Werkes pro Tausend je drei Freiexemplare, für die erste Auflage jedoch mindestens dreißig. Der Verfasser ist darüber hinaus berechtigt, weitere Exemplare für seinen eigenen Gebrauch mit einem Nachlaß von vierzig Prozent zu beziehen. Die Freiexemplare und die mit Nachlaß bezogenen Exemplare dürfen nicht weiterverkauft werden.

§ 8

Korrekturen

1. Der Verfasser ist berechtigt und verpflichtet, eine Fahnen- oder Umbruchkorrektur ohne Vergütung zu lesen. Die durchgesehenen Abzüge versieht er mit dem Vermerk „druckfertig".
2. Überschreiten die Kosten der bei den Korrekturen vom Verfasser gegenüber dem satzfertigen Manuskript vorgenommenen Änderungen zehn Prozent des ursprünglichen Satzpreises, so fallen diese zusätzlichen Kosten zu Lasten des Verfassers und werden mit seinem Honorarguthaben verrechnet.

§ 9

Neuauflagen

1. Sinkt der Bestand der verkaufsfähigen Stücke des Werkes unter einhundert, so hat der Verlag dies dem Verfasser mitzuteilen. Verlag und Verfasser werden sich hierauf über die Veranstaltung einer Neuauflage verständigen. Der Verfasser verpflichtet sich, innerhalb von drei Monaten nach Empfang dieser Mitteilung sachlich notwendige Korrekturen zu liefern.

2. Verfasser und Verlag werden sich im übrigen rechtzeitig darüber verständigen, ob und inwieweit größere Umarbeitungen vor einer Neuauflage notwendig und praktisch durchführbar sind. Sollte der Verfasser sich außerstande sehen, die notwendig erscheinenden Umarbeitungen selbst vorzunehmen, so ist der Verlag berechtigt, nach eigenem Ermessen die Bearbeitung einem Dritten zu übergeben, dessen angemessene Honorierung er zu Lasten des Verfassers oder seiner Rechtsnachfolger vornehmen wird.

§ 10

Ausverkauf

1. Wenn in zwei aufeinanderfolgenden Jahren weniger als durchschnittlich einhundert Exemplare abgesetzt werden, so kann der Verlag dem Verfasser durch eingeschriebenen Brief eine angemessene Frist setzen, die Restbestände zu erwerben. Äußert sich dieser nicht oder lehnt er den Erwerb ab, so ist der Verlag berechtigt, die Restbestände einzustampfen oder unter Aufhebung des Ladenpreises in angemessener Frist einen Ausverkauf zu veranstalten. Falls dabei ein Erlös erzielt wird, der über den Herstellungskosten liegt, so erhält der Verfasser davon zehn Prozent. Das Verlagsrecht fällt nach Ausverkauf an den Verfasser zurück, sofern nicht noch gültige Verträge über Lizenzausgaben bestehen. Der Verlag verpflichtet sich, den Verfasser über das Auslaufen dieser Rechte zu verständigen.

§ 11

Verhinderung oder Verspätung

1. Sollte der Verfasser den in § 1, Punkt 3 vereinbarten Ablieferungstertim für das satzfertige Manuskript nicht einhalten können, dann werden sich Verfasser und Verlag über einen angemessenen neuen Ablieferungstermin schriftlich verständigen. Hält der Verfasser auch den neuen Ablieferungstermin nicht ein, so hat der Verlag das Recht, nach einer weiteren Frist von einem Jahr vom Vertrag zurückzutreten.
2. Sollte sich der Verfasser aus bei Vertragsabschluß nicht vorhersehbaren Gründen außerstande sehen, das Werk zu schreiben oder abzuschließen, so wird er das so früh wie möglich dem Verlag schriftlich mitteilen. Der Verlag hat dann das Recht, vom Vertrag zurückzutreten.
3. In beiden Fällen verpflichtet sich der Verfasser zur Rückzahlung der eventuell geleisteten Vorauszahlungen.
4. Die vorstehenden Bestimmungen finden bei Neuauflagen (§ 9) entsprechende Anwendung.

§ 12

Option

1. Der Verfasser erteilt dem Verlag auf seine nächsten beiden Werke an erster Stelle hiermit eine Option und verpflichtet sich, das neue Manuskript oder eine Exposé dazu dem Verlag vorzulegen. Der Verlag verpflichtet sich, innerhalb von acht Wochen das angebotene Werk zu übernehmen oder abzulehnen.
2. Macht der Verlag von der Option Gebrauch, so gelten für die Vertragschließenden alle Bestimmungen dieses Vertrages, soweit nicht Abweichendes vereinbart ist.

§ 13

Untergang des Manuskripts

1. Bis zur Ablieferung des satzfertigen Manuskripts im Verlag trägt der Verfasser die Gefahr des Untergangs des Manuskripts und der sonstigen von ihm zu erbringenden Vorlagen.
2. Geht das Manuskript nach der Übergabe im Verlag und vor der Vervielfältigung durch Zufall oder Fahrlässigkeit unter, so hat der Verfasser einen Anspruch auf angemessene Vergütung bzw. Schadenersatz. Der Schadenersatz ist nicht zu leisten, wenn der Verfasser eine Zweitschrift des untergegangenen Manuskripts zur Verfügung stellen kann.
3. Das Manuskript des Werkes (und die Bildvorlagen) bleiben auch nach Beendigung der Vervielfältigung beim Verlag / werden dem Verfasser nach Beendigung der Vervielfältigung zurückgegeben.

§ 14

Besondere Vereinbarungen

1.

§ 15

Schlußbestimmungen

1. Der Verlag wird bei der Veröffentlichung des Werkes Copyright-Vermerk im Sinne des Welturheberrechtsabkommens vorsehen. Soweit der Verlag trotz der Bestimmungen dieses Abkommens es für erforderlich hält, hat er das Recht, aber nicht die Pflicht, das amerikanische Copyright zu erwerben.
2. Ergänzend zu diesem Vertrag gelten die Bestimmungen des deutschen Rechts, insbesondere des deutschen Urheber- und Verlagsrechts.
3. Die Rechtswirksamkeit des Vertrages ist nicht an den rechtlichen Bestand einzelner Vertragsbestimmungen gebunden. Dieser Vertrag oder einzelne seiner Bestimmungen können nur aufgrund schriftlicher Abmachungen geändert oder außer Kraft gesetzt werden.
4. Erfüllungsort und Gerichtsstand ist

6. Muster für Übersetzungsvertrag

Für den Vertrag kann der unter 1, aufgeführte Mustervertrag verwendet werden. Es empfehleen sich jedoch folgende Abänderungen und Ergänzungen.

a) Statt der §§ 1,2 des Mustervertrages folgende §§ 1,2:

§ 1

1. Der Verlag ist Inhaber der deutschsprachigen Rechte an dem Werk mit dem Originaltitel
von

2. Der Verlag ist befugt, eine deutsche Übersetzung nach diesem Werk zu erstellen.

§ 2

1. Der Übersetzer erstellt im Auftrage des Verlages eine Übersetzung des in § 1 bezeichneten Werkes in die deutsche Sprache.
2. Als deutscher Titel ist vorgesehen:

b) Nach § 2 folgende Ergänzung:

§ 2a

1. Der Übersetzer verpflichtet sich dem Verlag gegenüber, das vervielfältigungsfähige, mit Schreibmaschine geschriebene Manuskript der Übersetzung wie folgt zu liefern:
   Ein Drittel (also bis Seite der Originalausgabe)
   bis spätestens
   ein weiteres Drittel (also bis Seite der Originalausgabe) bis spätestens
   das letzte Drittel (also vollständiges Manuskript) bis spätestens
2. Der Übersetzer verpflichtet sich, die Übersetzung so auszuführen, daß sie nicht mit Fehlern oder Mängeln behaftet ist, die den Wert der Übersetzung im Rahmen des Vertragszweckes und unter Berücksichtigung der Originalausgabe aufheben oder mindern.
3. Ergänzend zu Abs. 2 wird folgendes hinsichtlich der Eigenschaften der zu erstellenden Übersetzung vereinbart:
4. Dem Übersetzer ist bekannt, daß die Übersetzung der Genehmigung des Originalautors bedarf. Als Verstoß gegen die vorstehenden Bestimmungen der Abs. 2) und 3) wird es in jedem Fall angesehen, wenn die Übersetzung geeignet ist, die Urheberpersönlichkeitsrechte des Autors zu verletzen, wenn also durch die Art und Weise der Übersetzung das Werk des Originalautors in Sinn, Stil oder Inhalt wesentlich beeinträchtigt wird.

§ 2b

1. Bis zur Abnahme trägt der Übersetzer die Gefahr des Unterganges des Manuskriptes, auch wenn der Untergang durch Zufall eintritt.
2. Geht nach der Abnahme und vor der Vervielfältigung durch Zufall oder Fahrläsigkeit das Manuskript unter, so wird der Anspruch des Übersetzers auf die Vergütung und Schadensersatz zusammen auf den Betrag von DM festgesetzt. Dieser Betrag ist nicht zu zahlen, wenn sich die Vertragschließenden über die Ausführung einer neuen Niederschrift einigen.
3. Mit dem Übergang des Manuskriptes geht das Eigentum an dem Manuskript auf den Verlag über.
4. Der Übersetzer ist verpflichtet, die ihm vom Verlag zur Verfügung gestellten Unterlagen, wie Original-Manuskript usw., sorgfältig aufzubewahren und vor jedem Eingriff Dritter zu schützen.

c) In § 3 des Mustervertrages vor Ziffer 1 folgende Ziffer 1 a, und 1 b,

1 a Soweit in der Person des Übersetzers in Ausführung des Auftrages gemäß § 2 Urheberrechte oder ähnliche Schutzrechte entstehen, überträgt der Übersetzer hiermit diese Rechte bzw. die daraus ableitbaren Werknutzungsrechte sachlich, räumlich und zeitlich unbeschränkt und ausschließlich auf den Verlag.

1 b Der Übersetzer verpflichtet sich, den Auftrag persönlich durchzuführen und steht dafür ein, daß in Durchführung dieses Auftrages keinerlei Urheberrechte Dritter durch seine Übersetzung verletzt werden können.

d) Nach § 6 des Mustervertrages folgende Ergänzung:

§ 6 a

1. Der Verlag ist berechtigt, die Übersetzung durch Dritte bearbeiten zu lassen und, falls erforderlich, ändern zu lassen.
2. Wird durch solche Änderungen und Bearbeitungen der Stil der Übersetzung derart beeinträchtigt, daß hierdurch das Urheberpersönlichkeitsrecht des Übersetzers verletzt sein könnte, so ist der Übersetzer berechtigt, dem Verlag die Erwähnung seines Namens als Übersetzer zu versagen. Weitere Rechte stehen dem Übersetzer nicht zu.

§ 6 b

1. Erteilt der Originalautor nicht die Genehmigung für den Gebrauch der Übersetzung oder lehnt der Verlag die Vervielfältigung der Übersetzung ab oder verbietet der Übersetzer gemäß vorstehendem § 6 a die Erwähnung seines Namens als Übersetzer, so erhält der Übersetzer lediglich eine Vergütung von DM . Zuviel gezahlte Beträge sind seitens des Übersetzers zurückzuerstatten oder gegebenenfalls zu verrechnen.
2. Ergibt eine Überprüfung des Manuskripts, daß die Übersetzung nicht den Anforderungen gemäß § 2 a entspricht, so ist der Verlag zum Rücktritt vom Vertrag berechtigt. Schadensersatzansprüche bleiben vorbehalten.
3. Im Falle des Abs. 1 ist der Verlag berechtigt, die Übersetzung bearbeiten zu lassen, er ist aber nicht berechtigt, den Übersetzer zu erwähnen. Im Falle des Abs. 2 ist der Verlag zur Verwendung der Übersetzung nicht berechtigt.

7. Muster für Herausgebervertrag
über ein Sammelwerk; mit Pauschalvergütung und Beteiligung bei Nebenrechten; mit Bildvorlagen.

Zwischen
— im folgenden kurz Verlag genannt —

einerseits

und
— im folgenden kurz Herausgeber genannt —

andererseits

wird folgender

HERAUSGEBERVERTRAG

abgeschlossen, zu dessen Verständnis vorausgeschickt wird:
Der Verlag plant die Herausgabe eines Sammelwerkes auf dem Gebiete
Das Sammelwerk soll in Bänden erscheinen.
Einzelheiten über Inhalt, Aufbau, Auswahl und Gliederung sowie über die Verlagsplanung hinsichtlich weiterer Mitarbeiter sind in der Anlage zu diesem Vertrag festgehalten, die insoweit Bestandteil dieses Vertrages wird.

Daher schließen die Parteien folgenden Vertrag, dessen Rechte und Pflichten auch für die Rechtnachfolger der Parteien verbindlich sind:

§ 1

1. Der Verlag beauftragt den Herausgeber mit der Vorbereitung und verantwortlichen Herausgeberschaft des vom Verlag geplanten Sammelwerkes unter dem vorläufigen Arbeitstitel:
2. Der Name des Herausgebers wird auf dem Umschlag und in Titelei des Sammelwerkes entsprechend zusammen mit etwaigen anderen Herausgebern genannt.
3. Die Bestimmung des Titels ist Sache des Verlags.
4. Unbeschadet der in diesem Vertrag im einzelnen aufgeführten Rechte und Pflichten behält sich der Verlag jederzeit das Recht vor, weitere Herausgeber zu bestellen, Änderungen in den Personen der Herausgeber vorzunehmen, Richtlinien für die dem Herausgeber oder den Herausgebern obliegende Arbeit im Sinne des Grundthemas zu geben.
5. Der Herausgeber sagt zu, das Werk gemäß den Vereinbarungen mit dem Verlag so zu bearbeiten, daß es im Inhalt und in der Form dem Verabredeten entspricht.
6. Die Entscheidung über Veröffentlichung und Ausstattung des Sammelwerkes, sowie über Festsetzung der Auflagenhöhe und über Bestimmung des Ladenpreises und des Erscheinungstermins ist allein Sache des Verlags.

§ 2

1. Sämtliche Urheberrechte an dem Sammelwerk liegen ausschließlich beim Verlag. Alle in der Person des Herausgebers im Rahmen dieser Arbeit etwa entstehenden Rechte gelten als auf den Verlag übertragen, gleichgültig, ob es sich um gegenwärtige oder zukünftige Rechte handelt und ob es sich um Urheber-, Leistungsschutz-, Verlags- oder sonstige Rechte handelt. Der Verlag ist insbesondere ausschließlich befugt, daß von ihm in Auftrag gegebene Werk oder einzelne seiner Teile zu vervielfältigen und zu verbreiten und alle von Gesetz und Rechtsprechung anerkannten Werknutzungsrechte auszuüben.

2. Bei Zuziehung von Mitarbeitern jeder Art wird der Herausgeber dafür Sorge tragen, daß in deren Person etwa entstehende Rechte im Sinne von vorstehendem Abs. 1 ebenfalls im vollen Umfang vorab auf den Verlag übertragen werden.
3. Die Rechtübertragung gemäß Abs. 1 und 2 ist auch räumlich unbeschränkt und gilt für die Dauer der jeweils gültigen gesetzlichen Schutzfrist.
4. Alle nach Abs. 1 bis 3 dem Verlag zustehenden oder ihm zu übertragenden Rechte sind durch den Verlag weiter übertragbar.

§ 3

1. Der Herausgeber steht dafür ein, daß er allein berechtigt ist, über etwaige von ihm nach § 2 Abs. 1 auf den Verlag zu übertragende Rechte zu verfügen und daß er bisher weder ganz noch teilweise diesem Vertrag entgegenstehende Erklärungen abgegeben oder Verfügungen getroffen hat.
2. Der Herausgeber wird rechtzeitig den Verlag instand setzen, die Rechte an etwa vorgesehenen Fremdbeiträgen Dritter in dem in diesem Vertrag vorgesehenen Umfange zu erwerben; im übrigen steht er dafür ein, daß durch seine Arbeit und Beiträge sowie durch die von ihm verschafften oder verwendeten Beiträge Dritter keine Rechte anderer verletzt werden.
3. Der Herausgeber wird den vorstehenden Abs. 1 und 2 entsprechende Verpflichtungen den Mitarbeitern im Sinne von § 2 Abs. 2 auferlegen. Soweit solche Mitarbeiter mit dem Verlag unmittelbar einen Vertrag geschlossen haben, bedarf es keiner besonderen Verpflichtung durch den Herausgeber.

§ 4

1. Der Herausgeber ist unbeschadet der dem Verlag zustehenden Rechte im Sinne von § 1 Abs. 4 für die inhaltliche Gestaltung dieses Sammelwerkes in seinem jeweiligen Bestand gegenüber dem Verlag verantwortlich und trägt daher dafür Sorge, daß das Sammelwerk jeweils dem neuesten Stand der Wissenschaft und Technik

und

sowie etwaigen vom Verlag gegebenen Richtlinien und Anweisungen entspricht.
2. Zu den Obliegenheiten des Herausgebers gehört daher insbesondere
   a) den Plan für das Sammelwerk im einzelnen aufzustellen und gegebenenfalls zu ergänzen;
   b) Vorschläge für die Auswahl der Autoren und Mitarbeiter zu machen, mit welchen Verträge zu verhandeln und abzuschließen Sache des Verlages ist;
   c) die Schriftleitung, insbesondere gegenüber Autoren und Mitarbeitern zu übernehmen;

d) die Ausarbeitung der einzelnen Beiträge durch die hierfür vorgesehenen Autoren und Mitarbeiter auf Eignung, Vollständigkeit, Übereinstimmung mit den vom Verlag gegebenen Richtlinien, sowie auf etwa notwendige Änderungen, Ergänzungen, Kürzungen und Erweiterungen hin, zu überprüfen;

e) für rechtzeitige Ablieferung der Einzelmanuskripte und die einheitliche Form des Gesamtmanuskriptes zu sorgen;

f) die von den Autoren und Mitarbeitern durchgesehenen Fahnenabzüge nochmals auf Druck- oder Sinnfehler zu überprüfen und als Unterlage für den Umbruch an den Verlag weiterzugeben;

g) das Werk endgültig druckfertig zu erklären;

h)

i)

3. Der Verlag wird den Herausgeber bei seinen Aufgaben in jeder ihm möglichen Weise unterstützen. Der Herausgeber wird die Gesamtarbeit in enger Verbindung mit dem Verlag durchführen und jederzeit Auskunft über den Stand der Arbeiten erteilen.

4. Es besteht zwischen Verlag und Herausgeber Übereinstimmung, daß das Sammelwerk in erster Linie bestimmt ist für

§ 5

1. Zur Erläuterung des Textes werden dem Sammelwerk auch Abbildungen eingefügt, und zwar:

2. Strichzeichnungen im Text und ganzseitige Autotypien, die einen Teil des Gesamtumfanges ausmachen, sind möglich, sofern die Qualität eine Reproduktion auf Auflagenpapier gestattet.

3. Die Bestimmungen der §§ 2 bis 4 gelten sinngemäß auch für solche Bildvorlagen. Der Herausgeber ist demnach verpflichtet, solche Bildvorlagen frei von Rechten Dritter zu verschaffen. Soweit die Bildvorlagen ausschließlich für das Sammelwerk hergestellt werden und der Verlag die Beschaffung dieser Vorlagen nicht selbst übernimmt, ist der Herausgeber verpflichtet, dem Verlag alle ausschließlichen Rechte an diesen Bildvorlagen zu verschaffen.

§ 6

1. Der Umfang dieses Sammelwerkes soll einschließlich der Abbildungen
 Band/Bände
 zu je Druckbogen in Auflagenpapier
 zu je Druckbogen in Kunstdruckpapier
 zu je
 betragen.

2. Der Umfang von Druckbogen in Auflagenpapier gilt als Maximalumfang für jeden einzelnen Band. Bei einer Überschreitung dieses Umfanges um mehr als einen Druckbogen pro Band kann der Verlag vom

Herausgeber die Kürzung bis zum vereinbarten Maximalumfang verlangen, oder, falls infolge Terminüberschreitung Eile geboten ist, solche Kürzungen unter gleichzeitiger Benachrichtigung des Herausgebers selbst vornehmen.

3. Jeder Band gliedert sich:
(Inhaltsverzeichnis, Vorwort, Register)

4. Der Herausgeber wird, nachdem Übereinstimmung über die Druckfertigkeitserklärung der Manuskripte zwischen dem Herausgeber und seinen etwaigen Mitherausgebern herbeigeführt worden ist, das vervielfältigungsfähige Manuskript einschließlich aller Unterlagen (Einzelbeiträge, Bildvorlagen, Zeichnungen, Tabellen usw.)
des ersten Bandes (Teiles) am
des zweiten Bandes (Teiles) am
des dritten Bandes (Teiles) am
und des

dem Verlag abliefern.

§ 7

1. Der Verlag wird dem Herausgeber rechtzeitig mitteilen, wenn er eine neue Auflage zu drucken beabsichtigt. Auf Verlangen des Verlegers ist der Herausgeber verpflichtet, innerhalb von Monaten nach Empfang dieser Mitteilung das Werk nach dem neuesten Stand der Wissenschaft und Technik sowie dem neuesten Stand der
zu überarbeiten und zu ergänzen, etwaige Unrichtigkeiten oder Mängel gegebenenfalls nach Absprache mit dem Verlag zu berichtigen, ohne daß der Grundcharakter des Werkes durch diese Überarbeitung geändert wird.
2. Sollten Umstände eintreten, die dem Herausgeber gelegentlich der Bearbeitung neuer Auflagen erhebliche Änderungen des Sammelwerkes wünschenswert erscheinen lassen, so wird er vorher den Verlag um Entscheidung bitten.
3. Sollte der Herausgeber durch Krankheit, Tod oder aus anderen Gründen außerstande oder nicht willens sein, eine Neuauflage zu bearbeiten, oder überschreitet er die gemäß Abs. 1 festgelegte Frist um mehr als einen Monat, so ist der Verlag berechtigt, nach eigenem Ermessen die Bearbeitung einem Dritten zu übertragen. Der Verlag ist auch in diesem Fall berechtigt, den Namen des Herausgebers mit einem entsprechenden, auf die Neubearbeitung deutenden Zusatz im Titelblatt und auf dem Umschlag zu erwähnen.
4. Im übrigen gelten die Bestimmungen dieses Vertrages für die Neubearbeitung sinngemäß.

§ 8

Bis zur Abnahme der Druckvorlagen durch den Verlag übernimmt dieser keine Haftung für den Verlust von Manuskripten usw.

§ 9

1. Die zur Herausgabe des Sammelwerkes erforderlichen Aufwendungen werden dem Herausgeber „je Band" bis zu einem Gesamtbetrage von DM vom Verlag vergütet, soweit sie buchmäßig durch Rechnungen oder entsprechende Unterlagen nachweisbar sind. Darüberhinausgehende Aufwendungen werden vom Verlag nur dann erstattet oder übernommen, wenn der Verlag zu solchen seine ausdrückliche Einwilligung erteilt hat.
2. Reisespesen sowie außergewöhnliche Aufwendungen, die zur Herausgabe des Sammelwerkes erforderlich sind, übernimmt der Verlag nur nach ausdrücklicher schriftlicher vorheriger Vereinbarung.
3. Mitarbeiter oder sonstige Beauftragte werden nur insoweit durch den Verlag honoriert, als diese im ausdrücklichen Einvernehmen mit dem Verlag beschäftigt werden und der Verlag mit diesen gesonderte Vereinbarungen abgeschlossen hat.
4. Etwaige Vergütungen für Fremdbeiträge Dritter werden insoweit vom Verlag übernommen, als der Verlag gemäß § 3 Abs. 2 besondere Vereinbarungen geschlossen hat.

§ 10

1. Der Herausgeber erhält als Vergütung für seine Tätigkeit ein Pauschalhonorar von
insgesamt DM
(in Worten: Deutsche Mark)
Dieses Honorar wird insoweit fällig, als satzfertiges Manuskript im Sinne des § 6 Abs. 4 abgeliefert wird, und zwar
in Höhe von DM bei Ablieferung von
in Höhe von DM bei Ablieferung von
in Höhe von DM bei Ablieferung von
2. Der Herausgeber, oder, falls es sich um mehrere Herausgeber handelt, die Gesamtherausgeber, erhält % von dem dem Verlag verbleibenden Netto-Erlös (nach Abzug der dem Verlag entstehenden Unkosten, sowie z. B. Bearbeiter-Honorare und Agenten-Provisionen) aus der Verwertung folgender Rechte aus dem Sammelwerk oder Teilen desselben:
   a) Vorabdruck und Nachdruck an verlagsfremden Zeitungen und Zeitschriften;
   b) Übersetzung in eine andere Sprache oder in eine andere Mundart derselben Sprache sowie Übertragung in Blindenschrift;
   c) Verwertung als Bühnenstück oder Hörspiel;
   d) Verwertung als Film;
   e) Verwertung in Ton- oder Bildfunk;
   f) Herausgabe von Mikrokopieausgaben in verlagsfremden Betrieben;

g) Übertragung auf Tonbänder;

h) Lizenzvergebung billiger Taschenbuch-, Volks-, Sonder- oder Schulausgaben an fremde Verlage oder an Buchgemeinschaften und dergleichen, sei es in deutscher oder in einer fremden Sprache.

3. Durch die Pauschalvergütung gemäß Abs. 1 und die in Abs. 2 vorgesehene Beteiligung sind im übrigen alle Ansprüche des Herausgebers gegen den Verlag aufgrund seiner Tätigkeit oder aufgrund der durch diesen Vertrag übertragenen oder verschafften Rechte abgegolten.

4. Soweit der Herausgeber vor Erscheinen des Sammelwerkes aus irgendeinem Grunde zur Erfüllung seiner Verpflichtungen nicht in der Lage sein sollte, ist der Verlag, unbeschadet etwa weitergehender Schadensersatzansprüche, berechtigt, das in Abs. 1 festgesetzte Pauschalhonorar entsprechend zu kürzen. Das Pauschalhonorar verteilt sich in diesem Falle verhältnismäßig auf die einzelnen Teile des Sammelwerkes und ist insoweit zu kürzen und insoweit rückforderbar, als der Herausgeber kein druckfähiges Manuskript geliefert hat. Im gleichen Verhältnis ist dann auch die in Abs. 2 vorgesehene Beteiligung zu kürzen.

5. Bei Veranstaltung einer neu bearbeiteten Auflage, an der der Herausgeber vertragsgemäß mitwirkt erhält dieser eine Pauschalhonorierung im Sinne des Abs. 1, die jedoch nach dem Umfange seiner dann erforderlichen Tätigkeit angemessen und im Verhältnis zu der für die erste Auflage erbrachten Tätigkeit zu berechnen ist. Die Bestimmung des Abs. 2 wird in einem solchen Falle nicht berührt.

6. Soweit der Herausgeber bei Veranstaltung einer neu zu bearbeitenden Auflage gemäß § 7 Abs. 3 an dieser nicht mitwirkt, entfällt jeder Anspruch auf ein Honorar im Sinne der Abs. 1 und 5. Die Beteiligung des Abs. 2 ist entsprechend unter Berücksichtigung der Tätigkeit des neuen Herausgebers zu kürzen.

7. Der Herausgeber erhält eine Vorauszahlung in Höhe von
DM
(in Worten: Deutsche Mark)
fällig bei Vertragsabschluß, die gegen alle Ansprüche des Herausgebers gegen den Verlag verrechenbar ist.

8. Der Verlag wird jeweils per Ende eines Kalenderhalbjahres, und zwar spätestens bis zum nachfolgenden 30. Werktage gegenüber dem Herausgeber Abrechnung über die Beteiligung gemäß Abs. 2 erteilen.

§ 11

1. Der Herausgeber erhält zu seinem persönlichen Gebrauch je Exemplare des von ihm herausgebrachten Sammelwerkes als Freistücke. Darüber hinaus kann der Herausgeber weitere Exemplare zum Buchhändler-Nettopreis für den persönlichen Gebrauch beziehen.

2. Eine Weiterveräußerung solcher Exemplare ist nicht zulässig.

§ 12

Der Herausgeber verpflichtet sich, nicht bei der Herausgabe eines ähnlichen Sammelwerkes, das mit dem den Gegenstand dieses Vertrages bildenden Sammelwerk in Konkurrenz treten könnte, unmittelbar oder mittelbar mitzuwirken.

§ 13

1. Alle Zahlungsansprüche aus diesem Vertragsverhältnis verjähren grundsätzlich innerhalb von zwei Jahren nach Eintritt ihrer Fälligkeit.
2. Nach dem Tode des Herausgebers ist der Verlag zur Abrechnung und Zahlung erst nach Vorlage eines Erbscheines verpflichtet. Die Zahlung an einen durch Erbschein ausgewiesenen Erben befreit den Verlag von seiner Verpflichtung ohne Rücksicht darauf, ob der Erbschein richtig ist. Bei einer Mehrzahl von Erben tritt die Verpflichtung des Verlages erst dann ein, wenn sich die Erben auf einen gemeinsamen Bevollmächtigten geeinigt haben. Dieser muß gleichzeitig berechtigt sein, etwaige Anfragen des Verlages bezüglich der künstlerischen Gestaltung des Werkes oder seiner Bearbeitung allein zu entscheiden.

§ 14

1. Für diesen Vertrag gelten ergänzend die Bestimmungen des deutschen Rechts, insbesondere des deutschen Urheber- und Verlagsrechts.
2. Dieser Vertrag, dessen Rechtswirksamkeit nicht an den rechtlichen Bestand einzelner Vertragsbestimmungen gebunden ist, oder einzelne Bestimmungen desselben können nur aufgrund schriftlicher Vereinbarungen geändert oder außer Kraft gesetzt werden.
3. Erfüllungsort und Gerichtstand aus diesem Vertrag ist ausschließlich

Besondere Vereinbarungen:

8. Muster für Buchgemeinschaftslizenzvertrag
sinngemäß auch für billige Nachdruckausgaben verwendbar.

Zwischen

— im folgenden kurz Verlag genannt —

einerseits

und

— im folgenden kurz Buchgemeinschaft genannt —

andererseits

wird folgender

BUCHGEMEINSCHAFTSLIZENZVERTRAG

geschlossen, dessen Rechte und Pflichten auch für die Rechtsnachfolger beider Vertragschließenden gelten. Der Vertrag ist in zwei gleichlautenden Ausfertigungen von den Vertragschließenden zur Bekundung ihres Einverständnisses unterschrieben; jeder Teil hat eine Ausfertigung erhalten.

§ 1

1. Der Verlag räumt der Buchgemeinschaft das Recht ein, eine Buchgemeinschaftsausgabe des Werkes
von
in der Übersetzung von
zu den nachstehenden Bedingungen zu veranstalten.
2. Der Verlag erklärt, daß er über die den Gegenstand dieses Vertrages bildenden Rechte an dem in Abs. 1 bezeichneten Werk im Vertragsgebiet zu verfügen befugt ist, daß er insbesondere berechtigt ist, Buchgemeinschaften Lizenzen zu erteilen.
3. Soweit die Zustimmung des Verfassers zu diesem Vertrag erforderlich ist, hat der Verlag diese zu beschaffen.

§ 2

1. Das mit diesem Vertrag eingeräumte Lizenzrecht beschränkt sich auf die Sprache.
2. Das Lizenzrecht wird für das Gebiet der (Länder) erteilt.

§ 3

1. Der Verlag bestätigt, daß er vor Abschluß dieses Lizenzvertrages keine die Zwecke dieses Vertrages gefährdende Lizenz anderen Buchgemeinschaften oder buchgemeinschaftsähnlichen Organisationen eingeräumt hat.
2. Es ist jedoch der Buchgemeinschaft bekannt, daß der Verlag eine Lizenzausgabe des Werkes der
Buchgemeinschaft
eingeräumt hat/einräumt, für deren räumliche und zeitliche Beschränkung sowie für deren Ankündigung und Werbung folgendes gilt:
3. Der Verlag verpflichtet sich im übrigen, während der Dauer dieses Lizenzvertrages keine Lizenz anderen Buchgemeinschaften oder buchgemeinschaftsähnlichen Organisationen an dem in § 1 bezeichneten Werk einzuräumen.
4. Der Verlag wird nur dann eine Volksausgabe oder sonstige billige Ausgabe veranstalten oder veranstalten lassen, wenn der Preis dieser Ausgaben mindestens 20% höher ist als der Mitgliedspreis der von der Buchgemeinschaft zu veranstaltenden Ausgabe.
5. Für Taschenbuchausgaben in broschierter oder kartonierter Ausführung gelten die vorstehenden Bestimmungen nicht.

§ 4

1. Es besteht zwischen den Parteien Übereinstimmung, daß die Buchgemeinschaft das Werk als Pflichtband/Auswahlband/ band

herausbringt. Die Buchgemeinschaft ist berechtigt, Stück als Treueband/Prämienband/ band zu vertreiben.

2. Die Mindestauflage der Buchgemeinschaftsausgabe wird auf Stück festgelegt.
3. Der Verlag erklärt sich mit einer Erhöhung der in Abs. 2 festgelegten Auflagenhöhe schon jetzt einverstanden, soweit die Mehrauflage innerhalb der Dauer des Lizenzvertrages ausgeliefert wird. Die Buchgemeinschaft hat dies dem Verlag durch einseitige Erklärung vor Erteilung des Druckauftrages anzuzeigen und zwar unter Angabe der damit verbindlich zugesagten Mehrauflage.
4. Die Mehrauflagen werden jedoch auf insgesamt Stück beschränkt.

§ 5

1. Als Erscheinungstermin ist vereinbart:

   Die Buchgemeinschaft darf die Lizenzausgabe nicht vor dem ankündigen.
2. Das so eingeräumte Recht wird bis zum befristet.

   oder:

   Die Dauer dieses Lizenzvertrages beträgt Jahre vom Datum des Erscheinens der Buchgemeinschaftsausgabe an gerechnet, endet jedoch spätestens am

   oder:

   Das Lizenzrecht ist befristet bis zum und verlängert sich für je tausend Exemplare, die über die Mindestauflage hinaus gedruckt werden, um jeweils ein Jahr. Das Lizenzrecht endet jedoch spätestens am

3 Nach Ablauf der Lizenz gemäß Abs. 2 ist die Buchgemeinschaft nicht berechtigt, weitere Exemplare des Werkes herzustellen. Der Buchgemeinschaft wird jedoch hinsichtlich der noch zu diesem Zeitpunkt vorhandenen am Lager befindlichen Exemplare das Recht eingeräumt, diese an ihre Mitglieder auszuverkaufen, und zwar innerhalb einer Frist von sechs Monaten, während der die Lizenzausgabe — nicht mehr — werbend angekündigt werden darf. Während dieser Ausverkaufsfrist kann der Verlag über das Buchgemeinschafts-Lizenzrecht gegenüber Dritten frei verfügen.

§ 6

1. Die Buchgemeinschaft ist berechtigt, die Lizenzausgabe nur an ihre Mitglieder abzugeben.
2. Der Buchgemeinschaft wird weiterhin das Recht eingeräumt, die Lizenzausgabe mit den Beschränkungen dieses Vertrages an die Mitglieder der nachstehend angeschlossenen Buchgemeinschaften

sowie der nachstehend benannten Vertriebsorganisationen abzugeben.

3. Rechte und Pflichten aus diesem Vertrag sind nicht übertragbar. Als Übertragung gilt auch die Fusion mit einer anderen Buchgemeinschaft oder die Gründung einer neuen Buchgemeinschaft durch die Buchgemeinschaft.
4. Weitergehende Rechte werden durch diesen Vertrag nicht der Buchgemeinschaft eingeräumt.

§ 7

1. Ein verbindlich vom Verlag gekennzeichnetes Text-Exemplar des Werkes wird der Buchgemeinschaft mit Vertragsabschluß überreicht.
2. Die Buchgemeinschaft verpflichtet sich, in der Lizenzausgabe keinerlei Kürzungen oder Änderungen der Original-Ausgabe vorzunehmen.
3. Auf der Impressumseite der Buchgemeinschafts-Lizenzausgabe ist folgender Vermerk in üblicher Form anzubringen:

§ 8

1. Als Lizenzhonorar zahlt die Buchgemeinschaft an den Verlag DM pro gedrucktes Exemplar.
2. Das Lizenzhonorar für die in § 4 Abs. 2 festgelegte Mindestauflage in Höhe von
   DM
   in Worten: Deutsche Mark)
   ist in Höhe von DM bei Vertragsabschluß
   in Höhe von DM am
   in Höhe von DM am
   zur Zahlung fällig.
3. Das Lizenzhonorar für die gemäß § 4 Abs. 3 durch die Buchgemeinschaft angezeigte Mehrauflage ist einen Monat nach der Anzeige der Buchgemeinschaft an den Verlag fällig.
4. Die Buchgemeinschaft hat dem Verlag jeweils zum Ende eines Kalenderhalbjahres über die verkauften und noch vorhandenen Exemplare der Lizenzausgabe Auskunft zu erteilen.
5. Die Buchgemeinschaft erklärt sich bereit, dem Verlag alle Unterlagen, die zur Überprüfung erforderlich sind, insbesondere Druckereirechnungen usw. auf Verlangen zur Einsicht vorzulegen, und wird gegebenenfalls die Druckerei ermächtigen, dem Verlag Auskunft über die Höhe der Druckauflagen der Lizenzausgabe zu erteilen. Ergeben sich Zweifel, so ist der Verlag berechtigt, die Ausgaben durch einen vereidigten Wirtschaftsprüfer überprüfen zu lassen. Werden bei der Prüfung die Angaben der Buchgemeinschaft bestätigt, so trägt der Verlag die Kosten der Überprüfung, im anderen Falle die Buchgemeinschaft.

§ 9

1. Ist es der Buchgemeinschaft infolge höherer Gewalt unmöglich, die Lizenzausgabe innerhalb der Dauer des Lizenzvertrages herauszubringen, so ist dieser Vertrag hinfällig. Die Zahlungsverpflichtungen aus § 8 für die Mindestauflage werden hierdurch nicht berührt. Bereits geleistete Zahlungen sind nicht zurückzuerstatten.
2. Unbeschadet weitergehender Schadensersatzansprüche des Verlages gelten die vorstehenden Bestimmungen sinngemäß, wenn die Buchgemeinschaft zur Herausgabe der Lizenzausgabe innerhalb der Lizenzdauer aus Gründen, die die Buchgemeinschaft zu vertreten hat, nicht in der Lage ist.

§ 10

1. Die Buchgemeinschaft ist berechtigt, für Freistücke zu Werbe- und Ausstellungszwecken, sowie für Remittenden einen Überdruck von % der Auflage honorarfrei herzustellen; die Buchgemeinschaft ist vom Nachweis der Verwendung dieser Exemplare entbunden.
2. Der Verlag erhält von der Buchgemeinschaft jeweils bei Erscheinen einer Auflage ein Frei-Exemplar pro Tausend.

§ 11

1. Die Buchgemeinschaft ist nicht berechtigt, Exemplare der Lizenzausgabe zu verramschen.
2. Eine Herabsetzung des Mitgliederpreises/des preises der Lizenzausgabe unter DM bedarf der vorherigen schriftlichen Zustimmung des Verlags.
3. Die Buchgemeinschaft wird in ihrer Mitglieder-Zeitschrift und in allen anderen für die Mitglieder bestimmten Veröffentlichungen und Werbungen nicht den Buchhandels-Ordinärpreis nennen oder auf den Preisunterschied hinweisen. Sie wird darüberhinaus bei Zeitungs- oder Zeitschriftenanzeigen und anderen, nicht auf den Mitgliederkreis beschränkten werbenden Veröffentlichungen auch auf eine Angabe des eigenen Buchgemeinschaftspreises für diesen Titel verzichten.

§ 12

1. Für diesen Vertrag gelten ergänzend die Bestimmungen des deutschen Rechts, insbesondere des deutschen Urheber- und Verlagsrechts.
2. Dieser Vertrag, dessen Rechtswirksamkeit nicht an den rechtlichen Bestand einzelner Vertragsbestimmungen gebunden ist, oder einzelne Bestimmungen desselben können nur aufgrund schriftlicher Vereinbarungen geändert oder außer Kraft gesetzt werden.
3. Erfüllungsort und Gerichtsstand aus diesem Vertrag ist ausschließlich

§ 13

Besondere Vereinbarungen: . . . .

9. Muster für Taschenbuchlizenzvertrag

Zwischen
— im folgenden kurz Verlag genannt —
einerseits
und
— im folgenden kurz Lizenznehmer genannt —
andererseits
wird folgender

TASCHENBUCHLIZENZVERTRAG

geschlossen, dessen Rechte und Pflichten auch für die Rechtsnachfolger beider Vertragschließenden gelten. Der Vertrag ist in zwei gleichlautenden Ausfertigungen von den Vertragschließenden zur Bekundung ihres Einverständnisses unterschrieben; jeder Teil hat eine Ausfertigung erhalten.

§ 1

1. Der Verlag räumt dem Lizenznehmer das — ausschließliche — Recht ein, eine Taschenbuchausgabe des Werkes
von
in der Übersetzung von
zu den nachstehenden Bedingungen zu veranstalten.
2. Der Verlag erklärt, daß er über die den Gegenstand dieses Vertrages bildenden Rechte an dem in Abs. 1 bezeichneten Werk im Vertragsgebiet zu verfügen befugt ist, daß er insbesondere berechtigt ist, Taschenbuchverlagen Lizenzen zu erteilen.
3. Soweit die Zustimmung des Verfassers zu diesem Vertrag erforderlich ist, hat der Verlag diese zu beschaffen.

§ 2

1. Das mit diesem Vertrag eingeräumte Lizenzrecht beschränkt sich auf die Sprache.
2. Das Lizenzrecht wird für das Gebiet der
(Länder) erteilt.

§ 3

1. Der Verlag bestätigt, daß er vor Abschluß dieses Lizenzvertrages keine die Zwecke dieses Vertrages gefährdende Lizenz anderen Unternehmen oder Verlagen zur Herausgabe von Taschenbüchern des in § 1 bezeichneten Werkes im Lizenzgebiet eingeräumt hat.
2. Es ist jedoch dem Lizenznehmer bekannt, daß der Verlag eine Taschenbuchlizenzausgabe des Werkes dem
(Taschenbuchverlag) eingeräumt hat/einräumt, für deren räumliche und zeitliche Beschränkung sowie für deren Ankündigung und Werbung folgendes gilt:
3. Der Verlag verpflichtet sich im übrigen, während der Dauer dieses Lizenzvertrages keine Lizenz anderen Taschenbuchverlagen für die Her-

ausgabe von Taschenbüchern an dem in § 1 bezeichneten Werk einzuräumen.

4. Die vorstehenden Bestimmungen, sowie die etwa in § 1 zugesicherte Ausschließlichkeit bezieht sich nur auf Taschenbuchausgaben des Werkes, nicht auf sonstige Volksausgaben oder billige Ausgaben oder auf Buchgemeinschaftsausgaben und andere Nachdruckausgaben des Werkes, die nicht in Taschenbuchform erscheinen.

§ 4

1. Die Mindestauflage der Taschenbuchausgabe wird auf
Stück
festgelegt.

2. Der Verlag erklärt sich mit einer Erhöhung der in Abs. 1 festgelegten Auflagenhöhe schon jetzt einverstanden, soweit die Mehrauflage innerhalb der Dauer dieses Lizenzvertrages ausgeliefert wird. Der Lizenznehmer hat dies dem Verlag durch einseitige Erklärung vor Erteilung des Druckauftrages anzuzeigen, und zwar unter Angabe der damit verbindlich zugesagten Mehrauflage.

3. Die Mehrauflagen werden jedoch auf insgesamt Stück beschränkt.

§ 5

1. Als Erscheinungstermin ist vereinbart . Der Lizenznehmer darf die Taschenbuchausgabe nicht vor dem ankündigen.

2. Das so eingeräumte Recht wird bis zum befristet.

oder:

Die Dauer dieses Lizenzvertrages beträgt Jahre vom Datum des Erscheinens der Taschenbuchausgabe an gerechnet, endet jedoch spätestens am

oder:

Das Lizenzrecht ist befristet bis zum verlängert sich für je Tausend Exemplare, die über die Mindestauflage hinaus gedruckt werden, um jeweils ein Jahr. Das Lizenzrecht endet jedoch spätestens am

3. Nach Ablauf der Lizenz gemäß Abs. 2 ist der Lizenznehmer nicht berechtigt, weitere Taschenbuchexemplare des Werkes herzustellen. Dem Lizenznehmer wird jedoch hinsichtlich der noch zu diesem Zeitpunkt vorhandenen am Lager befindlichen Exemplare das Recht eingeräumt, diese auszuverkaufen, und zwar innerhalb einer Frist von

Monaten. Während dieser Ausverkaufszeit kann der Verlag über das Taschenbuchlizenzrecht gegenüber Dritten frei verfügen.

§ 6

1. Ein verbindlich vom Verlag gezeichnetes Textexemplar des Werkes wird dem Lizenznehmer mit Vertragsabschluß überreicht.
2. Der Lizenznehmer verpflichtet sich, in der Lizenzausgabe keinerlei Kürzungen oder Änderungen gegenüber der Originalausgabe ohne ausdrückliche Genehmigung des Verlages vorzunehmen. Im einzelnen wird hierzu ergänzend vereinbart:
3. Auf der Impressumseite der Taschenbuchlizenzausgabe ist folgender Vermerk in üblicher Form anzubringen:

§ 7

1. Als Lizenzhonorar zahlt der Lizenznehmer an den Verlag DM pro gedrucktes Exemplar.
2. Das Lizenzhonorar für die in § 4 Abs. 2 festgelegte Mindestauflage in Höhe von
   DM
   (in Worten: Deutsche Mark)
   ist in Höhe von DM bei Vertragsabschluß
   in Höhe von DM am
   in Höhe von DM am
   zur Zahlung fällig.
3. Das Lizenzhonorar für die gemäß § 4 Abs. 3 durch den Lizenznehmer angezeigte Mehrauflage ist einen Monat nach der Anzeige des Lizenznehmers an den Verlag fällig.
4. Der Lizenznehmer hat dem Verlag jeweils per Ende eines Kalenderhalbjahres über die verkauften und noch vorhandenen Exemplare der Taschenbuchlizenzausgabe Auskunft zu erteilen.
5. Der Lizenznehmer erklärt sich bereit, dem Verlag alle Unterlagen, die zur Überprüfung erforderlich sind, insbesondere Druckereirechnungen usw., auf Verlangen zur Einsicht vorzulegen und wird gegebenenfalls die Druckerei ermächtigen, dem Verlag Auskunft über die Höhe der Druckauflagen der Taschenbuchlizenzausgabe zu erteilen. Ergeben sich Zweifel, so ist der Verlag berechtigt, die Angaben durch einen vereinigten Wirtschaftsprüfer überprüfen zu lassen. Werden bei der Prüfung die Angaben des Lizenznehmers bestätigt, so trägt der Verlag die Kosten der Überprüfung, im anderen Falle der Lizenznehmer.

§ 8

1. Ist es dem Lizenznehmer infolge höherer Gewalt unmöglich, die Taschenbuchlizenzausgabe innerhalb der Dauer des Lizenzvertrags herauszubringen, so ist dieser Vertrag hinfällig. Die gemäß § 7 geleisteten Zahlungen sind nicht zurückzuerstatten.
2. Unbeschadet weitergehender Schadensersatzansprüche des Verlags gelten die vorstehenden Bestimmungen sinngemäß, wenn der Lizenzneh-

mer zur Herausgabe der Taschenbuchlizenzausgabe innerhalb der Lizenzdauer aus Gründen, die der Lizenznehmer zu vertreten hat, nicht in der Lage ist.

§ 9

1. Der Lizenznehmer hat das Recht, bei jeder Auflage bis zu % honorarfrei über die Auflage hinaus als Pflicht-, Werbe- und Besprechungsexemplare, sowie als Verlagsexemplare herzustellen. Der Lizenznehmer ist vom Nachweis der Verwendung entbunden.
2. Der Verlag erhält vom Lizenznehmer jeweils bei Erscheinen einer Auflage ein Freiexemplar pro Tausend.
3. Der Verlag ist berechtigt, weitere Exemplare der Taschenbuchlizenzausgabe zu einem Rabatt von % vom Ladenpreis vom Lizenznehmer zu beziehen.

§ 10

1. Der Lizenznehmer ist nicht berechtigt, Exemplare der Taschenbuchlizenzausgabe zu verramschen.
2. Eine Herabsetzung des Ladenpreises des Taschenbuches bedarf der vorherigen schriftlichen Zustimmung des Verlags, soweit nicht der Preis der Taschenbuchreihe einheitlich gesenkt wird.

§ 11

1. Für diesen Vertrag gelten ergänzend die Bestimmungen des deutschen Rechts, insbesondere des deutschen Urheber- und Verlagsrechts.
2. Dieser Vertrag, dessen Rechtswirksamkeit nicht an den rechtlichen Bestand einzelner Vertragsbestimmungen gebunden ist, oder einzelne Bestimmungen desselben können nur auf Grund schriftlicher Vereinbarungen geändert oder außer Kraft gesetzt werden.
3. Erfüllungsort und Gerichtsstand aus diesem Vertrag ist ausschließlich

§ 12

Besondere Vereinbarungen:

10. Vertragsmuster für die Vergebung von Übersetzungsrechten

Zwischen

— nachstehend kurz Lizenzgeber genannt —

einerseits

und

— nachstehend kurz Lizenznehmer genannt —

andererseits

wird folgender

LIZENZVERTRAG

geschlossen, dessen Rechte und Pflichten auch für die Rechtsnachfolger beider Vertragschließenden gelten. Der Vertrag ist in zwei gleichlautenden Ausfertigungen von den Vertragschließenden zur Bekundung ihres Einverständnisses unterschrieben; jeder Partner hat eine Ausfertigung erhalten.

§ 1

1. Gegenstand der in diesem Vertrag dem Lizenznehmer eingeräumten Rechte ist das Werk mit dem deutschen Titel
   " "
   von ,
   erschienen beim Lizenzgeber im Jahre
   Das Copyright für dieses Werk wurde im Jahre beim Copyright-Office Library of Congress, Washington, angemeldet.
2. Der Lizenzgeber hat bisher bei Veröffentlichungen des Werkes lediglich Copyright-Klausel im Sinne des Welturheberrechtsabkommens vorgesehen. Der Lizenzgeber hat Copyright für das Werk im Jahre beim Copyright-Office Library of Congress in Washington angemeldet. Der Lizenznehmer ist berechtigt, für die Übersetzung Copyright in den USA registrieren zu lassen.
3. Die in diesem Vertrag eingeräumten Rechte beziehen sich nur auf eine Fassung des Werkes in Sprache (Vertragssprache).
4. Die in diesem Vertrag eingeräumten Rechte beziehen sich nur auf das folgende räumliche Vertragsgebiet:
5. Die in diesem Vertrag eingeräumten Rechte sind ausschließlich / nicht ausschließlich / und gelten
   a) für die Dauer der gesetzlichen Urheberrechte am Originalwerk im Vertragsgebiet,
   b) für Jahre ab Vertragsabschluß,
   c) für eine einmalige Auflage von Stück.
   Zu a) bis c): Nichtzutreffendes streichen.
6. Der Lizenzgeber versichert, daß er über die mit diesem Vertrag eingeräumten Rechte frei verfügen kann und ihm nicht bekannt ist, daß diese Rechte oder das Werk selbst gegen Rechte Dritter verstoßen.
7. Ein Exemplar der deutschsprachigen Fassung des Werkes wurde dem Lizenznehmer vor Abschluß dieses Vertrags ausgehändigt.

§ 2

1. Der Lizenzgeber gestattet dem Lizenznehmer, eine Übersetzung in die Vertragssprache auf Kosten des Lizenznehmers herzustellen oder herstellen zu lassen.
2. Die vorstehende Erlaubnis erfolgt unter der Bedingung,
   a) daß die Übersetzung mit der notwendigen Sorgfalt hergestellt wird und dem Originalwerk entspricht,
   b) daß durch die Übersetzung keine Änderung des Inhalts des Originalwerkes ohne ausdrückliche Genehmigung des Lizenzgebers erfolgt,

c) daß sich der Lizenznehmer vom Übersetzer alle Urheberrechte an der Übersetzung einschließlich aller Nebenrechte und einschließlich aller etwa zukünftig entstehenden Rechte übertragen läßt und der Übersetzer vom Lizenznehmer für die Übersetzung selbst und diese Rechtsübertragung voll entschädigt ist,

d) und das alle beim Lizenznehmer entstandenen oder auf den Lizenznehmer unter c) übertragenen Rechte an der Übersetzung schon jetzt übertragen werden.

3. Der Lizenzgeber behält sich eine Überprüfung und Genehmigung der Übersetzung und des Titels des übersetzten Werkes vor.
4. Der Lizenznehmer überträgt hiermit alle ihm an der Übersetzung entstehenden Rechte auf den Lizenzgeber. Der Lizenzgeber verpflichtet sich, von diesen Rechten an der Übersetzung insoweit keinen Gebrauch zu machen, als der Gebrauch die dem Lizenznehmer nach diesem Vertrag zugesicherte Ausschließlichkeit beeinträchtigen würde.

§ 3

1. Der Lizenzgeber räumt dem Lizenznehmer das Recht ein, nach der gemäß § 2 erstellten Übersetzung das Werk in Buchform im eigenen Verlag zu vervielfältigen und zu verbreiten. Dieses Recht ist nicht übertragbar und kann nicht Dritten zur Ausfertigung eingeräumt werden.
2. Der Lizenznehmer verpflichtet sich, die Lizenzausgabe innerhalb von Monaten nach Abschluß dieses Vertrags herauszubringen.
3. Der Lizenznehmer bestimmt die Ausstattung der Lizenzausgabe; (er soll hierbei die Wünsche des Lizenzgebers berücksichtigen).
4. Der -Preis des Lizenzexemplars beträgt nicht unter DM. Der Lizenznehmer ist nicht berechtigt, den -Preis ohne ausdrückliche schriftliche Zustimmung des Lizenzgebers aufzuheben oder abzuändern.
5. Im Impressum der Lizenzausgabe ist aufzunehmen:

§ 4

1. Als Lizenzgebühr zahlt der Lizenznehmer an den Lizenzgeber

   a) DM
   zahlbar

   b) % vom -Preis jedes verkauften Lizenzexemplars.

2. Der Lizenznehmer hat das Recht, bis zu 5% lizenzgebührenfrei über die Auflage hinaus als Pflicht-, Werbe- und Besprechungsexemplare, sowie als Verlagsexemplare herzustellen.
3. Als Vorauszahlung auf eine gemäß Abs. 1 b) vereinbarte Lizenzgebühr zahlt der Lizenznehmer an den Lizenzgeber
   DM

zahlbar zu DM bei Abschluß des Vertrags und DM bei Erscheinen der Lizenzausgabe, jedoch nicht später als am

4. Die vorstehend vereinbarte Vorauszahlung wird bei den Abrechnungen über die Lizenzgebühr in Anrechnung gebracht.

§ 5

1. Soweit die Lizenzgebühr gemäß § 4 Abs. 1 b) vereinbart wurde, wird der Lizenznehmer halbjährlich, und zwar jeweils zum 30. Juni und 31. Dezember eines jeden Jahres innerhalb der folgenden 30 Tage Abrechnung über den Verkauf, die Lizenzgebühr und die sonstigen Einnahmen dem Lizenzgeber gegenüber erteilen. Die Bezahlung der fälligen Lizenzgebühren erfolgt zwei Wochen nach der Abrechnung.
2. Der Lizenzgeber ist zur Einsichtnahme in die Bücher des Lizenznehmers insoweit befugt, als dies zur Überprüfung der erteilten Abrechnungen notwendig ist. Dieses Recht kann auch durch einen Bevollmächtigten ausgeübt werden. Die Kosten der Überprüfung hat, wenn sie die Abrechnung des Lizenznehmers bestätigt, der Lizenzgeber, sonst der Lizenznehmer zu tragen.

§ 6

Der Lizenznehmer verpflichtet sich, dem Lizenzgeber bei Erscheinen der ersten Auflage fünf Freiexemplare der Lizenzausgabe, bei Erscheinen weiterer Auflagen je drei Freiexemplare zur Verfügung zu stellen.

§ 7

Der Lizenznehmer ist nicht zur Verramschung oder ähnlichem verbilligtem Ausverkauf der Lizenzausgabe berechtigt.

§ 8

1. Der Lizenzgeber räumt ferner dem Lizenznehmer das Recht ein
   a) Vorabdrucke und Nachdrucke in Zeitungen und Zeitschriften in der Vertragssprache im Vertragsgebiet zu gestatten,
   b) Hörfunksendungen im Vertragsgebiet in der Vertragssprache zu gestatten.
2. Die aus solchen Abschlüssen erzielten Honorare sind nach Abzug einer Provision von % für den Lizenznehmer (einschließlich etwaiger Agenten-Provisionen) an den Lizenzgeber abzuführen.
3. § 5 gilt für die Abrechnung sinngemäß.

§ 9

Andere Rechte als die in diesem Vertrag ausdrücklich genannten wurden nicht dem Lizenznehmer eingeräumt.

§ 10

1. Der Lizenzgeber ist zur fristlosen Kündigung dieses Vertrages berechtigt, wenn
   a) die Lizenzausgabe nicht zu dem in § 3 Abs. 2 vorgesehenen Erscheinungstermin herausgebracht wird,
   b) die Lizenzausgabe vergriffen ist oder nicht mehr auf den Markt im Vertragsgebiet kommt und der Lizenznehmer nicht innerhalb von 12 Monaten nach Vergriffensein eine Neuausgabe herausbringt,
   c) Der Lizenzgeber bei Vergriffensein der Lizenzausgabe den Lizenznehmer auffordert, eine Neuauflage unverzüglich herauszubringen und der Lizenznehmer innerhalb einer Frist von 6 Monaten seit dieser Aufforderung die Neuherausgabe unterläßt,
   d) der Lizenznehmer nach Vergriffensein der Lizenzausgabe erklärt, eine Neuausgabe nicht veranstalten zu wollen,
   e) der Lizenznehmer mit seinen Zahlungen oder Abrechnungsverpflichtungen mehr als zwei Monate in Verzug kommt,
   f) der Lizenznehmer in Konkurs gerät oder das Vermögen des Lizenznehmers aus anderem Grunde unter Zwangsverwaltung oder dergleichen gestellt wird,
   g) der Lizenznehmer gegen wesentliche Bestimmungen dieses Vertrags verstößt und eine Fortsetzung des Vertrags dem Lizenzgeber unzumutbar erscheint.
2. Wird der Vertrag aus vorstehenden Gründen fristlos vom Lizenzgeber gekündigt, so ist der Lizenzgeber nicht verpflichtet, empfangene Leistungen zurückzuerstatten (z. B. Vorschüsse gemäß § 4 Abs. 2). Die Geltendmachung weitergehender Schadensersatzansprüche bleibt vorbehalten.
3. Die vorstehenden Bestimmungen sind dann nicht anwendbar, wenn die Lizenzgebühr gemäß § 4 Abs. 1 a) pauschal bezahlt worden ist und wenn die Kündigung aus einem Grund gemäß Abs. 1 b, c, d und f) erfolgt.

§ 11

Wird der Vertrag beendet, sei es durch Zeitablauf, sei es durch fristlose Kündigung, sei es aus einem anderen Grunde, so ist der Lizenznehmer nicht mehr berechtigt, weitere Lizenzausgaben herzustellen oder Exemplare der Lizenzausgabe weiterhin zu vertreiben.

§ 12

1. Für diesen Vertrag gelten ergänzend die Bestimmungen des deutschen Urheber- und Verlagsrechts.
2. Dieser Vertrag, dessen Rechtswirksamkeit nicht an den rechtlichen Bestand einzelner Vertragsbestimmungen gebunden ist, oder einzelne Bestimmungen desselben können nur aufgrund schriftlicher Vereinbarungen geändert oder außer Kraft gesetzt werden.

§ 13

1. Den Parteien ist bekannt, daß dieser Vertrag durch die Agentur
sowie durch die Agentur
vermittelt worden ist.
2. Den Parteien ist ferner bekannt, daß der/die in Abs. 1 bezeichnete(n) Agent/Agenten folgende Vermittlungsprovisionen erhalten:
3. Für die Bezahlung der Agentenprovisionen gilt folgendes:
4. Soweit den in Abs. 1 genannten Agenten Lizenzabrechnung zu erteilen ist, wird hierfür zwischen den Parteien folgendes vereinbart:
5. Nach diesem Vertrag fällige Zahlungen sind
a) an den Agenten auf dessen Konto bei
b) an den Lizenznehmer auf dessen Konto bei
(Nichtzutreffendes streichen)
zu zahlen.

§ 14

1. Für die Beachtung der devisenrechtlichen Vorschriften im Lande des Lizenznehmers ist dieser allein verantwortlich. Aus diesem Grunde wird vereinbart:
2. Erfüllungsort und Gerichtsstand aus diesem Vertrag ist nur

§ 15

Besondere Vereinbarungen: . . . .

11. Muster für Vertrag
zwischen Buchverlag und Musikverlag (ausnahmsweise Komponist)
über die Vertonung eines erschienenen Sprachwerks.

Zwischen
dem Verlag (Buchverlag)
zugleich handelnd für seinen Verfasser
— im folgenden kurz "Sprachwerkberechtigter" genannt —
einerseits
und
dem Verlag (Musikverlag)
zugleich handelnd für seinen Komponisten
— im folgenden kurz „Musikwerkberechtigter“ genannt —
andererseits

wird heute folgende
Vereinbarung
geschlossen:

§ 1

1. Der Sprachwerkberechtigte erteilt hiermit dem Musikwerkberechtigten die Genehmigung der im Verlag des Sprachwerkberechtigten erschienenen Dichtung:

des Textautors:
ohne Abänderung / mit folgenden Abänderungen:
Umfang: Zeilen

2. Die Genehmigung wird erteilt für die Vertonung der oben genannten Dichtung durch den Komponisten:
in folgender Gestalt: Lied / Motette / Kantate / Oratorium / Chor a capella oder mit Instrumenten /

3. Der Musikwerkberechtigte ist zu folgender Quellenangabe verpflichtet:

§ 2

1. Die Genehmigung wird erteilt für die Dauer der jetzigen bzw. der zukünftig verlängerten Schutzfristen für die Vervielfältigung und Verbreitung der in § 1 bezeichneten Dichtung in Verbindung mit einer Vertonung durch den in § 1 genannten Komponisten, und zwar insoweit, als sie in unmittelbarem Zusammenhang mit den Noten vervielfältigt und verbreitet wird sowie auch ohne Zusammenhang mit den Noten in Programmen zum ausschließlichen Gebrauch der Hörer und zum Abdruck auf Tonträgerhüllen.
2. Die Genehmigung schließt auch das Recht ein, Dritten den Abdruck der Dichtung in Verbindung mit der in Rede stehenden Vertonung in dem Umfang zu gestatten, in dem dies dem Musikwerkberechtigten nach diesem Vertrag zusteht.
3. Die hiermit erteilte Erlaubnis ist nicht ausschließlich / ist ausschließlich (Nichtzutreffendes bitte streichen). Die Ausschließlichkeit kann mit 12monatiger Frist zum Ende eines Kalenderjahres gekündigt werden, wenn seit der letzten öffentlichen Wiedergabe des Werkes 5 Jahre vergangen sind; die Erlaubnis besteht dann als nicht-ausschließlich fort.
4. Auf andere Formen der Verwertung als sie im Vorstehenden beschrieben sind, erstreckt sich die Genehmigung nicht, im besonderen nicht auf eine Verwertung der Dichtung in Verbindung mit einem musikdramatischen Werk.
5. Der Musikwerkberechtigte ist berechtigt, die in Rede stehende Komposition ohne den unter § 1 bezeichneten oder mit einem anderen Text zu verwerten. In diesem Fall entfallen die dem Musikwerkberechtigten etwa nach Abs. 3 gewährten Ausschließlichkeitsrechte; die Erlaubnis besteht dann als nicht-ausschließlich fort.

§ 3

1. Der Musikwerkberechtigte zahlt dem Sprachwerkberechtigten für die ihm erteilte Genehmigung bei Vertragsabschluß eine Pauschalvergütung in Höhe von DM
2. Im Fall der Erteilung von Abdrucksrechten gemäß § 2 Abs. 1 an Dritte wird der Sprachwerkberechtigte beim Abdruck von Musik mit Text mit %, beim Abdruck des Textes allein mit % des Auto-

renanteils an der vom Abdrucksverleger abgerechneten und bezahlten Abdrucksvergütung beteiligt.

3. Beim Abdruck in eigenen Sammlungen des Musikwerkberechtigten ist die Abdrucksvergütung in angenmessener Höhe abzurechnen.

§ 4

1. Im übrigen richten sich die Rechtsbeziehungen nach dem zwischen der GEMA und der Verwertungsgesellschaft WORT abgeschlossenen Gegenseitigkeitsvertrag in der jeweils gültigen Fassung.
2. Endet dieser Vertrag, ohne daß die Verwaltung der in Rede stehenden Rechte in anderer Weise fortgesetzt werden kann, so übernimmt der Musikwerkberechtigte die treuhänderische Verwaltung der Rechte und vergütet dem Sprachwerkberechtigten zwanzig Prozent des von der GEMA ausgeschütteten Verlegeranteils, wobei er vorher als Unkostenanteil den im jeweiligen Abrechnungsjahr von der GEMA berechneten Prozentsatz für sich einbehalten darf.

Anlage zu diesem Vertrag

RICHTSÄTZE

anzuwenden für Vereinbarungen zwischen Textverlegern und DMV-Musikverlegern

1. Werke für eine oder mehrere Singstimmen mit oder ohne Begleitung (z. B. Lied, Motette, Kantate, Oratorium)
   Pauschalvergütung pro Textzeile bis zu einer durchschnittlichen Länge von 35 Buchstaben DM —,60
   Pauschalvergütung pro Textzeile mit durchschnittlich mehr als 35 Buchstaben DM —,90
   aufgerundet auf volle DM 5,—, mindestens DM 20,—.
2. Werke für Chor a cappella oder mit Begleitung
   Pauschalvergütung pro Textzeile (ohne Begrenzung der Buchstabenzahl) DM 2,—,
   mindestens DM 5,— für jedes Gedicht. Bei Vereinigung mehrerer kurzer Gedichte zu einer Chorfolge nicht mehr als DM 25,—.
3. Im Falle der Erteilung von Abdrucksrechten gemäß §§ 2 Abs. 1 und 3 Abs. 2 an Dritte wird der Sprachwerkberechtigte beim Abdruck von Musik mit Text mit 20%, beim Abdruck des Textes allein mit 50% des Autorenanteils an der vom Abdrucksverleger abgerechneten und bezahlten Abdruckvergütung beteiligt. Unter „Autorenanteil“ ist diejenige Vergütung zu verstehen, die in dem Verlagsvertrag zwischen Musikautor und Musikwerkberechtigtem festgesetzt ist.
4. Es wird empfohlen, die Quellenangabe gemäß § 1 Abs. 3 so knapp wie möglich zu formulieren, z. B. „Texte aus: Else Lasker-Schüler, Der siebente Tag, Kösel-Verlag, München”.

Anmerkungen:
Die obigen Gebührensätze gelten nur für **eine** musikalische Fassung, z. B. Männerchor. Wenn auch Gemischter Chor, dann sind zwei Fassungen zu bezahlen.
Im Falle des § 3 Abs. 3 sollten in der Regel als „angemessen" die Hälfte der Sätze gelten, die üblicherweise bei der Erteilung von Abdrucksgenehmigungen an Dritte erzielt werden.

12. Muster eines Theaterverlagsvertrages.

Zwischen
(nachstehend „Verfasser" genannt)

einerseits

und der
(nachstehend „Verlag" genannt)

andererseits

wird folgender

Verlagsvertrag

geschlossen, dessen Rechte und Pflichten auch für die Rechtsnachfolger beider Vertragschließenden gelten. Der Vertrag ist in zwei gleichlautenden Ausfertigungen von den Vertragschließenden zur Bekundung ihres Einverständnisses unterschrieben; jeder Teil hat eine Ausfertigung erhalten.

§ 1

1. Der Verfasser räumt dem Verlag das Aufführungsrecht an seinem Bühnenwerk mit dem Titel/Arbeitstitel
   zur Verwaltung ein und ermächtigt den Verlag, das Aufführungsrecht in seinem Namen oder im Namen des Verlages wahrzunehmen.
2. Die in diesem Vertrag vorgesehenen rechtlichen Einräumungen und Rechtsübertragungen sind ausschließlich, räumlich unbeschränkt und gelten für die Dauer der gesetzlichen Urheberrechte an dem Werk.
3. Der Verfasser gestattet dem Verlag, ein Bühnenmanuskript des Bühnenwerkes, sei es im Druck-, sei es in einem sontsigen Vervielfältigungsverfahren, herzustellen und im Rahmen des gemäß Abs. 1 gewährten Verwaltungsrechts Theaterunternehmen zur Verfügung zu stellen.
4. Soweit es sich lediglich um einen Arbeitstitel handelt, bleibt die endgültige Festsetzung des Titels späteren Vereinbarungen vorbehalten.
5. Der Verfasser steht dafür ein, daß sein Werk irgendein bestehendes Urheberrecht in keiner Weise verletzt, daß es auch nicht geeignet ist, sonstige Rechte Dritter zu beeinträchtigen und daß er allein berechtigt ist, über das Urheberrecht an dem Werk zu verfügen und daß er bisher weder ganz noch teilweise eine solche Verfügung getroffen hat.

6. Der Verfasser verpflichtet sich, in keinem anderen Verlag ein Bühnenwerk erscheinen zu lassen, das den gleichen Gegenstand oder Teile davon in ähnlicher Weise wiedergibt und das daher geeignet ist, mit dem vorliegenden Werk in Wettbewerb zu treten, noch an einem solchen Werk in irgendeiner Weise mitzuwirken.

§ 2

Der Verlag verpflichtet sich, das Bühnenwerk interessierten oder geeigneten Bühnen zur Aufführung anzubieten.

§ 3

1. Der Verfasser räumt dem Verlag eine Option ein auf den Erwerb der Bühnenaufführungsrechte der nächsten von ihm zur Aufführung bestimmten Werke.
2. Der Verlag hat sich innerhalb von zwei Monaten nach Eingang eines Manuskriptes dem Verfasser gegenüber darüber zu erklären, ob er von der Option Gebrauch macht und die Verwaltung des Aufführungsrechts an dem ihm angebotenen Werk übernimmt.
3. Macht der Verlag dem Verfasser gegenüber von der Option Gebrauch, so gelten mangels anderweitiger Vereinbarungen alle Bestimmungen dieses Vertrages entsprechend.
4. Der Verlag hat eine Option in entsprechender Anwendung der vorstehenden Bestimmungen auf alle Werke des Verfassers, die durch andere Bühnen-Verlage verwaltet werden oder sich im Rechtsbesitz anderer Bühnen-Verlage befinden, sofern diese Theater-Verlagsverträge ihr Ende finden und die Rechte an den Verfasser zurückfallen.

§ 4

Der Verfasser räumt dem Verlag ferner die ausschließliche Verwaltung des Rechts ein, sein Bühnenwerk in eine andere Sprache zu übersetzen und eine solche Übersetzung durch fremdsprachige Bühnen aufführen zu lassen.

§ 5

1. Der Verlag ist berechtigt und verpflichtet, die Erlöse aus Bühnenaufführungen für Rechnung des Verfassers einzuziehen.
2. Der Verlag ist berechtigt, aus allen solchen Einnahmen eine Provision von %o einzubehalten.
3. Der Verlag hat das Recht, in Ländern außerhalb der Bundesrepublik Deutschland einen Subvertrieb in Anspruch zu nehmen, soweit dies den Vertrieb erleichtert oder durch gesetzliche oder behördliche Bestimmungen vorgeschrieben ist. In diesen Fällen ist der Verlag berechtigt, für den Subvertrieb bis zu %o der beim Subvertrieb eingehenden Erlöse abzuziehen, so daß der verbleibende Restbetrag Erlös im Sinne der Bestimmungen des Abs. 1 und 2 ist.

4. Der Verlag ist verpflichtet, über die eingegangenen Erlöse aus Bühnenaufführungen jeweils per Ende eines Kalendermonats, spätestens innerhalb von 14 Tagen des nächsten Monats, gegenüber dem Verfasser abzurechnen.

§ 6

1. Der Verfasser räumt dem Verlag ferner folgende Rechte an seinem Bühnenwerk zur ausschließlichen Verwaltung ein und ermächtigt den Verlag, diese Rechte in seinem Namen oder im Namen des Verlages wahrzunehmen.
   a) Das Recht des Vorabdrucks und Nachdrucks des Werkes oder von Teilen desselben in Zeitungen und Zeitschriften, wobei der Verlag berechtigt ist, für den Vertrieb der Nachdrucksrechte einen Unteragenten einzuschalten.
   Der beim Verlag eingehende Nettoerlös wird nach Abzug von % an den Autor abgeführt bzw. verrechnet.
   b) Das Recht der Verfilmung, einschließlich der Bearbeitung als Drehbuch und einschließlich des Rechts zur Vorführung des Films.
   Der beim Verlag eingehende Nettoerlös wird nach Abzug von % an den Verfasser abgeführt bzw. verrechnet.
   c) Das Recht der Verwertung des Werkes im Fernsehfunk (Television) einschließlich der Bearbeitung der Fernsehfassung.
   Der beim Verlag eingehende Nettoerlös wird nach Abzug von % an den Verfasser abgeführt bzw. verrechnet.
   d) Das Recht der Verwertung des Werkes im Rundfunk (Hörfunk) einschließlich der Bearbeitung als Hörspiel.
   Der beim Verlag eingehende Nettoerlös wird nach Abzug von % an den Verfasser abgeführt bzw. verrechnet.
   e) Das Recht der Übertragung auf Schallplatten, Tonbänder und sonstige mechanische Tonträger.
   Der beim Verlag eingehende Nettoerlös wird nach Abzug von % an den Verfasser abgeführt bzw. verrechnet.
   f) Das Recht der musikalischen Bearbeitung bzw. Vertonung (Oper, Operette, Musikal usw.). Der Anteil am gesprochenen Wort des beim Verlag eingehenden Nettoerlös wird nach Abzug von % an den Verfasser abgeführt bzw. verrechnet.
2. Die Abrechnung über die Eingänge aus vorstehenden Rechten erfolgt sinngemäß wie § 5 Abs. 4, jedoch mit der Maßgabe, daß diese jeweils zum Ende eines Kalenderhalbjahres erfolgt.

§ 7

1. Der Verfasser überträgt dem Verlag folgende Rechte an seinem Bühnenwerk:
   a) Die Rechte zur öffentlichen Wiedergabe des Werkes mittels Rundfunkempfangs zu gewerblichen Zwecken.

b) Die Rechte der öffentlichen Wiedergabe mittels Fernsehempfangs zu gewerblichen Zwecken.

c) Die Rechte zur Vervielfältigung des Werkes durch Überspielen von Rundfunkgeräten, Bändern und Schallplatten, insbesondere mittels Magnet-Tongeräten, soweit sie zum persönlichen Gebrauch erfolgen.

d) Die Rechte zu öffentlichen Aufführungen mitteles der in c) hergestellten Vorrichtungen zu gewerblichen Zwecken.

e) Die Rechte zum öffentlichen Vortrag einschließlich der Lautsprecher-Übertragungsrechte, auch soweit sie dem Verfasser in Zukunft zugesprochen werden.

2. Der beim Verlag eingehende Nettoerlös wird nach Abzug von % an den Verfasser abgeführt bzw. verrechnet.

§ 8

1. Der Verlag soll unberechtigte Aufführungen, Sendungen und ähnliche unberechtigte Verwertungshandlungen Dritter verfolgen, soweit diese zur Kenntnis des Verlages gelangen.
2. Sollte im Interesse des Verfassers oder des Verlages eine gerichtliche Auseinandersetzung notwendig sein, so werden deren Kosten durch den Verfasser und den Verlag im Innenverhältnis anteilmäßig übernommen.
3. Allfällige Erlöse aus solchen Verletzungshandlungen Dritter werden zwischen Verfasser und Verlag anteilmäßig geteilt.
4. Die Höhe der Anteile entspricht dem verletzten Recht und damit der in vorstehenden Bestimmungen getroffenen Vereinbarung über die Aufteilung der eingehenden Erlöse. In Zweifelsfällen ist der Anteil des Verlages 20% und der Anteil des Verfassers 80%.
5. Der Verfasser ermächtigt hiermit den Verlag, seine Rechte gegenüber Dritten in seinem Namen oder auch im Namen des Verlages wahrzunehmen.

§ 9

Für Verstöße gegen die Vertragsbestimmungen, soweit sie durch höhere Gewalt oder durch außerhalb ihrer Verantwortung liegende Umstände verursacht werden, können die Vertragschließenden nicht haftbar gemacht werden.

§ 10

1. Für diesen Vertrag gelten ergänzend die Bestimmungen des deutschen Urheber- und Verlagsrechts.
2. Dieser Vertrag, dessen Rechtswirksamkeit nicht an den rechtlichen Bestand einzelner Vertragsbestimmungen gebunden ist, oder einzelne Bestimmungen desselben können nur aufgrund schriftlicher Vereinbarungen geändert oder außer Kraft gesetzt werden.

§ 11

1. Erfüllungsort und Gerichtsstand ist .
2. Für diesen Vertrag gilt im Zweifel deutsches Recht.

SACHREGISTER

(Die fettgedruckten Zahlen verweisen auf den §, die mageren auf die in eckige Klammern gesetzten Anmerkungszahlen)

V